김대중 대화록 1973—2008

김대중 대화록 1973—2008

정진백 엮음

도서출판 행동하는양심

이 땅의 민주 인권 정의 평화를 위해 평생을 헌신하신
김대중 대통령의 영전에 이 책을 바친다.

우리의 미래를 만들어 가는 데 보탬이 되기를

제 남편은 평생 동안 수많은 사람들을 만났습니다. 전국 방방곡곡을 다니면서 차별받는 이들, 삶에 지친 민중들, 민주주의를 갈구하고 평화를 열망하는 우리 국민들에게 용기를 주고 미래에 대한 희망을 이야기했습니다. 남편은 그들에게서 큰 위안과 격려를 받기도 했습니다. 또한 국내외 언론매체들, 그리고 뜻을 같이하는 세계적인 지도자, 지식인들과 한국의 민주주의 회복, 동북아시아의 평화 정착 등에 관한 숱한 대화를 나눴습니다.

남편이 세상을 떠난 직후, 수많은 강연문과 연설문, 저서 등에서 가려 뽑아 엮은 『김대중 어록』의 출간에 이어, 이렇게 국내외 여러 사람들, 언론매체와 나눈 대화를 선별하여 엮은 이 책 『김대중 대화록』을 출간해 주시는 정진백 대표께 다시 한번 고맙다는 말씀을 드립니다.

이 대화록에는 평생 동안 남편이 견지했던 사상과 철학, 신념과 열정이 고스란히 녹아들어 있습니다. 때때마다 대두되었던 문제들에 대한 고민과 해법이 담겨 있습니다. 그러므로 이 책이 오늘을 살아가는 많은 분들에게 널리 읽혀, 좀 더 희망찬 우리의 미래를 만들어 가는 데 작으나마 보탬이 되기를 바랍니다.

내년이면 제 남편이 세상을 떠난 지 벌써 10년이 됩니다. 이러한 즈음에 출간되는 이 책을 위해 애써 주신 간행위원과 편집진 등 모든 분들께 거듭 감사의 말씀을 드립니다.

2018년 8월 18일
이희호 김대중평화센터 이사장

'김대중 사상'과 '김대중 역사'가 국민과 함께하기를

제현諸賢들은 말한다.

"김대중 선생은 고난 속에서 성공을 쟁취한 한국 현대사를 대표하는 인물이며, 한국인의 지혜와 용기와 굴하지 않는 씩씩함을 대표하는 인물이라는 것이었다. 그 지혜와 용기와 씩씩함은 지금도 이어지고 있다."(와다 하루키 도쿄대학 명예교수)

"우리 현대사를 생각하면 민주화를 생각하지 않을 수 없고, 민주화 하면 김대중 대통령을 생각하지 않을 수 없다. 민주화는 우리 모두에게 주어진 과제였다. 역사는 그것을 거두어 모아 하나가 되게 하는 노력이 없이는 큰 흐름이 되지 못한다. 역사를 바른길로 가게 하는 데에 김 대통령은 순교자의 고통과 인내와 의지를 가지고 온 힘을 다하였다. 그러한 노력 가운데에 역사는 지도자를 탄생하게 한다. 하나가 되는 역사와 국민과 지도자의 신비를 새삼 실감하지 않을 수 없다."(김우창 고려대 명예교수)

"한국인들은 자연스럽게 군사독재를 끝장내기 위해 수십 년에 걸쳐 펼쳐 온, 1987년 6월항쟁에서 정점에 이르렀던, 한국의 민주화투쟁을 생각할 것이다. 그리고 또한 1945년 이후 진정한 야당 출신의 최초의 대통령인 김대중을 기억할 것이다. 1997년 김대중의 당선으로 정점에 도달한 민주주의로의 이행, 그리고 그의 재임 기간 동안 이룩한 개혁 조치들로 오늘날의 대한민국은 안정적이고 약동적이며 광범위한 기반을 갖춘 민주주의를 누리고 있다. 한국인들은, 민주주의란 밑으로부터, 수백만 보통 사람들의 희생에 의해 쟁취할 수 있다는 사실을 일깨워 줬다. 전두환을 무너뜨린 것은 거리에 나선 한국의 대중大衆들

이었고, 이들을 거리로 뛰쳐나오게 만든 심볼은 김대중이었다."(브루스 커밍스 시카고대학 석좌교수)

"조국에 대한 헌신과 한반도 평화 증진을 위한 지칠 줄 모르는 노력, 자유를 위한 개인적 희생은 귀감으로 결코 잊혀지지 않을 것이다. 김대중 대통령은 목숨을 걸고 대한민국의 역동적 민주화에 중요한 역할을 한 정치운동을 일으키고 이끌어 왔다."(버락 오바마 전 미국 대통령)

"1970년대와 80년대 워싱턴, 도쿄, 베를린을 포함한 국제사회의 한국 민주화운동 연대의 한 축은 김대중 구명 구원과 직결되어 있었다. 한국 민주화 역사는 냉전 시대 국제 민주 인권 연대의 한 표상이었고, 그 중심 한 켠에 김대중이 있었다."(박명림 연세대 교수)

"그가 사형을 구형받고 최후 진술을 하던 모습을 지금까지 잊을 수가 없다. 그는 침착했다. 너무나 어엿하고 우아했다. 죽음 앞에서 비굴해지기 쉬운 그 순간, 그러나 당당하게 후배들과 역사를 향해 용서와 평화의 메시지를 던지는 경륜가요 사상가였다."(한완상 전 부총리)

"그의 정치 역정에는 늘 광범한 비토 세력이 있었다. 친북 세력이라는 모함, 특정 지역 출신이라는 편견도 적지 않았다. 그의 삶은 소수자로서, 저항가로서, 개혁자로서의 고단한 삶일 수밖에 없었다. 취임 직전 닥쳐온 국제통화기금 외환 위기의 부채마저 그의 짐이었다. 해결해야 할 과제들이 산 넘어 산이었다. 나라의 위기는 현명하고 지혜로운 지도자를 기다리고 있었다. 그는 바로 이런 난세를 위해 오래 예비되었던 지도자였다. 아이엠에프 위기와 경제난을 극복하고, 다양한 사회 계층을 아우르고, 민주주의의 초석을 세우고, 마침내 남북 냉전의 둑을 허물어뜨렸다. 그를 핍박했던 사람들을 용서하며 다른 생각을 가진 사람들을 포용했다."(박원순 서울특별시장)

"김대중 대통령이 화해를 위해 얼마나 노력했는지 기억한다."(넬슨 만델라 전

남아프리카공화국 대통령)

　"김대중 대통령은 우리나라의 민주주의를 가져오는 데 결정적으로 기여한 민주화의 거인이다. 광주항쟁 이후 큰 희생을 치르지 않고 민주화를 이루는 데 구심점이 돼서 다른 나라에 비해서 빠르게 민주주의를 성취할 수 있게 했다. 그리고 남북 관계의 데탕트와 남북 간 긴장 해소에 기여했고, 햇볕정책을 통해 민족 화해의 물꼬를 텄다."(최장집 고려대 명예교수)

　"색깔론과 국가보안법으로 위협을 받으면서도 실현하고자 했던 남북의 평화 공존·교류·협력을 통한 공동 발전을 이뤄낸 햇볕정책, 동아시아판 헬싱키 체제가 되기를 바랐던 6자회담 등은 역사적으로도 올바르고 정당한 것이었다. 1971년도 후보 시절 미·일·중·러의 남북 교차 승인을 주장했던 것에서 보듯이, 강력한 문제 해결 방안이 냉전 해체 훨씬 전에 이미 김대중 대통령에 의해 공개적으로 제시되었다."(김근태 전 국회의원)

　"김대중 대통령은 세계에 자랑할 만한 지도자였다. 우리 역사에 그런 지도자는 없었다. 정말 오랜 기간 동안 독재와 싸웠다. 암살 위기도 겪었다. 구속당하고, 연금당하고, 그것도 모자라 사형 선고까지 받았다. 그래도 끝까지 굴복하지 않고 민주주의 노선을 견지했다. 국민의 힘으로 독재정권을 무너뜨리고 나면 그런 사람은 보통 투표를 할 필요도 없는 수준의 지도자가 된다. 전국의 아버지와 같은 대우를 받는 것이다. 그것이 정상이다. 그런데 우리는 그렇게 하지 못했다. 김대중 대통령은 그냥 민주 투사가 아니고 뛰어난 사상가였다. 해박한 지식을 가지고 있었다. 끊임없이 새로운 지식을 받아들였다. 그리고 그 지식을 전략적으로 요령 있게 활용하는 지혜까지 지닌 특별한 지도자였다. 국민들이 그것을 잘 알아보지 못한 것이 안타깝다."(노무현 전 대통령)

　"우리 국민들은 참으로 오랜만에, 아니 역사상 처음으로 자유 정의 평등 평화의 세상맛을 김대중 대통령으로 말미암아 경험할 수 있었다. 김대중 대통령은 우리의 자랑스러운 역사다. 자유 정의 복지 즉 민주주의의 역사이고, 민족 공생과 평화 즉 민족 평화 통일의 역사다. 우리 민족이 결코 망각해서는 안 될 위대한 역사다."(이해동 목사)

"이 나라에 민주주의와 평화를 정착시킨 이유 하나만으로도 백 년 후까지 그 이름이 교과서에 실려 길이 빛날 것이다."(두봉 가톨릭 전 안동교구장)

"돌아보면, 김대중 대통령 앞에 펼쳐진 도화지는 구상한 정책을 마음껏 그릴 수 있는 하얀 도화지가 아니었다. 일제 식민지와 남북 분단, 냉전과 한국전쟁, 군사독재와 외환 위기 등 청산하지 못한 과거사로 온통 얼룩진 도화지였다. 하지만 그는 이런 제약을 뚫고 깊이 있는 역사 인식과 철학을 바탕으로 큰 정치를 펼쳤다. 그중에서도 김대중 대통령의 '보복 없는, 용서의 정치'는 국민들에게 큰 감동을 주었다. 한반도의 평화와 민족 공영의 길을 모색하고, 아시아의 민주 발전을 이루기 위해 '동북아 평화 구상도'를 그렸다. 우리가 계승 발전시켜야 할 그의 값진 유산이다."(한명숙 전 국무총리)

"김대중 정부는 인권 문제에 관한 한 전무후무한 진전을 이뤄 냈다. '민주화운동 관련자 명예 회복 및 보상에 관한 법률'이 제정되어 민주화운동에 대한 평가와 보상이 진행되었고, '제주4·3사건 진상 규명 및 희생자 명예 회복에 관한 특별법'에 근거한 제주 4·3사건에 대한 진상 규명과 명예 회복 작업이 진행되었다. 여성부가 출범하고, '국민기초생활보장법'의 제정으로 복지가 보편적 인권으로 전환되는 중요한 계기를 마련하였다. 민주노총과 전교조가 합법화되었고, 집회와 시위의 자유도 예전보다 많이 개선되었다. 언론의 자유는 완벽에 가까울 정도로 보장받았다. 김대중 대통령의 임기가 끝나고, 두 명의 대통령을 만난 지금에 와서 보면, 김대중 대통령이 인권 분야에서 이룬 성과가 얼마나 소중한 것인지 알 수 있다. 현실 정치의 한계 속에서 고군분투했던 그가 고맙다."(오창익 인권연대 사무국장)

"김대중 대통령은 한국의 심각한 경제 위기를 극복했고, 한반도를 평화로 향하게 했으며, 지구적 인권을 수호한 용기 있고 비전을 가진 지도자였다. 그가 대통령이 된 이후 나는 남북 화해를 위해 그와 함께 일하는 영광을 누렸다. 한국전쟁 이래, 그의 '햇볕정책'만큼 평화를 위해 희망을 줬던 적은 없었다."(빌 클린턴 전 미국 대통령)

"김대중 대통령은 세계 민주주의 역사에 큰 획을 그은 중요한 분이고, 한반도 평화 정착을 위한 노력으로 노벨평화상을 수상해 정말 기뻤다."(엘리자베스 2세 영국 여왕)

"김대중 대통령은 우리 국민들과 함께 성공했고, 대한민국을 성공적으로 발전시켰다. 김대중 정부는 정부 수립 후 최초의 수평적 정권 교체를 했다. 이것을 나는 '우리나라가 처음으로 국가다운 정상적인 국가가 된 것'이라고 표현한다. 국가 부도 사태의 외환 위기를 빠르게 극복하면서 민주주의와 인권국가, 세계 최선두 정보화와 세계 10위권 경제 발전, 복지국가와 문화국가, 6·15 남북정상회담을 통한 남북 화해 협력과 자주적 국제 외교, 노벨평화상 수상 등 탁월한 업적을 이루었다. 전 세계가 감탄했다. 국민들도 역시 준비된 대통령이었다고 박수를 보냈다."(김성재 전 문화체육관광부 장관)

"김대중 대통령은 영토와 주권의 보존, 번영과 복지의 추구, 그리고 국격國格의 신장이라는 국익을 소중히 여겼다. 그러나 이러한 국익의 추구가 지역의 이익, 세계적 이익과 상치되는 것을 바라지 않았다. 이들 사이의 상호 보완성을 인정하고 공통분모가 있다는 전제하에 외교 정책을 전개해 왔다. 따라서 배타적 민족주의, 중상주의, 그리고 패권주의를 배격했던 반면, 국가, 지역, 세계 수준에서의 '윈-윈'의 상생과 공영이 가능하다고 믿었던 것이다."(문정인 연세대 명예교수)

"한국, 아시아, 세계의 민주주의와 인권, 남북 화해를 위한 위대한 기여를 영원히 기억할 것입니다. 우리는 김대중 대통령을 노벨평화상 수상자로 선택했던 것을 자랑스럽게 여깁니다."(예이르 루네스타 노르웨이 노벨위원회 사무총장)

"한국인 최초의 노벨상 수상자이기도 한 김대중 대통령은 대한민국의 인권과 민주화, 한반도 평화 증진을 위해 한평생 헌신하셨다. 여러 차례 생사의 고비를 넘기고, 사형 선고를 받아 옥살이를 하고, 이후로도 수십 년간 역경 속에서도 오히려 상대방을 용서하고 사랑으로 감싸 안으셨다."(정진석 가톨릭 추기경)

"2005년 5월 23일, 도쿄대 야스다강당에서 열린 김대중 대통령의 강연은 일본에서도 큰 관심을 모았다. 그는 건강하고 활기찬 모습이었고, 목소리도 힘이 있었다. 각국 외교사절을 비롯해 많은 저명인사가 강연을 경청했다. 한반도와 동북아 전체의 화해 평화에 관한 그의 연설은 1,500여 청중의 열렬한 호응을 불러일으켰다. 고난과 죽음의 고비를 헤치고 평화와 민주주의를 위해 투쟁한 인물이었던 만큼, 그의 말 하나하나가 큰 감화력이 있었다. 청중이 느끼는 감동의 기운, 국제사회가 그에게 보내는 존경의 기운이 몸으로 전해지는 듯했다. 이토록 빛나던 그의 모습은 언제부턴가 어두워져 갔다. 그 높은 연세에도 외국인들을 감동시키고 우리의 젊은 세대를 열광케 하는 능력을 가졌던 그가, 우리 사회의 타락과 야만으로 인한 상심을 이기지 못했다. 국제사회를 향해, 미래의 주인들을 향해 평화와 민주주의와 인권의 가슴 벅찬 가치를 알려 줄 인물은 이제 없는 것인가?"(한정숙 서울대 교수)

"퇴임한 후광後廣은 예전보다 더 꼿꼿하게 국가와 민족에 필요한 화두를 던졌다. 특히 '행동하는 양심'이 역사의 동력이라는 사실을 새삼 강조했다. 평화는 더욱 멀어지고 자유는 더욱 후퇴하는 신권위주의 상황에서 그는 광야의 요한처럼, 미국의 킹 목사처럼, 남아공의 만델라처럼 예언자의 목소리를 높였다. 앞으로 그는 더욱 간디처럼 기억될 것이다."(한완상 전 부총리)

"나는 그가 서거하기 직전까지도 국가와 민족의 장래를 걱정하는 그의 불길 같은 정열을 보고 놀라지 않을 수 없었다. 김대중처럼 사는 것은 너무 어렵고 힘들어서 따라 할 수 없는 일이다. 그러나 그렇게 살 수만 있다면 이것은 가장 값진 삶일 것이다. 모든 것을 타고난 사람만이 가질 수 있는 삶이다. 그래서 그러한 삶은 백 년에 한 사람 있을까 말까 한 것이다. 그리고 그러한 삶은 살아서보다는 죽어서, 그리고 죽어서는 시간이 지날수록 인정을 받고 빛이 나는 삶일 것이다."(박승 전 한국은행 총재)

"나는 1980년부터 돌아가시기 전까지 거의 30년 동안 김대중 대통령을 가까이서 지켜봤다. 과연 김대중 같은 지도자가 다시 나올 수 있을까. 그분은 매우 진지하면서도 집념이 강했고, 어떤 경우에도 흐트러지는 법이 없었다. 종교적인 철학이나 가치관도 명확했다. 정치에 대한 사명감과 책임감은 어느 누구보다 절실했다. 당신이 마지막까지 이야기했던 '행동하지 않는 양심은 악의 편이다'라는 말을 가장 분명하게 실천한 사람이었다. 그런 분을 모시고 민주화 운동을 하고 평화적인 정권 교체를 이룩했다는 것은 지금 돌이켜 봐도 기적 같은 일이다. 그리고 그 기억은 내 삶의 가장 큰 기쁨이자 보람으로 남아 있다."(이해찬 전 국무총리)

"지난 10년간의 민주 정권을 지내면서 사람들은 싸우는 법을 잊어버렸다. 현재진행형으로 숨 돌릴 새 없이 세상은 거꾸로 가는데, 우리는 무엇이 잘못된 것인지, 무엇을 해야 할지 알지 못했다. 그때 중심을 잡아 주신 분은 단연 김대중 전 대통령이었다. 역주행을 처음 지적하고, 현재의 문제를 민주주의의 위기, 서민 경제의 위기, 남북 관계의 위기로 일목요연하게 정리하고, 이명박 정권의 본질을 독재 정권이라 규정하고, 민주당·진보정당·시민사회 등 민주 연합 세력의 대동단결이라는 방안을 제시한 것은 다름 아닌 김대중 전 대통령이었다. 특별한 유언이 따로 없으셨다고? 그분은 가만히 계시기만 해도 비바람을 막아 주고, 뙤약볕도 막아 주는 지붕 같은 분이었다. 부디 그분이 남긴 정

치적 유산을 탐하지 말고, 유지遺志를 잇도록 하자."(한홍구 성공회대 교수)

"김대중 대통령님께서 남기신 발자취는 이 나라의 빛과 어둠, 그리고 이 겨레의 염원과 맞닿은 궤적이었다. 비단 남한의 대통령에 그치지 아니하고 조국의 남과 북을 아우르는 지도자였고, 세계가 존경하는 지도자였다. 대통령님만큼 많이 읽고, 깊이 사색하시며, 넓게 살피고, 멀리 내다보시는 지도자를 이제 어디서 또 만날 수 있을까."(한승헌 변호사·전 감사원장)

"국내의 여러 가지 갈등으로 인해 김대중 전 대통령의 업적은 국내보다는 국외에서 훨씬 높이 평가되고 있는 실정이다. 남아프리카공화국에는 만델라가 있고, 버마에는 아웅산 수지가 있으며, 스위스에는 앙리 뒤낭, 미국에는 링컨이 세계인의 인구에 회자되듯이, 한국에는 김대중이 외국 사람들로부터 많은 존경을 받고 있음은 과장이 아니다."(박경서 대한적십자사 총재)

"김대중 대통령은 한국의 인권과 민주주의 형성, 한반도의 평화 조성에 큰 기여를 했다. 오래전부터 김 대통령을 알았고 그의 용기와 선견지명을 높이 사 왔다."(미하일 고르바초프 전 소련 대통령)

"김대중 대통령의 재임 기간에 우리는 21세기를 향한 동반자 관계의 구축을 선언했다. 중국 인민은 양국 관계 발전을 위한 김대중 선생의 중요한 공헌을 잊지 못할 것이다."(장쩌민 전 중국 국가주석)

"그는 과거의 인물이 아니라 미래의 인물이다. 대통령 재임 시 그는 한반도를 통한 유라시아 문명을 꿈꾸었으며, 보편적 세계주의로 인류의 미래를 설파했다. 미래를 향한 그의 사상과 윤리를 잘 확립하는 과제가 우리 앞에 놓여 있다."(한상진 서울대 명예교수)

"저희는 김 전 대통령을 큰 나무에 비유하며 칭송합니다. 그리고 그 죽음을 이렇게 애통해하고 있습니다. 그렇습니다. 그는 분명 큰 나무입니다. 이에 저희는 이 순간 그 큰 나무를 지탱했던 땅속의 숱한 뿌리들, 이 모든 익명의 은인

들과 희생자들을 기억하시어 이들 모두 주님의 은총 속에 영원히 살게 하소서."(함세웅 신부)

"이제는 김대중 대통령의 기념사업을 체계적이고 내실 있게 할 때이다. 김대중 추모기금과 아시아 펠로십을 만들어 아시아의 민주주의를 확산하고, 김대중인권상을 만들어 인권의 보편성을 전 세계에 키울 일이다. 좌우·지역·계층·남북을 넘어 나라와 민족을 하나로 화해시키고자 했던 그의 정신과 위업을 우리가 계속 이어 갈 다짐을 할 때이다."(박원순 서울특별시장)

사람이 지니고 있는 존엄한 품격과 영예로운 면모는 사회와 그 구성원을 위하여 얼마나 유익한 일을 실천하고 있으며, 공공의 이익을 위하여 얼마나 성실히 헌신하고 있는가 하는 데에서 평가된다.

김대중 정부 수립 이후 비로소 우리 국민의 위상과 역할이 가장 숭고한 높이에 이르게 되었다. 국민에게 역사 발전의 주체로서의 지위와 권리를 실답게 보장해 주는 합법적 장치가 마련되었다. 그러한 근본적인 변화를 추동한 것은 국민들의 역동적인 민주화운동과 김대중 대통령의 뛰어난 지도력이 빚어낸 성과이다. 의식적이고 목표 지향적인 모든 과정은 지도를 필요로 한다. 역사적 전망이 난감하거나 부재할 때마다 '중단 없는 진보'를 향한 김대중 대통령의 지도는 분명히 나타났다. 김대중 대통령은 한국의 현대 지도자 가운데 가장 아름답고 고상한 사상정신적 풍모를 가지고 있다. 현명한 지도자로서 민주 정의 평화의 위업을 완수하기 위한 노심초사는 일생 동안 지속되었다. 역사로부터 몰락을 선고받은 낡은 사회의 유물을 청산하기 위해 가장 올바른 자세와 과학적 입장을 늘 견지했다.

인간의 아름다움은 무엇보다도 사회정치적 의식, 그 사상정신적 세계에 있다. 김대중 대통령은 사상事象의 본질을 적확的確히 파악할 수 있는 뚜렷한 철

학적 능력을 갖고 있다. 때문에 사상思想을 정식화하는 김대중 대통령의 언어
체계는 경이롭다. 자신의 사상 및 정서를 교환하는 데 있어서 가히 비할 바 없
는 경지에서 자유자재하다. "언어는 의식과 마찬가지로 타인과 교류하고 싶
은 욕구, 교류의 필요가 있을 때야 비로소 생겨난다. 사상의 직접적인 현실태
現實態는 언어다."

김대중 대통령의 사유는 특별히 "자신의 환경을 실천적으로 지배하고 이용
한 결과로서 성립한 것"이다. 그러므로 김대중 대통령의 사유와 언어는 '관
념'이 아닌 '실천적 행위'를 통해 전개되기 때문에 미래의 차원과 개방적으로
관계한다. 김대중 대통령은 "시대적 현실 속에 있는 개인이나 집단이 자기가
처해 있는 현실에 정당하게 대처하여 의미 있는 행동을 하는 데 실천적 규준"
을 제시한다. 한 시대를 움직이는 원동력이 되며, 정치 경제 사회 문화 일반을
지도하고 때에 따라서는 변혁까지 일으킨다. 여기에 이르러 '김대중 사상'이
라는 표현을 획득한다.

개인적으로 '김대중 사상'에 최초로 세뇌된 것은 1970년 9월 30일 『동아일
보』인터뷰 기사를 읽은 시점이다. 지금도 스크랩북에 간직하고 있는데, 언어
의 품격이 높았다. "사회를 살아 있는 유기체, 지속적으로 발전하는 유기체"
로 통찰하는 시각이 힘차고 신선했다.

먼저 후보로 지명된 소감에 대해 "오늘의 승리는 나 한 사람의 영예가 아니
고 박 정권 밑에서 설움받으며 좌절감에 사로잡힌 국민에게 위로와 격려를 주
는 종소리가 되기를 바란다"면서 '내년 선거'(대선)를 "국민을 혁명적으로 궐
기시켜 '민중 선거'의 페이스로 승화시킨다면 승리는 확실하다"고 단언하였
다. 이어서 "신명을 평화적 정권 교체에 걸 결심"을 굳히고 "농민의 희생 위에
서 이룩된 외형적인 건설, 빈부의 격차를 심화하는 분배 정책 등 수술을 기다
리는 문제들이 많다. 그리고 무한 부패와 부조리와 역리逆理가 지배하는 사회

풍토를 개선해야 할 것이다. 정직한 사람이 좌절하고 국가로부터 국민이 버림받는 현실을 타개, 나라가 국민을 위해 있다는 것을 실감시키는 것이 근본 문제"라고 규정하였다. 또한 "1970년대는 세계가 본질적으로 변화해 가는 제3세계의 서막을 여는 시기로 보고 있기 때문에 유물唯物과 유심唯心의 대립적 개념을 하나의 합일된 이상으로 끌어올리는 일이 필요하다"고 선언하였다.

이후 감동은 '제7대 대통령 선거' 직후인 『동아일보』와의 인터뷰, 1972년 9월호 월간 『다리』 대담, 1975년 1월호 『신동아』 대담, 1980년 봄의 관훈토론, 1983년의 일본 『세카이』 대담, 1987년 10월 민통련 초청 대담 등으로 이어졌다. 마침내 1991년 12월, 내가 운영하던 월간 『사회평론』 대담에서 직접 말씀을 경청敬聽하는 은혜를 입었다. 이 책은 그러한 인연생기因緣生起에서 기획되었다.

김대중 대통령께서 남기신 대화록으로 확인된 것은 1971년 4월 29일 『동아일보』와의 인터뷰 「하느님과 양심 앞에 부끄럼 없이 싸웠다」부터 2009년 5월 21일 한국외국어대학교 강연 「빌리 브란트와 나, '동방정책'과 '햇볕정책'」 및 질의응답까지 모두 170편으로, 200자 원고지 15,000여 매에 달한다. 그 중 24편을 선고選考하였고, 시간의 흐름에 따라 네 챕터에 나누어 수록했다. 이 책과 별도로 '김대중 대화록' 전집이 다섯 권으로 분책分冊 출간될 예정이며, 추후 확인되는 자료들은 보유편補遺篇으로 담아 낼 계획이다.

『김대중 대화록』은 '김대중 사상' 가운데 보편적인 것, 본질적인 것, 합법칙적인 것을 총화하고 있다. 현실의 변화에 필요한 규칙, 계획, 지침 등 결정적인 '뇌수'가 말꽃으로 피어나고 있다. 무진장無盡藏의 보고寶庫로, 가히 장관壯觀이다.

끝으로 이 책을 간행하는 데 마음과 힘을 합하여 도움을 주신 분들의 고마움을 새기고자 한다. 우선 귀한 저작물 수록을 흔쾌히 승낙해 주신 김대중평화센터 이희호 이사장님께 깊은 감사를 드린다. 또한 자료 제공 등 노고를 아끼지 않은 윤철구 김대중평화센터 사무총장, 박한수 실장에게도 고마움을 표한다. 웅숭깊은 우정으로 한결같이 응원해 주는 노영대 변호사, 윤풍식 회장께도 감사를 올린다. 김대중평화센터 임원 여러분과 김대중대통령광주전남추모사업회 공동대표들의 격려도 잊을 수 없다. 특히 정해숙, 림추섭 선생은 아낌없이 자료를 협조해 주었다. 교정·편집에 매진한 김효은 편집장의 사회역사적 노동 과정은 아름다웠다. 아울러 출판 활동의 높은 형태를 보여 준 조윤형 선생께도 감사의 마음을 전한다.

'김대중 사상'과 '김대중 역사'가 김대중 대통령이 '존경하고 사랑하는 국민 여러분'과 길이 함께하기를 기원한다.

2018년 8월 18일
정진백

"김대중 씨가 죽고 나면 한국인들은 그때 가서야 그에게 정말 큰 빚을 지고 있다는 사실을 깨닫게 될 것이다."
—버나드 크리셔 (전 『뉴스 위크』 도쿄 특파원)

차례

일러두기

1. 1971년 4월 29일부터 2009년 5월 21일까지의 인터뷰, 토론, 대담 등 200자 원고지 15,000여
   매를 연대순으로 배치하여 5권의 책으로 엮은 『김대중 대화록』 전집의 인터뷰 170편 중 주제
   의 중복을 피하고 대담의 시기를 고려해 24편을 선고하여 실었다.

2. 매 편 앞부분에 대화 상대의 이름과 직함, 대담 일시와 장소, 대담이 수록된 지면 등을 기재
   하였다. 단, 불확실하거나 확인되지 않은 경우는 생략하였다.

3. 대담자의 직함은 대담 당시의 직함이다.

4. 언론 매체에 게재, 방송되었던 글은 실제로 인터뷰하거나 녹화한 날짜를 일시로 밝혀 두되,
   그 날짜가 정확지 않은 경우 매체에 게재, 방송된 시기를 일시로 보았다.

5. 원문에 따르되 분명한 오탈자에 한해 바로잡았고, 용어 등 최소한의 범위에서 교열했다.

6. 독자들의 이해를 배려하고자 원문의 제목을 바꾼 경우도 있고, 중간 소제목을 추가하기도 했다.

7. 외래어 표기는 현행 표기법에 따르되 한자 음대로 표기한 것도 있고, 오랜 관행으로 굳어진
   경우는 예외로 하였다.

제1부 — 민주화를 향한 고난의 길

한국 민주화의 길
야스에 료스케

—
1973년 7월 13일, 일본 진보좌파를 대변하는 시사잡지 『세카이世界』의 편집장 야스에 료스케安江良介와 도쿄에서 나눈 대담으로, 『세카이』 1973년 9월호에 수록되었다.

—

야스에 작년(1972년) 7월 4일에 남북공동성명이 발표된 지 1년이 지났습니다. 오늘까지의 경과는 예상된 바와 같이 남북통일에의 길이 결코 평탄하지 않음을 보여 주고 있는데, 그렇다고 하더라도 '7·4공동성명'을 정점으로 하는 이 2-3년 동안의 북한의 움직임은 국제적으로도 큰 주목을 받고 있습니다. 그러나 이 변동에는 두 가지 측면이 있어서, 하나는 통일 또는 남북 교류에의 움직임이지만, 다른 면에서는 남북 교류에의 움직임과 궤軌를 하나로 해서, 현상적으로는 실로 불가사의한 것이지만, 한국에서는 급속하게 정치적 반동화가 진행되어 모든 면에서 억압체제가 강화되어 있습니다. 이 두드러지게 모순된 두 측면을 보고 있으면, 오랫동안 부당하게 분단되어 있던 한민족이 통일을 목표로 구체적인 움직임을 보이기 시작한 사실에 큰 기대를 갖는 만큼, 한국에 있어서의 반동화의 상황을 무시할 수 없는 점이 우리에게는 있습니다. 통일을 위해서는 과도적으로 필요한 일이라고 한국 정부는 설명하고 있지만, 인간의 자유와 정의라는 기본적인 관점에서 보건대, 이런 일을 과연 허용해도 괜찮은가, 묵과할 수 있는 걸까 하는 생각이 듭니다.

더구나 우리가 두려워하고 있는 것은 그러한 박정희 정권과 일본 정부와의 유대가 점점 강화되고 있다는 사실입니다. 남북한과 일본과의 교류가 각각 촉진되어 가는 일은 좋은 일이고, 그것이 장래에는 통일된 한국과 일본과의 우호로 이어짐을 바라고 있는데, 오늘날의 한·일 관계는 그런 교류가 아니라, 박정희 정권이라는 특정한 정권을 지탱함에 있어서 일본과의 유대가 강화되어 있다는 데 문제가 있습니다. 이것은 본래는 한·일조약 체제의 기본적인 골격이긴 하지만, 이런 측면이 최근에 와서 특히 강화되어 있는 것 같습니다.

그런 오늘날의 한국의 상황을 어떻게 보는가 —이것은 일본인의 북한관 그 자체와 관계가 있는 것이고, 또 일본 자신이 살아가는 방법을 결정하는 전제가 된다고 나는 생각하고 있습니다—, 그런 관점에서 본지(『세카이』 1973년) 5월호에서 「한국의 현상을 우려한다」는 특집을 다룬 적도 있지만, 오늘은 전부터 한국의 야당을 대표하여 박정희 정권과 싸우고 계시며, 특히 1971년의 대통령 선거에서는 박 씨와 대접전을 전개하신 김대중 씨에게 오늘날의 한국의 상황을 어떻게 보고 있는가, 또 그런 한국의 상황에서 탈피하여 한국의 민주화와 한반도 통일에의 길을 어떻게 찾으려는 생각을 가지고 계시는지 의견을 들어 보고 싶습니다.

작년 가을 박정희 정권이 계엄령을 선포하고 '10월유신'이라는 체제를 취했을 때, 김대중 씨는 마침 일본에 계셨습니다. 그리고 그 이후, 한국으로 돌아갈 수 없는 상황이 계속되고 있는 것으로 알고 있습니다만….

삼엄한 억압 아래서

김대중 나는 작년 10월 11일에 도쿄에 왔습니다. 이쪽으로 온 것은 선거 때에 입은 원인 불명의 부상 —그것이 정부 측에서 했다는 것이 거의 틀림없다는 증거를 나는 가지고 있지만—, 그때에 받은 상처를 치료하기 위해 온 것입니다. 지금의 한국의 정세에서는 국내에서 마음대로 치료할 수 없어서….

야스에 현재, 10월에 계엄령이 선포된 직후에 종합잡지 『다리』의 편집고문이며 김대중 씨의 참모로 유명한 김상현 의원 등이 체포되었지요?

김대중 그렇습니다. 그래서 세 번째 치료를 하고 10월 19일에 돌아갈 생각이었지만, 10월 17일 오전 중에 후쿠다 다케오福田赳夫 씨에게, 또 오후에는 고노겐조河野謙三 참의원 의장을 만나 보고 오니 그런 뉴스가 들어와 있었습니다. 그 이후, 나는 대통령의 조치에 단호히 반대하며, 일본과 미국을 왕복하고 있는데, 내가 한국에 돌아가면 여러 가지 위험한 일이 기다리고 있는 것도 객관적인 사실일 것입니다. 그러나 나는 금년 1월에 그런 상태라도 귀국하려고 생각했습니다. 그래서 본국에 있는 동지들에게 언더그라운드로 이 사실을 연락했는데, 본국에 있는 동지들의 생각은, 지금 내가 한국으로 돌아오면 결정적으로 생명이 위태롭다, 설사 신변의 안전이 확보되더라도 국민은 돌아온 사실조차 모른다, 또 한 가지 중요한 일은 박정희 정권은 현재 국민의 지지에 의해 서 있는 것이 아니라 미국의 무기와 일본의 돈으로 서 있는 것이니까, 이들 두 나라로부터 원조가, 방금 야스에 씨가 말씀하신 것처럼, 한 정권의 연장을 위해 쓰이는 일이 없도록 양국의 지도자나 양식 있는 사람들에게 호소해 주는 것이 절대로 필요하다, 이것이 나의 동지들의 일치된 의견이었습니다. 그래서 현재, 나의 가족은 모두 한국에 있지만, 나 혼자서 일본과 미국을 왕복하고 있는 것입니다.

야스에 한국의 현상은 엄격한 보도 통제로 인해 거의 알려져 있지 않지만, 반反박정희 정권적인 활동에 대하여서는 상상을 초월한 억압이 계속되고 있는 것 같습니다. 전에도 말한 것 같은 야당, 즉 김대중 씨를 지지해 온 정치가나 언론인이 체포되어 있으며, 극히 최근에는 그리스도교 관계자에도 손길이 뻗어서 박형규朴炯圭 목사 등이 '내란'이라는 명목으로 체포되고 있습니다. 또한 이것은 일본의 신문에도 보도된 바 있는데, 일본에서 한국으로 돌아온 기술자인 김철우金鐵佑·喆佑 형제가 '북한의 간첩'이라는 상투적인 이유로 체포되고 있습니다. 대학의 연구자들도 상당수가 체포되고 있는 것 같군요.

김대중 공표되지는 않았지만 일반 학생이나 청년이라든가 언론인이나 학자 등, 많은 사람이 현재 박해를 받고 있고 체포되어 있습니다.

야스에 걱정스러운 것은 종래 '반공법'이나 '간첩' 용의로 체포된 사람은 대부분이 살아남지 않았다는 것입니다. 일본에도 알려진 사람으로는 일찍이 도쿄대학에서 공부한 바 있는 김규남金圭南 씨나 국제법학자인 박노수朴魯洙 씨 등, 모두가 반공법에 의해 체포되어 국제적인 구명운동에도 불구하고 처형당했습니다. 더구나 7·4성명이라는 통일에의 획기적인 움직임이 있은 직후에, '북쪽에 간첩행위'를 이유로 처형당한 바 있습니다.

김대중 나는 그것을 보고, 7·4성명이라는 것에 매우 어두운 장래를 느꼈습니다. 김규남 씨에 대해서는 여·야당 의원의 대부분인 3분의 2가 목숨만은 살려 달라고 서명했었습니다. 저도 서명했습니다. 7·4성명이 나오고, 동족이라는 입장에서 북쪽과 손을 잡고 대화를 나누려고 한다면, 가령 확실한 북한의 간첩이라고 하더라도 목숨만은 살려 주는 것이 상식이죠. 그러나 박정희 정권은 그런 여론에 전혀 귀를 기울이지 않았습니다.

야스에 우리가 밖에서 보면 7·4성명이라는, 아마도 이를 어떤 입장에서 보아도 감동적인 전환이 있던 시기에, 그 새로운 길을 보장하기 위해서는 두 가지 노력이 있어야 한다는 생각이 들었습니다. 하나는 어떤 곤란한 일이 있더라도 남북 교류의 창구를 조금씩이나마 크게 해서, 남북 간의 신뢰감을 유지·확대한다는 노력, 또 하나는 한국 국내에서 종래 '반공'이라는 명목 등으로 북쪽과의 관련으로 처형되거나 체포되어 온 정치범에 대한 처우를 바꾸는 일입니다.

'반공법'적인 제도를 고치거나 폐기하는 일이 본래 행해졌어야 하지 않나 하고 생각했었습니다만….

김대중 그것은 외국인들만 아니라 한국 국민도 매우 이해하기 어려운 처지입니다. 나는 1971년의 선거 때, 이미 방금 말씀하신 것을 주장했습니다. 나는 7·4성명을 매우 높이 평가하면서도, 이것이 진실로 민족적 양심을 바탕으로 해서 행하여진 것이 아니라, 박정희 씨의 독재정권을 영구화하기 위한 방편에서 내놓은 의도가 짙다고 보았습니다. 그래서 공동성명이 발표된 직후인 7월 13일에, 나는 "통일이라는 명분하에 독재의 영구화를 꾀할 우려가 있다"고 내외의 기자회견에서 말한 바 있습니다만, 2월에 발표된 미국의 상원 외교위원회의 보고에도 나의 회견이 인용되고 있습니다.

야스에 정치가로서는 남북의 교류, 화해의 길을 구체적인 정책으로 제시한 것은 김대중 씨가 처음이라는 말이 있습니다. 1960년의 4·19혁명 후에는 사회대중당 등이 남북 협상, 서신 왕래, 경제 교류 등을 슬로건으로 내세우고 있었지만 확실히 김대중 씨는 남북한의 화해와 교류의 방법을 보다 정책적으로 제시해 왔다고 생각합니다.

1971년의 대통령 선거에 입후보하셨을 때의 주장에는, 내가 기억하는 바로는, 남북한의 화해와 교류 및 평화 통일, 공산권 여러 나라에 대한 외교나 무역의 추진 등을 이슈로 내세웠습니다. 그것은 그 당시의 상황에서는 매우 주목할 만한 것이었습니다.

김대중 그때, 반공법과 같은 법률을 전면적으로 개폐해야 한다고 주장했습니다.

야스에 7·4성명의 정신을 실제로 보장하려면 당연히 그런 전환이 있어야 한다고 생각했었지만, 실제에 있어서는 정반대가 되어 있습니다. 어째서 그렇게 되는 것인가 여쭈어 보고 싶습니다.

박정희 독재는 어떻게 해서 가능했는가

김대중 한국의 현실을 이해하기 위해서는 박정희 정권이란 어떤 정권인가, 또 어떻게 해서 그런 독재가 성립됐는가를 생각해 볼 필요가 있다고 생각하지만, 그 전에 먼저 한국 국민이 그렇게도 민주주의를 열망하고, 아시아에 있어서는 일본 다음가는 높은 교육 수준을 가지고 있으면서도, 어떻게 이렇게 민주주의가 뿌리를 내릴 수 없는지, 그 원인을 찾아보아야 한다고 생각합니다. 하나는, 한국의 민주주의는 우리 스스로의 힘으로 얻어진 것이 아니라는 점에 기본적인 원인이 있습니다. 주지하는 바와 같이, 영국이 그 민주주의를 획득하는 과정에서는 300년 이상에 걸쳐서 많은 피를 흘렸습니다. 민중이 일어나서 바스티유 감옥을 깨뜨린 행진곡이 현재의 프랑스의 국가가 되어 있습니다. 미국이 민주주의와 독립을 얻는 데는 156년이라는 세월을 필요로 했습니다. 우리들 한국인은 물론 3·1운동을 일으켰고, 광주학생독립운동도 일으켰고, 중국이나 미국에서 항일독립운동도 펼쳤습니다. 하지만 기본적으로는 연합국의 승리에 의해 증여된 민주주의와 해방이지, 스스로 충분한 대가를 치르고 쟁취한 것이 아니었습니다. 그런 민주주의를 쟁취한 역사적 전통이 없기 때문에, 민주주의를 지켜 가는 주체 세력과 국민의 자각의식이 부족한 셈이죠. 이 점이 우리에게는 기본적으로 결여되고 있는 것입니다.

둘째는, 우리는 불행하게도 지도자라는 면에서 충분하지 못했습니다. 민주주의의 성립을 위해서는 두 가지 조건, 하나는 스스로의 힘으로 쟁취한다는 것과, 또 하나는 인도의 예에서 볼 수 있듯이 뛰어난 리더십이 필요하다고 나는 생각하는데, 이런 점에서 우리는 충분하지 못했습니다. 한국에서 집권한 것은 제1대 지도자인 이승만 씨와 현재의 박정희 씨, 두 사람이 있을 뿐입니다. 그 중간에 장면 씨가 있지만, 그는 겨우 8개월밖에 정권을 유지하지 못했습니다. 따라서 한국의 정치체질에 책임이 있는 것은 이승만 씨와 박정희 씨인데, 이들 두 사람은 모두가 국민의 의사를 존중한다는 민주주의적인 생각을 가지고 있지 않은 자기중심적인 지도자입니다. 특히 그들의 커리어를 보면, 전반적인 한국민과는 전혀 이질적인 것을 가지고 있습니다. 이승만 씨는 조선 왕조 말기부터 40년 가까이 미국에 망명해 있었으므로, 그 이후의 한국의 국민을 잘 몰랐습니다. 그의 한국에 대한 감각도 조선왕조 말기의 것이었으며, 모국으로 돌아오자 카리스마적으로 떠받들어졌으므로 점점 더 국민과 동떨어진 생각을 갖게 되었습니다. 하지만 그래도 그는 미국에서 오래 살았기 때문에, 지금의 박정희 씨에 비한다면 독재자라고는 할 수 없습니다. 언론의 자유는 상당히 보장되었고, 국회도 어느 정도는 활발하게 활동하고 있었습니다. 물론 극단적인 부정선거나 반민주적인 정치이긴 했지만, 독재자라고 하기보다는 카리스마적인 지도자였다고 해야 할 것입니다.

그런데 박정희 씨의 커리어는 아시다시피 구舊 만주나 일본의 육군사관학교를 나오고, 해방 후에도 줄곧 군인 생활만 하고 있습니다. 군대식 사고방식은 모든 것을 획일적으로 생각하는 점에 하나의 특징이 있다고 생각합니다만, 다양성 속에서 통일을 추구하는 민주주의의 본래의 사고방식은, 그의 눈으로 보면 모두가 혼돈으로밖에 비치지 않았던 모양이죠. 게다가 자기 개인의 영원한 집권 욕망이 겹쳐졌으므로 무서운 독재가 되어 버린 셈입니다.

야스에 직접적인 힘에 대한 신앙이 매우 강한 면은 있겠지요.

김대중 그런 사람이 정권을 잡은 지 12년이나 되고 있는 셈입니다.

셋째로 큰 원인은 미국의 정책입니다. 제2차대전 후, 많은 후진국이 미국을 민주주의의 메카처럼 생각해 왔고, 미국도 처음에는 그들 나라들에게 민주주의를 심어 주려고 노력한 것이 사실입니다.

그런데 냉전이 격화되자 미국이 '반공'이라는 정책을 강력하게 내세우고, 반공만 하면 아무리 부패한 정권이라도, 어떤 독재정권이건, 무기를 대주고 돈을 주는 등 계속 원조를 했습니다. 반공의 목적은 본래 '민주주의를 위하여'인데도, 민주주의를 짓밟는 정권을 반공 때문에 원조했다는 잘못된 미국의 정책이, 한국에 있어서도 독재자들을 계속 고무해 왔던 것입니다.

그리고 한·일 국교 정상화가 이룩되자, 이번에는 일본이 그 미국의 잘못된 정권을 본뜨기 시작하고 있습니다. 미국은 방법이 능란하다고나 할까, 야당을 조금은 부추겨 주고 민주주의를 보호하는 듯한 태도도 취하지만, 일본은 일방적으로 박정희 씨를 밀어주고 있습니다. 박정희 씨가 진짜 독재를 하기 시작한 것이 1969년의 '3선개헌'에 의해서인데, 그 3선개헌에 대비하여 3분의 2 이상의 국회의원을 확보하기 위해 전력을 기울인 것이 1967년의 선거였습니다. 한·일회담의 성립은 1965년, 박정희 정권이 거의 독재체제로 들어가고, 수습할 수 없는 부패상을 보이기 시작한 것은 한·일회담 이후입니다.

이 세 가지 문제가 한국에서의 민주주의 정착 실패의 기본 원인이라고 생각하고 있습니다.

야스에 박정희 정권 자체의 성격을 어떻게 보고 계시는지요?

박정희 정권, 그 세 가지 특성

김대중 박정희 정권의 특징은, 그것도 세 가지가 있다고 할 수 있습니다. 이 정권은 첫째 군사정권이다, 둘째로는 정보정권, 그리고 셋째는 변신이 재빠른, 무원칙을 원칙으로 하는 정권이다, 이런 점을 들 수 있을 것입니다.

조금 전에도 박정희 정권에게는 힘이 전부라는 군인적인 체질이 강하다고 하셨는데, 군대의 발상은 적敵만 있지 라이벌(좋은 적수)이라는 것이 없습니다. 적이라는 것은 죽여 버리지 않으면 안 된다는 사고방식입니다. 언론도 야당도

모두 이를 철저하게 짓밟지 않고는 성에 차지 않는 것이 박정희 정권의 특징이
되어 버리고 말았습니다.

두 번째로 정보만능의 정권이라고 했는데, 현재 정권을 지탱해 나가고 있는
사람들, 위로는 박정희, 국무총리인 김종필을 비롯해서 얼마 전에 체포된 윤
필용 수도방위사령관, 청와대의 경호실장으로 상당한 힘을 가지고 있는 박종
규 등이 있는데, 이들은 한결같이 정보장교 출신입니다. 정보장교라는 것은
옛날 일본의 헌병정치, 특고정치特高政治를 생각하면, 어떤 멘털리티(정신 상
태)를 가지고 있는지 짐작이 가리라 믿습니다. 그들은 어디고 일을 정면으로
본다든가, 민중을 설득하고 손을 잡고 나가는 일은 체질적으로 할 수가 없습
니다. 상대방을 보면 즉각 약점을 찾으려 하고, 그 뒤를 캐려고 합니다. 지금
그들이 국민에 대해서 하고 있는 것이 무엇인가 하면, 그 하나는 협박과 유언
비어를 흘리는 일입니다. 예를 들면, 전화는 정부에 도청당하고 있으니까 조
심해야 한다는 정보를 흘립니다. 그러면 국민은 전화를 거는 데도 겁을 먹고
맙니다. 또는 서울의 대학에서는 "부산의 모 대학에서 이상한 짓을 한 학생이
정보부에 끌려가서 죽도록 얻어맞았다"는 정보를 흘립니다. 그러면 서울의 대
학에서는 서로가 조심하자, 조심하자 하는 공포 분위기가 퍼져 갑니다. 미국
에서도 샌프란시스코에서 아무개가 이런 일을 함으로써 한국 내에 있는 가족
이 크게 혼났다든가, 캐나다에서 누군가가 반정부 인사와 만나고 본국에 돌아
오니 정보부로 끌려가서 지독한 고문을 당했다든가, 전혀 근거를 찾아볼 수
도, 그리고 구체적인 이름도 없는 그런 소문을 여기저기서 흘리는 것입니다.
그러므로 미국이나 일본에 한국인이 오면, "여기서 전화를 걸어도 안전한가
요?" 하고 묻습니다. 그만큼 공포심을 심어 주는 데 성공한 셈입니다.

야스에 지난 6월 미국에서 한국의 주미 공보관장이 박정희 정권의 정보 정치
속에서 견디다 못해 『워싱턴 포스트』지에 성명을 발표하고 망명한 사건이 전

해졌는데, 그 전후에 미국 정부에서조차도, 한국 정부가 미국에 와서 묘한 정보 활동을 하는 것은 극히 유감스러운 일이라고 항의성명을 내고 있더군요.

김대중 그것은 그 사람 혼자만의 일이 아닙니다. 내가 세인트루이스에서 한국인 그리스도교 관계의 학자들이 모인 집회에서 연설하려고 했더니, 본국의 정보부에서 간섭이 있었습니다. 또 내가 샌프란시스코에서 한국 교포들에게 연설을 하려고 했더니, 정보부의 부영사가 한국계 폭력단을 15-16명 데리고 와서, 토마토 케첩병과 달걀 등을 나한테 던지려고 하다가 경찰에 체포된 일도 있습니다. 교포들도 항의성명을 냈는데, 미국의 국무부는 세 번이나 기자회견을 하여 이런 한국 중앙정보부KCIA의 미국 내에서의 불법 활동에 강한 불만을 표명하고, 미국연방수사국FBI에 수사를 의뢰하고 있는 것은 외교 관계에서는 이례적인 사태일 것입니다.

셋째로 재빠른 변신인데, 이것은 정말 멋지다고 표현할 수밖에 없을 정도입니다. 참으로 놀랄 만큼 전에 한 말을 뒤집지요. 예를 들면, 박정희 씨의 진퇴 문제 하나만 보더라도, 1961년 5월의 군사쿠데타 때에는 군사정권은 잠정적인 것이고 자신들은 군대로 복귀한다고 했습니다. 그리고 1963년 2월에는 국민 앞에서 눈물을 흘리면서 손을 들고 자신들은 민정 이양에 참가하지 않겠다고 선언하고, "나 같은 불행한 군인이 다시는 생기지 않기를 바란다"고 말한 바 있습니다. 그런데 한 달도 채 되기 전인 3월 16일에는 그 말을 뒤엎고 군복을 양복으로 갈아입고 참가하고 말았습니다. 1967년의 국회의원 선거 때에는 대단한 부정선거로서, 특히 나를 낙선시키려고 대통령이 나의 선거구에서 국무회의를 열고, 더구나 "여당 의원 20명이 떨어져도 좋으니 김대중만은 낙선시켜라"라고 지시함으로써 세상을 놀라게 했습니다. 그래서 나는 대통령에게 "당신이 이렇게까지 선거에 열을 쏟고 있는 것은, 대통령 3선을 가능하게 하도록 개헌하기 위한 것이 아닌가" 하는 공개질문을 했는데, 이튿날 대통령은

2만 명의 관중 앞에서 "내가 3선개헌을 하려고 한다는 것은 야당의 모략이다, 나는 3선개헌은 절대로 하지 않는다"고 연설했던 것입니다. '절대로'라고 말했습니다. 이듬해인 1968년에는 현재 체포되어 있는 김상현 의원이 청와대로 가서 대통령을 만났을 때, 대통령은 "만약 내가 독재를 하려고 한다면 당신들은 그에 반대하십시오. 만약 내가 3선개헌을 하려고 한다면 김상현 의원, 당신은 칼을 들고 나에게 덤비시오"라고까지 말한 바 있습니다. 그러나 1969년에는 3선개헌을 해 주지 않으면, 나는 당장 대통령을 그만두겠다고 국민을 협박해서, 결국은 헌법을 개정했습니다.

그리고 1971년의 대통령 선거 때에는, 그는 군중 앞에서 눈물을 흘리면서 "나를 지지해 주십시오, 대통령으로 나서는 것은 이번이 마지막입니다"라고 연설하면서 전국을 돌아다녔습니다. 하지만 나는 "이번에 정권 교체가 되지 않으면 반드시 총통제가 된다, 다시는 선거가 없다"고 되풀이하여 경고했습니다. 그러나 국민들은 설마 하고, 또는 약자에 대한 동정심이랄까, 눈물·호소에 약한 국민감정도 있고 해서 다시 속아 넘어간 사람도 많았던 것입니다. 그 1971년 4월부터 1년 반이 되는 작년 10월에는 '유신'이라는 이름 아래 계엄령을 선포하고 헌법을 개정하여 완전한 독재체제를 만들었던 것입니다. 목적을 위해서는 자기 자신이 한 말에 대해서 전혀 책임을 지지 않는 정권입니다.

통일 문제에서도, 그에게는 통일이 문제가 아니라, 정권 유지를 위한 국민의 열망을 악용하고 있습니다. 1960년 4·19혁명 때에는, 국민은 이승만 정권이 무너진 것을 기뻐하면서도, 국내의 혼란에 대해서는 깊은 우려를 나타내고 있었습니다. 그래서 그 기회를 보고 나타난 군사정권은, 반공 제일주의를 내세워 '통일'을 주장하는 사람들을 체포하여 사형에 처했습니다. 그 후 박정희 정권은 미국이 한·일회담을 열망하고 있다면 '제2의 이완용', 즉 매국노라는 말을 들어도 좋다고 큰소리치면서, 한·일회담을 밀어붙였습니다. 미국의 지지를 얻기 위해서는 베트남으로의 출병도 강행했습니다. 이들 모두가 한국의 정권을 유지하는 가장 큰 힘이 미국의 의향이라는 판단에서 나온 것이고, 무엇보다도 먼저 정권 강화가 목적이었음은 너무나 명백합니다.

처음에 내세웠던 '민족적 민주주의'는 어디엔가 버려 버리고, 오직 일본으로부터의 자금 도입에만 매달리고, 일본과 같은 고도성장 정책을 취해 왔지만, 군인에 의한 날림 경제 건설은 대부분이 실패하고, 특히 건설이라는 미명 아래 빈부의 격차를 벌려 놓아, 일부 특권층의 사복私腹을 채우고 헤아릴 수 없이 많은 부패를 낳게 했습니다. 그런 모순이 1971년의 대통령 선거에서 한꺼번에 쏟아져 나온 것 같습니다. 아시다시피 나는, 그때까지는 국제적으로는 이름 없는 청년이었고, 국내에서는 대통령이 될 만한 실력이 있을까 하는 의구심을 갖게 하는 존재였습니다. 그런데 선거전에 돌입하자 예측을 초월한 국민의 지지와 원조가 모였습니다. 정책에서도 선거 때의 쟁점이 된 것은 모두 야당인 내가 제시한 것이었습니다. 남북 교류, 평화 통일, 공산권 외교, 4대국에 의한 한국에서의 전쟁 억제의 보장, 또한 향토예비군의 폐지, 대중경제, 의무교육에 있어서의 수업료 등의 부담 폐지, 이런 것들이 모두 이슈가 되었던 것입니다. 다만 한 가지 정부 여당이 약속한 것으로, 국민이 일리가 있다고 들은 것은 한국과 같은 나라에서는 군대의 지지가 없으면 정권의 안정이 있을 수 없다, 군대의 지지야말로 대통령의 첫째 자격이라는 것이었습니다. 그런데 그 군대에서, 그는 나에게 졌던 것입니다. 가장 두드러진 사실은, 소위 박정희 정권의 친위사단이라고 할 수 있는 수도방위사령부에서 내가 승리하는 결과가 나왔습니다. 박정희 씨는 부정선거로 나를 이겼지만, 그는 사실은 졌다는 것이 국민의 상식입니다.

야스에 그 때문이라고 생각합니다. 본지 7월호(1973년)의 「한국으로부터의 통신」도, 지난번의 계엄령 아래서의 국민투표 때, 군대 안에서 얼마나 편파적인 부정투표가 공작되었는가를 선례를 들어서 보고하고 있습니다.

김대중 나는 7월호를 뉴욕에서 보고 흥미 있다고 생각했습니다. 그런 수치심도 소문도 없는 선거를 치르지 않을 수 없었던 것은, 전번 선거에 군대에서 졌던 사실에 상당히 혼이 났기 때문일 것입니다.

야스에 박정희 정권이 남북 교류에 적극적인 자세를 보이게 된 배경에는, 국제적으로는 베트남에서의 미국의 패배와 그에 따른 냉전 구조의 붕괴 속에서의 고립감이 있겠지만, 국내적으로는 그런 벽에 부딪힘과 동시에, 종래의 뿌리 깊은, 터부시하는 시선 속에서 용감하게 내건 김대중 씨의 통일 정책 등이, 국민의 지지를 받은 점을 들 수 있겠지요.

김대중 그렇습니다. 처음 선거 때 내가 앞에서 든 정책을 내세웠을 때에는, 그들은 나를 공산당이라 부르고, "김일성이 피리를 불면 김대중이 춤을 추고, 김대중이 북을 두드리면 김일성이 맞장구를 친다"고 했습니다. 그런데 4월에 선거가 끝나고, 7월에 남북적십자회담을 제안했습니다. 그래도 박정희 정권의 체질로는 남북 교류는 새로운 불안의 씨앗이었던 모양입니다. 12월에는 비상사태 선언을 발표하여 "북쪽으로부터의 침략이 임박했다"고 선언했습니다. 북한 인민군의 퍼레이드를 전국의 극장이나 텔레비전으로 비춰서 불안감을 조성했습니다. 김종필 총리가 비상사태 선언의 이유를 국회에서 설명했을 때에도 북쪽에 홍수가 일어나 제방을 넘어서 그 홍수가 남쪽으로 흘러내리려 하고 있다, 비상사태 선언이야말로 그 대홍수를 방지하기 위한 조치라고 말하고 있습니다. 좀 더 심한 일로는, 1972년 4월 15일은 김일성의 환갑에 해당하는 날인데, 그 환갑을 서울에서 축하하기로 되어 있다고 떠들어 댔습니다. 그러나 미국에서는, 우리는 그렇게 생각하지 않는다, 한국 정부와의 의견을 달리한다고 공공연하게 말했으며, 우리도 절대로 있을 수 없는 일이다, 4월 15일을 기다려 보라, 그때 어느 쪽이 거짓말을 했는가를 알 수 있을 것이다라고 닦아

세웠습니다. 그런 곡절을 거쳐서 7·4성명이 나왔던 것입니다.

7·4성명이 어떤 의도에서 나온 것이라고 하더라도, 나는 그 역사적 의의가 크다고 생각합니다. 7·4성명의 내용도 우리가 생각하고 있었던 것보다 훨씬 발전되어 있었습니다. 그러나 역시, 당사자의 본심은 달랐었다는 사실도 중요합니다. 국민이 통일을 열망하고, 통일을 기대하고 있는 분위기를 이용해서 계엄령을 발하고 헌법을 개정해 버렸습니다.

한편, 10월 17일(10월유신)이라는 타이밍을 택한 것은, 미국이 대통령 선거와 베트남 휴전교섭으로 벅찰 때, 순식간에 해치운 것입니다. 이런 일에는 박정희 정권이 매우 유능합니다.

그들이 진심으로 통일의 길을 찾으려고 하는 것이 아님을 증명하는 적절한 에피소드가 있습니다. 작년 12월 말에 김종필 총리가 트루먼 전 대통령의 국장國葬 때문에 워싱턴으로 가서, 한국대사관에서 한국의 미국 주재기자를 모아 놓고 저녁 식사를 했을 때의 일인데, 김종필 총리가 입을 열어 "북괴 놈들, 북괴 놈들" 하고 격렬하게 북쪽을 비난할 대로 비난했습니다. 그러나 그때는 '통일주체국민회의'의 선거를 하고, 통일을 위한다는 명목 아래 헌법 개정을 하고 있던 중이었으므로 기자들은 놀란 나머지, 어째서 저런 말을 하는 것이냐고 동석하고 있던 문교부(현 교육부) 장관에게 물었던 모양입니다. 문교부 장관은 "저것이 진실입니다"라고 답했어요. 그러면 현재 통일을 떠들어 대고 있는 것은 무슨 뜻이냐고 물었더니, "그것은 거짓말이고, 이것이 진짜"라고 말했습니다. 나는 그 기자들로부터 워싱턴에서 그 이야기를 들었습니다. 미국에서 돌아오는 길에 일본에 들른 김종필 씨는 민단본부로 가서 통일 따위는 꿈에도 생각지 말라고 훈화하고 있습니다. 한편, 남북교섭을 직접 추진한 이후락 씨도 일본의 우시로쿠後宮 대사를 향해 "피는 물보다 진하다고 하지만, 이데올로기는 피보다도 짙다. 10년이나 20년에 통일은 있을 수 없다"고 말하고 있습니다. 우시로쿠 대사가 그것을 일본으로 돌아가 보고한 사실이 일본의 신문에도 실려 있었습니다. 이처럼 박정희 정권은 '반공을 내세워서 편리할 때면 반공', '통일을 내세우는 것이 편리할 때면 통일'이라는 식으로 참으로 변신을 잘합니다. 유엔에서 지금까지의 한국에서 유일한 합법정권론을 버리고 동시가입론을 내세웠는데, 이것도 내가 2년 전부터 주장하고 있는 것입니다. 하지만 이것은 일관된 정책과 이념에 바탕을 둔 것이 아니라, 아시아태평양협의회 ASPAC의 붕괴와 세계보건기구WHO에서의 패배라는 사태하에서의 변신입니다. 이런 '무원칙이 원칙'이라는 정권이 정권을 유지시켜 온 단 하나의 절대적인 원칙은, 무슨 일이 있더라도 정권은 내놓지 않는다는 것입니다.

야스에 김대중 씨는 최근까지 미국에 머물면서 적극적인 활동을 하신 것으로 알고 있는데, 이번 2월에 나온 미국 상원 외교위원회의 보고서는 격렬한 어조로 박정희 정권의 압제정치를 비판하고, 경고를 발하고 있습니다. 이 국제적으로 주목을 받은 보고서도, 한국 국민에게만은 강력한 보도관제가 되어서, 그 내용은 전혀 알려져 있지 않은 것 같은데, 미국에서 각계 인사들과 만나 본 결과 그 반응은 어떠했는지요?

불안과 비판, 미국의 박정희 정권관

김대중 솔직하게 말하면, 현재 미국 전토가 워터게이트 사건에 휘말려 있어서, 한국의 일 따위는 염두에도 없는 것 같습니다. 어쨌든 닉슨 정권은 생사의 기로에 서 있습니다. 그것은 정당·의회·언론, 미국 국민 모두에게 미국의 민주주의의 근본에 관계되는 문제이므로 당연한 일일 것입니다. 나는 맨스필드 민주당 상원 원내총무나 사이밍턴 의원 등 많은 사람을 만나 보았는데, 역시 머리는 워터게이트 사건으로 가득 차 있는 것 같았습니다. 휴 스콧 공화당 원내총무와 약속하고 있던 때에는, 그날 아침에 전화가 와서 워터게이트 사건 때문에 아무래도 약속을 취소하지 않을 수 없다는 그런 상황이었습니다. 그러므로 현재 미국이 한국의 문제를 어떻게 보고 있는가를 정확하게 말하기에는 자신이 없습니다.

그러나 단 한 가지, 미국 안에 이런 생각을 가진 사람이 있다는 것은 사실인 것 같습니다. 미국의 보수적인 입장에 있는 사람들 중에는, 독재여도 어쩔 수 없다, 안정을 유지해 주기만 하면 된다는 사고방식이 있습니다. 일본에서도 흔히 말하는 안정지상론安定至上論입니다. 그러나 이런 사고방식은 미국에서는 결코 머조리티(다수)라고 생각지 않습니다. 미국인 개개인에게는 민주주의에 대한 신념이 역시 강합니다. 미국의 정치 자체에 대한 사고방식은 여러 가지가 있겠지만, 그래도 워터게이트 사건의 전개를 보더라도, 또 지난번에 있었던 『뉴욕 타임스』의 베트남전쟁에 대한 비밀문서의 발표만 보더라도, 미국에서의 민주주의의 전통은 역시 탄복할 만한 일입니다. 그러므로, 미국의 정부 소식통조차도 박정희 씨는 왜 그런 짓을 하는 건지, 아무리 생각해도 현재의 방식을 정당화할 이유가 없다고 생각하는 모양입니다.

그리고 다수의 양식 있는 국민은, 현재 하버드대학의 라이샤워 교수가 말하고 있는 것 같은 의견에 동조하고 있습니다. 라이샤워 교수는 지난번에 『뉴욕 타임스』에 외교관으로 한국에 주재한 일이 있는 그레고리 핸더슨 교수와 연명으로 우수한 논문을 쓰고 있는데, 거기에서는 현재 박정희 씨가 하고 있는 것은 도저히 납득이 가지 않는다, 매우 위험한 방식이어서, 이제까지 미국이 한국에 걸었던 기대를 완전히 짓밟아 버리는 것이라고 언급하고 있습니다. 라이샤워 교수는 지난 7월에 일본에도 왔었는데, 프레스클럽에서의 연설에서도 그것을 강조하고 있습니다. 그런 짓을 하고 있으면, 미국에서는 머지않아, 어째서 이런 나라를 위해 우리는 3만 5,000명의 국민을 죽이고 매년 수억 달러의 돈을 붓지 않으면 안 되었는가, 미국은 한국에서 손을 떼야 한다는 여론이 들불처럼 퍼지는 것을 막을 수 없을 것입니다. 일본의 일부 사람들은 박정희 정권은 일본이 대하기 쉬운 정권이라고 생각하고 있는 것 같은데, 그것은 섣부른 생각입니다. 미국이 한국에서 손을 떼면, 결국은 일본이 가장 난처해지지 않을까, 미국의 국민 여론이 굳혀진 후에 일본이 아무리 서둘러도 때는 이미 늦습니다. 그러므로 일본이나 미국은 서로 협력해서, 한국에 민주주의가 소생할 수 있도록 박정희 대통령을 강력하게 설득해야 한다고 경고하고 있습니다.

동시에 내가 라이샤워 씨와 보스턴 자택에서 만났을 때에는 이렇게 말하고 있습니다. 이런 것을 한국 국민은 결코 오래도록은 허용하지 않을 것입니다. 한국의 2,000년의 역사를 보면, 한국인이 곤란한 상황 속에 있더라도 어떻게 자주성과 독립을 지켜 왔는가를 알 수 있습니다. 또한 한국인은 얼마나 민주주의에 대한 열망이 높은 국민인가, 한국인은 얼마나 정치적인 의식이 높은가, 한국인은 얼마나 독재를 증오하고 있는가, 이런 것을 알지 않으면 안 됩니다. 그런 것을 당신과 나는 미국인들에게 가르쳐 주지 않으면 안 됩니다. 한국인을 태국이나 우루과이 —이런 나라를 예로 드는 것은 그 국민에게 송구스러운 일이지만, 그가 그의 논문에서도 지적하고 있으므로 나도 그 나라의 이름을 드는 것이지만— 그런 나라와 같이 보면 안 된다고 말하고 있습니다.

그 밖에도 하버드대학의 코헨 교수, 전 국무차관이며 현재 『포린 어페어스』지의 편집장인 윌리엄 번디, 바네트 교수, 일본 전문가로 알려져 있는 컬럼비아대학의 제임스 몰리 교수, 캘리포니아대학의 스칼라피노 교수와 잭 앤더슨 교수, 『뉴욕 타임스』의 잔 오크스 주필, 이런 많은 사람들을 만나 보았지만, 누구 한 사람 박 대통령의 오늘날의 행동을 위험하게 보지 않는 사람은 없습니다. 그들이 한결같이 생각하고 있는 것은, 설사 미국이 오늘날과 같은 상황에서 한국의 안정을 원한다 하더라도 한국민은 그것을 참아 내지 못할 것이다,

이런 상태를 오래 끌면 심한 혼란에 빠지게 된다, 한국이 혼란에 빠지면 동아시아 전체의 안정이 무너진다, 기본적으로는 이렇게 보고 있는 것입니다. 미국은 지금은 워터게이트 사건으로 벅찬 일이긴 하지만, 가령 내일이라도 한국에서 국민이 반독재 투쟁을 일으키면, 미국으로서는 올 것이 온 것이라고, 이를 지지하지 않으면 안 된다는 여론으로 미국은 하루아침에 뭉칠 것입니다. 나는 거기까지 와 있다고 보고 있습니다.

야스에 그런 미국의 상황 속에서, 재미 한국인의 반反박정희 정권의 움직임도 활발해지고 있는 것으로 듣고 있습니다만….

김대중 미국에는 약 17만 명의 한국인이 있습니다. 그리고 뉴욕 등지에서 통계를 내 보면, 미국인을 포함해서 한국인의 교육 수준이 가장 높다고 생각합니다. 미국 국내에서, 현재 대학에서 교편을 잡고 있는 한국인은 6,000-7,000명에 이릅니다. 그런 만큼 그들은 사태의 본질을 잘 알고 있습니다. 다만 이론과는 달라서 거리적으로 매우 멀고 정보도 충분치 못합니다. 그래서 작년에 내가 갔을 때에는 박정희 정권은 정말 통일을 이룩하려나 보다 하는 기대를 가지고 있던 사람도 있었습니다. 그러나 오늘날에는 박정희 씨가 통일을 이룩하려 한다고 생각하는 사람은 없습니다. 내가 그쪽에 가서 즉시 시작한 것이 대중 활동입니다. 워싱턴, 뉴욕, 보스턴, 시카고, 시애틀, 샌프란시스코, 세인트루이스, 댈러스 등 여러 곳에 가서, 때로는 800명, 900명, 때로는 100명, 200명이 모인 자리에서 연설하여 한국의 현상과 우리가 가야 할 길을 이야기했습니다. 압도적으로 많은 사람들이 동조해 주었습니다.

물론, 미국이나 일본에서도 마찬가지지만, 그들 중에는 한국을 왕래하지 않을 수 없는 사람도 있고, 한국에 부모나 형제가 있어서, 그 부모나 형제가 공무원으로 있으면 사정이 나쁜 면도 있습니다. 박정희 정권도 그런 약점을 쥐고 협박합니다.

그러므로 표면적으로는 움직일 수 없는 사람이 많은 것이 사실이지만, 마음속으로는 박정희 정권을 지지하고 있는 것은 극소수에 지나지 않습니다. 이것은 나의 활동 결과는 절대로 아닙니다. 그들은 진짜 민주주의가 무엇인가 하는 것을 알고 있기 때문에 그런 것입니다.

미국에서는 현재 '한국에서의 반독재, 민주주의의 옹호'를 내세운 교포 신문이 세 가지 나오고 있습니다. 그 세 신문이 한국의 정보를 알리고, 방향을 알려 줌으로써 대단한 영향력을 가지고 있습니다. 캐나다나 브라질, 유럽에까지 그 신문이 갑니다. 또 미국의 신문도 『뉴욕 타임스』가 나에게 기고를 청해 오거나 『워싱턴 포스트』나 『크리스천 사이언스 모니터』 등이 나의 주장을 싣고 있습니다. 『이브닝 스타』는 "박정희가 침몰 직전에 처해 있다"라고 쓴 바 있습니다. 얼마 전에 재미 공보관장이 박정희 정권의 압박에 견디다 못해 망명한 원인의 하나는 그 기사 때문인데 처음에는 나나 우리가 하는 일을 우습게 보고 있던 박정희 정권도 크게 당황하고 있는 것 같습니다.

조금 재미있는 예를 소개하면, 시카고의 일리노이 출신의 퍼시라는 공화당의 유력한 의원이 있습니다. 그는 10월 사건 이후에 한국에 다녀왔는데, 그때 한국의 신문에는 그가 박정희 씨가 하는 일을 지지하고 있다고 썼습니다. 그러자 시카고에 있는 교포들 20명이 각각 자신의 주소, 이름, 전화번호를 쓰고, "우리들 택스 페이어(세금 내는 사람)는 당신을 지지하고 있는데, 당신이 그런 독재를 지지하고 있을 줄은 몰랐다"라는 내용의 연기명으로 된 편지를 보냈습니다. 퍼시 의원은 곧 답장을 보내어, 한국의 신문은 자신이 하지도 않은 말을 제멋대로 써 댔다, 그래서 대사관을 통하여 한국 측에 유감의 뜻을 표명했더니, 다음 날 다시 똑같은 기사를 실었습니다. 그러나 나는 의회에서도 이러한 한국의 독재정권에 대하여 비판적인 발언을 하고 있다, 그 카피도 있다는 것이었습니다. 그 답장을 나도 받았는데, 그런 밑바닥으로부터의 힘이 현재 미국에서 의회라든가 신문사에도 밀려들고 있습니다. 아마 그 때문이겠지요. 지금 박정희 정권은 매우 당황한 나머지 미국에 대한 대책을 강화하고 있습니다. 이번에 많은 국회의원을 미국으로 보낼 모양인데, 보내 보았자 특별한 효과는 없을 것입니다.

야스에 지금 하신 말씀으로, 미국의 한국에 대한 인식의 심각성을 구체적으로 알게 되었습니다. 나는 미국이, 예를 들어 상원 외교위원회의 보고서에 있는 것처럼, 손바닥을 뒤집는 형태로 박정희 정권을 볼 자격이 있는가 하는 점에 대해서는 일단 유보해 두고 싶습니다. 다만 한 가지 분명한 것은, 박정희 정권이 군사쿠데타로 국민 앞에 나왔을 당시에는, 미국은 박정희 정권에 대하여 상당히 소극적인 자세를 취하고 있었는데, 미국의 요청을 받아들여서 박정희 정권이 1965년에 베트남 파병과 한·일조약을 체결함으로써, 박정희 정권에 대한 미국 정부의 지지는 적극적으로 전환했습니다. 그리고 오늘날, 미국의 아시아정책의 좌절이라는 사태 속에서 또다시 박정희 정권과 미국의 관계는 급속하게 냉각되고 있다고 생각합니다. 그런 현상 속에서 김대중 씨는 한·미 관계에 어떤 전망을 가지고 있는지요? 그것은 한국 민주화의 구상과 연관이 있다고 생각합니다.

독재자에 대한 원조와 국민에 대한 원조

김대중 미국에 가서 내가 어떤 자세를 취했는가, 그것이 이런 독재하에 있는 우리들의 생각과 입장을 설명해 주리라고 믿습니다. 또한 이것은 일본에 대해서도 마찬가지라는 것을, 일본 국민들도 알아주셨으면 합니다.

미국에 가서 많은 대학, 예를 들면 컬럼비아대학, 워싱턴대학, 미주리주립대학, 웨스트민스터대학, 센트럴메소디스트대학, 시카고의 가톨릭계의 신학교

등에서 여러 가지 연설을 했습니다. 또한 정부·의회·언론·학자·종교계 등 많은 사람들과 이야기를 나누었습니다. 나는 어디를 가건 한결같이 다음과 같은 말을 했습니다.

"나는 당신들에게 나나 우리들 반反박정희 정권에 대하여 무언가 구체적인 원조를 요청하고 있는 것도 아니며, 한국의 내정에 대하여 간섭해 달라고 요구하고 있는 것도 아닙니다. 물론, 똑같이 민주주의를 신봉하는 미국 국민이 모럴 서포트(사기 앙양)해 주기를 열망할 뿐입니다. 하지만 결코 그 이상은 바라지 않습니다. 그러면 무엇 때문에 미국에 왔는가 하면, 그것은 현재 미국 일부에 퍼지고 있는 잘못된 생각을 지적함과 동시에, 무엇보다도 서로 책임의 한계를 분명히 하기 위해서 온 것입니다."

지금, 미국의 일부 사람들은 "아시아에서 민주주의를 실현하려고 한 것은 계산 착오였다. 아시아에서 민주주의는 시기상조이다"라고 흔히 말합니다. 하지만 나는 그 사람들에게 물어보고 싶습니다. 미국은 아시아에서 민주주의를 몇 년 해 보았는가. 제2차대전 후 28년밖에 되지 않았지 않은가. 미국이나 서유럽 여러 나라는 얼마나 오랜 시간이 걸렸는가. 28년으로는 시기상조가 아니지 않은가. 그리고 보다 중요한 것은, 이 28년 동안에 진정한 민주주의 세력을 시종일관 지지해 왔는가 하는 것도 반성해 볼 필요가 있습니다.

한편, 돌이켜 보면 아시아에서 현대적인 의미에서의 민주적인 체제를 만들려고 한 것은 서유럽 제국이지만, 아시아에서 민주주의의 사상적인 근원이 없었느냐 하면 그렇지도 않습니다. 중국에서는 수천 년 전부터 "순천자順天者는 흥하고, 역천자逆天者는 망한다", 그 하늘이란 무엇인가, "천심 즉 민심이다"라고 분명하게 못 박고 있습니다. 맹자와 같은 봉건지배의 이론가조차도 방벌放伐의 이론을 주창하여, 만일 인민을 위해 봉사하지 않는 임금이 있으면, 그런 임금은 인민이 일어나서 쫓아낼 권리가 있다고 말하고 있습니다. 이들 모두가 소위 민주주의적인 정신에 이어져 있는 것입니다.

우리나라에서는 조선왕조 말기에 동학운동이 있었습니다. 서양의 그리스도
교를 서학이라는 것에 대하여 동학이라고 하며, 유교·불교·선교의 셋을 합친
것으로, 19세기 말에 전봉준이라는 사람의 지도로 농민이 일어나서 전주성을
점령하고 충청도까지 밀고 올라왔습니다. 그때 그들이 내세운 것이 '인내천人
乃天'(사람 즉 하늘)이라는 기치였습니다. 그리하여 그들은 노예를 해방시켰습
니다. 그때까지 젊은 여성이 결혼해서 남편이 죽으면 일생 동안 과부로 지내
야 했는데, 그런 바보스러운 일은 없다고 재혼을 허락했습니다. 탐관오리의
재산을 몰수하여 농민에게 나누어 주고, 토지는 균등하게 분작分作시키는 생
각을 내놓는 등, 농민 중심의 개혁을 하려고 했습니다. 이 갑오년 봉기는 청일
전쟁으로 일본이 개입하여 일본의 무력으로 부수어지고, 전봉준 등은 처형되
고 말았습니다. 만일 일본이 개입하지 않았더라면, 그때에 민주혁명이 성공했
을 것입니다. 이러한 아시아의 역사, 한국의 역사를 결코 가볍게 보아 넘겨서
는 안 됩니다.

또 일부 미국인은 과도적으로 독재가 필요하다고 말합니다. 그러나 몇 년을
과도기로 하는가. 제2차대전 후 많은 독재국가의 성립을 보았지만, 독재를 시
작하고 이 기간 동안은 해도 괜찮다, 그다음에 민주주의를 하겠다는 독재자는
한 사람도 없었습니다. 그들은 멸망하는 날까지 보다 더 독재를 에스컬레이트
escalate했던 것입니다.

그러나 그래도 아시아에서는 민주주의가 시기상조라고 해도 좋습니다. 과
도적인 독재가 필요하다고 해도 좋습니다. 하지만 민주주의가 상조인지 아닌
지, 과도적인 독재를 받아들일 수 있는가, 받아들일 수 없는가는 우리 한국인
이 결정할 문제입니다. 그런데 실제로는 미국의 탱크가 의사당을 점령하고,
대학을 폐쇄하고, 신문사를 총검으로 제압하고 그것을 결정하고 있습니다. 일

본의 돈이 뒤에서 이를 백업해 줍니다. 이게 도대체 무어란 말입니까. 우리는 민주주의에 대한 각성이 없고, 국민 대중이 독재자의 악질적인 선동에 놀아나서 결정한 것이라면, 그래도 좋습니다. 하지만 계엄령이 선포되고 총검 아래서 결정된 것입니다. 그러므로 한계를 분명히 하려는 것은, 미국이 원조하는 본래의 목적이 그러한 독재자를 원조하려는 것이 아니라, 참다운 한국의 국방과 국민 전체를 위한 원조라면, 본래의 목적을 위해 사용되고 민중을 탄압하기 위해 악용되지 않도록, 이것은 당신들의 책임하에 고쳐져야 합니다. 그것만 당신들이 책임을 져 준다면, 그다음 문제는 당신들의 신세를 지지 않고 우리가 하겠습니다. 이런 말을, 나는 미국인들에게 하고 돌아다녔던 것입니다. 이것은 미국인들에게는 비상한 감명과 책임감을 일깨워 주었으리라고 믿습니다. 이것이 내가 미국에 지금도, 앞으로도 체재하는 가장 큰 목적입니다. 그리고 이것은 일본의 경우에도 마찬가지입니다.

한편, 7월 6일에 미국 워싱턴의 메이플라워호텔에서 전국에서 모인 교포들과 민주회복통일촉진국민회의를 개최했습니다. 그곳에서 나는 두 가지 원칙을 제시하여, 그 원칙하에서 우리는 조직하고, 투쟁하고, 또 동지가 되는 것이라고 외쳤습니다.

하나는, 우리는 박정희 독재정권을 반대하는 것이지 대한민국에 대해 반대하고 있는 것은 아니다, 우리는 제3세력도 아니고, 북한 측에 서는 것도 아니다, 어디까지나 대한민국의 입장이라는 것입니다.

또 하나는, 통일운동은 어제도 오늘도 할 수 있다, 통일의 실현은 남쪽의 국토와 북쪽의 국토가 하나가 되었을 때 비로소 성취된다, 그러나 현재 남쪽을 지배하고 있는 박정희 정권은 통일을 이룩하려는 의사가 없는 정권임은 확실하다, 그러니까 남쪽 국민의 자유와 행복을 위해서는 물론이려니와, 통일을 실현하기 위해서도 통일에 대한 민족적 양심과 북쪽과 대등한 교섭을 할 수 있는 실력을 갖춘 민주정권을 실현시키는 것이 선결 문제입니다. 남쪽의 국토를 민주화시키는 것이 통일의 가장 큰 전제가 됩니다. '선민주회복, 후통일실현' 인 것입니다. 단, 선민주회복이라고 해서 통일운동을 쉬는 것이 아니라, 그것은 어디까지나 강력하게 추진해 나갑니다. 통일의 측면에서 보면 민주회복도 통일을 위한 하나의 과정인 것입니다.

이 두 가지 원칙에서 우리들은 일치하지 않으면 안 되는 것입니다.

거기다가 전 국회의원이며 서울시장이었던 김상돈, 전 서독(현 독일)대사였던 전규홍 박사, 전 육군준장인 최석남 장군, 동원모 박사, 이종삼 박사, 임순만 박사 등 매우 훌륭한 인물들이 모였습니다. 전 유엔대사였던 임창영 씨도 왔습니다. 그리고 만장일치로 나의 주장이 채택됨으로써 우리의 방향이 분명해졌습니다. 나는 재일 한국인들께도 같은 말을 하고 있습니다.

야스에 '선민주회복, 후통일실현' 이라는 말은, 전에 이승만 정권이나 박정희 정권이 내세웠던, '선승공, 후통일' 이라는 말과 대비해서 흥미 깊게 여겨집니다. 7·4공동성명의 원칙은 민주적·자주적·평화적으로 통일을 달성하려는 것이었습니다. 자주적·평화적이라고 하기 위해서는, 한국에서는 민주적이고 주체적인 힘을 길러야 한다고 생각되기 때문입니다.

또한 한·미 관계의 기본적인 이념으로 제시된 것을 경의를 품고, 또 한편으로는 일본인으로서는 마음에 뾰족한 그 무엇이 와 닿는 듯한 것을 느끼면서 들었습니다. 박정희 정권은 대중의 입장을 강조한 갖가지 슬로건 아래 군사쿠데타를 일으킨 셈인데, 그럼에도 불구하고 박정희 정권하 12년 동안에 빈부의 격차는 점점 확대되어 가고 있는 것 같습니다. 일본에서도 최근에 농업의 붕괴가 문제가 되고 있지만, 한국에서는 정부가 솔선하여 무슨 요일과 무슨 요일은 '쌀밥 안 먹는 날' 을 실시하지 않을 수 없을 정도지요. 종래 남북한이 통일된다면, 북쪽의 공업력이나 자원과 남쪽의 농업력이 결부되어 서로 보완하게 된다고 말해져 왔는데, 오늘날의 한국 경제는 전혀 다른 상황이 되어 있는 것 같습니다. 나는 아직 한국의 현상을 실제로 보지 못했습니다. 한국의 정부 관계자나 그 밖의 분들로부터 초청을 받은 바 있기도 해서, 여유가 생기면 한국의 현상, 즉 일본과 한국이 어떻게 연관되어 있는가를 실제로 보고 싶습니다. 아무튼 한국의 농업정책의 실패는 일본 이상으로 심한 것으로 듣고 있습니다. 그런 배경의 하나로 분명히 일본의 원조 방식, 경제 진출이 관계되고 있지만, 또 한 가지는 일본의 높은 성장 방식을 그대로 이입한 박정희 정권의 경제 정책의 실패에 있다고 생각됩니다. 전에 '소득배증所得倍增' 정책에서 이케다池田 총리의 조언을 맡았던 시모무라 오사무下村治 씨가 여러 번 한국을 방문하고, 그의 발언이 높이 평가되었던 것을 나는 불안감을 가지고 지켜보고 있습니다. 그런 뜻에서 일본은 오늘날의 한국 경제에 대하여 이중으로 책임을 지고 있는 셈입니다.

박정희 정권과 일본

김대중 나는 일본에 대해서 무언가를 말할 때, 언제나 한 가지 열등감을 느낍니다. 자기 나라의 일도 스스로의 힘으로 해결하지 못하고, 남의 일에 대해서 어쩌구저쩌구하는 것은 매우 괴로운 일입니다. 일본이 한국에 대하여 어떤 나쁜 정책을 취하건, 우리가 그런 정책을 받아들이지 않는 태도가 있으면 문제가 되지 않으므로, 그런 점에서 나는 일본을 이러쿵저러쿵 비판하고 싶지 않은 것이 본심입니다.

일본에 있는 한국 청년들과 이야기를 나눌 때에도 내가 늘 말하는 것은, 너희들은 일본인에 대하여 과거의 일을 너무 들먹이지 말라는 것입니다. 한국인은 일본인에 대하여 우리가 한문을 전해 주었다, 불교도 전했다, 옷감 짜는 기술도 전했다, 여러 가지 기술도 전했다, 우리는 당신들에게 좋은 일만 했는데도 당신들로부터는 나쁜 일만 당했다, 이런 바보 같은 말을 자주 합니다. 그것은 사실입니다. 그러나 그것은 바보짓에 지나지 않습니다. 일본인 가운데는 그런 것을 모르는 사람도 있지만, 알고 있는 사람은 얼마든지 있습니다. 알고 있어도 그 마음은 바뀌지 않는 것입니다. 그것을 고치려면 먼저 우리가 위대해지는 수밖에 없습니다. 우리가 훌륭한 나라를 만들면, 가만히 있어도 일본인들은 우리를 존경하고 평가하게 될 것입니다. 먼저 우리 자신이 자기개선하려는 노력을 해야 합니다. 다른 사람들을 보고, 자신들의 주체적인 노력을 적게 해서는 안 된다는 것입니다. 그러나 이것은 우리들의 입장이지, 그렇다고 해서 일본인들의 한국관은 역시 이대로가 좋다고 할 수는 없을 것이라고 생각합니다. 정당적으로 도식화해서 말하자면, 자민당 정권의 주류적인 사람들의 사고방식, 재계에 있는 사람들의 사고방식은 안정제일주의여서, 뭐니 해도 이웃 나라는 안정되지 않으면 안 된다는 것이 모든 한국에 대한 정책의 대의명분이 되어 있다고 생각합니다. 둘째는 소위 자민당 내의 양식파라고 일컬어지는 사람들의 사고방식, 그리고 셋째는 사회당 등 야당 세력의 견해가 있습니다. 이 세 그룹으로 나누어서 말하고자 합니다.

먼저 안정제일주의론자에 대해서 말하고 싶은 것은, 안정이란 무언가 하는 것입니다. 안정이란 것은 진짜 민주적인 여러 나라처럼 국민이 자유롭게 비판하고, 자유롭게 투표하고, 그 결과 다수파에 복종하는 것이 안정인가, 아니면 박정희 정권처럼 총검의 힘으로 멋대로 정하는 것이 안정인가 하는 것입니다. 만약 박정희 정권의 현상이 안정이라고 한다면, 그것은 한국의 정도라면 그런 탄압정치로도 인정할 수 있지 않으냐 하는 사고방식에 의한 것이라고 생각합니다. 실제로 그런 사람들의 생각에 접해 본 일도 있습니다. 그러나 이승만 대통령처럼, '국부'로 존경받는 사람이라도, 독재를 하면 국민이 일어나서 쫓아

버렸습니다. 한국에는 지방자치도 없고, 위로는 국무총리부터 밑으로는 시골 관청의 급사까지 대통령이 임명하는 셈이어서, 그들은 부정선거를 하지 않으면 목이 잘립니다. 야당에는 한 푼의 선거자금도 돌아오지 않습니다. 그런 상황에서도 재작년의 선거에서는 결국 46퍼센트를 야당 후보 앞에 발표하지 않을 수 없었습니다. 그만한 바이탤리티(힘)를 발휘한 국민에게 자유가 없어도 과연 안정할 수 있을까요. 지난 2월의 국회의원 선거에서는 인정하지 않을 수 없었으므로, 여당의 당선자를 2명이나 제명하고, 많은 여당계의 공무원을 재판에 회부했습니다. 그런 상황에서도 부정을 포함해서 여당은 38퍼센트밖에 표를 얻지 못했습니다. 이런 국민이 자유 없이도 안정이라고 할 수 있단 말인가요. 확실히 지금 한국은 표면상으로는 무덤과 같은 침묵 상태에 있습니다. 아무도 겉으로 불평을 털어놓지 않습니다. 하지만 그것은 폭풍 전의 고요인데도, 어째서 한 치 앞의 파멸을 보지 않느냐고 말하고 싶습니다.

둘째로, 자민당 내의 양식파라고 일컬어지는 사람들은 북베트남에 간다든가, 북한에 간다든가, 쿠바에 간다든가, 중국에 갑니다. 나는 이런 일본의 보수정당의 폭넓은 행동을 매우 존경합니다. 그러나 한편으로, 가장 가까운 이웃 나라의 민주 세력이 현재 그렇게까지 고생스럽게 싸우고 있는데도, 어째서 그 국민 또는 동지적인 민주 세력에 좀 더 관심을 가져 주지 않는가 하고 묻고 싶습니다.

셋째는, 사회당을 비롯해서 각 야당이 남북한의 평화 통일을 강력하게 지지하고 있습니다. 나는 진심으로 고맙게 여기고 있습니다. 그러나 통일이라는 것은 북쪽에 1,400-1,500만, 남쪽에 3,200만으로 나누어진 4,700만이란 사람이 하나가 되는 일입니다. 그런데, 지금의 야당은 1,400-1,500만을 상대로 하고, 남쪽의 3,200-3,300만과는 이야기를 나누는 것조차 싫다는 마음처럼 보입니다. 평화 통일을 지지한다면 어째서 여기에 관심을 보이지 않느냔 말입니다.

야당이 거기에 관심을 갖지 않는 것이 박정희 정권에게 얼마나 유리한 일인지, 아무리 나쁜 짓을 해도 지금의 일본 야당은 보는 것조차 더럽다는 생각에서인지, 잠자코 있고 쳐다보지도 않습니다. 박정희 정권은 그들이 더럽다고 생각하고 있는 것에는, 조금도 가려움을 느끼지 않습니다. 그리고 무시당함으로써, 오히려 안심하고 일본의 원조를 악용할 수 있다는 사실을 알지 않으면 안 된다고 생각합니다.

야스에 자민당 주류파를 비롯해서 야당에 이르기까지 사태를 보는 견해가 박정희 정권을 둘러싸고 양극으로 분해되어 있는 것 같다는 지적은 일본의 야당에도 듣기가 따끔하리라고 생각하지만, 그것은 역시 일본인의 한국관이란 문제와 관계가 있는 것 같습니다. 한국 경제 관계도 역시 단지 경제 정책상의 문제가 아니라, 거기에서 고쳐 묻고 있는 것은 일본인이 한국에 대해 어떻게 인식하느냐이며, 일본의 한국에 대한 정책에서의 기본적인 선택 방향일 것이라고 생각합니다. 그런 뜻에서 나는 1965년 성립된 한·일조약 체제가 오늘날까지 어떤 역할을 해 왔는가를 정확하게 되돌아보아야 하지 않을까 하고 전부터 생각해 왔습니다. 한국의 실상을 보고 싶은 것도 그 때문입니다.

한·일 경제 제휴의 참담한 실상

김대중 한·일회담 때 한국인 중에도 회담 반대는 강력했지만 그 반대 속에서도 국교 자체에 대한 반대와 현재 진행하고 있는 조약의 내용이, 한국의 일본에 대한 진짜 우호와 평등한 협력으로 이어져 있지 않으니까 반대한다는 의견 차이는 있었습니다. 어느 쪽이 역사적으로 옳은가는 제쳐 놓고, 나는 후자 쪽에 속해 있었습니다. 한편 한·일회담에 전적으로 반대하는 국민들 사이에서도, 일본과 국교를 정상화하면, 우리의 경제, 생활만은 좋아지겠지만, 저 지긋

지긋한 추억이 많은 일본과 지금으로서는 국교 회복을 하고 싶지 않다고 말하는 사람이 많았습니다.

그런데 국교 정상화가 된 지 8년 동안 다른 것은 제쳐 놓고서라도, 경제적으로 과연 좋지 않았을 뿐만 아니라, 국민 생활도 좋아지지 않았습니다. 이것이 현실인 것입니다. 8년 동안에 한국에는 많은 공장이 세워졌습니다. 일본의 자본이 많이 들어왔습니다. 박정희 정권이 집권하기 전에는 한국에는 대외 부채가 거의 없었는데, 박정희 정권이 들어서면서 40억 달러로 부채가 늘어났습니다. 그 부채 중에서 가장 조건이 나쁜 것이 일본에서 온 차관입니다. 일본에서 온 플랜트 시설의 70-80퍼센트가 부실기업, 일본에서 말하는 도산 기업이 되어 버렸다는 것을 정부가 발표한 일도 있습니다. 일본에서 온 기업이 어째서 부실기업이 되었는가, 그것은 무엇보다도 우리들의 정부가 나빴기 때문입니다. 정부가 진짜 양심적이고 유능한 경제인을 택하지 않고, 자기들에게 정치 자금을 바치고, 자신들과 가까운 사람을 지정해서 이권을 주었기 때문입니다. 그들은 정치자금을 헌납하지 않으면 안 되었으므로, 처음부터 나쁜 짓을 하지 않을 수 없었습니다. 일본과 계약을 맺을 때 이중 계약을 맺어서 그 일부를 떼어먹거나 했습니다. 그러므로 처음부터 비싼 코스트가 되어 버립니다. 따라서 거기에서 생산되는 물품은 값이 비싸게 마련입니다. 예를 들면 자동차만 하더라도 일본에서는 170만 원 정도의 것이 한국에 플랜트로 들어와서 팔리는 것은 300만 원 이상이나 됩니다. 플라스틱 공장이 일본에서 다섯 개 플랜트를 수입했지만, 그 다섯 개 모두가 쓰러지고 말았습니다. 그 플라스틱은 일본의 가격보다 배나 비쌌기 때문입니다.

얼마 전에 공식으로 밝혀진 케이스로 말하자면, 한국 알루미늄 공장이라는 것이 있는데, 이 공장에는 일본으로부터 1,200만 달러 정도로 매입한 것이지만, 그중 54퍼센트만을 실제로 공장에 넣고, 46퍼센트는 따로 제외시켰다는 것입니다. 그러니까 그 공장에서 생산되는 알루미늄은 일본의 가격보다 60-70 퍼센트 비싸질 수밖에 없었던 것입니다.

솔직히 말해서 한국에서의 부패는 전부터 있어 왔던 일이지만, 그 부패의 규모는 별로 크지 않았습니다. 그런데, 한·일 국교 정상화 이후의 한국 상층부의 부패는 그야말로 천문학적입니다. 한국의 권력 상층부의 사람으로 수백만 달러, 수천만 달러씩 축재한 사람은 얼마든지 있습니다. 그렇지 않은 사람이 오히려 이상스럽습니다. 이것은 공공연한 비밀입니다. 그들은 겉으로는 월 15만 원이나 20만 원 미만의 월급을 받고 있는 데 지나지 않습니다. 하지만 그러한 높은 지위에 몇 년만 있으면, 1억 원, 2억 원짜리 집을 갖게 됩니다. 그리고 부인의 손가락에는 3,000만, 4,000만 원짜리 다이아 반지가 끼워지고, 정원에는 수십만 원짜리 정원수가 수없이 심어집니다. 1층부터 2층으로 올라가는 데는 에스컬레이터까지 장치한 집도 있는 상태, 이렇게 끝을 알 수 없는 부패가 되어 버리고 말았습니다.

부패와 병행해서 한국에서는 빈부의 양극화가 급속하게 확대됐습니다. 국민은 여전히 전과 변함이 없는데, 한편으로는 재벌이 우후죽순처럼 나타났습니다. 일본의 원조는 그러한 특권 상층부와 재벌의 손에 모두 집중해 버리고 말았던 것입니다. 솔직히 말해서 일본의 경제 원조는 부분적인 효과도 있겠지만 총괄적으로 보면 독재의 강화, 부패의 조장, 빈부 양극화의 확대, 막대한 부채의 누적, 그리고 제품 가격의 비상식적인 폭등 등 마이너스 측면이 보다 강하게 나와 있는 것이 사실이라고 생각합니다. 하지만 여러 번 되풀이해서 말하는 것처럼, 이 책임의 가장 중요한 것은 박정희 정권의 반민주성과 반국민성에 있는 것이며, 또한 우리들 국민의 비판과 견제의 싸움이 부족했던 점에 돌려야 한다고 생각합니다. 그렇다고 해서 일본의 입장에서는 결코 이 사태에 전혀 무책임하다고 할 수는 없을 것입니다. 그리고 최근에는 이미『타임』지에도 보도된 바와 같이, 일본 관광객의 한국 민족에 대한 모욕적인 행동, 그런 것에 의해서 사태는 점점 악화되어 갑니다. 더구나 그 관광객의 여자놀이를 정부가 조합까지 만들어서 장려하고 있습니다. 국민 측에서 보면 전혀 민족의 긍지나 양심도 없는 것처럼 보일 것입니다.

도대체 '10월유신'이라는 것이 무엇입니까. 일본이 100년 전에 사용한 '유신'이라는 말을 이제 와서 우리가 쓰는 것입니다. 일본에서 명치유신을 어떻게 평가하건, 적어도 우리 민족 측에서 보면, 명치유신은 한국에 대한 침략으로 이어지는 것입니다. 사이고 다카모리西鄕隆盛가 유신 직후, 명치 6년, 이미 '정한론征韓論'을 들고 있습니다. 그때 정한론은 패배했지만 그 당시의 정한론은 나쁘다는 것이 아니라 시기상조라고 말했을 뿐이었습니다. 그리고 청일전쟁, 러일전쟁과 명치유신 후의 발자취는 모두 조선 침략과 이어져 있는 것입니다. 그 '유신'이라는 말을 우리들 한국인이 어떻게 쓸 수 있단 말입니까. 그 말을 감히 사용하는 박정희 정권의 체질, 그리고 한국의 고관이 일본에 와서 겁도 없이 "마지막 믿을 곳은 일본뿐입니다. 잘 부탁합니다" 하고 말하는 자세, 이런 것을 일본의 여러분은 경멸의 눈으로 볼지도 모르겠지만, 한국의 국민은 통분의 눈으로 보고 있는 것입니다.

나는 일본의 경제 원조가 필요하지 않다든가 일본과 모든 것을 끊어 버리라고 하는 것은 아닙니다. 한·일 친선이 권력층끼리의 친선이 되어 참으로 국민과 국민의 이해로 이어지는 친선이 되고 있지 않다는 것을 지적하고 싶은 것입니다. 한국으로의 관광이 서로의 이해와 존경으로 이어지지 않고, 서로의 증오와 경멸로 이어지는 일은, 하루속히 개선되지 않으면 안 됩니다. 작년 말부터 한국에서는 일본의 투자 붐이 생겼습니다. 금년 1월부터 3월까지, 전체의 외국 투자(1억 380만 달러)의 99퍼센트가 일본입니다. 미국은 겨우 0.2퍼센트입니다. 그중에서도 특히 눈에 띄는 것이 일본의 공해기업이 한국으로 밀려오고 있고,

저임금기업까지 한국에 진출해서, 한국의 허약한 중소기업을 도산으로까지 몰아넣고 있는 것입니다. 이런 것을 개선하지 않는 한, 참다운 우호와 참다운 협력은 될 수 없다고 생각합니다. 일본의 여러분이 좀 더 큰, 그리고 긴 안목으로 보면, 한국의 현상은 일본 자신에게도 큰 불행을 가져오리라 생각합니다.

최근에 일본에서 보수정치의 위기가 큰 문제가 되어 있습니다. 그리고 공산당이 급속하게 진출하고 있는 것은, 보수정치의 결함에서 반사적인 이익을 받고 있는 면이 매우 많으며, 일본의 국민이 공산주의 자체를 지지한다기보다도 자민당의 정치에 대한 반감에서 오는 투표라는 기사를 자주 읽습니다. 이것들을 읽으면서 나는 생각합니다. 지금은 "보수의 위기를 외치고 있지만, 만일 오늘날의 한국에 대한 정책을 개선하지 않고, 한국이 진짜 돌이킬 수 없는 사태에 빠져 버리면, 이번에는 일본 자체의 위기를 호소해 올 때가 옵니다. 그것도 역시 앞을 내다보지 않은 일본과 미국의 정책의 반사적인 원인에 의해서 결과되는 것이다"라고.

일본의 여러분이 자유를 원하는 것과 마찬가지로, 우리도 자유를 원하고 있음을 잊지 말았으면 합니다. 지금, 한국인은 일찍이 일본인이 군벌정치하에서 헌병이나 특고(경찰)에 시달렸던, 그 회색시대灰色時代 이상으로 혹독한 상황 속에서 고통을 당하고 있습니다. 이웃 나라에서 이만큼 국민이 고통을 당하고 있다는 것에, 일본의 여러분이 눈을 돌려서, 모럴 서포트를 해 주었으면 합니다. 한편 한국 국민이 자기의 운명을 자기의 자유에 의해서 결정하는 것처럼, 적어도 방해만은 하지 말았으면 합니다. 국민이 핍박을 받는 독재정권과 한패가 되어, 한국 국민으로부터 원망을 듣는 일만은 일본이 해 주지 말았으면 합니다. 이것이 나와 민주주의를 원하는 모든 한국 국민의 일본에 대한 절실한 요망이라는 것을 말씀드리고 싶습니다.

야스에 1971년 대통령 선거에서, 김대중 씨는 지금 싸우고 있는 것은 김대중인가 박정희인가 하는 선택이 아니다, 사실은 독재체제의 강화를 택하느냐 택하지 않느냐이며, 지금 박정희 정권을 쓰러뜨리지 않으면 반드시 총통제를 만들게 될 것이라고 강조하셨는데, 그 후의 사태는 불행하게도, 이 예언이 적중되고 있습니다. 정책적으로 보더라도 특히 남북 관계에 대해서는 일찍이 김대중 씨가 내건 많은 것을 지금 박정희 정권이 덮어놓고 시도해 보는 듯한 면도 있습니다. 그러한 선견적인 생각을 바탕으로 해서 앞으로의 전망을 알고 싶습니다.

무원칙적인 리더십과 힘에 의한 억압정책이 한국 경제의 구조적인 부패를 어디까지 덮어 둘 수 있는가, 오히려 모순을 확대시켜 갈 뿐이 아닐까 하는 생각이 드는데, 가장 큰 문제는 역시 통일 문제라고 나는 보고 있습니다. 아까도 말한 바와 같이, 지난번에 있었던 대통령 선거 때에 박정희 정권 측이 김대중 씨에 대하여 맹렬한 빨갱이 공격을 했습니다. 그 빨갱이 공격 속에서 김대중 씨가 내세운 것은 통일이었고, 남북 교류였습니다. 그리고 압도적으로 패배하리라고 예측되던 김대중 씨가 박정희 씨의 간담을 서늘하게 할 정도로 표도 몰아댔습니다. 한편 그 전에 있었던 대통령 선거 때에는, 반대로 야당인 윤보선 씨가 상당히 유리하리라는 예측 가운데, 마지막 단계에 이르러서 윤보선 씨 측이 박정희 씨는 공산당에 관계한 일이 있다는 빨갱이 공격을 전개했습니다. 그것이 한국 국민에게 강한 실망을 주었다고 듣고 있습니다.

김대중 바로 맞았습니다. 그때 그런 서툰 짓을 하지 않았더라면, 윤보선 씨가 승리했을 겁니다.

야스에 김대중 씨의 선거 때에는 정부 측이 빨갱이 공격을 했습니다. 반대로 윤보선 씨 때에는 야당 측이 빨갱이 공격을 했습니다. 그리고 두 가지 투표에서 나타난 결과로 볼 때, 역시 한국의 민중 속에 통일에 대한 감정과 지속적인 운동이 백본backbone(등뼈, 기둥)으로 있다는 것을 알게 되었습니다. 그러한 통일에 대한 희망이 단순한 정권욕에 의해 좌우되는 사태가 계속해 갈 때, 한국에 어떤 사태가 발생할까요. 이것은 외부로부터의, 또는 일반적인 예측에 지나지 않지만, 김대중 씨께서는 어떻게 보고 있는지요?

역사의 법칙을 거역하는 박정희 정권

김대중 맨 먼저 말하고 싶은 것은, 바로 현재의 시점에서도, 나는 박정희 씨 개인에 대하여 조금도 원한이 없고, 증오심도, 또 복수심도 가지고 있지 않다는 사실입니다. 어쨌든 우리가 민주주의를 회복하여 정권을 잡은 후, 다행히 내가 정권을 쥔 자리에 있다면, 그때는 야스에 씨는 이를 증거로 나를 볼 수 있으리라 믿습니다. 이것은 나의 양심에 맹세해서 말할 수 있습니다. 우리나라의 조선왕조 500년 역사를 보더라도, 그것은 당파 간의 복수의 반복이고, 해방 후 28년의 역사도 남북 분단의 역사이며, 서로가 끔찍한 복수를 되풀이해 왔습니다. 나는 이런 불행을 되풀이하고 싶지 않습니다. 나는 지금, 박정희 씨 개인보다도 나라를 위해 그의 장래를 걱정하고 있습니다. 우리나라의 대통령은 모두가 쫓겨나서 그만두게 되는 것일까요. 이승만 대통령이 쫓겨나고 장면 씨도 쫓겨났습니다. 박정희 씨 역시 국민에 의해 쫓겨난다면, 그것은 역시 나라라는 것이 문책을 받는 것이 아닐까요. 미국은 건국된 지 200년도 채 되지 않지만, 조지 워싱턴 이래, 토머스 제퍼슨, 링컨, 루스벨트, 케네디 등 별처럼 훌륭한 지도자를 배출하고 있습니다. 결국 국가의 역사라는 것은, 국민이 정신적으로 의지할 수 있는 지도자를 얼마나 많이 만들어 내느냐 하는 것에 크게 정해지는 것이라고 할 수 있습니다. 박정희 씨가 나쁜 인간이 되면, 그것은 박정희 씨 개인의 불행으로 끝나는 것이 아니라, 우리나라 전체의 불행인 것입니다. 이것은 선거 때에도 되풀이해서 말해 온 것이지만, 불행하게도 평화적인 정권 교체는 더 이상 바랄 수 없게 되어 버리고 말았습니다.

나는 박정희 정권의 힘을 가볍게 보고 있는 것은 아닙니다. 앞에서도 말한 바와 같이 무기·돈·정보기관 등을 최대한으로 이용한 그 정권 유지 능력은 매우 높습니다. 그리고 현실에 부응해 가는 유연성도 독재정권으로는 드물게 볼 수 있을 정도입니다. 한편, 국민의 약점을 찌르고 협박한다든가, 같은 민족끼리 서로 불신 속으로 말려들게 하는 방법이라든가, 공산주의 알레르기를 이용하여 자기의 적은 모두 북쪽과 결부시키는 것처럼, 국민의 성격적인 약점을 찌르는 일에 능란합니다. 또는 한 손에는 벌꿀, 한 손에는 채찍을 들고 조종합니다. 현재 한국의 언론계나 학계의 많은 인사들이 그 수에 말려들어서, 애석하게도 절개를 굽히고 있습니다. 처음에는 채찍으로 때려 놓고, 벌꿀로 달랩니다. 듣지 않으면 다시 때리고 한 번 더 벌꿀을 내밉니다. 이것이 반복되는 사이에 어쩔 수 없이 굴복하게 되는 것입니다. 이런 능력을 결코 가볍게 보아서는 안 된다고 생각합니다.

그러나 어떤 정권도, 역사의 법칙을 거역할 수는 없으며, 국민이 원하는 것을 영원히 짓밟아 버릴 수는 없다고 생각합니다. 지금 한국 국민의 절대다수가 박정희 독재정권을 미워하고, 싫어하고, 무슨 말을 해도 믿지 않습니다. 이것은 조금도 과장하지 않은 사실입니다. 다만 할 수 없이 침묵만 지키고 있을 뿐입니다. 언제 폭발할지 알 수 없습니다. 그래서 정부는 잠시도 손을 늦출 수가 없습니다. 고려대학의 노동문제연구소 사건처럼 간첩사건으로 날조해서 처벌합니다. 최근에는 일종의 성역으로 여겨지던 종교계에까지 손을 뻗어서 탄압하기 시작했습니다. 국민 개개인의 일까지 초조한 나머지 간섭해서 못살게 굴고 있습니다. 길가에 침을 뱉어도 잡아가고, 머리를 길게 길러도 잡아가고, 미니스커트에도 눈을 빛내고 있습니다. 결혼식이나 장례식의 초대장도 낼 수 없게 되었습니다. 사람들이 모이는 것이 두렵기도 하겠죠. 그런 상태로까지 와 있습니다.

통일에 대해서는 지금은 한국 국민은 박정희 정권의 자세에 분명히 의구심을 가지고 있습니다. 아시다시피, 한국은 독일과는 다릅니다. 비스마르크가 프로이센 왕국을 통일한 것은 백 년 전의 일이지만, 우리는 신라의 삼국 통일이래 1,300년이나 지났습니다. 그동안 일본에 의해 침략당한 일은 있지만, 분단된 일은 없었던 것입니다. 그러므로 한국인에게는 통일은 생명과 마찬가지입니다. 동시에 우리 주위에는 중국·소련·일본 등 큰 나라들뿐입니다. 통일하지 않고 어떻게 살아갈 수가 있겠습니까. 이것은 국민 모두가 본능적으로 알고 있는 일입니다. 그 통일에 대해서 국민이 무엇보다도 진지한 것은 야스에 씨가 말한 대로입니다.

그 통일 문제와 박정희 정권의 자세에 관해서 나는 북쪽에 대해서도 한마디 하고 싶은 말이 있습니다. 북쪽도 지금은 남쪽에 진짜 민중을 대표하는 정권이 들어서서, 민족의 양심에 서서 통일을 추진하는 것이 남북이 평화 통일하는 유일한 길이라는 것을 알아주었으면 합니다. 그러므로 남쪽에 그런 민주정권이 생기는 것을 방해하는 일이 있어서는 안 됩니다. 그런 일이 이제까지 있었다든가, 없었다는 것을 말하는 것은 아닙니다. 북쪽의 행동 하나하나가, 남쪽에 직접 영향을 미치게 되며, 박정희 정권은 그 모두를 이용하고 있는 것입니다.

나는 분명히 말해 두겠는데, 공산주의자는 아닙니다. 공산주의자가 아닌 많은 남쪽 국민을 대표하려는 입장에 있습니다. 그러나 평화 통일이라는 것은, 이데올로기가 대립해 있다고 하더라도 민족적인 입장에서 성실한 대화를 나눔으로써, 통일 전이나 통일 후에 반드시 공존의 길을 찾을 수 있으리라고 확신하고 있습니다.

야스에 맨 처음에 말씀하신 것처럼, 그런 점에서 박정희 정권의 통일 지향에는 기본적인 의구심을 없앨 수가 없는 것입니다. 통일을 가지고 노는 것과 같은 일이 언제까지 계속될까요?

김대중 그런 일이 방치되는 일은 있을 수 없겠죠. 박정희 정권한테 통일의 의사가 없다는 것은 국민이 잘 알고 있습니다. 게다가 부패나 빈부의 양극화는 점점 더 심해 가고 있습니다. 무엇을 가지고 그들이 국민으로부터 지지를 받을 수 있겠습니까. 현재 그렇게 심한 정보 정치하에서도 수백 종의 지하신문이 발행되고 있습니다. 또한 군의 내부도 안정되어 있지 않습니다. 박정희 씨가 지금 가장 믿지 못하고 있는 것이 군대라고 할 수 있습니다. 윤필용 소장 사건만 보아도 알 수 있듯이, 친위사단장을 체포하지 않을 수 없는 사태로까지 와 있습니다. 한국의 군대는 징병제도에 의한 군대입니다. 그러므로 국민군적인 성격을 가지고 있으며, 일반 국민의 감정과 떨어져 있지 않습니다. 또한 4·5만 명의 장교들 중에도 2만 명 이상의 대학 출신자가 있습니다. 하사관이나 병사들도 전체적으로 보아서 교육 수준이 높습니다. 그러므로 지금의 독재를 진심으로 지지하고 있는 것은 극소수에 지나지 않습니다. 민주주의의 신념이 매우 높고, 국민의 심정과 일치하고 있는 것이 한국의 군대입니다. 이런 점에서는 중남미의 군대하고는 구별되어야 할 것입니다.

앞에서 든 국민투표 때의 군대 내부의 놀랄 만한 부정투표는 군의 반독재적 성격의 강도를 반증하는 무엇보다도 좋은 증거라고 생각합니다. 또 한국에서는 아시다시피, 종교계의 사람들이 국민의 사회정의와 민주주의의 선두에 서서 영향력도 강합니다. 학생이나 지식인들도 침묵을 지키면서 저항하고 있습니다. 저임금으로 억압당하고, 생존권을 빼앗기고 있는 많은 노동자들, 그들은 자유의 회복을 간절하게 열망하고 있습니다. 농민들도 새마을운동이랍시고 떠들어 대고 있지만, 그들의 주 상품인 곡물의 가격을 억제당하고 어떻게 생활의 향상을 꾀할 수 있단 말인가요. 최근에는 새마을운동으로 농촌으로 돌아온 사람들이, 다시 도시로 나오기 시작하고 있습니다. 한국 국민은 반드시 때를 보아 일어서서 민주주의를 회복하리라고, 나는 확신하고 있습니다.

야스에 경제구조의 모순의 확대가 그러한 국민의 말 없는 저항에 불을 지필 것이라고 생각하시는지요?

국민이야말로 최후의 승리자

김대중 무엇이 봉기의 원인이 될 것인지는 확실히 알 수 없지만, 그것도 당연히 큰 이유가 될 것입니다. 지금 한국에서는 일부의 표면적인 발전이나 정부의 선전에도 불구하고, 기본적인 문제점은 날로 심각해지고 있습니다. 정부가 낸 그들의 발표나 통계만 보더라도, 다음과 같은 것들을 지적할 수 있습니다. 금년 1년 동안 362만 톤, 2,500만 석의 곡물을 수입하지 않으면 안 됩니다. 박정희 씨가 정권을 잡았을 때의 수입은 300만 석이었습니다. 정부는 곡물 수입에 금년에는 4억 6,000만 달러를 계정하고 있었는데, 국제곡물가격이 상승한 지금으로서는 5억 달러로도 그런 양을 살 수 없을 것입니다. 금년의 수출이 23억 달러인데, 그 20퍼센트가 이익이라고 보더라도 곡물의 대금이 될 수 없는 셈입니다. 금년에 갚아야 할 차관은, 원금과 이자를 합해서 8억 5,000만 달러에 달하고 있습니다. 그러므로 그것을 지불하기 위해서 지금 일본이나 미국으로부터 돈을 빌려 차용금이나 이자를 지불하고 있는 상황입니다.

정부는 수출이 신장했다고 크게 선전하고 있지만, 정부가 발표한 숫자에 의하면 4월 말 현재로 수출이 작년의 같은 기간에 비해 60퍼센트 신장하고 있습니다. 그러나 수입도 260퍼센트나 늘었습니다. 총자원예산으로 보면 금년에는 수입이 30억 달러, 수출이 23억 달러로, 7억 달러의 적자를 예견하고 있었지만, 이런 추세로 가면 15억 달러 이상의 적자가 될 것입니다.

소비 면에서도 철이나 원면이나 비누도, 물자는 하나같이 부족해서 상당한 물가 상승과 품귀 현상에 있습니다. 정부는 금년 초 도매물가의 상승률을 연 3퍼센트로 억제한다고 발표했지만, 10퍼센트로 그칠 수 있다면 다행이라고 할 수 있을 것입니다. 국민 대중의 생활이 타격을 받는 것은 당연한 일입니다. 얼마 전 미국에서, 한국에서 온 이민으로 서울의 동대문 근처의 초등학교 교사직을 맡고 있던 여성으로부터 들은 이야기인데, 그 학교에서 점심을 싸 가지고 오지 못하는 어린이가 70퍼센트에 달한다고 합니다. 그중에는 아침밥도 먹지 못하고 오는 어린이가 있다는 것입니다. 설마 하고 생각했지만, 그 후 한국의 신문을 보니, 충청북도 충주에 있는 초등학교 학생들에게 정부의 보조로 1인당 5원을 내면 점심으로 빵을 지급하기로 했다, 그런데 5원이라면 일본 돈으로 4엔인데, 그 4엔을 내지 못해서 점심 배급을 받지 못하는 어린이가 65퍼센트나 된다는 기사가 실려 있었습니다. 이런 사회가 되어 버린 것입니다.

정부는 최근, 주민세의 면세권을 8,000원으로 정했습니다. 8,000원이면 20달러, 일본 돈으로 5,200엔의 월수입입니다. 한국의 한 세대당 평균 가족 수는 5.5인입니다. 그렇다면 1인당 월 1,000엔이 못 됩니다. 그 1,000엔으로 먹고, 입고, 살고, 일본처럼 사회보장제도가 충분히 되어 있지 않으므로 병이 나면 자기 돈으로 고치고, 자기 돈으로 학교의 수업료를 내야 합니다. 이런 계층의 사람들이 얼마나 되느냐 하면, 전 국민의 24퍼센트, 즉 약 4분의 1입니다. 월수 2,000엔 이하의 국민이 적어도 70퍼센트 이상은 되리라고 생각합니다. 한편에서는 수백, 수십억 원의 부정 축재를 한 사람들이 현기증이 날 정도로 호화로운 생활을 하고 있습니다. 김지하의 「오적五賊」이라는 시는 결코 가공적인 것이 아닙니다. 이런 정권이 어떻게 오래갈 수 있단 말입니까. 몇 월 며칠에 어떤 방식으로 박정희 정권이 쓰러질 것인가는 예언할 수 없습니다. 또한 박정희 정권을 결코 가볍게 보지는 않습니다. 그러나 머지않아 우리들 한국 국민은 반드시 자유와 정의를 위해 일어날 것입니다. 이것은 결코 나의 고집도 아니며, 희망적인 관측도 아닙니다. 나의 피부와 피로 느끼는 국민에 대한 신념인 것입니다. 그런 점에서 나는 현재의 상황에도 불구하고 한국의 앞날을 낙관하고 있습니다.

전에 미국에서 『댈러스 타임스 트리뷴』의 기자가 나를 만나서, 당신은 몇 살이냐고 물었습니다. 몇 살로 보이느냐고 물었더니 30세로 보인다는 것입니다. (웃음) 지금 47세가 되었다고 했더니, 깜짝 놀라면서 그렇게 젊게 보이는 원인이 무어냐고 묻기에 그 원인은 세 가지가 있다, 첫째는 잘 먹고, 둘째는 잘 자고, (웃음) 셋째는 나는 대단한 낙관주의자이기 때문이라고 말했습니다. 캄캄한 어둠 속이라도 다음 날 아침에 태양이 다시 떠오르는 것은 의심할 여지가 없습니다. 악마가 지배하는 지옥에 떨어져도 신이 있다는 것을 믿습니다. 그리고 나의 신앙은 역사인 것입니다. 나의 역사에서 정의는 절대로 패배하지 않는다는 것을 믿습니다. 또한 나에게 유일한 영웅은 국민입니다. 국민은 최후의 승리자이며, 양심의 근원입니다. 나는 이런 신념하에서 살고 있습니다라고 대답했습니다. 나의 아내를 비롯하여 아이들도, 나의 형제도, 현재 81세인 부친도 국내에 있습니다. 나의 형님은 금년 2월에 세상을 떠났지만 그 장례식에도 갈 수 없었습니다. 하지만 그것은 어쩔 수 없는 일이라고 생각하고 있습니다. 우리나라가 일본에 합병될 때, 우리의 조상에게 용기가 부족했기 때문에 100년이 지난 지금에도 그 고통이 계승되어 있습니다. 만일 일본에 합병되지 않았더라면 국토의 분단도 없었을 것입니다. 우리는 당시의 우리의 패기가 부족했던 부친들을 원망하고 있습니다. 그러니까 지금 또다시 우리가 자손들로부터 원망을 듣는 사람이 되고 싶지는 않습니다. 현실의 혹독함 속에서 하나의 자기 위안일지도 모르지만 적어도 그런 신념으로 있습니다.

나는 5월호 『세카이』지(1973년)에 실린 야스에 씨와 김순일金淳一씨의 대담을 읽고 많은 감명을 받았는데, 그중에 한 가지를 여기서 인용하고 싶은 것은,

"한국의 국민은 12년 동안에 걸친 박정희 정권의 혹독한 시련 속에서 많은 교훈을 터득하여 크게 성장했다"는 대목입니다. 나도 전적으로 동감합니다. 나는 요 12년 동안에, 한국에서는 적어도 정신적으로는 민주주의가 정착했다고 생각합니다. 독재의 시련이라는 교사에 의해서, 한국 국민의 마음속에는 자유의 소중함과, 그리고 잃어버린 시간의 불행이 얼마나 큰가 하는 것이 뼛속에까지 퍼져 있습니다. 그러므로 일단 민주주의를 회복하기만 하면, 다시는 흔들리지 않는 튼튼한 나라를 만들 수 있을 것입니다. 나에게 용기를 북돋워 주고 있는 마지막 굴레는 그러한 한국 국민에 대한 신뢰인 것입니다.

여기서 예언적인 말을 경솔하게 하고 싶지는 않지만, 박정희 씨는 그 전에 있었던 대통령 선거에서 이번만 하고 물러서겠다는 말 그대로, 1975년에 대통령직을 그만두었더라면 좋았으리라고 생각합니다. 그는 헌법을 고쳐서 총통제에 의한 영구 집권화를 꾀함으로써, 오히려 1975년까지 버티지도 못하고, 더욱 비참한 결과에 빠질 공산이 큽니다. 나는 한국의 정세를 이렇게 전망하고 있습니다. 이러한 한국 국민이 현재 받고 있는 시련과 현실의 실정을 일본의 양식 있는 사람들이 올바르게 인식하여, 가능하다면 우리에게 모럴 서포트를 해 줄 것을 열망합니다. 그리고 우리의 불행을 보다 더 연장시키고 보다 더 깊어지게 하는 일만은 제거해 주었으면 합니다. 이를 일본의 여러분에게 호소하고 싶습니다.

그리고 우리가 민주정권을 회복하면, 일본과 제2의 한·일회담을 열어서 오늘까지의 잘못을 근본적으로 고쳤으면 합니다. 한·일 간의 친선이 참다운 국민과 국민의 친선이 되도록, 그리고 경제 협력도 평등 호혜의 입장에서 두 나라 국민 전체의 이익이 되도록 반드시 개선하겠습니다. 그리고 우리는 일본인들로부터 신뢰와 존경을 받을 수 있는 국가 건설과 통일을 실현할 결의입니다.

한국의 상황에 관한 김대중의 생각

리처드 폴크 외

—

1983년 초, 리처드 폴크Richard Falk 프린스턴대학교 석좌교수와 가진 인터뷰로, 미국의 듀크대학교 출판부가 발행하는 세계정책연구소의 간행물 『월드 폴리시 저널World Policy Journal』 1983년 가을호에 수록되었다. 이 인터뷰에는 오스트레일리아 스윈번과학기술연구소의 리처드 탠터Richard Tanter 사회학 및 정치학 교수가 함께했다.

—

미국은 제3세계의 비공산국가에서 벌어지고 있는 인권과 정치적 민주주의를 얻기 위한 투쟁에 어떻게 대응해야 할 것인가. 현재 미국에 일시적으로 거주하고 있는 김대중은 한국 민주 세력의 정치 지도자로서 이러한 투쟁에 평생을 바쳐 왔다. 이 인터뷰는 미국인과 그 지도자들의 실질적 양심에 대한 감동적인 호소문으로 해석될 수도 있다.

김대중 씨는 신병 치료를 이유로 감옥에서 석방된 뒤 1982년 12월 23일 이 나라에 도착했다. 그는 수백 명의 비무장 민간인—그들은 대부분 대학생들이었다—이 계엄군에게 살해된 1980년의 광주항쟁을 배후에서 선동했다는 혐의로 사형 선고를 받았다. 대다수의 관측통들은 한국 정부가 거짓 증거를 '날조'하여 그에게 죄를 뒤집어씌웠다는 김대중의 주장을 인정했다. 기록을 면밀히 검토해 보면, 김대중 씨는 시위를 선동하기는커녕 실제로 시위자들에게 교전 상태와 대결을 경고하려 했다는 사실을 알 수 있다. 한국 정부가 김대중 씨를 구속한 것은 제3자의 지극히 의심스러운 자백에 근거를 두고 있다. 이 자백은 분명 고문에 의해 강요된 것이며, 그 사람은 그 후 자백을 번복하고 곧이어 자살을 기도했다.

김대중은 한국에 진보적이고 민주적이며 인도적인 정부를 세우기 위하여 평생 동안 용기 있게 투쟁해 왔다. 1971년, 그는 수많은 압력을 무릅쓰고 대통령 선거에 출마하여 박정희와 겨루었으며, 그 후 다양한 정치적 비난과 그의 생명을 빼앗으려는 몇 차례의 시도에 시달리면서 그 대가를 톡톡히 치렀다. 그중에서도 가장 극적인 것은 1973년에 중앙정보부 요원들이 그를 도쿄의 한 호텔에서 강제로 납치한 사건이었다. 이 사건은 일본의 주권을 명백히 무시한 행위로서, 국제적으로 엄청난 물의를 일으켰다. 김대중 씨가 오늘날까지 살아 있는 것은 오직 세계적인 인물로서 명성을 누리고 있기 때문이다. 미국 정부는 오랫동안 다양한 방법으로 한국의 군부 지도자들을 설득하여 김대중의 생명을 구하려고 노력해 왔다.

한국의 상황은 여전히 긴장되어 있다. 전두환 정권은 반대 세력을 질식시키고 온건한 정치인들과 종교 지도자들에 대한 탄압에 의존하고 있다. 현재 활동이 금지된 신민당의 전 총재이며 정치적 입장과 도덕적인 면에서 김대중의 강력한 지지를 받고 있는 김영삼이 1983년 5월에 '무기한' 단식투쟁을 벌인 것은 한국의 상황이 얼마나 가혹한가를 보여 주는 한 가지 사례다. 김영삼은 23일 동안 음식을 거부한 뒤, 가족과 지지자들의 거듭한 간청에 따라 건강이 악화된 채 단식을 끝내고, "침대에 누워 죽기보다는 일어나 싸우겠다"고 선언했다.

김대중은 올해 하버드대학 국제문제연구소에서 객원연구원으로 일하고 있다. 그는 두 권의 책을 출판할 계획인데, 하나는 한국에서의 민주화투쟁에 관한 저술이고, 또 하나는 자신의 유별난 생애에 대한 책이다. 그러나 이 인터뷰에도 밝혀져 있듯이, 그가 가장 몰두하고 있는 일은 한국인들의 투쟁이다. 이러한 헌신에는 한국에서 어떠한 위험이 기다리고 있든 간에 자기가 "도움이 된다면" 언제든지 한국으로 돌아가겠다는 각오도 포함되어 있다.

김대중은 미국 정부가 제3세계의 사회민주화를 좀 더 강력히 지지해 주기를 열렬히 바라고 있다. 그는 미국이 물려받은 유산의 이상주의적인 요소들을 굳게 믿고 있기 때문에, 워싱턴이 오랫동안 한국의 억압적인 정권을 지지해 온 것에 대하여 실망감을 감추지 못한다. 그는 베니그노 아키노가 암살당한 사건을 고려해 볼 때 레이건 대통령이 11월로 예정된 필리핀 방문을 계속 추진한다면 아시아 국가들의 정치적 운명에서 미국이 맡고 있는 역할에 대한 환멸은 더한층 심화될 것이라고 경고한다.

이 인터뷰에는 김대중의 소망과 두려움이 요약되어 있다. 그것은 모든 미국인에 대한 도전을 의미한다. 거기에는 단순히 이상에 따라 행동하는 차원을 훨씬 넘는 무언가가 포함되어 있다. 우리에게는 역사의 흐름, 그중에서도 특히 제3세계 민족주의의 거센 힘을 이해하는 능력이 결여되어 있다. 그것을 이해하지 못하면 우리는 민족자결권을 얻기 위해 전 세계에서 진행되고 있는 다양한 투쟁에서 계속 '패배자들' 편에 서게 될 것이다.

오스트레일리아의 스윈번과학기술연구소에서 사회학 및 정치학 교수로 일하고 있는 리처드 탠터가 나와 함께 이 인터뷰에 참여했다.

폴크 아시다시피 레이건 행정부는 귀하가 석방된 것이 자기 공로라고 자부해 왔고, 전두환 정권과의 관계를 개선함으로써 한국에서의 인권 상황을 향상시키는 데 있어서 카터 행정부보다 더 많은 성공을 거두었다고 주장해 왔다. 이것은 옳은 주장인가? 아니면 귀하가 감옥에서 석방되고 형 집행이 정지된 것은 주로 한국의 국내 정치 문제였다고 생각하는가?

김대중 내 석방에 대해서는 여러 가지로 설명할 수가 있다. 전두환은 자기의 국제적 이미지를 개선하고 싶었는지도 모른다. 또는 일본으로부터 차관을 얻어 내고 싶었는지도 모른다. 아니면, 자기가 정치적 보복을 하지 않고 나를 석방할 수도 있다는 것을 미국 국민에게 보여 주고 싶었는지도 모른다. 또는 내 영향력을 줄이기 위하여 한국 국민들로부터 나를 멀리 떼어 놓고 싶어 했을 가능성도 있다. 하지만 이런 것들은 근본적인 이유가 아니다. 좀 더 그럴듯한 이유는 전두환이 우리 국민의 불만을 가라앉히고 싶어 했다는 것이다. 한국의 고위 관리들은 정부의 태도 변화를 입증하기 위하여 내 동지들을 석방하고 나를 한국에서 내보내야 한다고 결정했는지도 모른다. 물론 미국 정부의 역할을 전적으로 부인하는 것은 아니지만, 이런 의미에서 내 석방은 우리 국민이 전두환과 맞서 싸운 투쟁의 결과다. 좀 더 자세히 설명하겠다. 1980년 5월의 그 잔인한 쿠데타 이후, 많은 사람들은 자유를 쟁취하기 위한 한국 국민의 투쟁이 끝난 게 아닐까 하고 우려했다. 그러나 같은 해 말, 우리 학생들은 박정희 시절에 그랬듯이 다시 일어나 민주주의를 부르짖으며 시위를 벌였다. 이때 우리 국민은 처음으로 미국을 공공연히 비난했다. 우리 국민은 전두환 정권을 지지하는 미국의 태도에 몹시 실망했기 때문이다.

전두환의 지배체제를 강화해 준 두 차례의 쿠데타에서, 미국은 전두환 일당의 불법 행위를 가로막는 어떠한 조치도 취하지 않았다. 1979년 12월, 한·미 연합군을 지휘하는 미군사령관은 한국군이 비무장지대에서 철수하는 것을 중단시키지 않았다. 전두환이 자기 상관인 참모총장을 체포하고 그의 부하들을 총으로 쏘아 죽였을 때도 미국 정부는 한마디도 하지 않았다. 미군사령관은 연합군 지휘체제를 무시한 혐의로 전두환과 그 부하들을 처벌하도록 한국 정부에 요청할 수 있는 입장이었지만, 그는 군대의 중립성을 회복하고 군의 질서를 바로잡기 위한 어떠한 조치도 취하지 않았다. 전두환은 여기서 용기를 얻었다, 전두환은 미국의 침묵이 자기 행동에 합법성을 부여했고 그것은 결국 그런 불법 행위를 계속해도 좋다는 신호라고 생각한 것 같다.

그래서 전두환은 용기를 얻어 1980년 5월에 두 번째 쿠데타를 일으킨 것이다. 한국군이 명령계통을 무시하고 광주로 파견되어 수백 명의 시민을 학살했지만, 이번에도 역시 미국은 침묵을 지켰다. 게다가 한·미연합사 사령관인 미국 장군은 한국인들을 아무 지도자나 따라가는 들쥐에 비유하여 한국 국민을 모독했다. 이런 사건들은 카터 행정부 시절에 일어난 것들이다.

레이건 대통령이 전두환을 첫 번째 국빈으로 워싱턴에 초청하고 그를 친구로서 환영했을 때, 한국인들은 큰 충격을 받았다. 미국의 역대 행정부에게 거듭 실망해 온 우리 국민은 이제 미국이 과연 우리의 친구인가 아닌가를 묻게 되었다. 기독교 신자인 몇몇 학생들이 부산의 미국문화원에 불을 지르고 또 다른 학생들이 적어도 두 차례에 걸쳐 미국 국기를 불태운 이유는 바로 그것이다. 물론 나는 그런 파괴적인 행동에는 찬성할 수 없지만, 그 학생들이 억압적인 전두환 정권에 대한 미국의 지지에 얼마나 실망했는지는 충분히 이해할 수 있다. 사태는 그런 식으로 진전되어 온 것이다. 전두환과 미국 정부는 이제 더 이상 자기들의 의도가 건설적이라는 것을 한국 국민에게 납득시킬 수 없다.

내 의견을 하나 더 덧붙이겠다. 우리 국민은 미국에 대하여 커다란 실망감을 맛보았고 특히 젊은이들 사이에서 반미 감정이 확산되어 가고 있지만, 한국 국민의 대다수는 '반미주의자'가 아니라고 나는 믿는다. 그런 반미 감정은 극소수만이 느끼고 있으며, 그것은 5월 쿠데타와 광주학살 뒤에 비로소 생겨난 새로운 현상이다.

폴크 전두환 정권은 박정희 정권조차도 시도해 보지 않은 수법을 사용하여 귀하를 체제의 가장 큰 적으로 고발해 왔는데, 그 이유는 무엇인가? 가령 전두환 정권은 왜 귀하가 광주항쟁에 책임이 있다고 믿고 싶어 했는가?

김대중 박정희 정권과 전두환 정권이 나를 제거하기 위하여 사용한 수법은 상당히 다르다. 박정희는 불법적인 암살로 나를 제거하려고 여러 번 시도했다. 예를 들면, 언젠가 한번은 내가 대중연설을 하러 가는 도중에 박정희의 앞잡이들이 교통사고로 위장하여 나를 죽이려고 했다. 그리고 1973년에도 나를 납치하여 죽이려고 했다. 한 번은 도쿄의 호텔이었고, 또 한 번은 바다 위에서였다. 그러나 전두환은 공개적이고 공공연한 방법으로, 심지어는 합법적인 것처럼 보이는 방법으로 나에게서 모든 정치적 역할을 빼앗고 사실상 내 목숨까지 빼앗으려 했다는 점에서 박정희와는 달랐다.

전두환이 이런 방법을 택한 데에는 몇 가지 이유가 있다. 1979년 박정희가 암살당한 뒤, 한국 국민은 민주화의 꿈을 품게 되었다. 그 당시에는 미래의 지도자가 될 수 있는 인물이 몇 명 있었다. 나는 그때 대단히 인기가 높았다고 자부한다. 예를 들면, 계엄령이 내 연설을 듣지 못하게 금지하고 있는데도 불구하고 한 번은 3만 명, 그리고 또 한 번은 8만 명의 서울 시민이 내 연설을 들으려고 모였다. 내 고향 근처에서는 약 10만 명의 청중이 모였다. 내가 그렇게 인기가 높았기 때문에 전두환은 진상을 날조하여, 오직 나만이 그렇게 엄청난 군중을 동원할 수 있었을 거라는 이유로 내가 광주항쟁을 선동했다고 단정했다. 하지만 전두환이 어떻게 나를 제거할 수 있겠는가.

박정희가 암살된 뒤 민주주의 확립을 요구하는 목소리가 높아졌고 나는 민주화운동에서 대단히 인기 있는 지도자로 인정되었기 때문에, 전두환 정권도 나를 은밀히 제거할 수는 없었다. 그들은 또한 공산주의자라는 혐의 이외에는 어떤 범죄로도 나를 재판할 수가 없었다. 만약 그랬다가는 한국 국민이 강력한 항의를 제기했을 것이기 때문이다. 한국 국민은 공산주의를 강력히 반대하기 때문에, 한국 정부에 의해 공산주의자로 고발당한 사람은 누구나 효과적으로 제거될 수 있다. 그래서 전두환 정권은 처음에는 내가 관여한 재일단체가 공산주의 집단이며 내가 그 집단의 수괴라고 거짓 주장을 늘어놓았다. 그들은 나에게 용공분자라는 딱지를 붙여 놓고 내가 마땅히 처형되어야 한다고 주장했다. 전두환은 그렇게 사건을 날조해야만 나를 재판하여 제거할 수 있었다.

폴크 작년에 내가 한국에 갔을 때, 일부 사람들은 전두환이 귀하를 기소한 주된 이유는 귀하와 정치 폭력을 관련시킴으로써 귀하의 평판을 떨어뜨리기 위해서라고 말하고 있었다. 한국 국민은 결국 그런 속임수에 넘어가 전두환 정권의 주장을 믿게 되었는가?

대다수의 국민이 강력하게 지지

김대중 전두환 정권이 자신의 비난에 대하여 내가 어떤 식으로든 해명하는 것을 극도로 두려워하고 있다는 사실, 그리고 한국 언론이 내 이름을 보도하는 것조차 금지되어 있다는 사실은, 대다수의 국민이 설사 처음에는 믿었다 할지라도 이제는 더 이상 그런 날조된 거짓말을 믿지 않으며 아직도 나를 강력하게 지지하고 있다는 것을 정부에서도 알고 있다는 뚜렷한 증거다. 물론 정부의 거짓 주장에 여전히 속고 있는 사람들도 있겠지만, 일단 언론 자유가 회복되면 그들도 역시 진실을 알게 될 거라고 나는 믿어 의심치 않는다.

박정희와 전두환에 대한 우리 국민의 태도에는 상당한 차이가 있는데, 그 점에 대해서 몇 마디 덧붙이겠다. 박정희는 군부독재자로 비난을 받았지만 상당히 많은 수의 국민들로부터 지지를 받을 만한 이유가 있었다. 우선, 그가 1961

년 5월에 군사쿠데타를 일으켰을 때 우리 국민의 일부는 그를 반대하지 않았다. 그들은 당시 우리 사회의 혼란에 넌더리를 내고 있었기 때문에 박정희의 통치를 받아들였다. 박 대통령이 암살된 뒤, 우리 국민은 민주적 자유가 실현되기를 원했다. 대중집회의 자유와 언론의 자유, 그리고 정치 활동의 자유를 누리고 싶었던 것이다. 이것은 그런 자유들이 20년 동안 억압당해 왔기 때문이다. 이제 우리 국민은 박정희 군사정권이 초래한 강요된 침묵에 넌더리를 내고 있었다.

둘째로 박정희 대통령은 1972년 10월에 유신독재를 시작했지만, 1963년부터 1971년까지는 그래도 세 차례에 걸쳐 대통령직접선거를 실시했다. 박정희가 반드시 법률에 따라 공명선거를 실시하지는 않았지만 어쨌든 그런 선거를 위한 법률적 수단은 있었던 셈이다. 그런데 전두환 정권하에서는 자유로운 직접선거를 보장해 주는 아무런 법률적 장치도 존재하지 않는다. 그래서 우리 국민은 전두환 정권의 정통성을 거의 인정하지 않는다.

마지막으로, 옳든 그르든 간에 박 대통령이 한국의 경제적 기적을 일으킨 공로자라는 주장은 일반 대중에게 널리 받아들여졌다. 그러나 전두환은 자신의 집권을 정당화해 줄 만한 그런 업적을 전혀 갖고 있지 않다.

폴크 전두환이 자기와 거래를 하자고 귀하에게 요청한 적이 있는가?

김대중 1980년 5월 17일에 내가 체포된 바로 다음 날, 광주 시민들은 여러 요구 사항들 가운데 하나로 내 석방을 주장하면서 전두환에게 대항하여 일어섰다. 전두환은 시위를 진압하려고 광주 시민들을 학살했지만, 우리 국민의 분노, 특히 광주 시민의 분노를 달래 줄 필요가 있었다. 전두환은 내가 공산주의자이며 광주항쟁의 배후 조종자라고 공공연히 비난했지만, 그런 이유 때문에 나하고 비밀협정을 맺고 싶어 했다. 내가 구속된 지 두 달 뒤인 7월 10일, 현재 전두환의 보좌관인 보안사의 고위장교가 중앙정보부에 감금되어 있는 나를 찾아왔다. 그 사람은 전두환에 대한 적극적인 반대를 포기하라고 요구하면서, 내가 동의하면 잘 봐주마고 약속했다. 그러고는 이렇게 말했다.

"당신한테는 두 가지 길밖에 없다. 죽느냐, 살아남느냐. 우리에게 협력하면 당신은 살아남을 것이다. 그러지 않으면 당신은 틀림없이 죽는다. 우리가 요구하는 것은 당신이 대통령 될 생각을 깨끗이 버리라는 것뿐이다."

그 사람은 전두환 정권이 나를 관대하게 다루려고 하는 두 가지 이유를 가르쳐 주었다. 첫째는 경쟁 지역 사이의 긴장을 누그러뜨려야 할 필요가 있었기 때문이다. 전라도와 경상도 주민 사이에는 심각한 지역감정과 경쟁의식이 존재한다. 나는 전라도 출신이고, 전두환은 박정희와 마찬가지로 경상도 출신이다. 두 번째 이유는 점점 용공적容共的이 되어 가고 있다는 우리 학생들을 감화시키기 위하여 내 협력을 얻으려는 것이었다. 그 사람은 오직 나만이 우리 학생들을 설득하여 공산주의를 거부하게 할 만한 능력과 신뢰성을 갖고 있다고 말했다, 나는 이 '제안'에 대하여 이렇게 대답했다. "당신들은 나를 용공분자로 고발해 놓고서 이제는 우리 학생들에게 용공분자가 되지 말라고 설득할 것을 요구하고 있다. 용공분자가 어떻게 용공적인 학생들을 용공분자가 되지 말라고 설득할 수 있겠는가!" 그랬더니 그 사람은 더 이상 이 문제를 논의할 필요가 없다고 말했다. 이 사건은 나에 대한 고발이 미국 국무부의 논평대로 순전히 '억지'라는 것을 분명히 입증해 주었다.

폴크 박정희의 암살 자체는 군부독재를 종식시키려는 노력과 주로 관련되어 있었는가?

국민에게 쏘느냐, 박정희를 쏘느냐

김대중 그렇다. 나는 상황을 그렇게 본다. 박정희는 한국의 경제 발전에 어느 정도 공로가 있었지만, 그 경제 발전에는 두 가지의 중요한 문제점이 수반되었다. 첫째는 인플레이션을 통하여 일반 대중을 착취했다는 것이다. 그리고 둘째는 이러한 경제 발전 과정에서 생겨난 부와 소득이 지역과 소득계층에 따라 불공평하게 분배되었다는 점이다. 이러한 두 가지 문제점과 정치적 권리에 대한 억압 때문에 국민들은 전체적으로 불만을 품고 있었다.

민주주의를 요구하는 국민의 강한 열망은 그 후 박 대통령이 암살되기 직전에 일어난 부마항쟁에서 표출되었다. 부산과 마산에서 일어난 이 봉기는 민주주의를 쟁취하기 위한 7년간의 길고도 끈질긴 투쟁의 절정이었다. 박정희를 암살한 중앙정보부장 김재규는 부마항쟁을 조사한 결과 이 봉기에 가담한 사람들이 대학생이나 가난한 노동자들만이 아니라는 것을 알았다. 그래서 그는 이번 봉기가 소수집단에 의해 일어난 것이 아니라 전체 주민의 뜻을 반영한 것이라고 박 대통령에게 보고했다. 김재규는 이렇게 주장했다. "그러므로 각하께서 중대한 개혁에 착수하지 않는다면, 그건 봉기가 확산되어 정권을 집어삼키는 것을 막을 수 없게 될 것입니다." 그러자 박 대통령은 혼란을 일으키는 사람들을 총으로 쏘아 버리라고 말했다. 따라서 김재규에게는 두 가지 길밖에 없었다. 박정희의 명령에 따라 국민에게 총을 쏘느냐, 아니면 박정희를 쏘느냐. 김재규는 박정희를 쏘는 쪽을 택했다. 이것은 국민의 투쟁이 그에게 그런 행동을 강요했다는 것을 의미한다. 그런 의미에서 박정희의 암살은 국민이 민주 회복을 위하여 반유신운동을 벌인 결과다.

한국 국민이 1952년 이후 수많은 패배와 좌절을 겪으면서도 민주주의를 위하여 그토록 끈질기게 영웅적으로 싸워 온 이유를 이해하는 것은 매우 중요하다고 나는 생각한다. 우리는 벌써 40년 가까이 북녘의 형제들과 갈라져 있고, 이것은 우리에게 깊은 좌절감을 안겨 준다. 우리는 민주주의적 권리를 가질 때에만 이런 분단을 견딜 수 있다. 북녘에는 그런 권리가 전혀 없다는 것을 우리는 알고 있다. 그곳에는 민주주의에 대한 희망이 전혀 존재하지 않는 다. 민주주의는 국민의 전폭적인 지지에 힘입어 평화 통일을 실현할 수 있으리라는 강한 기대감으로 이러한 분단 상태를 견디도록 우리를 설득할 수 있다. 남쪽에 민주정부가 실현되어야만 비로소 정부가 국민의 전폭적인 지지를 누릴 수 있고, 그런 연후에야 비로소 우리는 북한이 남한을 압도할 수 없으리라는 확신을 가질 수 있다. 그렇게 되면 북한은 남한의 민주정부와 평화적인 대화를 할 수밖에 없을 것이고, 그러면 우리는 평화적인 대화와 평화 공존, 평화적인 교류를 추진하여 궁극적으로 평화 통일을 실현할 수 있을 것이다. 따라서 민주주의는 남북한 문제를 평화적으로 해결하기 위해서도 필요하다. 남북한의 갈등은 힘으로는 해결될 수 없으며 오로지 평화적인 방법으로만 가능하다.

탠터 한국의 특수한 비극은 나라의 분단이고, 귀하가 말했듯이 분단은 남북한 양쪽에 억압과 민주주의의 부재를 초래하는 것 같다. 현재 시점에서 통일에는 어느 정도의 중요성이 부여되어야 하는가?

김대중 이 시점에서는 남북한 사이에 평화를 정착시키고 그리하여 또 한 번의 전쟁을 방지하는 것이 더 중요하다. 4대 강국—미국, 소련, 일본, 중국—도 비록 그 정도는 각기 다르고 속셈도 다르지만, 한반도의 평화를 원한다고 나는 믿는다. 남북한은 40년 동안 적대 관계를 유지해 왔고 정치제도와 경제체제가 서로 다를 뿐만 아니라 국제사회가 아직도 통일된 한국을 뒷받침해 줄 수 없기 때문에, 현재 시점에서 완전한 통일은 매우 어려울 것이다. 게다가 지난 40년 동안 남북한 양쪽에서는 상당히 다른 경제적 문화적 관습이 발달되어 왔다. 그러므로 통일 노력에 서둘러 박차를 가하는 것은 현명치 못할 것이다. 현재는 평화 공존과 평화 교류를 정착시키는 것이 더 중요하다. 그렇게 함으로써 우리는 궁극적으로 느슨한 형태의 통일을 달성할 수 있고, 그런 연후에 양쪽의 합의를 바탕으로 하여 완전한 통일을 향해 꾸준히 나아갈 수 있을 것이다. 당분간은 4대 강국의 이해관계를 무시할 수가 없다. 우리는 궁극적인 통일을 지향하는 모든 노력에서 그들의 협력을 필요로 하기 때문이다.

탠터 최근 한반도와 관련된 국제 정세는 사실상 악화된 것처럼 보인다. 미·소간의 긴장이 고조되어 가고 미국은 일본의 재무장을 강력히 요구하고 있는데, 이것은 일소관계日蘇關係와 밀접한 관련을 갖고 있다. 게다가 그 지역 전체에 걸쳐 고도로 발전된 무기체제, 특히 핵무기가 증가하고 있으며, 한국과 일본 및 미국의 밀접한 협력 관계가 발전되어 왔다. 이런 상황을 종합해 보면, 최근의 추세는 훨씬 더 적대적인 환경을 초래할 것처럼 보인다. 이런 환경 속에서 한국 국민은 자신에게 적합하지 않은 것들을 가려내도록 노력해야 한다. 이런 사태 발전은 한국에 있어서 무엇을 의미하는가?

김대중 현존하는 긴장에도 불구하고, 나는 여전히 4대 강국이 한반도에서의 전쟁 재발을 원치 않는다고 확신한다. 우선 미국은 한국을 소련이나 기타 공산주의 세력의 남침을 저지할 수 있는 반공기지로 이용하고 싶어 할지도 모른다. 그러나 미국이 한국을 북침의 근거지로 이용하려는 의도는 전혀 없다고 나는 생각한다.

둘째, 일본은 현재 소련이나 중국에 대하여 전쟁을 일으킬 만한 군사적 능력을 갖고 있지 않다. 게다가 일본은 한국과 중국, 심지어는 시베리아 개발과 관련하여 소련과도 경제 협력 관계를 맺고 거기서 많은 이익을 얻었다. 일본이 그런 이익을 계속 얻고 싶어 할 것은 분명하다. 게다가 일본 여론은 공격적인 모든 군사행동을 강력히 반대하고 있다.

셋째로 중국은 2000년까지 선진국이 되려는 목표를 달성하기 위하여, 미국과 일본의 경제 원조 및 교역에 크게 의존하고 있다. 동아시아에서 이데올로기적인 의미를 가진 전쟁이 일어나면 경제 발전을 위한 그들의 전략이 수포로 돌아갈 것은 거의 확실하다. 마지막으로 소련은 극동 지역에서 평화를 어느 정도 위협할지도 모르지만, 모스크바가 나머지 세 강대국의 뜻에 어긋나는 전쟁을 벌일 수는 없다고 나는 생각한다. 더구나 소련 군사력의 대부분은 서부 전선이나 중·소 국경의 분쟁지역 근처에 배치되어 있기 때문에, 전쟁에 필요한 추가 병력을 동쪽으로 이동시키기가 매우 어렵다. 어쨌든, 소련이 그런 전쟁에서 실제로 이득을 얻을 수 있을지 어떨지는 의심스럽다. 따라서 나는 4대 강국 가운데 어떤 나라도 적대 행위를 시작하거나 거기에 참여할 이유가 전혀 없다고 생각한다. 또한 동서 어느 진영도 한반도가 상대 진영의 영향력이나 주도권하에서 통일되는 것을 용납하려 들지 않을 것이다. 그것은 그들이 현상 유지를 더 원한다는 것을 의미한다.

그것은 또한 4대 강국으로부터 긍정적인 정치적 돌파구가 제시될 가망이 거의 없다는 것을 의미한다. 한반도는 폭발을 기다리는 사실상의 화약고라고 주장할 수도 있다. 남북한 사이에는 극심한 적대의식이 존재한다. 형식적으로 볼 때 남북한은 아직도 전쟁 상태다. 그리고 양쪽은 하나 이상의 강대국과 군사적 동맹 관계나 그 밖의 밀접한 관계를 맺고 있다. 그러나 남한과 북한 사이에는 안정된 세력균형이 존재한다. 어느 쪽도 상대방을 이길 수 없고, 양쪽을 지원하고 있는 동맹국들은 서로를 충분히 견제할 수 있을 만큼 강력하다. 따라서 한반도는 세계에서 가장 안정된 군사적 균형 상태를 이루고 있다. 안정된 세력균형이 존재할 때는 결코 전쟁이 일어난 적이 없다는 사실은 역사가 증명해 왔다. 6·25전쟁이 끝난 뒤 30년의 기간은 이러한 세력균형을 입증해 준다.

한국과 미국 및 일본 사이의 밀접한 삼각관계에 대해서도 약간 고찰해 보고자 한다. 이 세 나라 사이에는 앞으로 더욱 긴밀한 협력 관계가 맺어질지도 모르지만, 정식 동맹 관계는 수립되지 않을 것으로 예상된다. 한국 국민은 국가

안보에 대단히 신중하지만, 일본과 군사적 동맹 관계를 맺는 것은 몹시 꺼린다. 일본인들도 역시 그런 동맹 관계를 꺼린다. 일본 정부나 한국 정부가 그런 동맹 관계를 모색한다면 권력을 오랫동안 유지하지 못할 것이다. 그러므로 미국은 한·미·일 삼국동맹을 원할지도 모르지만 그런 일이 일어날 가능성은 거의 없다고 나는 생각한다.

폴크 미국과 한국 정권과의 관계에 어떤 변화가 있었는가, 아니면 본질적으로 달라진 게 없는가? 미국은 아직도 많은 영향력을 갖고 있는가?

전두환을 지지하는 미국

김대중 한국에 대한 미국의 정책은 별로 달라지지 않았다고 본다. 미국은 전두환 정권의 억압통치를 완화시키고 전두환이 7년 임기를 마친 뒤 대통령직에서 물러나도록 부추기는 것을 목표로 삼고 있을지도 모르지만, 어쨌든 현재 미국의 정책은 전두환을 지지하는 것이다. 이 정책은 표면적인 변화를 가져올지도 모르지만, 우리가 원하는 것은 그게 아니다. 우리는 한국에 민주체제가 회복되기를 원한다. 현행 헌법하에서는, 그리고 현재의 정치 상황하에서는 전두환이 7년 뒤에 대통령직에서 물러난다 해도 언론의 자유와 반정부적 정치활동과 자유로운 선거는 여전히 존재하지 않을 것이다. 대통령이 바뀐다 해도, 새로운 대통령은 제2의 전두환일 가능성이 크다. 따라서 현재의 독재체제를 폐지하고 민주체제를 회복하는 것이 가장 중요하다. 그러나 만약 민주체제가 회복된 뒤 전두환이 대통령 선거에 출마하여 승리한다면, 우리는 그를 국민이 자유롭게 선택한 지도자로 인정할 것이다. 전두환이 우리와 기꺼이 대화를 하겠다면, 그리고 민주 회복에 대한 국민의 열망을 진정으로 존중한다면 우리는 언제든지 전두환과 더불어 모든 문제를 논의할 준비가 되어 있다. 그러나 그럴 가능성은 거의 없다고 생각한다.

폴크 귀하에게 미국의 외교 정책을 재수립할 기회가 주어진다면, 귀하는 그것을 어떻게 바꾸겠는가?

김대중 여러 해 전에 영국 역사가인 아놀드 토인비가 미국인들에게 도전장을 냈다. "당신들 미국인에게 남아 있는 유일한 길은 미국 본래의 정신으로 돌아가는 것뿐이다." 이것은 내 충고이기도 하다. 미국은 모든 나라에서 대다수 국민의 뜻을 지지하는 방향으로 돌아가야 한다. 그러면 이들 나라의 대다수 국민은 그 보답으로 미국을 지지할 것이다. 미국은 민주적 전통을 갖고 있고 다수의 지배를 지지했기 때문에, 세계인들은 한때 미국을 칭찬하고 존경했다. 그런데 불행히도 최근에는 미국 정부가 반공의 대의명분을 구실 삼아 베트남과 한국 등지에서 소수를 지지해 왔다. 이것은 미국뿐만 아니라 우리 자유세계를 위해서도 비극이었다.

미국이 베트남에서 인권과 민주주의를 지지했다면, 설사 베트남전쟁에서 패배했을지라도 민주주의와 인권의 수호자로서, 더 나아가 민주주의와 인권을 위한 순교자로서 칭찬과 존경을 받았을 것이다. 그리고 미국 국민은 비록 전쟁에서 패배했을지라도 민주주의와 인권을 지지했기 때문에 자부심을 느꼈을 것이다. 미국인들이 현재와 같은 좌절감에 사로잡히는 일은 결코 없었을 것이다.

미국에서는 국민이 민주적 자유를 누릴 때에만 비로소 진정한 사회적 안정이 유지되기를 기대할 수 있다. 그리고 진정한 안정이 없이는 진정한 안보도 결코 기대할 수 없다. 한국 국민은 그와 똑같은 딜레마에 직면해 있다. 미국의 많은 지도자들은 한국 문제를 다룰 때면 으레 민주주의보다 군사적 안보를 앞세우고, 한국의 안보 상황을 강조함으로써 이런 입장을 정당화시키려 한다고 우리는 생각한다. 그러나 미국도 역시 소련과의 안보 문제에 직면해 있다. 따라서 논리적으로 말하면, 미국 지도자들은 미국에서도 안보를 앞세우고 민주주의는 이차적인 문제라고 주장해야 한다. 미국인들이 이 같은 우선순위를 기꺼이 받아들인다면, 우리 한국인들도 그렇게 할 것이다.

미국은 오랜 민주주의 역사를 갖고 있지만 한국은 그렇지 못하고, 따라서 한국인들은 국가안보를 위해 억압통치를 받아들여야 한다고 당신네들은 주장할지도 모른다. 그러나 영국으로부터 독립할 당시의 미국을 생각해 보라. 국민의 교육 수준과 교양이 오늘날의 한국인들과는 비교도 되지 않을 만큼 뒤떨어져 있었는데도, 미국인들은 200년 전에 자유를 얻기 위하여 죽음을 무릅쓰고 끝까지 싸울 것을 주장했다. 이것에 비추어 볼 때, 미국이 한국에서 계속 안보를 앞세운다면 우리는 미국이 일종의 인종차별 정책을 쓰고 있다고 단정할 수밖에 없다. 미국은 이 점을 이해해야 한다. 그래야만 비로소 미국은 한국 국민의 우정을 얻을 수 있을 것이다. 그래야만 비로소 한국은 미국이 그토록 중요시하는 안보를 누리게 될 것이다. 그러므로 "민주주의가 우선이고 안보는 두 번째"여야 한다는 것에 합의하기로 하자. 미국 지도자들이 한국에서도 민주주의가 우선해야 한다는 것을 인정하지 않으면 반미 감정은 계속 확산될 것이고 우리는 베트남과 같은 운명을 피하지 못할 것이다.

미국은 제3세계 국민의 요구에 훨씬 더 많은 관심을 기울여야 한다. 미국이 현재의 심각한 문제들을 성공적으로 해결할 수 있는 길은 이것뿐이다. 제3세계 국민이 반드시 공산주의자가 되도록 운명 지어져 있는 것은 아니다. 미국이 다수의 뜻을 무시할 때에만 제3세계 국민은 공산주의 쪽으로 돌아설 것이다. 국민 대다수가 민주주의와 자유, 그리고 경제 발전을 누린다면 그들이 공산주의를 추구할 이유는 전혀 없을 것이다. 물론 안보는 더할 나위 없이 중요하다. 그러나 우리는 지켜야 할 그 무엇, 수호해야 할 무언가를 우선 가져야 한다. 그것은 곧 민주주의와 자유, 정의와 인간의 존엄성이다. 미국 지도자들은 이제라도 이 점을 인식하고 거기에 따라 행동해야 할 것이다.

폴크 그것은 매우 강력한 메시지다. 전두환 정권이 반민주적 성격을 가졌고 북한이 위협적인 존재라고 한다면, 그것은 주한 미군의 존재와 어떻게 결부되는가? 카터 대통령은 선거 유세에서 주한 미군 철수를 주장했고, 그것 때문에 국방부와 한국의 각계각층으로부터 심한 비난을 받았다. 카터는 대통령에 취임한 뒤 주한 미군 철수 계획을 포기했다. 미군이 제3세계 국가에 병력을 주둔시키고 그 나라의 군부 지도자들과 밀접한 관계를 갖고 있는데도 과연 제3세계 국가에서 민주주의를 존중할 수 있겠는가?

북한은 절대로 남침하지 않을 것

김대중 카터 대통령이 선거공약을 어길 수밖에 없었던 이유는 당신 말대로 국방부와 한국의 격렬한 비난 때문이기도 하지만, 가장 큰 이유는 그 정책이 시기상조라는 것을 카터가 깨달았기 때문이다. 아직은 미군을 철수시킬 시기가 아니라고 카터는 믿게 되었다. 카터는 그 사실을 인식했기 때문에 한국에서 병력을 철수하지 않았던 것이다. 주한 미군의 존재가 한국의 민주화를 어렵게 만드는지 어떤지, 또는 미군과 한국군의 밀접한 관계가 한국에서 독재정권의 유지를 간접적으로 도와주고 있는지 어떤지에 관해서 말하자면, 그런 견해를 정당화시켜 주는 몇 가지 근거가 있을 수 있다. 그러나 반드시 그렇게 될 필요성은 없다. 서독의 경우를 보면, 상당한 규모의 미군이 주둔하고 있는데도 민주주의를 실천하고 있다. 반면에 라틴아메리카나 중동 또는 아프리카 국가들을 보면, 그런 나라에는 미국이 전혀 없는데도 독재정치를 하고 있기 때문이다. 따라서 미국이나 다른 외국 군대의 존재와 독재정권 사이에는 직접적인 관계가 없다고 나는 생각한다.

한국에는 이 점을 입증해 주는 뚜렷한 증거도 있다. 1960년 4월, 우리 학생들이 민주혁명을 일으켰을 당시 주한 미군은 지금보다 훨씬 많았지만, 주한 미군의 존재는 학생혁명에 전혀 장애가 되지 않았다. 오히려 미군사령관의 간접적인 영향력은 한국 군대가 혁명에 대하여 중립을 유지하도록 만드는 데 크게 이바지했다. 민주주의 원칙에 대한 미군의 긍정적인 태도를 보여 주는 사례가 또 하나 있다. 1961년 5월 박정희가 군사쿠데타를 일으켰을 때, 미군사령관은 박정희의 군사쿠데타를 좌절시킬 수 있도록 허락해 달라고 윤보선 대통령에게 간청했다. 그러나 대통령의 허락을 얻어 내지 못했기 때문에 미군사령관은 박 장군의 쿠데타를 진압하지 못했다. 한국의 민주 회복은 주한 미군이 있느냐 없느냐보다는 미국의 정책에 더 많이 의존하고 있다.

미군이 주둔하는 동안 한국이 민주화되지 못하면 한국은 아마 영원히 민주화되지 못할 것이다. 미군이 한국에서 철수하면 북한의 위협에 대한 공포가 국민 전체를 사로잡을 것이고, 군사독재 정권은 이런 공포심을 충분히 이용할 것이기 때문이다. 미군이 주둔하고 있는 지금도 독재정권은 억압정치를 정당화하기 위하여 이따금 북한의 남침 가능성을 들먹이거나, 그 밖에 북한의 위협으로 간주되는 수많은 사례들을 인용하곤 한다. 최근에도 한국 국방부 장관이 미국에 왔을 때 어떤 공개연설에서 북한이 이번 여름에 남침할 가능성이 있다고 말했고, 거기에 대하여 주한 미군의 한 고위장교는 "북한은 절대로 남침하지 않을 것"이라고 말했다.

한국 정부가 안보상의 위험을 이용하여 억압을 정당화한 사례는 수없이 많다. 예를 들면 내가 대통령 선거에 출마한 이듬해인 1972년, 박정희 정권은 김일성이 환갑날인 4월 15일을 앞두고 서울에서 환갑잔치를 벌일 계획을 세우고 있다고 떠들어 대면서 약삭빠른 선전 공세를 펼쳤다. 그래서 남침 위협을 특별히 경계해야 할 필요가 생겼다. 그들이 주장한 안보상의 위험은 우리 국민을 겁주려고 날조한 것이었다. 그 후 1975년 9월 9일, 북한의 노동당 창립 30주년 기념일에는 김일성이 노동당 창립 30주년 기념일을 축하하기 위하여 서울로 쳐내려올 계획이라고 박 대통령이 직접 우리 국민에게 발표했다. 거의 해마다 봄이 되면 정부는 이런 유언비어를 퍼뜨리곤 한다. "이제 풀이 자라면 북괴 공비들이 풀숲에 몸을 숨기고 쳐내려올 수 있을 것이다." 가을이 되면 정부는 "이제 겨울이 오면 남북한 사이의 임진강이 꽁꽁 얼어붙을 것이고, 그러면 북괴 인민군들이 강을 건너올 것"이라고 말한다.

폴크 핵무기는 북한의 침략을 방어하는 데 반드시 필요한 요소인가? 미군은 만약의 침략을 저지하기 위하여 핵무기를 보유하지 않으면 한국에서의 임무 수행에 대하여 자신감을 갖지 못할 것이라고 이해되어 왔다.

김대중 나는 군사무기 전문가가 아니기 때문에 포괄적인 대답은 할 수 없다. 하지만 핵무기가 없더라도 주한 미군의 존재 자체가 북한의 침략을 단념시키기에 충분한 억제력이라고 나는 생각한다. 나는 한반도나 세계의 어느 지역에서 일어나는 어떤 종류의 핵전쟁에도 강력히 반대한다. 따라서 나는 한국 정부와 미국 정부에게 몇 가지 질문을 던지고 싶다.

첫째, 한반도에 핵무기가 있는가. 많은 사람들은 있다고 말하지만 정부에서 공식적으로 확인한 적은 한 번도 없었다.

둘째, 만약 핵무기가 있다면, 북한에 핵무기가 전혀 없다 해도 남한에 그것이 필요한가.

셋째, 핵무기가 한반도의 긴장을 더욱 고조시키고 평화적 해결을 위한 움직임을 모조리 봉쇄하고 있지는 않은가. 한국이 핵무기를 보유하고 있다면 북한도 중국이나 소련에 핵무기를 요구하거나 직접 그것을 만들 가능성은 없는가.

마지막으로, 한반도의 진정한 안보와 평화라는 견지에서 볼 때 한국에 배치되어 있는 핵무기의 존재가 애초의 기대와는 사실상 반대되는 결과를 초래하지나 않을지 묻고 싶다. 미국 정부와 한국 정부는 이러한 질문에 충실히 대답해야 할 것이다.

폴크 레이건이 한국 문제를 다루는 방식에 대하여 특별히 논평할 말이 있는가?

전두환 독재정권을 지지한 미국의 잘못

김대중 독재정권을 지지하고 안보의 중요성을 내세워 그것을 정당화한 것은 레이건 행정부의 잘못이다. 앞에서도 말했듯이, 민주주의가 없이는 아무도 한국의 진정한 안보를 기대할 수가 없다. 미국이 전두환 정권을 지지하는 이유가 안보 문제 때문만은 아닐 거라는 의혹이 우리 국민들 사이에 퍼져 있다. 또 하나의 중요한 이유는 미국의 경제적 이익을 보호하는 것이다. 독재정권은 미국이 한국에서 벌이는 경제 활동에 대한 불만이나 비판을 억누를 수가 있다. 미국 관리들이 그런 믿음을 계속 고수한다면, 그것은 너무 근시안적인 단견이라고 말할 수밖에 없다. 긴 안목으로 보면, 미국 기업인들이 순조롭게 사업을 운영하고 장기적인 계획을 세우는 데 필요한 사회 안정은 오직 민주정부만이 보장해 줄 수 있다. 민주정부하에서만이 미국 기업인들은 한국에서 사업을 하기 위해 터무니없는 뇌물을 강요당하거나 비밀거래를 할 필요가 전혀 없는 공정하고 공개적인 시장을 기대할 수 있다. 그래야만이 우리 국민은 미국인들의 기업 활동을 잘 이해하고 지지할 것이며, 그래야만이 한국인과 미국인은 상호 이익을 추구할 수 있다.

따라서 레이건 행정부는 한국 국민의 이익을 위해서만이 아니라 미국 측의 이익을 위해서라도 '조용한 외교' 정책을 재고해야 한다. 물론 경우에 따라서는 조용한 외교가 필요하다는 것은 나도 인정하지만, 민주주의와 인권에 대한 미국의 헌신을 분명히 표현하기 위해서는 조용한 외교만으로는 충분치 않다.

레이건 행정부는 내 생명을 구하고 정치범들을 석방시키고 부산 미국문화원에 방화한 젊은이들을 살리기 위해 상당한 노력을 기울였지만, 한국 국민은 아직도 백악관이 한국의 독재정권을 강력히 지지하고 있다고 생각한다. 워싱턴이 우리 국민에게 미국이 친구라는 것을 보여 주고 싶다면 민주주의와 인권을 공개적으로 강력하게 지지해야 한다. 최근 필리핀에서 베니그노 아키노 상원의원이 잔인하게 암살당한 사건은 레이건 행정부가 다수의 뜻을 존중하는 문제와 관련하여 어떤 태도를 취하고 있는가를 동아시아인들이 분명히 깨달을 수 있는 기회를 제공하고 있다. 필리핀 국민과 한국인, 그리고 그 밖의 많은 국민들은 레이건 대통령이 11월로 예정된 필리핀 방문을 실행에 옮길지 어떨지를 주의 깊게 지켜볼 것이다. 필리핀 방문은 미국이 상대국 국민의 이익보다 독재정권을 지지한다는 분명한 증거로 간주될 것이다.

미국은 한국에서 민주주의를 공개적으로 지지해야 할 뿐만 아니라, 한국 군부가 정치에 개입하지 말고 국토방위에만 전념하도록 촉구해야 한다, 이것은 군부가 중립성을 유지하고 사실상 민주주의를 지지할 수 있도록 용기를 불어넣어 줄 것이다. 나는 한국 군부에 대하여 발언권을 갖고 있는 미국 정부가 이런 적극적인 역할을 맡는 것을 지지한다. 주한미군 사령부는 한국군의 이동을 승인하는 권한을 갖고 있기 때문이다.

탠터 서울에는 귀하의 견해에 공감하고 민주화를 지지할 가능성이 있는 장군들이 있는가?

김대중 한국군의 체제는 미군을 본떠서 만들어졌기 때문에, 과거에는 정치적 중립과 민주주의를 존중했다. 군의 중립성은 '당연한 전제'로 받아들여졌다. 한국군은 공산주의와 싸우기 위한 도구로 인식되었다. 그래서 한국군 병사들은 민주주의를 지키기 위하여 군대에 들어간다. 1960년의 4·19혁명 당시, 군대는 정치적 중립과 민주주의를 존중한다는 것을 보여 주었다. 그리고 비록 박정희는 처음부터 끝까지 군대를 악용했지만, 민주주의에 대한 공약은 여전히 남아 있었다.

그래서 1979년에 박정희가 암살된 뒤에도 군대는 국민과 마찬가지로 나라의 민주화와 군의 중립을 지지했다. 예를 들면, 박정희가 암살된 뒤 한국군 사령관들이 실시한 비밀투표에서는 25명의 장군들 가운데 22명이 민주 회복에 찬성했다. 그리하여 전두환은 소수파로 고립되었다. 전두환은 유신체제를 유지하고 싶어 했지만, 대다수의 장군들은 변화를 원했다. 전두환이 1979년 12월과 1980년 5월에 군사쿠데타를 일으킨 것은 그런 배경에서였다. 미국 정부가 한국군의 중립을 지지하기로 결심하고 12월의 군사쿠데타를 '기정사실'로 인정하지 않았다면, 민주주의를 지지하는 한국 장군들은 크게 용기를 얻어 군의 중립을 확보하려는 노력에 더욱 박차를 가했을 것이고, 한눈팔지 않고 국토방위 의무에만 전념할 수 있었을 것이다.

한국군이 민주주의를 존중한 사례를 또 하나 들 수 있다. 공수부대가 광주 시민들을 학살하기 위해 파견되었을 때, 그 지역에 주둔하는 사단장은 학살에 반대했다. 그는 고문을 당하고 군대에서 추방되었다. 그러나 이 이야기에는 속편이 있다. 1년 뒤인 1981년 4월에 총선거가 실시됐을 때, 광주 시민들은 이 전직 사단장에게 국회의원에 출마할 것을 요구했다. 그는 이 요청을 받아들였다. 그가 광주 지역에서 가장 인기 있는 후보자였던 것은 의심할 여지가 없다. 그러자 전두환 정권은 깜짝 놀랐다. 어느 날 이 사람이 느닷없이 불가사의하게 사라져 버렸다. 그리고 얼마 후 그는 뜻밖에도 후보를 사퇴한다는 정식 사퇴서를 제출했다. 우리는 그가 현재 어디에 있는지 모른다. 미국 정부가 정말로 한국군의 정치적 중립을 지지한다면, 대다수의 한국군 장교들은 정치적 중립과 민주주의, 그리고 순수한 국방의무에 헌신할 거라고 나는 믿는다.

폴크 한국에서 민주주의를 실현하려면 어떤 조건들이 필요한가? 귀하는 그 민주화 과정에 어떻게 참여할 것인가?

김대중 우선, 한국의 민주주의는 한국인 자신의 노력에 의해 달성되어야 한다는 것이 내 신념이다. 근본적으로 말해서, 한국 국민의 헌신과 노력과 희생이 없이는 앞으로 직면할 도전을 이기고 살아남을 수 있는 민주주의는 실현될 수 없다. 우리 국민은 계속된 독재정권에 맞서서 30년이 넘도록 격렬한 투쟁을 벌여 왔기 때문에 이제는 상당히 성숙해졌고 민주주의를 회복시켜 그것을 누릴 준비가 되어 있다.

둘째, 대다수의 한국 국민은 자기들이 군부독재를 이기고 민주주의를 회복할 수 있을 만큼 강하다고 믿고 있다. 그러나 미국이 독재정권을 지지하기 때문에 그 목표를 달성하려는 그들의 노력은 늘 저지당해 왔다. 미국이 전두환 정권을 지지하기 때문에 수많은 우리 국민—특히 민주주의 원칙과 군대의 중립을 지지해 왔던 일부 군부 지도자들—은 좌절당했고 언젠가는 민주주의가 회복될 것이라는 희망조차도 잃어버렸다. 군인들은 이제 자기들이 옳다고 믿는 것을 추구하기를 포기했고, 살아남기 위하여 군부독재자에게 굴복했다.

이런 의미에서 대다수의 한국 국민은 민주 회복이 자기들 책임이긴 하지만 장기간에 걸친 피비린내 나는 투쟁을 겪지 않고 또 미국에 대하여 공공연한 적대 행위도 하지 않고 민주주의를 회복하려면 미국의 정책 변화가 필수적이라고 생각하고 있다. 그럼에도 불구하고 미국은 계속 잘못된 정책을 고수하고 있으며, 미국 국민과 언론 매체는 인권과 민주주의를 쟁취하려는 한국 국민의 노력에 거의 관심을 기울이지 않고 있다. 우리는 민주화운동에 대한 무관심과 폴란드의 '자유노조운동'에 대한 언론 매체의 대대적인 보도를 비교해 보라.

폴크 귀하는 현재 한국 국민이 진심으로 민주주의를 추구하고 있으며 민주주의가 실현될 경우 그것이 계속 유지될 수 있다고 낙관하는가?

민주주의는 한국에 반드시 필요

김대중 지나치게 낙관하지는 않지만, 한국 국민은 역사의 이 시점에서 민주주의를 추구할 훌륭한 이유를 갖고 있다고 나는 믿는다. 한국의 민주주의는 계속 좌절당했고 지금도 장애물이 존재하고 있지만, 그럼에도 불구하고 민주주의는 한국에 반드시 필요하며 또한 가능하다. 그 이유를 다섯 가지만 지적하겠다.

첫째, 한국은 수천 년 동안 중국의 지배를 받았으면서도 자신의 주체성을 유지해 왔다. 만주족이나 몽골족 같은 민족들은 우리처럼 주체성을 지키지 못했다.

둘째, 민주주의 원칙은 한국의 전통에 깊이 뿌리박혀 있다. 예를 들면 한국의 토착종교인 동학은 "인간은 곧 하늘"이며 "인간을 섬기는 것은 곧 하늘을 섬기는 것"이라고 주장했다.

셋째, 한국인들은 지난 100년 동안의 권위주의적인 통치에 맞서서 인권과 민주주의를 끈질기게 추구해 왔다. 1894년의 동학농민혁명, 1919년의 독립운동, 1960년의 4·19혁명 등이 그 본보기다.

넷째, 한국인은 교육 수준이 높고 문화적으로 세련된 민족이다. 한국인의 교육 수준과 문화 수준은 200년 전 민주혁명을 일으켰을 당시의 미국인들보다 더 높다.

다섯째, 전반적으로 커다란 영향력을 가진 기독교가 한국에 뿌리를 내리고 민주화운동을 강화해 왔다. 모든 인간은 남자와 여자를 불문하고 똑같은 권리를 갖고 있으며 모든 인간의 존엄성은 재산이나 교육 수준에 관계없이 신성불가침하다는 기독교적 신앙은 특별한 가치를 지니고 있다.

한국은 교육과 문화 면에서는 선진국이고 경제도 선진국을 향해 발전해 가고 있지만, 정치에 있어서는 아직도 후진국이다. 이것은 참을 수 없는 상황이다. 사회학적 관점에서 볼 때, 다른 분야에서 그토록 많은 발전을 이룩한 국민은 억압적인 정치체제를 오래 견디지 못한다는 것을 우리는 알고 있다. 그런 정치체제는 충분한 경제 발전을 저해한다. 경제 발전을 이룩하기 위해서는 미국이나 그 밖의 서방 사회처럼 창의력과 생명력이 있어야 한다. 최근 한국의 어떤 신문이 실시한 여론조사에 따르면, 응답자의 80퍼센트가 경제 발전을 다소 희생시켜서라도 민주화가 실현되기를 원한다고 대답했다.

한국에서 독재를 막고 민주주의를 실현하기 위해서는 국민의 헌신과 노력과 희생이 필요하다는 것을 우리는 알고 있다. 나는 한국 국민이 민주주의에 대하여 그런 입장을 취해 가는 과정에 있다고 믿는다. 최근 김영삼 씨는 단식투쟁을 통하여, 민주화운동을 위해서라면 어떠한 개인적인 희생도 기꺼이 치르겠다는 의지를 보여 주었다. 그의 단식투쟁은 전두환 정권에 통렬한 타격을 주었고, 종교 지도자들과 지식인 및 학생을 비롯한 민주 인사들과 야당 정치인들 사이에 보다 많은 협력이 이루어질 가능성을 열어 주었다. 김영삼 씨의 단식투쟁은 민주화운동에 참여한 모든 사람들 사이에 정치인의 신뢰성을 크게 회복시켜 주었다. 나는 그의 투쟁을 진심으로 지지했고, 광복절인 8월 15일에는 민주 회복을 위해 협력하고 싶다는 뜻을 밝힌 공동성명도 발표했다.

현재는 민주화운동이 민주주의를 회복시킬 수 있을 만큼 강력하지는 못하지만, 한국 국민은 사실상 두 명의 독재자를 물리치는 데 성공했다. 한국에서는 국민과 군부의 대립이 교착상태에 빠져 있다. 국민 쪽에서도 군부독재 체제를 변화시킬 만한 힘을 갖고 있지 않다.

폴크 한국의 사회발전과 경제 발전에 대해서는 어떤 견해를 갖고 있는가? 그리고 박정희와 전두환이 채택한 접근 방식은 서로 어떻게 다른가?

김대중 1971년 대통령 선거에 출마한 이후 나는 '대중 참여'라는 경제 정책을 주장해 왔다. 첫째, 나는 사회정의를 존중하고 촉진시키는 자유경제 체제가 필요하며, 그것이 가장 근본적인 토대를 이룬다고 생각한다. 자유시장 체제는 선진국과 경쟁할 수 있는 고도로 발전된 경제를 이룩하는 데 반드시 필요한 기업인들의 창의성과 진취성을 북돋울 수 있다. 사회주의 체제는 경제 발전을 방해할 수 있고, 국민의 자유를 억압할 물질적인 근거를 정부에 제공해 줄 수도 있다고 나는 믿는다.

둘째, 박정희 정권하에서는 급속한 경제 성장이 이루어졌지만, 한국 경제는 도시와 농촌, 대기업과 중소기업, 중공업과 경공업, 수출산업체와 국내생산에 주력하는 기업, 다양한 지역, 그리고 특히 '가진 자'와 '못 가진 자' 사이에 심각한 불균형의 징후를 보였다. 게다가 인플레이션이 이러한 불균형을 더한층 심화시켰다. 전두환 정권하에서도 상황은 개선되지 않았다. 나는 그렇게 불균형한 방식으로 경제 발전을 꾀하는 것에 강력히 반대한다. 우리는 세 가지 목표를 동시에 추구해야 한다. 그것은 꾸준한 경제 성장과 균형 잡힌 경제, 그리고 경제 안정이다. 우리는 특히 '가진 자'와 '못 가진 자' 사이에 공정한 분배가 이루어지도록 노력해야 한다. 공정한 분배는 사회 안정과 경제 성장에 필수 불가결한 요소이며, 한국 경제 정책의 주요 목표가 되어야 한다.

셋째, 부의 공정한 분배를 실현하기 위해서는 미국에서처럼 대기업의 주식을 많은 국민이 소유하도록 장려할 것을 고려해야 한다. 또는 독일에서처럼 공정한 분배를 보장하고 생산성을 높이기 위하여 사업에 영향을 미치는 경영진의 결정에 노동조합이 참여하도록 권장해야 한다. 또한 정부는 현재 세입의 70퍼센트 이상을 간접세로 충당하고 있는데, 이것은 저소득층에게 무거운 부담을 안겨 주므로 직접세 제도를 강화해야 한다. 그리고 소비자 보호 문제를 체계적으로 다루어야 한다.

넷째, 기업인의 독립과 도덕성은 철저히 보장되어야 한다. 정부가 기업인들을 억압하거나 위협해서는 안 되며, 박정희나 전두환 치하에서 그래 왔듯이 정부가 원하는 대로 일하도록 강요해서는 안 된다. 정부는 기업인들이 경제 발전과 소비자의 만족, 그리고 노동자의 권리에 관심을 돌리도록 장려해야 한다. 이 같은 관심사는 오로지 부의 축적만을 추구하는 행위보다 우선해야 한다.

다섯째, 민주정부가 수립되면 한국은 외국 기업의 투자를 환영해야 한다. 외국과의 경제 협력은 한국 경제의 건전한 발전을 실현하기 위하여 장려될 것이다. 불공정 거래는 절대로 허락되지 않을 것이다. 우리는 외국 기업인들에게 공정한 대가를 보장해야 하며 그들이 한국에서 안전하고 자유롭게 활동할 권리를 철저히 보호해 주어야 한다는 것을 알고 있다.

바람직한 사회구조에 관해서 말하자면, 우리는 우선 정직하고 부지런한 사람들만이 정상에 다다를 수 있는 사회구조를 만들어야 한다. 한국 사회는 정의와 인간의 존엄성과 자유를 국민에게 보장해 줄 수 있어야 한다. 둘째, 우리는 사회복지 제도를 창설해야 한다. 그러나 부지런한 사람의 의욕을 꺾는 사회복지 제도는 지지하지 않는다. 셋째, 우리는 여성의 평등을 실현하여 동등한 기회와 '같은 일에 대해서는 같은 임금'을 보장해야 한다. 넷째는 억압받는 사람들, 특히 노동자와 영세농민과 그 밖의 저소득층의 권리를 철저히 보장해 주어야 한다.

마지막으로, 교육은 우리 사회의 초석이 되어야 한다고 나는 확신한다. 교육은 경제와 정치와 사회 전반의 건전한 발전을 촉진시켜 줄 것이다. 이런 목적을 달성하기 위해서는 정부가 국민교육을 평생 동안 지원해야 한다. 또한 정부의 교육계획은 지식을 쌓는 것만이 아니라 인격을 함양하여 개인의 도덕성을 높이는 방법을 모색해야 한다.

폴크 귀하의 투쟁은 많은 나라들의 민주화 노력에 자극제가 되어 왔다. 귀하는 박해와 고문, 그리고 생명에 대한 위협에도 굴하지 않고 꾸준히 투쟁해 왔는데, 개인적으로 어떻게 그런 역경을 견뎌 낼 수 있었는가?

국민과 정의와 인간의 존엄성을 위하여 헌신

김대중 내가 오랫동안의 역경을 견뎌 낼 수 있었던 것은 세 가지 이유 때문이다. 첫 번째 이유는 내 신앙에서 나온다. 예수님은 박해받는 사람들을 해방시키고 사회의 불의를 제거하여 지구상에 천국을 세우기 위해 이 세상에 오셨다. 그래서 예수님은 박해받는 자로 태어나셨고, 박해받는 자의 한 사람으로 평생을 살았고, 박해받는 자들을 위해 싸웠고, 그들에게 평생을 바쳤으며, 그들을 위해 죽었다. 예수님은 자기 제자가 되고 싶은 사람은 목숨까지도 포함하여 모든 것을 희생할 각오가 되어 있어야 한다고 말씀하셨다. 기독교 신앙의 관점에서 보면 억압이 있는 곳에는 반드시 억압받는 사람들과 함께 예수님께서 계신다. 예수님께서는 자기편에 서서 짓밟힌 자들을 도우라고 우리를 부르신다. 사회적 불의가 있는 곳에서는 반드시 그런 사악함과 맞서 싸우라고 우리를 부르시는 예수님의 목소리를 들을 수 있다.

많은 기독교 교회는 오랫동안 이런 사명을 저버려 온 것 같다. 그러나 나는 주로 세계기독교교회협의회WOC 소속의 신교도와 천주교도가 사회정의를 다시금 강조하고 억압받는 사람들을 돕고 있는 20세기에 기독교도가 된 것이 기쁘다. 천주교회가 핵동결 같은 진보적인 정책을 지지하리라고 누가 상상이나 했겠는가. 천주교도로서의 내 신앙은 내가 이 세상에서 도망치지 않고 하느님의 뜻이 실현되도록 이 세상에 적극적으로 참여하게 만든 원동력이었다. 신앙은 나로 하여금 개인적인 사치와 안락을 포기하게 해 주었다.

내가 꿋꿋이 견딜 수 있었던 두 번째 이유는 내 역사관 때문이다. 나는 국민과 정의와 인간의 존엄성을 위해 헌신한 사람이 역사의 눈으로 볼 때 실패한 경우를 어떤 책에서도 읽어 본 적이 없다. 또한, 국민과 정의와 인간의 존엄성을 배신한 사람이 역사의 눈으로 볼 때 성공한 경우를 한 번도 들어 본 적이 없다. 내가 계속 싸울 수 있는 세 번째 이유는 삶에 대한 사랑이다. 내 삶은 반드시 의미를 가져야 한다. 그러나 고쳐야 할 필요가 있는 것들과 맞붙어 싸우지 않고 평생을 목적도 없이 허송세월한다면 내 삶은 의미를 가질 수 없다. 우리가 이 인생을 살아갈 기회는 오직 한 번뿐이고, 따라서 우리는 이 인생을 잘 살아야 한다. 한마디로 말해서 나는 내 생명을 너무나 귀중하게 여기기 때문에 내 사명을 계속 추구하지 않을 수 없다. 내 사명은 국민과 정의와 인간의 존엄성을 위하여 헌신하는 것이다. 자유도 정의도 없는 곳에서 이런 태도를 갖고 살아가는 사람은 누구나 역경에 굴하지 않고 온갖 어려움을 이겨내고 아무리 가혹한 사태 변화도 극복해 낼 각오가 되어 있어야 한다. 남이 나에게 고통을 줄 수 있을지는 모르지만, 아무도 나를 강제로 불행하게 만들 수는 없다. 결국, 내가 행복할 것이냐 불행할 것이냐를 결정할 수 있는 삶은 오직 나 자신뿐이다. 나는 내 인생이 행복했다고 생각하며, 수많은 고난에도 불구하고 기꺼이 그 인생을 다시 한번 되풀이하고 싶다.

한국 현대사가 묻는 것

야스에 료스케

—

1983년 6월, 일본의 대표적인 출판사인 이와나미쇼텐岩波書店의 편집장 야스에 료스케安江良介
와 워싱턴에서 가진 인터뷰로, 일본 진보좌파를 대변하는 시사잡지 『세카이世界』 1983년 9월호
에 수록되었다. 이 글은 1983년 『아사히 신문朝日新聞』에서 발표한 논문 '베스트 5' 중의 하나로
선정되기도 했다.

—

야스에 이렇게 인터뷰하게 된 것은 10년 만입니다. 다시는 뵐 수 없을 거라고 생
각했었습니다. 마음속에 오가는 많은 생각 때문에 말문이 잘 열리지 않습니다.

지난 10년간은 글자 그대로 격동의 세월이었으며 한국으로서는 많은 어려
움이 있었던 시대였습니다. 이러한 한국의 상황과 관련하여 우리 일본 국민들
도 여러 가지를 생각하면서 이 10년을 지내 왔습니다.

이 격동의 10년은 긴 세월이기는 하지만 한편 너무 빠른 시간의 흐름이었다
고도 생각됩니다. "참 긴 세월이었구나" 하고 생각되는가 하면 10년 전에 인
터뷰한 것이 어제처럼 생각되기도 합니다. 제게는 남다른 감회가 있습니다.

그동안 선생님은 두 번씩이나 피살당할 뻔했습니다. 한 번은 1973년의 납치
사건, 두 번째는 1980년의 광주항쟁, 다시 1971년으로 거슬러 올라가면 대통
령 선거에 출마하여 유세하는 동안(5·25총선 지원 유세—편집자) 정면으로 트럭
에 충돌하여 피살당할 뻔했다고 들었습니다. 그때에 부상한 허리(고관절 장애—

편집자)가 지금도 낮지 않으신 것 같은데 이 12년 사이에 세 번씩이나 죽임을 당할 뻔한 선생님 자신의 극적인 10년간의 체험, 이것은 말할 것도 없지만, 이것이 그대로 한국에 있어서의 동動과 반동反動의 시대에 겹쳐졌습니다. 그리고 한국의 군사정권 억압체제와 이에 반항하는 민주화투쟁을 초점으로 하여서 극동 정세도 또한 동과 반동의 반복을 거듭하여 왔다고 생각합니다. 지난 10년 동안에 있었던 한국 사회의 여러 문제들 중 가장 먼저 묻고 싶은 것은 5·18민주화운동에 대해서입니다. 군인이 시민에게 저지른 포학, 저 3년 전의 일을 생각하면 지금도 솟구쳐 오르는 것이 있습니다. 선생님 심중에는 도저히 제가 상상할 수도 없는 것이 있으리라고 생각합니다.

첫째로 광주사태의 본질을 어떻게 보느냐는 점입니다. 1980년의 광주사태가 전두환 정권의 출발점이었다는 것은 누구의 눈에도 분명한 것이며 광주사태에 대하여 누가 책임을 져야 하느냐 하는 문제는 매우 뚜렷합니다. 제 생각입니다만 전두환 정권으로서는 두 가지 이유에서 광주사태가 꼭 필요했던 것이라고 생각합니다.

1979년 10월 26일에 박 대통령이 측근에 의해 암살된 형식으로 박정희 정권은 내부 붕괴했습니다. 박정희 정권이 왜 붕괴되지 않으면 안 되었는가 하는 이유는 1970년대의 한국 정치의 전개가 스스로 보여 주고 있지만, 그와 같은 박정희 정권이 자괴自壞된 후에 이른바 '서울의 봄'이라고 하는 6-7개월의 시기가 있었습니다. 간신히 민주적 형식으로써 대통령을 뽑을 수 있지 않을까 하는 기대가 내외에 퍼져 있었습니다. 그 예측되던 대통령 선거를 다루는 것은 신문에서는 '3김 경쟁'이라고 쓰였습니다만, 선생님, 김영삼 씨, 김종필 씨 등이라고 중론衆論이 일치했습니다.

그러나 전두환 씨라는 사람은 그중에 들어 있지 않았습니다. 따라서 '3김 경쟁'이라고 하는 것을 없애 버리고 새롭게 전두환 씨라는 사람이 나오기 위해서는 정치 무대의 대전환이 필요한 것이 아니었던가, 그 대전환, 참혹한 무대의 암전暗轉이 광주사태였다고 저는 해석하고 있습니다.

또 하나는, 광주사태는 전두환 정권에 의한 사전예방제재事前豫防制裁라고도 할 수 있는 것이 아니었던가도 생각합니다. 즉 정권을 잡기 위해서는 무엇보다도 먼저 최대의 강적인 김대중 선생의 자유를 빼앗지 않으면 안 된다, 경우에 따라서는 사실 그렇게 했습니다만 생명을 빼앗지 않으면 안 된다. 그러나 김대중 선생의 생명을 빼앗는다든가, 또는 김대중 선생을 구속하려고 하면 저 박정희 정권의 유신체제에서도 되풀이된 것같이 민주 세력은 반드시 격렬하게 항거하여 정권과 싸울 것입니다. 그것을 사전에 제압하고 예방하기 위해서는 강한 공포심을 민중에게 줄 필요가 있었다고 저는 생각합니다.

그래서 저는 '사전예방제재事前豫防制裁'라는 모순된 말을 사용했습니다만, 항거를 하려 해도 일어설 수 없을 정도의 철저한 공격을 미리 가하지 않으면 안 된다고 생각했을 것입니다. 남녀노소를 가리지 않은 저 무참한 살육은 인간의 상상이 미치지 않는 것이었습니다.

군인들이 생각할 수 있는 그럴듯한 발상입니다만 적어도 1980년 5월부터 한 번쯤은 그들의 생각은 아주 성공했습니다. 지금은 다릅니다만 그 직후 한국의 민주 세력도 공포 속에서 침묵하지 않을 수 없었던 것 같습니다. 그리고 그 사이에 전두환 씨는 착실하게 정권을 향한 길을 닦았습니다.

이와 같이 저는 보고 있습니다만, 선생님께서는 어떻게 보고 계시는지요?

5·18민주화운동과 관련하여

김대중 5·18민주화운동을 나는 한국의 역사의 흐름에 장기적으로 잡는 것, 중기적으로 잡는 것, 그리고 마지막에는 당면當面으로 볼 수가 있다고 생각합니다. 지금 말씀하신 점은 매우 중요한 점을 지적했다고 생각합니다만, 제가 말씀드리는 것을 통괄 정리하면 나의 견해가 나오리라고 생각합니다.

그리고 광주의 사건은 우리 민족의 100년래의 원망願望인 민중·민족·민주, 이 세 가지 민족적 열망을 집약하고 있다고 생각합니다.

1894년 동학혁명, 그것은 일본이 개입하여 청일전쟁으로써 동학농민혁명을 눌러 분쇄해 버렸습니다만, 그때에 10만 농민이 일어나 근대적 농민의 권리, 민중해방, 그리고 반제국주의 투쟁이라는 자기해방의 이 농민에 의한 투쟁은 로마의 노예 해방의 스파르타쿠스 투쟁이라든가, 1517년의 독일의 종교혁명에 있어서의 아나뱁티스트의 리더인 뮌처, 그런 사람들과 비교하면 훨씬 이념적이고 역사적으로 정당한 투쟁이었다고 평가하는 연구가들도 있습니다. 그러나 동학농민혁명은 관군에게는 승리하였지만 일본군에 의하여 좌절되었습니다.

또 하나는 1919년의 여러분들이 잘 아시는 3·1독립운동, 이것도 일본의 무력에 의하여 좌절되었습니다. 그리고 이승만 씨가 국민의 기대를 저버리고 독재를 강행하고 반공과 안보를 악용해 자기의 정권을 영구정권으로 했었을 때에 국민들이 일어난 4월혁명, 그러나 이것도 그다음 해 박정희 씨에 의한 군사쿠데타로써 좌절되었습니다.

이 세 사건은 결과적으로는 모두 좌절되었습니다. 그러나 동학농민혁명의 민중, 3·1독립운동의 민족, 4월혁명의 민주, 이 민중·민족·민주의 세 가지가 박정희 씨 암살 후에 국민의 집중적인 관심으로 떠오른 것입니다. 지금이야말로 민중에 의한 민주정권을 세우고, 그 민주정권은 자유와 정의와 인간의 존엄을 실현하면서 그것을 발판으로 하여 남북의 화해와 통일을 촉진한다, 이것은 온 국민의 절실한 기대였는데 그 시기에 전두환 씨가 국민의 모든 의사와 원망願望에 등을 돌리고 역사적 요구에 역행하는 쿠데타를 일으켰습니다.

이것에 대하여 대표적으로 항의한 것이 광주 시민입니다. 물론 광주뿐만 아니었습니다. 전라도 일대의 사람들이 일어났으며, 나의 선거구인 목포에서는 3일간이나 경찰관서가 민중에 의해서 점령되었습니다. 그러나 가장 큰 희생을 치르고 가장 집중적으로 싸운 곳은 광주였습니다.

다음으로 중기적으로 본다면, 이승만 씨가 1948년에 대한민국의 대통령이 되었습니다. 그에게 주어진 두 가지 사명이 있었습니다. 우선, 일본 제국주의에서 해방된 우리 정권은 당연히 과거의 친일분자를 배제하고 독립을 위하여 싸운 사람들을 중심으로 민족적 정통정치를 세웠어야 했을 것입니다. 그런데 이승만 씨는 자기의 이익을 위하여 독립운동가를 전부 배제하고 친일파들을 중심으로 하여 정권을 세웠습니다. 민족 정통성을 파괴한 것입니다.

또 하나는 이 정권은 헌법에 규정한 대로, 민주정권이어야 함에도 불구하고 반공과 안보를 구실로 독재정권으로 시종했습니다. 이러한 이승만 씨에 대하여 국민은 1950년의 선거에서 3분의 1밖에 의석을 주지 않았습니다. 그와 같은 국민의 공세 도중에 불행하게도 6·25전쟁, 일본에서 말하는 '한국전쟁'이 일어났습니다만, 그럼에도 굴하지 않고 부산에서는 이승만을 대통령 선거가 있었던 1952년에 대통령 자리에서 끌어내리려는 투쟁이 있었습니다. 그것을 그가 무력으로 진압한 것이 소위 '부산정치파동', 이것이 중기적 전망에서 보는 제1회 실패입니다.

두 번째는, 1960년에 학생들이 4·19혁명은 성공시켰지만 정치적으로는 진공상태가 된 것을 기회로 박정희 씨가 5·16군사쿠데타를 일으켜 4월혁명을 좌절시켰습니다.

세 번째는, 박정희 씨가 장기집권을 위한 3선개헌을 강행하자, 이것은 중대한 문제라고 국민적으로 일어났을 때에 즉 1971년, 내가 대통령으로 나선 때였습니다. 그토록 국민들이 일어나고 정권 교체에 대한 열망이 나타난 일은 없었다고 합니다. 기독교 학생들을 중심으로 한 약 8,000명의 사람들이 표를 지키기 위하여 뛰어다녔습니다. 그러나 나는 유효투표의 46퍼센트를 얻었으나 결국, 또 한 번 좌절했습니다.

그러나 여기에서 박정희 씨는 두 가지를 배웠습니다. 다시는 직접선거로는 도저히 대통령이 될 수 없다는 것과, 선거 중에 나를 격렬하게 용공적이라고 공격했는데 내가 내건 통일 문제가 크게 국민의 지지를 받았다는 두 가지입니다. 거기에서 직접선거를 폐지한다, 그 대신 통일 문제로써 국민들을 현혹시켜 자신을 정당화하려고 했다, 이것이 소위 유신체제입니다.

이것을 나는 선거 중에 이번 선거에서 이기지 못하면 총통제의 시대가 온다고 예언했었는데, 실은 나는 그 전의 1970년 1월, 그러니까 2년쯤 전에 박정희 씨가 통일을 구실로 하여 독재할는지도 모른다고 말하였으며, 그 기록도 있습니다. 돌이켜 볼 때에 희한할 정도로 잘 맞았습니다.

7·4공동성명이 나온 후에도 9월 이후에 나는 서울에서 외신 기자회견에서 연설하면서 이 통일 문제를 가지고 박정희 씨가 독재정권을 꾀할는지도 모르니까 경계하지 않으면 안 된다, 우리들은 이 7·4공동성명은 지지하지만 한편 경계하지 않으면 안 된다고 했는데, 불행하게도 3개월 후에 말한 대로 유신체제로 나타났습니다. 이것은 당시의 미국 상원 외교위원회가 파견한 조사 보고서에도 인용되었습니다.

어떻든 이렇게 해서 세 번 우리 국민은 민족적 정권을 수립하는 데 좌절했습니다.

네 번째는 곧 1979년부터의 국면입니다. 재야 세력은 김영삼 씨의 신민당 총재 복귀를 지원하고 정부의 어용야당이었던 신민당을 진정한 야당의 방향으로 전환시키면서 협력하여 와이에이치YH투쟁을 비롯한 여러 가지 투쟁을 하면서 '부산·마산사태'까지 몰고 갔습니다. 앞에서 야스에 선생의 말씀 가운데 정정해 주시면 싶은 것이 하나 있습니다. 그것은 10월 26일의 박정희 씨 암살은 정권의 자괴自壞만을 의미하는 것은 아니라는 것입니다. 이와 같은 오랜 투쟁을 몰고 간 것을….

야스에 말이 충분하지 못했을는지 모르겠습니다. 정권 자신이 만들어 낸 모순이 민중의 저항·비판에 의해서 확대되고, 끝내 필연적으로 붕괴할 수밖에 없었다는 의미입니다.

한국 민중의 역사

김대중 그렇습니까. 그렇다면 같습니다. 김재규 중앙정보부장이 부산에 가 보고 이것은 학생과 노동자뿐만 아니라 전 시민이 봉기할 것을 내다보고 박정희 씨에게 보고했습니다. 그러나 박정희 씨는 몇십만을 더 죽여도 괜찮으니 밀어 없애 버리라고 함으로 김재규로서는 국민을 죽이느냐, 박정희 씨를 죽이느냐의 양자택일의 입장에 섰다는 것입니다.

사실, 김재규 씨에 의한 박정희 씨 암살사건이 없었더라면 10월 29일이라고 생각합니다마는 광주에서 봉기하기로 되어 있었습니다. 그렇게 되면 일사천리로 북상했을 것입니다.

한국 사람은 길가의 잡초와 같은 국민으로서 밟으면 밟힙니다. 그러나 밟고 있는 발이 떠나면 곧 일어섭니다. 바람이 불면 눕습니다만, 결코 꺾이지 않고 다시 일어섭니다. 이것이 한국 민중의 역사입니다.

중국에 대해서도 2,000년에 걸쳐서 정치적으로, 군사적으로, 경제적으로, 종교적으로, 문화적으로, 지배되고 영향을 받으면서도, 중국을 한때 지배했던 몽골족이 지금 150만만 남고 전부 중국화되고, 만주족은 한 사람도 남기지 않고 전부 중국화되었지만, 6,000만을 가진 한민족만이 작은 반도에 중국과는 다른 문화와 언어와 온갖 특색을 유지하면서 서 있습니다. 6,000만이라고 하면 지금의 영국이나 프랑스와 맞먹으며, 세계의 160여 개의 나라 중에서 열두 번째로 큰 대국입니다. 더구나 대단한 문화 수준과 교육 수준을 가지고 있습니다. 중국이 그 주변국을 동화시킨, 전 세계에서 예가 없는 엄청난 동화력으로 볼 때 이것은 기적과 같은 것이라고 볼 수밖에 없습니다. 이것이 한국 민중의 저력입니다.

나는 이것을 '한국인의 한恨'이라고 봅니다. 이것은 『세카이』 7월호에 소개된 나의 강연에서 자세히 말하고 있으므로 이 이상 더 한恨에 대해서는 말하지 않으렵니다만, 대한민국 수립 이후 이와 같이 네 번씩이나 실패했음에도 불구하고 아직도 한국인은 정력적으로 일어서고 있었습니다.

이곳에 와 보니 미국에 있는 우리 동포들에게는 대단한 좌절감이 있습니다. 우리들의 민주주의는 다 틀렸다, 특히 전두환 씨가 저렇게 탄압정치를 하니 이것으로 끝장이다, 이렇게 절망적으로 된 사람이 상당히 많습니다. 그래서 나는 말했습니다. 언제든지 물의 흐름의 표면만 보아서는 안 된다, 바닥을 보지 않으면 안 된다, 2,000년이나 살아남은 이 민족은 좌절하지 않는다고. 대한민국 성립 이후 지금까지 우리들은 민주정치를 완전히 쌓아 올리는 데는 실패했지만, 그러나 적어도 한국의 어떤 독재자도 자기가 원했듯이 종신 집권하는 것은 불가능했다, 한국에서는 프랑코도 안 나왔고, 살라자르도 안 나왔다, 그런 의미에 있어서 독재자도 실패한 것이다, 그것을 우리는 보지 않으면 안 된다고 말하고 있습니다.

이 한국 사람의 잡초와 같은 끈기, 더욱이 그 한국 사람의 한恨, 목적을 이루기 위해서는 좌절하면서도 희망을 버리지 아니하고 기다리면서 싸우는, 이 한국 사람들의 특성을 우리들은 밝게 보아 둘 필요가 있다고 생각합니다.

역사상에서 민족이 자기만으로는 견디어 낼 수 없는 도전에 대응하는 것을 보면 두 가지 경우가 있습니다.

하나는, 예를 들면 기원 1966년에서 1970년까지의 제1차 유대전쟁과, 135년의 제2차 유대전쟁에 있어서의 이스라엘입니다. 그와 같은 압도적인 로마 세력에 마치 계란으로 바위를 치는 듯한 저항을 함으로써 이스라엘 민족이 세계에 유랑하는 결과밖에 되지 않은 이 대응의 방법은 과연 좋은 대응이었을까.

아메리칸 인디언이 자기들의 실력으로서는 어쩔 수 없는, 무기를 가지고 침략해 온 백인들에게 대응한 것도 그렇습니다. 매우 실례되는 표현입니다만 "마치 불에 뛰어든 여름벌레 같은 대항을 했다." 만일 아메리칸 인디언이 그때 좀 더 지혜 있는 대응 방법으로 살아남았더라면 아메리카 인디언은 오늘 미국에 있어서도 많은 인구가 되었을 것이며, 더 많은 발언권을 가질 수 있었을 것이라고 생각합니다.

이에 비해서 중국, 한국, 일본 민족은 상당히 좋은 대응을 하고 있었습니다. 중국은 몽골족이 침입했을 때에 그것을 받아들였습니다. 그러나 결코 몽골족에게 동화되지 않고 굴복하지 않았으며 끝내는 몽골족을 자기에게 동화시켰습니다. 청淸에 대해서도 마찬가지입니다.

일본인도 그렇습니다. 예를 들면 막말幕末(도쿠가와 바쿠후德川幕府 말―역자)에 그토록 양이攘夷가 일본 전국을 휩쓸고 삿초薩長 양번兩藩과 막말의 지사들 사이에서는 양이에 조금이라도 의념疑念을 가지면 죽임을 당하는 분위기임에도 불구하고, 그러나 사쓰에이薩英 전쟁, 장주와 4개국 연합군의 전쟁에서 같이 실패한 후에는 반막운동反幕運動의 주력은 곧 한계를 깨닫습니다. 그리하여 양이를 내세우면서도 실제로는 개국의 방향으로 끌고 갔습니다. 매우 우수한 대응이었습니다.

제2차대전 후의 일본의 대응 방법을 보아도 그렇습니다. 미국 사람들은 전쟁 중에 그토록 혹독한, 이성을 잃었다고 할 일본의 반항을 보고 일본을 점령하면 대단한 반항을 받을 것이라고 생각했습니다. 그러나 미국 점령군을 받아들이고 이와 협력하면서 일본의 민주주의를 발전시킨 일본 국민의 대응 방법은 결과적으로 보아도 나는 성공하였다고 생각합니다. 물론 충분한 것은 아니지만.

일본은, 이것은 조금 실례인지는 모르겠습니다만, 실패한 후의 대응은 참 잘하는데, (웃음) 이겼을 때의 대응이 아무래도….

한국인에 대해서는 앞에서 말한 대로입니다. 한국 사람은 적어도 2,000년의 역사를 통해서 결코 자기의 본질을 버리지 않았습니다. 그리고 결코 악에게 마음으로부터 굴복하지 않았습니다. 가장 중요한 것은 희망을 버리지 않은 것입니다. 불가능하면 일시적으로 좌절한 그 희망을 품고 기다립니다. 기다리면서 무슨 틈만 있으면 머리를 들고 그것을 실현시키려고 꿈틀거립니다. 이것이 한국인의 한恨입니다.

이러한 한국인의 특성을 보지 않으면 안 됩니다. 일본이 식민지화했을 때에 한국인은 무기력하다든가, 사대주의적이라든가, 퇴영적이라든가 여러 가지로 말했지만 그것이 매우 잘못된 견해였습니다.

하물며 우리들 자신이 좌절감에 무너진다는 것은 잘못입니다. 박정희 씨가 죽음으로써 한국은 기로에 섰었는데, 실은 김재규 씨의 암살사건이 없었더라면 한국 사람은 그때 자력으로써 민주 해방이 되었을 것입니다. 그랬었더라면 전두환 씨의 집권은 있을 수 없었을 것입니다. 그런데 유신체제가 그대로 남아서 머리만이 잘려진 셈입니다. 사람은 머리를 잘리면 죽지만 조직은 머리가 잘리면 다른 머리로 갈아 붙입니다. 정권도 그렇습니다. 그리하여 전두환 씨가 제2의 머리로 나온 것입니다.

그러나 여기에서 내가 지적을 하고 싶은 중요한 것은 전두환 씨가 대통령이 되었다고 해서 군인 전부가 민주주의에 반대했다고 보는 것은 사실과 다르다 하는 것입니다. 박정희 씨가 죽은 후에 육군참모본부에서 참모총장의 주재하에 25명의 장성이 모여서 비밀투표를 했습니다. 그러니까 22 대 3으로 유신체제를 그만두고 민주주의로 돌아가야 할 것이라고 압도적인 다수의 장성들이 민주주의를 지지했습니다. 그 증거로는 전두환 씨가 쿠데타로서 수많은 장성들을 군에서 쫓아내지 않으면 안 되었다는 것으로도 알 수 있습니다.

전두환 씨는 보안사령부에서 나에 대한 중상을 계속하였습니다. 용공분자라는 것입니다. 야스에 씨가 잘 아시는 대로 한국에서는 특히 군부에서는 용공이라는 말만 들어도 치를 떨 정도로 반발합니다. 그와 같은 서류를 전두환씨는 계속적으로 각 군에 돌렸습니다. 그럼에도 불구하고 내가 보는 바로는 적어도 해군과 공군은 절대로 전두환 씨에게 동조하지 않았습니다. 나는 지지했다고는 말하지 않았습니다. 그러나 그것에 현혹되지 않았다고 생각합니다. 육군 부대에서는 상당한 수의 사람들이 그렇습니다. 그 증거로 한 사람의 대장을 포함한 육군예비역 장성들이 30명 이상이나 나를 지지하는 표명을 했습니다. 그것을 문서로 냈습니다.

이러한 상황이었는데 결국 전두환 씨의 쿠데타를 도운 것은 외부 세력, 노골적으로 말하면 일본과 미국의 세력이었다고 나는 생각합니다.

박정희 씨가 죽고 얼마 안 되었는데, 미국인의 이름을 대면 곧 알 수 있는 유명한 일본과 한국 문제의 학자가 나에게 사람을 보내서 "한국의 민주주의는 지금 어려울 것이다. 왜냐하면 무엇보다도 일본이 민주화를 바라지 않고 있다"고 전해 왔습니다. 일본의 내정을 잘 알고 있으며 일본에 근무한 일도 있는 학자입니다. 무시할 수 없는 말이었습니다.

야스에 나는 거기에 한마디 덧붙이렵니다. 당시 일본 정부가 '김대중 정권'을 저지하기 위하여 적극적으로 움직였던 사실은 소식통에는 잘 알려진 일이었습니다. '3김 경쟁' 가운데 일본 정부로서는 가능하면 김종필 씨에게 정권을 잡게 하고 싶었습니다. 그러나 박정희 체제의 사람이므로 선거하면 이기기 어려울 것 같고 그렇다면 김영삼 씨로 하고 싶어 했습니다. 그 대신 김영삼 씨에게는 좀 더 우편右便으로 와 주면 했습니다. 그것을 위해서는 일본 정부도 도와주겠다, 그러나 김대중 씨만은 절대로 곤란하다, 이것이 일본 정부 주변의 생각이었습니다. 그와 같은 발언을 몇 번이고 들었습니다.

그리고 서울에서 내게 보내온 정보에는 주한 일본대사관의 움직임이 전에 없이 활발하다는 것입니다. '3선개헌' 반대 저지투쟁과 1971년 대통령 선거를 서막으로 하여 1970년대에 일관하여 전개한 한국의 민주화운동과 이에 대한 억압, 그 과정에서 주한 일본대사관과 그 주변은 하나의 특징적인 움직임을 보였습니다. 즉 미국의 대사관과 그 주변의 사람들은 박정희 정권을 지지하면서 한편 계속 민주 세력, 재야 세력과 접촉했던 것과는 대조적으로 일본대사관은 전혀 그런 일을 하지 않았습니다. 그런데 박정희 정권이 무너지자 언제 그랬느냐는 듯이 움직이기 시작했습니다. 가장 유력한 후보였던 선생님이 정권을 잡는 것을 저지하기 위하여….

스스로 안보의 책임을 포기한 전두환 집단

김대중 아시리라고 생각합니다만 나는 1979년 6월부터 연금되어 있었는데 실은 12월 8일까지 40일 이상이나 박정희 씨가 죽었는데도 불구하고 연금을 해제하지 않았습니다. 그것은 전두환 씨, 당시의 보안사령관의 강한 간섭에 의해서였습니다.

그리고 11월 말경, 후에 전두환에게 체포된 정승화 육군참모총장(계엄사령관)이 3일간 계속하여, 처음에는 신문사의 발행인, 그다음 날은 편집간부, 그후에는 기자들을 모아 놓고 내게 대하여 사상적 중상을 했습니다. 첫날은 심한 중상이었던 것 같습니다.

그러니까 뜻밖에도 미국대사관에서 기자들에게 "저쪽에서 오프 더 레코드로 말하니 우리도 오프 더 레코드로 말하자. 우리들은 정승화 씨의 의견에 동조하지 않는다. 아니 전혀 반대다"라고 했다는 말을 들었습니다. 다음 날부터 정승화 씨의 톤이 쑥 내려갔으며, 동시에 국회에서 나를 지지하는 야당 의원들이 국방장관에게 대들었습니다. 무슨 증거로 용공이라고 하느냐, 증거를 내놓으라고 하니까 국방장관이 사과했습니다.

12월 2일 미국대사가 나에게 사람을 보내어 당신의 연금이 곧 풀릴 터인데 그때 때를 늦추지 말고 곧 만나고 싶다고 했습니다. 나는 연금이 12월 8일에 해제되자 다음 날 연락하여 10일에 대사와 만났습니다. 의외로 대사의 관저가 아니고 대사관의 공관에서 더구나 대사실이었습니다. 그러니까 완전히 공식화해서 만났습니다. 한 시간 반쯤 서로 이야기했습니다. 대사관의 고위 간부들은 전부 출석하여 이야기를 듣고 있었습니다. 그리고 내가 면회한 후에 대사관은 나와 만난 결과를 아주 성과 있는 결과였다고 과분한 표현으로써 나를 평가하면서 그 말을 신문기자들에게 흘렸습니다.

대사는 그 후 몇 번이고 나와 접촉했습니다. 그리고 모름지기 대사만은 될 수 있는 대로 온건하게 민주화가 되어 가도록 일부의 군인에게 구실을 주어 그들의 손에 정권이 넘어가지 않도록 하기를 바란다고 되풀이하여 말하고 있었습니다. 최후에는, 이것은 나중에 좀 더 자세하게 말하겠습니다만, 5월 14일에는 대사가 일부러 우리 집까지 방문하여 왔습니다. 이것도 이례적인 것이지만 저와 무릎을 맞대고 시국의 중대성에 대해서 말하고 나는 그 대사의 의견에 응하여 다음 날 국민에게 안정을 호소하는, 특히 학생들에게 호소하는 말을 하였습니다.

그리고 앞서 말한 대로 내가 체포된 바로 다음 날에 대사는 대통령과 만나서 나의 석방을 요구하였으며, 나의 구명과 출국을 도왔습니다. 물론 미국은 그렇게 하면서도 우리들의 기대에 어긋나는 많은 일을 했습니다. 그러나 한편

이런 면도 있었던 것이 사실입니다.

이에 비하면 일본 측은 아주 다르다고 할 수밖에 없습니다. 나는 그때에 일본대사와도 한 번 만났으며, 오히라大平 씨에게 편지도 건네고 그 회답도 받고 했습니다. 대사관 간부 중에 개인적으로 나에게 호의적인 사람이 없었다고는 말하지 않았습니다. 그러나 일본은 미국과는 상당한 차이가 있었습니다.

그만하고, 제3의 당면 문제로 전두환 씨에 의한 쿠데타와 5·18민주화운동의 이야기입니다만 그의 쿠데타는 실질에 있어서는 전해의 12월 12일이라고 보아야 할 것입니다. 전두환 정권은 큰소리로 '안보'를 강조하고 있습니다만 그들은 전방 전선에 포진한 1개 사단을 쿠데타를 위하여 후방에 끌어와서 자기의 직속상관인 참모총장을 체포하였습니다. 그 스스로가 안보의 책임을 포기했습니다.

누구든지 그렇게 생각할 줄 압니다만 나도 그때 이것은 중대한 고비라고 생각했습니다. 그래서 먼저 미국의 태도를 관망했습니다. 왜냐하면 미국의 사령관은 한국군에 대한 작전지휘권을 가지고 있으며 그들의 작전지휘권이 직접적으로 유린되었기 때문입니다. 이것으로 그들은 전두환에 대해서 어떤 태도를 취하는가, 사단장에 대해서 어떻게 하는가, 이 미국의 태도 여하에 따라 우리들의 민주화 전도의 운명이 결정되는 것으로 생각했습니다. 그런데 아무것도 하지 않았습니다. 이거 큰일 났구나 하고 생각했지요. 그 후 여러분께서 기억하시는 대로 나는 계속적으로 한국의 민주화의 전도는 매우 위태롭다고 항상 말했습니다.

그들은 5월 17일에 나를 체포했습니다만, 실은 1979년 11월, 소위 명동 와이더블유시에이YWCA사건에서 나를 함정에 빠뜨리려고 했습니다. 그 명동 와이더블유시에이사건은 당시 중앙정보부와 보안사령부가 개입한 것입니다. 그 사건에 참가한 민주 세력이 그것을 간파하지 못한 결과가 되고 말았습니다.

야스에 예? 11월 24일 집회 말씀이지요? 소위 유신 잔당의 민주화 지연작전을 취하고 있는 것에 반대해서 모인 집회, 결혼식이라고 위장하여 모여서 대성공이었다고 일본에는 전해졌습니다만 그것은 음모였습니까?

김대중 예, 그들이 개입했었습니다. 민주 세력이 데모를 하면 군인들이 함께 협력하여 민주정권을 속히 세울 듯이 유도했습니다. 일부에서는 그 진상을 간파할 수가 없었지만 나는 그때 연금 중이었습니다. 연금 중에 집회 소식을 듣고 "이것은 이상하다"고 생각되어 근심하면서 아들을 통하여 신중하게 하도록 동지들에게 연락했습니다만 내가 직접 이야기한 것도 아니어서 충분히 협의가 되지 못하여 사건이 일어나고 말았습니다.

그런데 그 사건이 일어나자마자 그들은 민주 인사들을 일망타진 모두 체포하여 고문할 때 제일 먼저 물어본 것이 "김대중이가 너에게 무엇이라고 했는가? 어떻게 선동했는가?"라는 것이었습니다. 그때 함석헌 선생은 끌려가서 그 노老선생이 말로 할 수 없는 모욕과 구타를 당했습니다.

나의 측근인 김상현 씨도 체포되었습니다. 그는 전 국회의원입니다만 그에 대하여 온갖 고문을 가했습니다. 그리하여 그로 하여금 불게 하려 했습니다. 김대중 씨의 지령에 의하여 나는 관여했다고. 그러나 그 자신도 관여하지 않았습니다. 어떻든 이런 모양으로 그때부터 나를 겨냥했던 것입니다.

솔직히 말해서 그들은 정권을 잡고 싶다, 그런데 장애는 김대중이다라는 것이지요. 한국에서는 반공은 만능약입니다. 용공분자라고 하면 죽여도 살인죄가 안 됩니다. 그런 분위기이니 나에게 뒤집어씌우는 죄도 그뿐인 셈입니다.

한편에서는 먼저 말한 대로 정승화 육군참모총장이 신문기자들에게 중상하고 한편으로는 나에게 명동사건의 죄를 밀어붙였습니다. 이것이 같은 시기입니다. 김대중은 이렇게 사상이 나쁜 데다가 지금 박정희 씨가 죽은 혼란을 틈타서 국가를 전복하려고 한다, 이러한 각본이 처음부터 짜여 있었던 것입니다. 그러나 너무도 나와 관계가 없기 때문에 할 수 없이 그때에는 체념한 것이지요.

그러나 움직임을 쭉 보고 나는 비상한 위기의식을 느꼈습니다. 내가 직접 겨냥되어 있는 것도 잘 알았습니다. 그래서 나는 12월 8일에 연금이 풀리자 곧 신민당 지도자들과 만나 속히 과도정권을 끝내고 민주선거로 접어들지 않으면 안 된다고 강하게 말했습니다.

나는 그들에게 말했습니다. "당신들은 지금 헌법 개정을 운운할 때가 아니다. 우리들은 제3공화국, 박정희 씨 밑에서 유신헌법 이전의 헌법에 반대한 일은 한 번도 없었다. 3선개헌 강행만이 반대였지 그 이상의 것은 아니었다. 또 우리들은 유신헌법 폐지를 외쳐 왔을 뿐이며 다른 것을 말하지는 않았다. 그러므로 유신헌법만 폐지하면 된다. 그것은 자동적으로 제3공화국 헌법으로 되돌아가게 되는 것이다. 그 헌법하에서 선거를 하자. 선거를 통해 국민의 의견을 충분히 듣고 그리고 새로운 민주국회에서 헌법 개정을 하자. 박정희 씨가 지명한 유정회, 그런 사람들과 같이 헌법을 개정한다는 것은 국민에게 명분이 서지 않는다. 그럴 필요도 없다. 지금 헌법 개정을 하노라면 시간을 끌게 되고 그 사이에 일부 정치군인들이 나쁜 짓을 한다. 그 틈을 주게 된다." 이와 같이 나는 설득했습니다.

신민당에서도 일단은 나의 말을 받아들였습니다. 그러나 받아들인 후에 또 한편으로 김종필 씨와 이야기하며 헌법개정위원회를 만들었습니다. 할 수 없이 신민당 원내총무를 불러서 또 발표했습니다. 당신네들이 지금 헌법개정안을 만들고 있지만, 그것을 만들어도 대통령이 그것을 받아들이지 않으면 아무것도 안 되는 것이 아닌가. 그러므로 우선 공화당 김종필 씨와 김영삼 씨 두 사람이 대통령과 만나 그쪽의 헌법개정안을 그대로 받아들이고 거기에다 어떤 조건을 붙여 시간을 끌게 해서는 안 된다고 권했습니다. 그는 옳은 말씀이라고 했습니다.

그리고 얼마 있으니까 정부에서 헌법안을 자기들이 만들겠다고 하지 않았습니까. 이렇게 하는 동안 시간만 경과되었습니다. 그리고 전두환 보안사령관이 중앙정보부장까지 겸했습니다.

야스에 4월이었지요.

김대중 그렇습니다. 전두환 씨는 차츰 자기의 야망을 노골화했습니다. 이것은 계엄령이 해제되어도 자기는 한국의 권력을 잡겠다는 것을 표명한 거나 다름없습니다.

야스에 지금 말씀하신 것과 관련해서 묻고 싶었던 것이 있었습니다. 한국 사람들 중에는 선생님과 김영삼 씨 사이의 비협력, 대립을 책하는 소리가 있다고도 들었습니다. 일본에서도 그와 같은 해설, 평가가 있었습니다. 그것은 저 '서울의 봄'에서 광주사태로, 희망에서 절망의 바닥에 떨어져 가는 상황에 대해서, 민주화 세력에게 책임이 있다는 것은 아니지만 민주 세력에게 신중한 태도가 필요하지 않았나 하는 비판입니다.

지금의 말씀을 들으니 군의 움직임도 벌써 보였다는 것이고, 결코 지나치게 성급했다는 것이 아닌 것 같습니다만.

김대중 일본 같은 그러한 옳지 않은 논평, 우리들이 그와 같이 협력 안 하였고, 내가 여기저기서 강연을 하여 혼란을 조장하는 듯한 움직임을 한 결과 군인들에게 구실을 주지 않았는가 하는 말이지요.

야스에 예, 학생들의 행동도 5월에 접어들면서 급속하게 고조되어 갔으니까요.

예상 투표 과반수는 김대중 지지

김대중 그렇습니다. 그러나 실은 전연 그 반대였습니다. 결론부터 말하지요. 나는 거듭거듭 학생들에게 자중하도록 말해 왔습니다. 나는 연설할 때마다 지금도 데이터가 있습니다만 "절대로 질서를 지키십시오. 질서를 안 지키면 당신들은 반드시 악용될 것입니다"라고 학생들에게 엄하게 요구했습니다. 그리고 그들로부터 전면적인 지지도 받았습니다. 학생들은 매우 자중해 주었습니다. 5월까지 계속 학원 안에서는 데모를 했지만 가두에는 나가지 않았습니다. 박 대통령이 죽은 후 7개월 동안이나 계엄령 해제와 민주화 작업의 정상화를 기다렸습니다. 1960년의 4·19혁명 때의 허정 과도내각은 3개월로써 헌법 개정에서 선거까지 깨끗이 해치웠습니다. 계엄령 없이 말입니다.

그런데 이유도 없이 계엄령은 해제하지 않고, 사태를 오래 끌지요. 전두환 씨의 야망은 노골적으로 보여지지요. 그러니까 학생들도 초조해졌습니다. 도대체 전두환 씨가 무엇 때문에 중앙정보부장을 겸임하지 않으면 안 되는 것인가, 이것이 문제였습니다. 그리고 그들은 이미 12월 12일에 전선에서 1개 사단을 명령 없이 뽑아 가지고 상관을 체포하여 군기를 파괴하는 반역 행위를 해도 아무도 처벌되지 않습니다. 오히려 그들이 권력을 잡습니다. 사태는 이미 기울어졌습니다. 이 사실을 분명히 보지 않으면 안 됩니다. 실질적인 쿠데타는 5월 17일이 아니라 전해의 12월 12일의 사건이었습니다. 그러므로 학생들에게도 초조 의식이 있었습니다.

그래서 나는 큰일이다, 이래서는 유혈을 보게 된다, 많은 젊은이들이 피살될는지도 모른다고 생각해서 제안했습니다. 기자단 앞에서 공개적으로 5자회담을 제안했습니다. 5월 11일이라고 생각합니다. 대통령과 계엄사령관과 3김 씨의 5자가 만나서 모든 시국에 관한 일을 여기에서 이야기하여 해결하자는 것이었습니다. 그것은 뜻밖에도 신문에 한 자도 게재되지 않고 계엄사령부에서 전부 지워 버렸습니다. 질서를 바란다는 사람들이 어떻게 그렇게 할 수 있겠습니까.

야스에 그것은 모르고 있었습니다.

김대중 그다음 날, 앞에서도 말한 것처럼, 14일에 글라이스틴 대사가 나의 집에 와서 그도 사태를 매우 걱정했으므로 나는 15일에 학생들에게 자중하도록 호소했습니다. 그것은 신문에 났습니다. 그날 밤 학생들은 데모를 중지했습니다.

야스에 15일 한밤중이었지요, 중지한 것은.

김대중 예, 학생들이 나의 그 호소 때문만으로 중지했다고는 생각하지 않습니다만 어떻든 나는 노력했으며 결과는 중지됐습니다. 이것으로 미루어 보아도 우리들이 조장한 것이 아니라 그들이 오히려 혼란하도록 악용한 것입니다. 우리들은 질서를 지키려고 노력하고 그 노력을 그들은 방해했습니다.

또 하나의 예는 그때 사북舍北 탄광에서 노동자의 봉기가 있었습니다. 학생들의 데모가 있었습니다. 신문 검열을 받으러 간 사람들의 말을 들으면 그런 것은 언제든지 사진을 실으라고 정부는 말했다고 합니다. 기사도 선동적으로 쓰게 하고 때로는 검열관이 직접 써서 주었다고 합니다. 그리고 노동자와 학생들을 구타하는 장면은 텔레비전에서 자르고 신문사에서 철저하게 보도를 억압했습니다. 학생들이 돌을 던진다든가, 노동자가 무엇을 파괴한다든가 하는 것을 크게 클로즈업하여 싣고, 텔레비전에서는 언제든지 그것을 크게 찍고 톱에 실었습니다. 그리고 내가 그런 일을 해서는 안 된다고 하는 것은 싣지 못하게 하였습니다. 이것이 질서를 바라는 정부가 할 짓입니까. 이렇게 해서 결국 그들은 쿠데타를 완성시킨 것입니다.

또 하나 내가 지적하고 싶은 것은 야스에 씨도 소개해 주신 것처럼 3김이 대통령 후보자였습니다. 그때는 '서울의 봄'의 분위기였으므로, 술을 마시거나 야유회에 모이거나 어디든지 모이면 예상 투표를 하는 것이 하나의 유행이었습니다. 과반수는 언제든지 저였던 것 같습니다.

집회의 이야기가 나왔습니다만 나는 집회에서 이야기하는 것을 많이 억제했습니다. 그러나 이에 정부의 음모가 노골적으로 보여진 이상 민중의 힘을 그들에게 어느 정도 보일 필요가 있다, 그래서 많은 연설 요청을 전부 거절했으나 네 건만은 수락했습니다. 그리하여 3만 또는 8만이라는 굉장한 청중이 계엄사령부의 위협에도 불구하고 모였습니다.

내가 말하고자 하는 것은 무엇인가. '3김 씨' 중에서 민중의 모임으로 보나 여론조사로서나 선거는 해 보지 않으면 모르기는 하지만, 예상만은 내가 가장 가능성 있는 사람이었습니다. 그렇다면 선거를 통하여 당선의 가능성이 있는 사람이 무엇 때문에 자기에게 손해가 될 혼란을 조장하겠습니까. 나는 맨손이고 총 한 자루도 없어요. 그런 혼란이 일어나면 무기를 가지고 있는 사람이 유리하고 맨손의 사람은 불리하다는 것을 잘 알고 있는데 왜 내가 그렇게 하겠습니까. 이것을 말하고 싶습니다.

그들이 학생데모를 내가 선동했다고 하고, 광주라든가 서울의 많은 반란행위에 관여했다고 말하고 있으나, 나의 비서나 나의 측근에서도 누구 한 사람 데모에 나간 사람이 없어요. 데모하는 사람과 접촉한 사람도 없습니다. 그것으로 처벌된 사람도 없어요.

광주의 일로 말씀드립니다만, 정동년이라는 학생이 내 집에 와서 500만 원을 받아 가지고 광주에 가서 폭동을 일으켰다는 것이 나의 5·18민주화운동 관여의 큰 줄거리입니다. 정이라는 청년도 사형 선고까지 받았으나 지금은 나와 같이 작년 12월에 출옥했습니다. 그런데 나는 그와 지금까지 한 번도 만나지 않았습니다. 사진도 보지 않았습니다. 그러므로 여기에 나타나도 모릅니다. 그 정동년 씨가 500만 원을 받았다고 하는 그 금액을 결정하는 장면이 재미있습니다. 정동년 씨가 출옥하여 폭로한 것에 의하면 그는 말로 할 수 없는 고문 끝에 결국 내게서 돈을 받고 5·18민주화운동을 주모했다는 것을 인정한다고 굴복했답니다. 그리하여 금액을 결정하는 단계에 가서 조사관 왈 "1,000만 원으로 할까? 아니, 학생에게 1,000만 원을 주었다는 것은 너무 많다. 그렇다. 깨끗하게 절반으로 꺾어서 500만 원으로 하자. 알겠는가? 너는 김대중으로부터 500만 원을 받은 것이다. 잘 기억해 두어"라고 했답니다. 모두 이런 식으로 조작했습니다. 일본 독자의 상식으로서는 나의 이와 같은 말을 일종의 과장으로 이해할 것입니다.

그러므로 지금 야스에 씨가 소개해 주신 비판은 상식으로 말할 수 있으나 진실은 그 반대입니다. 혼란을 조장한 것은 정권 획득의 집념에 불타는 일부 군인들이었고 결코 우리들 민간 정치가는 아니었습니다. 그들은 혼란을 일으킴으로써 비로소 구실을 얻는 것입니다.

군부에 대해서 한 가지 말하고 싶은 것은 군부의 절대다수는 전선에 배치되어 있습니다. 그들은 후방에 관심을 가질 여유조차 없습니다. 지금 한국의 군부, 군부라고 하지만 실은 이것은 서울 주변의 일부의 정보기관이라든가 그와 결탁한 일부 군인이며, 절대다수의 군부는 그렇지 않습니다. 그러나 그들이 정권을 잡으면 그들이 대통령이며, 그들이 국방장관이며, 그들이 참모총장이므로 진심으로 국방에 전념하고 싶은 사람도 그들에게 아첨하지 않으면 군부에서 쫓겨나고, 승진도 안 되고 좋은 자리도 얻을 수가 없습니다.

그들은 언제든지 "안보 안보" 하지만 한국의 안보를 가장 파괴하고 있는 것은 그들입니다. 군의 생명인 군규를 문란케 하고 상관을 체포하고, 상관을 지키는 사람을 죽이고, 지금처럼 군대의 사기를 저하시키고, 군대가 자기 본분인 국방에는 전념하지 않고 정권 획득에만 집념하고 있습니다. 지금 한국에서는 출세하려거든 아들을 육사에 넣으라고 말하고 있습니다. 젊은 장교들은 "나도 장래는 대통령"이라고 하여 국방이 아니라 정치를 말합니다.

이렇게 하여 국방에 전념해야 할 군대를 정치에 끌어들여 국방력을 약화시킨 것은 지금의 군사정권의 사람들이며, 우리들이 아닙니다. 그것을 저들은 데마고기를 써서 마치 3김 씨가 나빴던 것처럼 말하고 있는 셈입니다.

도대체 무력으로 정권을 불법 쟁취하는 군인을 3김 씨가 어떻게 막을 수 있습니까. 일부 정치군인의 그와 같은 국방을 위협하고, 군기를 파괴하고, 군의 정치적 중립을 범한 행위, 더욱이 미군사령관의 지휘권을 정면으로 유린하는 행위를 막는 실력과 권한을 가지고 있는 것은 미군사령관뿐입니다. 그것을 그는 묵인 또는 추인했습니다. 전두환에게 있어서 두려워할 것이 무엇이 있겠어요.

　또 3김 씨의 대통령을 에워싼 신중한 경쟁은 국민 모두의 전례 없는 관심과 지지를 얻었습니다. 그러므로 3김 씨의 입장은 당시의 민심의 안정과 희망의 근원이었던 것입니다. 3김 때문에 정국이 혼란해지고 쿠데타가 일어난 것이 아닙니다. 그것은 학생들의 슬로건을 보아도 명백합니다. 그들의 주장은 계엄령 해제, 신현확 부총리와 전두환 장군의 해임이었습니다. 책임은 군부와 과도정권에 있었던 것입니다.

야스에 지금 선생님께서 말씀하신 몇 가지 중요한 포인트는 『세카이』의 독자들도 충분히 알고 있습니다. 예를 들면 선생님이 말씀하신 몇 개의 강연 내용, 집회의 분위기는 『세카이』에도 소개했습니다(1980년 8월호). 또 5월 15일의 심야에, 절정에 달한 학생들의 행동이, 지도자들의 상의하에 정연하게 해산하고 각 대열이 교가를 부르면서 자기들의 대학에 돌아간 광경은 당시의 『한국의 통신』에 실렸습니다.

김대중 그렇습니다. 말씀하신 대로입니다. 그러므로 5월 15일 밤중에 데모를 그쳤는데 5월 17일 저녁에 쿠데타를 할 이유가 없습니다. 명분이 없는 거지요.

야스에 이 광주 문제에 대해서 앞서 선생님께서는 외부 세력의 문제를 말씀하셨습니다. 이에 관해서는 저에게 보내온 편지를 소개하겠습니다. 서울의 한 지식인으로부터 1980년 말에 보내온 편지입니다. 민주 세력은 좌절의 밑바닥에 빠지고 선생님은 죽게 될 것으로 생각되는 때였습니다. 이렇게 쓰여 있습니다.

　"우리들은 1945년에 광복을 맞이했습니다. 가까스로 민족의 자주적인 길이 열릴 것으로 생각했습니다. 그러나 아니었습니다. 1960년에 이승만 체제를 학생들이 넘어뜨렸습니다. 우리들은 우리의 길을 우리들의 손으로 선택할 수 있을 것으로 확신했습니다. 그리고 1979년부터의 '서울의 봄', 이번에야말로 정말 그렇게 될 것이라고 생각했습니다. 그러나 이것도 아니었습니다.

우리들 한국 사람에게 주어진 선택지選擇肢는 왜 결국은 이승만 정권이며, 박정희 정권이며, 전두환 정권 외에는 없는가, 왜 그런가. 그것은 기본적 구조에 의한 것이다. 즉 군사적인 면을 중시하여 한국을 보는 미국의 전략, 경제적 이익을 지키기 위해서는 오히려 현재와 같은 한국, 분단된 한국의 구조가 바람직하다고 생각하는 일본의 태도, 이 두 개가 변하지 않는 한 우리들에게 참다운 선택의 길은 없는 것이 아닌가."

이와 같은 비통한 편지입니다. 나는 일본인으로 이 편지를 받고 가슴이 막히는 심정이었습니다만 이 미·일의 문제에 대해서 저는 오늘의 인터뷰의 끝에서 다시 선생님에게 묻고자 합니다.

그리고 저 광주의 학살에 대해서 선생님의 마음을 알아보고 싶습니다. 광주의 시민들이 어떻게 학살되었는가, 여기에는 많은 목격자가 있었습니다. 외국 사람들도, 한국의 민주화운동에 관심을 가지고 있지 않은 사람들도, 여행자나, 여러 층의 목격한 사람이 많이 있었습니다. 일본의 신문과 텔레비전에도 생생한 광경이 전해졌습니다. 따라서 어떻게 죽어 갔는가 하는 것은 온 세계 사람이 알고 있습니다.

그러나 몇 사람 죽었는가. 이것은 지금도 밝혀지지 않았습니다. 정부는 180명이라고 마지못해 발표했습니다. 그러나 2,000여 명과 2,500명이라는 보고가 있습니다. "적어도 1,000명"이라는 보고도 있습니다. 이 비참을 생각하면 선생님에게 묻는 것을 사양하고 싶은 생각도 있습니다만 그 실정의 일단면을 들려주시면 합니다.

광주 분들은 살아서도 죽어서도 구해 주었다

김대중 그해의 7월 10일에 중앙정보부의 지하실에 당시의 보안사령부의 고위 간부였으며 지금은 대통령의 고위 보좌관으로 있는 사람이 나를 찾아와서 나에게 협력을 요청해 왔습니다. 그리고 만일 그들과의 협력을 거부하면 반드시 죽게 된다고 하더군요. 그때에는 기소도 되지 않았는데 이미 판결을 내린 것 같은 말을 했습니다. 반드시 죽게 된다, 당신을 살려 둘 수는 없다라고.

그런 말을 하면서 돌아갈 때에 그는 신문을 보여 주었습니다. 신문을 보고 5·18민주화운동을 알았습니다. 나는 완전히 기절하지 않았지만 쇼크를 받아서 기절 상태에 들어갔습니다.

그때에는 신문에 186명이 살해되었다고 쓰여 있었습니다. 물론 나는 그 숫자를 믿지 않았지만 신문에는 광주 시민이 말한 "전두환은 물러가라"는 말을 지우고 계엄령 폐지와 김대중 석방을 부르짖었다고만 쓰여 있었습니다. 나는 큰 쇼크를 받았습니다. 그러나 그다음 순간 나는 백번을 죽어도 광주에서 죽은 사람들을 생각하여 결코 저들과 타협할 수 없다고 생각했습니다.

실은 그때 솔직히 말해서 저들과 협력은 안 하지만 앞으로 정치에서 손을 떼겠다는 조건으로 타협해 볼까 하는 유혹도 받았습니다. 죽느냐 사느냐 하는 상황이었으며 죽는 것은 둘째 치고, 저 중앙정보부의 지하실에 60일간이나 태양도 보지 못하고, 저 숨 막히는 고문의 소리가 들리는, 그리고 아침부터 밤까지 20번이고 30번이고 신문당하고, 잠잘 수도 없는 이런 상태에 놓여지면 인간은 정신적으로 약해지는 거지요.

그러나 5·18민주화운동을 알고, 나는 죽더라도 절대로 타협할 수 없다고 맹세했습니다. 그런 의미에서는 광주분들은 살아서도 나를 지원해 주었지만 죽어서도 나를 좌절에서 구해 주었지요.

그 후, 그로부터 두 번씩이나 말해 왔지만 나는 분연히 거절하고 나는 광주 사람들과 함께 죽겠다고 대답했습니다. 육군교도소에 간 후에도 다시 한번 말하러 온 것을 소장을 통하여 같은 대답을 했습니다. 그러므로 나는 재판정에서도 흉한 태도는 나타내지 않았을 것입니다. 그 하나의 기둥이 되었습니다. 5·18민주화운동이.

그러나 나는 사실은 5·18민주화운동의 전모를 전연 모르고 감옥에 내내 있었습니다. 이번에 이곳에 와서 광주의 이야기를 잡지와 책자에서 보고 볼 때마다 눈물이 나와서⋯ 광주 비디오가 있는데 안 보겠느냐고들 하지만 차마 볼 수가 없습니다. 말만으로도 가슴이 미어져서, 이번 처음 광주 3주년 집회에 나가서⋯.

야스에 워싱턴의 집회, 3,000명 이상의 사람이 모였다더군요.

김대중 케네디 의원 이하 10명 정도의 의원들과 많은 미국 인권 관계 인사들이 이 광주 3주년 기념에 이름을 연서해 주었으며, 워싱턴 시장이 메시지를 보내 주었습니다. 광주 사람들의 한恨, 이것은 세계의 많은 사람들의 한恨입니다. 그리고 지금은 한국인의 한恨일 뿐만 아니라 자유와 정의와 인간의 존엄성을 염원하는 세계의 양심 있는 모든 사람들의 한恨입니다.

광주의 한恨은 박정희 씨가 죽은 후에 한국민의 소원, 민중·민족·민주의 문제를 동시에 해결할 수 있는 그러한 민중의 시대가 좌절된 데 대한 한국인의 한恨을 지금 대표하고 있는 것입니다.

전 주한대사였던 사람과 만났더니 한국인은 5·18민주화운동을 100년간은 잊을 수 없을 것이라고 말했습니다. 나는 100년 정도가 아닙니다. 1,000년이고 2,000년이고 이것은 잊을 수 없는 것입니다. 그리고 이 광주의 한이 금후에 어떻게 될 것인가 하면 한국인의 역사에 대한 책임, 그리고 우리 민족의 원망願望, 민중·민족·민주의 원망에 대한 헌신을 불러일으키는 원동력이 되리라고 생각합니다.

이것은 전두환 정권에 대항하는 한국 민중 마음속의 기둥이며, 용기를 불러일으키는 원인이며, 우리들의 책임감의 근원이 되리라고 생각합니다. 그러므로 광주 사람들은 죽었으나 죽지 않았습니다. 이것은 영원히 우리들 민족과 함께 살아갈 것입니다. 광주는 한국의 민주주의의 메카가 되리라고 생각하며 온 세계의 뜻있는 사람들의 기둥이 되는 그러한 곳이라고 나는 생각합니다.

그리고 광주 사람들이 얼마나 비참하게 피살되었는가. 지금까지 한국에서는 "한국의 국군은 국민에게 총을 겨누지 않는다"라는 신화가 있었습니다. 그 때문에 국군은 한국의 민중에게 사랑을 받았습니다. 그런 의미에 있어서 이것은 한국의 민중, 국군 쌍방에게 큰 상처이며 한탄입니다.

이러한 모든 것이 전두환 정권에게는 무거운 부담이 되고 있습니다. 대단한 도전으로 되어 있습니다. 전두환 정권은 이 문제를 절대로 그냥 넘어갈 수가 없습니다. 그렇다면 이것을 어떻게 하느냐, 복수를 하여 죽인 사람을 다시 죽이느냐. 이러한 일은 없으리라고 생각합니다. 한국의 그 한恨은 7월호『세카이』에도 소개해 주신 것처럼 목적을 이룸으로써 풀 수 있는 것이지 복수에 의해 풀어지는 것은 아닙니다. 광주 사람들의 한恨은 민주와 민족과 민중의 실현, 민주정권의 수립에 의하여, 그러한 방향으로 우리들이 걸어감으로써 광주 사람들의 한恨은 승화되고 해결되어 가는 것입니다.

이 광주의 일로서 하나 더 첨부하고 싶은 것은 군부가 결코 전부 민중의 적이 아니라는 것입니다. 이것은 앞에서도 말했습니다만 그 당시 거기에 있던 예비사단장, 소장입니다만 그는 발포를 거부했습니다. 이 때문에 그는 군에서 추방되었습니다. 광주 사람들은 그를 끌어내어 이번에 국회의원으로 내세웠습니다. 그러나 그는 다시 협박에 의하여 도중에서 후보를 그만두었습니다.

그 당시 미국의 국무장관이었던 머스키 씨와 나는 최근 만났습니다. 머스키

장관과 나는 점심을 같이하면서 "왜 카터 정권은 인권을 높이 내세우면서 한국의 민주주의가 좌절되었을 때에 그러한 태도를 취했는가?" 하고 물었습니다. 머스키 씨가 말한 복잡한 내용을 여기에서 공개할 수는 없습니다만 어떻게든 그때 미국으로서는 아프간 사건이라든가 이란 사건이라든가 대통령 선거라든가 하는 여러 가지 일이 겹쳤으며 한국의 안보에 대해서는 위험신호가 있었다는 것입니다. 내가 상상하기에는 한국에 있는 미군이, 혼란이 확대되면 북에서 침략할 것이라고 워싱턴에 보고했을 것입니다. 나는 그러한 확신을 얻었습니다. 그래서 할 수 없이 바람직한 일은 아니었지만 전두환 씨의 쿠데타를 인정했다고 말하고 있었습니다. 또 그는 사실상의 쿠데타는 12월 12일이었다고 거듭 말하였습니다. 그때 그는 장관이었습니다.

그리고 나의 의견은 어떤가 하고 그는 물었습니다. 내가 말한 것을 솔직히 말하지요. 나는 다음과 같이 말했습니다.

"나는 북에서 쳐내려온다는 것에는 동의하지 않소. 지금 전쟁이 일어나면 북은 전면 파괴된다는 것을 각오하고, 제3차대전이 된다는 것도 각오하지 않으면 안 될 것이요. 미군이 있으며 남에는 핵이 있는데 거기에 감히 쳐들어온다고는 도저히 생각할 수 없소. 그리고 북이 한국 사람이 민주주의에 대한 열망으로 데모를 하고 독재와 싸우고 있는데, 그 혼란을 틈타 북에서 침략해 오면 한국 민중의 얼마나 많은 한恨을 살 것인가 하는 것을 북은 잘 알고 있을 것이오.

그러나 국방상 어느 정도는 위협을 느낄 상황이 되리라고는 생각하오. 그렇지만 한국은 언젠가는 한번 그러한 아슬아슬한 장면을 통과하지 않으면 안 되오. 왜냐하면 한국 사람이 민주주의를 포기하지 않는 한 군부독재자와 언젠가는 한번 대결하지 않으면 안 되기 때문이오. 그들이 자발적으로 민중의 의사에 따라 민주 세력과 대화하는 것이 가장 바람직한 일이며, 나는 그것을 참으로 바라지만, 그것을 저들이 끝까지 바라지 않을 때에는 할 수 없소. 국민들과

격돌할 가능성은 피할 수가 없다고 생각하오.

당신들은, 미국은 '4월혁명' 때에 민주 세력을 지지하지 않았소. 미국은 그와 같은 일을 하면 안 되오. 당신들에게 내정간섭을 요구하는 것이 아니오. 당신들에게 우리들의 민주화를 해 주기를 바라는 것도 아니오. 다만 민주화운동에 모럴 서포트만 하면 되오. 그런데 지금은 미국과 일본이 오히려 독재를 지원하고 있소. 우리들은 일부 군부독재자만으로도 벅찬데 미국과 일본까지 가세하고 있소. 이 때문에 지금 한국 사람은 민주 회복을 위하여 고난을 당하지 않으면 안 되게 되었소."

나는 그러한 말을 했습니다.

전두환 정권의 본질

야스에 한국의 군대가 국민에게 총을 겨눈 일이 없었다는 신화가 광주사태로써 무너졌다고 말씀하셨습니다. 확실히 이 점이 전두환 정권의 특징의 하나라고 생각합니다. 전에 이승만 체제를 학생들이 넘어뜨린 때에 학생들에게 발포한 것은 경관이었으며, 군대는 움직이지 않았다, 이것이 군에 대한 한국 국민의 신뢰가 되고 박정희 정권에 대한 경계를 늦추었다고 들었습니다.

그 박정희 정권은 그래도 명분만은 "우리들은 4·19혁명의 정신을 계승한다"고 내세우고, 혼란만 수습되면 자기들은 다시 군으로 돌아간다고 소위 민정 이양을 약속했습니다. 박 대통령은 자기의 저서 가운데에서도 한국 국민의 내셔널리즘을 대표하는 것은 3·1운동과 4·19혁명이라고 몇 번이고 쓰고 있습니다. 실제는 정권의 걸음걸이가 스스로를 나타냈던 것처럼 4·19혁명을 짓밟는 정권이었음은 처음부터 분명했지만 그럼에도 불구하고 그러한 명분을 내세웠습니다.

그런데 이번의 전두환 정권은 일찍이 민중에게 무기를 들지 않았던 군대를 보내 광주에서 살육을 범했습니다. 그리고 아직까지 전에 박정희 정권이 형식 일망정 내세웠던 국민적 슬로건을 내놓지 못하고 있습니다. 따라서 이것은 '픽션 정권'이며 정권 기반이 약한 정권이라고 보지 않을 수 없다고 나는 생각합니다. 그러나 전 정권은 정권 기반을 못 가진 정권이지마는 얼마 동안은 강한 정권이라고 생각합니다. 그 강함은 오늘날의 한국 국민의 심리와도 관련됩니다만 직접적으로는 폭력과 미국 및 일본의 지지에 의한 것이라고 생각합니다.

　지금 이 정권은 레이건 정권이 재빨리 전폭적 지원을 약속한 정권이며, 또 이에 따라서 일본 정부가 종래보다 더한층 지원을 약속하고 있습니다.

　1965년의 한·일조약 체제는 미국의 강력한 요청을 받아서 일본이 미국을 대신하여 대한對韓 경제 원조를 담당하는 것으로 출발했습니다. 그런데 1970년대에 있어서는, 선생님 자신이 납치사건으로 몸소 체험하신 것처럼 일본 정부는 일관하여 박정희 정권을 지지하여 왔습니다. 오히려 카터 정권 초기, 미국의 한국 정책이 다소 바뀌려고 할 때에 그 옷소매를 잡아당겨 한·미 관계를 수복, 즉 박정희 정권을 도와주어야 한다고 일본의 역대 정부는 미국에 작용했습니다. 즉 경제적 측면이 강한 한·일 관계가 1970년대에는 정치적 유착 관계로 들어갔습니다.

　지금 1980년대가 되어 레이건, 전두환, 나카소네라는 세 정권의 성격과 그리고 이 세 정권이 빠른 템포로 구체적으로 한 일들을 보아도 분명하게 알 수 있듯이 한·일 관계는 경제·정치의 유착에 더하여 군사적 일체화를 강화하려고 하고 있습니다. 분명히 한·일·미 군사동맹 체제를 만들려고 하는 때가 아닌가 하고 저는 생각합니다. 이런 상황 속에서 중핵적 역할을 하고 있는 전두환 정권을 선생님께서는 어떻게 보시는지 말씀을 듣고 싶습니다.

김대중 지금 야스에 씨가 정리한 1960년대의 경제 협력, 1970년대의 정치,

1980년대의 군사, 그것은 매우 정확한 표현이라고 생각합니다.

전두환 정권은 매우 노골적으로 국민에게 적대한 정권인 동시에 전前의 정권과는 달리 미국과 일본에 전면적으로 추종하는 정권으로 생각하지요. 왜냐하면 이것은 전두환 정권의 약함에서 오는 것이라고 나는 생각합니다. 여유가 없고 자신이 없기 때문입니다. 그 약함을 네 가지 점에서 말할 수 있다고 생각합니다.

첫째, 박정희의 1961년 쿠데타는 적은 숫자이긴 해도 일부 사람들에게 이 쿠데타는 필요한 것이었다는 이유가 있었습니다. 이 정권이 무너졌다는 흥분된 분위기의 한편으로는 학생들의 행동에서 오는 혼란과 혁신 세력의 혼란이라든가, 여러 가지 혼란에 있어서 그 민주당 정권은 강한 리더십을 발휘할 수 없다, 그러므로 무언가 강력한 정권이 필요하다는 기운이 있었습니다. 또 군사정권의 경험이 없는 한국인에게는 새로운 타입의 정권에 대한 기대와 매력도 있었습니다. 그런데 전두환 정권은 국민의 누구도 그를 집권자로 원하지 않았으며, 국민의 온 관심이 3김 씨 중에 누구인가 하는 데 집중하고 있을 때 억지로 폭력으로 정권을 잡은 것입니다. 그런 점에서는 완전히 민의에 역행한 정권입니다.

둘째, 박정희 씨는 부정선거는 했을망정 적어도 세 번이나 국민의 직선투표의 세례를 받았습니다. 박정희 씨의 제3공화국의 선거는 법률적으로는 민주적인 선거입니다. 그가 법을 지키지 않았을 뿐이지요. 그리고 1971년 선거에도 상당한 언론의 자유가 있었습니다.

그런데 전두환 씨는 법적으로 이미 비민주주의입니다. "그 헌법은 언제든지 필요하다면 정당을 해체할 수가 있다. 자기의 상대, 라이벌이 될 만한 것은 모두 법률로 정치 활동을 할 수 없도록 묶어 버렸다. 국민의 직접투표권도 빼앗았다. 선거놀이 같은 것을 하고는 그것으로 대통령 하라고 말하고 있다", 이 점이 결정적인 약점이라고 생각합니다.

셋째, 박정희 씨는 뭐라고 해도 경제 건설에 노력했습니다. 그 경제 건설의 내용은 심각한 모순이 있고, 오늘날 문제점을 많이 남기고 있으나, 어쨌든 1960-1970년대에 걸쳐서 그는 상당한 건설을 했다, 특히 한국민에게 "하면 된다"는 자신을 주었다, 일본인들도 한국인을 쉽게 무시할 수 없게 되었다, 이런 점에서는 그는 확실히 자기 나름대로 공적이라고 주장할 수 있는 것을 가지고 있었다, 전두환 씨에게는 그런 것은 아무것도 없습니다.

넷째, 그 때문에 박정희 씨는 국민에게 미움을 받으면서도 한편으로는 확고한 지지 세력이 있었습니다. 지금 정권은 그것이 전연 없지요. 사관학교 출신의 일부 군인과 미·일 양국의 지원으로 버티고 있습니다. 그러므로 지금의 정권은 본질적으로 반민주적이라는 점에서 박정희 씨와 같은 정권이지만 그 정도에 있어서는 대단한 차이가 있습니다. 그러므로 약함을 가지고 있습니다.

그것은 이즈음의 김영삼 씨의 단식투쟁에 대한 대응을 보아서도 잘 알 수 있습니다. 김영삼 씨의 저항과 주장에 대하여 그들은 그들의 18번인 억압과 분쇄로써 해치우고 싶었을 것입니다. 그러나 목숨을 건, 그리고 단식이라는 비폭력 저항을 하는 사람을 어찌할 수 없었을 것입니다. 반면 김영삼 씨가 내세운 몇 가지 조건 중에서 거기에는 지금의 정권이 다소의 여유가 있다면 얼마든지 응할 수 있는 조건이 있었습니다. 예를 들면 정치범의 석방이라든가, 구 정치인의 정치 활동 금지의 해제라든가, 어느 정도 양보할 수 있을 것입니다. 권력을 가진 정권이 소수자에 양보한다는 것은 결코 약점이 아니라 여유입니다. 그런데도 하나도 양보할 수 없었습니다.

더욱이 부끄럽게도 김 씨의 단식 사실을 국민에게 알릴 수가 없습니다. 신문에는 "현안의 정치 사건"이라는 등 하지만 온 국민은 누구나 이것이 무엇을 의미하는지 알고 있습니다. 신문에는 23일간이나 최후까지 낼 수 없었습니다. 단식을 끝마친 후에 비로소 그동안 단식이 있었는데 "그만두었다"는 것을 발표하였습니다. 얼마나 자신 없는 정권인가, 얼마나 약한 정권인가를 잘 보여 주고 있다고 생각합니다.

그렇다고 해서, 그러면 민주주의가 간단히 회복될 수 있는가 하면 그렇지는 않습니다. 한국의 민중은 지금까지 독재자를, 이승만 씨도 박정희 씨도 성공시키지 않은 실력을 보여 왔습니다. 전 정권도 결코 안심이 안 됩니다. 그러나 그 반면 지금의 전두환 정권은 무력을 써서 국민을 억압하고, 언론을 통제하고, 선동으로 국민을 현혹하고, 반공과 안보를 이용하여 국민을 협박하고, 그것을 일본과 미국이 든든하게 받쳐 주고, 현실적으로 40억 달러를 주면서 받쳐 줍니다. 이러한 뒷받침으로 상당한 힘을 발휘하고 있습니다.

그러므로 지금의 민주 세력과 전두환 정권은 일종의 교착상태에 있다고 생각합니다. 씨름으로 말하자면 서로 맞잡고 어느 쪽도 상대를 밀수도 넘어뜨릴 수도 없는 상태가 있지요. 지금은 그러한 상태라고 봅니다. 그만한 실력은 있다고 봅니다.

야스에 저도 전두환 정권의 약점과 강점을 정확하게 보지 않으면 안 된다고 말하여 왔습니다. 그러나 일본에서는 전두환 정권은 안정되었다, 매우 성공하고 있다, 소박하다 할까, 피상적인 견해가 일반적입니다. 거기에는 오래된 문제입니다마는 일본의 신문과 그 밖의 한국 보도의 자세에도 문제가 있습니다. 선생님은 그것에 관해서는 한 말씀도 없습니다만 저는 일본의 같은 저널리스트로서 이것을 지적하지 않을 수 없었습니다.

가장 우열한, 그리고 지탄받을 사례는 광주사태로서 선생님이 체포되었을 때에 몇 사람의 신문기자, 평론가들이 '중간 수사보고'라는 것과 장단을 맞추어 마치 김대중 선생이 국가 전복의 실행자인 것처럼 쓴 일이 있습니다.

예를 들면, 보고 온 것처럼, 광주의 시민들은 광주 방송 시설을 파괴하고 대신 북한의 방송을 듣고 그 지시대로 움직였다는 것을 쓴 기자가 있었습니다.

(웃음) 동시에 그는 "김대중 씨는 분명히 전두환 체제에 대한 게릴라 투쟁을 준비했던 것은 틀림없다"고 썼습니다. 또 '중간 수사보고'에서 선생이 광주사태를 선동했다고 쓴 직후에 세 사람의 저널리스트가 거의 날짜를 같이하여 신문에서 "김대중 씨는 대중 동원의 감각이 매우 뛰어났다", "김대중 씨만은 항상 대중 동원이라는 것을 염두에 두고…", "김대중이 한국 정치가 중에서 대중 동원과 조직을 만드는 데는 특이한 재능을 가진 정치가인 것은…" 하고 발언하고 있습니다. 기묘하게도 '대중 동원'이라는 말을 키워드로 쓰고 있습니다. 이러한 논평이 여느 때에 있었다면 괜찮았겠지요. 그러나 "김대중은 대중 동원으로 국가를 전복하려고 했다"고 군정이 몰아붙일 때에 이러한 발언을 나란히 한다는 것은 논평이 아니고 군정에 의한 조작을 사실인 양 보이게 하는 선동입니다. 그들은 사형 집행자에게 가담하려고 했습니다. 엄격히 책하여야 하리라고 생각합니다.

최근에 이르러서도 "이미 김대중이라는 정치가라든가, 3김의 레이스라고 하던 세 사람의 정치가를 국민들은 잊어버리고 있다", "김지하를 아는 학생은 이제 없다" (웃음) 등등 몇 사람의 특파원이 쓰고 있습니다. 그리고 작년에도 금년에도 그러했습니다만 광주 2주기, 3주기에 즈음하여 어느 신문도 일치하게 쓴 것은 전두환 정권은 매우 안정되고 자신을 가지고 있다라는 것입니다. 그러고서 김영삼 씨의 일이 터지면 당황하여 이것을 쓰지 않으면 안 됩니다. 바닥에 흐르는 것을 전할 수가 없는 것이지요.

다시 말씀합니다만 저는 전두환 정권은 현실로서는 매우 강한 정권이라고 생각합니다. 그러나 본질에 있어서는 취약하다고 생각합니다. 박정희 정권조차도 가지고 있던 형식적인, 부분적인, 정통성을 무엇 하나 가지고 있지 못합니다. 따라서 그들이 해 나가려면 여러 가지 의미에서 무원칙적인 대응을 할 수밖에 없을 것입니다. 국제 정치에 있어서도 국내에 있어서도 김대중 선생 및 민주 세력의 거점에 대한 경계와 억압, 그리고 '북의 위협', 이 두 가지를 제외하면 모든 일에 대하여 무원칙한 대응을 해 나가지 않을 수 없으리라, 저는 출발 당시부터 이렇게 보아 왔습니다.

그 무원칙성이 일본 기자들로 본다면 유연하고, 안정하고, 자신을 가진 정권인 듯이 보여진 것이 아닌가 저는 생각합니다. 예를 들면 전두환 씨의 동남아시아 국가 방문은 매우 성공이었다든가, 아프리카 방문은 성공하고 있다든가, 동구 외교를 열심히 하고 있다든가, 이러한 보도가 많은데 어떤지요?

국민의 지지가 없다면 추방할 이유가 없다

김대중 예, 나는 미국에 와서도 때때로 지금 소개한 것 같은 논평을 듣습니다. 얼마 전 애틀랜타에 갔을 때도 당신은 옛날에는 지지받았지만 지금 한국 국민은 과연 어떨 것인가 하고 말하는 사람이 있었습니다. (웃음)

그리고 최근 미국의 전 주한대사와 만났더니 "당신은 머조리티majority를 지지하시오" 하지마는 한국의 머조리티는 도대체 누구인가, 자기가 보는 대로는 지금의 군부정권도 머조리티의 지지는 없다, 그러나 민주 세력도 머조리티의 지지는 없다, 그러니 머조리티, 머조리티라고 당신은 말하지만 알 수 없지 않은가 합니다.

그런 때에 나는 이렇게 말합니다. 내가 국민에게 지지를 받는가 못 받는가 하는 것을 주장하고 싶지는 않습니다. 다만 내가 국민의 지지가 없다고 당신은 말하지만 있지 않은가 하고 생각하는 것은 전두환 정권의 태도에 의해서 나는 그렇게 생각합니다. (웃음)

왜냐하면 내가 국민에게 지지가 없다면 전두환 정권이 나를 한국에서 추방할 이유는 없다고 생각합니다. 또 내가 여기에 와서 미국의 『뉴욕 타임스』와

『워싱턴 포스트』와 많은 신문이 나의 보도를 하고 있는데, 한국의 신문에는 김대중의 '김' 자도 싣는 것을 허락하지 않을 이유는 없다고 생각합니다. 국민이 나를 지지하지 않는다면 그런 것이 실려도 전두환 정권은 아무렇지도 않을 것입니다. 그리고 전두환 정권은 나에게 언제든지 귀국하고 싶거든 그렇게 하라고 말할 수 있을 것입니다. 그러나 그것을 못 하고 있습니다. 이런 것을 보면 나는 국민의 지지가 얼마간 있지 않은가 생각합니다.

그리고 또 하나, 전두환 정권의 정부 대변인의 입으로 김대중은 상당한 국민의 대표라고 인정해 주었습니다. 즉 나를 설명할 때 그들은 나에 대하여 "국민적 화해의 성취를 위하여 나를 석방한다"고 말했습니다. 만일 내가 국민에게 전연 지지되고 있지 않다면, (웃음) 이 김대중을 석방하는데 왜 정부의 대변인이 공식으로 그런 것을 말하지 않으면 안 되는가, 간단합니다. 전두환 정권이 자신이 있다면 나를 지금처럼 추방하고, 귀국을 불허하고, 나의 정치권을 박탈하고, 시민권을 박탈할 까닭이 없다고 생각합니다. 나는 이렇게 말했습니다.

"머조리티의 말에 대해서도 같이 말했습니다. 한국의 머조리티가 어느 편을 지지하는지 모르겠다고 말하는데, 왜 그것이 그렇게 어렵습니까. 둘만 있으면 됩니다. 언론의 자유와 선거의 자유만 있으면 됩니다. 언론의 자유가 있으면 국민은 자유롭게 정보를 받아 자유롭게 의사 발표를 할 수 있게 되면 국민의 세론에 의하여 답을 알 수 있습니다. 그리고 세론으로써 알 수 없으면 투표를 하면 알 수 있습니다. 간단하지 않습니까. 우리들은 결코 우리의 민주 세력이 머조리티라고는 주장하지 않습니다. 나는 결코 전두환 씨의 군부가 마이너리티라고 주장하지 않습니다. 그 대신 언론의 자유와 선거의 자유만 있으면 됩니다. 그리하여 국민이 자유스러운 입장에서 전두환 씨를 지지하면 전두환 씨를 우리들의 정당한 대통령으로 우리들도 인정합니다. 무엇이 어렵습니까."

그렇게 말하니까 그도 그 이상 발언의 여지가 없었습니다만, 이렇게 간단한 것을 가지고 그럴듯이 이러쿵저러쿵 말하고 있습니다. 앞의 일본 매스컴의 보도도 그렇습니다. "김대중이나 3김 씨나 과거의 사람이다"라고 합니다. 그러나 그렇다면 3김 씨가 왜 지금과 같이 처우되지 않으면 안 되는가. 그 의문, 적어도 분석적으로 사물을 보는 저널리스트가 그것을 못 보고 무엇을 볼 것이냐고 나는 생각합니다.

전두환 정권이 안정되어 있다면 왜 학생들에게 대학 내에 있어서 자유스러운 토론을 허용하지 않는가. 일본은 동경대학이 1년간이나 휴학을 했지요. 그러한 사태가 되어도 결코 군대가 대학 안에 들어가지 않고 해결했습니다. 많은 학생들이 내부 투쟁으로 피살되는 사태까지 일어났습니다. 아사마 산장 사건淺間山莊事件이 일어났습니다. 그러나 일본은 언제나 지금 한국이 하고 있는 것 같은 탄압은 하지 않았습니다. 그동안에 자연스럽게 민중이 세론에 의하여 수습되었을 것입니다.

최근 미국의 어떤 대학에서 연설했을 때에 이런 말을 한 사람이 있었습니다. "민주당 내각(1960년) 때에 전기電機 삼사三社를 통합하는 문제로 정부의 고관이 이것은 5년이 걸릴 것이라고 말했는데, 박정희 씨가 정권을 잡자 1년 내에 그 통합이 해결되는 것을 보고 역시 강력한 정권이 필요하다고 생각했다. 이 일을 당신은 어떻게 생각하는가?" 하고 나에게 말했습니다.

그래서 나는 일본의 예를 들었습니다. "당신은 일본의 나리타공항의 건설이 끝난 후에 주민의 반대 때문에 사용할 수 있을 때까지 얼마나 걸렸는지도 모르십니까. 10년 가까이 걸렸습니다. 그러나 일본의 경제는 오늘날 세계의 모범으로 되어 있는 발전력을 가지고 있습니다. 당신은 그것을 어떻게 생각하십니까?"라고.

독재정권은 어떤 특수한 부분을 집중적으로 발전시키는 데는 매우 능률적입니다. 예를 들면 중국의 경제력은 지금 중진국 정도에 못 미쳤음에도 불구하고 대륙간탄도탄의 미사일을 만들 수가 있습니다. 어떠한 점에 집중하면 그와 같은 능력적인 성과를 보일 수가 있습니다. 그러나 전반적인 발전은 있을 수 없습니다. 지금 경제의 전면적 번영을 보이고 있는 것은 일본과 서독의 경우이며, 지난날의 명치유신과 히틀러 정권 시대와는 비교도 되지 않습니다. 이와 같이 말했습니다만 많은 사람들이 이와 같은 간단한 진리를 잘 못 보고 있습니다.

일본의 매스컴 말씀을 하셨습니다만 제가 한국에서 일본 특파원의 태도를 볼 때에 인사말이 아니라 몇 사람의 특파원은 참으로 훌륭했습니다. 그러나 전체적으로 일본의 특파원을 보면 정권으로부터 미움을 사서 그 지국이 폐쇄될까 전전긍긍하고 있습니다. 거기에는 본사의 책임도 있겠지요. 듣기에는 어떤 양보를 해서라도 지국만은 살아남도록 해 달라고 본사가 말한다는 것입니다. 그러나 그래서 써야 할 것을 못 쓴다면 무엇 때문에 특파인가가 생각하게 되지요.

일본의 매스컴은 중국 보도의 문제로 매우 쓰라린 경험이 있을 것입니다. 그점, 우리들은 미국의 모든 것을 존경할 수 없다 하더라도 미국의 매스컴은 존경합니다. 일본의 매스컴도 그와 같이 존경받는 매스컴이 되어 주었으면 합니다.

한국 경제의 현상과 타개의 방향

야스에 제가 관계하고 있는 잡지에 관한 것을 칭찬해 주시기를 바라고 하는 말은 아닙니다. 일본 분이 아니므로 말씀드립니다만, 저 박정희 정권의 붕괴를 구체적으로 예언한 저널리즘은 일본에서는 「한국으로부터의 통신」뿐이었습니다. 「한국으로부터의 통신」이 어떻게 예언할 수 있었는가, 나는 간단하다고 생각합니다. 필자 TK 씨가 한국의 민주 세력 속에 몸담아 있으면서 전해 왔으므로 예언할 수 있었던 것입니다. 그리고 그 일은 바로 지금 선생님께서 말씀하신 지적을 실증하는 것이라고 생각합니다. 일본의 저널리즘 전체의 문제로 진지하게 고려해야 할 것이라고 생각합니다.

다음으로 지금 경제 문제가 나왔으므로 경제 문제에 관하여 두 가지를 묻고 싶습니다.

전 정권이 안정된 정권이라고 보도·논평하고 있는 사람들도 경제 면에 대해서는 매우 어려운 문제를 안고 있다고 말하고 있습니다. 한국 정권을 필사적으로 받치고 있는 일본의 정부 관계자도 마찬가지입니다. 또 40억 달러라는 거액의 돈이 경제 원조라는 명목으로 전두환 정권에게 주어졌지만 이 돈은 서울에 있다기보다 가스미 가세키의 돈이라고 하는 것이 옳을 것입니다. 일찍이 볼 수 없었던 형태로 일본의 재계와 기업이 한국에 진출하고 있으며, 한·일 경제 관계의 여러 차원의 회의는 한결같이 지금까지 볼 수 없었던 상황이라고 전해지고 있습니다. 이것은 당연한 것이라고 생각합니다. 그러나 그러한 경제계의 관계자들도 역시 한국 경제 상황에 대해서는 매우 심각하게 보고 있습니다. 확실히 방대한 외채를 짊어진 한국 경제는 심각하며, 전두환 정권도 동요하고 있는 듯합니다. 여쭙고 싶은 하나는 이러한 상황에 대해서 선생님께서는 어떻게 생각하시는가 하는 것입니다.

또 하나는 그 경제 위기를 어떻게 타개하는가 하는 것입니다. 한국에는 참으로 많은 과제가 있습니다. 말할 것도 없이 최대의 과제는 통일, 남북의 대화·교류이며, 그것을 가능하게 하기 위해서도 한국의 민주화, 그리고 경제 문제, 이것이 일관하여 한국의 중요 과제라고 생각합니다.

이 점에 대해서도 선생님은 1971년, 대통령 후보로서 상세하고 구체적인 경제 정책을 발표하신 것을 저는 보았습니다. 대충 말해서 고성장, 격차 확대의 경제에서부터 국민복지 경제로 옮겨야 한다, 이로써 한국 경제는 발전할 수 있다는 것이 선생님의 정책이었던 것으로 생각합니다만 타개를 위한 대강大綱을 가지고 계시는지요. 그 내용은 무엇인지요, 물어보고 싶습니다.

김대중 확실히 경제는 나의 경험으로도 매우 어려우며, 예견할 수 없는 면도 있지만, 그러나 경제처럼 상식적인 것은 없다고 생각합니다. 그러므로 경제는 전문적인 연구자보다 건전한 상식적 경제인이 언제든지 타당한 정책을 내어 놓는 것을 우리들은 종종 보아 왔습니다.

한국의 경제가 지금 안고 있는 문제는 대체로 이러한 것입니다.

첫째는 박정희 씨가 암살되었을 때에 200억이었던 외채가 지금 400억(1983년 현재)으로 급증되었습니다. 금액으로는 브라질, 멕시코, 아르헨티나에 이어서 세계에서 네 번째입니다만 국민 1인당으로 치면 세계 최고입니다. 브라질은 1인당 650달러, 한국은 1,000달러를 넘고 있습니다.

이 부채에 대하여 원만한 반제 방법이 없다는 것이 문제입니다. 그러므로 지금은 돈을 꿔서 원금뿐만 아니라 그 이자까지도 갚고 있습니다. 빚이 점점 단기 고리로·악질화되어 가는 이 문제가 한국 경제의 큰 문제점이라고 생각합니다.

둘째는 수출이 문제입니다. 독재정권은 모두 그렇습니다만 한국의 수출은 정부의 강력한 뒷받침과 저임금, 노동운동의 억압으로 가능합니다. 그래서 독재정권일지라도 어느 정도의 발전은 할 수 있습니다. 그러나 어떤 수준을 넘어서 보다 고도의 기술화로 경쟁력을 붙이기에는 사회적으로 창조력과 자극이 허용되는 자유로운 분위기가 없어서는 안 됩니다. 정부의 말 한마디로 재벌의 운명이 좌우되는 곳에서는 재벌이 모험을 하거나 경제인이 큰 활동을 하는 것을 기대할 수가 없습니다. 그리고 어떤 경제인이 아무리 활동을 하고 훌륭한 아이디어를 생각해도, 정부의 후원을 받는 다른 경제인이 와서 이것을 깔아뭉개거나 빼앗는 일을 함부로 할 수 있는 사회에서는 권력과 타협하는 것만이 유리하다고 생각하게 될 것입니다.

셋째는 이것도 독재의 체질이 만들어 낸 것입니다만 한국의 경제는 크나큰 격차를 가져왔습니다.

도시와 농촌의 격차, 최근 한국에서 온 신문을 보면 서울에 한국의 돈, 62퍼센트가 집중하고 있습니다. 서울의 인구는 이미 900만입니다. 한국의 전 인구의 25퍼센트에 가깝습니다. 세계에서 한 도시에 그 나라 인구의 25퍼센트가 집중한 곳은 한국의 서울뿐입니다. 그러므로 서울은 지금 교육과 하수도, 상수도, 교통, 주택 등 굉장한 부담을 지고 있습니다. 한편 농촌에서는 피폐하고 정처도 없는 사람들이 속속 서울과 부산에 흘러들어 옵니다.

그리고 대기업과 중소기업의 격차가 큽니다. 독재정권하에서는 독재자가 관심을 가진 부분, 또는 지역만이 뚜렷하게 발전합니다. 대기업은 물론 권력을 독점하려 하고 있습니다. 그리고 중화학 공업과 경공업의 격차도 문제입니다. 한국은 아직도 경공업으로 세계의 수출 시장에서 버티어야 할 터인데 박정희 씨가 1970년대 후반의 잘못된 판단으로 중화학 공업에 정부의 투자를 집중했었지요. 그런데 해 보니까 지금 중화학 공업은 국제적으로 전연 경쟁이 되지 않아요. 지금 중화학 공업의 평균 가동은 20-30퍼센트 수준, 굉장한 적자를 내고 있습니다. 특히 무기산업이 그렇습니다.

수출산업과 내수산업의 격차도 심각합니다. 예를 들면 지금 한국이 자동차를 수출하고 있습니다만 수출하는 자동차는 손해를 보면서 수출하고 있습니다. 국내의 자동차 구매자가 그것을 전부 부담하고 있습니다. 수출을 위해서는 자동차의 유리 두께와 철판의 두께에서부터 모든 점에서 국제적인 규격에 맞지 않으면 안 되지만 국내용은 규격이 안 맞아요.

야스에 나쁜 것을 비싸게….

전면적으로 파괴되고 있는 농촌

김대중 예, 가난한 한국 국민은 비싸고 나쁜 것을 사서 부자인 미국의 소비자에게 지원하고 있다, 이러한 꼴이 됩니다. 이러한 결함이 지금 한국 경제를 엉망으로 만들고 있습니다.

한국의 경제는 저임금과 정부의 통제로써 도달할 수 있는 수준을 이미 지났습니다. 이제부터는 이니셔티브와 창조력으로 끌어올리지 않으면 안 되는데 지금의 정부는 그것을 허용할 수가 없어요. 이것은 정부의 본질에 관련된 문제로 지금 수출이 늘어나지 않는 것은 치명적인 문제입니다. 더구나 고도기술 산업의 면에서는 이와 같이 벽에 부딪히고, 종래의 분야에서는 추격당하고 있습니다. 예를 들면 중국은 지금 맹렬하게 한국을 따라붙고 있습니다. 양편으로부터 공격을 당하고 있습니다.

나는 농촌의 상황을 말하고 싶습니다. "한국의 새마을운동은 매우 잘되어 가고 있다. 이것은 아시아에 있어서 모범"이라고들 말하고 있습니다. 이것은 대단한 착각입니다. 새마을운동이 시작한 그때부터 나는 새마을운동이 성공하기 위해서는 첫째로 농민이 수지가 맞도록 국가가 보장하지 않으면 안 된다고 했습니다. "관이 강제하는 관 주도의 운동으로써는 결코 성공할 수 없다" 이런 것을 말했는데, 그와 같은 예견대로 되었습니다.

지금 농촌 경제는 전면적으로 파괴되고 말았습니다. 한국에서는 예를 들면 전답을 20-30마지기 가지고 있으면 중농 이상이었습니다. 이승만 정권 시대까지는 적어도 20-30마지기 가지고 있으면 조금만 절약하면 자식을 서울의 대학에 유학시킬 수가 있었습니다. 지금은 그렇지가 못합니다. 서울 유학이란 꿈입니다. 그러므로 이승만 시대까지는 농촌 출신이 수재여서 대학에서 언제든지 앞서고 있다고 했지만 지금은 유명한 대학에서는 농촌 출신의 학생은 학과에 한 사람이나 두 사람 정도입니다.

제가 청주교도소에 있을 때에도 거기에 농촌 출신의 교도관, 일본에서는 간수라고 합니다만, 그들에게서 들은즉 돌로 땅에 하나하나 숫자를 쓰면서 말해 주더군요. 20-30마지기를 가지고 있는 농민이 열심히 농사를 지어도 자기의 임금을 계산에 넣지 않고 겨우 본전이 될 정도라고 하더군요. 이래서는 정상적인 자녀 교육을 시킬 수 없다고 합니다.

그러므로 한국처럼 교육열이 높은 부모들은 자녀들의 교육을 위하여 서울로 갑니다. 농지를 버리고 갑니다. 그러한 농민이 상당수입니다. 그래서 농지를 맡기려 해도 맡을 사람이 없어요. 지금 농촌에 가 보면 빈집이 얼마든지 있습니다. 이것은 결코 근대화 도상의 국가의 건전한 진출이 아닙니다.

그러면 서울에 가면 살 수 있는가. 살 수 없습니다. 그러나 서울에 가서 손수레에 채소를 싣고 행상을 하더라도 서울만 가면 어떻게 해서든 자녀의 교육은 시킬 수 있다는 것입니다. 왜냐하면 돈의 63퍼센트가 서울에 있으니 돈이 있는 곳에 가지 않으면 돈을 주울 수가 없지 않겠어요. 그러나 반면 소비 풍조는 농촌까지 휩쓸고 있어요. 지금 딸을 시집보내려면 부모는 전기제품만 줄잡아도 컬러텔레비전, 전기세탁기, 전기냉장고, 전기밥솥, 전기다리미 따위로 백만 원 이상의 돈을 가지고 딸의 혼사 준비를 합니다. 이런 풍조로 되었습니다. 농촌의 부채는 증가일로입니다.

그리고 네 번째 한국의 경제 문제는 부의 불균형 분배입니다. 이 문제는 가장 중요한 문제입니다. 지금 미국에 와서 보고 새삼스럽게 느끼는 것이 있습니다. 미국에서는 5억 달러쯤 가지고 있으면 그 이름이 알려질 정도의 큰 부자입니다. 100억 달러면 이것은 몇 사람도 안 될 것입니다. 그런데 지금 한국의 10대 재벌이라면 적어도 재산이 5억 달러 이상 10억 달러 내외입니다. 세계 랭킹의 100번 이내에 들어 있습니다.

미국의 지엠시GMC의 주주가 50만입니다. 국제전신기는 100만입니다. 일본의 미쓰이·미쓰비시라고 해도, 옛날의 이와사키 가문과 미쓰이 가문이 그 주株의 5퍼센트도 지금은 가지고 있지 않을 것입니다. 그런데 한국의 재벌은 한 사람의 총수가 위로는 중화학 공업에서 경공업, 상사회사, 아이스크림과 기성 양복류의 판매점까지, 좌로는 증권회사, 단자회사, 보험회사, 그리고 최근에는 시중 은행까지 전부 독점하는 형편입니다. 이것은 종합 재벌이지요. 일본에도 없는 재벌일 것입니다. 그것이 단 한 사람의 것입니다.

그와 같이 부자가 된 중요한 이유로는 오로지 권력을 어떻게 다루었는가에 있습니다. 경제 내적 이유가 아니고 경제 외적 이유입니다. 따라서 나는 역시 그 가장 요점이 되는 한국 정치의 이야기를 하지 않으면 안 되겠습니다.

1952년 부산의 정치파동, 그때에는 국민 한 사람 소득이 60달러였습니다. 그러나 언론의 자유가 있었습니다. 국민이 신문을 보고 이것은 거짓말이라고 생각할 것은 하나도 없었습니다. 신문이 쓰고 싶은 것을 쓸 수가 없다고는 생각하지 않았습니다. 국민이 자기가 말을 하는데 정보원이 있는지 없는지 신경 쓰는 일이 없었습니다. 언론의 자유가 있었습니다. 지금은 없어요.

그때에는 전시였는데도 대통령을 직접선거로 뽑았습니다. 지금은 그렇지 못합니다. 그때에는 대법원이 독립을 과시했습니다. 이승만 씨에게 당시의 대법원장은 당당하게 대항했습니다. 지금 대법원은 완전히 정부의 어용기관입니다. 지금 국회는 완전히 정부의 하수기관입니다. 그때에는 야당의 자유가 있었지만 지금은 야당이 없습니다.

왜 이렇게 되었는가. 지금은 국민 일인당 소득이 1,700달러입니다. 60달러의 30배까지 증가되었습니다. 그런데 왜 이렇게 되었는가. 그 이유는 매우 간단합니다. 부가 그때에는 없었습니다. 일종의 빈곤의 평등이었습니다. 그 대신 이 전쟁이 끝나고 경제 건설을 하면 우리들에게는 모두 희망이 있다는 의미에 있어서 연대의식과 협력 관계와 상호 이해가 있었습니다. 지금은 아주 딴판이 되었습니다.

예를 들면 작년에 정부가 국회에 내어놓은 보고서에 의하면 한국 노동자의

59퍼센트가 10만 원 이하의 수입입니다. 그런가 하면 600만 달러의 집에 사는 사람도 있습니다. 이번 한국에서 대도사건이 있었지요. 정부의 고관, 그것도 경제를 다루는 최고의 책임자의 집에 도적이 들어 5억 원의 도난을 당했다고 신문은 보도했습니다. 실제로는 더 많았다고 모두들 말하고 있어요. 더욱이 그는 그 대부분을 감추고 700만 원밖에 신고하지 않고 있습니다. 많은 장군들의 집에서도 같은 도난이 있었다고 합니다. 하지만 그것을 모두 덮어 두었다고 합니다.

국민은 이 도적을 의적 취급하고 영웅 취급하고 있습니다. 이것은 무엇을 의미하는 것일까요. 한국의 제일의 문제는 이러한 부의 극단적인 불균형한 분배이며 거기에서 생기는 국민 간의 증오입니다. 어떤 사회학자가 "빈곤은 사회 안정을 위하여 문제이다. 그러나 빈곤보다 더한 문제는 국민이 자기가 가난한 것은 부당하다고 생각하는 것이 가장 위험하다"고 말하고 있습니다.

정의라고 하는 것은 독일의 신학자 에밀 브루너가 말하고 있습니다만 각 사람이 자기의 당연한 몫을 가지는 것이 정의입니다. 어른은 밥 한 그릇을 먹는 것이 정의이고, 어린이는 그 반을 먹는 것이 정의입니다. 자본가는 자본가의 몫을 받고 노동자는 노동자의 몫을 받으면 거기에 정의는 성립되는 것입니다. 그렇게 하면 안정이 있습니다. 그러나 노동자가 자기가 번 것의 반 이상을 자본가에게 빼앗겼다고 생각할 때에 거기에는 이미 정의가 없습니다. 정의가 없는 곳에 안정은 없습니다.

경제가 발전하면 중산계층이 늘어납니다. 중산계층이 늘어나면 자연히 민주주의의 기반이 생깁니다, 이것이 근대화의 정석定石임에도 불구하고 어찌하여 한국은 경제가 신장했음에도 민주주의는 신장되지 않는가. 왜 일견해서는 많은 중산층이 있음에도 불구하고 민주주의가 신장되지 않는가.

그 큰 이유의 하나는, 이 부의 불균형 분배에 의하여 가진 자들이 권력자와 결탁하여 그들의 부를 지키기 위하여 그 불평분자들을 억누르는 구조에 있습니다. 억누르는 구실은 안정과 반공과 국방입니다. 부자들이 자기들의 부에 대해서 도덕적인 불안을 느끼고, 사회적으로 불안을 느끼고, 그것을 지키기 위하여 인정사정없는 탄압을 요구하는 필요성을 가지고 있습니다. 그리고 정권 담당자는 그와 부패한 결탁을 하고 국민의 불만을 탄압하는 것입니다.

한국의 중산계층은 반드시 자신의 능력, 자신의 검약, 자신의 모험으로 부를 쌓는 중산계층이 아니며, 특권층 밑에서 기생적으로 어느 정도의 안정과 수입을 얻는 중산층이 오늘날 상당히 많습니다. 예를 들면 관료로서 부정한 수입에 의하여 중산계층이 된 자가 있습니다. 회사의 간부들도 그러한 과정에 있어서 정당한 월급 이외의 부수입으로 지금의 위치를 다지고 그 위치를 지켜가는 이러한 짓을 해 왔습니다. 그러므로 한국의 중산계층의 상당 부분은 기생적인 중산계층입니다. 이렇게 된 원인이 기생적인 중산계층이 책임을 져야 한다기보다, 중산계층의 불행한 상태가 어디에 근거하고 있는가를 증명하고 있습니다. 즉, 한국의 정치, 경제의 구조에 책임이 있습니다.

이런 의미에서 한국에 있어서 민주주의의 담당자는 결국 근로대중과 양심에 입각한 참으로 지식이 인격화된 그러한 인텔리겐치아intelligentsia—물론 여기에는 학생들도 포함됩니다만—입니다. 이 두 개의 세력이 한국에 있어서 지금 정신적으로 큰 모럴 파워를 발휘하고 있는, 크리스천들의 중개에 의하여 이것이 결속되어서 민주화운동으로 나갈 수밖에 없는 상황입니다. 그들의 민주적 의지에 중산층이 뒤따라야 할 것입니다.

야스에 명쾌한 지적 가운데, 개개인의 길이 어디에 있는가 하는 것은 이미 답변한 것으로 생각합니다만 과제의 심각성을 새삼스럽게 생각하게 합니다.

한국 경제의 문제는 지금 말씀하신 것과 같이 정치구조의 문제와 떨어져서 생각할 수는 도저히 없다고 생각합니다. 또 경제 문제는 1960년대와는 달라서 박정희 정권하의 고성장·공업화의 과정을 거쳐 구조화되어 버렸습니다. 시계의 바늘을 멈추지 않고 수선할 수 없는 것과 같습니다. 그러한 가운데서 이와 같은 과제를 개선한다는 것은 참으로 어려운 것으로 생각됩니다. 앞서도 말했습니다만 현재의 한국 집권층을 지지하며 안정되어 있다고 생각하는 사람들도 이 정권으로는 경제의 개선이 매우 어려울 것이라고 일치하여 보고 있습니다.

그러나 동시에 만일 김대중 선생님을 비롯하여 민주 세력의 인사들이 정권을 담당했을 때에 과연 이 경제의 애로를 타개할 수 있을까 하는 의문을 가지고 있는 것도 사실입니다. 솔직하게 말씀해서 현 정권에 대한 의문보다 더 크다고 할 것입니다. 당면한 문제에 대하여 또는 이제부터의 문제에 대해서 시간이 없습니다만 대강만 말씀을 듣고 싶습니다.

민주주의의 근간은 국민에 의한 정부

김대중 그와 같은 의문이 악의 또는 선의에 관계치 않고 있는 듯하므로 구태여 말합니다만, 최근 이곳에 와서 앞에서 야스에 씨가 말씀하신 1971년 대통령 선거에 입후보했을 때 나의 정책발표 팸플릿을 다시 한번 읽어 보았습니다. 나는 내가 정치 활동을 시작한 후 일관하여 취해 온 "언제든지 대안 없이는 비판하지 않는다"는 생각을 관철해 왔다는 것을 그 당시의 정책발표를 보고 다시 한번 확인할 수 있었습니다. 나는 대중경제라는 생각을 주장해 왔습니다만 대중경제에 대해서도 1971년에 나는 저서를 내었습니다. 그 내용을 지금 읽어 보면 경제의 상황이 변화되었으므로 수지 따위는 바꾸어 맞추지 않으면 안 되겠지만 대강의 구상은 틀리지 않았다고 지금도 생각하고 있습니다.

나는 지금까지 경제뿐만 아니라 통일 문제에서부터 외교, 국방, 내정, 모든 문제에 대해서 대안 없이 비판한 일이 없습니다. 그리고 지금 여기에 전두환 정권의 어떤 부처의 책임자와 만나도 그에 대해서 내 나름대로 그것이 얼마나 훌륭한 것인가는 별문제로 하고, 책임 있는 대안 없이는 비판하는 부분이 아무 데도 없다고 말할 수 있습니다. 이것은 정치에 종사하는 사람이 취해야 할 당면한 책임 있는 태도라고 생각합니다.

그러한 것을 전제로 하고, 경제 타개를 위한 대강을 말하라는 야스에 씨에게 대답하겠습니다.

첫째, 경제의 목적이 무엇인가 하는 것입니다. 목적을 먼저 확인하고 그 목적에 합치하는 경제체계를 변경해 가는 것, 이것이 가장 중요합니다. 경제는 국민 전체의 물질적 생활의 향상과 그 국민 생활의 안정에 기초한 국민의 정신적 발전에 목적이 있을 것입니다. 즉 전인적인 발전의 기초를 주기 위하여 경제의 발전을 도모하는 것입니다.

그런데 지금은 소수자를 위한 경제가 되어 버렸어요. 절대다수는 아직도 의식주의 불안정에 시달리고 있습니다. 자기 자녀들의 교육의 기회도, 자신의 문화적 생활의 기회도 보장되어 있지 않아요. 이런 것을 시정하지 않으면 안 된다고 생각합니다. 소수인의 경제로부터 국민을 위한 경제로 되돌리지 않으면 안 됩니다.

둘째, 나는 자유경제를 지지하는 사람으로 결코 기업가의 적은 아닙니다. 오히려 나는 5월 17일의 쿠데타 직전의 관훈클럽에서 연설할 때에도 말한 것으로 생각합니다만… 나는 그때에도 말한 것과 같이 민주정권하에서만 경제인도 국민으로부터 존경받고, 이 사회 건설의 중요한 한 분자로서 신뢰받을 입장에 설 수 있다는 것입니다. 그리고 나는 기업가에게 기업가의 경제윤리를 반드시 지켜 달라고 주장합니다.

일본에서는 어떤지 모릅니다만, 종종 한국에서는 기업가의 윤리라고 하면 돈을 벌어서 사회에 기부하는 것을 윤리라고 생각하고 있습니다. 미국 사람들 중에도 그런 사람들이 있습니다. 기업가란 어디까지나 돈을 모으는 사람입니다. 돈을 바르게 모아야 합니다. 바르게 모으고 바로 써야 할 것입니다.

그것이 어떤 것인가 하면, 첫째는 좋은 물건을 최저한도로 싸게 소비자에게 공급하는 것, 이것이 기업가의 제일의 책임입니다. 둘째는 노동자에 대하여 그의 생산성의 향상과 생활 안정에 필요한 만큼 정당한 임금을, 기업의 존립에 해를 미치지 않는 한도 내에서 지불한다는 것입니다. 셋째는 기업가가 자기가 얻은 이윤을 사치·환락이나 그 밖의 다른 비생산적인 분야에 쓰지 않고 그것을 재투자하여서 그 기업이 더 발전하는 기업이 될 수 있도록 사용하고, 기업의 확대재생산이 가능한 기업으로서 발전시킨다는 것입니다. 그와 같이 생산적으로 투자하는 것도 역시 윤리적 행위라고 보아야겠지요.

이것이 기업가의 3대 윤리입니다. 이것을 지키면 훌륭한 기업가입니다. 사회적으로 한 푼도 기부하지 않아도 좋습니다. 이미 소비자에게 기여했고 노동자에게 공헌하고 있습니다. 그 이상 말할 필요는 없으며, 또 이와 같은 기업의 윤리를 지키지 않으면 안 됩니다.

지금 한국의 일부 기업에 있어서는 사회 자선이 상당히 유행하고 있습니다. 그것은 눈가림입니다. 소비자에게 나쁜 물건을 비싸게 팔아 폭리를 취한다, 노동자에게는 정당한 임금을 지불하지 않는다, 그 대신의 약간의 부스러기를 자선사업에 주고 자기 양심을 위로하고 사회적으로 위장하고 있습니다.

지금 내가 든 세 가지를 다하면 민주정권하에서도 기업가로 당연히 국민으로부터 존경과 지지를 받게 될 것이며, 정부는 그 기업가를 옹호하지 않으면 안 될 것이라고 생각됩니다. 물론 그 과정에 있어서 기업가는 그 주株를 국민에게 될 수 있는 대로 분배하고 국민이 참여해서 국민적인 기업으로 안정시키는 것이 중요합니다. 지금 일본과 미국에서 하고 있는 방법을 취할 필요가 있다고 생각합니다. 그러나 그것도 정부에 의하여 강제될 것이 아니라 경제적 원리와 절차에 의해서 그렇게 되도록 해야 할 것입니다. 정부는 그것을 지원하면 됩니다.

셋째, 한국 경제를 내포적으로 발전시키는 일입니다. 보다 더 두께 있는 경영, 될 수 있는 대로 국내 자원을 활용하고, 될 수 있는 대로 한국이 가지고 있는 장점을 발전시키는 것입니다. 농업과 어업에 주력하고 중점을 두어야 합니다. 그리고 중소기업을 근대화하고 관련 기업과 함께 협업체제를 만드는 것입니다. 이와 같이 한국의 내부에 있어서 경제의 모든 것이 상호작용을 두텁게 짬으로써 안정된 경제구조로 되어야 할 것입니다. 수출에 전면 의존하여서 국제적으로 조금만 불경기가 되면 경제가 흔들흔들 동요되어서는 안 된다는 것입니다. 지금 일본이 수출에 강하다는 것은, 일본의 경제를 잘 보면 알 수 있는 것이지만, 일본 국내에 있어서 버티는 힘이 있기 때문입니다. 내포적인 경제 발전을 지향하지 않으면 안 된다고 생각합니다. 또 내포적으로 발전함에 따라서 국내경제의 각 분야가 매우 힘차게 뿌리를 뻗어 나갈 수 있습니다.

넷째, 한국은 일본과 같이 자원이 없어요. 그러므로 경제만의 입장으로서도 한국은 절대로 교육입국教育立國하지 않으면 안 됩니다. 교육에 대하여 많은 투자와 많은 진력을 하지 않으면 안 됩니다.

세계를 둘러보면 자원이 많고 국민이 행복하게 살고 있는 나라는 미국 정도입니다. 오스트레일리아도 들 수 있겠지요. 그리 많지 않습니다. 자원이 있고도 가난한 나라는 얼마든지 있습니다. 아시아에도, 중남미에도, 아프리카에도, 그러나 인력을 개발하고 국민이 가난한 나라는 하나도 없습니다. 유럽 제국, 일본, 모두 그렇습니다. 그 대표적인 예가 일본과 스위스일 것입니다. 한국도 앞으로 인력 개발에 더욱더 힘을 쏟아야 할 것입니다. 한국의 노임도 지금 오르고 있으므로 금후 고도기술산업을 따라가기 위해서는 이 일은 더욱 필요합니다.

다섯째, 외국의 기업, 외국의 투자와의 관계입니다. 외국의 투자에 대해서 무조건 이것을 식민지화라든가 매판자본이라든가 하는 식의 비난은 매우 비경제적인 말투라고 생각합니다. 지금 세계는 하나의 세계로 되어 가고 있으며, 어디에서도 무역이라든가 경제 협력 없이는 해 나갈 수 없습니다. 다만 협력을 받는 측이 그것을 자주적으로 받아들이든가, 종속적으로 받아들이든가에 따라서 달라집니다. 예를 들면 제2차대전 후 유럽의 나라들이 모두 마셜계획에 의하여 경제 원조를 받았습니다. 일본도 전후 미국의 경제 원조를 받았습니다. 그러나 유럽 여러 나라나 일본도 경제적으로 자립하여서 지금은 오히려 미국을 위협할 수 있게 되었지요. 사용하는 방법 여하에 달렸습니다.

그러므로 나는 한국 경제에 대한 일본의 협력 방법에 대해서는 매우 불만을 가지고 있지만, 언제든지 내가 말하는 것은 그 첫째 책임은 우리들에게 있다는 것입니다. 부패한 박정희 정권, 전두환 정권, 그리고 안일한 한국의 기업가들, 그 경제 내적 원인에 의한 부의 축재보다도 경제 외적 방법에 의해서 젖은 손에 좁쌀 묻히듯이 벌려고 하는 이러한 사람들의 축재 방법에 의해서 지금 많은 문제가 일어났다고 합니다.

일본의 A라는 기업이 지금 중국에 가서 물건을 팔 때와 한국에 가서 물건을 팔 때의 자세는 다르다고 생각합니다. 중국에 가서 상대방 사람들에게 뇌물을 주거나 서로 나누어 먹거나, 정치자금에 얹히거나 하면서 팔려고 하는 짓을 일본의 기업은 생각하지 않고 있다고 봅니다. 같은 기업이 한국에서 그런 짓을 하면서도 중국에서는 안 한다고 생각합니다. 그것은 받아들이는 자세가 다르기 때문입니다. 왜 우리는 그것이 안 되는가 하는 것입니다.

받아들이는 측이 바르고 엄연한 태도로 받음과 동시에 상대에 대해서 그러한 잘못된 협력의 방법은 통하지 않는다는 것을 분명하게 인식시킨다면 일본과 미국의 기업, 다른 외국의 기업도, 젖은 손에 좁쌀 묻히는 식의 대한對韓 수출은 없어질 것입니다. 그 대신 그러한 경제 협력은 필연적으로 한국 국민으로부터 감사를 받을 것이며, 평가되고, 장기적으로 안정된 것은 좋은 결과를 가져옵니다. 젖은 손의 좁쌀은 일시적으로는 좋으나, 그것은 반드시 국민으로부터 배척되고 그러한 경제 협력은 오래가지 못합니다. 반대로 장기적으로 안정된 경제 협력 관계를 이룰 수 있는 정권은 어떤 정권인가, 그것은 민주정권 외에는 없습니다. 국민을 진실하게 대표하고 국민에 의하여 감시되고, 잘못을 저지르면 국민에게 언제 쫓겨날지 모르는 국민에 의한 정부가 아니어서는 안 됩니다.

민주주의를 국민의, 국민을 위한, 국민에 의한 정부라고 하지만 근간은 국민에 의한 정부라고 생각합니다. 지금 세계에 160개의 국가가 있지만 국민주권을 구가하지 않는 나라는 없습니다. 천황 주권이라든가 왕권 신정을 말하는 나라는 없습니다. 그런 의미에서는 전부 민주국가입니다. 그러나 실질적으로 민주국가라고 불리는 나라는 30개 정도의 국가뿐이며 나머지는 국민에 의하여 좌우되는 정권이 아닙니다. 국민에 의한 정부야말로 진정한 민주주의의 진수이며 나는 옥중에서 특히 이것을 깊이 생각했습니다.

경제 개선을 위하여 다섯 가지 대강을 말했습니다만 이것을 할 수 있는 것은 참으로 민중에 의하여 선출되고, 민중에 의하여 교대되는 성격의 민주제도 이외에는 없다고 나는 생각합니다.

민중혁명의 시대

야스에 말씀이 넓고 또 원리적인 문제로 발전하였습니다. 선생님께서 옥중에서 생각하신 것을 들었습니다. 이제 지금 여기에서 생각하시는 것을 전반에 걸쳐서 듣고 싶습니다.

지금 지구사회는 여러 가지 점에서 벽에 부딪히고 있습니다. 특히 선진공업 국가는 일종의 폐색상황閉塞狀況에 있다고 생각합니다. 미래의 예견하는 능력과 현상에 대신할 대안을 갖고 있지 않기 때문이겠지요. 남북 격차의 확대, 빈곤과 기아, 자원, 인구, 환경 파괴, 갖가지의 심각한 과제에 당면하면서 그 타개의 길을 지구사회의 성원 누구도 찾아내지 못하고 있습니다.

그러한 폐색상황에 있으므로 해서 세계적인 우경화 현상, 개선을 꺼리는, 개혁에 대하여 매우 신중한 보수화 현상이 확대되고 있다고 저는 생각합니다. 일본의 경우도 그렇습니다. 나카소네 총리는 세계적인 우경화를 예찬하고 높이 평가하고 있지만, 그러한 우경화가 하나의 연합을 이루고, 그것이 다른 나라의 민주주의를 억압하는 시스템을 더욱 강하게 하고 있습니다. 한·일·미 3국 체제의 현상은 바로 그것일 것입니다.

오늘날 일본의 제2차대전 후부터 최근에 이르는 급속한 군사화라는 문제 가운데서 우리들은 절실하게 느끼는 것이지만 나라가 살아가는 길, 지구사회가 살아가는 길, 미·일 관계, 한·일 관계 이런 것들은 우리들 자신의 한 사람의 살아가는 길과 깊이 관련되어 있습니다. 그것은 지구사회 전체의 폐색상황 속에서 전후 일본의 진로가 크게 방향 전환되려고 하는 중대한 시대에 처해 있기 때문이겠지요.

처음 말씀했습니다만 이 10년은 극적인 동動과 반동反動이 되풀이되는 시대였습니다. 그 격동의 상황을 헤쳐 나오면서 지금 선생님께서는 어떻게 생각하셨는지 저는 이미 선생님의 생각을 어느 정도 알고 있음으로 해서 더욱 묻고 싶습니다. 『세카이』의 독자들도 같은 생각일 것이라고 생각합니다. 한국의 격동은 지금 제가 말씀드린 지구사회, 동시대의 인간의 살아가는 길과도 겹친다고 생각되기 때문입니다.

김대중 나와 같이 천학淺學한 사람이 말할 문제는 아닙니다만 『세카이』의 독자에 대한 책임상으로도 제가 옥중에서 독서하며 생각했던 것을 여기에 말씀 드리고, 여러분들로부터 비판을 받는 저의 잘못된 점을 가르쳐 주시면 하는 것을 전제로 하고 조금 말해 보고자 합니다.

인간이 이 지구상에 생겨서 300만 년쯤 되었다고 합니다. 최근 탄자니아 북부에서 발굴된 인간의 뼈를 보면 300만 년이 정설이 되어 가고 있는 듯합니다만, 이 300만 년 동안에 5회의 혁명이 있었다고 합니다. 제1회는 유인원類人猿으로부터 인간으로 비약했다는 인간 탄생, 그리고 오랫동안 300만 년에 걸친 정체적인 상태가 계속되고, 8,000년 내지 9,000년 전, 농업이 시작되었습니다. 농업에 의하여 처음으로 인간은 정착 생활이 시작되었습니다. 이것이 제2회의 혁명입니다.

제3회는 좀 더 나아가서 도시를 형성하기 시작했습니다. 지금으로부터 5,000년쯤 전에 티그리스강과 유프라테스강 유역에 도시가 생겼습니다. 다시 나일강 유역과 인더스강변과 황하 유역, 이렇게 발전해 왔다고 하지요.

그다음에 있었던 것이 지금으로부터 2,500년쯤 전의 동방에 있어서 제자백가諸子百家, 공자孔子, 노자老子, 장자莊子, 손자孫子 이들을 포함한 제자백가가 나타난 찬란한 사상혁명의 시대, 인도에 있어서는 석가모니부처님을 비롯하여 많은 바라문婆羅門의 지도자들이 나타난 시대, 이것도 2,500년쯤 전입니다. 이와 같은 시대에 이스라엘 왕국과 유다 왕국에 예언자가 출현, 그리스에 있어서의 소크라테스나 플라톤 같은 위대한 철학자의 출현, 그 200-300년 전에는 탈레스를 비롯한 많은 자연철학자가 나왔습니다. 이것이 제4회의 혁명입니다. 우리들은 현대인으로서 잘난 척하지만 대체로 이런 사람들의 정신의 테두리 안에서 지금도 선인들의 사상의 유산을 먹으면서 살아가고 있다고 보는 사람들도 있지요. 제5회의 혁명이 소위 17세기 이후의 기술혁명이라고 합니다.

그렇다면 오늘의 20세기를 어떻게 보는가. 이것은 나로서는 감당할 수 없는 것입니다만 경솔하다는 책망을 감수하기로 하고….

야스에 아닙니다. 저는 꼭 듣고 싶습니다.

김대중 만일 오늘의 시대를 규정짓는다면, 그것은 저는 "민중혁명의 시대"라고 할 수 있지 않을까 보고 있습니다. 인류의 탄생 이래 네 개의 악이 있었다고 지적되고 있습니다. 하나는 노예제도, 또 하나는 인종차별, 또 하나는 착취, 또 하나는 전쟁.

인간이 인간을 노예화한다, 이것은 오늘날에는 거의 절멸해 가고 있습니다. 민족으로 노예화되었던 식민지 제도도 제2차대전 후 거의 해방되고 말았습니다. 개인적인 노예, 민족적인 노예가 모두 해방되었습니다. 물론 부분적으로는 남아 있지만 그것도 당연히 절멸될 운명에 있다고 생각합니다.

제2의 인종차별, 이것도 내가 미국에 와서 10년 전과 지금을 비교해서 흑인의 위치가 매우 향상되어 가는 것을 보고 기뻐하고 있습니다. 지금 미국의 거의 대부분의 대도시는 흑인 시장입니다. 텔레비전을 보아도 흑인 해설가가 나옵니다. 이것은 10년 전에는 생각할 수 없었던 일입니다. 인종차별은 없어지고, 없어지지 않았다 하더라도 긍정되지 않았습니다. 그러므로 남아프리카와 같은 곳은 세계의 규탄의 대상이 되고 있습니다.

제3의 인간의 착취, 이것도 이미 정당화되지 않고 있습니다. 유럽과 일본과 미국에 있어서의 노동자의 지위라든가 생활 조건이 어느 정도 개선되었는가, 이런 것을 보아서도 알 수 있다고 생각합니다. 물론 만족할 상태가 아니고 충분하지 않다고 전제하고 말입니다. 그리고 지금 중남미라든가 한국이라든가 하는 착취가 심한 나라는 결코 안정이 없습니다. 착취는 벌써 긍정되지 않는다는 증거입니다.

그런데 지금 전쟁만은 내셔널리즘과 얽혀서 정당화되고 있습니다. 어떤 나라든 적과 싸울 때에는 많이 죽인 사람이 가장 영웅입니다. 이것은 윤리적으로 볼 때 매우 부끄러운 일이지만, 그럼에도 불구하고 전쟁만은 정당화되고 있어요. 그것은 내셔널리즘과 얽혀 있기 때문에 이렇게 되는 것입니다.

내셔널리즘에는 두 가지가 있다고 생각합니다. 하나는 그 외연적外延的. 침략적인 내셔널리즘, 이것은 마땅히 규탄되어야 합니다. 그러나 자기를 지키기 위한 내셔널리즘, 한국인이 독립운동을 했다든가 아프리카 사람들이 제3세계의 권리를 위하여 궐기했다든가 하는 내셔널리즘은 긍정되어야 할 것입니다. 내셔널리즘이 지금 혼동되고 있습니다만 우리들은 외연적인 내셔널리즘과 내연적인 내셔널리즘을 엄정하게 구별하지 않으면 안 된다고 생각합니다.

그러나 크게 볼 때에 내연이건, 외연이건 내셔널리즘이란 다분히 배타적인 성격을 가지고 있으므로 각 민족의 독자적인 특징을 발전시키는 것과, 민족 자치는 조장시켜야 하겠지만 배타적인 내셔널리즘은 빨리 해소시키지 않으면 이 세계에는 참다운 평화도 없고, 인류의 협력도 없다고 생각합니다. 어떻든 불행하게도 지금은 내셔널리즘 이름 밑에 전쟁이 긍정되고 있어요. 이 악만은 극복되지 않고 남아 있습니다.

노예를 해방시킴으로 해방되는 것은 민중입니다. 인종적 편견에서부터 해방되는 것은 민중입니다. 그리고 착취, 이것은 두말할 것 없이 민중이 피해자입니다. 이와 같이 네 개의 악 중에서 세 개에 있어서는 민중이 해방이 되고 또 해방되어 가고 있습니다. 전쟁이 일어나면 역시 전쟁의 피해를 받는 것은 모두 민중입니다. 가진 자들은 전쟁으로 오히려 얻는 것이 많습니다. 평화도 민중해방에 절대로 필요한 조건입니다.

그러나 지금 전쟁이 남아 있습니다만, 이 전쟁에서도 인류는 새로운 단계에 들어가려고 하고 있습니다, 300만 년 전에 인간이 이 세상에 생긴 이후 지금까지 말로써 문제가 해결되지 않으며 어제든지 완력으로 했습니다. 적게는 맨주먹으로 하고 크게는 전쟁이었습니다. 그것은 300만 년간 같았습니다. 제2차대전까지 같았습니다. 그러나 핵무기의 출현과 개발로 처음으로 무력으로 문제를 해결할 수 없는 사태가 되었습니다. 일본 사람들은 불행하게도 그 최초의 피해를 받았습니다만 지금은 일본에 떨어뜨린 핵무기와는 비교가 되지 않을 정도로 놀랍게 발전했을 것입니다. 지금은 미·소가 핵전쟁으로 대결해도 양쪽이 동시에 죽게 됩니다. 따라서 이성적이면 전쟁은 할 수 없을 것입니다. 과연 지금 이성적인가 아닌가가 불안합니다.

그런 의미에서 전쟁 무용의 시대로 들어서고 있습니다. 인간의 도덕적 발전으로 무용으로 된 것이 아니라 할 수 없이 무용의 시대로 들어서고 있습니다. 기술적인 면에서 말하면 2,000년까지는 핵무기를 가지는 나라가 38개 정도로 된다는 것입니다. 그렇게 되면 이번에는 선진국뿐만 아니라 제3세계의 나라에서도 핵무기를 가지는 나라가 생기게 됩니다. 이미 무력으로 문제 해결이 안 됩니다. 결국 할 수 없이 대화로 할 수밖에 없습니다. 인간은 그렇게 밀려갈 것입니다. 이렇게 볼 때에 역사의 발전은 얼마만큼 인간의 지배를 넘어선 오묘한 섭리를 가지고 있는가 하는 것을 느낍니다만, 이 때문에 어떻든 무력에 의한 희생에서 민중은 해방되게 됩니다.

또 하나는, 지금 세계에 있는 40억의 인구가 20세기 말에는 60억, 21세기 말에는 102억이나 될 것이라고 합니다만 이 20세기에 있어서 인간의 생산능력에 의해 의식주 등 모든 분야에 있어서 인간다운 생활을 보장할 수 있는 그러한 조건을 인간이 처음 가지게 되었습니다. 지금까지 20세기 전까지는 생산능력 때문에 누군가가, 예를 들어 농민과 노동자는 빈곤하지 않을 수 없는, 또는 아프리카 사람들은 원시적 생활을 할 수밖에 없는, 그러한 생활능력밖에 없었습니다. 그러나 지금은 미·소를 비롯하여 세계의 여러 나라들이 쓰고 있는 막대한 군사비를 평화적으로 전환한다면, 내일부터라도 세계의 모든 사람들이 인간다운 생활을 할 수 있다는 그러한 희망을 가지는 시대에 들어섰습니다.

그러므로 벌써 인간은 변명할 수 없습니다. 한국에는 "가난은 나라도 못 구한다"라는 속담이 예부터 있습니다만, 지금은 나라의 힘으로 어떻게 할 수 없다는 변명은 못 하게 되었습니다. 힘도 있습니다. 아프리카와 오스트레일리아 산속에 있는 민중까지 포함해서 모든 민중이 인간다운 생활을 보장하는 인간의 능력을 처음으로 지금 가지게 되었습니다. 그러므로 이제는 핑계 댈 수가 없게 되었습니다. 민중은 금후에는 권리로서 그것을 요구할 수 있게 되리라고 생각합니다.

또 하나는 지금까지는 민중은 서로 고립되어 있었습니다. 교통과 통신과 모든 관계에서 고립되어 있었습니다. 따라서 민중 상호 간의 이해가 없었으며, 오히려 적대 관계가 있었습니다. 그러나 지금은 지구는 하나의 마을입니다. 지구촌입니다. 그것을 상징하듯이 이미 달나라에 가고 우주의 시대에 들어섰습니다. 따라서 우주 시대에 들어서면서 지구 안에서 우리들이 160개의 나라를 만들고, 국적을 달리하고, 패스포트를 가지고, 법률이 하나하나 다른, 언어가 다른, 이러한 것은 매우 반역사적이며, 반민중적이며, 반우주적 시대입니다. 세계사적인 입장에서 이것은 하나의 코미디의 재료밖에 안 될 것입니다. 세계의 민중이 정말로 기술적 수단으로 서로 하나의 동포로서 살 수 있는 조건하에 이르렀습니다.

최후로 지적하고 싶은 것은 이와 같은 기술 전 분야뿐만 아니라 이미 정치적으로 민중이 파워를 가질 수 있게 되었다는 것입니다. 20세기 초에는 영국에서 노동당이 정권을 잡았습니다. 한편 소련에서는 공산정권이 나와서 우리야말로 민중의 정권이라고 주장했습니다. 이 두 가지 사건은 20세기가 민중의 세기의 시작이라는 것을 극적으로 상징하고 있습니다. 나는 소련의 프롤레타리아트 독재가 민주주의라는 생각에는 찬성하지 않습니다. 강하게 그것을 반대합니다. 소수의 인간이 다수의 희생이 되어도 좋다는 것은 인간성을 거역하는 것이며, 역사적 요구에도 역행하는 것이라고 생각합니다. 그러나 어떻든 지금까지 소수가 다수를 지배하던 자본주의 제도에 대하여 하나의 안티테제로서 나타나 이 세계에 경고를 준 의미는 크다고 생각합니다.

그러므로 서방측이 이에 대항하여 소수의 지배를 고집하는 한 패배는 눈에 선히 보입니다. 소련 측이 말하는 것처럼 본래의 자본주의의 결정적인 약점은 소수의 행복을 위하여 다수를 희생한다는 점입니다. 만일 서방측에 있어서 소수가 지배하는 사회이기는 하지만 다수의 권리도 보장되고 그 다수가 민중의 자유로운 결정에 의하여 언제든지 지배적 지위에 자리할 수 있다는 새로운 가치관이 뚜렷한 정치철학과 정치제도로서 성립되어 간다면 소련에 대하여 이기고 지는 문제가 아니라 그것을 극복한 더한층 높은 사회로서 세계 전체의 발전에 공헌할 수 있음과 동시에 공산주의의 변화와 발전에도 도움이 될 수 있다고 생각합니다. 이와 같은 변화의 징조는 지금 서구 사회에 나타나고 있습니다.

사실 적어도 20세기 전반의 자본주의와 지금 후반의 자본주의와는 현저하게 달라지고 있습니다. 지금 자본가가 직접 지배하는 대기업은 거의 없습니다. 대기업의 회장이나 사장은 거의 주株를 가지고 있지 않습니다. 그들은 전문적인 경영자입니다. 그리고 주는 수만인, 수만의 사람에게 분배되어 있습니다. 민중적이라고까지는 못하겠으나 어떻든 많은 국민적 분배에 응하고 있습니다. 이것은 앞으로도 더욱 확대될 것입니다.

이와 같은 경제구조로 보아서는 민중시대로 나아가고 있습니다. 나는 최근 이곳에서 재미있는 이야기를 들었습니다만 이곳에 이스턴에어라인이라는 비행기 회사는 작년에 30억 달러라는 놀라운 적자를 냈다고 합니다. 그런데 델타에어라인이라는 것이 있습니다만 이것은 종업원이 주를 가지고 있는 회사인 모양입니다. 이 회사는 적자를 내지 않았다는 것입니다. 여기에는 스트라이크가 없습니다. 이스턴보다 훨씬 경영이 좋다고 합니다. 최근 이곳에 피플

즈익스프레스트라는 비행기 회사가 생겨서 이 회사가 영국의 런던까지 140달러에 간다고 해서, 너무 싸서 영국에서는 당황해서 그 허가를 보류하고 있는 것 같습니다만 이것 역시 종업원들이 주를 가지고 있는 회사라는 것입니다.

이것은 일부의 현상입니다만 매우 상징적인 현상입니다. 한국에서는 종업원들이 일시적으로 관리하여 적자의 회사를 흑자의 회사로 만든 예는 얼마든지 있습니다. 결국 나중에 기업가의 손에 들어간 후에는 그러한 노동자들은 탄압되었습니다.

지금 세계는, 20세기는 전쟁의 문제로나, 생산능력의 문제로나, 교통·통신의 문제로나, 정치의 문제로나, 경제의 소유의 문제로나, 모든 점에서 민중의 시대로 들어가고 있다고 나는 생각합니다.

내가 미국에 와서 가장 통절하게 느낀 것은 미국이란 나라의 가장 큰 문제는 무엇인가 하면 철학을 상실했다는 것입니다. 철학이 없기 때문에 세계에 대해서 모럴 리더십이 없습니다. 이것은 매우 실례이기는 합니다만 일본에도 해당되고 소위 서구의 선진국 전반에 해당되는 것이라고 생각합니다.

20세기에 있어서 매우 예언적인 문화논평을 한 역사가 토인비는 언젠가 미국의 대학에서 연설을 하면서 이렇게 말했습니다.

"미국은 영국으로부터 민주주의를 배웠다. 그러나 영국이 머조리티, 다수자 지배가 된 것은 19세기 말에 디즈레일리가 노동자에게 투표권을 주었을 때이며, 그 이전에는 1688년의 명예혁명 이래 200년간 영국은 마이너리티 룰이었다. 그러나 미국은 영국에서 민주주의를 배운 그 직후부터 곧 다수자 지배를 시작했다. 그때에 그것은 혁명적인 것이며 대단한 모험이었다."

그러나 그것이 민주주의의 진가였습니다. 영국은 민주주의의 발명국임에도 불구하고, 세계가 영국의 민주주의를 배우지 않고 미국의 민주주의를 배우는 근본 이유가 여기에 있습니다. 그리고 미국은 제1차대전의 과정에 있어서 공산국가 소련이 우리야말로 머조리티의 편인가를 경쟁해야 할 가장 중요한, 그리고 미국의 진가를 발휘해야 할 때에 돌연 태도를 바꾸어 이번에는 마이너리티 편에 붙어 버렸습니다. 이것은 미국의 비극일 뿐만 아니라 자유세계 전체의 비극이라고 말한 것을 나는 읽은 일이 있습니다.

나는 미국 친구들에게 이러한 것을 지적하면서 다음과 같이 말하고 있습니다.

"내가 보기에는 미국을 그토록 비난했던 중국과 소련의 민중도 그러하거니와 세계의 모든 사람들은 미국에 대하여 아직도 호의를 가지고 있고 사랑하고 있다. 그러나 그것은 결코 미국의 부나 미국의 힘 때문이 아니다. 미국의 저 위대한 혁명정신, 독립정신 때문이다. 그런데 당신들은 그 보배를 지금 포기하고 있다.

카터는 대통령으로서의 실적이 좋지 않아서 4년으로 그만두었다. 그의 인권 정책이 실천에 있어서는 성공하지 못했다. 그러나 적어도 오늘의 세계에 있어서 "인권 정책은 우리나라의 외교 정책의 심장이다"라고 말하는 대통령은 미국 이외에는 없다. 그런 의미에 있어서 카터 씨의 그 선언과 이상은 제2차대전 후 미국이 최고로 자랑할 만한 미국의 영광이었다. 카터 씨가 실패한 것은 카터 씨의 책임도 있지만 거기에 전면적으로 협력하지 않은 미국 국민과 서구 여러 나라의 책임도 크다."

카터의 그러한 인권 정책에 대하여 7개국의 서밋 같은 데서 얼마나 냉대했습니까.

미국은 베트남, 인도지나 3국에서 실패하고, 이란에서 실패하고, 니카라과에서 실패하고, 지금 또 엘살바도르에서 실패하고 있습니다. 중남미 여러 나라에서도 좀 더 있으면 줄지어 실패할 가능성이 있습니다. 한국에서도 실패할 가능성이 있습니다. 이것을 타개할 단 하나의 길은 미국이 다수의 편에 서는 것입니다. "당신들이 머조리티를 지지하면 머조리티도 당신들을 지지할 것입니다. 그리하여 세계의 머조리티로부터 지지를 받게 되면 소련과 같은 공산국가의 위협도 자연 해소될 수 있지 않겠습니까. 그러나 당신네들이 지금처럼 반공이니 안보니 하는 구실로 소수자, 그것도 독재자, 부패한 자들, 특권계층, 이런 부류들을 지지하면 그들에 의하여 억눌린 머조리티는 할 수 없이 소련 편에 갈 것이오. 할 수 없이 공산주의 편에 붙을 것이오. 이 이치는 간단하지 않소." 나는 이렇게 말하고 있지요.

그런데 미국 친구들 중에는 나의 말에 대해서 "그 머조리티가 분명하지 않으냐"고 말하는 사람이 있었지요. 예를 들면 엘살바도르에서 선거를 하면 지금의 우익이 승리한다고 말합니다. 거기에서 내가 반문한 것은, "그렇다면 엘살바도르에 진정한 언론과 선거의 자유가 있었는가? 만일 진정한 언론과 선거의 자유가 있어서 우익이 승리했는데 엘살바도르의 국민이 우익 정권을 지지하지 않는다면, 엘살바도르 국민은 미쳤다고 해야 할 것이다. 자기는 언론의 자유와 선거의 자유를 한껏 누리면서 자기의 투표로 승리한 정권을 지지하지 않는다면 엘살바도르 국민은 머리가 이상하지 않은가. 그러나 그런 일은 있을 수 없다. 엘살바도르 국민은 건전하다. 문제는 그것이 진정한 자유선거였는가이다"라고 나는 말했습니다.

나는 지금 300만 년 전부터의 역사를 돌아보면서 20세기를 어떻게 보느냐고 묻는다면 민중의 시대라고 말하고 싶습니다. 이 민중이라는 것은 머조리티입니다. 민중 민주주의는 인민에 의한by the people 데모크라시, 동시에 소수의 권리에 대한 절대적인 보장, 자본가도 군인도 포함해서 누구에 대해서도 그 권리를 수탈하지 않는다, 그리고 정당한 몫을 주는 정치의 사회, 이러한 머조리티가 사회의 정치, 경제, 모든 것을 지배하면서 그러면서도 소수의 권리를 보장한다, 그리고 소수가 언제든지 다수가 될 수 있는 가능성을 부여한다, 그러므로 모든 결정권은 민중에게 있다. 이러한 정부라면 사회가 안정되지 않는 것이 이상한 것입니다.

우리들의 책임은 이것을 한국에 있어서도 실현해 나가는 것입니다. 민중의 지지와 그 지배하에 있는 민주정부는 이 안정된 사회의 실력을 가지고 북과 대화합니다. 이와 같이 하여 북과 대화함으로써 거기에 당연히 우리들은 민족적 핏줄과 양심에 의해서 민족 화해에 접근할 수 있을 것입니다.

물론 결코 북과의 문제를 그렇게 간단하게 생각하고 있지는 않습니다. 나는 공상가는 아닙니다. 남과 북은 40년이나 이질적인 발전을 했으며, 이데올로기에 있어서 매우 다릅니다. 그러나 남과 북은 서로 협력하고 손을 잡지 않으면 안 된다는 강한 필요성이 있습니다. 쌍방이 모두 이 방대한 군사적 부담에 무제한으로 견디어 낼 수는 없습니다. 그리고 중국과 일본이라는 초강대국에 끼어서 6,000만 명이 하나로 결속해도 생존의 위협을 받을 것인데, 언제까지나 분단 상태로 서로 적대하여 민족 내부에서 에너지를 낭비할 여유가 없습니다.

그리고 이 민족이 품고 있는 2,000년 이상에 걸친 한국민의 한恨, 항상 억눌려 온 한恨을 극복하고 6,000만 대민족이 세계에 있어서 아시아에 있어서 정당한 대우를 받아야 한다는 민족의 한, 이 점에 있어서 우리는 공통입니다.

우리들은 우리들 주변의 지정학적 조건 때문에 어쩔 수 없는, 일본·중국 그리고 소련과 미국, 이 4대국의 관계를 리얼하게 보고 있습니다. 이 4대국은 본심으로는 한국의 통일을 바라지 않는다는 점도 있겠지요. 그러나 남북이 민족의 지혜를 발휘하여 이 4대국에 대하여 우리들이 결코 그들과 적대 관계가 되지 않는다는 것을 보장할 수 있다면, 그들은 굳이 한국의 통일이라든가 한국민의 발전을 방해하지 않으면 안 되는 이유는 없습니다.

왜냐하면 남의 배후에 있는 미·일은 반도의 남북이 하나가 되어 중·소의 편에 서게 되면 곤란할 것입니다. 또 중·소는 한반도의 남북이 하나가 되어 미·일 편에 서는 것도 곤란할 것입니다. 그러나 통일된 한반도 또는 협력적인 한반도의 남북 관계가 어느 편에 대하여서도 공평한 태도를 취하고 위협적이고 적대적인 태도를 취하지 않는 것이라면, 그들은 구태여 내부적인 간섭을 한다든가, 통일에 반대할 이유는 없습니다. 한편 한반도가 남북이 적대하고 불안정한 관계에 있는 것은 그들도 언제 말려들는지 모른다는 위험도 있는 것입니다. 이와 같이 한민족 전체의 이익과 4대국의 이익은 어떠한 점에서는 합치합니다. 그것을 우리들이 민족의 뛰어난 지혜를 발휘하여 현명하게 대응하지 않으면 안 됩니다.

나는 결코 남북의 통일에는 몽상을 갖지 않습니다. 그러나 절망은 더욱 하지 않습니다. 통일은 반드시 우리 민족의 지상명령으로서 실현하지 않으면 안 될 과제입니다. 이에 대해서는 나는 1971년부터 3단계의 통일안을 내놓고 있습니다.

그 제1단계는 무엇보다도 민족 상호 간에 다시 전쟁을 해서는 안 된다는 평화 공존이라는 것입니다. 핵전쟁은 어떤 일이 있더라도 피하지 않으면 안 됩니다. 절대로 반대하지 않으면 안 됩니다. 그러나 이 '핵전쟁 반대'는 국지적 반대라는 것에 그치는 것이 아닙니다. 국지적인 핵전쟁은 있을 수 없으며 있어도 반드시 그 피해는 지구적으로 파급되어 갑니다. 그리고 또 우리들은 자기 지역에만 핵전쟁이 없으면 다른 지역에서는 인류 절멸의 전쟁이 있어도 상관치 않는다는 도덕관을 가져서는 안 된다고 생각합니다. 그러므로 어떠한 전쟁이든 허용할 수 없지만 특히 핵전쟁은 어떤 지역에서도 용납해서는 안 됩니다.

다음의 평화 교류, 교류는 경제를 포함하지 않으면 안 됩니다. 서로 경제적으로도 밀접한 상호 의존 상태에 들어가면 이것은 대단한 것이라고 생각합니다. 그때에는 남북 간 쌍방에 대표부를 둡니다. 민족적 심정뿐만 아니라 남북의 현실적 필요에서도 서서히 내셔널 컨센서스가 회복되고 협력 관계가 발전해 나가는 길을 찾지 않으면 안 될 것입니다.

그리고 최후의 3단계는 평화적 통일, 그러나 이 통일도 공존적인 통일과 더욱 완전한 통일까지 그 과정은 여러 가지로 있을 수 있습니다. 중요한 것은 서로 힘에 의한 강요를 하지 않는 것이라고 생각합니다.

   그리고 다시 말씀드린다면 정치·경제·문화 이 모든 것이 대중 참가의 정치, 경제, 사회 구성으로 성립된 사회, 그러면서도 그 가운데서 모든 계층의 사람들이 응분의 대우를 받고 자기의 자질을 충분히 발휘하는, 전인적인 발전이 목표가 되는 그러한 사회구조가 20세기의 한국으로서 우리들이 바라면서 걸어가야 할 길이라고 생각합니다.

야스에 감명 깊게 들었습니다. 선생님은 지금 한국을 염두에 두고 말씀하셨습니다. 그러나 예를 들어 사회주의에 있어서 진정한 민중의 사회주의가 되기 위하여 많은 희생을 내기는 하면서도 그 재검토가 1950년대부터 쭉 계속되고 있습니다.

김대중 폴란드 문제도 그렇지요.

야스에 소련의 반체제의 문제.

김대중 예, 소련의 반체제는 매우 의미가 있습니다.

야스에 그리고 일본도 그렇습니다만 1960년대부터는 환경 문제를 계기로 해서 각종 시민운동이 선진 제국에 있어서의 기성 운동 원리를 재검토하려 하고 있습니다. 의회주의에 있어서 '대표'의 의미와 절차 따위도 심각하게 검토되고 있습니다. 답은 아직 안 나왔다고 생각하지만 여러 가지 모양으로 모색되고 있습니다.

김대중 부분적으로는 이미 많은 나라에서 민중시대에 들어가고 있습니다. 이것은 결코 장래의 문제가 아니라 현실의 문제입니다. 다만 현실을 그와 같은 시각에 포착하는 시야가 아직 정돈되어 있지 않습니다. 지금 서방 제국에서는 이 시대의 성격을 민중의 차원에서 보는 철학이 없으므로 그렇게 보여지지 않습니다.

소련에는 철학이 있습니다. 우리들은 소련에는 찬성하지 않습니다만, 베트남에 있어서 소련은 철학대로 되었습니다. 즉 공산주의를 주장하고 공산주의를 지지했습니다. 그런데 미국은 민주주의를 주장하면서 민주주의를 지지하지 않고 독재지배를 지지했습니다. 그러므로 나는 미국 사람에게 "지는 것이 당연하지 않습니까?"라고 말했습니다. 소련 공산주의는 민중을 지지했으므로 공산주의를 원하는 민중은 매우 만족했습니다. 그리고 공산주의를 원치 않는 민중들도 "공산주의란 이런 것이니 할 수 없지" 하는 이해와 체념이 생겼습니다. 그러나 미국은 민주주의의 깃발을 올리면서 실제로는 독재주의에의 지지입니다. 그렇게 하면 민주주의를 바라던 민중은 절망하고 그것을 저주합니다. 처음부터 민주주의의 실현을 믿지 않았던 사람은 "보나 마나였지" 하고 냉소합니다. 소련은 자기편이 있고 소극적이기는 하나 이해가 됩니다. 미국은 자기편도 없고 이해자도 없습니다.

만일 베트남에서 미국이 지더라도 ─나는 그렇게 했으면 지지 않았으리라 생각합니다만─ 민중의 편에 서서 민주주의를 지지했더라면 세계로부터 민주주의의 순교자로 존경되고, 미국의 국민은 오히려 베트남의 패전을 세계에 자랑할 수 있게 되었으리라고 생각합니다. 베트남이야 있든 없든 미국은 있는 것입니다. 그러나 미국인의 정신이 좌절될 때에는 미국은 없습니다. 이것을 왜 지금의 미국의 지도자들은 모를까요.

지금도 계속해서 같은 짓을 하고 있어요. 특히 미국은 지금 보수화의 경향입니다. 나는 왜 그렇게 되었는지 충분히 공부하지 못했지만 하나는 민중화 시대의 일시적 정체라고 할 수 있겠지요. 역사의 진행이란 반드시 계속적 전진을 하는 것은 아닙니다. 또 하나는 이 민중의 시대에 적합한 서양 사회의 철학, 사상, 이념이 없기 때문입니다. 사상, 이념이 없으므로 가장 나태한 보수에 빠집니다. 민중은 분화구를 잃어버렸기 때문에 보수적으로 되어 버립니다. 여기에 더하여 장기의 불경기가 있었으므로 지난날의 좋았던 때를 그리워하는 사람들을 보수적인 사고로 빠뜨렸다는 이유도 있겠지요.

그러나 큰 민중시대의 흐름에서 보면 이런 것은 문제가 아닙니다. 역사에 있어서는 히틀러나 일본의 군국주의도 의미가 있는 것이지요. 저 일본의 군국주의, 히틀러의 나치즘이 있고 전쟁을 하고 패배하였으므로, 패배하면서도 철저하게 상대의 식민국가를 때렸기 때문에 영국이나 프랑스도 식민지를 가질 수가 없게 되었지요. 그리하여 식민지가 해방되었습니다. 원대한 민중의 역사라는 흐름에서 보면 반동도 의미가 있는 셈입니다.

이것은 결코 자기만족적인 생각이나 현실과 유리된 철학이나 이론의 유희가 아닙니다. 왜냐하면 나는 철학자도 아니고 인텔리도 아니기 때문입니다. 나는 맨 처음에는 실업가였으며 후에는 정치의 마당에서 두들겨 맞고, 또 두들겨 맞아 왔으므로 무슨 문제든 곧 프래그매틱pragmatic하게 생각합니다. 그러나 미국의 가장 큰 비극은 프래그매틱한 데만 집중하고 아이디얼리즘idealism을 빼 버렸다는 데 있습니다. 실용주의와 이상주의는 손의 양면 같은 것으로서 언제든지 일체화하지 않으면 안 됩니다. 이상주의는 실용주의에 뒷받침되어야 하며, 실용주의는 리얼리즘에 의하여 고무되는 것입니다. 그것이 없으면 안 되는 것입니다.

일본과 미국에 진언한다

야스에 저는 방금 말씀을 들으면서 선생님께서 벌써부터 말씀해 오시던 '선민주, 후통일'의 의미가 한층 명확하게, 한층 큰 무대 위에 떠오르는 생각이 듭니다. 그것은 또 한국의 최근 10년의 의미를 돌아볼 뿐 아니라 내일을 향해 어떻게 재확인할 것인가 하는 말씀이라고 생각합니다. 1970년대의 한국의 민주화를 초점으로 하여 전개된 동과 반동의 시대였다고 처음에 말씀하셨는데 실제로 한국 국민은 많은 희생자를 내면서, 많은 좌절을 거듭하면서 한국이 어떻게 살아갈 것인가 하는 것을 스스로 밝혀 왔다고 생각합니다. 이에 따라서 일본인인 우리들은 극동의 상황에 대하여서 어떤 길을 선택할 것인가 하는 것도 한층 뚜렷하게 알려 주었습니다.

그런 의미로서는 1971년은 오늘의 문제의 프롤로그라고 할 수 있겠지요. 물론 한국 현대사는 어디에서 끊어지는 것이 아니며 오늘의 문제는 한국 근대사의 백수십 년 전부터의 모든 문제와 관련되어 있습니다만 그러나 문제를 구체적으로 바로 제출한 것이 1971년이며, 그 후부터 동과 반동이었다고 할 수 있습니다. 1971년 봄, 대통령 선거에 있어서 선생님은 한반도를 포함한 냉전 구조를 남북한이 서로 노력하여 해소해 가기 위하여 우선 한국에 있어서 내부화된 냉전 체질을 극복하지 않으면 안 된다고 하여서 여러 가지 구체적인 것을 제시하셨습니다. 말하자면 평화 통일을 위하여 구체적인 준비를 모든 영역에 있어서 보여 주셨다고 해도 과언이 아니라고 생각합니다.

평화 통일은 어떠한 입장에 있는 사람일지라도 남북의 한국인이라면 마음속에서 원하고 있습니다. 누구든지 현실을 알고 있으므로 실제로는 매우 어려울 것이라고 생각하는 사람이 많습니다. 그러나 할 수 없다고 생각하는 사람조차도 어떻게 해서든지 통일해야 한다고 생각하고 있습니다. 이와 같은 문제가 저 대통령 선거 중에서 '정책'으로서 제시되었으므로 한국 정권은 이 문제를 피할 수 없게 되었다고 생각합니다.

김대중 옳습니다.

야스에 그 전 단계, 이승만 체제에 있어서는 통일 문제, 남북 대화를 말하는 자체가 죽음을 의미하였습니다. 그러나 '4·19혁명'에 의하여, 또 "4·19혁명의 정신을 계승한다"고 형식적일망정 말했으므로 박정희 정권은 통일 문제를 터부로 할 수 없게 되었습니다. 나는 이것이 매우 의미가 있는 것으로 보고 있습니다. 그리고 1971년 대통령 선거를 거쳐 7·4공동성명을 맞이하였습니다. 앞에서도 말씀이 있었습니다만 그때에 선생님께서는 공동성명의 정신에는 찬성하시면서도 이것이 좌절될 것이 아닌가 하고 말씀하셨습니다. 결국 그렇게 되고 말았습니다.

그러나 현실적으로 남북한의 대표단이 서로 삼팔선을 넘어서 왕래했다는 것은 나는 큰 변화라고 생각합니다.

김대중 그렇습니다.

야스에 이것이 1970년대에 우리들이 본 제1의 변화입니다. 그리고 1970년대에는 한국의 민주 세력은 1960년대에는 볼 수 없었던 광범한 형태로, 억압이 심하면 심할수록 더욱 힘을 강화했고, 이 민주 세력의 강화 앞에 박정희 정권은 붕괴했습니다. 그 한국의 민주 세력이 발휘할 한국 내에 있어서의 힘은 최종적인 승리를 아직은 거두지 못하고 있지마는, 1970년대에 드러낸 제2의 특징이라고 생각합니다.

제3의 변화는 오랫동안 국제적으로 고립된 장소에 놓여 있어서, 그 때문에 불필요하게 완고한 자세를 취할 수밖에 없었던 북한이 국제사회에서 정당한 입장을 가지게 되었다는 것입니다. 1975년의 북한의 비동맹회의 참가와 국연(국제연합UN—역자)에의 옵서버 참가 등이 그것을 나타내고 있습니다. 이것은 극동의 긴장 완화라는 의미에서 또 앞으로 남북한의 대화를 위해서 매우 좋은 일이라고 생각합니다.

제4는 이상의 세 변화에서 자연히 나온 결과입니다만, 일본과 미국이 스스로의 대한對韓 정책의 잘못을 인정하지 않을 수 없었다는 것입니다. 일본 정부는 선생님의 납치사건 문제에 대해서 현재까지 그 잘못을 인정하지 않고 있습니다. 그러나 국민은 선생님의 납치사건 이후 '한·일 유착'이라는 말이 일시에 퍼지게 했던 대한 정책에 대해서, 또 북한과는 반대로 전연 교섭도 없이 불필요한 긴장 관계를 가지고 있는 경위를 인식하지 않을 수 없게 되었습니다. 미국 정부는 카터 대통령 때에 한때 주한 미군 철수를 정책으로 실행하려 했던 것으로 상징되는 것처럼, 제2차대전 후의 미국의 대한 정책이 시정되어야 할 것을 구체적으로 제시했습니다.

이 네 개의 뚜렷한 특징이 1970년대의 전개에 의하여 제시되고, 본래는 박정희 대통령의 죽음으로 새로운 서막이 열려야 했었을 것입니다. 그러나 실제로 그다음에 준비된 것은 광주사태였습니다. 따라서 1970년대의 과제는 1980년대에 이르러서도 그대로 한국에서 계속되고 있으며 극동에 있어서도 마찬가지입니다. 이러한 가운데서 극동은 어떻게 해야 할 것인가. 앞에서 저는 광주 문제로 서울에서 보내온 한 지식인의 편지를 소개했습니다만, 선생님은 일본을 어떻게 보고 계시는지, 미국에 대해서는 어떠신지 좀 더 여쭙고 싶습니다.

김대중 한국에 있어서 1971년의 대통령 선거는 후세의 역사가가 어떻게 평가할는지는 알 수 없으나, 한국 역사상 최대의 국민의 에너지를 집중시켰다는 점에 있어서는 누구나 인정하리라고 생각합니다. 에너지를 집중시킨 큰 이유는 둘이었습니다.

하나는 국민이 처음으로 자기의 편이 후보자가 되었다는 느낌입니다. 지금까지의 후보자는 여당, 야당, 그 어느 편인가를 지지하지만 어느 편이 되어도 우리들과는 관계없는 지배층의 사람이라는 생각이었습니다. 그런데 처음으로 1971년에는 "그는 우리들의 편이다"라고 민중이 직감적으로 깨닫고, 그것에 에너지를 폭발시켰다고 말하고들 있습니다.

또 하나는, 역대의 정권이 겉으로나마 통일을 부르짖지 않은 정권은 없었습니다. 그것은 한국에 있어서 최대의 민족적인 모럴이며 슬로건이기 때문입니다. 그러나 실제는 어느 정권도 모두 통일을 원치 않는다는 것을 국민들은 알고 있었습니다. 그런데 야스에 씨께서 말씀하셨듯이 참으로 통일을 생각하는 사람이 나왔다는 것을 민중들은 느끼게 되었습니다. 이 두 가지 민중의 에너지를 집결시켰습니다.

그 반면 한국에 있어서 민중의 적대 측에 선 사람들이 처음으로 "곤란한 사람이 나왔다"는 것을 느끼게 되었다고 생각합니다.

야스에 그들은 그것을 10년 전의 8월 8일에 자기들이 입증한 셈이지요.

김대중 한편 박정희 정권은 민중의 시대를 맞이하는 것은 절대로 할 수 없지만, 통일은 이용해 보고 싶다고 생각했던 것이지요. 그러한 그들의 발상이 7·4공동성명으로 나왔지요. 나는 7·4공동성명을 받고 곧 머리를 흔들었습니다. "이건 지나치게 그럴듯하구먼" 하고 생각했어요. 그러므로 나는 정말로 실행할 생각이 있는가, 실행하려 해도 할 수 있겠는가 하는 의심이 있었지요.

그러나 지금 야스에 씨가 말씀하신 것처럼, 1945년부터 1972년까지 27년간 분단된 민족이 처음으로 이러한 합의를 한 것입니다. 그 내용은 대의명분에 부합되는 것이었습니다. 아무도 반대할 이유가 없어요. 그러므로 나는 그때에 신민당 내부에서 상당히 주저하는 사람들을 설득하여 선두에 서서 지지했지요. 그러나 내가 결코 현혹되지 않은 증거로는 7·4성명 9일 후에 나는 "이것을 박정희 정권은 영구 집권의 총통제 수립에 악용할 가능성이 있다"고 경고하였는데 불행하게도 그렇게 되었습니다.

나는 이 통일에 대해서 10년 전부터 '선민주, 후통일'을 주장하고 있습니다. 나는 민주정권의 최대의 목적은 통일이 아니어서는 안 된다고 생각합니다. 통일을 목적으로 하지 않는 정권은 민주정권이 아니며, 민중에 반역하는 정권이라고 생각합니다. 민주와 통일의 표양일체表樣一體입니다. 다만 '선민주, 후통일'을 말하는 까닭은 일의 중요성의 전후가 아니라, 일의 진행 순서를 말하고 있을 뿐입니다. 마치 초등학교를 졸업하고 대학에 간다는 순서입니다. 또 민주정권 이외에는 통일할 실력도 없고 통일할 민족적 양심도 없다고 나는 분명하게 보고 있습니다. 그것은 박정희 씨가 통일을 얼마나 악용했는가 하는 것을 보면 알 수 있을 것입니다.

이것은 에피소드입니다만, 지금 한국에는 국토통일원이라는 것이 있습니다. 국토통일원을 만드는 계기는 제가 했습니다. 내가 민주당의 정책위의장이었을 때에 부총리급 전담의 통일기구를 둘 것을 민주당 당수의 국회에 있어서의 기조연설에 넣어 강력히 주장했는데 이것을 정부가 받아들여서 통일기구를 만들었습니다. 그런데 저들은 뜻밖에도 '국토통일원國土統一院'이라는 이름을 붙였습니다. 이것으로 저들의 사고방식을 알 수 있습니다. (웃음) 남북 민중의 통일이 아니라, 국토를 통일한다는 것이지요. 놓치기 쉬운 것이기는 하지만 잘 검토해 보면 그들의 생각과 바닥이 드러나 있지요. 민족 통일이라는 것은 이질적으로 발전하여 다른 이데올로기를 가진 민족 구성원이 민족적 양심과 민족 공동의 이해에 의해서 서로 대화하고 협력하여 보다 큰 대의를 위하여 민족이 하나로 묶여지는 것입니다. 그런데 이 통일의 정신을 이해하지 못하고 있지요. 어떤 정권이든 좋으니 남북이 삼팔선의 휴전선을 없애고 하나의 국토로 되기만 하면 된다는 사고, 이것은 잘못된 것입니다. 통일은 반드시 민주적 통일이 아니면 안 되는 것이며, 민중에 의한 통일이 아니어서는 안 되는 것이며, 민족의 화해와 발전을 위한 통일이 아니어서는 안 됩니다.

1970년대의 한국을 에워싼 큰 변화의 하나는, 확실히 야스에 씨가 말씀했듯이 일본과 미국의 대응입니다. 그러나 그 대응을 보면, 일본과 미국에는 공통점도 있지만 차이도 큽니다. 일본은 1969년의 3선개헌 때에, 지금은 돌아가신 가와시마川島 자민당 부총재가 "한국에 장기적 안정 정권이 필요하다"고 말한 것처럼, 내정간섭을 하면서 지원했습니다. 1971년에는 서울 지하철과 포항제

철소 건설로 상징되는 것처럼, 한국민의 이익에 위배되는 그리고 일부의 권력자와 특권층 지지에 집중되는 경제적 유착에 시종했던 것이 일본의 경제 협력입니다. 그리고 유신체제도, 전두환의 쿠데타도, 일본은 재빨리 그것을 양해했습니다.

한국에 있어서 1970년대는 그토록 인권 문제가 격심해져서, 미국의 포드 정권까지도 그것에 대하여 거듭거듭 관심을 표명하지 않을 수 없었는데, 일본은 관심은커녕 일본의 책임하에 있는 나의 인권 문제를 너무나 무책임하게 다루었습니다. 나의 사건은 1970년대에 있어서 일본의 대한 정책을 상징적으로 나타낸 사건이라고 생각합니다. 결국 일본 정부는 한국의 민주화라든가, 한국 국민의 행복을 위한 그 어떤 일에 있어서도 적극적으로 협력한 일은 없지만, 이에 반대되는 일은 많습니다.

그러나 일본의 민중 측에서 보면 이것은 매우 다릅니다. 일본의 민중은 1970년대 이전에는 한국에 대하여 거의 관심이 없었다고 나는 생각합니다. 그러나 나의 사건을 계기로 하여 일본인의 한국에 대한 관심은 매우 달라졌습니다. 그리고 많은 일본 사람들이 한국에 대하여 연대連帶를 생각하게 되었습니다. 일본에서 정부 측과 일반 국민 측과는 매우 대조적인 반응을 보이고 있다고 나는 생각합니다.

미국은 일본과는 반대입니다. 미국 국민의 한국에 대한 관심은 1970년대에 있어서는 오히려 후퇴했을는지도 모르지요. 1950년대의 전쟁 때와 1960년대의 4·19혁명 때에 보여 준 관심과, 좋고 나쁜 것은 별문제로 하고, 1960년대에 한·일조약과, 한국군의 베트남 파견 때의 관심에 비하면 1970년대는 관심의 후퇴기로 들어서 버렸지요.

그러나 정부 측에서 보면 상징적인 변화가 있었습니다. 닉슨 정권, 포드 정권의 경우에는 키신저의 양원에서의 증언에 나타난 것처럼 "한국에 있어서는

'선안보先安保, 후민주後民主'라고 하여 군사적 관심을 우선시켜서, 한국의 소위 유신독재에 대하여 이것을 용인하는 태도를 취하였다. 그러나 일단 카터 정권으로 바뀌자, 적어도 한국 사람이 느끼기에는, 카터는 독재를 누르기에 충분한 힘을 발휘하지 못했지만, 그는 근본정신에 있어서는 한국인의 인권과 민주주의의 투쟁에 대한 지원자임을 알았다. 포드 이래의 국무부도 인권 관계 투쟁에 대한 지원자임을 알았다. 포드 이래의 국무부도 인권 관계의 부서를 두어 때로는 강하게, 또 때로는 약하게, 인권 문제에 대하여 지지해 왔다", 그 연장선상에 나의 생명도 구했습니다. 나는 그렇게 생각하고 있으며, 카터가 간 이러한 궤도를 레이건도 뒤집어엎을 수가 없었습니다.

그 궤도는 지금도 이어지고 있습니다. 지금 한국인은, 레이건은 한국의 인권 문제에서 매우 관심이 빈약하다고 생각합니다만, 그 레이건 정권마저 금년의 2월에 발표된 '1982년도의 세계의 인권 문제'에 대한 국무부의 보고에서도, 일본에게는 어떤 일이 있어도 기대할 수 없는 한국에 대한 엄격한 인권 상황 비판의 보고가 나왔습니다. 이런 점에서 미국과 일본의 정부는 매우 다른 대조를 보이고 있다고 생각합니다.

나는 일본에 대해서, 또 미국에 대해서 말하고 싶은 것은 일본과 미국은 지금 한국의 국민을 택하느냐, 독재정권을 택하느냐의 두 가지 중대한 입장에 이르렀다고 생각합니다. 지금의 전두환 정권과 한국 국민 사이에는 매우 타협하기 어려운 선명한 대결이 진행되고 있습니다. 그리고 국민은, 전두환 정권을 지지하는 측이 일본이건, 미국이건, 모두 원수로밖에 느끼지 않을 수 없는 절박한 상황에 들어가고 있습니다. 세계에서 가장 친미적인 국민이라고 해 오던 한국 사람들이, 미국의 군대가 안보를 담당하고 있다는 그 나라의 국민이, 미국에 의해 해방되고, 한국전쟁 때에는 미국에 의해 지원된 국민이, 4월혁명 때 그토록 미국에 감사를 표시했던 한국민이, 지금 미국의 문화원에 방화하고, 미국 국기를 불태웠습니다. 더구나 기독교 교회가 앞장서서 미국에 대한 비판을 하고 있는 이 사태는 과거에는 상상조차 할 수 없는 일이었지요.

하물며 일본에 대한 한국 민중의 오늘의 분노와 증오가 어떤 것인가를 충분히 이런 일로도 짐작이 갈 줄 생각합니다. 일본이 한국 민중을 무시하면서 한국의 지배층과 매우 어렵게 되었다고 나는 생각합니다. 그것은 계속되어도 얼마 가지 않을 것입니다. 일본은, 지금 한국 국민을 택하느냐, 지배층을 택하느냐의 막다른 골목에 서 있다고 생각합니다.

한국 국민을 택한다, 왜 이것이 일본에게 불안한 것일까요. 역사적으로 보아도, 문화적으로 보아도, 현실적 인보관계隣保關係로 보아도, 일본의 진정한 안보를 위해서도, 한반도에 있어서의 평화를 위해서도, 한국에 진정한 국민의 지지를 받는 안정된 정권이 들어서는 일이야말로 일본에게 얼마나 바람직한 일인가, 이것을 일본의 정부와 국민이 심각하게 생각해야 될 줄 압니다. 이렇게 함으로써 일본과 한국은 전후 처음으로 열등감도, 우월감도 없는, 상호 이해와 상호 협력, 국민적 레벨에 있어서의 상호 신뢰라는 관계가 성립될 것입니다. 바로 이웃의 한국과도 협력하지 못하는 일본이 어떻게 세계 각국과 국민적 협력을 주장할 수 있겠습니까.

보다 현실적으로 말할까요. 한국에 안정정권安定政權이 서는 것이 첫째로 일본의 평화를 위하는 것입니다. 둘째로는, 북北과 평화적으로 대화를 진행하는 남南의 정권이 서면, 소련과 중국과 일본이 관계를 진전시키는 데 외교적으로 일본에 유리하게 됩니다. 그리고 셋째로는, 국민에게 지지된 정권과, 지금까지처럼 의혹투성이가 아닌, 상호 이익이 되는 경제 협력을 해 가면 일본의 장기적 경제이익이 됩니다. 일본의 평화를 위하여, 국민의 지지를 받는 남南의 민주정권이야말로 필요한 것입니다.

만일 국민의 지지가 없는 독재정권이 계속되면, 이 독재정권은 자신의 연명을 위하여 크게 일본에 의존할 것입니다. 그리하여 반국민적인 이익을 일본에게 일시적으로 줄지도 모릅니다. 그러나 그만큼 한국민의 일본에 대한 증오와 반발은 커질 것입니다. 그러한 정권하에서는 한반도의 평화도 없고, 일본과의 진정한 경제 협력도 없습니다. 큰 안목으로 볼 때에 이처럼 일본에게 손해되는 것은 없을 것입니다

일본은 지금 바야흐로 새로운 대한 정책이 요청되고 있습니다. 그리고 그 근본적인 측면은 국민이냐 독재정권이냐 하는 것이며, 이것을 일본은 지금 재촉당하고 있다고 생각됩니다. 여기에서 일본의 태도 여하는 동남아시아와 세계의 모든 사람에게 일본은 어떤 나라인가 하는 것을 인식시키는 결정적인 테스트 케이스가 되리라고 생각합니다.

여기에 덧붙이고 싶은 것은 레이건 대통령이 오는 11월에 일본과 한국에 갑니다. 만일, 그때의 레이건 방문이 독재자를 지원하는 결과가 된다든가, 한·일·미 3국의 군사체제 강화에 주력하고 한국의 인권 개선에 아무런 공헌이 없는 것이 된다면, 한국인의 대미. 대일 감정은 큰 반발로써 나타나리라고 생각합니다. 레이건의 방한은, 한국에 있어서의 언론 자유의 부활을 위한 언론기본법의 폐지, 노동자·농민운동의 자유를 위한 법 개정, 정치범의 석방과 복권, 그리고 구 정치인에 대한 정치 활동 금지의 철폐의 조건하에서만 이루어져야할 것입니다. 이것은 민주주의를 위한 극히 초보적인 조건입니다. 미국과 일본이 또다시 큰 잘못을 하지 않기를 바랍니다.

야스에 저는 지금 선생님의 말씀을 전면적으로 찬성하면서 듣고 있습니다만, 한편 일본인으로서 이에 대하여 응답하지 못한 점에 대하여 매우 유감스러운 기분으로 듣고 있습니다.

선생님께서는 "일본인에 대한 증오는 점점 더해 간다"고 말씀하셨습니다. 선생님께서는 여러 가지 일에 대하여 온건하게 말씀하시는 분입니다만, 그러

기에 더욱 엄하신 말씀이었습니다. 그러나 저도 사실이 그렇다고 생각합니다. 저는 일본 사람이 한국 문제에 부딪힐 때에 가장 중요한 것이 무엇인가 하면, 우리들 일본인이 진정한 의미에서 한국 민족과 마음으로부터의 화해가 될 수 있을까, 그것이 어떻게 될 수 있을까 하는 것이라고 전부터 생각해 왔습니다. 화해가 되지 않는다면 어떤 교류를 한다고 해도 그것은 인간적인 진정한 교류는 되지 못합니다.

한·일 유착癒着이라고 말할 정도로 일본과 한국의 탑클래스 경제인들이, 관료, 정치가들이, 어깨동무를 꽉 짜고 있습니다. 나는 그 사람들 중의 몇 사람에게서 구체적으로 들은 일이 여러 번 있으므로 자신을 가지고 말할 수 있습니다만, 마음속으로는 아무도 서로 신뢰하지 않고 있습니다. 참으로 괴상한 관계입니다.

선생님이 광주사태 이래 옥중 생활 속에서 쓰신 서간이 있습니다. 1982년 2월이었던가요, 막내 아드님인 홍걸 군이 대학생이 되었을 때의 편지를 「한국으로부터의 통신」이 전해 주었습니다. 저는 참으로 인상 깊게 읽었습니다. "어학은 영어와 일본어를 필수로 생각해라. 일본어를 필수로 하라는 것은 잘 납득이 되지 않을는지 모르겠지만, 거기에는 이유가 있다. 첫째로, 일본은 좋든 싫든 가장 가까운 나랏일뿐 아니라 앞으로도 우리들의 운명에 지대한 영향을 줄 것이기 때문이다. 둘째로, 일본은 지금 경제를 중심으로 하여 아시아에 크게 영향을 미치고 있지만, 금후 그 영향은 더욱 커질 것이다. 어찌 우리가 이를 무시할 수 있겠는가. 셋째로, 동양 문화와 서구 문화의 관계를 어떻게 조정 통합하는가 하는 것은 너희들의 시대에 있어서 가장 중요한 문제인데, 일본은 우리들보다 몇 걸음 앞서서 그 과제를 다루고 있다…." 이와 같은 편지였었지요.

1974년에 당시의 기무라木村 외상이 일본의 외상으로서는 처음으로 이치에 맞는 발언들을 했습니다. 하나는 "이것은 한국 정부가 판단할 일이지만 남진

南進의 위협이 지금 현실로 있다고 생각되지 않는다"라는 것. 또 하나는 1965
년의 한·일기본조약의 제3항에 있는 "한국의 정권이 조선반도에 있어서 유일
한 정당한 정권이라는 인식을 지금 우리들은 가지고 있지 않다"라고 말한 것
입니다. 이것은 당연하고 또 현실적인 발언입니다. 그러나 이에 대하여 한국
에서는 맹렬한 반일행동이 일어났습니다. 물론 이것이 한국 정부가 연출한 것
이었다는 것은 여러 가지 보도로 드러났습니다만, 기무라 씨의 인형이 매일
불살라지고 일장기가 불살라지고 일본대사관들은 야단법석이었고, 한국에 진
출한 일본 기업은 모두 불안해하던 상황이었습니다.

여름의 교과서 검정과 관련하여 반일 기운이 높아졌던 것은 작년 여름, 지금
도 기억에 새롭습니다. 선생님께서는 아직 옥중에 계실 때입니다만, 이것은
1974년과는 달리 정당한 반일 행동입니다. 이것이 뒤로는 정부의 의향이 작용
하고 있었던 것 같습니다만, 어떻든 한·일 관계는 이와 같이 불안정합니다.
'유착'이라고 말할 정도의 '친선親善'이 이와 같이 취약한 것입니다. 나는 그
때에 절실하게 생각했습니다만 앞의 선생님의 서신처럼, 그와 같이 일본에 대
하여 열린 생각을 가지신 분이 한·일 유착 구조 속에서 오랫동안 옥에 갇히고,
죽을 뻔도 했습니다. 그리고 한·일 유착이라고 말할 정도로 서로 어깨동무한
사람들이 전연 인간적인 신뢰 관계를 못 가지고 있습니다. 참으로 슬퍼해야
할 교착交錯이라고 생각합니다.

1970년대의 10년간에 선생님의 사건을 계기로 하여 확실히 일본 국민의 북
한 문제에 대한 인식은 급속히 높아졌습니다. 저는 25년 전 처음으로 편집자
가 되었을 때에 북한 문제에 관심을 가졌습니다만 그 당시 북한 문제에 대해
발언할 수 있는 기자, 평론가, 연구자는 극히 한정되어 있었습니다. 한국 문제
에 관한 책은 셀 수 있는 정도밖에 없었습니다. 그러나 지금은 한국과 북한 문
제에 관한 신간이 매월 몇 종씩 나오고 있습니다. 이것만으로도 대단한 변화

라고 할 수 있겠지요. 그런 가운데서도 재일 한국인, 재일 북한인의 처우 문제에 대하여 많은 사람들이 진지하게 대하기 시작했습니다. 또 문화 교류의 필요와 한국어를 마스터해야 한다는 등 이러한 일을 많은 사람들이 말하고 또 그렇게 실천하고 있습니다. 그것은 모두 중요한 문제입니다.

그러나 아무리 이해하고, 문화 교류를 한다고 해도 지금의 북한 정책, 대한 정책으로 일본이 한국의 내셔널리즘과 정면으로 충돌하고 있는 한 저는 절대로 마음으로부터의 화해는 안 된다고 생각하고 있습니다. 우리들에게 제일 먼저 요구되는 것은 북한, 한국 국민의 마음속에 있는 원망願望에 맞는 정책으로 고치는 일이라고 생각합니다.

저는 1970년대에 나타난 변화의 특징으로 네 가지를 들었습니다만 또 하나의 특징은 일본이 남북한 정책을 고치려고 한다면 그 가능성은 여러 가지 있다는 것이 밝혀졌습니다.

한국 문제, 한·일 관계 문제, 한·미 관계 문제, 남북한 문제, 일본과 북한 문제, 극동을 에워싸고 있는 이 비상하게 긴장하고 있는 문제는 그 어느 하나도 일본만으로는 어떻게 할 수 없는 매우 어려운 문제인 것처럼 일본 사람들은 생각하고 있습니다.

저는 그것은 큰 오해라고 생각합니다. 1970년대에 전개된 상황을 돌아보고 안 것은 작은 개선을 하면, 그것은 큰 개선에 이어진다는 그러한 상황이 있다는 것입니다. 극히 긴장한 상태가 있으므로 해서 오히려 사소한 움직임, 작은 시그널이 효과를 가지기 쉽습니다. 예를 들어 김대중 선생님의 문제에 대하여 일본 정부가 안부를 묻는다는 것은 매우 당연하고 작은 일일는지 모릅니다. 그러나 이 시그널을 보낸다는 것이 한국의 민주 세력의 여러분들, 또는 마음속에서 민주 세력의 여러분들에게 기대를 걸고 있던 한국의 국민에게 강하고 큰 시그널이 된다고 생각합니다.

자기 나라 정치의 나쁜 점을 외국에서 말하는 것은 무의식중에서라도 자기 변명에 빠지기 쉽기 때문에 피하고 싶습니다만, 참으로 일본에 대한 정책을 변경시키는 데 우리들의 힘이 없는 것이 안타깝다고 생각합니다.

한·미·일의 민주적인 국민 연대가 필요

김대중 결국 역사를 어떻게 해석하느냐 하는 해석 여하에 따라서 긍정적인 결론도 나오고 비판적인 결론도 나옵니다. 또 어떤 사상事象도 반드시 양면이 있어서 모두가 좋지만도 않고, 모두가 나쁘지만도 않다고 생각합니다. 그러나 한·일 관계에 있어서는 민중의 측에서는 만족할 정도는 아니라 할지라도 진전했다고 나는 생각합니다. 그리고 그간의 매우 중요한 경과를 지금 지적하셨다고 생각합니다. 일본은 경제적으로 대단히 강해졌으므로, 1960년대는 경제의 힘을 휘두르고, 1970년대부터는 정치적으로 힘을 휘두르고 1980년대에는 군사적으로 힘을 휘두르지 않을까 하는 염려가 한국 사람들에게는 높아 가고 있습니다. 이러한 일본은 바라지 않는다는 것이 한국 사람들의 절실한 생각입니다. 어떠한 협력을 하든 사랑하고 신뢰할 만한 일본이 아니어서는 곤란하다, 이것은 한국뿐만이 아니라 적어도 아시아 여러 나라의 공통된 문제라고 생각합니다.

이런 의미에서 일본을 볼 때 무엇인가 염려되는 점이 역시 구체적인 근거가 있는 것이죠. 일본이 민주주의 국가라고 하면서 나의 사건이 상징하는 것처럼 한국인의 인권, 자유, 정의에 대하여 항상 무관심했을 뿐 아니라 부정적인 개입만 해 왔습니다. 일본의 그러한 태도가 우리들에게는 매우 걱정입니다. 그 다음으로 나는 일본의 내정 비판이 될까 생각되어 주저하면서 말합니다만 일본의 정치는 민주국가이기는 하지만 진정한 민주주의적 국민정신에 의해서,

민주적인 윤리에 의해서 움직이고 있는가라고 생각하게 됩니다.

지금도 일본에서는 '주신구라忠臣藏'가 크게 유행하고 있습니다만 '주신구라'의 간판을 볼 때마다 다소 걱정이 됩니다. 아코 로시赤穂浪士가 훌륭한 일을 했다고는 도저히 생각할 수 없습니다. 자기들의 주군主君인 아사노 다쿠미노카미浅野内匠頭가 전중殿中(군주가 집정하는 곳—역자)에서 금기로 되어 있는 칼을 뽑았으며 그것도 상대는 무기를 가지지 않은 맨몸의 노인이며 자기에게 적대하지 않는 사람을 일방적으로 참살하려고 했습니다. 그것이 다른 사람들의 방해로 실패했습니다. 그러한 불법 행위를 했기 때문에 할복을 명한 것은 장군가將軍家이며 상대의 피해자가 아니었습니다. 그러므로 아코 로시들에게 있어서 원한을 품어야 할 것은 첫째로 어리석은 자기의 군주이며, 둘째로 인정사정없는 장군가將軍家일망정, 죽을 뻔한 기라 고즈케노스케吉良上野介에게 원한을 품고 죽일 이유는 아무것도 없을 것입니다. 그것도 그 노인을 그렇게도 집요하게 쫓아가 죽였습니다. 그 이유는 단 하나 '의리義理'입니다. "우리 군주에게 우리들은 의리가 있다. 그 주인이 기라 고즈케노스케를 죽이려고 했다. 그러므로 우리 주군의 원수는 우리들의 원수다." 그 밖에는 알 바 아니다, 무사로서 해야 할 일을 했다고 합니다. 거기에는 이성도 조리도 없습니다.

일본 사람들이 그토록 좋아하는 '주신구라'를 잘못 해석했으면 정정해 주기 바랍니다만, 지금의 일본의 정치에도 통하고 있다고 나는 생각합니다. 봉건적인 의리 관념이 강하게 정치 전반을 지배하고 있는 듯한 느낌입니다. 한국은 그 점에 있어서는 일본과 다릅니다. 예를 들면 박정희 씨가 암살된 후에 야당 가운데서 친정부였던 지도자로부터 그 지지 세력은 전부 떠났습니다. "떠나지 않으면 국민에 대하여 명분이 안 서고 선거에도 떨어질 것이니 나도 당신을 떠납니다"라고, 그야말로 한 사람의 국회의원도 안 남았습니다. 세계의 누가 보아도 한국은 아직 민주국가가 아니고 일본은 민주국가라고 하겠지만 이 정신 구조의 면에서는 한국은 일본보다 앞섰다고 생각합니다.

또 하나 일본은 부락차별(부락민이라고 하여 과거 한국의 백정 계급과 같이 사회적 차별을 받고 있는 하층계급을 말함—역자)을 보면 항상 생각하게 됩니다. 지금도 일본에는 부락해방동맹이 있어서 차별 철폐를 위하여 노력하고 있지요. 한국에는 똑같이 20-30년 전까지 피차별민(백정 계급—역자)이 있었습니다. 그러나 지금은 어디를 가도 그것을 말하는 사람도 없고 관심을 가지는 사람도 없습니다. 그리고 아이들은 자기가 피차별민의 아들이라는 자각조차 없습니다. 결혼이나 취직에 아무런 관계가 없습니다. 도요토미 히데요시豐臣秀吉가 조선을 침공했을 때 데리고 간 도공의 자손들이 지금도 일본에 있습니다만 그 사람들이 이미 400년이나 경과되었는데 아직도 차별 대우를 받고 있다고 들었습니다. 그런데 조선을 침공했을 때 사야가라는 장군이 한국에 남았습니다. 그리고 한국의 왕에게 충성했으므로 왕이 그에게 김이라는 성을 주었습니다. 그 자손의 한 사람이 박정희 정권 말에 정부의 장관이었습니다. 그 사연은 신문에도 났으므로 국민은 모두 알고 있습니다. 그러나 아무도 그것을 문제 삼지 않습니다.

이러한 몇 가지 점에서 일본에 있어서의 민주정치는 정신적 토양이 우리들에게는 걱정입니다. 물론 일본보다 더 많은 걱정거리를 가지고 있는 우리들이 이렇게 말하는 것은 매우 면구스러운 일이라고 자인합니다. 그럼에도 불구하고 이렇게 말하는 것은 절실한 원망願望이기 때문입니다. 만일에 제 말에 일리가 있다면 여러분들에게 참고가 되기를 바란다는 의미에서 이것을 말하는 것입니다.

앞에서 일본의 여러분들이 지금의 한국 문화에 깊은 관심을 가지게 되었다고 말씀하셨습니다. 기쁜 일입니다. 일본이 한국에 와서 과거에 무엇을 하고, 현재 무엇을 하고 있는가 하는 점이야말로 문제의 핵심입니다. 일본 사람은 한국에 대해서 일본 정부로 하여금, 일본의 정치로 하여금 지금의 자세를 어떻게 시정해야 할 것인가라는 책임감에서 출발하여 한국을 보지 않고 "그러한 정치는 나와는 상관이 없다"는 것으로, 다만 한국의 문화적 부분만 관심을 가진다, 이것은 책임 회피이며, 뒤바뀔 염려가 있다고 나는 생각합니다. 야스에 씨가 말씀하셨듯이 일본은 정책에서 개선해야 하며, 또 개선할 수 있습니다.

이것은 미국에 대해서도 말할 수 있습니다. 얼마 전에 미국에서 있었던 앰네스티인터내셔널 총회(6월 10일 애틀랜타)에서 연설할 때도 그렇게 말했습니다. 앰네스티인터내셔널은 각국의 양심범과 한 사람 한 사람이 개별적으로 맺고 지원하고 있지요. 나의 지원은 시애틀의 챕터였습니다. 그리고 앰네스티 총회에 갔더니 많은 각 지방의 챕터 분들이 "아무개 아무개를 아느냐"고 양심범들의 이름을 입에 올렸습니다. 그중에는 내가 알 수 없는 학생의 이름도 물론 있었습니다. 그것을 보고 깊은 감사를 느꼈습니다.

그러나 그분들에게 제가 감히 말한 것은 "당신들이 지원하는 상대를 정하여 그들에게 대하여 여러 가지로 지원 활동해 온 것에 마음으로부터 감사합니다. 그러한 여러분들에게 이런 말을 하는 것은 매우 거북하지만, 한국은 물론 세계 도처에 양심범이 왜 생기는가, 적어도 그 원인의 일부분은 미국 정부의 독재 지원입니다. 만일 미국 정부가 독재자를 지원 안 하고 단지 중립만 지켜 주면 지금과 같은 정치범의 수는 훨씬 줄었을 것입니다. 그런 의미에 있어서 당신들은 정치범 지원에 앞서 미국의 주권자로서, 국민으로서, 당신네들의 잘못된 독재 지원을 시정하는 것부터 시작해 주면 합니다. 또는 양쪽을 겸행해 주시기 바랍니다. 이것을 당신들에게 상기시키고 있습니다"라고 비판했습니다.

놀랍게도 그야말로 대단한 박수갈채의 반향이 있었습니다. 미국의 다른 데서도 연설하러 가면 과분하게도 기립 박수를 해 줍니다. 이것은 미국에서는 굉장한 경의를 표시하는 예절인 것 같습니다만 그렇게 긴 시간 기립 박수를 받은 일이 없습니다.

나는 일본의 여러분들에게도 일본 정부가 한국에서 무엇을 하고 있는가를 똑똑히 보아 주면 합니다. 지금 한창 한·일·미 3국의 군사체제가 화제에 오르고 있습니다만 그러한 군사체제가 아니라 한·일·미 3국만의 민주적인 연대를 하지 않으면 안 됩니다. 한국의 정권의 문제만이 아니라, 그 독재자의 뒤에 있는 일본과 미국의 문제가 끊을 수 없는 문제로 등장하고 있습니다. 그러므로 한국 문제는 일본 내부에서도 해결되지 않으면 안 되는 것이며, 미국 내부에서도 해결되지 않으면 안 됩니다.

이런 의미에 있어서 한국과 일본과 미국의 3국의 연대는 절대로 필요하다고 생각합니다. 우리들의 이 회견의 최후의 결론으로서, 1980년에 있어서 한. 일. 미 3국의 잘못된 군사체제에 대항하면서 한·일·미 3국의 민주적인 국민의 연대를 조성하는 것이 필요하지 않은가, 『세카이』지를 통하여 이것을 일본의 여러분들에게 호소하고 싶습니다.

야스에 좋은 조언을 주셨습니다. 감사합니다.

한국 국민이 무엇을 구하고 있는가. 『세카이』 독자는 알고 있습니다. 한국의 민주 세력이 이제부터 무엇을 해갈 것인가 하는 것도 모두 알고 있으리라고 생각합니다. 선생님께서 어떠한 생각이신지를 저는 이미 알고 있었으며, 오늘 새삼스럽게 깊이 들었습니다. 이 말씀에 대하여 최후에 한 말씀 드리겠습니다.

저는 이렇게 생각합니다. 1970년대를 통하여 한국민은 많은 희생과 고투를 강요당해 왔습니다. 한국 민주화를 위하여 헌신한 참으로 많은 사람들이 있습니다. 헤아릴 수 없는 사람들이 체포되고, 고문을 견디고, 지조를 지킨 사람, 고문으로 미친 사람도 있습니다. 항의로서 분신자살한 젊은 사람도 있습니다. 우리들은 이런 사람들에 의해서 한·일 관계와 한국 문제에 대해서 배웠을 뿐 아니라 인생의 사는 길이 어떠한 것인가 하는 것을 배웠습니다.

처음 말씀하신 것처럼, 동학농민혁명, 3·1독립운동이라는 한국 역사의 피를 계승하여 투쟁한 1970년대의 민주화운동의 과정에서 한국 국민은 참으로 뛰어난 많은 사람들을 배출했다고 생각합니다. 그리고 그 뛰어난 사람들은 뛰어났기 때문에 희생이 되어 죽지 않으면 안 되었습니다만 그것을 넘어서서 더 많은 뛰어난 인재들이 새로운 결속을 기도하려고 하고 있습니다. 그리고 그 중심에 선생님께서 계신다고 많은 사람들이 보고 있습니다. 김영삼 씨의 저항운동에 대해서도 선생님께서 다리가 불편하신데도 불구하고 데모까지 하시면서 재미 한국인의 민주화운동 선두에 서신 것을 신문에서 보았습니다. 그러한 기사를 보면서 많은 일본 사람들이 언젠가는 선생님께서 고국에 돌아가실 때를 주목하고 있다고 생각합니다. 저는 이 일의 실현을 마음으로부터 바라고 있습니다.

김대중 감사한 말씀입니다. 말씀하신 대로 1970년대의 괴로운 투쟁을 통하여 한국의 민중은 모든 분야에서 크게 성장했습니다. 물론 많은 비극적인 일도 있었습니다. 지금은 이름도 없지만 만일 그들의 정당하고 그리고 자유스러운 활동의 터가 주어지면, 지상에 나타나 국민과 함께 힘차게 바르게 걷고, 국민을 위하여 크게 공헌할 수 있는 그러한 지도자가 각 연령층과 각 분야, 즉 지식인, 노동자, 농민, 학생, 모든 분야에서 더 많이 배출되리라고 생각합니다.

이것은 지금 지하에 묻힌 보물과 같은 것이며 나도 그들을 전부는 모릅니다. 몇 사람이나 되며 얼마나 훌륭한가 하는 것은 나도 대강만 알고 있습니다. 그러므로 나 같은 사람이 세계의 주목을 받고, 마치 한국에서의 수난을 나 혼자 받은 것처럼 평가받을 때에 참으로 마음이 괴롭습니다. 그들의 많은 희생과 공로를 내가 가로챈 것 같아 언제나 마음의 안정이 없고 미안한 생각입니다.

다만 나는 나의 입장을, 희생을 굳이 사양하지 않는 제1세대여야 한다고 생각합니다. 일본에 있어서도, 어떤 국민에 있어서도 역사의 큰 전환기에는 몸을 바쳐 희생하는 세대가 없으면 안 될 것입니다. 일본의 막말幕末(바쿠후 시대幕府時代의 말기)이 그러한 시대였습니다. 많은 유능한, 명치시대까지 살아 주었으면 하는 사람들이 얼마나 많이 죽었습니까. 사카모토 료마坂本龍馬, 하시모토 사나이橋本左內, 요시다 쇼인吉田松陰… 많은 분들이 그러했습니다. 그 덕분으로 명치의 시대가 있었던 것입니다. 그중에는 "저 분은 살아남지 않았으면…" (웃음) 하는 사람도 있어서 명치의 일본을 나쁘게 이끌고 간 사람도 있습니다만, 어떻든 일본 역사에 있어서 그만한 찬란한 시대를 만든 기초는 그들이 쌓았다고 생각합니다.

불행하게도 조선왕조 말기의 우리들의 선조는 일본과 같이 새로운 격동의, 변화의 시대에 몸을 바쳐 길을 여는 사람이 너무도 적었습니다. 많은 사람들이 일신의 안전만을 지키는 데 급급했습니다. 그 때문에 우리들은 그 후 100년 간을 고생하고 있습니다. 그러므로 한국의 민주주의에의 길이 이렇게 고난 속에 있는 가장 큰 제일의 원인은 미국 때문도 아니고, 일본 때문도 아닙니다. 한국의 국민 자신의 힘으로 해방을 쟁취하지 못한, 자신의 힘으로 민주정권을 수립하지 못한, 그 타력의존他力依存에 문제가 있습니다. 그 때문에 우리들은 이러한 고생을 하지 않으면 안 됩니다.

그러나 우리는 지금 착실하게 그 백 년의 대가를 지불하고 있습니다. 그리고 대가를 바치면 보답은 반드시 있으리라고 생각합니다. 1980년대에는 반드시 한국의 민주주의는 회복됩니다. 나는 그것을 예언하는 것은 아니지만 뚜렷한 확신을 가지고 있습니다.

나는 자신의 위치를, 먼저 달려서 길을 여는 역할에 있다고 생각합니다. 남북의 민족이 화해하고 진정한 민주적인 통일을 위한 길을 열고, 그리고 일본과 한국을 위한 진정하게 바른 우호의 길을 열고, 일본과 미국을 위한 길을 열고, 민주화되고 통일된 한국으로서 제3세계에 대하여 올바른 협력을 하는 일원으로서의 길을 열고 나가려고 생각합니다. 어느 정도를 할 수 있는가 하는 것은 별문제로 하고, 저의 역할은 그러한 길을 여는 것이라고 생각합니다. 그러므로 나는 어디까지나 고난의 길을 걷게 될 것입니다. 민주 회복이 된 후에 혹 어떤 부서의 말석에 내가 참가한다 하더라도 이 사명은 변함이 없으리라고 생각합니다.

그러나 나의 지금까지의 경험으로 보아 고난이 반드시 불행은 아닙니다. 남은 나에게 고난을 줄 수는 있지마는, 행복하게 되는가 불행하게 되는가 하는 것은 나 자신에게 달렸습니다. 나는 그것을 나의 체험으로 똑똑하게 깨닫고 있습니다. 나는 옥중에서 기필코 죽을 수밖에 없다고 생각한 때에도 언제든지 생각했습니다. 나는 박정희 씨와 전두환 씨를 생각하면서 "그들은 나를 투옥할 수 있었다. 나를 죽일 수도 있다. 그러나 역사에 있어서 나는 반드시 그들에 대해서 승리자가 된다"고 마음을 다졌습니다. 왜냐하면 동서고금 어떤 역사에 있어서도 국민의 편에 선 사람, 정의의 편에 선 사람, 역사의 진행과 발걸음을 맞춘 사람이 패배자가 된 일은 절대로 없었습니다. 일본 역사나 한국 역사에도 그러한 예는 무수하게 있습니다.

지금 나는 전두환 장군에 대해서 어떤 의미로는 매우 불쌍하게 생각합니다. 그는 얼마나 마음이 불안할까, 어찌하여 그는 단 한 번밖에 없는 자신의 귀중한 인생을 저렇게 쓰고 있을까, 그는 자기가 하는 것을 국민이 어떻게 생각하고 있고 장래 역사에 어떻게 평가될까를 알고 있을까 하고, 때때로 생각하곤 합니다. 그러나 나는 결코 순교자를 의식하지는 않습니다. 나는 결코 이상주의자도 아닙니다. 나는 어디까지나 현실적인 인간입니다. 나는 어디까지나 국민을 위하여 실제로 자유를 회복하고, 정말로 통일이 실현되는 것에 협력하고자 합니다. 그리고 일본과 한국이 실질적으로 좋은 관계가 되도록 공헌하고 싶습니다. 그것을 위하여 최선을 다하겠습니다.

에리히 프롬이 지적한 것처럼 인간은 자기의 자유의사에 의하여 선택권을 가지고 있습니다. 이 점에 있어서는 만물의 영장靈長입니다. 모든 사람들이 안전을 바라고 도망칠 때에도 목숨을 걸고 위난危難에 대결해 나갈 수도 있습니다. 배가 아무리 고파도 단식투쟁을 할 수 있습니다. 돈을 산더미처럼 쌓아 놓고 유혹을 해도 그것을 일축하고 돌아보지 않을 수도 있습니다. 이렇게 인간은 자유이며 위대한 존재입니다.

그러나 인간은 한 치 앞을 내다보지 못한다는 점에서는 미물과 마찬가지입니다. 그러므로 나는 내일 어떻게 될 것인지는 모릅니다. 물론 장래에 대한 준비라든가 구상을 당연히 해야겠지만, 그렇다고 해서 결과만으로 나의 인간으로서의 생의 가치를 정한다든가 행불행을 결정하려고는 생각하지 않습니다. 나는 나의 국민을 위하여, 내 나라의 통일을 위하여, 지금 이 시간에 어떻게 살아야 할 것인가가 최대의 관심사입니다. 그러므로 미국에 와서도 나는 우리 국민을 위하여 큰 공헌을 했다고는 생각하지 않습니다만 조금도 쉬지 않고 할 수 있는 노력은 해 왔다고 생각하고 그 점을 스스로 평가하고 감사하고 있습니다.

앞으로도 이렇게 살아가려고 생각합니다. 아무쪼록 잘 지도해 주십시오. **야스에** 매우 좋은 말씀을 주셨습니다. 오랜 시간 피곤하시리라고 생각합니다. 참으로 감사합니다.

민주주의는 헌신과 희생으로 쟁취되어야
「저널 오브 인터내셔널 어페어스」

—

1984년 11월, 미국 컬럼비아대학교에서 발행하는 국제 외교 전문지 『저널 오브 인터내셔널 어페어스Journal of International Affairs』와 가진 인터뷰로, 이 잡지 1985년 겨울호에 수록되었다.

—

질문 귀하가 한국으로 돌아가면 20년 징역형 가운데 남아 있는 17년의 형기를 마저 치러야 할지도 모른다. 그런데 왜 귀국을 결심했으며 왜 하필이면 지금 돌아가는가?

김대중 거기에는 몇 가지 이유가 있다. 미국에 있는 동안, 나는 다행히 미국 사회의 다양한 분야에서 일하는 많은 사람들을 만날 수 있었다. 나는 미 하원의원들과 언론계 대표들, 인권 옹호가들, 그리고 여러 교회의 대표들을 만났다. 또한 내가 한국과 제3세계에 대한 미국의 정책을 크게 변화시켰다고 말할 수는 없지만 미국 관리들과 몇 차례 의미 있는 대화를 나누었다. 이렇게 다양한 미국인들을 만난 결과, 나는 지금이야말로 내가 고국으로 돌아가야 할 때라고 생각한다.

내 귀국은 현재 시점에서 우리 국민에게도 매우 중요하다. 나는 우리 국민의 고통과 투쟁에 동참해야 한다. 우리 국민의 대다수—난 90퍼센트 이상이라고 믿는다―는 군사독재를 지지하지 않는다. 그러나 또한 그들의 대다수는 자신의 신변 안전에 대한 걱정 때문에 민주주의와 인권을 위한 노력과 투쟁에 참여하기를 꺼리고 있다. 나는 그들을 설득하여 민주 회복을 위한 노력에 참여시키고 싶다. 민주주의는 우리 국민의 헌신과 희생으로 쟁취되어야 한다. 우방국들이 우리에게 민주주의를 공짜로 건네주어서는 안 된다. 우리가 투쟁에 참여하지 않으면, 현재와 같은 상황마저도 유지하지 못하게 될 것이다. 상황은 점점 악화되어 공산주의에 유리한 상황이 될 것이다. 나는 우리 국민을 설득하여 민주화투쟁에 참여시키고 싶다, 나는 점차 극단주의로 치닫는 경향을 우려하고 있다. 이것은 용공적이고 반미적인 경향이다. 나는 이런 태도를 이해할 수 있지만, 그것이 우리 국민의 이익에 어긋나기 때문에 지지하지는 않는다. 우리는 공산주의를 용납해서는 안 된다. 우리는 미국과 일본을 친구로서 필요로 한다.

우리는 미국의 정책을 비판할지언정 미국을 우리의 적으로 삼아서는 안 된다. 미국 정부는 독재정권을 지지해 왔지만, 민주주의와 인권에도 어느 정도의 관심을 기울여 왔다. 그러나 미국의 노력은 우리의 요구를 충족시킬 만큼 강하지는 못했다. 우리는 이 나라의 모든 분야에 우리의 지지자들이 있음을 알고 있다. 우리는 그들을 무시해서는 안 되며, 그들의 중요성을 깨달아야 한다. 그러나 우리의 젊은이들과 노동자들, 그리고 일부 지식인들은 너무 성급하다. 게다가 한국의 언론은 한국의 독재정치에 대한 미국인들의 비판을 전혀 보도할 수가 없기 때문에, 그들은 미국에 우리의 지지자들이 있다는 사실조차 모르고 있다. 그래서 우리 국민은 아무것도 모른다. 한국의 언론은 미국이 북한의 임박한 남침 위협을 경고하거나 국가안보가 중요하다고 논평하거나 한국이 눈부신 경제 성장을 이룩했다고 말할 때에만 대대적으로 보도한다. 그래서 우리 국민의 절대다수는 미국에는 한국 국민의 권리를 지지하는 사람이 전혀 없으며 모든 미국인은 독재정권을 지지한다고 생각하게 되었다. 한국 국민들 사이에는 그런 오해가 널리 퍼져 있다. 나는 결코 그렇지 않다는 것을 그들에게 알려 주어야 한다. 그것이 내가 귀국하고 싶어 하는 또 하나의 이유다.

질문 귀하는 한국에서 정치 활동이 금지된 정치인 명단에 아직도 올라 있고 다시는 정치 활동에 참여하지 않겠다는 서약서에 서명도 했다. 이 같은 상황 하에서, 귀국하면 어떤 종류의 역할을 하기를 바라는지 알고 싶다.

내 목표는 민주주의를 회복시키는 것

김대중 나는 결코 그런 서약서에 서명한 적이 없다. 어쨌든 나는 인권을 옹호하거나 민주 회복을 주장하는 것을 정치 활동이라고는 생각하지 않는다. 그것은 정치 활동이 아니다. 그러나 이 독재정권하에서는, 설사 정치 규제가 풀린다 해도 국회의원 선거나 대통령 선거에 참여하지는 않을 것이다. 나는 권리에 제약을 받고 있기 때문에 직접 정당을 결성하여 선거에 참여할 수는 없다. 내 주요 목표는 민주주의를 회복시키는 것이다. 민주체제가 회복된 뒤에는 나도 당연히 공직 출마를 생각해 볼 수 있다. 그러나 현재로서는 공직에 출마할 생각이 없다.

질문 한국 정부는 귀하의 귀국이 사회불안을 일으키고 그리하여 국가안보를 위협할지도 모른다고 주장해 왔다. 귀하는 이 주장에 동의하는가?

김대중 아니다. 한국 정부는 김대중이 보잘것없는 정치인이며 국민의 지지를 받지 못하고 있다고 주장해 왔다. 미국 기자나 미국 지도자들과 이야기할 때마다, 그들은 한국 국민이 김대중을 지지하지 않으므로 미국은 김대중을 무시해야 한다고 말한다. 그런데 내가 귀국하겠다고 통고하자, 그들은 내가 귀국하면 정치적 긴장을 야기시킬 거라고 말한다. 내가 보잘것없는 정치인이라면 어떻게 정치적 긴장을 야기시킬 수 있겠는가. 그건 모순이다.

나는 또한 현재의 정치적 교착상태를 질서 있고 평화롭게 해결하기 위하여 정부와의 대화를 제의하고 있다. 나는 한국에 있는 내 동지들을 설득하여 온건하고 비폭력적인 방향으로 이끌려고 애써 왔다. 내 연설에 그 증거가 있다. 내 귀국이 긴장이나 사회불안을 초래할지 어떨지는 한국 정부의 태도에 달려 있다. 한국 정부가 모든 문제를 평화적으로 해결하기 위하여 나와 대화를 한다면, 내 귀국은 오히려 사회 안정에 이바지할 것이다. 그러나 만약 그렇게 하지 않고 독재정치를 계속한다면, 내가 귀국하지 않더라도 한국에서는 긴장이 고조되어 갈 것이다.

질문 그러면 귀하는 귀국이 국가안보에 위협을 제기할 거라고는 생각하지 않는가?

김대중 국가안보는 민주주의가 있을 때에만 기대할 수 있다. 우리에게는 지켜야 할 무언가가 필요하다. 민주주의가 없으면 한국의 진정한 안보는 결코 기대할 수 없다. 우리가 그동안 겪어 온 경험이 나의 이 같은 주장을 입증해 왔다. 내가 귀국하면, 폭력을 사용하지 말고 국가안보에 커다란 관심을 기울이고 과격해지지 않도록 우리 국민을 설득하겠다. 민주주의를 회복하려면 불굴의 끈기가 필요하지만, 동시에 온건해야 한다. 이것이 어떻게 우리나라의 안보를 해칠 수 있겠는가. 현재 한국 군부는 우리나라를 지켜야 할 본연의 의무를 저버리고 정치에 개입하고 있다. 그들은 너무 허약해서, 4만 명의 주한 미군이 도와주지 않으면 우리나라의 안보를 실현하지도 못할 정도다. 도대체 군부가 왜 정치에 개입하여 우리나라의 안보를 손상시켜야 하는가. 물론 정치에 개입하는 군인은 극소수다. 그러나 그 소수의 정치군인들이 요직을 차지하고 있기 때문에, 국토방위에 충실한 대다수의 군인은 그들에게 복종하지 않을 수 없다. 그들에게 복종하지 않으면, 아무리 유능하고 본연의 의무인 국토방위에 충실하다 해도 자리를 유지할 수가 없다. 그런데 어떻게 우리 군인들의 사기가 높아지기를 기대할 수 있겠는가. 어떻게 우리 군인들이 국가안보에만 충실하기를 기대할 수 있겠는가. 지난번 군사쿠데타에서는 대령급이 핵심 분자였다. 그들은 지금 정부에서 실질적인 지도자 노릇을 하고 있다. 그들보다 계급이 높은 장군들도 그들을 존중해야 하며 이 대령급들에게 아첨까지 해야 한다.

군대는 매우 엄격한 계급제도, 즉 위계질서가 필요한데 이 위계질서가 파괴되어 가고 있다. 위계질서의 파괴와 정치적 술수가 우리 군대 내에서 점차 심화되어 가는 경향을 보이고 있다. 따라서 우리나라의 안보를 해치고 있는 것은 바로 정부 자신이다. 그들이 어떻게 나를 탓할 수 있는가. 그들이 1980년 5월에 나를 체포하기 전에, 나는 우리 학생과 국민에게 질서를 지키고 국가안보에 신경을 쓰도록 촉구하는 성명서를 여러 차례 발표했다. 그러나 우리는 계엄령 하에 있었기 때문에, 전두환과 그 일당으로 구성된 계엄 당국은 질서를 지키고 폭력을 쓰지 말라는 내 요청이 신문에 보도되는 것을 막았다. 그들은 나를 체포했을 때, 내가 사회불안을 선동했다고 비난했다. 그 주장은 새빨간 거짓말이다. 미국 국무부가 나에 대한 혐의를 '억지'라고 말한 것은 바로 그 때문이다.

질문 한국 정부는 귀하의 귀국 계획에 대하여 직접적으로나 간접적으로 귀하와의 접촉을 시도했는가?

김대중 그들은 간접적으로 나와 접촉하여 귀국하지 말라고 설득해 왔다. 내가 돌아가면 다시 감옥에 집어넣겠다고 그들은 말한다.

질문 그들이 그런 의사를 어떻게 귀하에게 전달했는지 자세히 말해 줄 수 있는가?

김대중 이곳에 있는 몇몇 재미교포들과 집권당 국회의원들을 통해서 전달했다.

질문 미국 언론은 귀하에게 한국의 아키노라는 별명을 붙였다. 베니그노 아키노에 비추어 생각해 볼 때, 아키노와 귀하가 처한 상황의 유사점을 설명해 줄 수 있겠는가?

김대중 물론이다. 아키노와 나 사이에는 많은 유사점이 있다. 우리는 둘 다 독재자에 의하여 사형 선고를 받았다. 우리는 둘 다 민주주의를 신봉하며, 이곳에 2-3년 동안 머문 뒤 미국 정부의 태도에 실망했고, 많은 위험을 예견하면서도 기꺼이 고국에 돌아가기로 결심했다. 우리에게는 많은 유사점이 있다. 그리고 우리는 둘 다 자기 나라에 민주주의가 회복된 뒤 지도자가 될 가망성이 많다고 나는 생각한다. 나는 미국이 장래에 대비하여 우리의 안전에 많은 관심을 기울여야 한다고 믿는다. 아키노의 경우에는 미국인들이 실패했다. 나는 그들이 똑같은 잘못을 되풀이하지 않기를 바란다.

그러나 내가 미국에 대하여 우리 대신 민주주의를 회복시켜 달라거나 한국 내정에 간섭해 달라고 요구하는 것은 아니다. 나는 다만 미국이 내 인권과 한국 국민의 인권에 좀 더 진지한 관심을 기울여 줄 것을 요구하고 있을 뿐이다. 그러면 나머지는 우리가 하겠다.

질문 최근 레이건 대통령은 필리핀의 군사정부가 물러나면 공산정권이 들어설 수밖에 없다고 말했다. 한국의 경우도 그러한가?

미국은 군사독재를 지지했기 때문에 실패

김대중 나는 레이건 대통령의 그 말을 듣고 큰 충격을 받았다. 그것이 레이건 대통령의 참뜻이 아니기를 바란다. 군사독재가 공산주의의 유일한 대안이라면, 우리는 도대체 어떤 점에서 민주주의가 필요하다고 주장할 수 있겠는가. 그것은 역사적 상황에 어긋난다. 미국은 중국과 베트남, 캄보디아, 라오스, 쿠바 등 모든 곳에서 공산주의의 대안으로 군사독재를 지지해 왔다. 그리고 미국은 이처럼 군사독재를 지지했기 때문에 실패했다. 공산주의가 민주주의를 성공적으로 대신한 사례가 어디 있는가.

나는 이제까지 이스라엘의 경우를 본보기로 들어 왔다. 이스라엘은 절대적인 아랍국가들에게 둘러싸여 있으면서도 강력한 국가안보를 실현하는 데 성공했다. 이스라엘의 인구는 고작 400만 명밖에 안 된다. 아랍국가들은 1억 5,000만 명의 인구를 가지고 있다. 이스라엘은 높은 인플레이션으로 인하여 경제적 실패를 맛보았다. 그러나 아랍국가들은 대부분 석유를 풍부하게 생산하는 부국富國이다. 그들은 세계 각국에서 많은 무기를 사들일 수 있었지만, 이스라엘을 끝내 파멸시키지 못했다. 이스라엘과 아랍국가들의 유일한 차이점은 이스라엘에는 민주주의가 있는데 아랍국가에는 민주주의가 없다는 것이다. 이스라엘 국민의 대다수는 서구 사회가 아닌 곳에서 온 사람들이다. 그들은 이스라엘에 온 뒤에야 처음으로 민주주의를 경험했다. 그러나 그들은 민주주의를 훌륭히 실천할 수 있었다. 그들은 이스라엘을 지키기 위해 자신을 희생할 충분한 이유가 있다. 이스라엘에는 민주적 자유가 있기 때문이다. 그러나 아랍국가와 아랍인들은 그처럼 목숨을 걸고 지켜야 할 가치가 있는 것을 아무것도 갖고 있지 않았다. 그러므로 안보를 실현하기 위해서는 민주주의가 절대로 필요하다. 민주주의와 안보는 불가분의 것이다. 독재정치는 결코 공산주의의 대안이 되지 못할 것이다.

우리 한국 국민은 30여 년 전 전쟁이 일어났을 때 우리가 우리나라를 지킬 수 있다는 사실을 입증했다. 우리가 우리나라를 지킬 수 있었던 것은 민주주의를 향유하고 있었기 때문이다. 민주주의만 있다면 우리는 또 하나의 서독이 될 수 있다. 우리는 서독이 동독을 상대할 때 자신의 능력에 얼마나 큰 자신감을 갖고 있는가를 알고 있다. 민주정부가 수립되면, 우리 국민은 정부를 전폭적으로 그리고 자발적으로 지지할 것이다. 민주정부가 있는 곳에는 독립적 주권과 안보가 있을 것이다. 그러면 우리는 북한으로 하여금 오랫동안 품어 온 남한 적화 통일의 야망을 포기하도록 만들 수 있다. 북한은 그 야망을 포기할 수밖에 없다. 그러면 남북한 사이에 진지한 대화가 이루어질 것이고, 우리는 한반도의 통일을 이룩할 수 있다. 이것은 우리 국민을 위해서뿐 아니라 미국의 국가적 이익을 위해서도 필수적이다. 평화가 정착되면, 이 지역에서의 미국의 방위 부담은 크게 줄어들 것이다.

질문 귀하가 석방된 것은 주로 레이건 대통령의 '조용한 외교' 덕분이라고 일컬어져 왔다. 이 정책이 한국의 인권 상황과 민주화운동에 끼친 영향은 무엇인가?

김대중 나는 조용한 외교를 반대하지 않는다. 그러나 공개적인 외교가 동시에 이루어져야 한다고 나는 주장한다. 미국이 원칙을 분명히 밝히기 위해서는 공개적인 외교를 해야 한다. 현재 심각한 오해가 빚어지고 있다. 한국 국민은 미국 정부만이 아니라 미국인들도 독재정권을 지지한다고 믿고 있다. 미국인들은 민주주의와 인권을 지지한다는 인상을 우리 국민에게 심어 주지 못했다. 이승만 시대 말기, 특히 1960년에 이승만 정권을 넘어뜨린 4·19혁명이 일어났을 때에는 우리 국민도 미국이 민주주의와 인권을 지지한다는 것을 조금도 의심치 않았다. 혁명이 끝난 뒤 우리 국민은 미국에 깊은 감사의 뜻을 표했다. 한·미 관계는 매우 견고했다. 그런데, 지금도 미국에는 우리의 대의명분을 지지하는 사람들이 많이 있고 미국 정부도 이따금 우리의 민주적 주장을 지지해 왔는데도 불구하고, 미국은 이제 우리 국민에게 민주주의와 인권을 지지한다는 인상을 심어 주지 못하고 있다.

잘 아시다시피 한국에는 언론의 자유가 없다. 모든 신문은 정부의 통제를 받고 있다. 미국 정부는 해마다 인권 보고서를 통하여 한국의 인권 상황을 비판하지만, 한국 신문들은 그것을 절대로 보도하지 못한다. 미국의 하원의원이나 학자나 언론 매체가 독재정권을 비난해도, 한국 신문들은 그것을 보도하지 못

한다. 그래서 나는 미국의 정부 지도자들을 만났을 때, '미국의 소리' 방송과 『성조』지를 통하여 이런 사실을 알려야 한다고 강력히 제의했다. 미국 정부는 그렇게 하기를 망설여 왔다. 그들이 우리 국민에게 감명을 주지 못한 이유는 바로 그것이다. 미국에 대한 오해는 점점 심화되어 가고 있다. 그런 상황하에서 '조용한 외교'는 미국에 대한 우리 국민의 우정을 유지해 주지 못한다. 나는 미국 정부가 공개적인 외교를 해야 한다고 강력히 제의하고 싶다.

또한, 미국 정부가 김대중과 학생들을 석방하도록 한국 정부를 설득할 때는 한국 정부의 체면을 세워 주기 위하여 조용한 외교를 해야 한다. 그것이 더 효과적일 것이다. 따라서 공개적인 외교와 조용한 외교는 서로 병행하여 이루어져야 한다.

질문 그러면 구체적인 점에서, 한국의 민주 회복을 돕기 위해서는 미국 정부가 어떤 조치를 취해야 한다고 생각하는지, 귀하의 견해를 말해 줄 수 있는가?

김대중 아주 좋은 질문이다. 내가 요구하는 것은 두 가지뿐이다. 첫째는 아까도 말했듯이 미국 정부가 인권과 민주주의를 지지한다는 인상을 우리 국민에게 심어 주어야 한다. 그러면 나머지는 우리 힘으로 해낼 것이다. 한국에서 미국의 영향력은 막강하다. 한국에는 핵무기를 보유한 4만 명의 주한 미군이 있고, 미군사령관이 60만의 한국군을 모두 통제하며, 한국은 경제 분야에서 미국에 크게 의존해 왔다. 미국이 민주주의와 인권이라는 우리의 대의명분을 지지한다는 것을 알게 되면, 우리 국민은 크게 용기를 얻을 것이다. 특히 군대 내부의 민주 인사들과 중산층과 지식인들이 자신감을 얻을 것이다. 그렇게 되면, 우리는 전두환 정권이 평화적인 민주화를 가져오기 위하여 진지한 자세로 우리와 대화를 갖도록 만들 수 있다. 나는 미국 정부에게 또 한 가지 방법을 제안해 왔다. 즉, 경제를 지렛대로 이용하라는 제안이다. 미국은 경제적으로 한국 정부에게 영향력을 행사할 수 있는 수단을 많이 갖고 있다.

질문 구체적으로 어떤 종류의 수단인지, 분명히 말해 줄 수 있는가?

김대중 미국 정부는 한국 정부에게 많은 차관을 제공하고 있으며, 한국 수출품의 약 35퍼센트가 미국으로 수출된다. 또한, 미국이 태도를 바꾸면 일본도 그 뒤를 따를 가능성이 크다. 우리 경제의 약 70퍼센트는 미국과 일본에 의존하고 있다. 한국 정부가 기꺼이 민주주의를 발전시킨다면 미국은 교역 규모와 경제 원조 규모를 늘릴 수 있고, 그렇지 않으면 한국의 내정에 간섭하지 않고 교역 규모와 경제 원조를 줄일 수 있다. 오로지 미국만이 경제를 지렛대로 이용하여 한국의 민주주의를 도와줄 수 있다. 미국이 이 두 가지 일만 해 준다면, 우리에게는 그 밖의 어떤 도움도 필요 없다. 아시아에는 많은 독재정권이 있지만, 필리핀과 한국 국민은 민주주의와 인권을 위해 줄기차게 싸워 왔다. 미국은 이들 두 나라와 오랜 관계를 맺고 있다. 미국은 이들 두 나라에 군대를 주둔시켜 왔다. 미국은 이들 두 나라 국민의 우정을 몹시 필요로 하고 있다. 따라서 미국은 민주주의와 인권에 대한 그들의 열망을 존중해야 한다. 필리핀에는 과격분자들이 있고 공산주의자들이 이끄는 신인민군이 있지만, 미국이 필리핀 국민에게 감명을 준다면 그들이 공산주의자들을 지지하리라고는 생각지 않는다. 게다가 한국에는 신인민군 같은 것은 존재하지 않는다. 극소수를 제외한 모든 한국 국민은 미국에 기꺼이 우호적인 태도를 보이고 있다. 미국이 우리의 대의명분을 지지한다면, 우리는 미국을 반대하지 않을 것이다. 어떤 의미에서 우리는 독재정권을 지지하는 미국의 태도에 실망한 나머지 반미주의자가 되도록 강요받고 있다. 이것이 한국의 현실이다.

질문 귀하는 이곳에 2년간 머물면서 레이건 행정부의 관리들과 얼마나 많이 접촉했으며 어떤 직급의 관리들을 주로 만났는가? 그리고 귀하의 귀국 계획에 대한 그들의 반응은 어떠했는가? 그들이 귀하를 설득하여 그 계획을 단념시키려고 하지는 않았는가?

김대중 불행히도 나는 정부의 고위 관리들과는 만나지 못하고 서기관보만 만날 수 있었다. 우리는 비교적 친밀한 관계를 유지해 왔지만, 내가 그들을 설득하여 우리 국민의 요구에 맞도록 그들의 정책을 변화시키는 데 성공했다고는 생각지 않는다. 현재 나는 미국 정부가 서울에서 또 한 번의 아키노 사건이 일어나는 것을 결코 원치 않는다고 믿고 있다. 그러나 미국 정부가 나를 다시 감옥에 집어넣지 않도록 한국 정부를 설득하기 위하여 강력한 노력을 하고 있는지 어떤지에 대해서는 매우 회의적이다. 그 점은 나도 잘 알지 못한다.

질문 레이건 행정부의 관리들이 귀국하지 말라고 귀하를 설득하려 들지는 않았는가?

김대중 아니다. 내가 귀국하겠다는 의사를 밝혔을 때, 그들은 나를 격려해 주지도 않았고 가지 말라고 말리지도 않았다.

질문 통일이 현실적으로 가능한가? 민주주의 시작이 통일 전망에 어떤 영향을 미치리라고 생각하는가?

민주주의는 통일의 필수조건

김대중 민주주의는 통일에 없어서는 안 될 필수조건이다. 우리는 독일의 경우와는 다르기 때문에, 만약 우리나라에 민주정부가 있다면 우리는 통일을 위한 첫 번째 단계를 실현할 수 있다. 구체적으로 말해서, 민주주의가 있다면 우리는 북한으로 하여금 남한에 대한 적화 통일 야욕을 버리도록 만들 수 있고, 그러면 한반도에 평화를 정착시킬 수 있다. 그런 다음, 남북한이 일종의 연방 체제를 구성할 수 있다.

그렇게 되면 한반도에는 두 개의 독립된 공화국, 즉 남한의 민주주의 공화국과 북한의 공산주의 공화국이 공존하게 될 것이다. 이같이 느슨한 형태의 연방 체제하에서는 쌍방의 협의기구인 의회가 구성될 것이다. 그런 다음, 두 공화국은 국제연합UN에 가입하여 세계 각국과 교차 외교 관계를 맺을 수 있고, 그 결과 상호 교류와 초기 단계의 통일 작업이 이루어질 것이다. 남북한의 상호 신뢰가 깊어짐에 따라 연방기구에 점진적으로 권한을 양도할 수 있다. 이 과정에 성공하면, 언젠가는 우리나라의 체제를 미국 같은 연방공화국으로 바꿀 수 있다. 그렇게 되면 국제연합UN 내부에서 별개의 회원국으로 공존하던 남북한은 하나의 회원국이 될 것이고 교차외교는 끝날 것이며, 우리는 이 나라를 지키기 위한 하나의 국토방위 체제와 하나의 군대를 실현할 수 있다. 그러나 이것은 먼 장래의 일일 것이다. 첫 번째 단계로서는 우선 이 연방기구를 실현시킬 수 있다.

질문 한국의 일부 관리들은 북한 당국이 남한 정부를 약화시키기 위하여 귀하를 암살하려 할지도 모른다고 넌지시 암시해 왔다. 귀하는 이 암시를 심각하게 받아들이는가?

김대중 나는 미국의 정부 관리들이 왜 그토록 쉽사리 한국 정부의 영향을 받는지 알 수가 없다. 미국의 일부 관리들은 그런 가능성에 대해 우려를 표시해 왔다. 물론 북한은 내가 한국 대통령이 되는 것을 원치 않을지도 모른다. 남한에 강력한 지도자가 이끄는 민주정부가 수립되면 그들은 남한을 적화시킬 수 있다는 희망을 단념할 수밖에 없기 때문에, 그들은 아마 남한에 민주정부가 수립되는 것을 원치 않을 것이다. 그러나 현재 상태에서 북한 공산주의자들이 나를 암살할 가능성은 조금도 없다고 생각한다. 북한이 그런 음모를 꾸미고 있다는 증거는 전혀 없다. 그것은 한국 정부가 꾸며낸 근거 없는 추측일 뿐이다.

우리는 한국 정부를 신뢰할 수가 없다. 그들은 나를 해치고 싶을 때마다 공산주의자의 위협을 여러 번 남용해 왔다. 1973년 8월 도쿄의 호텔에서 나를 납치했을 때, 처음에는 나를 욕조에 넣고 죽여서 내 시체를 토막 낼 계획이었다.

그런데 예기치 않게 내 친척 한 사람이 나타나는 바람에 나를 호텔방에서 죽일 수가 없게 되었다. 그러자 그들은 나를 바다로 데려가 내 온몸을 꽁꽁 묶고 눈과 입을 막았다. 그런 다음 내 오른쪽 팔과 왼쪽 다리에 무거운 돌멩이를 몇 개 매달아 바닷물 속으로 던져 버리려고 했지만, 뜻밖에 비행기가 나타나는 바람에 또다시 실패했다. 나는 그것이 미국 비행기였다고 믿는다. 어쨌든 그들은 첫 번째 시도가 실패한 뒤 호텔방을 떠날 때, 내가 북한 공작원들에게 납치된 것으로 믿게 하려고 호텔방에 북한 담뱃갑을 남겨 놓았다. 마르코스도 아키노를 죽여 놓고는 역시 공산주의자들의 소행으로 돌렸다. 이것은 독재자들의 상투적인 수법이다. 그들은 나쁜 짓을 저지를 때마다 공산주의자들에게 죄를 뒤집어씌운다. 한국 정부는 나를 죽이고 싶을 때마다 항상 공산주의자를 악용해 왔다. 1980년에 나에게 사형 선고를 내렸을 때, 한국 정부는 나를 용공분자라고 매도했다. 그리고 정부의 공권력은 광주 시민들이 북한 공작원들의 사주를 받았다고 선전했다. 이것은 모든 나라의 독재자들이 어떤 정치 세력을 파괴해야 할 필요가 생길 때마다 써먹는 낡은 수법이다.

북한 공산주의자들이 내가 강력해지는 것을 원치 않으리라는 것은 나도 부인하지 않지만, 현재 상태로는 북한을 의심할 이유가 전혀 없다. 북한은 설령 나를 죽이고 싶어도 죽일 수가 없다. 그들이 나를 암살하면, 세계 여론과 우리 국민도 처음에는 한국 정부를 의심할 것이다. 그러나 조만간 진상이 밝혀질 것이다. 북한은 전두환을 살인자이고 독재자이며 미 제국주의의 꼭두각시라고 끊임없이 비난해 왔다. 그러나 나에 대해서는 애국자이며 민주 지도자라고 부르면서 항상 지지해 왔다, 그들은 김대중이 대통령이 되면 기꺼이 대화를 하겠다고 말해 왔다. 그들은 정말로 그렇게 말했다. 그런데 나를 암살한다면, 이 세상에서 어떻게 체면을 유지할 수가 있겠는가. 우리 국민이 어떻게 북한을 용납할 수가 있겠는가.

질문 전두환이 주목할 만한 자유화 조치를 취할 가망성이 조금이라도 있다고 생각하는가?

정치보복의 가능성을 일소해야

김대중 글쎄, 나는 상당히 회의적이다. 그러나 전두환이 전임자인 이승만이나 박정희와 같은 운명을 당하고 싶지 않다면 자유화를 허락할 수밖에 없을 것이다. 현재 우리 국민은 상황을 바꿀 수 있을 만큼 강하지는 못하지만, 독재자에게 영원한 안전을 허락하지 않을 만큼은 강하다. 전두환이 끊임없이 약속해 온 것처럼 정말로 1988년에 기꺼이 공직에서 물러날 작정이라면, 우리 국민이 민주체제를 실현하도록 허락지 않을 이유가 전혀 없을 것이다. 그러면 우리는 두 가지를 보장하겠다. 하나는 사회 안정을 이룩하겠다는 것이고, 또 하나는 전두환과 그의 부하들이 공직에서 물러난 뒤 어떠한 정치보복도 가하지 않겠다는 것이다. 그들이 공직에서 물러나면 우리는 어떠한 정치보복도 결코 시도하지 않을 것이다.

나는 이 정부와 그 전의 독재자인 박정희에게 박해를 받아왔지만, 정치보복을 하고 싶다는 욕망은 한 번도 표현해 본 적이 없다. 나는 정치보복을 몹시 증오한다. 나는 군사법정에서 사형 판결을 받고 군법회의에서 최후진술을 할 때, 내가 죽은 뒤 민주주의가 회복되더라도 절대로 정치보복을 해서는 안 된다고 말했다. 우리는 우리 역사에서 정치보복의 가능성을 일소해야 한다. 내 사건이 정치보복의 마지막 사례가 되어야 한다.

질문 귀하는 전두환이 1988년에 정말로 물러날지에 대해서 의심을 품고 있는가?

김대중 그건 뭐라고 말할 수가 없다. 전두환이 정말로 기꺼이 물러날 작정이라면 국민에게 자유로운 선택권을 보장해야 할 텐데, 그렇게 하고 있지 않기 때문에 우리는 그의 약속을 의심하지 않을 수 없다. 설사 전두환이 1988년에 물러난다 해도, 우리 국민이 자유로운 선택권을 갖지 못한다면 멕시코에서처럼 또 다른 전두환밖에는 기대할 수가 없을 것이다. 아시다시피 멕시코에서는 6년마다 대통령이 바뀌지만, 우리는 멕시코를 민주주의 국가라고는 말하지 않는다. 우리는 멕시코를 일당 독재국가라고 부른다. 국민이 자유로운 선택권을 행사하지 못하면 진정한 정권 교체는 기대할 수 없다. 다만 한 독재자에게서 다른 독재자에게로 권력이 이양될 뿐이다. 이것은 우리 국민에게 아무런 의미도 없다.

질문 귀하는 민주주의가 어떤 예정표에 따라 도입되기를 원하며, 민주주의가 제대로 확립되어 지탱해 갈 수 있으려면 어떤 조건이 필요한가?

김대중 그것은 두 가지 사항에 달려 있다. 첫째, 우리가 한국에 대한 정책을 바꾸도록 미국 정부를 설득하여 미국이 민주주의를 지지한다는 인상을 우리 국민에게 심어 줄 수만 있다면, 우리는 1년 이내에 민주주의를 회복할 수 있다고 나는 믿는다. 이것은 미국의 태도와 밀접하게 관련되어 있지만, 거기에는 또 하나의 가능성이 있다. 우리가 우리 국민에게 용기를 불어넣어 줄 수 있다면, 그리하여 우리 국민 대다수가 민주 회복을 위해 일어선다면, 우리는 미국이 정책을 바꾸도록 만들 수 있고 군대 내부의 민주 인사들에게 자신감을 주어 정치에 지나치게 개입하지 않고 중립을 지키도록 만들 수 있다. 그러면 우리는 쉽게 민주주의를 회복할 수 있을 것이다. 민주주의를 회복하기 위해서는 이 두 가지가 필수적인 조건이다.

질문 전두환의 자유화 일정은 무엇이라고 생각하는가?

김대중 나는 전두환이 기꺼이 자유화 조치를 취하리라고는 생각지 않는다. 그는 자유화를 꺼리고 있으며 자유화를 단행할 능력도 없다. 그는 다만 미봉책만을 쓰고 있을 뿐이다. 학생과 정치범들을 석방하고, 학생과 교수들을 대학으로 복귀시킨 조치가 그것이다. 이것은 표면적인 개혁에 불과하다. 그는 자기가 원할 때마다 다시 그들을 체포할 수 있고 다시 대학에서 내쫓을 수 있다. 그는 언론 자유와 공명선거와 지방자치를 절대로 기꺼이 허락하지는 않을 것이다. 전두환은 자유노조운동을 결코 허용하지 않았다. 그가 이런 것들을 허락하기를 꺼리는 한, 그가 민주주의를 기꺼이 발전시키리라고는 믿을 수 없다. 그리고 그가 마음을 바꿀 가능성이 크다고는 생각지 않는다.

질문 한국의 인권 상황이 작년에 조금이라도 개선되었다고 생각하는가?

김대중 그것은 보는 사람의 관점에 달려 있다. 정치범 석방이나 학생과 교수들의 복교를 인권 상황의 개선이라고 한다면, 그렇게 말할 수도 있을 것이다. 그러나 그 정치범들을 체포하고 학생과 교수들을 학교에서 내쫓은 것 자체가 잘못이다. 따라서 석방과 복교 같은 조치가 인권 상황의 개선이라고는 말할 수 없다. 인권이 국민의 기본권으로 쟁취될 때에만 비로소 우리는 인권이 개선되었다고 말할 수 있다. 인권은 독재자들이 베푸는 자선이 아니다. 생명은 독재자들의 자선으로 우리에게 주어진 것이 아니다. 따라서, 어떤 의미에서는 인권 상황이 조금도 개선되지 않았다고 나는 생각한다.

전두환이 정권을 잡은 이후, 언론 자유에 대한 탄압이 극심해져 왔다. 전두환은 정권을 잡은 뒤 현재의 언론기본법을 제정했다. 이 법률에 따르면, 정부가 발행한 프레스 카드가 없는 언론인은 아무도 자기 업무를 수행할 수가 없다. 문공부(현 문화체육관광부) 장관은 어떤 언론의 보도가 우리나라의 안보를 해친다고 생각되면 언제든지 법원의 판결 없이 그 언론사를 폐쇄할 수 있다. 전두환이 정권을 잡은 이후 수백 명의 기자들이 언론사에서 쫓겨났다. 통신사 하나를 포함한 많은 지방 신문사들이 강제로 폐쇄되었다. 두 통신사는 강제로 통합되었고 그 통신사의 소유자들은 소유권을 포기하지 않으면 안 되었다. 그래서 지금 그 통신사는 정부가 관리하고 있다. 어떤 신문사도 지방에 주재기자를 파견할 수 없고, 오직 정부가 관리하는 그 통신만이 지방에 주재기자를 들 수 있다. 따라서 모든 신문사는 그 통신사의 견해를 보도해야만 한다. 박정희조차도 이런 짓은 하지 않았다.

그들은 언론 매체를 타락시켰다. 언론사의 사주社主들은 정부와 극도로 밀착하여 정부의 적극적인 협력자가 되었다. 이제 언론사의 모든 직원들은 많은 봉급과 세금 감면 등의 형태로 엄청난 특혜를 누리고 있기 때문에 정부와 협력하고 있다. 몇몇 신문의 정치부장들은 전두환 밑에서 국회의원이 되었다. 대통령과 국무총리 및 각부 장관의 대변인들도 모두 언론계 출신이다. 한국에서는 언론이 일종의 특권계층이다. 그들은 많은 특권과 사치스러운 생활을 누리고 있다. 물론 언론 자유를 회복하고 싶어 하는 사람들도 매우 많지만, 그들에게는 힘이 없다. 전두환의 탄압하에서 언론 자유를 위해 애쓰고 싶어 하는 사람이 있다면, 당장 국가안전기획부(현 국가정보원)나 가장 힘이 센 기관인 보안사(현 국군기무사령부)로 끌려갈 것이다. 그들은 감옥에 처넣어지고, 매를 맞고, 고문당하고, 온갖 모욕을 받은 뒤 석방된다. 이 정부는 대단히 교활하다. 정부는 그들을 절대로 재판에 회부하지 않는다. 그들을 실컷 고문하고 협박한 뒤 석방해 주면서, 조사받는 동안 있었던 일에 대해서는 밖에 나가서 절대 말하지 말라고 다짐한다. 경찰과 신문기자들은 정부에 협력할 것을 맹세해야 한다. 이것이 그들의 수법이다.

질문 경제 정책에 대한 귀하의 견해는 전두환의 견해와 어떻게 다른가?

김대중 그건 매우 중요한 질문이다. 우리는 기업가와 노동자와 소비자들 사이에 이익이 균형 있게 분배되는 자유시장 체제를 지지한다. 동등하게 분배되는 것이 아니라 균형 있게 분배되어야 한다. 현재는 결코 자유시장 경제체제가 아니라 정부의 통제경제일 뿐이라고 말할 수 있다. 정부는 법률적으로나 실질적으로나 모든 선택권을 장악하고 있다. 어떤 기업인이 정부의 호의를 잃으면 1년도 못 가서 파산할 것이다. 무일푼이었던 사람도 정부의 총애만 얻으면 몇 년 사이에 실업계의 거물이 될 수 있다. 우리는 많은 증거를 갖고 있다. 어떤 기업인이 정부의 총애를 잃으면 당장 은행대출이 중지되고 세무조사가 시작될 것이다. 그는 조사를 받는 동안 협박을 받거나 고문당할 것이다. 어떤 기업인은 목숨까지 잃었다. 고문을 당하다 죽은 것이다. 그 사건은 작년에 엄청난 논란을 불러일으켰다. 따라서 한국에는 진정한 자유시장 경제체제가 전혀 존재하지 않는다. 정부의 총애를 얻는 사람들만이 실업계의 거물이 된다.

한국에서는 불과 10개의 재벌이 국민총생산GNP의 50퍼센트 이상을 차지하고 있다. 그리고 30개의 재벌이 국민총생산의 73퍼센트를 차지한다. 권력과 부가 그처럼 집중되어 가는 과정에서 정부와 정당 지도자들은 엄청난 부패를 저지른다. 많은 사람들이 그렇게 믿고 있으며 증거도 있다. 최근 집권당의 제2인자가 당에서 추방되고 국회의원직을 사임했다. 그는 부정 축재를 했다는 비난을 받았다. 축재한 액수는 140억 원이라고 했지만, 모든 사람들은 그보다 훨씬 더 많다고 믿었다. 미국에서는 대통령 보좌관이 일본 잡지사로부터 70만 원을 받았다는 이유로 공직에서 쫓겨났다. 그것은 어린애 장난처럼 사소한 일이다. 한국 사람들은 아마 웃을 것이다. 그것을 어떻게 부패라고 할 수 있느냐고.

질문 민주주의가 지속적인 경제 성장과 양립할 수 있는가?

김대중 모든 기업인과 노동자와 소비자들에게 공정한 기회를 주기 위해서는 자유시장 경제체제가 필요하다. 역사적으로 말하면, 독재정권하에서는 경제 성장을 기대할 수는 있지만 부의 공정한 분배는 기대할 수 없다. 물론 소련에는 사유재산 제도가 없는데도 당과 정부의 고관들은 대단히 특권적이고 사치스러운 생활을 누리고 있다. 중국도 마찬가지고, 공산국가는 모두 그렇다. 그러나 민주주의 국가에서는 그것이 불가능하다. 레이건 대통령도 세금을 내야 하고, 부시 부통령도 세금을 내야 한다. 그들이 충분히 세금을 내지 않으면 마땅히 책임을 져야 한다. 우리는 페라로 사건과 부시 사건을 알고 있다. 그러므로 민주주의하에서는 심각한 부패가 절대로 있을 수 없고, 부의 불합리한 집중 현상도 없다.

또한, 민주정부하에서 강력한 경제 성장을 기대할 수 있겠느냐고 물을지도 모른다. 그러나 그런 본보기는 많이 있다. 서독과 일본은 제2차세계대전 이후 민주체제를 발전시킨 뒤 눈부신 경제 성장을 이룩했다. 그들은 부의 분배를 실현해 왔다. 부의 분배가 없이는 강력하고 지속적인 경제 성장을 결코 기대할 수 없다. 많은 사람들은 일본이 노동자들에게 부를 분배함으로써 경제 성장을 촉진시킬 수 있는 건전한 기반을 유지해 왔다고 말한다. 이것은 일본이 강력한 경제 발전을 이룩할 수 있었던 하나의 요인이다. 일본에는 부의 분배가 있었다. 부의 분배는 노동자들을 만족시키기 위해서뿐 아니라 경제 성장을 유지하기 위해서도 반드시 필요하다. 그리고 그런 부의 분배를 실현하기 위해서는 민주체제가 절실히 필요하다.

질문 일본인들은 한국에서의 인권과 민주주의를 쟁취하기 위한 운동에서 어떤 역할을 맡을 수 있는가?

일본 정부는 우리의 인권과 민주주의에 관심이 없다

김대중 아주 좋은 질문이다. 우리는 미국이 독재자들을 지지하기 때문에 미국을 비난하지만, 미국과 일본이 한국의 인권과 민주화 문제를 다루는 태도에는 근본적이고 커다란 차이가 있다. 미국은 우리가 1960년에 민주주의를 실현했을 때 민주주의를 지지했다. 그리고 우리 국민은 카터 행정부가 비록 우리를 강력히 지원해 주지는 못했지만 본질적으로 민주주의를 지지한다고 믿었다.

그러나 일본은 한국의 민주주의와 인권을 결코 한 번도 지지하지 않았다.

우리는 미국을 비판하지만, 그리고 미국 정부는 독재정권을 지지하지만, 그들의 지지에는 한계가 있다는 것을 우리는 알고 있다. 그들은 인권과 민주주의에 관심을 기울이지 않을 수 없으며, 우리 한국 국민이 들고일어나 민주주의를 회복하기 위해 강력한 노력을 펼친다면 미국은 그것을 받아들일 것이다. 우리는 그렇게 믿는다. 근본적으로 말해서, 우리는 미국을 증오하지 않는다. 우리는 미국에 아직도 기대를 걸고 있다. 그러나 불행히도 우리는 일본도 미국과 같은 태도를 취하리라고는 믿을 수가 없다. 일본 정부는 우리 국민의 인권과 민주주의에 어떠한 관심도 기울인 적이 없다. 알다시피 일본은 1973년의 내 납치사건에 책임이 있었다. 나는 합법적인 신분으로 일본에 체류하고 있었다. 그런데 일본은 한국 정부가 나를 해칠 위험이 있다는 걸 알면서도 내 안전을 지키지 못했다. 내가 납치된 뒤, 일본은 두 가지 일을 해내겠다고 되풀이하며 약속했다. 첫째는 김대중이 누구에게 어떻게 납치되었는지 그 진상을 규명하겠다는 것이고, 둘째는 내가 일본으로 돌아가는 것을 허락하도록 한국 정부에 압력을 가하겠다는 것이다. 나는 불법적으로 한국에 끌려갔기 때문이다. 그러나 일본은 이 두 가지 일을 포기했다. 박정희 시절, 그래도 미국의 포드 행정부와 닉슨 행정부는 한국의 인권 탄압을 이따금씩 비난했지만, 일본 정부는 박정희 독재정권을 전폭적으로 지지했다. 박정희가 암살된 뒤 전두환이 군사쿠데타를 일으키자, 일본은 전두환을 격려해 주었다. 나는 당시 주한 미국대사였던 사람을 만났는데, 그는 내가 체포된 다음 날 대통령을 찾아가 김대중은 죄가 없다고 말하면서 석방을 요청했었다고 털어놓았다. 그러나 같은 시기에 일본의 특사는 서울에 와서 전두환을 만나 그의 군사쿠데타를 격려하고 있었다.

내가 사형 선고를 받았을 때, 일본은 한국 정부에 얼마든지 항의할 수 있는 입장이었다. 한국 정부는 일본과 미국에서의 활동을 이유로 나를 처벌하지 않겠다는 약속을 저버렸기 때문이다. 한국 정부는 나를 죽일 근거를 찾았지만 하나도 찾아내지 못했다. 그래서 그들은 내가 일본에 있을 때 반국가단체의 수괴였다는 혐의를 뒤집어씌웠다. 반국가단체의 수괴는 사형에 처한다는 법률이 있기 때문에 김대중은 틀림없이 죽을 터였다. 물론 그 혐의는 사실이 아니었다. 그러나 일본은 한마디도 항의하지 않았다. 미국은 나를 죽이지 말라고 강력하게 경고했으며 나에게 씌워진 혐의가 순전히 '억지'라고 공공연히 폭로했지만, 일본은 그렇게 하지 않았다. 미국과 일본의 태도에는 그런 차이가 있다. 그러나 내가 납치된 뒤 일본에서는 우리 국민의 인권을 지지하는 움직임이 점점 고조되어 왔다. 일본에 있는 수많은 우리 친구들이 우리 국민과의 연대감을 표현하기 위하여 단체를 조직했다. 양쪽은 밀접한 유대를 맺고 있으며, 우리는 민주주의를 지지하는 일본 국민과 한국 국민의 우호 관계와 상호 이해를 증진시키기 위해 노력하고 있다.

질문 마지막으로, 귀하의 지속적인 민주화투쟁에서 귀하의 신앙이 맡아 온 역할을 간단히 설명해 줄 수 있겠는가?

김대중 내 신앙은 나에게 많은 동기를 부여해 준다. 나는 기독교인으로서 인권과 민주주의를 위한 이 투쟁에 참여하기 위한 용기를 얻는다. 내가 정말로 옛 그리스도의 훌륭한 제자가 되기를 원한다면 억압받는 사람들 편에 서야 한다. 나는 사회의 불의와 맞서 싸워야 한다. 예수님은 몸소 그렇게 하셨고, 우리에게도 그렇게 하라고 요구하셨다. 기독교를 믿는 정치인은 억압받는 사람들이 주님의 사랑에 비추어 사회정의를 실현할 수 있도록 하기 위하여 그런 정신을 가지고 정치에 참여해야 한다. 우리는 우리의 정적政敵들에게 어떠한 보복도 시도해서는 안 된다, 기독교 신앙이 그것을 지지하지 않기 때문이다.

1980년대에는 이 땅에 민주주의가 온다

한국 기자단

—

1984년 11월 4일, 워싱턴에서 한국 기자단과 가진 인터뷰 내용이다.

—

기자단 선생께서 지난 9월 초순에 대략 금년 말 중에 귀국하겠다는 결심을 양국 정부에 통보한 바 계십니다. 그 문제는 국내외적으로 상당히 중요한 문제라고 생각되어서 워싱턴에 와 있는 저희 기자단들이 선생님을 찾아뵙기로 계획을 세우고, 오늘 선생님을 뵈어서 반갑습니다. 이제 그와 관련된 몇 가지 질문을 하겠습니다. 먼저 선생님의 귀국 목적과 시기에 대해 다시 한번 말씀해주시면 고맙겠습니다.

김대중 아직 최종적인 결정은 안 났지만 대체적인 의견들은 연초에 가는 것이 연말보다는 낫겠다, 이런 의견을 보내온 것입니다. 뿐만 아니라, 일방 1년여 전부터 유럽의 독일, 프랑스 또는 스웨덴 등의 대통령이나 국가 지도자들과 계속 연락이 있었고 또 로마 교황하고도 연락이 있었습니다. 그중에서는 많은 분들이 한번 유럽을 왔다 가도록 직접 간접으로 말씀이 있었고 최근에는 세계기독교민주당대회에서 나의 안전 귀국을 결의하면서 역시 또 초청을 했습니다. 그래서 이 문제를 위한 내 여권의 제한을 해제하도록 요청을 하고 있는데, 그것이 만일 한국 정부에 의해 받아들여지면 1월부터 2월 사이에 유럽을 다녀오게 될 가능성도 있습니다.

이 문제는 아마 이달 중순까지 최종 결론이 날 것으로 봅니다. 그리고 내가 한국에 돌아가기로 결심한 것은 처음부터 나는 여기 와서 머지않아 돌아가겠다고 약속을 했지만, 또 나의 하버드대학 수학이라든지 미국 친구들하고 접촉도 대개 끝났기 때문에 돌아갈 단계도 됐지만 무엇보다도 내가 돌아가기로 결심한 이유는 크게 두 가지입니다.

하나는, 지금 고난 속에 싸우고 있는 국내의 민주 세력, 이 동지들의 그 고난에 동참하고 이제는 가서 같이 협력해서 싸우는 것이 필요하다 이렇게 생각하는 것이 그 하나고요, 둘째는 내가 상당히 위험스럽게 느끼는 문제로서, 지금 한국 국민의 절대다수가 현 독재정치를 반대하고 있습니다. 그러나, 많은 사람들이 무력감 또는 이기주의 등에 빠져서 방관 상태에 있습니다. 이래 가지고는 민주주의가 회복될 수가 없습니다. 동시에 정반대로 또 일부에는 극히 소수지만 아주 래디컬리즘radicalism으로 흘러가는 경향도 있습니다. 이 모두가 우리 민주주의 회복을 위해서는, 그 심정들은 이해하지만, 도움이 안 된다고 생각합니다. 그래서 내가 돌아가서 이분들과도 대화를 해서 격려하고 고무하고 또는 서로 의견 교환을 해서 우리가 같이 일치단결해서 민주 회복의 대열에 나갈 수 있도록 하고자 하는 것입니다. 하나 더 첨가해서 말씀드릴 것은, 내가 한국에 돌아가는 것은 반드시 전두환 정권과 국민의 뜻을 받들어서 우리나라의 국시인 민주주의의 방향으로, 정말로 자기들이 입으로 말하는 대로 나갈 생각이 있다면 전두환 정권과 대화를 해서 이 문제를 평화적으로 풀고 싶다, 이렇게 생각을 합니다.

지금 나의 귀국에 대해서 전두환 정권은 처음에는 맹렬히 반대하고 내가 귀국하면 체포하겠다고까지 위협을 했고 그런 상태는 아직도 변화가 없습니다. 귀국해서 과연 자유롭게 우리 국민과 접촉해서 지금 말한 그런 일을 할 수 있을는지, 아니면 결국 감옥에 가거나 연금 상태로 들어갈는지 그것은 전두환 정권 자체에서 알아서 할 일입니다.

때문에 내가 여기에 대해서는 선택권이 없습니다. 다만 내가 선택권을 가진 것은 내가 내 나라인 한국에, 내 조국에 돌아가겠다는 선택권, 그리고 어떤 고난이 있더라도 우리 국민과 같이 있겠고, 그리고 민주주의를 위해서 싸우는 우리 동지들과 같이 고난을 나누겠다는 이것은 누구도 빼앗을 수 없는 나의 선택권입니다.

나는 내 자신의 귀국 그 자체가 우리 국민에게 가장 큰 메시지가 되고 또 가장 큰 우리들의 일체화의 길이기 때문에 그 이후 내 신상에 대해서 어떻게 하느냐 이 문제에 대해서는 전두환 정권의 태도를 보고 그다음을 대처하기로 생각을 하고 있습니다.

기자단 세 가지 질문을 말씀드리겠습니다. 첫째, 미국 생활 2년에 대한 선생님 스스로의 평가와 둘째, 미국의 대한국 정책과 일본의 그것과의 비교 셋째, 안보를 위해서는 독재도 필요하다는 미국의 정책과 주한 미군의 문제를 말씀해 주십시오.

민주주의와 안보는 절대 불가분

김대중 미국에서 지난 2년 동안의 성과는 물론 만족할 만한 것은 못 되지만 그러나 당초에 기대하던 만큼 또 어떤 분야에서는 그 이상의 일을 우리 국민을 위해서 할 수 있었다고 생각을 하고 있습니다. 무엇보다도 미국 각계각층, 국회·언론계·종교계·인권단체 혹은 학계 등 이런 각 분야에 많은 지지자를 얻어서 그 사람들이 지금 적극적으로 한국의 민주화와 인권을 지원하는 길로 나섰다는 사실입니다. 일례를 들면 금년(1984년)에 들어서 두 번이나 수십 명의 국회의원이 한국의 민주화와 인권에 대한 서명운동을 했고, 또 최근에는 내 자신의 안전 귀국과 돌아가서의 자유 보장, 그리고 김영삼, 김종필 씨 등 99명에 대한 전면적인 정치 활동의 자유 보장을 요구하는 결의 편지, 즉 전두환 대통령에게 보내는 편지에 64명의 하원의원이 서명을 했고 지금 계속 상원의원들이 서명을 하고 있습니다. 이 사실이 단적으로 증명하고 또 그동안에 기독교교회협의회NCC라든가, 혹은 감리교라든가 하는 이런 교단 등에서도 내 문제에 대해서 많은 결의가 있었고 아까도 말씀드렸다시피 세계기독교민주당 대회에서도 결의가 있었습니다. 또 지금 각종 인권단체, 법조단체에서 계속적으로 모임을 갖고 지원하고 있습니다. 이것은 내 개인만을 들어서 감사할 일이 아니라 우리 국가의 인권과 민주주의를 위한다는 차원에서 참으로 감사해야 할 일이라고 생각하고 있습니다.

다음으로 내가 말씀드리고자 하는 것은 앞으로 레이건 대통령이 재선된다 하더라도 오늘이 11월 4일이니까 모레가 투표일인데 저는 재선될 가능성이 크다고 보고 있습니다만 과거와 같이 전두환 독재정치를 지지하는 일변도로 나가는 방향에 상당한 수정이 기대된다는 겁니다.

그 이유로는 첫째, 지난번 민주당대회에서뿐만 아니라 공화당대회에서까지도 한국에서의 민주주의를 지원해야 한다는 선거공약이 채택됐다는 사실입니다. 오늘날 필리핀에 있어서 미국의 독재 지지가 파탄을 초래했기 때문에 한국에서 이를 되풀이해서는 안 되겠다는 경각심이 높아지고 있습니다. 그리고 그동안에 내가 미국 백악관 또는 국무성 당국자들과도 누차 만난 결과, 이분들이 결코 한국에서의 민주주의 자체를 반대하는 것이 아니고, 다만 말하자면 안보의 입장에서 현 전두환 정권 자체에 대해서도 지지할 수밖에 없지 않으냐 하는 생각인데 이것이 전면적으로 잘못됐다는 나의 주장에 대해서 상당히 이해가 증진된 것은 분명합니다.

내가 말하기를 "우리는 6·25전쟁 때도, 북한 공산군이 남침해 오고 중국군 백만 이상이 내려왔을 때도 그 당시에 민주주의적 자유가 있었다. 언론 자유, 직접선거, 지방자치, 국회와 사법부 독립, 그렇게 자유를 향유하면서도 이 전쟁을 이겨내서 공산군을 격퇴한 것이다. 아니 오히려 그 자유가 있었기 때문에 우리 국민들은 이것을 지킬 자유를 더 절감하고 그와 같은 성과를 올린 것이다. 자유 없이 국민들은 공산당과 싸우라고만 한 결과는 중국에서, 베트남에서, 캄보디아에서, 라오스에서 혹은 쿠바에서, 도처에서 다 실패했다" 이 점을 역설했습니다.

또 "자유가 있을 때 안보가 얼마나 잘되느냐를 오늘날 이스라엘에서 보는데, 민주주의를 함으로써 민주주의를 안 하는 아랍세계에 대항해서 얼마나 이스라엘이 잘 싸워 냈느냐! 그렇기 때문에 민주주의와 안보는 절대 불가분하다. 세계에서 민주주의를 하면서 공산당에 위협받는 나라가 있는가? 세계에서 민주주의를 안 하면서 안보가 제대로 된 나라가 있는가? 그걸 우리가 보아야 한다"고 역설을 했습니다. 그 단적인 예가 서독입니다. 서독이 민주주의를 하기 때문에 얼마나 동독에 대해서 자신이 있는가. 왜 우리가 이런 성공적인 예를, 우리 자신의 30년 전 그 성공적인 예를 버리고 지금 실패한 베트남이나 필리핀의 예를 따라가야 하는가. 이것에 대해서는 누구나 공명 안 하고 납득 안 하는 사람이 없습니다. 그렇기 때문에 나는 우리 국민들이 또 재미교포들이 적극적인 노력을 하면 미국의 이런 잘못된 정책을 분명히 바꿀 수 있다는 것을 나는 말할 수 있습니다.

그다음 이유로, 미국과 일본의 정책을 볼 때 우리가 국민에게 독재를 지원한다고 비난하지만 근본적으로 미국과 일본은 큰 차이가 있습니다. 그래도 미국은 인권이나 민주주의에 관해서 계속 관심을 표명하지만 비록 우리는 만족하지 않더라도 일본은 그걸 한 번도 표명한 일이 없습니다. 또 미국은 한국에서 민주주의가 되는 것이 최선이지만 그것이 안 될 바에는 독재체제로라도 공산당을 막아야 될 것 아니냐, 이런 태도이지만 일본은 한국에서 민주주의 정부가 나오는 것 자체를 바라지 않습니다. 그걸 우리가 분명히 알아야 합니다. 그리고 미국의 언론은 완전히 독립적 입장에서 한국의 사실을 사실대로 보도하려고 노력하지만 일본의 언론은 지금 완전히 한국 정부의 비호하에서 한국 정부에 유리한 일만 보도하고 진실을 보도하지 않고 있습니다. 이런 큰 차이가 있습니다. 다만 국민의 내부에는 일본 국민이 미국 국민보다 훨씬 더 한국 문제에 대해서 관심을 많이 가지고 있는 것은 사실입니다. 이것은 우리가 큰 희망을 가질 수 있고 일본 내에 우리를 지원하는 강력한 민주인권 세력이 우리와 연대하고 있다는 것을 여러분께 말씀드릴 수 있습니다.

그리고 미군 철수 문제에 관해서 질문이 있었는데, 나는 근본적으로 미군이 한국에서 나가야 한다, 우리의 안보는 우리가 해야 한다, 이 점에 있어서는 변함이 없습니다. 다만 지금의 현실에 있어서는 오늘과 같은 상황, 즉 국민의 적극적인 지지를 받는 정부가 없는 약한 정부이기 때문에 전혀 안보 태세가 안 되어 있는데 미군이 나가면 당장에 한국 내에 일대 불안 상태가 조성됩니다. 때문에 민주정부가 수립돼서 북한과 확고한 평화 태세를 갖추면서 미군이 점진적으로 나가야 한다, 그래서 안보는 우리 국민의 힘으로 해야 하고 종국은 남북 간의 평화를 정착시켜 나가야 한다, 이렇게 생각을 하고 있습니다. 그리고 이 미군을 우리가 나가라고 하는 것에 대해서, 그것을 주장하는 사람에 대해서 절대 비난하지 않습니다. 그러나 내 입장은, 지금은 아니다, 민주정부가 수립돼서 나가는 게 옳다, 또 사실 지금 아무리 나가라고 하더라도 현 전두환 정권이 미국보고 미군 나가라고 할 이유가 없고 나가라고 할 자신도 없는 것입니다. 그렇기 때문에 결국 미군이 나가는 문제는 실제 필요성으로 보나 가능성으로 봐서 민주정부 수립 후의 일이다, 이렇게 생각을 합니다.

기자단 한반도 평화에 대한 전망과 그에 관련된 통일 방안과 남북 교류 문제에 대해서 어떻게 생각하고 계시는지 말씀해 주시기 바랍니다.

통일은 뜨거운 정열과 얼음 같은 이성으로

김대중 먼저 말씀드리고 싶은 것은 최근에 수재 구호품이 남북 간에 오가는 것, 이것은 양쪽이 어떠한 의도에서 했건 대단히 잘된 일이다, 보낸 북한도 잘했지만 또 그것 없이도 수재민을 충분히 구제할 힘이 있는 남한에서도 이것을 받아들인 것은 참 잘한 일이다, 이렇게 생각을 합니다. 그리고 이어서 지금 적십자회담 혹은 경제회담, 스포츠회담 등이 진행되어 가는 과정에 있는데 이런 것도 진심으로 환영해 마지않습니다. 어쨌거나 우리는 정치적인 문제는 우선 해결이 어렵더라도 기타 분야에 있어서 서로 이런 접촉과 화해 교류가 이루어져야겠다, 그래서 어떤 일이 있어도 전쟁으로 끌고 가는 일이 있어서는 안 되겠다, 이렇게 생각을 합니다.

나는 물론 남한에서 북한을 침략할 리는 전혀 없고 또 북한도 이 시기에 남침할 의사가 없고 사실 능력도 없다고 보고 있습니다. 북한은 지금 중국과 소련 간의 중간적 입장이라 하지만 소련하고는 상당히 소원해졌고, 중국의 길을 하나의 참고로 해서 그런 방향으로 나가고 있는 걸로 보기 때문에 앞으로 적극적인 교류의 길로 나서겠다는 점은 사실로 봅니다. 그리고 남한과도 제한은 있지만 그런 점에서 상당한 교류를 해 나갈 거라고 보기 때문에 나는 한반도에서 전쟁의 가능성은 상당히 감소되어 가고 있다고 생각합니다.

그러나 근본적으로 내가 얘기하고 싶은 것은 한국에서의 안보와 통일을 위해서는 남한에 민주정부가 절대로 선결 조건입니다. 북한은 남한에 국민의 지지를 받지 못하는 불안정한 정권이 있는 한은 남한 공산화의 야욕을 절대 버리지 않을 것입니다. 또 버리지 않음으로써 우리의 평화는 언제나 북한의 자비심에 의존해야 하는 상태가 옵니다. 남한에 국민의 지지를 받는 정부가 섰을 때 우리는 국내에 진정한 안정을 실현할 수 있고, 국민의 전면적 지지와 안정이 있을 때 비로소 안보는 성립이 됩니다. 그렇게 되면 북한은 남침 야욕을 버리지 않을 수가 없습니다. 이때 진지한 대화가 비로소 이뤄져서 한반도에 평화가 옵니다. 이것 외에는 길이 없습니다.

이 통일에 대해서도 우리는 정말 뜨거운 정열과 더불어 얼음 같은 이성을 가지고 생각을 해야 합니다. 이 문제는 절대로 낭만주의적인, 혹은 민족적인 감상만 가지고 되지 않습니다. 그렇다고 통일에 대한 열망 없이 이해타산만 가지고 될 수는 없는 문제입니다. 우리에게 이런 좋은 예를 보여 주는 두 사람이 있는데, 이승만 박사와 김구 선생입니다. 이승만 박사는 냉철한 계산가였지만 그 사람은 통일할 의사가 전연 없었습니다. 김구 선생은 민족애와 통일에 대한 열망은 어떤 사람보다도 높았지만 그분은 현실적으로 통일을 할 방안을 가지고 있지 못했습니다. 김구 선생이 그때 택할 수 있는 길은 둘 중에 하나뿐이었습니다. 모스크바삼상회의를 받아들여서 그 결정에 따라 3년간의 신탁통치를 받은 후에 통일정부를 수립하느냐, 그 길 하나, 또 하나는 본인이 남한 단독정부라도 참가해서 이승만 박사같이 단독정부로서 영구 분단하려는 사람을 밀어내고 자기가 정권 잡아서 이북과의 대화를 통해 통일의 길로 나아가느냐, 이두 길 가운데 하나였던 것입니다. 그런데 그걸 둘 다 거절했어요. 신탁통치도 거절하고 남한만의 정부 수립에 참가하는 것도 거절하고 이러기 때문에 그분은 현실적인 안이 없었습니다. 이런 까닭에 통일이 안 됐습니다.

그래서 우리는 한국에서 민주정부가 서서 국민의 절대적인 지지를 받는 정부가 있을 때만 북한이 전全 한국 공산화의 야욕을 버리고 진지하게 평화에 응하고 통일에 응해 옵니다. 그 통일도 양쪽이 안심할 수 있을 만큼 착실하게 나아가야 합니다. 그렇지 않으면 주변 강대국의 방해라든가 혹은 양쪽 내부의 반대 세력에 의해서 뒤집힙니다. 우리는 북한을 민주화할 생각도 없지만 남한의 공산화도 절대로 용납할 수가 없습니다. 지금 북한에서 제안한 고려연방제라는 것은 미국이나 캐나다 같은 연방제이고 양쪽 정부도 일종의 지방자치적인 정부의 성격을 갖는데, 이건 현 단계로 봐서 시기상조입니다. 더구나 군대를 하나로 통합할 수가 없습니다.

그러나, 내가 제안한 것은 공화국연방제입니다. 완만한 중앙의 통일연방기구 밑에 양쪽 정부가 실질적인 두 개의 정부로서 국제연합UN도 가입하고 국제적으로 동시 외교도 하고 한마디로 말해서 양쪽이 합의한 만큼 차츰차츰 중앙연방으로 권리를 이양해 가지고 종국에 완전 통일을 한다, 이것이 내 안입니다. 내 안에 대해서는 프린스턴대학의 리처드 포크 같은 분도 그 내용을 읽어 보고 지금까지 남북 전체에서 한반도 통일에 대해 나온 안 중에서 가장 합리적이고 실현 가능성이 있는 안이다, 앞으로 한국 통일 문제는 결국 김대중 씨의 이 안을 중심으로 논의될 것이다, 하는 의견을 표시한 바 있습니다.

그래서 나는 내 하나의 소원은 어떻게 남한에 민주정부를 수립해서 남한 우리 국민 4천만에게 자유와 정의와 인간의 존엄성이 보장되는 사회를 만드느냐 이겁니다. 그리고 이것을 토대로 해서 이북과 대화를 해서 공존하는 통일의 길로 나아가느냐, 그래서 우리 자손들에게 전쟁의 위협도 없고 분단의 슬픔도 없는, 그리고 장래 문제는 자기들이 남북 양쪽의 민족적 화해와 의견 교환에 의해서 민족적 지혜를 가지고 해결하는 길을 열어 주느냐, 이것이 내 소원이라는 것을 말씀드리고 싶습니다.

기자단 김 선생님의 민주주의에 대한 의견과 한국 국민이 민주 역량이 있느냐

하는 의문에 대한 소감, 그리고 1980년 민주화 좌절에 이른바 3김 씨 또는 2김 씨에게 책임이 있다는 말에 대해서 어떻게 생각하시는지를 말씀해 주십시오.

김대중 예, 민주주의에는 여러 가지 형태가 있습니다. 대통령중심제, 내각책임제, 기타 절충제 등이 있지만 어떤 형태의 민주주의이건 적어도 민주주의라 하는 것은 국민이 그 결정권을 갖지 않으면 민주주의가 아닙니다. 때문에 링컨이 "국민의, 국민에 의한, 국민을 위한 정부"라고 민주주의를 정의했지만, 사실은 "국민을 위한, 국민의" 이것은 군더더기입니다. "국민에 의한" 즉 "By the People" 이것이 민주주의의 핵심입니다.

내가 이런 말을 지난번 필라델피아 연설에서 말했더니 거기 계셨던 어떤 대학교수가 나중에 내게 전화를 걸어 미국 정치학회에서도 최근에 민주주의의 정의를 내렸는데 "민주주의라는 것은 국민에게 선택의 자유를 주는 거다. 선택권을 주는 거다" 이렇게 했다는 것을 들었습니다.

그런데 민주주의에서 국민이 선택권을 가지는 데, 즉 주인으로 행세하는 데는 가장 핵심적인 것이 세 가지입니다.

하나는 언론 자유입니다. 언론 자유가 있어야 국민이 진실을 알고 자기 의사를 여론으로 말할 수 있습니다. 또 그다음으로는 선거 자유입니다. 선거의 자유가 있어야 국민이 주권자로서 대통령이나 자기의 국회의원이나 혹은 지방의원 등 국정에 관한 것을 자의로 결정할 수 있습니다. 그리고 민주주의에 있어서 양대 골격인 중앙의 의회제도와 더불어 지방의 지방자치가 절대적으로 필요합니다. 그런데 한국은 이 셋이 다 없습니다. 이 세 가지가 있으면 그 외 학원의 자유라든가 노동자의 문제라든가 농민의 문제라든가 소비자의 권리라든가 하는 등등의 모든 문제가 다 해결됩니다. 이 세 가지 없이는 절대로 해결이 안 됩니다. 자유선거도 지방자치 없이는 될 수가 없습니다.

최근에 엘살바도르를 보니까 그 나라 대통령이 나라가 전란 속에 있는데 지방자치를 하니까 반란군을 보고 참가하라는 말을 듣고 깜짝 놀랐습니다. 지방자치가 있어요. 대만은 1950년대부터 지방자치를 해 가지고 크게 성공하고 있습니다. 아프리카의 가나 같은 나라도 지방자치로서 시장 선거를 하고 있습니다. 30년 전에 우리도 했습니다. 그러던 것을 지금 하지 않고 있습니다. 국민소득이 2,000달러라는 나라가, 신공업국가라는 나라가 지방자치를 안 하는 데가 세계에서 어디에 있습니까.

그리고 언론 자유는 민주주의의 핵심입니다. 다 없어도 이것만 있으면 부패도 막을 수 있고 독재도 막을 수 있습니다. 그래서 민주주의에서는 이런 문제가 가장 중요하다는 것을 말씀드리고 싶고 그다음에 한국 사람들이 과연 민주 역량이 있느냐 하는 문제입니다. 그런데 우리 국민은 아까도 말했지만 이미 6·25 전쟁 때 전시하에서도 민주적 자유를 향유하면서 전쟁을 치러 냈고 안보를 행할 수 있는 역량을 표시했습니다. 또 4·19혁명 때도 그 역량을 표시했습니다. 또한 박정희 씨가 암살당한 10·26사태 후에 한국 국민이 질서를 지키고 안정을 유지했습니다. 이것을 보고 내가 만난 모든 서방세계의 외교관들과 대사들이 전부 한국 국민이 이만큼 민주국민으로 성숙했다는 것을 다 인정했습니다. 그때 전두환 씨의 쿠데타 때문에 민주주의가 안 된 거예요. 또 우리가 역사적으로 볼 때도 우리 한국에서, 일본이나 유럽하고 달라서, 신라 통일 이래 고려 중기에 무신 지배의 100년을 빼놓고는 1,300년 동안 계속 문인 정치를 했습니다.

신라나 고려나 이조의 건국은 군인이 했지만 건국한 바로 후문인 정치로 들어갔습니다. 또 우리나라에서 이 민주주의의 핵심인 언론이 얼마나 중요시됐는가, 예를 들어 이조시대 조광조 선생이라든가 이율곡 선생 같은 분은 "언론의 길이 막히면 나라가 망한다. 언로言路가 열리느냐 닫히느냐에 나라의 흥망이 결정된다"고 역설했습니다.

그것이 실제 정부 제도로서 보장되고 있었던 것입니다. 실례로 사간원이라든가 사헌부가 있어서 여러 가지로 임금이 잘못한 것, 정부의 관료들이 잘못한 것을 지적하고 규탄했습니다. 만일 임금의 잘못을 보고도 사간원 관리가 말하지 않으면 그건 직무유기가 되며 배임입니다.

또 이조시대의 당파 싸움을 보더라도, 당파 싸움 그 자체는 우리가 그렇게 자랑스러운 것은 아니지만 당파 싸움이 무력을 가지고 싸우지 않고 말을 가지고 했습니다.

그뿐만 아니라 그 말의 자유를 위해서는 독약을 먹고 귀양을 가면서도 끝까지 주장을 했습니다. 이러한 일은 다른 나라 역사에선 찾아볼 수 없는 일입니다.

우리가 조선왕조 말엽의 동학을 보더라도 좋은 예를 찾을 수 있습니다. 동학 정신이란 "인내천, 사람이 즉 하늘이다, 사인여천, 사람 섬기기를 하늘 섬기듯 하라" 이런 것은 우리 동학의 토착종교에서 나온 위대한 정신인 것입니다. 이건 민주주의로, 민주주의의 기본정신으로 연결될 수 있다고 생각하는 것입니다.

그래서 나는 우리 국민이 지금 민주주의 하는 데 있어서 제일 큰 문제는 많은 사람이 적극적으로 참여해서 민주 회복을 해 놓으면 한국 국민은 세계 어디에다 내놓아도 부끄럽지 않은 국민이 될 것이며 또한 민주주의를 해낼 수 있는 역량을 증명할 수 있습니다.

지금 한국의 대학 수는 세계에서 미국 다음으로 그 수적 비율이 높습니다. 미국 다음에 한국, 한국 다음에 일본, 프랑스, 독일 이런 순입니다.

그리고 아까 나온 3김 씨 혹은 김영삼 씨와 내가 그때 1980년에 서로 내부에서 싸웠기 때문에 전두환 씨가 군사쿠데타를 할 수 있었지 않으냐 이것은 전혀 이치에 맞지 않는 소리입니다. 그것은 첫째로 우리 3김 씨나 2김 씨나 서로 경쟁한 것은 사실이었지만 어떠한 폭력이나 혼란도 없었습니다. 민주주의를 할 수 있게 되니까 대통령 후보 가능성이 있는 사람들이 경쟁하는 것은 당연한 일입니다. 그러나 거기에 다소 말썽이 있었다 하더라도 그것은 어디까지나 나라 살림이나 집안 살림을 잘하자는 의견 교환이나, 의견 대립에 불과합니다. 거기에 뛰어들어 사람을 죽이고 물건을 빼앗고 하는 그런 폭력과 살인강도 행위 그것과는 동일시할 수 없습니다.

그런데 5·17쿠데타로써 그것이 좌절된 것입니다. 때문에 5·17쿠데타만 일어나지 않았으면 민주주의는 그대로 되는 것입니다, 그 쿠데타를 주동한 사람이 나쁘지 국민의 환영 속에서, 국민 앞에서 자유경쟁하겠다는, 민주주의 본질대로 하겠다는 그 사람들이 나쁘다고 할 수가 없습니다. 그렇기 때문에 이 문제는, 내가 간혹 그런 말을 듣는데 이것은 쿠데타를 일으킨 사람들이 자기네를 합리화시키기 위해서 퍼뜨린 그런 루머, 그리고 인간 심리는 뭐가 잘 안될 때는 구실을 찾아 가지고 거기다 책임을 뒤집어씌우고자 하는 그런 심리에서 나온 말이지 진실을 말한 것은 아니라고 생각합니다.

기자단 경제 문제에 관해서 묻겠습니다. 선생님께서 하버드대학교 국제문제연구소에서 연구 생활을 끝내신 직후에 「대중 참여의 경제」라는 제하의 논문을 제출하시고 그 내용이 경제 전문 교수들에게서 훌륭하다는 평을 받은 걸로 알고 있습니다. 그 내용을 중심으로 해서 선생님의 경제관, 기업인관에 대해서 말씀해 주시면 고맙겠습니다.

경제는 성장과 안정과 분배의 조화가 핵심

김대중 내가 하버드대학에 「대중 참여의 경제」라는 논문을 냈고 이번에 하버드대학 출판부에서 책으로 나오도록 합의를 보았습니다. 그 논문에 자세한 것들이 설명되어 있습니다만 이 자리에서 한마디로 요약하자면, "현재의 한국 경제는 관권 경제이기 때문에 이것을 진정한 자유경제로 전환을 해야 한다"는 것이 제 주장입니다. 현 한국 경제는 관료들이 전면적으로 지배하고 있습니다. 그 결과 외형적으로 성장 위주로만 끌고 나감으로써 국민들이 막대한 희생을 치러야만 했습니다. 특히 인플레이션으로 인한 희생을 오직 국민들이 모두 감당을 하고 있습니다.

경제는 성장과 안정과 분배, 이 셋이 어떻게 조화를 해 나가느냐에 따라 성패가 달린 것이지요. 물론 서로 어긋나는 면도 있지만, 또 서로 보완되는 관계이기 때문에 이 '조화'가 경제 정책의 핵심입니다. 그런데, 인플레이션에 의해 물가가 올라가더라도 한없이 화폐를 찍어 내고 어떻게든 외채만 빌려다가 사용하면 일단 성장은 할 수 있습니다. 불과 집권 3년 만에 200억 부채가 400억이 되더라도 겉으로는 성장한 것처럼 보인다 이겁니다. 그렇지만 거기서 오는 외채 부담과 국민 희생은 어떻게 하느냐 하는 문제입니다.

한국 경제는 지금 기존의 재벌 기업들이 급속히 중소기업 각 분야를 모두 독점해서 아주 비대해져 가고 있습니다. 어제 내가 알고 있는 스탠퍼드대학의 어떤 교수에게서 편지가 왔는데, 자기도 몹시 한국을 사랑한다면서 한국 문제에 여러 가지 우려되는 점을 지적하고 그중 하나로 한국 재벌의 비대 현상에 대해 커다란 우려를 내게 전해 주었습니다.

아시다시피 한국 경제는 이 재벌 경제입니다. 국민 경제가 아닙니다. 불과 열 사람의 재벌 기업이 국민총생산GNP 50퍼센트를 좌우하고 있고, 불과 30개의 재벌이 은행융자의 40퍼센트를 장악하고 있습니다. 또한 전두환 씨의 집권 후에 약간 자제한 것 같아 보이던 부동산 투기나 기업 흡수 확대가 그 집권 전보다 몇 배나 더 불어났습니까. 이건 신문에 나오는 것만으로도 다 알 수 있는 사실입니다. 이렇게 해서 한국 경제는 관료와 소수 기업인의 손에 집중되어 있습니다. 미국은 제너럴모터스 같은 대기업에 50만 이상의 주주가 있습니다. 일본도 미쓰이, 미쓰비시 또는 그 외 어떤 기업도 한 사람이 50퍼센트 이상의 주식을 갖고 있지 않습니다. 그러나 우리나라는 10억 달러, 20억 달러 규모의 기업이 한 사람의 소유입니다. 이런 예는 대만에도 없고 싱가포르에도 없습니다. 우리나라와 비슷한 처지에 있는 나라 가운데서 오직 우리나라만이 이와 같은 경제구조를 가지고 있습니다. 이것은 국민의 단합과 화해에도 큰 지장을 줄 뿐만 아니라 경제에 있어서 가장 중요한 요소인 중소기업들을 총파탄으로 몰고 가는 것입니다. 그동안 참 우리 중소기업들이 눈에 안 보이게 어렵사리 지탱해 왔는데 갈수록 총파탄의 길로 치닫고 있다 이거예요. 그리고 노동자들에게 정당한 보수를 주지 않기 때문에 노동자들이 사회적으로 몰락해 가고, 정부에 대해서 반감을 갖고 이 나라 자체에 반감을 갖게 됩니다. 다시 말해서 사회불안의 요소를 증가시킨다는 사실입니다. 뿐만 아니라 경제적으로도 막대한 후퇴 요소, 즉 마이너스 요소를 형성하는 것이지요. 오늘날 일본이 저렇게 경제가 성장해 간 큰 이유는 일본에서 소위 말하는 '춘투', '추투', 즉 봄투쟁, 가을투쟁 등을 통해서 계속적으로 노동조합들이 임금을 많이 받아 낸 것 때문이에요. 그 많이 받아 낸 결과가 구매력으로 다시 재생되어 가지고 기업을 받쳐 준 덕택입니다. 일본은 분배가 효과적으로 확산되어 갔다 이거예요. 이런 예에서도 보는 바와 같이 노동자를 대우해 주고 농민의 곡가를 보장해 주는 것이 어떻게 보면 그 사람들만을 위하는 것 같지만 실제로는 기업으로 다시 되돌아오는 것입니다. 이래야만 건전한 경제가 되어 갑니다.

그런데, 한국은 구매력의 바탕이 아주 약해요. 수출에 조금만 이상이 생겨도 기업이 온통 흔들려 버립니다. 기업 자체가 아주 취약한 지반 위에 서 있다 이거예요. 이런 까닭에 대중경제를 반드시 실행해야만 하는데, 그러면 여기서 경제의 목적은 뭐냐, 한마디로 '경세제민經世濟民'입니다. 나라를 어떻게 경영하고 백성, 즉 국민을 어떻게 구하느냐 하는 문제에서 나온 것이 '경제'입니다. 경제의 목적은 단적으로 말씀드려서 국민 전체를 잘살게 하는 것입니다. 이를 위해서는 성장도 필요하고 또 안정도 필요하지만 분배도 이와 똑같은 차원에서 병행되어야만 합니다. 분배 없는 성장과 안정은 아무 소용이 없는 사상누각입니다. 그렇다고 해서 노동자 등 생산 현장의 국민들에게 그 사람들의 생산성 향상 이상의 분배를 해 주면 이것은 결국 인플레이션으로 연결되고 경제 파탄이 오게 돼요. 이 같은 현상은 오늘날 유럽에서 보는 겁니다. 그래서 이것도 피해야 해요. 나는 지금 중소기업의 보호도 노동자의 정당한 권리 보호도 경제적 견지에서 말씀드리는 것이에요. 물론 사회적 의미도 크고 인간적 인권적 의미도 크지만 경제적 의미에서도 절대 필요하다 하는 얘기를 내가 지금 하고 있는 것입니다. 이런 의미에서 사회민주주의가 우리가 볼 때 그 이상은 대단히 훌륭하지만 현실적으로 필요 이상의 사회보장제도를 해 가지고 결국에 가서는 인간을 태만하게 만들어 국가부담을 과중하게 늘리고 있습니다. 이렇게 해서 경제를 마비시켜 버리는데 이것이 유럽 사회보장제도의 현실입니다. 또 불필요하게 국가가 기업의 국영화를 시켜 가지고 비능률과 낭비가 마구 나오고 있어요. 지금 우리나라의 국영기업체를 보더라도 알 수 있습니다. 그러나, 국가가 경제권을 가지면 국가 자체가 독재화합니다. 공산국가가 독재할 수 있는 것은 정부가 전부 경제권을 갖고 있기 때문에 그렇습니다. 자본주의에 있어서도 또한 자본가가 과거에 횡포를 부릴 수 있었던 것은 그리고 아직도 그런 예가 많은 것은 경제권을 가지고 있기 때문에 그런 겁니다. 이런 입장에서 국가 국영 국유제도는 민주적 견지에 비추어 바람직하지 않습니다.

그래서 내 주장은, 우리나라의 경제체제를 현 관권 경제로부터 진정한 자유경제로 돌려야 한다는 겁니다. 그 자유경제는 기업인만의 자유경제가 아니라 소비자도 자유가 있어야 하고, 중소기업도 자유가 있어야 하고 노동자, 농민도 자유가 있어야 한다는 것입니다. 그런 기업이 돼야 하고 경제가 되어야만 합니다. 소수 재벌을 위한 현 관권 경제로부터 국민 경제로, 경제 정책이 전면적으로 바뀌는 것이 우리나라의 경제 문제를 해결하는 유일한 길인 것입니다.

노동자는 노동자의 몫이 있고 기업인은 기업인의 몫이 있습니다. 그 정당한 몫을 받아야 한다, 이것이 정의입니다. 정의는 결코 균일이 아닙니다. 어린아이가 밥을 반 그릇 먹는 것이 정의이고 어른은 한 그릇 먹는 것이 정의입니다. 이런 방향으로 경제를 끌고 나가야 한다, 이렇게 대중 참여의 경제 정책을 생각하고 있습니다. 자세한 것은 그 책에 들어 있고 머지않아 출판될 것입니다.

기자단 선생님의 기업인관企業人觀, 그리고 기업윤리에 대해서 좀 보충 설명해 주십시오.

김대중 예, 잠깐 빠뜨릴 뻔했습니다. 나는 한국 기업인이 굉장한 비난의 대상이 되어 있지만, 어떤 의미에서는 한국 기업인은 가장 동정받을 사람이라고 생각하고 있습니다. 왜냐하면, 한국에서는 기업인이 권력하고 결탁을 하지 않으면 기업을 유지할 수가 없습니다. 아주 극단적으로 얘기하자면, 어떤 재벌도 정부로부터 미움을 받으면 1년도 채 못 되어서 기업도 빼앗기고 재산도 빼앗기고 그야말로 거지가 됩니다. 우리는 그런 예를 많이 보았습니다. 나는 얼마든지 그 이름을 댈 수 있습니다. 지난번 명성사건에서도 보다시피 1979년에 돈 300만 원이 없어 부도를 내고 도망친 사람이 2-3년 사이에 몇천억 원을 좌지우지하게 된 겁니다. 정부 비호만 있으면 된다 이거예요. 그렇기 때문에 기업인들은, 어떤 경우에는 재산을 얼마간 모을지는 모르지만, 완전히 정부와 권력 앞의 노예입니다. 이처럼 한국 기업인의 처지는 굉장히 참담하다 하는 생각을 갖지 않을 수 없습니다. 이러면서도 한편으로는 국민들로부터 언제든지 비난과 비판의 대상이 되고 있다 이겁니다. 아울러 기업인의 윤리에 대해서 말씀드리겠는데, 오늘날 우리나라에서 통용되는 기업인 윤리는 무슨 병원을 짓고 학교를 짓고… 이런 것이 그 윤리라고 생각하고 있습니다. 그러나 이건 그 개인적인 윤리는 되겠지만 기업의 경제적 윤리는 결코 아닙니다. 그렇다면 기업인의 경제적 윤리는 뭐냐.

첫째는 어떻게 하면 좋은 물건을 만들어서 어떻게 하면 싼값으로 소비자에게 주느냐입니다. 둘째로는 노동자에게 기업에 공헌한 만큼의 정당한 몫을 그대로 준다, 노동자의 권리를 보장해 준다, 왜냐하면 노동자도 그 생산에 참여한 사람이기 때문에 당연히 준다는 것입니다. 그것이 또 기업인의 윤리입니다. 이다음으로는, 기업으로 나온 이윤을 자기의 사적 동기, 즉 사치라든가 낭비라든가 혹은 불필요한 곳에 쓰지 않고 다시 그것을 기업에 재투자해서 확대재생산하고 더 좋은 물건을 더 싼값으로 소비자에게 주는 거예요. 그리고 세계시장으로 뻗어 나가는 일, 이 세 가지만 실현되면 그 기업인은 국민으로부터 존경받고 칭찬받는 기업인이 되는 것입니다. 이 일만 착실히 하면 병원을 짓지 않아도 학교를 짓지 않아도 아무런 관계가 없습니다. 학교나 병원을 짓는 것은 기업인 개인의 인생관 문제이지 기업윤리와는 다른 문제입니다. 그런데 우리나라에서는 이상하게도 기업윤리가 기업인 개인의 인생관 문제와 혼동되고 있습니다. 나는 이 점을 분명히 지적할 수 있습니다.

기자단 우리나라는 장차 어떤 사회로 건설되어야 하며 또 우리나라의 민족주의와 민족문화의 올바른 창달의 길은 어떠한 것인지, 선생님의 소신을 말씀해 주시면 고맙겠습니다.

희망과 조화의 시대

김대중 우리나라가 앞으로 어떤 방향으로 나가야 할 것이냐에 대해 여러 가지 의견이 많습니다마는 나는 두 가지를 말씀드리겠습니다. 하나는 우리 국민에게 희망을 주는 사회를 만들어야 한다는 것입니다. 현대 산업사회의 잘못된 특징은 '소외'와 '고독'인데 특히 우리나라는 국민이 국정 전반, 즉 경제사회 등 모든 분야로부터 소외당하고 있기 때문에 먼저 국민에게 참여의 기회를 주어야 합니다. 이를 통해서 국민을 소외로부터 해방시켜야 하고 국민을 명실공히 주인으로 대해야 한다, 이렇게 생각을 합니다. 우리나라에서는 지금 눌린 자들이 자기의 정당한 주장을 말할 수도 없을 뿐만 아니라 정당을 만들어 이 같은 주장을 관철시킬 수도 없습니다. 또한 자유선거가 보장되지 않고 있기 때문에 선거에서 이걸 반영할 길도 역시 막혀 버린 상태입니다. 이런 까닭에 눌린 자들이 스스로 눌리고 있다는 사실을 안다는 것도 중요하지만, 자기가 눌리고 억울하게 당하고 있다는 것을 호소하지 못한다는 것이, 이러한 통로가 모두 막혀 버렸다는 것이 더 중요한 문제입니다. 이렇게 되면 결국 폭발로 유도하는 길밖에는 안 되는 거예요. 이런 이유로 해서 우리가 우리의 억울함이나 짓눌림을 사회에 대해서 비록 불완전하게나마 주장할 수 있다면 일단 희망을 가질 수 있지만 우리의 불만이나 욕망을 주장할 수 없는 사회에서는 절대로 희망을 가질 수가 없습니다. 이런 사회는 뒤집으려고 달려들 수밖에 없습니다. 그리고 우리나라에 있어서 또 하나의 문제는 어떤 사람이 성공하느냐에 대한 것입니다. 우리가 자식들에게 정직해라, 부지런해라, 양심대로 살아라, 이것들은 정당하고 건전한 사회에서는 다 성공의 요건이지만 우리나라 실정에서는 이게 성공의 요건이 아니라 실패의 요건입니다. 그렇게 정직하게 양심대로 살아갔다가는 판판이 실패하기 마련입니다. 그래서 희망이 없습니다. 이런 사회에서의 이처럼 잘못된 사회 풍토는 당연히 고쳐 나가야만 합니다. 그다음으로 우리나라는 희망의 사회와 더불어 조화의 사회로 나아가야 한다는 것입니다. 한국은 지금 모든 분야에서 적대 관계, 즉 남북한의 적대 관계, 계층 간의 적대 관계, 정부와 국민 간의 적대 관계, 이와 같이 모든 게 적대 관계에 놓여 있어서 이해와 관용과 설득이 전혀 없습니다. 이것을 고쳐 나가려면 각 분야가 서로 관용과 이해, 그리고 설득이 이뤄질 수 있도록 대화의 자유, 토론의 자유, 집회의 자유가 보장되어야만 하는 것이지요. 이렇게 해서 조화의 사회를 만들어 가야 한다는 것입니다. 그리고 이것도 나중에 말씀드릴 민족문화하고도 관계가 있지만, 우리 사회가 지금까지 또 앞으로도 계속 외국 문물이 들어오는데 무조건 받아들여서도 안 되고 그렇다고 쇼비니즘의 차원에서 무조건 배척해서도 안 될 일입니다. 어느 것을 취사선택해서 받아들이느냐 하는 그 조화점을 찾아내는 데에 우리 민족의 지혜와 슬기를 발휘해야 합니다. 한국 문화는 우리가 볼 때 오랫동안 중국 문화에서 영향을 받았고 또 최근엔 서양 문화에 영향을 받았지만 우리 문화의 본질은 그대로 유지하고 있습니다. 예를 들면 한국 불교는 그 원시불교에서 상징되고 지눌 선사의 불교에서 상징되다시피 중국에서 영향을 받았지만 오히려 중국에 영향을 끼칠 정도로 독자적인 발전을 했습니다. 우리나라의 유학에 있어서도 즉 성리학에 있어서도 서화담 선생이라든가 이율곡 선생에게서 보다시피 또 퇴계의 학문 수준에서 보다시피 우리 나름대로 독자적인 발전을 해 왔고 이것이 오늘날 외국에서까지 연구의 대상이 되고 있다는 사실입니다. 내가 볼 때 우리 국민이 창출한 문화는 일종의 한恨의 문화입니다. 우리 국민은 한의 국민입니다. 내가 『옥중서신』의 서문에서도 얘기한 바와 같이 이 한이란 민중의 좌절된 소망이고 또 한이란 민중이 이처럼 좌절된 소망을 안고 그것을 이루어질 수 있는 기회를 기다리는 기다림이고 그리고 한은 결국 민중의 소망을 이루기 위해 끊임없이 앞으로 나아가는 몸부림이다, 이렇게 생각을 합니다. 사실 우리 국민은 스스로를 위로하고 격려하고 그러면서 내일을 바라보며 살 수 있었다, 이렇게 나는 믿습니다. 우리 국민은 풀잎과 같은 국민으로서 밟으면 밟히지만 밟는 발이 지나가면 다시 일어서고 바람이 오면 엎드리지만 그 바람이 지나가면 다시 불사조처럼 일어나는 강인성과 동시에 유연성을 보여 온 국민입니다. 또 우리 문화는 그것에 바탕을 두고 있는 특색을 지녔고 특히 우리 문화의 본질은 가령 탈춤이라든가 판소리라든가 이런 민중예술에 그대로 나타나 있다고 생각합니다.

    이제 우리가 할 일은 그 오랜 조선왕조 시대까지의 궁정 예술, 일제 식민지적 식민사관이라든가 한민족에게 일방적으로 심어진 열등감, 여기에서 헤어나오고 또 해방 후 무조건 서구 문명만 숭상하고 받아들인 외세 추종주의에서 벗어나야 하는 중요한 시기에 서 있습니다. 이제 우리는 묻혀 있는 우리 고유 문화의 보배를 되찾는 동시에 현재 우리 사회에 침투해 들어오는 서구 문명 이것을 주체적으로 조화해야 할 시기입니다. 현재 우리 교육계라든가 예술계라든가 기타 모든 분야에서 주체적 입장을 상실하고 무비판적으로 서구 문명을 추종만 하고 있는 게 사실 아닙니까. 이것을 어떻게 주체적으로 조화해서, 마치 옛날의 원효대사가 중국에서 온 불교와 우리 문화를 조화하고 지눌 선사가 그랬고 율곡 선생이 조화했듯이 우리도 어떤 방식으로 조화해서 고유문화를 계속 창출해 낼 것인가. 이게 우리 문화가 갈 길이다, 이렇게 생각을 합니다.

    그리고, 민족주의에 관한 문제는 즉 이 '민족주의'라는 것은 양날을 가진 칼과 같아서 좋은 점과 대단히 위험한 점을 아울러 갖고 있습니다. 민족주의가 외연적이고 침략적으로 치달을 때는 대단히 위험합니다. 19세기 이래 세계 각국의 침략, 우리가 직접 체험한 일본의 우리나라 침략 이것이 바로 일본 민족주의의 가장 위험한 표시입니다. 그러나 이 민족주의가 내연적이고 방어적일 때는 높이 평가해야 할 일이에요. 가령 일본이 침략한 것에 대항해서 우리 자신을 지키는 데에 우리의 '민족주의'가 없었던들 민족의 본질을 지켜내지 못했을 것입니다. 인도라는 나라도 마찬가지로 인도 민족의 '민족주의'가 없었던들 그 나라가 다시 독립할 수 없었을 거예요. 20세기 후반기에 아프리카에서까지 일어난 이 세계 도처의 민족주의는 이런 의미에서 긍정적으로 평가되어야 한다고 생각을 합니다. 그러나 민족주의가 흐르기 쉬운 가장 위험한 일은 배타적인 길로 가는 것인데 이것은 우리가 앞으로 엄격히 경계해야 한다고 나는 강력히 주장을 합니다. 내가 볼 때 민족주의에 있어서 우리가 반드시 알아야 할 것은, 우리 민족은 만주족이나 몽골족이 중국으로 동화된 경우와는 달리 중국이나 일본이나 서구의 어떤 힘에도 동화되지 않고 그 본질을 지켰다는 사실, 이건 세계 역사에서 드문 일로서 자랑스러운 우리의 전통이라는 점을 늘 상기하고 잊지 말아야 한다 이거예요. 또 우리 민족은 철저한 평화 수호의 민족이었고 오늘날까지도 그러하고 힘이 있을 때에도 남을 침략한 일이 없다는 점은 정말 자랑스럽고 이게 바로 '민족주의'의 가장 올바른 표시라는 점을 꼭 알아야 합니다. 그 대신 남이 침략해 올 때는 임진왜란이라든가 병자호란이라든가 혹은 고려시대의 항몽에서 보다시피 끝까지 저항해 싸워서 민족 고유의 본질을 빼앗기거나 포기하지 않았다 하는 저항의식, 이건 우리 민족 특유의 장점인데 이 점을 우리 민족주의로 승화시켜 현재화해야 한다고 생각을 합니다. 그런데, 여기서 민족주의는 어디까지나 민주적이어야 합니다. 민주주의가 병행되지 않는 민족주의는 배타의 잘못된 방향으로 흐르게 됩니다. 민주주의가 병행될 때만이, 내 권리도 중요하지만 이웃 민족의 권리도 똑같이 중요하다는 세계주의적인 면이 거기에 뒷받침돼야만이 민족주의는 올바로 성립하는 것이지요. 그럼으로써 쇼비니즘으로 가는 것을 막을 수 있다 이거예요. 아울러 민족주의는 어디까지나 민족의 실체는 민중이라는 확고한 인식 속에서 나와야 합니다. 민족의 실체는 민중이다, 이건 부동의 사실입니다. 그렇지 않으면 민족주의의 미명하에 소수의 지배층이 민중의 이름을 팔아 악용하고 민중을 억압하는 구실밖에는 되지 않습니다. 그것이 곧 나치즘이고 일제의 군국주의입니다. 그러기 때문에 민족주의는 반드시 민주적이어야 하고 민중적이어야 한다, 이 점을 우리가 가슴 깊이 경각을 해야 한다, 이렇게 생각합니다.

기자단 앞으로 예상되는 정치변화에 대해서 좀 더 말씀을 들었으면 합니다. 전두환 씨가 기회 있을 때마다 오는 1988년은 평화적인 정권 교체를 꼭 이룩하겠다 하는 공언을 누차 하면서 이른바 단임 정신을 강조했습니다.

그 점에 대한 선생님의 견해를 좀 말씀해 주셨으면 좋겠습니다. 또 당면한 문제인 오는 2월 예상되는 총선거 이후에 변화될 국내 정국에 대해서도 말씀해 주시면 고맙겠습니다. 그리고 장래 문제가 되겠습니다만 1988년에 선생님께서 집권을 하시는 그런 경우가 생길 때 많은 사람들이 이른바 정치적인 보복에 대해서 염려를 해 오고 있는 것이 사실입니다. 선생님께서는 물론 기회 있을 때마다 정치보복은 결단코 생각해 본 적도 없다는 말씀을 누누이 강조했습니다. 그렇지만 그러한 경우가 올 경우, 국민들 또는 그동안 고생을 많이 했던 민주 인사들이 선생님에게 정치적인 보복을 강요하는 그런 분위기가 조성될 때는 어떻게 대처하실지 등등에 대해서 좀 말씀해 주시면 고맙겠습니다.

국민이 주인으로서 자기 운명을 결정해야

김대중 네, 대단히 중요하고 또 흥미로운 질문인데요. 전두환 대통령이 1988년에 물러난다, 그러기를 바라지만 과연 그렇게 잘 되겠느냐 하는 데 대해서 의문을 가지고 있습니다. 그러나 그보다 더 큰 의문은 오늘과 같은 현실에서 과연 전두환 씨가 물러난다 하더라도 그것이 우리에게 무슨 의미가 있는가, 언론 자유도 없고, 선거의 자유도 없고, 지방자치도 없고, 모든 민주적 자유가 다 없는 이 가운데서 선거해 봤자 결국 중남미와 같이 집권자가 원하는 제2의 전두환 씨, 이런 사람이 나오는 것뿐입니다. 국민이 선택권을 갖지 못하는 선거라는 것은 아무런 의미가 없습니다. 극도로 얘기하면 국민이 자유롭게 선거하는 여건이라 하면 누가 나오든지 그건 우리가 받아들여야 합니다. 국민이 결정하기 때문에 국민 이상 잘난 사람은 없습니다. 전두환 씨가 한 번 하고 그만두냐 아니냐가 문제가 아니라 그런 선택권이 있느냐 없느냐가 더 중요합니다. 나는 한국은 민주화 없이는 절대로 안정이 없다고 생각합니다. 우리 국민은 벌써 그것을 하지 않을 수 없을 정도로 성숙했고 힘이 있습니다. 절대 안 됩니다. 더구나 우리가 1988년 올림픽을 성공적으로 끌고 나가려면 적어도 정도正道로 나가야 합니다. 국민이 진심으로 우리나라 정치를 마음으로부터 믿고 지지할 수 있는 그런 길로 나아가야 합니다. 그것은 언론 자유를 보장하고 선거 자유를 보장하고 지방자치를 실시해서 하는 것입니다. 동시에 현재의 독재체제를 유신독재 이전의 제3공화국 헌법으로 환원해야 합니다. 이것은 부당하게 타살된 헌법입니다. 물론 제3공화국 헌법도 박정희 씨가 당초 만들었다는 문제점이 있지만, 그러나 이건 세 번 대통령 선거를 통해서 세례를 받아 가지고 국민이 추인한 겁니다, 민주헌법으로. 그러나 나는 반드시 제3공화국 헌법 그대로 하자는 얘기는 아닙니다. 제3공화국 헌법으로 돌려 가지고, 만일 필요하면 제헌국회를 제3공화국 헌법에 의해서 선거를 해 가지고, 그 제헌국회에서 대통령중심제를 할 것인가, 내각책임제를 할 것인가, 안 그러면 어떤 헌법으로 수정할 것인가, 제헌국회가 할 수 있다, 일단은 그리스라든가 기타 그 독재에서 민주주의로 돌아간 선례대로 우리도 돌아가야 한다, 이것이 내 생각입니다. 그리고 이번 한 번만은 적어도 국민에게 자유를 줘야 한다, 국민이 누구를 뽑건, 국민이 원하는 사람을 뽑도록, 그래야 이 국민의 한이 풀리고 직성이 풀립니다. 그리고 국민이 책임을 지게 됩니다. 나는 또 국민이 책임질 만한 훌륭한 대통령을 뽑을 능력도 있지만 뽑고 나서 그 정부를 잘 지켜 나갈 능력도 있다고 보고 있습니다. 그렇기 때문에 이번엔 그걸 절대로 보장해야 합니다. 그러기 때문에 그런 조건이 없는 현재의 오는 2월 선거 같은 것은 거의 아무런 의미가 없습니다. 지금도 99명이 묶여 있고 자기들은 다 뛰면서 이 사람들은 묶어 놓고 가령 연말께 풀어 준다 할 때 어느새에 선거 준비를 하느냐 이거예요. 그나마 지금 우리나라의 선거법을 보면 전혀 선거운동의 자유가 없습니다. 개인연설 자유도 없고, 후원연설 자유도 없고, 마음대로 정부가 조작할 수 있습니다. 또 해 왔습니다, 지금까지.

필리핀에 있어서는 지금 적어도 엄연히 반체제 세력을 지지하는 신문이 있고 지난번 선거에 있어서 선거인 명부의 확인이라든가 혹은 참관이라든가 여러 가지 권리가 보장되었습니다.

한국은 그 정도의 자유도 없습니다. 그러기 때문에 현재의 선거, 오늘 국회의원 선거라는 것은 거의 의미가 없습니다. 우리가 바라는 민주주의는 그런 게 아니라 근본적으로 헌법을 민주헌법으로 환원하고, 그리고 근본적으로 국민에게 언론 자유, 선거 자유, 지방자치제를 실시하고 이렇게 해서 국민이 주인으로서 자기 운명을 결정하도록 해야 한다, 이것입니다. 우리가 말하는 것은 그다음에 지금 말씀 나온 정치보복 이야기인데, 그렇습니다. 그건 역사적으로 보나, 현실적으로 보나, 그렇게 의심할 일이 아닙니다. 우리 민족은 그렇게 정치보복을 한 민족이 아닙니다. 우리 민족성을 우리가 알 수 있는, 흥부가 부자가 되어 가지고, 자기 형한테 보복하는 것이 아니라 오히려 재산을 나누어 줍니다. 춘향이가 암행어사 출두 뒤에 춘향이 문제 갖고는 변학도한테 보복 안 합니다. 그 사람은 그 학정 때문에 봉고파직당하지 그것 때문에 보복당하지 않습니다. 토끼가 용궁에 끌려갔다 나오지만 자라한테 보복하지 않습니다. 우리 민족은 보복을 원하는 민족이 아닙니다.

해방 후에도 우리에게 그렇게 가혹하게 했던 일제들이 돌아갈 때 일본 사람들에 대해서 보복 안 했습니다. 거의 없었습니다. 4·19혁명 때 이승만 정권에 참여했던 사람들, 누가 보복당한 사람들이 있습니까. 그때 마음대로 보복할 수 있었는데 안 했습니다. 거의 없었습니다. 세계 역사에 없을 정도로 안 했습니다. 10·26사태로 박정희 씨가 죽고 말았지만 국민이 누가 보복을 주장한 사람이 있었습니까. 내가 그때 정치보복해서는 안 되고 모든 사람에 대해서 어떤 소급법을 적용해도 안 되고 정부도 차관 이하는 그대로 유능한 인재는 다

써 준다 할 때 국민은 박수로 환영했습니다. 보복한 일이 없습니다. 또 내가 지금까지 한 번도 1971년 대통령 입후보 이래 보복을 주장한 게 아니라 일관해서 보복을 반대해 왔습니다. 그것은 내가 혹은 술수로 하지 않았느냐, 이렇게 의심한다면 내가 1980년에 법정에 끌려가서 사형 선고를 받았을 때 마지막 법정에서의 최후진술, 일종의 유언인데 그때는 천의 하나도 살길이 없다고 생각될 때예요. 그때 내가 거기에 있는 우리 동지들, 공동피고와 그 가족들에 대해서 이건 내 유언인 줄 알고 여러분이 들어라, 다시는 이런 정치보복이 두 번 다시 있어서는 안 된다, 내가 볼 때는 1980년대에는 반드시 민주주의가 회복되는데, 그때 민주정부가 섰을 때 보복해서는 안 된다, 이걸로 여러분께 유언하고 싶다, 하는 얘기를 내가 법정에서 한 적이 있습니다. 많은 사람들이 내 말을 듣고 울고 나중에 애국가를 부르고 이렇게 했습니다. 또 만일 보복이 무섭다면 헌법 부칙에다가 국민투표로써 보복은 절대 있을 수 없다는 것을 넣어줄 수 있습니다. 그러면 국민이 강요할 수 없지 않습니까. 자기네들이 투표로써 지지했는데, 그리고 국민이 결정해 놓은 것을 아니 민주화운동에 참가했던 사람이 어떻게 해서 그걸 요구할 수 있습니까. 또 지금까지 민주화운동에 참가했던 사람들이 4·19혁명이건, 10·26사태건 한 번도 보복을 주장한 일이 없지 않습니까. 그런데 왜 이번에 있다 합니까.

그렇기 때문에 그러한 기우를 가질 수도 있지만, 그것은 완전히 기우고, 이럼에도 불구하고 계속 얘기한 것은 말하자면 정권을 민주화하지 않기 위한 구실로서 하는 얘기밖에 되지 않는다, 나는 그렇게 생각합니다. 내가 진심으로 바라는 것은 전두환 씨를 포함해서 이 많은 사람들, 참 우리 국민에게 못할 일 많이 했습니다. 내 개인에게도 못할 일 많이 했습니다. 그렇지만 우리는 그것을 보복으로 푸는 게 아니라, 이 광주의 영령들, 그 한에 사무친 그 원한도 보복으로 푸는 게 아니라, 그분들이 원했던 민주화, 조국통일의 길, 이래서 우리가 주인 노릇하는 나라, 그런 나라를 만드는 방향으로 이제부터라도 현 전두환 정권 사람들이 참여해서, 그래서 말하자면 그런 방향에서 새로이 우리가 화해와 혹은 재결합의 길을 나갈 수 있도록 이걸 바라고, 나는 어느 특정인의 육체에 대한 보복이 아니라 잘못된 정치 자체를 뒤집는 것이 보복이라면, 그것이 보복이다, 민중의 좌절된 소망을 성취시키는 것이 보복이라면 보복이다, 절대 어느 인간에 대해서 인간을 미워하고, 인간을 해치는 것은, 그것은 보복이라고 할 수 없고 그것은 하나의 야만적인, 말하자면 폭행에 불과하다, 이렇게 생각한다는 것을 말씀드릴 수 있습니다.

기자단 네, 이번에는 한국 민주화에 대한 선생님의 계획과 미국이 이에 미치는 영향이라든가, 또 과연 한국 군부의 정치적 중립화가 실현될 수 있을 것으로 보는지 말씀해 주십시오.

반독재 민주 연합전선을 형성해야

김대중 한국에 있어서 민주주의가 안 된 예를 들자면, 일부 서울 주변의 정치놀음이나 하는 군인들이 정치에 개입해서 1961년, 1980년 두 번 군사쿠데타를 했다 하는 이런 걸 들 수도 있고, 또 미국이나 일본이 잘못된 정책, 목전의 이익 때문에 독재정권을 지지해 왔다 하는 것도 들 수가 있고, 또 그간에 북한에서 일으킨 여러 가지 사건들이 남한의 민주 세력을 곤경에 빠뜨리고 독재정권으로 하여금 안보의 구실로써 독재를 강행할 수 있는, 그러한 여지를 많이 주었다 하는, 이렇게도 볼 수 있습니다. 그렇지만 나로 하여금 얘기시키면, 한국에서 민주주의가 안 된 최대의 요인은 아직은 국민 다수가 민주회복운동에 참여하지 않는 데 있다, 나는 이렇게 생각하고 있습니다. 민주주의는 백성 민民 자, 임금 주主 자, 백성이 주인이 자기 문제에 참여하지 않는 한은 절대로 민주주의가 될 수가 없습니다. 되어도 그건 가짜입니다. 그러니까 우리가 일단 민주정부를 48년에 수립했다가도 유지를 못 한 거예요. 또 1960년에 됐다가도 국민들이 지키지 않으니까 유지 못 한 거예요. 민주주의에 참여해야 돼요.

그래서 오늘날도 가장 우리가 볼 때에 민주주의 문제, 1980년 그때 모든 사람이 민주주의를 바랐어요. 군대에서도 압도적인 다수의 장성들까지 포함해서 다수의 군인들이 민주주의를 지지했어요. 그러나 민주주의가 안 됐어요. 그런데 예를 들면 그때 광주 민중이 일어섰을 때, 서울이나 부산이나 몇 군데에서 더 했으면 그대로 민주주의가 안 되겠느냐, 나는 됐다고 봐요. 그런데 광주 사람만 고독하게 싸우다 보니까 안 된 거예요. 한국의 또 예를 들면 4,000만 국민 중에 100분의 1이면 40만이고, 1,000분의 1이면 4만인데, 1,000분의 1이라도 한 달에 한 번 정도씩이라도 정부나 국회에 편지 보내고, 신문사에 편지 보내면서 민주주의를 요망하는 의사 표시를 하면 무시할 수 있을까. 1만 분의 1인 4,000명이 한 달에 한 번 정도씩 정부나 그런 기관에 전화 걸어서, 이렇게 하면 안 된다고 말할 때 무시할 수 있을까, 나는 없다고 생각합니다.

그런데 최근의 『뉴욕 타임스』나 『월 스트리트 저널』이라든가, 『워싱턴 포스트』에 보도된 바와 같이 한국 국민의 절대다수가 현 정부의 독재정치에 지지 안 한 것은 사실이에요. 또 서울에서 국민 여론조사를 해도 80퍼센트 이상이, 한국의 신문들에 의해서만 한 것을 보더라도 민주주의를 지지하고 있어요. 심지어 경제 발전이 늦더라도 민주주의는 해야 한다고 했어요. 그러면서 왜 안되냐, 결국 국민이 마음으로는 민주주의를 바라고, 마음으로는 독재를 싫어하지만, 말하지 않고, 행동하지 않는다 이거예요. 이 말하지 않는 사일런트-머조리티(침묵의 다수), 미국에서는 이 사일런트-머조리티가 정치를 좌우합니다. 왜 그러냐면 가서 투표 때 투표해 버리면 정권이 바뀝니다. 국회의원이 바뀝니다. 그러나 한국은 선거의 자유가 없기 때문에 투표가 소용없지요. 그렇기 때문에 말해야 합니다. 그런데 말을 안 합니다.

물론 위험이 있습니다. 그러나 위험 없이, 가령 익명으로 편지한다든가, 가령 익명으로 전화한다든가 그것조차 안 합니다. 결국에 그것은 참여의식이 부족하다, 주인으로서 책임감이 부족하다, 내가 아니면 이 나라는 어떻게 하느냐 하는 시민정신이 부족하다, 여기에서 이것이 민주주의에 대한 결정적인 문제가 되고 있다, 그건 재미교포도 마찬가지입니다. 70만 있는 재미교포의 100분의 1, 7,000명만이라도 민주화운동에 적극적으로 참여해서 미국 국회라든가 미국 언론에 잘못된 대한 정책을 시정하도록 요청한다면 오늘보다 훨씬 달라질 것이 아닌가, 이렇게 생각됩니다. 내가 민주주의의, 한국에서 추진 단계에 있어서 3대 원칙을 지금까지 계속 얘기하고 있는데, 하나는 민주 세력이 광범위하게 단합해야 합니다. 독재체제에 반대하면 어떤 사람도 전부 참여해야 됩니다. 과거에 공화당 했던 사람들, 박정희 정권에 참여했던 사람들, 좋습니다. 자유당에 참여했던 사람들, 좋습니다. 독재체제에 반대하면 전부 참여해서 반독재 민주 연합전선을 형성해야 한다, 이렇게 생각합니다. 그리고 또 하나는 비폭력주의, 간디나 마틴 루서 킹이 가는 그런 비폭력주의로 가야 합니다. 간디가 비폭력주의 한 것은 절대로 성인이기 때문만이 아니라, 그것이 압도적인 무력을 가지고, 말하자면 탄압할 수 있는 그런 권력에 대해서 구조적인 권력에 대항하는, 그래서 국민 여론과 세계 여론을 끌어들이고 많은 동정을 불러일으키면서 하는 것, 그리고 이 단기간의 폭력적 투쟁으로 전멸하는 것을 모면하면서, 말하자면 끌고 나가는 것, 일종의 도덕적인 게릴라 전술, 무력적인 게릴라 전술이 아니고 도덕적인 게릴라 전술, 이것에서 간디가 성공하고, 마틴 루서 킹이 성공한 것입니다. 또 우리나라에서 래디컬리즘, 가령 용공적이라든가 반미적이라든가 이런 것이 그 심정은 이해하지만 그것은 결국 독재정권이 우리를 분쇄하는, 가장 절호의 구실이 될 뿐만 아니라, 또 그것 자체가 우리 민족의 이익이 못 되고, 누가 남한에서 정권을 잡더라도 용공정권은 해 나갈 수 없는 것이고, 또 미국이나 일본하고 등져 가지고는 해 나갈 수 없는 것입니다. 또 우리가 알다시피 현재 미국에는 독재를 지지하는 사람도 많지만 우리 민주주의를 지지하는 것은 얼마나 많으냐 이겁니다. 당장 눈에 보다시피 64명이란, 전무후무한 이런 큰 국회의원 수가 하원만 하더라도, 상원은 아직 끝이 안 났으니까, 우리 민주주의를 지지하는 데 도장 찍지 않았느냐 이겁니다. 미국 교회가 우리의 인권과 민주주의를 얼마나 계속 지지하고 있느냐 이겁니다. 그러기 때문에 미국을 '한'으로 봐서는 안 된다 이겁니다. 레이건 정부가 독재를 지지한다고 하지만 그 레이건 대통령 자신도 한국에 와서 민주주의와 인권이, 말하자면 미국 외교의 기본정신이고 한국에서 이것이 절대 필요하다는 얘기를 하지 않느냐 이겁니다. 그러기 때문에 우리는 미국의 이익을 위해서가 아닙니다. 우리의 이익을 위해서, 전후의 일본이 얼마나 슬기롭게 미국을 다뤄 왔는가, 미국을 살아 있는 악마라고 하던 중국이 지금 미국을 어떻게 다루고 있는가, 전시의 스탈린이 자기네에게 필요하니까 미국을 어떻게 다루고 있는가, 사회주의 정부가 들어선 프랑스 미테랑 정부가 어떻게 미국을 다루고 있는가, 이런 점에 있어서 우리가 굉장히 성숙한 외교적인 자세를 가지고 미국을 다뤄야 한다, 이렇게 생각합니다. 나는 현재 그 민주 세력, 재야 민주 세력, 또 민추협에 직결된 민주정치인들뿐만 아니라, 현재 체제에 참가하고 있는 정치인들도 전면적으로, 안 되면 하다못해 부분적으로라도 이런 민주운동을 지원하는 그런 자세를 취해 주기를 바라고 단 한 사람이라도 그 민주 대열에, 말하자면 총을 겨누고 역행하는 사람이 적기를 진심으로 바라고 있습니다.

그리고 그다음에 군의 정치 중립 문제인데, 군이 정치에 개입하면 그것은 군도 망하고 나라도 망합니다. 군인이 정치하지 말라는 게 아닙니다. 군인이 정치하려면 군복을 벗고 민간인이 되어 가지고, 아이젠하워나 이런 사람같이 정당한 국민의 심판을 받아서 정치하면 우리가 얼마든지 환영할 수 있습니다. 그러나 군대의, 국민이 나라를 지키라고 준 무기와 국민이 국방을 위해 편성해 놓은 군대가 그 무력을 가지고 국민을 탄압하면서, 권력을 뺏는다는 것은 절대로 안 되는 일입니다. 그리고 이런 일 하면 군대에 대한 국민의 지지는 감소되고 국민의 지지 없는 군대는 유명무실하게 됩니다. 또 이런 짓은 어떤 결과가 되냐면 군대 자체의 국방력을 근본적으로 파괴해 버립니다. 우리가 일선에서 지금 국가안보를 위해서 헌신하고 있는 군인들, 이것은 제쳐 놓고 서울 주변에서 편안히 있으면서 정치모임이나 하는 군인들이 정권을 잡아 가지고 그 사람들 앞에 일전의 국방에 충실한 사람들이 말하자면 와서 복종하고, 지지하지 않으면 자리도 유지 못 하는 상태, 또 영관급들이 혁명을 주도해 가지고, 윗사람 장군들을 지배하고 그 장군들이 영관급들을 두려워하지 않을 수 없는 이러한 상태, 군대는 위계질서가 생명인데 그래 가지고 군대가 되질 않습니다. 안보가 되질 않아요. 그런 의미에서 지금 군인이 정치 개입의 피해를 최대로 받고 있는 거예요. 군인 전체라고 나는 볼 수 있습니다. 내가 여기서 분명히 얘기하는 것은 1980년 그 당시 내 체험으로 해서 3군 전체에서 군의 정치 개입을 반대하고, 민주주의를 지지한 수가 압도적으로 많았다는 걸 내가 체험으로써 입증할 수 있고, 그 당시의 3김 씨 중에 누가 당선이 되더라도 그 사람들은 국민의 결정으로서 받아들일 수 있는 준비가 있었다는 걸 나는 말할 수 있습니다. 그래서 나는 앞으로 민주정부가 섰을 때 군은 국민이 결정한 이 민주정부를 지지할 걸로 확신하고 있습니다. 또 민주정부는 정치에 개입한 그런 군인들은 엄격히 배제하고 군무에 충실하고 유능한, 말하자면 안보에 헌신하는 이런 사람의 공로와 능력에 따라서 이것을 승진시켜… 자연히 정치에 개입하고 싶어도 할 수가 없게 해야 합니다. 과거에는 군이 정치에 개입하고, 권력을 가진 사람들이 군대를 자기 목적에 이용해 온, 이런 짓을 했습니다.

이승만 씨도, 박정희 씨도, 또 현 정부도 결국 군대를 여러 가지로, 파벌로 가르기도 하고, 지방색으로 가르기도 하고 정보기관으로 하여 감시하기도 하고, 이래 가지고 군대를 자기의 정치적 목적에 이용하여 왔습니다. 이것이 오늘날 군대를, 말하자면 얼마만큼 우리가 군대에 대해서 큰 손상을 주었는가를 반성하고 앞으로 정부는 어떤 정치인도 군은 국방이라는 본연의 목적에 충실하도록 하고 일절 정치에 개입도 하지 말게 하자면, 정치에 개입하도록, 또 정치에 이용하는 그런 일도 해서는 안 된다 하는 것을 차제에 강조하고 싶습니다.

기자단 네, 다음은 좀 추상적인 질문이 될 것 같습니다만, 김 선생님의 인생관, 종교관, 세계관에 대해서 여쭤보고 싶습니다.

역사적 소명 의식을 가지고 살아야

김대중 대단히 어렵고 막연한 문젠데, 나는 인생관이란 것은 우리가 무엇 때문에 가져야 하느냐, 그것은 우리가 우리 인생을 성공적으로 살기 위하여서 행복하게 살기 위해서 가져야 한다, 그것이 목적일 것입니다.

그런데 인생에 있어서 성공이나 행복은 뭐냐, 부자가 되는 거냐, 높은 자리에 올라가는 거냐, 명예를 얻는 거냐, 그렇게 됐는데도 불행한 사람이 얼마든지 있습니다, 그러면 진정한 인생관이란 건 뭐냐, 이렇게 생각하면, 결국 자기의 인생의 삶이 자기 양심에 흡족하고 떳떳하고 자랑스럽고, 그래 가지고 죽을 때 나는 내 인생을 정말로 의미 있게 살았다, 그렇게 사는 그런 방법이 인생관의 옳은 길이 아닌가 하는 생각을 합니다.

나는 모든 사람이 다 인생의 성공자는 될 수 없다고 생각합니다. 다 사업에 성공하고, 다 고관대작이 될 수 없습니다. 그러나 모든 사람이 인생의 삶에 성공할 수 있다, 그건 뜻있게 살고 자기에게 자랑스럽게 살면 성공하는 거다, 이렇게 생각합니다. 그렇게 살기 위한 길은 무엇이냐, 나는 이웃, 그리고 역사, 우리가 처해 있는 현실에 있어서, 우리에게 요청하는 역사의 사명, 가령 한국에서 우리의 역사적 사명이 한국 국민에게 자유와 정의와 인간 존엄성을 갖다 주는 민주주의라면 거기에 헌신하는 것, 우리의 사명이 두 번 다시 한국에선 동족상잔이 없는 평화를 가져오는 것이 역사적 사명이라면 거기에 헌신하는 것, 그리고 갈라진 강토를 다시 재결합시키는 것이 역사적 사명이라면 거기에 헌신하는 것, 그리고 동아시아와 세계의 평화에 공헌하고, 또 세계의 우리보다 더 어려운 사람들을 위해서 우리가 봉사하는 것이 우리들의 역사적 사명이라면 거기에 헌신하는 것, 그 역사적 소명 의식을 가지고 살고, 결국 주위의 모든 사람들을, 내 도움을 필요로 하는 사람들을 위해서 사는 것, 이럴 때 우리는 필연적으로 그들과 하나가 되고, 그들과 일체화되고 일체화가 됐을 때, 우리는 떳떳하고 자랑스럽고, 만족감을 느낄 수 있고, 자기의 양심에 내가 뜻있게 살았다는 생각을 가질 수 있다, 그렇기 때문에 무엇이 되느냐보다도 어떻게 사느냐를 중심으로 해서 하는 것이 바르게 사는 길이다, 내 일생을 남이 볼 때는 굉장히 고난스럽고, 혹은 불행하게 생각할는지 모르지만, 내 일생이 고통스러웠던 것은 사실입니다. 그것은 절대 부인할 수 없습니다. 나도 인간이기 때문에 굉장히 고통스러웠어요. 그러나 나는 내 일생을 절대로 불행하다고 생각하지 않습니다. 한국의 어떤 대통령 된 사람과도 바꾸지 않겠습니다, 어떤 재벌의 부자하고도 바꾸지 않겠습니다, 내 인생을. 나는 한국의 이 시기에 태어나서, 한국의 이런 여러 가지 어려운 여건 속에 있는 이 시기에 태어나서 내가 국민을 위해서 1만 분의 1이라도 봉사할 수 있는 인생을 살려고 노력했다는 것, 내가 그렇게 살았다고 하지 않지만, 그건 참 내게 큰 행복이었고, 기쁨이었다고 생각합니다. 그래서 이렇게 바르게 사는 데 전력투구해서 사는 것,

말하자면 한 도전을 극복하면 다음 도전에 또 부딪쳐서 전력투구해서 사는, 이렇게 살기 위해서 이번에 내가 여러 가지 어려움을 알면서도 본국에 돌아가기로 결단을 내린 것입니다. 내가 이렇게 살 수 있는 데에 대해서는 내 옆에 앉아 있는 아내와 모든 가족들의 이해와 성원이 없었으면 불가능했습니다. 또 많은 우리 친척들이나 친구들이 희생되면서도 그것을 감내해 주지 않았으면 불가능했습니다. 그리고 많은 동지들, 많은 국민들이 성원하고, 협력해 주지 않았으면 나 혼자 불가능했다는 것은 두말할 것도 없습니다. 도대체 세계의 여론이라든가 여러분들이 협력하지 않았으면 내가 지금 이 시간에 살아 있지를 못할 것입니다. 그런 의미에서 나는 참 그것을 언제나 감사히 생각하고 있다는 것을 말씀드릴 수 있습니다.

난 크리스천인데, 나는 예수의 제자로서, 예수를 어떻게 보느냐, 예수는 민중의 자식으로 태어났습니다. 가난한 목수의 아들이 민중으로서 일생을 살았습니다. 민중을 위해서 일생을 살았습니다. 그리고 민중을 위해서 죽었습니다. 이것이 예수의 일생입니다. 그러면서 십자가를 지고 자기 뒤를 따라오라고 했습니다. 그렇기 때문에 진실로 우리가 예수의 제자가 되려면, 예수의 가는 길을 안 갈 수 없습니다.

예수가 이 세상에 온 목적이 무엇이냐, 예수가 「누가복음」 4장 18절에 분명히 얘기하고 있습니다. 예수가 이 세상에 온 것은 가난한 사람에게 복음을 전하고, 묶인 자에게 해방을 알리고, 그리고 눈먼 자를 보게 하고, 그리고 억눌린 자에게 자유를 주기 위해서 왔다고 그랬습니다. 아주 분명히 얘기하고 있습니다, 그렇기 때문에 우리보고 자기 제자가 되려면 십자가를 지고 따라오라고 했어요. 피할 길이 없습니다. 예수님을 믿는 사람으로서는.

예수는 물론 병자도 고치고, 배고픈 사람에게 기적도 일으켜서 먹여 주었습니다. 또 개인의 영혼 구원에도 노력했습니다. 그러나 예수가 결국은 처형당하게 되는 원인은 예수의 사회 구원에 대한 참여, 예수가 그 당시 안식일을 악용하고 정결제를 악용하고, 성전 봉물을 악용해서 착취하는, 그 당시 지배계급들, 사두가이파, 바리사이파에 대해서 그 위선적인 하느님의 이름 아래서 거짓으로 백성을 억압하고, 안식일과 정결제가 백성을 위해서 만든 것인데, 이제는 백성을 묶는, 말하자면 동아줄로서 쇠고리로서 백성을 억압하고 있는 겁니다.

성전에 봉헌하는 것을 착취하는 것, 이런 체제에 대해서 저항하다가, 그 당시가 신정정치이기 때문에, 말하자면 그런 종교 지배 계층에 대한 반대는 바로 정치적 반대입니다. 로마 정부란 것은 치안 유지와 세금만 걷었지 모든 것을 그 당시의 사제들인, 말하자면 바리사이파와 사두가이파에게 맡겼던 것입니다.

여기에 예수는 민중의 권리를 위해서 저항해서 싸우다가 정치범으로 몰려서 예수는, 정치에 전혀 개입하지 않았지만, 정치범으로 죽어 갑니다.

우리가 정교 분리를 얘기하는데, 그때 언제든지 예수의 이 문제를 생각합니다. 정교 분리라는 것은 중세 모양으로 교회가 직접 정치에 관여해서 정치적 지배를 하고 정치적으로 투쟁하는 것을 해서는 안 된다는 것이지 교회가 정치에 대해서 말을 해서는 안 된다는 것이 아닙니다. 교회는 하느님의 사랑의 차원에서 하느님의 정의의 차원에서 정치에 대해서 말해야 합니다. 왜냐하면 정치가 백성들의 권리를 다 좌우합니다. 노동자가 권리를 보장받냐, 못 받냐, 백성들이 정당한 인권보장을 받냐, 못 받냐, 전부 하느님의 창조물인 이 경제적 부가 몇 사람에게 가느냐, 그것도 정치에 따라서 결정됩니다. 그렇기 때문에 교회는 하느님의 사랑의 차원에서 하되, 다만 정치에 참여하기 위해서라든가 특정 정당을 지원하기 위해서 하는 건 안 됩니다.

그것을 안 한다는 것이 정교 분리지, 교회가 정치에 대해서 하느님의 사랑의 입장에서, 정의의 입장에서, 말하지 않는다는 얘기는 아닌 것입니다. 그렇기 때문에 그것을 회피하는 교회는 내 신앙의 차원에서 볼 때는, 이것은 진정한 크리스천의 교회가 아니다, 이렇게 생각합니다. 그리고 내가 이것을 강조하고 싶은 것은 불교건, 힌두교건, 유교건, 또 지금 이슬람교건, 모든 종교 안에는 진리가 있다는 사실입니다. 또 여러 종교들이 전부, 일어날 때 보면 기독교와 마찬가지로 눌린 자, 억압받는 자의 편에 서 가지고 일어났습니다.

이슬람교도 그 당시에는 억압받는 사람들이, 말하자면 코레이시족의 지배층에 반항해서 마호메트를 중심으로 일어났습니다. 그렇기 때문에 마호메트가 박해를 받았습니다.

부처님이 불교를 선포할 때 그 당시의 바라문 지배하에서의 엄격한 계급 차, 여기에 저항해서 부처님은 일체중생의 평등을 주장했습니다.

지금은 우리가 그 소리를 보통으로 듣지만, 그 당시 인도의 법률도 있지만, 그 철저한 계급 차이, 처음에는 인간 취급도 받지 못한 사회에서 지금부터 2,500년 전에 모든 사람이 평등하다는 그것이 얼마나 큰 혁명인가, 맑스주의에 의한 공산주의 주장보다도, 어떤 의미에서는 더 혁명적인 입장입니다. 그리고 부를 가진 자에 대해서도, 너희들이 부를, 없는 자에게 희사, 희사란 말이 거기서 나왔는데 나눠 주지 않으면 부에 집착한 사람은 내세에 악의 축생으로 태어난다고 말한 것이 얼마나 큰 그 당시의 사회정의의 주장인가, 이런 면은 불경에 말할 수 없이 많습니다.

보살, 보살, 하는데 보살이란 것은 무엇이냐 하면, 보살이란 것은 그 의미가 자기는 완전히 부처님이 된, 성불이 됐지만, 일체중생이 모두 구원될 때까지는 이 극락세계로 가지를 않고 자기도 모든 사람과 같이 고난을 가지고, 다시 말하면 구제받지 못한 민중과 끝까지 같이 있겠다, 그래 가지고 다 구원되고 나서 자기는 마지막에 구원받겠다, 이것이 보살의 정신인 것입니다.

또 공자의 유교도 그렇습니다. 유교란 것은 지금으로 봐서는 봉건제도, 반동적이라고 이야기하지만 유교가 그 당시 나올 때 주나라는 노예제도의 시대입니다. 아직도 노예제도 시대였어요. 그 당시 노예제도란 것은 자식을 낳아도 내 자식이 아니고, 농사를 지어도 전부 다 뺏기고 이런 것이 노예제도입니다. 우리가 미국의 노예제도도 보지 않습니까. 그런데 공자가 봉건제도를 주장하고 나선 것은 자식을 낳으면 내 자식이고, 농사를 지으면 일부 조세를 납부하면 나머지는 내 것이다 하는 것입니다. 그리고 노예제도의 시대에 있어서 귀족들 마음대로 하던, 지배체제로부터 법치주의, 관료적인, 말하자면 제도에 의한 지배, 그리고 국민들을 속여서 뇌쇄라든가, 그런 방향으로 끌고 가는 것을 현실 사회의 정치가 바로 돼서 국민의 행복이 보장돼야 한다는 이런 방향으로 주장하는, 이런 공자의 주장은 굉장히 혁명적이었다는 것을, 또 그것이 준 민중에 대한 혜택이 얼마나 컸다는 것을 우리는 알아야 한다는 것입니다.

그래서 나는 모든 종교 속에서는 다 진리가 있으며 또 진리가 없이 눌린 민중의 편에 서 있지 않던 종교는 다 도중에 없어져 버렸습니다. 그래서 앞으로 한국에서는 기독교도, 이런 불교라든가 유교 진리를 가지고 있는 종교들과 같이 협력해서 현실 사회, 즉 이 세상을 천국으로 만들고, 이 세상을 살기 좋은 극락세계로 만드는 그런 방향으로 나아가야 한다, 이렇게 생각합니다.

민중이 주인이 되어야 하는 세계

김대중 그리고 마지막으로 세계관 문제인데, 이것도 굉장히 장황한 문제고, 또 내 한정된 지식으로 다 말씀드릴 순 없으나 참고로 해서 몇 마디 말씀드리면, 나는 "오늘날 세계는 이 민중이 주인이 되어야 하는 세계다"라고 봅니다.

이 세계는 지금까지 다섯 번 혁명을 겪었다고 그러는데 지구가 이 세상에 나서 45억 년쯤 됐고 지구에 생물이 생겨서 한 35억 년 됐고 그리고 원숭이 종류 비슷한 데서 인간으로 해서 휴먼 스페시가 나온 것이 지금으로부터 200만 년 전에, 현재까지의 고고학상으로서는 탄자니아의 북부에서 나왔다, 이렇게 돼 있습니다. 그러나 오늘날 우리 인종이 호모사피엔스, 이것이 나온 것은 5만 년 전에, 그전 것은 전부 없어지고 다시 나왔습니다. 왜 그렇게 없어졌는지, 그것은 지금 잘 모릅니다. 여하간에 그러한 그 인간 탄생, 이것이 첫째 혁명입니다. 그다음에 지금부터 만 년 전에 떠돌아다니던, 채집 생활을 하든가, 목축 생활을 하던 인간이 농업으로 정착했습니다.

이것이 농업 경제가 시작됐다고 하는 두 번째 혁명이고, 그리고 세 번째는 지금으로부터 4,000-5,000년 전에 티그리스, 유프라테스강이라든가 혹은 나일 강이라든가 혹은 인더스강이라든가 혹은 황하강, 차츰 이렇게 4,000-5,000년 전부터 시작했는데 도시문명이 발전됐다는 것입니다.

그리고 네 번째는 지금으로부터 2,500년 전후에서 중국에서 제자백가, 공자, 노자, 장자 등 모두 이와 같은 사상가들이 나오고 인도에서 부처님을 위시한 바라문의 사상가들이 나오고, 또 희랍에서 탈레스를 위시한 철학자들이, 소크라테스, 플라톤까지 나오고, 그리고 이스라엘에서는 예언자들, 이런 사람들이 예레미아라든가, 엘리아라든가 이사야라든가, 모두 이렇게 나왔다는 것입니다.

기이하게도 동서양 간에 지금으로부터 2,000년에서부터 2,500년 사이에 그렇게 모든 사상가들이 나왔어요.

오늘날 인류가 지금 뭐라고 말하지만 아직도 2,500년 전 그 사상의 찌꺼기를 지금도 우리가 먹고살고 있다, 그렇게 얘기할 수 있습니다.

그리고 다음에 다섯 번째 혁명은 16-17세기부터 나온 기술혁명으로서 오늘까지 지금 기술혁명이 압도적으로, 특히 20세기 후반기에는 새로운 대대적인 기술혁명 시대로 들어와 있습니다. 그런데 이러한 과정에서 지금 20세기를 얘기하자면 민중혁명의 시대다, 이렇게 볼 수 있습니다.

지금까지 민중은 역사 발전의 동력이고 경제 발전의 동력인데 한 번도 주인 노릇을 못 했습니다. 그러나 20세기에 들어와서 민중이 이제 주인 노릇 하는 시대로 들어가고 있습니다.

예를 들면 유럽에서 지금 과거에 가장 하층계급이었던 노동자 자식들이 장관도 되고 대통령도 되고 총리도 되고 있습니다. 맑스주의를 우리가 지지는 하지 않지만 맑스주의도 민중의 시대를 주장하고 나온 것만은 틀림없습니다.

또 2차대전까지 식민지 지배하에서 그중 착취를 당했던 아시아·아프리카 국가들, 이런 사람들이 전부 일제히 해방이 되어서 자기 나라를 찾고 이제는 사회계층 내에서의 해방을 쟁취하는 단계로 지금 들어가고 있습니다. 이렇게 볼 때 민중들이 해방되어 가고 있다, 그리고 또 민중에 대해서 괴롭혔던 것, 인류의 4대 죄악이라고 하는 인간을 노예화하는 것, 인간을 착취하는 것, 인종차별 하는 것, 이것은 지금 거의 사라져 가고, 사라져 가지 않더라도, 부당한 것으로 지적을 받고 있습니다. 이것이 20세기 들어와서 처음입니다. 그전에는 그것이 당연한 것입니다. 또 그다음에 하나, 4대 악 중에 하나 남아 있는 것이 전쟁인데 이 전쟁만이 지금 문제로 남아 있는데 이것이 마지막으로 우리가 해결해야 할 문제다, 이렇게 생각하고 있습니다. 그래서 결국 노예제도하의 노예도 민중이고, 착취될 때 착취당하는 것도 민중이고, 인종차별 때 인종차별 받는 것도 민중인데, 이런 민중이 해방되어 가고 있다, 이렇게 우리가 지적할 수 있습니다.

그리고 지구적인 입장에서 볼 때는 지금까지 각기 민족별로 갈라져서 아직도 160개의 민족국가가 있지만, 이미 교통이라든가, 통신이라든가, 이런 것은 지구를 하나로 만들었습니다. 그리고 다른 우주 세계로 가는 단계로까지 이르러서 지금 20세기는 민중이 격리되어 있던 것이 하나의 지구에서 머지않아서 같은 지구인으로 지구촌의 사람으로 살 수 있는 그런 것을 우리가 내다보고 그걸 꿈으로만 생각할 수 없는 시대가 오고 있다 하는 것을 우리가 말할 수 있는 것입니다. 그리고 우리가 여기서 하나 강조할 것은 과거에는 많은 가난한 사람들, 이런 사람들의 생활이 빈곤했습니다. 그런 시절 우리가 흔히 하는 말은 "가난은 나라도 구제 못 한다"는 말입니다.

사실 20세기 전반까지는 인간의 생산능력이 한계가 있어서 모든 사람이 완전히 물질적으로 충족하게 살 능력이 없었습니다. 그러나 20세기 후의 오늘의 생산능력은 만일 오늘 세계가 미·소 양국을 중심으로 해서 쓰고 있는 막대한 군비를, 경제 분야를 겨냥한다면 좀 과장해서 말하면 내일부터라도 저 아프리카나 오스트레일리아 산골에 있는 모든 사람을 포함해서 세계의 모든 사람의 의식주가 적어도 정상적으로 해결될 수 있는 인간의 생산능력을 가지고 있습니다.

이것이 처음으로 인간이 이룩한 우리들의 위업입니다. 이러한 것은 오늘날 세계로서 우리가 내다볼 때 결국 우리가 마음먹고 정치만 바꾸면 민중은, 말하자면 행복한 세상을 살 수 있는 그런 단계로 왔다, 그렇기 때문에 내가 20세기의 후반은 민중혁명의 시작이다, 이렇게 얘기를 하는 것입니다.

그러나 여기에 또 위험도 많습니다. 오늘날 물질적으로 우리가 모든 세계 사람들이 다 만족하게 살 만큼 성장한 반면에, 또 처음으로 인간이 무력을 가지고 핵무기를 가지고 우리를 다 죽일 수 있는 정도의 그런 무력도 발견했습니다. 다 죽이는 게 아니라 다섯 번 죽일 정도의 핵무기를 가지고 있고 그것도 부족해서 지금 이 시간도 계속해서 만들고 있습니다. 어떻게 보면 이것은 광기입니다. 미친 짓이고, 지금도 그렇습니다. 그래서는 안 된다는 사람이 오히려 비현실적이고, 그래야 된다는 사람이 현실적인 사람으로 되어 있습니다.

오늘의 현실은 이것을 우리가 막을 수 있는가, 우리가 전환시킬 수 있는가 하는 것이 우리들이 부딪힌 큰 질문 중의 하나입니다.

자! 하느님은, 또 이 세계는 다 행복하게 살 수 있는 충분한 물질을 주었는데, 이 물질을 가지고 다 행복하게 살겠느냐, 아니면 다 죽겠느냐 하는 질문을 우리가 받고 있습니다.

또 역사는 우리에게 우리 모두가 한 나라로서 말하자면 한 지구촌으로서 같이 살 수 있는 그런 수송수단과 통신수단과 모든 방법을 주었는데, 그렇게 살 거냐, 앞으로도 계속 각자가 갈려져서, 서로 민족주의니 뭐니 해 가지고 서로 죽이고, 말하자면 배척하고 착취하고, 이렇게 살 거냐 하는 그런 질문을 우리가 받고 있습니다. 그렇기 때문에 우리는 과거에는 변명이 됐지만, 이제는 변명도 할 수 없는 그러한 단계에 와 있다, 좋은 면도 압도적이지만 나쁜 면도 압도적이다, 이것이 오늘날 우리가 살고 있는 시대인데 이것을 뚫고 나가는 길은 우리 한 사람 한 사람이 자기의 주체성을 확립하고 그래 가지고 자기가 주인으로서의 의식, 주인으로서의 권리뿐 아니라 책임감을 느낄 수 있는 그러한 자기의 전인적 완성, 인간 완성, 이것을 해 나가면서 아까 말한 바와 같이 우리의 삶의 목적이 자기의 이기적 동기가 아니라 이웃과 살기 좋은 사회, 어떻게 하면 천국을 만들고 극락을 만드는 데 바칠 수 있는가, 그래 가지고 나 혼자만의 행복이 아니라 이웃과 같이 행복이 되는 그런 사회를 만들 수 있는가 하는 그런 우리들의 인간혁명과 인간의 질적인 향상 없이는 이 문제는 해결될 수 없다, 이렇게 생각하고 있습니다.

기자단 네, 다음은 질문이 아니라 당부의 말씀을 드리고자 하는데요. 국내 또는 국외에 계시는 동포 여러분들께 하실 말씀이 있으시면 이 기회를 통해서 한 말씀 해 주시기를 바랍니다.

국민에게 봉사하는 길

김대중 나는 다시 한번 여기 이 자리를 빌려서 말씀드리고자 하는 것은 그동안 제가 여러 가지 어려움을 겪을 때 저와 저의 가족과 또 주위의 모든 동지들을 성원해 주신, 그 성원이 없으면 도저히 유지할 수 없을 정도로 큰 성원을 주신 국내에 있는 4천만 동포 여러분께 감사드리고 또 해외에서 내 목숨을 살리고 내 안전을 위해서 노력을 많이 해 주었을 뿐 아니라 내가 여기 온 2년 동안도 여기서 따뜻이 보살펴 준 미국과 캐나다 동포 여러분들께 진심으로 감사를 드립니다. 내가 여러분께 말씀을 드릴 수 있는 것은 나는 내가 지금 가는 길이 내가 지금 바르게 살고, 또 우리 국민의 한 사람으로서 국민에게 봉사하는 길이기 때문에 가는 것이지만, 나는 또 반드시 이 길이 성공하는 길이기 때문에 간다는 것을 강조하고 싶습니다. 그것은 내가 잘나서가 아니라 우리 민족이 잘났기 때문에 성공한다 그것입니다.

우리 민족은 한때 중국 천지와 세계를 지배하던 몽골이 오늘날 130만만 남겨 놓고 전부 중국화될 때 우리 민족만은 6,000만이 한반도에 지금 남아 있습니다. 만주족이 전부 청나라 300년 후에 중국화될 때 우리는 한반도에 엄연히 6,000만, 세계 열두 번째의 대국입니다. 남한만 하더라도 세계의 열일곱 번째의 대국입니다. 그래 가지고 우리의 독자성을 유지하면서, 오늘날 세계 사람이 놀라울 정도의 경제적 발전을 해 나가는 그러한 능력, 세계에서 미국 둘째 가는 높은 진학률을 보이는 그런, 말하자면 교육열을 갖는 그런 발전하는 민족으로서 지금 남아 있습니다. 절대 아전인수가 아닙니다. 우리는 이승만 씨도, 박정희 씨도 결코 프랑코나 사라잘같이 영구 집권하지 못하도록 도중에 좌절시켰습니다.

오늘날 전두환 정권도 국민의 뜻에 복종해서 태도를 바꾸지 않으면 결코 영원히 집권하지 못할 것이라는 것을 내가 분명히 말할 수가 있습니다. 또 우리는 남북 6,000만의 통일, 이것은 참 어려움을 겪고 있지만 이것은 우리 민족의 역량과 염원으로서 아까 말같이 뜨거운 정열과 냉철한 이성을 겸비하면서 해나간다면 반드시 성취할 수 있다, 이렇게 믿고 있습니다.

나는 오늘날 한국 민족이 처해 있는 처지, 이것은 어떻게 보면 세계의 모든 문제점을 우리가 집약해서 안고 있습니다. 한국은 세계에서 사상이 공산주의와 민주주의 이 동서 관계의 아주 처연한 대립의 총집합장입니다. 두 나라로 갈라져 있습니다. 두 체제의 나라로 갈라져 있습니다. 만일 한국에서 이 문제가 해결된다면 세계의 동서 문제의 해결에 하나의 모범이 될 것입니다. 또 한국에 있어서는 지금 세계의 4대국, 세계의 운명을 좌우하는 미국, 소련, 중국, 일본 등 세계의 가장 큰 4대국이 한반도를 둘러싸고 있습니다. 4대국에 이렇게 둘러싸여 있는 나라는 세계에서 한국밖에 없습니다. 동남아시아에도 없고, 아프리카에도 없고, 유럽에도 없고, 라틴아메리카에도 없습니다. 우리가 지도를 보면 압니다. 만일 여기서 이 4대국과의 관계를 조정하면서 한반도의 평화와 통일을 성취한다면 4대국 문제가 어떻게 서로 대립 속에서 조화의 길로 나아갈 수 있는가 하는, 그 해결의 실마리를 한국에서 제공할 수 있습니다.

그렇기 때문에 내가 1971년 대통령 선거에 나갔을 때 한반도에서 4대국이 평화 보장에 협력해야 한다는 것을, 그때 안으로 낸 적이 있습니다만 끊어졌습니다. 또 한국은 알다시피 제3세계의 나라이고, 2차대전 후에 처음으로 해방된, 과거 식민지였습니다.

그 한국이 선진 국가들이 지배하는 경제·정치적 국제사회 관계 속에서 진출해 가지고 지금 세계가 괄목할 만한 방향으로 나가고 있습니다. 한국 민족이 그 역량을 보이고 있습니다. 만일 우리가 국민과 일체가 될 수 있는 국민의 에너지를 제대로 집약하고, 그리고 국민의 전면적 지지를 받을 수 있는 민주 정부가 섰다면 오늘날 한국은 훨씬 더 좋은 상태에 가 있을 것입니다.

여하간에 한국은 이제 세계의 남북 관계에 있어 북쪽은 산업화되고, 남쪽은 개발도상의 나라에 있어 남쪽의 남북 관계에 있어 하나의 대표적인 존재입니다. 그렇기 때문에 한국이 남북 문제를 어떻게 해결해야 하느냐 하는 것은 하나의, 또 세계의 남북 문제 해결의 모범이 됩니다. 이런 의미에서 우리는 어떻게 하면, 고통스럽기도 하지만, 어떻게 보면, 가장 자랑스러운 시기에 가장 보람 있는 시기에 태어난 것입니다. 또 한국이 세계에서 그 대표입니다. 절대 아전인수가 아니라 내가 지금 설명하는 것을 보면 알 수 있습니다. 거기다가 세계는 지금 아시아의 시대로 들어오고 있습니다. 2차대전으로서 유럽의 식민지 시대가 끝났기 때문에 여러분, 결국은 이제는 아시아 시대로 양보하고 있고 이미 미국도 작년부터는 아시아·태평양 기구와의 교역이 유럽과의 교역보다도 더 많습니다. 이제는 세계가 아시아의 시대인데 이 아시아 시대에서 지금 한국이 6,000만의 대민족이 하루속히 통일하고 하루속히 화해해서 내부에서 탕진하고 있는 이 에너지와 물질적 이 낭비를 극복하고 태평양으로 진출해 나간다면 우리는 장래가 양양하다, 그러나 한 가지 얘기할 것은 아시아 시대에 있어서 경쟁자는 일본만 아니다, 지금 역사학자들은 또는 문명 비평가들은 21세기 가면 인도와 중국이 일본에 못지않은 경제로 등장할 거라고 합니다. 그러기 때문에 우리는 좋은 기회도 만났지만 강력한 도전자도 가지고 있습니다. 그래서 이런 의미에서도 우리들은 말하자면 정신을 바로 세워서 우리가 발전과 삶의 길로 가느냐, 정체와 패배의 길로 가느냐 하는 기로에 서 있는데 이것을 극복하는 길은 오직 민주주의입니다. 민주정부가 섰을 때만 국민의 전면적인 집합을, 협력과 단합을 가져올 수 있고 안녕을 가져올 수 있습니다. 민주정부 섰을 때만, 이미 말했듯이 남북 간의 화해와 평화를 가져올 수 있습니다. 그리고 통일의 방향으로 의미 있게 나갈 수 있습니다. 민주정부 없이는 이 모든 게 되지 않습니다. 그래서 이 민주화에 우리 국민과 해외교포가 총집결해서 참여해야 합니다. 미국에 와 있는 교포들은 어떤 의미에서는 한국 민주화운동에서 소외됐지만 말입니다. 어떤 의미에서는 한국의 오늘날 독재정치를 지탱하고 있는 것이 미국의 잘못된 정책이고 미국으로 인해서 민주주의가 지금 한국에서 회복되지 않고 있습니다. 미국이 지지하니까 일본이 따라가고, 미국과 일본이 지지하니까 군부 내의 민주 세력들, 군의 중립을 염원하는 세력들이 좌절되고 중산층 인텔리들이 좌절됩니다. 그렇기 때문에 미국의 정치를 바꾸는 것이 한국 민주화의 최대의 길이기 때문에, 어떤 의미에서는 미국에 있는 동포들은 가장 의미 있는, 가장 중요한 자리에 와 있다고 할 수 있습니다. 미국의 국회의원, 미국의 여론을 미국의 동포들이 움직여야 합니다. 캐나다도 그렇고 유럽에 있는 우리 동포들도 응분의 참여를 기여해야 합니다. 유럽의 힘은 아직도 강합니다. 그래서 나는 그런 것을 호소하는 동시에 지금 고난 속에 있는 노동자, 농민, 그리고 중소기업, 억압받는 사람들에 대해서 마음으로부터 위로와 격려의 말을 보내고 싶습니다. 우리는 절대로 좌절하지 말고, 절대로 자포자기하지 말고, 절대로 성급하지 말고, 우리가 고난스러울 때는 우리를 억압하고 있는 세력들도 고통스럽다는 것을 우리는 알아야 합니다. 그래서 우리가 좀 더, 이미 말한 대로 총단합하고, 비폭력 투쟁을 하고, 그리고 말하자면, 극단주의를 배격한 건전한 투쟁의 길로 나가면 머지않아 우리는 우리의 목적을 달성할 수 있다는 것을 말할 수 있습니다.

동시에 내가 여기서 강조하고 싶은 것은 우리 민주 세력들은 절대로 자본가의 적이 아닙니다. 자본가를 증오하지 않습니다. 기업인들이 이미 말한 대로 그런 기업윤리를 갖고 참여할 때 우리는 그 사람들을 지지하고, 그 사람들을 보호하고, 그리고 그 사람들이 참으로 권력의 노예로부터 해방되는 것을 도와줄 것입니다. 그렇기 때문에 기업인들도 민주정부 아래에서만 참된 자기들의 인격을 회복할 수 있다 하는 것을 내가 말하고 싶습니다.

이제 최후로 한 가지 더 첨가하고 싶은 것은 지식인들에 대해서입니다.

내가 지난번에 하버드대학에서 하버드대학 총장 데릭 복 박사가 우리 국제문제연구소에 와서 세미나를 할 때, 내가 그분한테 질문한 일이 있습니다.

도대체 제3세계, 우리 한국을 포함해서 미국 하버드나 예일 같은 일류 대학들, 여기 와서 공부하고 돌아간 사람들의 대부분이 미국에서, 민주주의 나라에서 높은 교육을 받고, 박사를 받아 가지고 돌아왔는데도, 돌아가서는 결국 독재자의 편에 섭니다. 민주주의와 정반대의 편에 서고, 그리고 소수에게 부를 집중시키는, 지금 미국을 돕는 그런 경제 정책을 지원하고, 그리고 백성들한테 그럴듯한 언론으로 백성들을 바보로 만들고 하는 이런 게 그들의 사고인데 이걸 어떻게 생각하느냐 하고 내가 말한 일이 있습니다. 내가 여러분께 얘기하고 싶은 것은 지식인은 한국에서, 세계 어느 나라보다도 많은 존경을 받아왔습니다. 그러나 진정한 지식인이란 것은 단순히 지식을 상대방 수요에 따라서 상품같이 파는 그런 지식상인이 아니라, 자기가 말한 지식에 자기가 전 책임을 지면서, 인격을 걸고 심지어 목숨까지 걸면서 그 지식의 진리를 지키는 사람이 진정한 지식인입니다.

우리 역사에서 그런 아주 좋은 예가 있습니다. 성삼문이나 신숙주, 다 같이 세종대왕에게 총애를 받고, 집현전 학자로서 아주 우수한 학자들이었습니다.

그런데 세종대왕 밑에서 똑같이 공헌하던 사람들이었는데, 그렇게 태평성대에는 똑같이 보였는데 막상 세조가, 수양대군이 단종을 죽이고 불의하게 정권을 빼앗으려고 할 때, 그건 불충이고 불효인데, 또 이조시대의 모처럼 세워가는 유교윤리를 전면적으로 파괴하는 이조의 건국 국기를 뒤집는 일인데, 여기에 대해서 성삼문은 자기의 배운 지식이 인격화되었기 때문에 목숨을 걸고 싸웠습니다.

신숙주는 과거에는 그렇게 안 보였는데 이제 보니까 그건 상품이었어요. 그렇기 때문에 세종대왕이 동이라는 상품을 요구할 때는 동을 팔았지만, 수양대군이 서라는 상품을 요구할 때는 서를 판다 이거예요. 그래서 그건 지식상인이란 걸 나타냈습니다.

오늘날 많은 학자들이 얼마나 많은 언론인들이 이런 지식상인 노릇을 하고 있는가, 그래 가지고 우리 국민들을 실망시키고, 우리 국민에게 슬픔을 주고 있는가, 지식인들이 크게 반성을 해야 한다고 생각합니다. 지식인이 존경받고, 지식인이 자기에 대해서 사랑을 가질 때는 그 지식의 진리를 목숨을 걸고는, 그런 길로 나아가야 합니다.

나는 우리 국민이나 재미교포들한테 얘기하고 싶은 것은, 우리가 안중근 의사, 윤봉길 의사, 이런 분들이 목숨을 바치고 20대, 30대에 이 세상을 떠났습니다. 그러나 그분들은 국민을 위해서 살고, 정의를 위해서 살고, 그리고 역사의 가는 길과 같이 살았기 때문에, 영생을 하고 있습니다. 우리는 지금도 그 사람들을 존경하고 있습니다. 우리가 그분들과 똑같이 그렇게 죽지는 못할망정, 또 우리가 고난 속에 참여는 못 할망정, 적어도 우리가 할 수 있는 응원을 해야 하는 것 아닌가. 하물며 안중근이나, 윤봉길 의사의 반대편에 서서 제3, 제4, 제5의 안중근, 윤봉길 이런 사람을 내지 않으면 안 될 그런 불행한 사회를 만드는 데 가담하는 일은 있어서는 안 될 것이라 말씀드리면서, 마지막으로 의미 있게 살아야 한다고 강조하고 싶습니다.

우리는 누구나 다 인생을 성공할 수 없지만, 인생을 삶에 성공하도록 해야 합니다. 그것은 무엇이 되기 위해서보다도 어떻게 사느냐를 중심으로 해서 살아야 합니다. 그러기 위해서는 내 양심과 이웃과 역사에 충실하게 우리가 살아야 합니다. 그래서 '행동하는 양심'이 돼야 하고 행동하지 않는 양심은 악의 편이라는 것을 다시 우리가 명심해야 합니다, 이것을 우리 국민과 해외에 있는 교포들에게 호소하며 내 말을 마치고 싶습니다.

제2부 ── 민중의 함성, 인식의 전환

민주주의를 위한 함성

프레드 브랜프먼

—

1986년 12월 14일, 미국의 반전운동가 프레드 브랜프먼Fred Branfman과 서울 동교동 사저에서 가진 인터뷰로, 미국의 듀크대학교 출판부가 발행하는 세계정책연구소의 간행물 『월드 폴리시 저널World Policy Journal』 1986-1987년호에 재수록되었다.

—

필리핀의 미래가 더 이상 페르디난드 마르코스의 것이 아님이 분명해지자 레이건 행정부는 재빨리 코라손 아키노를 지원했고, 민주주의를 지지한다는 막연하고 수사학적인 언질의 강도를 높였다. 그러나 한국의 권위주의적인 정권과 미국의 관계에 있어서 이것이 어떤 의미를 함축하는가에 대한 의문이 생기자, 조지 슐츠 국무장관은 지난 5월 서울을 방문한 기회에 다음과 같은 말로 그 의문에 답변했다. 그는 그 당시 "한국과 필리핀의 상황은 전혀 다르다"고 말했다.

슐츠의 주장이 진실이라 해도 그것은 정말 역설적인 진실이다. 두 나라의 상황을 구별 짓는 것은 분명 워싱턴이 한 나라의 경우에만 민주주의를 지지한다는 점이다. 한국의 전두환 대통령은 7년 전 군사쿠데타로 정권을 잡은 뒤 자기 전임자들의 전통에 따라 반대자들을 —때로는 무자비하게— 탄압하는 방법으로 나라를 다스려 왔다. 이러한 정책은 공산주의의 유령에 지레 겁을 먹고 권위주의적인 통치를 무한정 정당화시키는 워싱턴에서는 인기가 있을지는 모르지만, 국내에서는 점점 더 격렬한 공격을 받고 있다. 이런 사실은 전두환을 계속 괴롭혀 왔다. 지난해 그는 야당 지도자인 김대중을 서른아홉 번이나 가택에 연금시켰고, 11월 29일에는 7만 명의 전투경찰을 동원하여 야당 집회를 방해했다. 이것은 시민의 자유를 너무나 심하게 침해한 조치였기 때문에, 미 국무부조차도 미온적인 비난이나마 하지 않을 수 없다고 생각할 정도였다.

전두환의 민주정의당은 지난번 선거에서 총투표수의 35퍼센트밖에 얻지 못했는데도 불구하고 국회를 지배하고 있다. 농어촌 지역—이곳에서는 중앙에서 임명된 지방관리들이 투표를 조작할 수 있다—에 지나치게 많이 배정된 의석, 그리고 다수당에게 추가 의석을 주는 헌법 조항이 복합적으로 적용하여 전두환의 지위를 굳혀 주고 있다. 야당이 대통령직선제 개헌을 요구하고 있는 이유는 바로 그것이다. 전두환이 제안하는 내각책임제는 단지 그의 통치를 영구화시킬 뿐이라고 널리 믿어지고 있다.

오늘날 한국을 방문하는 사람들은 이 나라의 눈부신 경제 성장에 깊은 인상을 받지만, 그보다 훨씬 더 주목할 만한 것은 그 경제 성장이 미국 지향적인 근대사회를 이룩하는 데 크게 이바지해 왔다는 점이다. 이 사회의 시민들은 이제 출판과 언론에 대한 제약이나 정부가 요구하는 정치 생활을 점점 거부하고 있다. 따라서 한국이 미국의 전통적인 가치에 커다란 관심을 보이고 있는 이 때 미국이 전두환을 지지하는 것은 자신의 전통적인 가치와는 완전히 상반된다. 실제로 전두환의 통치에 대한 도전은 다음 인터뷰에도 드러나 있듯이 대다수의 미국인들이 가장 친밀감을 느낄 만한 사람들로부터 제기되고 있다. 김대중은 민주제도의 열렬한 옹호자다. 개신교 목사이며 인권운동가인 문동환은 평화적인 수단만이 독재정권을 몰아낼 수 있는 유일한 방법이라고 경고한다. 그리고 익명을 요구한 어떤 경제학 교수의 '경제학'은 매우 미국적인 성격을 띠고 있다.

한국은 미국이 제2차세계대전 이후 민주주의가 아니라 독재를 자신의 친구로 규정해 온 외교정책의 실수를 만회할 수 있는 좋은 기회를 제공하고 있다. 그러나 오늘날 워싱턴이 내려야 할 결단은 매우 긴박하다. 한국의 젊은 세대는 더욱 적대적이 되어 가고 있다. 미국이 계속 전두환을 옹호하여 지난 5월에 슐츠가 말했듯이 전두환이 "옳은 방향으로 인상 깊게 나아가고 있다"고 주장한다면, 결국에는 미국의 이익을 훨씬 덜 옹호하는 다음 정부와 대결하게 될 것이다.

민주정부만이 국민의 지지를 받을 것

브랜프먼 1974년에 내가 귀하를 방문했을 때 귀하는 가택 연금 상태였다. 지금은 1986년인데, 귀하는 올해 서른아홉 번이나 가택 연금을 당했다. 지난 12년 동안 어떤 의미 있는 변화가 있었는가?

김대중 근본적으로 우리는 지난 1974년에 그랬듯이 지금도 군부독재 시대에 살고 있다. 그러나 한 가지 중요한 차이가 있다. 현재의 군사정부는 더 허약해졌고 국민은 더 강해졌다. 지난 1974년에는 국민이 군사정부에 도전할 만큼 강하지 못했다. 지금은 민주주의를 위해 싸우겠다는 결의와 자신의 신념을 위해서 기꺼이 감옥에 가기까지 한다. 현재 감옥에는 박정희 시절보다 훨씬 많은 2,000명 이상의 정치범이 수용되어 있다. 따라서 가장 큰 변화는 국민의 태도가 매우 용감하게 발전했다는 점이다.

국민의 태도가 이처럼 변한 이유는 군사정부를 끝장내지 않고는 자유도 정의도 인간의 존엄성도 있을 수 없다고 믿는 사람들이 점점 더 늘어나고 있기 때문이다. 게다가 민주주의가 회복될 때까지는 한반도의 진정한 평화와 안보의 가능성은 결코 있을 수 없으며, 통일의 가능성도 전혀 없다. 민주정부만이 국민의 지지를 받을 것이고, 국민의 지지를 받는 정부만이 북한으로 하여금 오랫동안 품어 온 적화 통일의 야욕을 포기하도록 만들 수 있을 만큼 안정된 지위를 누릴 것이다.

그래서 국민은 우리가 민주주의를 가져야만 비로소 우리가 원하는 다른 것들도 이룰 수 있다는 사실을 절감하게 되었다. 국민은 또한 군은 결의와 자발적인 정치투쟁만이 군사정부를 민주정부로 변화시킬 수 있다고 믿게 되었다. 군사정부는 1980년에 정권을 잡은 이후, 1980년 5월에 일어난 시민의거, 5·18 민중항쟁에 수백 명의 광주 시민들을 학살하는 등 너무나 많은 악행을 저질러 왔다. 국민은 그렇게 사악한 정부를 더 이상 용납하기를 거부하고 있다.

브랜프먼 지금 정부에 대한 반대가 더욱 커지고 있는 이유는 억압이 더한층 심해지고 있기 때문인가? 아니면 향상된 경제 사정이 이런 민주화 요구를 낳은 원인인가?

김대중 우리는 1974년 이후 두드러진 성장을 경험해 왔다. 그 당시 400달러에 불과했던 1인당 국민소득이 지금은 2,000달러를 넘어섰다. 그러나 지금 국민이 눈앞에 보고 있는 것은 극소수의 부유층에 엄청난 부가 집중되어 있는 현상이다. 최근 미국의 『샌프란시스코 크로니클』지는 한국의 6대 재벌 일족이 부의 70퍼센트를 독점하고 있다고 보도했다. 또한 작년 10월 10일자 『뉴욕 타임스』지는 한국의 10대 재벌이 국민총생산GNP의 64퍼센트를 완전히 장악하고 있다고 보도했다.

이것은 경제 발전에도 불구하고 정치와 사회가 안정되지 않는 이유를 설명해 준다. 가진 자와 못 가진 자, 정부와 피지배자, 대기업과 중소기업, 지역 간에 엄청난 불균형이 존재한다. 한국 경제가 성장할수록 한국 국민의 불만은 더욱 커지고 있다. 국민은 이제 절망적이 되었다. 그리고 민주주의가 없기 때문에 그들이 자신의 불만을 털어놓을 자리도 없다. 언론은 정부의 대변자이고, 국회는 여당의 도구이며, 법원은 정부의 시녀다. 게다가 언론과 집회 및 출판의 자유가 극도로 제한되어 있다. 그런데 한국 국민 중에서도 특히 우리 젊은이들은 민주적인 언론과 집회와 출판을 추구하고 있기 때문에 더욱 커다란 절망감을 느끼는 것이다. 그 결과 그들 가운데 일부는 폭력을 사용하게 되었다. 그러나 그들이 남긴 것은 오직 분노뿐일 경우가 많았다. 우리는 그런 태도를 찬성하지는 않지만 이해할 수는 있다. 전두환 정권과 미국은 바로 이 점을 이해해야 한다.

브랜프먼 정부를 가장 강력하게 반대하는 계층은 가난한 사람들인가, 중산층인가, 아니면 상류층인가?

김대중 이상한 일이지만 가난한 사람들보다는 중산층과 상류층이 현 정부를 훨씬 덜 지지하고 있다. 친정부 기관이 실시한 여론조사에 따르면, 가난한 사람들의 50퍼센트가 현 정부를 반대한 반면에 상류층은 70퍼센트 이상이 반대하고 있다. 저소득층은 먹고살기 위해서 열심히 일해야 하기 때문에 정치에 관심을 기울일 시간이 별로 없다. 그들은 또한 신문이나 다른 언론 매체로부터 별로 많은 지식을 얻지 못한다. 따라서 물질적으로 유복한 사람들이 전두환 정권 같은 정부를 지지할 가능성이 더 크다는 칼 맑스의 분석과는 반대로 우리는 경제 수준이 향상될수록 권위주의적인 통치로부터 해방되고 싶어 한다는 사실을 알 수 있다.

브랜프먼 귀하는 미국이 한국 야당의 견해를 좀 더 잘 이해할 필요가 있다고 말했다. 그러나 이곳에 있는 미국 관리들은 민주주의를 촉진시키기 위하여 자기네가 할 수 있는 일은 별로 없으며, 자기네들은 '유용한 수단'을 전혀 갖고 있지 않다고 말한다.

김대중 그것은 아마 어느 정도는 사실일 것이다. 그러나 부분적으로는 책임을 회피하기 위한 핑계이기도 하다. 미국은 아직 우리나라의 문제, 특히 군사 문제와 무역 관계에서 우리나라에 막강한 영향력을 갖고 있다. 중요한 것은 우리가 미국에 대하여 우리 국내 문제에 간섭해 달라고 요구하는 것이 아니라 다만 독재정권을 더 이상 지지하지 말아 달라고 요구할 뿐이라는 사실을 깨닫는 일이다. 우리는 또한 미국이 우리를 좀 더 많이 성원해 줄 것을 요구한다. 미국이 민주주의를 기꺼이 지지한다면, 우리 국민―특히 군대 내부의 민주 인사들―은 커다란 용기를 얻을 것이다. 미국 정부도 잘 알고 있듯이, 군부의 정치 개입을 못마땅하게 생각하는 군대 지도자들이 점점 더 늘어나고 있다.

지난 7월 미 하원이 한국의 민주주의를 지지한다는 결의안을 만장일치로 채택했을 때 우리는 큰 힘을 얻었다. 그 결의안에는 언론의 자유와 모든 정치범의 석방, 나 자신을 포함한 정치범들의 공민권 회복, 전두환 대통령과 야당 지도자들의 진지한 대화, 그리고 한국 국민의 뜻에 따라 결정되는 자유롭고 공정한 선거를 비롯하여 매우 좋은 항목들이 담겨 있다. 이 다섯 개 항목은 대단히 중요하며 또한 적절하다. 우리는 미국 정부가 한국에서의 이 결의안을 이행하기 위하여 최선의 노력을 다하기를 바란다. 그러나 미 하원이 이런 결의안을 채택했는데도 불구하고 미국 정부의 태도는 별로 달라진 점이 없다. 한국인들이 생각하기에, 미국은 아직도 독재정권을 지지하고 있다.

또한 주한미군 사령관은 한국군 전체에 대한 사실상의 지휘권을 행사하고 있다. 실정이 이러한 이상 미국은 한국군이 정치에 개입하지 않도록 격려해야 한다. 군의 정치 개입은 우리의 국가안보를 약화시킬 뿐이기 때문이다. 주한 미군 사령관은 한국군에 대하여 정치적 중립을 요구할 충분한 권한을 갖고 있다. 수단은 분명히 존재한다. 다만 의지가 부족할 뿐이다.

브랜프먼 주한 미국대사관은 자신의 지휘권이 명목상의 것에 불과하며, 실제로 전두환의 군대가 정치적 목적에 이용되는 것을 막지 못하고 있다고 말한다.

김대중 그것이 명목상의 지휘권이라면, 왜 한국 국민에게 지휘권을 완전히 돌려주지 않는가?

브랜프먼 내가 듣기로는, 지난 5월 조지 슐츠 국무장관의 방한을 비난하는 소리가 있었던 것으로 알고 있다.

김대중 필리핀 민주혁명 이후, 레이건 행정부는 새로운 독트린을 발표했다. 미국은 우방들의 안보만이 아니라 민주주의도 지지하겠다는 내용이었다. 슐츠 국무장관도 똑같은 말을 했다. 그래서 우리는 그의 방한에 많은 기대를 걸었다. 그러나 그는 한국 국민을 크게 실망시켰다. 그는 전두환이 민주주의를 발전시키기 위해 많은 일을 하고 있으며 한국의 상황은 필리핀과는 다르다고 말하면서, 공공연히 아무 거리낌도 없이 전두환에 대한 지지를 표명했다. 그는 전두환이 제안하는 내각책임제가 민주적이라고 말하여 한국 국민의 신념에 대한 무지를 드러냈다. 그는 또한 우리 신한민주당을 부당하게 비판했다. 슐츠가 서울에 도착한 직후 인천에서는 학생과 경찰 사이에 충돌사태가 일어났는데 슐츠는 우리 신한민주당이 이 인천사태를 선동했다고 말했다. 그리하여 그는 우리를 몹시 실망시켰고, 나아가서 학생과 일반 대중의 반미 감정에 공격용 무기를 제공해 주었다.

브랜프먼 나는 최근 민정당의 한 국회의원과 얘기해 봤는데, 한국에는 어떠한 언론 검열도 없으며 언론은 귀하의 견해를 충분히 보도하고 있다고 그는 말했다.

김대중 그건 전혀 사실이 아니다. 물론 공식적인 검열은 없을지도 모르지만, 한국의 모든 신문은 발행인으로부터 기자에 이르기까지 정부와 협력하는 방법을 배워 왔다. 그들이 정부에 협력하지 않으면 경찰이나 국가안전기획부에 끌려가 심한 시달림을 당한다. 실제로 많은 언론계 인사들이 그런 기관에 끌려가서 고통을 당한 경험이 있다. 심지어는 매질을 당한 편집자와 신문기자들의 사례도 알려져 있다. 그리고 전두환이 정권을 잡은 이후 700명 이상의 언론인이 신문사에서 쫓겨났다.

문공부(현 문화체육관광부)는 매일 언론사에 보도지침을 보내어 실제로 이렇게 지시한다. "이 사건은 반드시 보도해야 한다. 이 사건은 보도하면 안 된다. 이 기사는 크게 다루어라. 이 기사는 작게 다루어라" 등등, 그 보도지침의 사본을 당신에게 보여 줄 수도 있다.

게리 하트가 최근 한국을 방문했을 때 우리 집에 찾아온 것을 당신도 아마 알고 있을 것이다. 나는 기자들 앞에서 우리나라의 현재 상황에 관하여 게리 하트와 대화를 나누었다. 그런데 한국 기자들은 단 한 사람도 그 대화를 보도하지 않았다. 그들이 쓴 것은 "게리 하트가 김대중(재야 인사)과 김영삼을 방문했다"는 말뿐이었다. 그러나 게리 하트와 여당 지도자와의 대화는 아주 자세히 보도했다. 그와 마찬가지로, 나에게 인터뷰를 요청하는 한국 신문사는 하나도 없었다. 인터뷰를 해 봤자 보도할 수가 없기 때문이다. 그리고 한국의 어떤 신문도 내 사진을 실을 수가 없었다. 극소수의 경우에만 내 사진이 신문에 나오는데, 그것은 내 독사진이 아니라 다른 사람들과 함께 찍혔을 때다.

작년 여름에 한국의 한 주요 월간지가 개헌 문제를 특집으로 다루려는 편집 계획을 세웠다. 그들은 여당과 나를 포함한 야당 인사들에게 그 문제에 대한 원고를 써 달라고 요청했다. 그래서 나는 원고를 써 주었다. 그런데 국가안전

기획부가 내 원고를 빼라고 요구했다. 편집자가 그것을 거부하자, 마침내 국가안전기획부 요원들은 인쇄소를 습격하여 내 원고가 실리는 것을 물리적으로 방해했다. 그때쯤엔 시간이 너무 촉박해서 잡지 편집자들이 그 지면을 새로 편집할 여유가 없었기 때문에 그들은 내 원고가 실려야 할 지면을 공백으로 남겨둔 채 잡지를 발행했다. 올해에는 그들도 나에게 원고를 부탁하는 것조차 포기했지만, 그 잡지사의 한 기자가 내 불출마 선언―만약 전두환이 대통령직선제에 동의한다면 나는 대통령 선거에 출마하지 않겠다는 선언―에 대한 기사를 썼다. 편집 사진을 삭제할 수밖에 없었다. 그래서 내 사진이 들어가야 할 지면이 공백인 채 인쇄되었다.

브랜프먼 게리 하트는 언론이 귀하와의 대화를 보도하지 않은 것에 대해서 뭐라고 말했는가?

현 상황이 얼마나 어려운가

김대중 그는 우리가 얼마나 많은 고통을 겪고 있으며 우리의 상황이 얼마나 어려운가를 알았다고 말했고, 우리에게 깊은 동정심을 느낀다고 말했다. 그리고 미국만이 아니라 전 세계의 수많은 사람들이 우리를 지지하고 있다고 말했다. 그러니까 용기를 갖고 민주회복투쟁을 계속하라고 우리를 격려해 주었다. 또한 민주주의는 안보에도 매우 중요하기 때문에 미국은 민주주의를 종전보다 훨씬 더 진지하게 다루어야 한다고 그는 말했다. 그는 또한 미 하원이 지난 7월에 한국의 민주주의를 지지하는 결의안을 채택한 것처럼 미 상원도 똑같은 결의안을 채택하도록 최선의 노력을 다하겠다고 약속했다.

브랜프먼 민정당 국회의원이 나에게 말하기를, 한국 야당은 과거에는 국회의원이 간접적으로 국가 지도자를 선출하는 내각책임제를 지지해 왔다고 한다.

이것은 물론 전두환이 요즘 제안하고 있는 그 개헌안이다. 따라서 진정한 문제는 당신들이 한때 지지했던 간접선거 방식이 아니라 쌍방 간의 신뢰 문제라는 것이 그 민정당 의원의 의견이다. 또한 정부는 자신의 성실성을 보여 주기 위하여 기꺼이 타협할 각오가 되어 있었는데 야당이 타협을 원치 않았다고 그는 말했다.

김대중 그것은 사실과 정반대라고 나는 생각한다. 이승만 치하에서 야당이 내각책임제를 강력히 지지했던 것은 사실이고, 이 제도는 1960년에 4·19혁명이 일어나 이승만이 사임한 뒤 채택되었다. 그러나 그 후 여러 해 동안의 경험—특히 잇따른 독재정권 치하에서의 경험—은 내각책임제가 안정된 정부를 유지하는 데 비효율적이며 확실히 군사쿠데타를 방지할 수가 없다는 사실을 한국 국민에게 가르쳐 주었다. 그래서 1961년 이후 야당은 한 번도 내각책임제를 지지한 적이 없다.

여당이 거짓말을 퍼뜨린 건 이번이 결코 처음은 아니다. 박정희가 1972년에 유신독재를 선포한 이후, 우리는 자유로운 대통령중심제를 확립하려고 끈질기게 싸워 왔다. 1979년에 박정희가 암살당했을 때, 야당이 박정희 자신의 정당인 민주공화당과 함께 대통령중심제에 입각한 새로운 헌법을 만든 이유도 바로 그것이다. 그러나 전두환이 군사쿠데타를 일으켜 정권을 장악하는 바람에 이 헌법은 채택되지 못했다. 작년에 국회의원 선거가 실시되었을 때 우리는 단 한 가지 공약만 내걸었다. 그것은 바로 대통령직선제의 회복이었다. 따라서 그 민정당 의원의 말은 전혀 사실이 아니다.

브랜프먼 타협의 여지는 있는가? 정부가 자유언론과 자유선거에 동의하고 정치범을 석방하고 다른 총선거가 실시될 1988년 이전에 지방관리들에 대한 임명제를 선출제로 바꾸기로 동의한다면, 내각책임제를 받아들이겠는가?

김대중 문제를 이런 식으로 설명해 보겠다. 당신은 소련이 미국식 민주주의를 받아들일 거라고 기대하는가? 그와 마찬가지로 현 정부는 자기가 권력을 잃게 되는 변화는 결코 받아들이려 하지 않는다. 그리고 자유선거를 하면 그들은 정권 유지를 절대로 기대할 수가 없다. 지방관리들이 현재 임명제인 덕분에 국회에 대한 지배권을 획득할 수 있는 방법은 오직 이것뿐이다. 전두환은 은퇴한 뒤에도 막후에서 영향력을 행사하려는 온갖 계획을 갖고 있으며 내각책임제는 바로 그의 이런 계획을 가능하게 해 주리라는 것을 당신은 이해해야만 한다. 그런 제도하에서는 전두환이 자기 측근들 중에서 국회의원 입후보자를 선택할 수 있고 부정선거를 통해서 그들의 당선을 확보할 수 있다. 그렇게 되면, 전두환은 은퇴한 뒤에도 여전히 민정당 총재로 있으면서 당직자 회의를 통해 그들을 통제할 수 있다. 그는 자기에게 복종할 사람을 대통령 후보로 지명할 수 있기 때문이다.

정부는 자기가 이미 양보했다고 말하지만 그것은 사실이 아니다. 나는 1985년 2월 미국에서 돌아온 뒤 현재의 여러 문제를 논의하기 위해 진지한 대화를 갖자고 전두환 대통령에게 거듭 요구해 왔다. 그는 북한 지도자인 김일성과는 기꺼이 만날 용의가 있다면서도, 우리와 만나기는 꺼린다. 그리고 그는 내 공민권을 계속 인정하지 않고 있다. 레이건 대통령이 게리 하트의 공민권을 박탈하여 대중연설도 못 하게 하고 언론이 그의 논평이나 사진조차도 싣지 못하게 방해하는 경우를 상상이나 할 수 있겠는가. 이곳 상황은 바로 그렇다. 나는 올해 서른아홉 번이나 불법적인 가택 연금을 당했고, 대중연설을 금지당해 왔다. 심지어는 교회 신도들 앞에서도 연설하지 못했다.

야당은 국민투표로 우리의 견해 차이를 해결하자고 전두환에게 제의해 왔다. 우리는 국민에게 두 가지 개헌안—우리의 직선제 개헌안과 정부의 내각책임제 개헌안—을 제시하고 국민이 결정하게 할 수 있다. 그러나 전두환은 그 의견을 거부했다. 지난 11월 5일에 나는 전두환이 대통령직선제 개헌안을 받아들인다면 내가 대통령 선거에 출마하지 않음으로써 그의 불안을 어느 정도 덜어 주겠다고 선언하기까지 했다. 그러나 전두환은 그 의견도 역시 거부했다. 그런데 정부가 어떻게 기꺼이 타협할 용의가 있다고 말할 수 있겠는가.

브랜프먼 귀하의 당은 국회의 의사 진행을 언제까지 계속 거부할 것인가?

김대중 신한민주당은 영원히 국회를 거부하지 않을 것이다. 그러나 12월 8일에 끝나는 마지막 회기에서는 집권 여당이 우리를 터무니없이 무시하는 태도를 보이기 시작했기 때문에 국회에 참여하지 않기로 결정했다. 12월 2일에 민정당은 내년도 예산안과 21개의 중요한 법안을 승인했다. 그들은 우리와 협의하지 않았을 뿐만 아니라, 본회의장이 아닌 부속실에서 회의를 열고 우리를 그 방에 들여보내지 않음으로써 우리가 예산안과 법안 심의에 참여하는 것을 막았다. 사실상 우리는 심의가 진행 중이라는 것도 알지 못했다. 따라서 본질적으로 그들은 예산안을 불법으로 통과시킨 것이다.

1986년 2월의 총선거 이후 국회는 예산안을 두 번 통과시켰는데, 그때마다 민정당은 야당과 함께 예산안을 심의하기를 거부했다. 이러한 태도는 그들의 군대 지향적인 사고방식을 반영한다. 그들은 야당과의 어떠한 타협도 전쟁터에서의 패배로 간주한다. 그들은 우리를 자기의 라이벌이 아니라 적으로 간주한다. 그리고 적은 반드시 파멸시켜야 하는 법이다. 반면에 라이벌은 파트너로 취급된다. 그들은 우리를 적으로 간주하기 때문에 절대로 우리에게 기꺼이 권력을 넘겨주지는 않을 것이다. 그러나 그들은 "민주주의를 실천하고 있다"는 증거로서 우리를 필요로 한다.

반면에 우리는 그들을 적으로 보지 않는다. 그러나 그들을 민주적 라이벌로 간주하지도 않는다. 우리가 어떻게 그럴 수 있겠는가. 그들은 우리를 파멸시키고 싶어 한다. 우리는 그들이 민주주의의 지지자가 되도록 도와주기를 원한다. 그러나 나는 비록 그들이 우리─그중에서도 특히 내 자신─를 박해해 왔다 할지라도 민주주의가 실현된 뒤 그들에게 보복할 의도는 추호도 없다는 사실을 강조하고 싶다. 정치적 보복은 불필요할 뿐만 아니라, 우리가 정치적 안정과 화해를 이룩하는 데 이바지하지도 못할 것이다.

브랜프먼 야당이 집권하면 한국에서의 생활은 어떻게 달라질 것인가?

미국이 한국의 민주화를 지지해야 할 이유

김대중 우리 국민은 민주적 자유를 누리게 될 것이다. 그러나 현재의 상황을 고려하면, 공산주의자들에게는 이런 자유와 권리를 보장해 줄 수 없다. 공산당을 제외하고는 모든 정치집단이 똑같은 자유를 갖게 될 것이다.

또한 노동자와 농민은 노동조합과 농업협동조합 같은 자유로운 조직을 갖게 될 것이다. 그리고 정부는 기업과 노동조합이 협력하도록 도우면서 중립적인 입장을 유지할 것이다. 우리는 현재의 정부 통제형 경제와는 달리 자유시장 경제체제를 갖게 될 것이다. 기업은 정부로부터 아무런 특혜나 제약을 받지 않고 공정하게 경쟁하도록 장려될 것이다, 우리는 자유무역 정책을 추진할 것이며, 그리하여 미국과 좋은 교역 관계를 발전시킬 것이다.

국가안보에 대한 우리의 접근 방식도 현재의 정부와는 전혀 다르다. 우리는 민주주의가 있어야만 공산주의를 극복할 수 있다고 믿는다. 포르투갈과 스페인 및 서독의 경험이 보여 주듯이 민주주의는 공산주의에 대항할 수 있는 가장 강력한 무기이다. 포르투갈의 살라자르 정권과 스페인의 프랑코 치하에서는 공산주의자들이 동조자들을 얻을 수 있었다. 그러나 민주주의가 회복되자 공산당은 약해졌다. 그리고 서독은 오로지 민주체제 덕분에 자신감을 갖고 동독을 상대할 수 있다. 우리는 또 하나의 서독이 되고 싶다. 본과 베를린이 분단되어 있듯이 우리도 북한과 분단되어 있기 때문이다. 민주주의는 한반도의 영구 평화와 궁극적인 통일을 위해 북한과 협상할 수 있는 힘을 우리에게 줄 것이다. 이러한 안정과 안보는 우리에게 이로울 뿐만 아니라 이북에도 매우 이롭다. 따라서 미국이 우리나라의 민주화를 지지해야 할 이유는 충분하다.

브랜프먼 김영삼은 최근 1988년 3월에는 야당이 한국을 다스리게 될 거라고 예언했다. 그 말에 동의하는가?

김대중 나는 희망을 걸고 있다. 내년 봄에는 민주주의냐 독재냐를 결정하게 될 매우 중요한 정치 시즌에 들어서게 될 것이다. 우리 목표를 달성하기 위해서는 두 가지 조건이 필요하다. 즉, 야당은 강력하게 통합된 상태로 남아 있어야 하며 중산층의 지지를 얻으려면 앞으로도 계속 온건해야 한다. 우리는 독재정권과 끈질기게 싸워야 하지만 폭력에 의존해서는 안 된다. 그리고 독재정권에 반대함에 있어서, 우리가 용공적이라는 인상을 우리 젊은이들에게 주어서는 안 된다. 또한 우리가 미국, 일본의 정책에 반대하는 것이, 미국과 일본을 우리의 적으로 간주한다는 것으로 이해되지 않도록 조심해야 한다. 우리가 특히 중산층에게 그런 부정적인 인상을 심어 준다면, 우리는 필리핀처럼 '피플스 파워'를 동원하는 데 필요한 지지를 결코 얻지 못할 것이다.

우리가 마하트마 간디와 마틴 루서 킹과 필리핀 국민의 평화적이고 온건한 태도를 깊이 본받는다면, 우리는 이 나라를 민주주의로 이끌어 갈 수 있으리라고 나는 믿는다.

우리는 과격한 반미 운동이 출현하는 것을 피하고 싶으며, 그렇게 하기 위해서는 미국 정부의 협력이 필요하다는 사실을 강조하고 싶다. 미국 정부가 우리 국민의 민주화투쟁을 지지하지 않는 한, 반미 감정의 출현을 완전히 막을 수는 없다.

김대중 대통령 후보 정책 질의

민주통일민중운동연합

—

1987년 10월 5일, 민주화운동 관련 단체들의 연합기구인 민주통일민중운동연합(민통련)의 주최로 민통련 회의실에서 열린, 당시 김대중 대통령 후보의 정책 세미나 내용이다.

—

국민의 힘을 업고 미국과 거래해야

질문 현 시기를 '친미보수연합' 구축의 시기로 보는 데에 대한 견해는? 미국의 한반도 정책의 기조는 무엇이라고 보고 있으며 특히 현 시기에 있어서 미국이 관철하려 하는 바가 있다면 무엇이겠는지?

김대중 미국의 정책이 기본적으로 무엇이든지 다음 정권에 나간 사람이 국민의 협력을 얻어서 우리 운명은 우리가 결정한다, 이러한 태도로 나아가야 한다고 생각한다. 그러나 국가가 존립하는 데 있어서 국제 관계는 무시할 수 없고 어찌 됐건 해방 이후 45년 동안 깊이 연관되어 있는 미국과의 관계를 무시할 수도 없다. 그것은 비록 우리뿐 아니라 필요하면 미국과 손잡는 것은, 공산주의를 표방하고 미국을 이 세상에 살아 있는 악마라고 표현하고 이 악마가 있는 한 이 세계에 평화도 정의도 없다 하던 중국이 오늘날 미국과 손잡고 여러 가지 하는 것을 보더라도 국제 관계는 어디까지나 국익제일주의, 이것으로 나아가야 한다고 생각한다. 우리 국제 관계는 피를 맺는 동기도 아니고 사촌 간도 아니고 영원한 벗도 아니고 영원한 적도 아니고, 우리는 국익제일주의로 나아가야 한다고 생각한다.

그렇다면 우리의 국익은 무엇인가. 첫째는 남한에서 민주주의를 해서 국민이 전부 자기 운명의 주인이 될 수 있는 국민에 의한 정치, 말하자면 남한의 민주주의를 하는 데 있어서 미국이 이것을 지지할 때는 우리가 협력하고, 지지 안 할 때는 싸우고 반대하고, 이런 입장을 취해야 한다고 생각한다.

둘째는 민족 경제를 해 나가는 데 미국이 여기에 대해서 말하자면 협력할 때는 그러한 방향으로 우리가 협력을 하고 그렇지 않을 때는 우리는 여기에 대해서 저항하고 싸우고 우리의 국익을 지켜야 한다.

그리고 무엇보다도 우리가 바라는 남북 간의 평화, 전쟁 억제, 조국의 통일, 이 방향으로 나아가는 데 우리는 미국이 어떻게 협력해 오는가 여기에 따라서 대미 정책이 좌우되어야 한다고 생각한다.

지금까지 보면 미국을 과대평가해서 그런지 모르나 뭐든지 잘못된 것은 미국의 책임이고 우리 책임이 없는 것같이 말하나, 물론 우리나라를 이 꼴로 만든 데에는 미국의 책임도 크지만 또한 박정희나 전두환 씨의 책임도 그에 못지않게 크다. 또 우리나라 경제 지도자의 책임도 크다고 생각한다. 예를 들면 2차대전 이후 미국이 세계의 부의 60퍼센트 이상을 지배할 때 미국은 유럽이나 일본에 가서 투자를 했다. 그런데 유럽이나 일본은 미국의 식민지가 되지 않고 오늘날 미국 경제를 위협하는 존재가 됐다. 또 지금도 미국이나 일본의 다국적 기업이 중국 본토나 대만, 싱가포르, 인도, 이러한 부패하지 않은 나라에 가면 정상적인 투자를 해서 정상적인 이익을 보려 한다. 그런데 인도네시아나 필리핀이나 한국 이런 데에 오면 나쁜 물건을 비싸게 팔려고 한다. 그렇게 해야만 팔린다. 즉 뒤에서 마진을 많이 내 갈라 먹어야 한다. 그런 이유로 이 정권과 기업인의 책임이 아주 크다고 생각한다. 또 지금까지 독재정권은 자기 힘으로는 국민들의 지지를 얻지 못하기 때문에, 이것을 감당 못 하기 때문에 자주 미국에 의존하므로 정치적 군사적으로 예속이 심화되어 왔다.

그러나 민주정부가 서서 국민들의 힘으로 우리가 우리 자신의 안보를 책임질 수 있고, 그리고 자신을 갖고 남북 간에 대화를 추진하고 평화를 하고 할 때 우리가 미국에게 그렇게 의존할 필요가 없다는 것이다. 물론 국제 관계는 우리가 감정만 가지고는 할 수 없다. 거기에는 여러 가지 어려운 복잡한 문제도 있고 현실을 무시할 수 없는 문제도 있다. 이 세계에서 진정한 의미에서 미국과 소련의 영향을 전적으로 무시할 수 있는 나라는 거의 없다. 그러나, 그것은 어디까지나 상대적으로 볼 때 이만하면 우리가 자주적으로 하고 있다, 이만하면 우리 운명 우리가 결정하고 있다, 이런 선은 있는 것이다. 이것은 곧 누가 결정하는가, 국민적 합의가 이것을 결정할 것이고 우리의 상식이 결정할 것이다.

지금 미국이 '보수연합'을 바란다는 것은 우리 모두가 잘 안다. 내각책임제 추진하지 않았는가, 미국이. 그래서 내가 미국에서 와 보니 신민당이 선거에서는 직선제 가지고 나갔는데 —내가 누구 앞에서 자신 있게 말할 수 있다— 이 신민당의 상도동계, 동교동계 둘 다 내각책임제를 지지하고 있다, 그러니 내각책임제 하자고 나를 붙잡고 설득을 했다. 그래야만 민정당이 개헌을 할 것이라고, 이것도 진일보 아니냐, 이런 식으로. 그런데 그 배후를 보니 미국에서 1985년 1월에 귀국하려 하니 당시 워커 대사가 사람을 보스턴까지 보냈다. 당신이 귀국하면 현 정권이 잡아 둔다고 하니 당신을 보호해 줄 필요가 있다, 그러니 안 오는 게 좋겠다. 그래서 내가 미국을 믿고 가느냐, 갈 때는 감옥 갈 각오로 간다. 당신들이 날 보호하고 자시고 할 필요가 어딨느냐, 그러면서 내가 귀국한다고 하니 미국의 민주주의자들이 합심해서 정부에 압력을 넣어 미국 정부가 전두환 씨에게 김대중 귀국하면 구속 못 시킨다고 하더라 하는 말이다. 그러나, 한국 정부가 미국에 떼를 쓰니 미국 정부가 공식 '귀국 연기' 요청을 했다. 그래도 밀어붙이고 나왔는데 국민의 힘이 그렇게 세니 미국이 전두환 씨에게 압력을 가해 체포를 못 하게 했다. 그렇기 때문에 미국이 우리 운명을 마음대로 좌우하는 게 아니라고 본다. 그래서 우리가 국민하고 뭉쳐서 우리의 자주적 입장을 펴 나가면 나는 우리의 권리를 지킬 수 있다고 본다.

지금 의심의 여지 없이 미국이 노태우 씨 지지하는 게 사실이다. 또 나를 후보 중에 제일 안 받아들이는 것도 사실이다. 그렇지만 그것이 미국 마음대로 다 되는가. 내각책임제 하려다 못 했고 이민우 구상 지지하다 실패했으며 또 4·13조치 나오자 그거라도 받아야지 안 받아서 군대가 나오면 어떻게 하겠는가, 몇 년 이후로 노태우 씨 취임하면 민주주의 대폭 할 테니 올림픽 이후로 보는 것이 좋다, 이런 말을 우리가 상대 안 하고 밀고 나가니 여기까지 온 것이 아닌가. 이래서 우리는 미국의 힘을 과소평가할 필요도 없지만 과대평가할 필요도 없다. 미국의 약점이라고 하는 것은 한국 국민에게 미움받고 싶지 않다는 것이다. 그러면 국민의 힘을 등에 업고 미국과 거래할 때 우리는 우리의 이익을 상당히 지켜 나갈 수 있다.

경제 문제도 마찬가지이다. 아까도 말했다시피 이쪽에서 부패한 정권이 자진해서 그렇게 나왔다. 소 값이 폭락한 것도 그렇다. 미국 소가 그만큼 들어온 것이 아니고, 주로 호주 소와 캐나다 소 때문에 이렇게 되었는데, 사실 그 사람들이 사가라고 압력 가할 힘도 없다. 그런데 소 값이 폭등을 해서 180-200만 원까지 가니까, 저쪽 소 값과 비교하니 사 오면 큰 이익이 남거든, 그러니 재벌들과 새마을운동 하는 사람들이 결탁을 해서, 소를 마구 사들여 왔는데 이래서 남는 돈을 갈라 먹고 근 1조 원이 넘는 돈을 빼먹었다. 농민은 200만 원 가넌 것을 100몇십만 원에 준다고 하니 멋도 모르고 사 왔다가 보니 나중에 폭락해 버렸다. 이런 것을 보더라도 경제가 대외 예속되는 데 있어 우리가 나쁜 정부 가지고 있는 점이 크다. 그래서 국민을 위한 정부가 서면 이런 민족자주라든가, 민족경제의 자립이라든가 그리고 남북 문제도 누가 보든지 납득할 수 있게, 이렇게 주변 사정이 누구도 반대할 수 없게 어느 쪽에서도 치우치지 않게 이런 식으로 끌어 나간다면 이 문제도 상당한 진전을 가져올 수 있다.

조선왕조 말기에는 4대국, 러시아, 일본, 미국, 영국, 이 네 나라가 우리나라에 크게 관여했다. 중국은 중·일전쟁에 져서 못 하고…, 그때도 우리나라에 와 있는 나라들은 이 나라를 중립국만 만들었으면 좋겠다고 했다. 독일공사가 굉장히 공작을 했다. 그런데 당사자 우리나라가 중립이 뭐냐, 중국 대륙이 있는데, 대륙을 버리고 어떻게 중립을 하느냐고 이렇게 해서 거절한 면이 있다. 그래서 결국 중요한 것은 우리들의 자세이다.

지금은 식민지 시대하고 달라서 대국이라고 해서 마음대로 할 수 없다. 그리고 조선왕조 말기에는 러시아나 일본이 조선을 먹으려 했으나 지금은 서로 먹으려고 하는 나라는 없다. 불가능하고 또 그런 시절은 지났고, 다만 상대방 쪽에 일변도로 한반도가 영향권에 들어가는 것은 다 두려워한다. 또 우리가 그럴 필요가 없다. 그렇기 때문에 앞으로 이 4대국을 잘 조정하면서 우리가 결국에는 독자적으로 민족의 운명을 결정하는 중립적인 방향으로 나가야 할 것이다. 장래는 그렇게 갈 것으로 본다. 이렇게 볼 때 미국이 보수연합을 바라고 있지만 우리가 안 하면 된다. 우리가 그것을 깨고 우리의 뜻대로 해 나가면 되는 것이고, 할 힘이 우리에게 있다. 미국, 우리 눈치 굉장히 본다. 너무 미국을 과소평가할 것도 아니지만 과대평가할 것도 없다. 이런 관점에서 앞으로 미국 문제에 대응해 나가야 한다고 생각한다.

질문 6월민주화대투쟁(국민항쟁)의 성과와 한계는 무엇이라고 보고 있는지?
지난 6월 투쟁, 7-8월 노동자투쟁 기간 민주당 특히 양 김 씨가 '비폭력'을 강조하고 '노사 문제의 자율적 해결'을 천명해 온 데 대한 인식론적 근거는 무엇인지?

6월항쟁은 민족사적인 일

김대중 6월투쟁은 6월혁명이라고 규정해야 한다고 생각한다. 국민 전체가 어떠한 성취의 목표를 놓고 싸워서 상당한 부분을 성취시켰다는 의미에서, 독재체제를 민주체제로 변화시키는 길을 연 의미에서 혁명이라고 보는 것이 옳지 않겠는가 하고 생각한다.

어쨌든 6월투쟁 이것은, 과장한 것 같지만 실제로 5,000년 역사 이래 처음 있는 획기적인 민족사적 일이었다고 생각한다. 그것은 지금까지 권력자 앞에 패배자밖에 되지 못했던 많은 민중이 처음으로 자기 운명의 주인이 되어 가지고, 권력자의 힘에 의해서 패배당하지 않았을 뿐 아니라, 만일 노태우 선언이 조금만 더 늦게 나왔으면 권력자를 완전히 패배시킬 수 있는 그러한 힘을 과시하기 시작했다. 이렇게 생각한다. (그들은) 군대를 동원할 생각도 해 봤지만 군대를 동원해도 이긴다는 보장이 없었다. 1980년은 광주 한 곳이니 해 봤지만 서울을 비롯 30여 군데서 일어난 이 국민을 어떻게 할 것인가. 또 상황이 그렇게 되니 미국이 민주혁신보다는 자기네 국익을 위해서 군대가 나오는 것을 절대적으로 반대했다. 이 힘은 결과적으로는 컸다고 본다. 게다가 6월 19일 제1차 출동명령을 내렸다가 최종 단계에 취소했는데 그 취소시키는 힘이 군 내부에서 일어났다. 중견장교뿐 아니라 최고의 장군들까지도 적극적 내지는 소극적 저항을 한 사람이 참 많았다. 이 모든 것이 나가 봤자 안 된다, 나가면 제 백성에게 총을 쏴야 하는데 광주사태에서 심각한 정신적 타격을 받은 군대의 지휘관들이 누가 감히 총을 쏘라고 힐 수 있겠는기. 또한 발포 명령을 내린다면 응할 보장이 어디에 있겠는가. 문제가 그렇게 됐던 것이다. 결국 미국도 중산층 참가에 겁이나 태도를 바꿨고 군대도 국민이 전국적으로 일어나는 것을 보고 이길 수 없다고 판단해 생각을 바꿨던 것이다. 결국 6월투쟁의 승리도 전적으로 국민의 힘에 의한 것이었다. 이렇게 판단된다.

이러한 점을 볼 때 4월혁명과 달리 이번에는 미국도 이 정권 지지하고, 언론도 이 정권 전면 지지하고, 정권의 물질적 역량도 훨씬 더 강화됐고, 독재의 기술도 훨씬 더 늘어난 여건을, 맨주먹으로 국민이 극복해 냈다. 전 세계가 경악할 일을 해낸 것이 국민의 힘이었다. 결국, 6월투쟁은 국민의 위대한 승리였고 이제 국민은 역사의, 자기 운명의 주인으로서 당당히 등장하게 되었다. 이제 다시 후퇴는 없을 것이다. 6월투쟁은 민족사적인 입장에서 볼 때도 참으로 획기적인 의의가 있는 사건으로 본다.

이번에는 이전의 4·19혁명, 유신쿠데타, 1980년 봄과 달리 4·13호헌조치하고 6월 10일 노태우 지명을 해도 끄떡도 않고 국민이 싸워 이겨냈다. 이전과는 전혀 다르다. 그래서 이런 의미에서 한국 국민은 처음으로 민주주의를 할 수 있는 자기 역량을 보였다. 이렇게 생각한다.

다음에 노동자 투쟁문제인데, 나는 이 노동 문제가 나왔을 때 반드시 부정적으로 보거나 자율적으로 해결하라고 주장한 것만은 아니다. 노동 문제가 제기되고 2-3일 후 『중앙일보』와의 인터뷰에서 분명히 밝혔지만 이번 노동자의 주장은 정당하다. 노동자의 주장은 "어용노조 물러가라", 자기 동료 노동자들에 대해 배신적 행위를 하고 연약한 여성노동자들을 각목과 파이프로 패고 끄집어내고, 민주노조를 만들려고 하는 자를 전부 용공으로 밀고해서 감옥으로 보내는 안기부와 경찰과 기업계에서 창출한 이 어용노조 물러가라고 하는 것을 당연한 것이라 본다.

다음에 적정임금 달라, 자기가 일한 만큼 달라, 이것이 뭐가 잘못이냐, 다만 이것을 하는 방법이 어디까지나 '비폭력적'으로 해야 한다고 주장한다. 그 신념에는 지금도 변함이 없다. 비폭력은 도덕적, 종교적 입장에서만 말한 것이 아니다. 무저항을 주장한 것이 아니라 '비폭력 적극 투쟁'을 주장한 것이다. '비폭력'을 하는 것이 많은 사람이 참가할 수 있고 또 국민이나 세계의 동정을 받을 수 있고 상대방의 모함에서 모면할 수 있는 길이고 그것이 승리의 길이기 때문에 비폭력을 주장한다. 나는 이러한 점 때문에 비폭력이 옳다고 생각한다. 또 비폭력 싸움을 했기 때문에 우리가 6월투쟁에서 중산층을 끌어들여서 승리할 수 있었다. 이 승리의 교훈을 배워야 한다고 생각한다.

나는 이렇게 생각했는데 민주당에서는 이 생각을 위험시하고 한번은 노동자를 엄청나게 규탄하는 성명서를 초안해 왔다. 극력 반대해서 그것을 저지하고 당 지도부와 함께 깊이 얘기했다. 이래서 노동자 투쟁을 지지하는 것을 당론으로 확정시켰다. 이래서 나는 주장하기를 정부가 개입하라고 했다. 그점에 있어서는 당과 약간 상이했다. 어용노조 만든 것은 안기부와 경찰이 만든 것 아니냐. 그러므로 경찰과 안기부(현 국가정보원)가 나서서 너희는 이제 필요 없으니 그만둬라 해야 없어지는 것이고 그러기 전에는 안 없어진다고 생각했다.

임금 문제 가이드라인 줘서 임금 못 올리게 한 것이 누구냐, 정부다. 이번에는 정부가 사업주와 만나서 대기업, 중소기업 등 분야별로 가이드라인을 줘서 임금을 올려줘야 한다고 주장했다. 결국 정부는 안 했다. 안 해서 3,000여 개 이상에서 노동쟁의가 일어났고… 어용노조가 그대로 있으며 이들의 총본산인 대한노총이 그대로 있다.

여기에서 문제가 되는 것은 노태우 선언이 있자 국민들 중 중산층, 이들이 갑자기 우경화됐다는 것이다. 이래서 마무리 문제들, 석방, 사면, 복권, 노동사들의 긴급한 생존권의 문제 등 이러한 문제에 대해서 관심보다는 선동하지 말고 조금 기다리면 되지 않느냐, 이러한 여론이 상층부를 둘러싸고, 이것이 언론의 조장에 의해서 더욱 강화되는 이런 사태를 가져온 것으로 알고 있다. 운동이라고 하는 것은 국민들의 그때그때의 힘을 무시하고는 될 수 없다.

운동은 이론도 중요하지만 방법, 수단, 시기, 선택 등도 대단히 중요한 것인데 이런 의미에서 이번 노동자들이 정치적 구호를 내지 않고, 반기업가적 주장을 내지 않고 어용노조 퇴진과 임금 인상 등을 주장한 것은 지극히 현명했다고 본다.

노동자들의 노동삼권도 중요하고 노동자들의 정당을 통한 정치 참여도 중요하지만 지금 1단계에서 노동자들이 이 두 가지 문제에 집중한 것은 지극히 현명한 것이었고 마침내 여당의 노태우조차도 노동자들의 주장을 합리적이다, 이렇게 말하지 않을 수 없게 했다.

이런 의미에서 이번 노동자들의 투쟁이 관제 언론의 위기의식 고취, 노동자들에 대한 일방적으로 불리한 자세, 그리고 이 정권이 노동자들에 대해 전경련 등을 통해 공개적으로 비방하는 여건 속에서 노동자들이 이만큼 해낸 것은 노동자들의 슬기와 역량을 표시한 것이다. 또한 많은 국민들이 그래도 상당한 성원을 해 주었기 때문에 그렇게 할 수 있었다고 생각한다. 나는 이것은 대성공은 못 되지만 합격점은 된다고 생각한다. 장차 노동삼권을 완전히 확보하고 노동자들의 정당한 권익을 차지할 수 있는 그러한 기반과 역량을 이번에 표시한 것이라고 본다. 이번 성과를 앞으로 소중히 유지해 나가면서 어디까지나 국민의 이해를 받아 가면서 언론의 자유를 획득해 이해시키면 노동자들의 문제는 해결되지 않겠는가 생각한다.

다만 긴급한 문제는 노동자들이 직장에서 쫓겨나고 폭력으로 분쇄되고, 목사님들이 끌려가고 하는 것은 당면한 문제로서 싸워 내면서, 선거 시기를 잘 넘겨서 불과 3-4개월 이후부터는 노동자도 농민도 중소기업도 결국 인간다운 대우, 정당한 경제적·사회적 권익을 차지할 수 있는 그러한 단계가 올 수 있고 또 오도록 우리가 도와줘야 하고 같이 노력해야 하며, 자기들 스스로도 그런 노력은 할 수 있다고 평가된다.

질문 후보 단일화 문제에 관해 어떻게 생각하시는지? 최근 언론에서는 신당설까지 나오고 있는데, 끝까지 후보 단일화가 안 되었을 경우, 용퇴하실 생각은 있으신지?

정치인은 자기 몸이 자신만의 것은 아니다

김대중 민주당은 동교, 상도 양쪽의 세가 똑같으므로 한쪽이 다른 한쪽을 몰아낼 수 있게 되어 있지 않다. 그것은 제가 무슨 권리를 주장하는 것이 아니라 무소속으로 나간다든지 신당 만든다든지 전혀 그런 계획이 없다. 언론에서 주로 분당이라든지 하는 방향으로 여론을 몰고 갔다.

솔직하게 말씀드려 나는 요즘 단일화 문제에 밀려가고 있는 현실을 굉장히 부끄럽게 생각하고, 내 개인으로서는 참으로 본의가 아니고 어떻게 보면 기가 막힌 심정이다. 내가 썩 그렇게 대통령 후보에 마음이 끌려 있는 것도 아니고 꼭 내가 해야겠다는 생각이 있는 것도 아닌데….

작년 11월에 건국대 사건이 났을 때, 나는 그 사태를 거의 5·17반란의 재현으로 봤다. 그렇게 위기의식을 느꼈다. 마침 김영삼 총재도 없고(서독 방문 중이었음—편집자), 나 혼자뿐이어서 내 몸을 던져서라도 무언가 해야겠다 생각하고 전두환 씨에게 직선제 하면 김대중이 된다고 겁을 먹으니 당신이 직선제만 한다면 내가 안 하겠다, 내가 이랬던 것이다. 그때 1,260명 학생을 용공도 아닌 공산혁명분자로 잡아갔다. 참 지금은 나왔으니 말이지 그땐 어마어마했다. 무언가 쐐기를 박아야겠다 생각했다. 물론 전 정권은 그러한 것은 알고도 하지 않았다.

복권도 안 된 주제에 무슨 소릴 하느냐, 정계 은퇴한다고나 해라 이러고 말았다. 그렇지만 그것이 그때 정국의 흐름에 쐐기를 박은 것만은 사실이다.

그런데 그때 그래 놓고 보니 당신이 대통령 되는 것 하나에 전 희망을 걸고 있었는데 이럴 수가 있느냐는 그때 편지를 보고 가슴이 아파 몇 번을 울었다. 난 당신이 사형 선고를 받을 때 산에 가서 기도도 했는데, 당신 대통령 시켜 주십사 하고 하느님께 빌었는데 이럴 수가 있느냐, 어째 당신 마음대로 하느냐 이랬다. 그래서 고민을 많이 했는데 금년 사면, 복권된 후 다시 한번 대통령 나갈 의사가 없다 이렇게 했더니 막 항의가 들어왔다.

그래서 가만히 이런 것을 보니 이것은 국민 전체의 의사인지 아니면 나만 특별히 지지하는 사람들인지 잘 알 수가 없었다. 더구나 16년 동안이나 전국을 돌아다녀 볼 기회가 없었기 때문에. 그래서 36개 지구당이 미창당으로 되어 있으니 김 총재와 내가 전국을 같이 돌자, 그래서 전 국민 앞에서 우리가 같이 호소하고 지지를 요구하고 하면 야당 붐도 일어나고 정치 주도권도 잡고 또 단일 후보 하는 데 국민의 뜻을 따라서 할 수 있지 않겠느냐, 이렇게 제안도 해보았지만 거절을 당했다. 그래서 할 수 없어 그렇다면 나라도 광주로 가야겠다고 생각했다. 가면서 국민이 날 열렬히 지지하면 감사하지만 그렇지 않으면 내가 해방되는 것이다, 이렇게 생각하고 나갔다.

목포, 대전, 인천, 이번에 연세대…, 이것이 수도 수지만 이 열기, 전부 이 태도가 출마해라, 이것이 초점이었다. 더구나 이번 연세대는 29일 (단일화에) 실패한 이후이므로 관심과 우려를 갖고 갔는데 전부는 아니지만 대부분의 사람들이 그런 태도를 강하게 표현한 것은 사실이다. 이렇게 되니 내 몸이 내 마음대로 되지 않는다.

만일 함부로 그만둔다 하면 이 사람들에 대한 완전 배신이 된다. 정치인은 자기 몸이 자신만의 것은 아니다.

그리고 김 총재 측에서 내가 안 된다고 하는 것이⋯ 건국대 사태 때 불출마 선언을 했더니 당시 서독에서 (김 총재가) 김대중 씨는 나이도 나보다 다섯 살 위이고, 그렇기 때문에 김대중 씨가 사면, 복권되면 김대중 씨가 나가도록 그렇게 권했는데 앞으로도 이 태도에 변함이 없다, 이렇게 말했다. 그런데 이번에 이 문제가 제기되자 조속한 단일화를 김 총재가 주장했다. 또한 5년 단임제를 들고나왔다. 김 총재를 만났는데 양보를 할 텐데 군이 지지하지 않아 안 되겠다고 말을 했다. 그전에 그분이 신문사 간부와 만나 김대중 씨가 후보가 되면 그 시간에 군이 디제이DJ를 없애 버릴 것이라는 말을 했다. 군이 지지하지 않으니 당신을 지지하지 않겠다고 김 총재가 말했다. 7-8월에 이 문제를 상도동에서 계속 말했다. 그래서 내가 군사독재와 싸우면서 군이 어쩌느니 하는 것이 말이 되느냐고 물으며, 군이 나를 죽이면 국민의 힘에 의해 민주주의가 되니 그때 당신이 맡아서 하면 되지 않겠는가, 왜 우리가 군을 두려워하는가, 보다시피 군도 다수가 우리를 지지하고 있으며, 미국도 노를 지지하고는 있으나 군대가 나오는 것을 바라지 않는 것이 사실이다. 심지어는 전두환도 김대중 씨가 되어도 정권을 이양하겠다고 말하지 않는가, 그런데 왜 김 총재가 그런 말씀을 하셨소라고 말하니, 김 총재가 말하기를 그것은 당신이 잘 모른다, 군은 절대로 당신 지지하지 않게 되어 있다, 군이 당신을 열을 반대하면 나는 하나라도 반대할까 말까 한다라고 했다. 그러나 나는 당신하고 생각이 다르다, 그럴수록 우리가 군과 싸워야 한다, 만일 지금부터 군대의 눈치를 보면 이다음 정권이 어떻게 되겠는가 했더니 김 총재는 정권을 잡으면 군을 딱 잡겠다고 했다. 그때까지는 달래가면서 해야 한다고 말했다. 이런 점에서 나와 많은 견해 차이가 났다.

나는 최근에 글라이스틴이라는 대사가 와서, 당신 기어코 대통령 나오면 한국 군대가 용납지 않고 큰 불행이 생길 것이다라는 말을 하길래, 당신이 무슨 근거로 그런 말을 하느냐, 우리 군대가 그런 군대인 줄 아느냐, 당신들의 이민우 구상을 무너뜨리고 직선제 하지 않았느냐, 우리 국민이 1980년 국민인 줄 아느냐, 지금은 다르다, 나는 군대가 그렇게 하든 안 하든 상관하지 않겠다, 나는 다시 한번 죽더라도 군대의 눈치 보면서 정치하지 않는다, 누가 죽더라도 군대가 정치에 개입하는 못된 버릇을 끊어야지 이것 끊지 않으면 민주주의 영원히 안 된다, 다행히 1980년도에 죽지 않았으니 그때 죽었다고 생각하고 이 목숨 바친다, 내가 죽어서 해결할 테니 당신 쓸데없는 간섭 말라(고 말했다).

제 신념은 그렇다. 절대로 군대에 아부할 생각 없다. 나는 군대를 존중하고 국방을 존중하는 측면에서는 군대에 협력하겠다. 이것은 당연히 해야 한다. 그러나 군이 정치에 개입하는 것, 이것만은 이번 기회에 잘라 버리지 않으면 일이 안 된다. 또 지금같이 국민이 일어섰고 미국도 이래서는 안 되겠다고 하는 이러한 기회, 군대에서도 우리가 개입해서는 안 되겠다고 하는 이런 기회, 이 3자가 딱 합친 이런 좋은 기회를 놓치면 안 된다. 여기서 군대가 개입하지 못하게 해야 한다. 이 점에 있어 김 총재와 견해가 다르다.

그리고 나는 아르헨티나의 알폰신 같은 태도를 취해야 한다고 생각한다. 아르헨티나의 알폰신이 나왔을 때 군대가, 다 되어도 알폰신은 안 된다고 했다. 그런데 알폰신이 밀어붙여 당선됐다. (당선)된 후 알폰신이 정국도 안정시키고, 경제도 500퍼센트까지 가던 인플레를 잡아 20퍼센트 이하로 누르고 이제 알폰신이 국제 신용을 얻었다. 그리고 군대도 장악을 해서 이제는 군대 내에 잘못된 사람들이 개과천선을 하면 봐주는 여유마저 보이고 있다. 같은 시기에 브라질에서는 야권 리더로 당선된 지 얼마 안 돼 죽은 네베스 씨가 군대와 적당히 야합을 해서 새 정부를 세웠는데, 그분이 죽고 나서 브라질은 현재 파탄 직전에 있다. 이렇게 돼서는 안 된다고 생각한다. 그래서 나는 이런 점에 있어서 단일화에 대해서 우리 둘의 견해가 문제가 되었다고 생각한다.

기타 지역 문제와 국민 앞에 심판을 받아야 한다고 하는 것은 절대로 옳다고 생각한다. 국민적 지지는 유세를 통해서 국민에게 받아야 하며 세계 모든 나라도 그렇듯이 안 되면 중간에 포기해야 한다. 이것이 민주주의 사회에서 대통령을 뽑는 과정이다. 이런 과정이 필요하다. 과거에도 대통령이 되려고 하는 사람은 전국을 돌며 국민 앞에 심판을 받았는데, 왜 지금 하려 하지 않았느냐, 내 말대로 8-9월에 전국을 돌았으면 이미 모든 것이 지금 다 끝난 입장일 것이다. 당연히 국민적 후보는 국민적 여과의 과정을 겪어야 한다. 밀실에서 해서는 안 된다. 이런 점이 문제가 됐었는데….

나는 자신 있게 말하는데 후보 단일은 된다고 생각한다. 여러분의 협력을 얻어서 된다. 또 되어야 한다. 우리가 이것 못 만들면 안 된다. 그래서 어디까지나 국민적 안목을 기초로 해서, 국민 여론을 기초로 해서 단일화하자, 과거에도 직선제 대통령 선거 다섯 번 했는데 두 번은 타협으로 됐고(1956년 신익희 씨, 1967년 윤보선 씨), 두 번은 투표(1960년 조병옥 박사, 1971년 김 총재와 나)로 됐고, 1963년에는 허정, 윤보선 씨 둘이 나왔지만 여론에 의해서 결국 허정 씨가 물러나고 윤보선 씨가 단일 후보가 됐다. 그때 허정, 윤보선 씨가 나오자 박정희 정권이 마음 놓고 있다가 막판에 윤보선 씨에게 몰리자 속수무책이었다. 그때 윤 씨가 박 씨를 빨갱이라고 몰지만 않았으면 당선됐다.(잠시 박정희 씨는 1963년 선거 때 전라도 유권자들 덕분에 당선되었는데, 이후 1967년 선거에서 지방색을 조장하기 시작했다는 점을 상세히 설명. 이 부분 생략)

이런 것을 볼 때 대통령 후보가 일찍 단일화하는 것이 좋지 않은 면도 있다. 그런데 이런 점을 볼 때 우리 국민이 총칼도 무서워하지 않고 최루탄도 무서워하지 않고 오늘날 이 민주화의 길을 열었는데 투표를 통해서 노태우를 당선시켜 되겠느냐. 나는 그렇게 생각하지는 않는다. 노태우 씨를 과대평가할 필요는 없다. 따라서 이 문제를 좀 더 신중히 생각할 필요가 있다. 단일화도 중요하지만 무엇을 위한 단일화인가.

앞으로 이 정권은 네 가지 문제를 이루어야 한다.

첫째, 광주학살을 비롯한 민족의 한을 어떻게 하면 당사자나 국민이 납득할 수 있게 푸는가.

둘째, 27년 동안 독재체제 하면서 만들어 온 악습, 나쁜 제도, 나쁜 관행, 또 비틀어진 사고방식들, 이런 것을 어떻게 민주적으로 개혁시켜 나가는가.

셋째, 독재정권하에서의 빈부 격차를 축소시키고 민족자본의 핵심이 되는 중소기업을 어떻게 일으켜 세울 수 있는가.

넷째, 이번에 민주정부가 서면 북은 올림픽에 참가할 것으로 보인다. 북이 참가하면 올림픽은 반드시 성공한다. 성공하면 남북 관계, 미·일과 북한 관계, 중·소와 우리 관계, 이것에 큰 진전이 있을 것이다.

이 네 가지 문제로 후보를 선정해야 한다고 생각한다. 이래서 후보 단일화도 중요하지만 무엇을 하기 위한 단일화인가, 누구를 내야 그것을 할 수 있는가, 이런 기준도 중요하다고 생각한다. 그래서 나로서는 결국에는 국민의 여론과 태도도 그렇고, 또 이 군부 문제를 갖고 보더라도 도저히 이래서는 안 되겠다는 생각이 들어서, 또 지금 말씀한 네 가지 사항을 보더라도 나도 그것을 감당할 만한 사람이 되지 않겠는가 하는 외람된 생각도 든다. 따라서 이 문제에 대해 마치 욕심을 부리는 것같이 보이는 것도 감수하면서 지금 이 일을 하고 있다. 다른 사람이 이 문제에 대해서 실망하는 데 대해, 나는 내가 귀국해서 만신창이가 되면서 싸우지 않았으면 직선제 되는 데 지장이 있었을지도 모른다고 생각한다.

이민우 구상은 미국-정부-언론이 밀어붙였지만 안 됐다. 통일민주당 창당 때 내가 야당 분열의 원인같이 보이면서도 기어이 해냈다. 어쩌면 내가 일부에서 비판을 받으면서도 정치에 투신해서 그때그때 싸워 왔던 내 나름대로의 가치도 있었다고 판단된다. 나는 내가 영광을 받는 것은 기독교 신자이니 죽어서 하느님께 받으면 됐지, 내가 현세에서 국민 문제, 정치 문제는 잘못돼 가는데 나 혼자 초연하게 있는 것은 위선이지 진정한 영광이 아니고, 나는 그것을 국민에 대한 배신이라고 생각하므로 본의 아니게도 지금 이러한 오해를 받으면서 이 고통을 감당하고 있다.

그러나 적어도 나는 노태우 씨가 당선되리라고 보지는 않지만, 노태우 씨가 당선되는 것을 용서할 만큼 내가 바보스럽게 이것에 매달려 있지는 않겠다. 내가 언제 어떠해야 하는가, 결국 김영삼, 김대중이는 국민 앞에, 후보 등록 전이든 후이든 심판을 받아서 국민의 압력이 둘 중의 하나는 물러나라 할 것이고 내가 안 되겠다 생각하면 여러분도 나한테 와서 그만두라고 할 것이다. 그리고 그렇게 해야 한다. 그래서 단일화시켜야 한다. 어떻게 우리가 노태우를 당선시킬 수 있겠는가, 그렇게 되면 내가 천 번을 사퇴해야지. 이런 점에서는 나도 여러분과 똑같은 양심을 가지고 있다는 것을 이해해 주시기 바란다.

질문 1980년대 이후 민주화운동이 대체적으로 광주항쟁으로부터 시작되었다고 보고, 현재까지도 그 문제가 중요하다고 생각하는데, 광주항쟁에 대한 평가는 어떻게 하고 계시는지?

5·18민중항쟁 없이 6월항쟁이 있었겠느냐

김대중 이렇게 어려운 문제는 공부 많이 한 여러분이 잘 알지, 나에게는 무리한 요구이다. 이 광주 문제에 대해서는 나 자신이 옥중에서 많이 생각하고 여러분과 같이 했는데 내가 보는 견지에서, 정확할는지는 모르지만(크게 자신 없지만) 광주항쟁은 이번 6월항쟁에 대한 예시된 모범이 아니었는가라는 생각이 들고, 우리 국민들이 처음으로 권력 앞에 온몸을 던져서 권력의 부당한 간섭에 싸웠고, 그 결과는 10일 동안 이겼다.

싸운 사실, 즉 국민이 과거 유신 때나 5·16쿠데타 때와 같이 그냥 승복한 것이 아니라, 내 운명은 내가 결정하겠다는 생각으로 싸웠던 국민의 자기 주체의식, 권리의식, 동시에 자기 책임감 등 이러한 주인으로서의 전체적인 국민의 바른 의식이 —주권자인 국민— 나타났다. 권리의식, 책임감, 희생정신 등이 여기에 나타났다라고 본다. 이것이 이번 6월투쟁이, 지난 광주항쟁 없이 있을 수 있겠느냐라는 생각으로, 광주항쟁과 6월투쟁은 직선적으로 볼 수 있다.

그리고 광주투쟁은 여러분이 아시다시피 아주 평화스러운 투쟁을 했다. 열흘 동안의 점령 기간에 쌀가게에 쌀이 떨어진 일이 없고, 은행이 문을 안 닫고, 도적이 없고, 백성들 사이에서는 전혀 싸움이 없었다. 그 엄청난 살해 앞에서 자제를 했고, 따라서 이 나라 국민의 높은 능력(도덕적 자제 능력)을 보여 주었다. 이것이 전 세계적인 동정을 받고, 세계를 감동시켰다. 결국, 국민은 독재정권에 몇십 배 승리를 한 것이다. 그리고 광주투쟁은 어느 특정 계층이 참가한 것이 아니고, 모든 국민이 참가했다. 이것은 지난 6월투쟁에 대한 모델을 제공해 준 것이다.

이런 의미에서 광주투쟁은 우리의 역사에 커다란 족적을 남긴 기록이다. 단 부끄럽게 생각하는 것은 광주가 그토록 처절하게 열흘 동안 싸우는 과정에서 같이 싸운 것은 내가 알기에는 목포뿐이다. 목포는 열하루 싸웠다. 열하루 동안 시민이 장악했었다. 그 나머지는 별로 보지 못했다. 그 상황 속에서 나는 감옥에 있었기 때문에 잘 모르지만, 그렇게 안다. 이런 사실은 부끄러운 것이다. 그 부끄러운 사실이 이번에 전국적인 6월투쟁으로 된 것이 아닌가라고 나는 생각한다. 이번에 6월투쟁은 광주투쟁보다 훨씬 성숙되고 효과적이라는 것을 여러 번 느꼈다. 이런 의미에서 광주투쟁은 우리 역사에서 획기적인 사건이었고 처음으로 민중들이 자기 운명을 자기가 결정하겠다고 결심한 싸움이다. 비록 성공은 못 했지만 거대한 교훈을 주어서 결국 이 6월투쟁을 통해서 완성했다. 즉 광주항쟁은 시발점이고 6월투쟁은 종착점, 승리점이었다고 나는 성격 규정을 하고 싶다.

앞으로 광주 문제에 있어서 우리는 어디까지나 이것이 정당하게 해결되어야 한다고 생각한다. 내가 이번 망월동 묘지에서 우리 유가족들에게 조사 낭독을 할 때, 언급을 했다. 사건의 진상이 분명하게 밝혀져야 한다. 이때, 누가 비참하게 죽었고, 당했나를 밝혀야 한다. 이것은 돌아간 넋을 달래기 위해서, 광주 시민의 누명과 억울함을 밝히고 명예를 회복시키기 위해서, 또 전 국민들이 진실을 알 권리와 역사에 이것이 올바르게 기록되어서, 슬프고 자랑스러운 교훈을 바르게 남기기 위해서라도 진실은 꼭 밝혀져야 한다.

또 여기에 관련된 유가족, 부상자들에 대해서, 보상으로 해결될 문제는 아니지만 물심양면으로 최대의 보상을 해야 한다. 광주 시민의 명예가 공개적으로 회복되고, 고인들의 명예도 회복되어야 한다. 물론, 광주 시민들이 바라는 진정한 민주주의가 잘 이룩되면 민중 생존권과 조국통일의 길이 열릴 것이라 생각한다. 따라서 나는 거기에 있어서 정치보복이 반드시 필요하다고는 생각지 않는다. 그래서 나는 사형 선고를 받고 마지막 최종 진술을 할 때도, 내가 볼 때 1980년대에는 민주주의가 되는데, 여기 문익환 선생님도 그 자리에 계셨는데, 민주주의가 되더라도 정치보복은 없길 바란다고 한 적이 있다.

이 문제는 절대로 납득할 만한 해결이 있기 전에는, 이 문제만큼은 타협이 있을 수 없다고 생각한다. 과오를 범한 자들은 용서할 수는 있지만, 과오를 범한 그 죄과를 감춰 줄 수는 없다. 독재자를 용서할 수는 있지만, 독재체제는 용서할 수 없다. 이것이 나의 태도라고 말할 수 있다.

질문 민통련은 8월 31일 이른바 강령시안을 발표하였다. 먼저 강령시안을 읽어 보셨는지, 그리고 특히 '자주적 민주정부'와 '민선 민간정부'와의 관계를 어떻게 보시는지?

대중이 바라는 건 자주적인 정부

김대중 민선 민간정부 수립에 있어 가장 중요한 것은 구속자 석방과 사면복권
이다. 이것은 도덕적으로도 그렇지만 정치 원리상으로도 그렇고, 장래 제6공
화국의 정치적 안정을 위해서도 그렇다. 도대체 민주주의를 위해 싸우다 감옥
간 사람들을 아직도 감옥 안에 가두고 또 6·29선언 이후에도 계속 집어넣고,
그래 가지고 민주주의 한다는 것은 말이 안 된다. 또 그런 분들의 공민권은 그
대로 묶어 두고, 선거를 한다, 대통령도 국회의원도 출마 못 한다는 것은 말이
되지 않는다. 난 솔직히, 이 문제만큼은 협상을 중단하더라도 싸워야 한다고
주장했다.

　그런데 이상하게 중산층 이상의 사람들이 상당히 우경화되어 가지고 이런
문제에 큰 관심을 보여 주지 않는다. 또한 언론은 몰아치고, 당내에서도 그것
이 잘 먹혀들지가 않는다. 여기서 밝히지만 상당히 낯 붉히고 싸운 적이 있다.
먹히지가 않고 있다.

　그래서 하다못해 국회의원 선거를 2월에 못하고, 4-5월에 해야 한다고 생각
해서, 일단 그 문제를 민정당에 맡겼다. 그래서 노태우 씨에게 맡겼는데, 또 청
와대에서 안 된다고 해서 안 되고, 마지막에 민정당이 10월에 선거하자고 해
서, 그것이 차라리 나을 것 같아 그렇게 하자고 말을 했다. 국회의원 임기가 10
월이면 거의 다 종료가 되기 때문에, 사면, 복권이 안 된 상태라면 국회의원 선
거를 2월에 할 바에 10월이 말이 되냐, 8개월 동안이나 현 독재체제하에서 세
워진 국회가 존재한다는 것이 말이 되냐, 이런 이야기가 돼 가지고 결국에는
그것이 잘 안 됐다. 최후로 내가 그것이 말이 되냐 하면서 퇴장하고 해서, 최
종적으로 협상한 결과, 민정당 당신네가 이기면 2월에 해도 좋고, 그 대신 우
리가 이기면 이긴 사람 뜻대로 하기로 합의를 보았다. 우리가 이기면 2월 취임

후로 사면, 복권하고 국회의원 선거할 수 있고, 저쪽이 이기면 2월에 할 수 있고 안 할 수도 있다. 결국 어정쩡한 타협으로 되었다.

그래서 나는 앞으로 이 민선정부, 민선국회가 민주주의를 위해서 싸우다 희생된 사람을 배제하고 치르는 선거라면 민선이라 할 수 없다고 생각한다. 이것은 나의 일관된 신념이다. 이것이 단순히 도덕적인, 정치 원론적인 것이 아니라, 다음 정국을 생각할 때, 광주 문제가 처음으로 터져 나올 것이다. 그럴 때, 누가 정권을 잡더라도 요구한 사람의 모든 것을 다 충족시킬 수는 없다. 이럴 때 같이 정치 울타리 안에 들어와서, 같이 얘기해야 서로 협의가 되지, 상당수의 사람을 바깥에 배제해 놓고 얘기해 봤자, 그것은 되지 않는다. 여러분도 보지 않았느냐, 내가 밖에 있고 장외에 있으니까, 장내에서 하지 않고 왜 장외에 있냐고 말도 안 되는 소리를 함, 그것이 6월까지 왔었다.

그래서 이런 점에 있어서 나는 민선정부는 반드시 전술한 입장에 있어야 한다고 생각한다. 그리고 그렇게 성립된 민선정부야말로 대중의 신선한 피를 수혈받고, 대중의 정치 참여를 대거 수렴하여 이 나라 정치를 주도해 나가야 참된 민주정부가 되고, 대중이 바라는 자주적인 정부가 된다고 생각한다. 자주적인 정부를 밀고 나갈 의욕과 역동성과 이론도 갖추고 있어야 한다.

현재 야당 내에 훌륭한 정치인들도 있지만 이것만으로는 장차 제6공화국의 막중한 사명(전술한 내용)을 감당하고, 군대 앞에서 권위를 가지고 당당히 밀고 나가는 것이 도저히 부족하다. 이런 점에 있어서 현재 옥중에 있는 양심수를 석방하고 사면, 복권하고 누구든지 대표로 나갈 수 있는 길을 열어 주는 것이어야만 다음 민선 민간 정부 수립과 자주적 민주정부는 같은 맥락에서 역사적 정당성을 부여받을 수 있다.

질문 민간정부가 들어선 후, 노동자·농민에 대한 향후 요구를 어떻게 수용해 나가려 하시는지?

노동자·농민 문제 해결 없이 민주정부는 존립 불가

김대중 노동자 문제에 대해서 그동안 뚜렷한 언급을 하지 않은 것에 대해서는 솔직히 시인한다. 그러나 나 나름대로는 심지어 노동쟁의를 네가 선동한 것이 아니냐라는 말을 들었고, 그리고 본인이 참석하는 회의에서 나는 매번 노동자 문제를 발언해 왔다. 지난번 아현감리교회에서 내가 강연할 때(8월 10일 구속자 석방 촉구 집회—편집자), 노동자들의 주장이 정당하다는 것을 그때 정의하였다. 공식적으로 양대 주장을 옳게 정의한 것은 처음일 것이다. 그것을 2-3일 전에 『중앙일보』인터뷰에서 7-8월의 노동 문제에 대한 시각에서 제시했는데, 그것으로 한국 사회에서 노동 문제에 대한 (나의) 시각이 정착되었다.

나는 노동 문제에 있어 지난번 연세대에서 강연할 때 노동삼권, 단결권·단체교섭권·단체행동권 이것이 제한 없이 보장되어야 한다고 강조했다. 나는 노동자들이 노조에서 정치 활동을 할 수 있도록 보장하지 않는다면, 진정한 노동 해결이라고 보지 않는다. 노동자건 농민이건 자기를 위한 정당을 가질 때만이 정말로 보호받을 수 있다고 생각한다. 이런 기본적인 문제, 물론 노동자가 정당한 임금과 알맞은 작업 환경의 권리를 부여받는 것은 당연한 것이다. 이렇게 해서 나는 노동자의 권익 보장의 제일차적인 것은 노동자의 인간화, 인간다운 대접, 말하자면 이 나라에서 같은 국민이요, 더구나 산업건설의 주역인 사람들이 인간적인 대접을 받지 못하고 비참한 차별 대우를 받고 있는 것은 도덕적으로나 인권상으로 용납할 수 없다. 그래서 노동자의 인간적 권리가 중요한 게 아닌가 생각한다.

그리고 노동자들이 생존권을 보장받아야 한다. 이 생존권이라고 하는 것은 불가결한 권리이다. 설사 노동능력이 없는 사람에게도 생존권적 권리를 부여하는데, 하물며 노동능력이 있어 가지고 국가 건설에 공헌하고 있는 사람이 이것을 보장받지 못한다는 것은 말도 안 되는 사회적 불의이다.

셋째로, 노동자의 정당한 수입은 생산 의욕을 고취시키고 또 구매력을 증대하여 시장을 활성화시킨다. 돈이 소수에게만 집중되면 구매력이 낙후, 시장은 침체하게 된다. 지금 부가 소수에게 집중되어 있기 때문에 저 명동이나, 고급품 파는 곳에서는 경기가 활성화되지만, 서민층들이 사용하는 일반 시장에서는 경기가 극도로 낙후되어 있다는 것을 우리는 잘 알고 있다. 이래서 국가 경제가 건전하게 발전해 나갈 수 없다고 우리는 보고 있다. 노동자들이 수입이 있을 때, 이것을 저금하면 그것이 산업자금으로 다시 회수된다.

나는 옥중에서도 그런 말을 썼지만, 우리나라에서 재벌들이 병원, 학교를 세우면 그것을 아주 미담으로 내세우고 투철한 기업경영, 기업윤리라고 말한다. 하지만 기업윤리란 학교, 병원만을 세우는 것이 전부가 아니다. 그것은 개인 윤리이지 기업윤리가 아니다. 돈 가진 자의, 부자의 윤리이지, 기업의 윤리가 아니다. 기업의 윤리는 다음 세 가지이다. 첫째, 가장 좋은 물건을 가장 싸게 소비자에게 주는 것이다. 둘째, 그 이윤 중에서 맨 먼저 적정 비율을 노동자에게 주는 것이다. 셋째, 나머지 이윤을 낭비하거나 비생산적인 곳에 투자하지 않고 다시 기업에 투자해서 확대재생산을 일으켜, 또 한 번 더 좋은 물건을 더 싸게 주어 경제를 발전시키는 것이다. 이러한 것을 바르게 실천하는 것이 바로 기업의 윤리이다.

이런 점에서 노동자의 권익과 생존을 보장치 않은 기업인은 무슨 사회보장제를 실시해도 악덕 기업주다. 앞으로 민주정부에 있어서는 이것에 대해 절대로 양보가 없다. 따라서 노동자들이 자기 조직을 자기가 가질 수 있고, 그리하여 그 조직을 통해서 단체교섭, 행동, 단결을 할 수 있고, 자기들이 원하면 특정 정당을 지지할 수 있고, 헌금할 권리가 있다. 또 그렇게 해서 정당한 임금과 작업 환경을 가질 수 있다. 이러한 방향을 지원해 주어야 하지 않는가 생각하고 있다.

그러나 현 단계에서는 단일 후보 문제로 쫓기고 있다. 그러나 근본정신은 전술한 내용이고, 앞으로 노동자·농민 문제의 정당한 해결 없이 민주정부는 존립할 수 없고, 국민 간의 문제는 해결될 수 없다고 생각한다.

질문 언론·출판·집회 등 기본권 문제와 특히 학문과 사상의 자유를 어떻게 보시는지, 그리고 이와 관련하여 현재 국민기본권을 탄압하는 보안사(현 기무사), 안기부(현 국정원), 국가보안법, 사회안전법에 대해서는 어떻게 처리하실 것인지?

언론의 자유는 모든 자유의 근원

김대중 기본권 보장, 이것은 이번 헌법에도 대부분 유보 없이 보장되고 있다. 어려운 싸움도 있었지만 극복하면서…, 만일 민주적 정신을 가지고 이 헌법을 운용하면 기본권 보장에는 큰 차질이 없겠다고 생각한다.

기본권 중에서도 특히 언론 자유, 이 문제가 가장 중요하다. 언론 자유만 있으면 고문도 쉽게 할 수 없고, 체포도 함부로 할 수 없고, 부패도 제대로 될 수 없다. 미국에서 레이건 대통령이 당선되어 가지고, 레이건 대통령 아시아 안보담당 특별보좌관인 리처드 앨런이라는 사람이 일본으로부터 1,000달러라는 뇌물을 받아서 해고되었다. 우리나라에서는 1,000달러 정도면 청렴결백의 모범이 될 것이다. 이것도 역시 언론의 자유가 있기 때문에 가능한 것이다. 언론의 자유는 모든 자유의 근원이다. 언론의 자유를 다음 정권이 유보를 하게 되면, 이 정권은 민주주의와 전혀 관계가 없다고 생각한다.

언론 자유의 보장에서 가장 기본이 되는 것은 신문 발행의 자유이다. 이것을 이번 헌법에 관철시킨 셈인데, 거기에 묘한 조항들이 돌아가면서 표현되어 있어, 때에 따라서는 집권 정당의 차이에 따라 악용될 가능성이 있다. 그러나 민주당의 집권 시에는 그것을 악용할 수 없다. 그런데 제도 언론들이 자기들 이외에는 못 내게 한다. 신문지면도 자기들끼리 합의해 가지고 그 이상 늘리지 않는다. 이리하여 신문이 지방까지 십여 가지 있는 것 같지만, 사실은 한 가지이다. 근본적인 언론 자유라는 시각에서 이러한 것을 타파, 자유롭게 신문을 발행, 방송도 자유롭게 하게 하는 것이 중요하다.

또한 언론 자유에 있어서 중요한 것은 정부 이외에 국민 당사자의 태도이다. 국민은 언론 자유를 위해 싸워야 한다. 그런데 현재 국민의 싸움은 부족하다. 또 언론인 자신들의 투쟁이 부족하다. 거기다가 현 정권은 군부와 언론의 합작 정권이다. 봐라, 민정당 총재 밑에 언론인들 모두가 붙어서 일하고 있다. 또 청와대에 가 보면 비서실장부터 공보비서는 물론이고, 정부의 몇몇 장관들 모두가 언론인 출신이다. 이리하여 언론인들이 그 재빠른 재주를 가지고, 정치에 둔한 군인들을 잘 조정해서 운영하고 있어서, 이 정권은 군사정권인지 언론정권인지 구별이 안 간다. 그래서 이 문제에 우리 언론인들이 싸워야 한다. 아마 정치인 중에서 나만큼 언론인들로부터 차별 대우를 받는 사람도 없을 것이다. 참으로 언론은 김대중에게만은 언론의 자유가 있다. 무엇이든지 조작을 해서 쓸 수 있다. (웃음) 지난 연세대에서 있었던 일도 조간지에 나란히 '출마', '사퇴'의 왜곡 보도가 있었다.

반공 이데올로기, 이것은 쭉 거슬러 올라가면, 대한민국 정부 자체가 정통성이 없는 반민족적인 친일분자들에 의해서 설립되었기 때문이다. 이 반민족 친일분자들은 자기의 죄책감, 이것을 벗어나기 위해서 반공을 이용했다. 이래서, 반공만 되면 모두 애국자이다. 어제까지 고등계 형사라 해도 반공만 주장하면 김구 선생에게도 "이 새끼, 저 새끼"라 했다. 또한 반공을 최대로 이용한 것이 이 박사이다. 해외에서 반일투쟁을 했다는 양반이 이 일생에 친일했던 놈들과 같이 합작해서, 애국자 모두를 배제하고… 거기에 6·25전쟁이 터지고 나니까, 더욱 가세되었다.

아마 나도, 어지간히 용공 소리를 들으며 살고 있는데, 요즘 버스터미널에서는 "김대중, 공산주의자"라는 '삐라'를 뿌리고 다닌다 한다. 이 나라에서는 정적 때려잡는 데 빨갱이면 그만이고, 이것이 만능약이다. 이런 것들과 이 자들이 사실은 공산주의자 도와주는 것이다. 세계에서 정적을 공산주의자로 몰아붙여 죽이는 나라, 국민에게 지킬 자유는 주지 않고 안보만 강요하는 나라, 부는 소수에 집중하면서 안보를 내세우는 나라, 그런 나라치고 안 망하는 나라가 없다. 남베트남, 쿠바, 니카라과, 라오스, 캄보디아, 다 망했다. 그런데 세계에서 민주주의 해서 공산주의 된 나라는 없다. 2차대전 직후 터키, 그리스가 거의 공산화될 뻔했는데, 민주주의 하면서 극복했다. 포르투갈, 스페인에서는 공산당이 파시스트하고 싸웠는데, 민주주의 하니까, 한때 공산당이 그렇게 커나갈 것 같다가 결국 퇴색되고, 사회민주당이 득세를 하였다.

사실적으로 이 정권이 진정한 반공을 하려면 자유를 주어야 한다. 우리는 6·25 전시하에서도 언론의 자유가 있었다. 부산에서 옆 사람과의 대화에 자유가 있었고, 전화 도청도 없었으며, 마음대로 비판의 자유가 있었다. 신문에서도 커다란 활자를 빼내었었다. 전시하에 국민방위군 사건을 다시 뒤집어 가지고, 국회에서 반대로 싸워 가지고, 다시 재심해서 그 국민방위군 사령관, 참모장 김윤근, 윤익헌을 사형에 처했다. 그래서 그때 국민들은 우리는 전시하에서도 이런 자유가 있다. 이리하여 우리는 이 조국을 지켰다고 생각했다.

앞으로 다음 정권은 공산당을 합법화시킬 수 없다. 그러나 적어도 공산당을 빙자해서 국민들을 탄압하는 일은 꿈에도 없을 것이다. 공산당은 어디까지나 자유와 정의로운 사회를 개조해서 국민들을 떠밀어서 국민들이 자발적으로 공산당을 부정하도록 사회를 만들어, 국민들의 의사에 따른 사회를 만들 수 있도록 해야 한다.

나는 사회안전법이 전술한 맥락에서 폐지되어야 한다고 생각한다. 또한 국가보안법도 폐지되거나 필요한 사항을 헌법에 삽입시키거나, 대폭 개정되어야 한다고 생각한다. 안기부도 단호히 폐지하거나, 국가에 필요한 해외 정보로 국한하는 기구로 제한해서 오늘 우리가 바라보는 안기부나 중앙정보부와는 전혀 다른 특별한 기구로 해야 한다. 또한 보안사도 과거와 같이 각 군의 범죄수사대CID로 환원해야 한다.

질문 남북 분단의 원인에 대해서 어떻게 생각하시는지? '자주적 평화 통일' 방안에 대한 견해는?(이때 질문자는 김대중 고문에게는 이른바 '3단계 통일론' 중 1단계인 '상호 공존'이 남북 교차승인과 같은 것인지 여부를 첨가해서 질의했다.)

통일될 때까지 공존하자

김대중 먼저 연세대 집회에서 내가 거론했던 붉은 깃발에 대해 심심한 사과를 표한다. 그때 연설 단상과 거리가 너무 멀어 그 깃발을 누가 갖고 왔고, 어떤 것인지 잘 몰랐다. 나중에 전해 들으니, 노동자 동지들이 가지고 나온 것으로 확인됐다. 또한 나 자신의 입장을 생각해서 (그들이 깃발을) 내리려고 하고 있는 도중에 정체불명의 사나이가 (강제로) 내리게 하였는데, 하여튼 모 사나이가 깃발을 든 사람과 옆에 있는 동지에게까지 폭행을 했다 해서 참으로 가슴 아픈 입장이고, 어제 연락으로 사과를 표하려 했는데, 연락이 닿지 않아 간접적인 사과를 전했는데, 혹시 여러분께서 연락되시는 분이 계시면 연락을 해 주길 바란다. 사실 노동자인지 학생인지조차도 알지 못했다. 그 점에 대해서 본의 아니게 발생된 것으로 심심한 사과를 표한다. 참으로 가슴 아프게 생각하고 있다.

그런데 이 붉은 깃발이 아시다시피, 내가 하는 일에는 꼭 따라다니면서 괴롭히고 있다. 한참 고초를 겪었던 일들을 여러분도 아실 것이다. 그 당시 순간적으로 떠오른 것이, 이 광경을 텔레비전으로 찍어서 나와 같이 방영될 때, 커다란 악선전으로 작용할 것으로 판단했는데, 심지어 연·고전에서조차도 응원 깃발의 색깔이 붉다 해서 악선전해 왔던 것을 돌이켜 볼 때, 그래서 그 당시 깃발을 내려 달라고 부탁했던 것이다.

사실, 연방제 문제만 해도 그렇다. 연방제라는 말은 김일성 주석보다 내가 1년 반 정도 먼저 말을 했다. 그런데 나를 김일성 주석과 동일시하여 1980년 사형 선고 당시에도 죄목에 김일성 주석 동조까지 포함되어 있었다. 미국은 200년 전에 연방제를 했고, 오스트리아도 마찬가지다. 이와 같이 우리나라는 언어의 콤플렉스에 빠져 언어의 형벌이 심하다. 인민이라는 소리는 『대한신보』에도 항상 등장한다. 그런데 현재 인민이라는 말을 전혀 못 쓰고 있다. 또 해방, 동무, 민중도 빨갱이로 매도하고 있다. 이와 같은 문제는 민주정부가 들어선 후, 국민과 함께 심층적으로 다시 토론해야 한다. 그래서 민주정부가 들어설 때까지 조금만 자제해서 한꺼번에 토론하자. 이런 문제는 심각한 문제가 아니고, 본질에 있어서는 질문자의 의도(붉은 깃발을 내리라고 한 것이 피해의식 때문이었는지 하는 질문―편집자)와 나는 같은 입장이다.

교차승인에 대해서 얘기하자면, 4대국 교차승인이 분단 고착화에 직접 연결된다고 생각하지는 않는다. 또 교차승인이 북한에서는 분단 고착화라고 하는데, 지금 남북이 세계 70여 개국과 교차승인하고 있다. 양쪽 다 외교하고 있다. 그런데 이 4대국과 외교하면 분단 고착화가 된다는 것은 이론상 취약하다고 생각된다. 문제는 국익상 필요로 하는 모든 나라와는 외교하는 것이다. 통일은 우리의 문제이다. 교차승인한다고, 소련이 하지 말라고 하나, 미국이 하지 말라고 하나, 통일은 우리의 문제이다. 교차승인 자체를 본인이 완강하게 옹호하는 것은 아니지만, 그것 한다고 해서 통일이 불가능하다고는 보지 않는다. 그래서 나는 앞으로 현상 고착이 되느냐 마느냐는 북한의 태도가 중요하고…, 우리가 민주정부 세워서 국민이 원하는 의사에 의해서 현상을 타파하겠다. 남북 간의 문제를 풀어 가겠다 하면 현상 고착은 안 된다. 이것은 국민이 결정한다.

민주정부는 국민의 여론을 무시하고 할 수가 없다. 그래서 이것에 대해서 걱정할 필요가 없다. 나는 적어도 현상 고착화에는 생각이 없다. 그러나 나는 통일이 앞으로 5년 이내에 된다는 환상도 안 가지고 있다. 따라서 다음 5년에 우리가 정권에 참가하면 통일을 위한 길을 열어 놔야겠다는 정도다. 물론 5년 안에 통일이 될 수만 있다면 더 좋겠지만.

첫째, 전쟁 안 하는 것이 중요하다. 지금의 휴전 상태를 해결해야 한다. 그것이 바로 평화 공존이다. 전쟁 안 하는, 통일될 때까지 전쟁하지 말자. 남북이 현상 유지하면서 평화적으로 통일하자. 통일될 때까지 공존하자. 그리고 마지막으로 이질적으로 발전하지 말고, 서로 끊임없이 교류를 해야 한다. 북한과 여러 분야에서 만나야 한다. 지도자끼리 싸움만 할 것이 아니라, 관광도 가고, 스포츠도 하고, 교류를 해야 한다. 이렇게 하면 기존의 분위기가 바뀔 것이다. 그러면 5년 동안에 통일의 문호를 열기 위해서 이런 일들을 하면 최소한도 다음 정권은 통일로 접근할 수 있다. 적어도 다음 정권이 이런 방법으로 교류를 견지해 나가면 평화 공존, 평화 교류에서 통일 방향으로 점진적으로 나아가면, 현상 교착으로 있을 수가 없고, 다만 현상 타파에서 통일로 진전해 나가는 것이 얼마나 빠를 것이냐, 이것만이 문제인데 구체적인 것은 앞으로 결정되리라고 생각한다.

질문 민주당의 '삼비三非'(비폭력, 비용공, 비반미)에 대해서 설명해 달라.

민심과 도덕이 우리의 무기

김대중 근본정신에 있어서는 여러분과 큰 차이가 없다. 정치권과 운동권의 표현 양태에는 큰 차이가 있다. 그런 점을 먼저 이해하시고…, 비폭력적 민주 회복이 삼비주의의 첫 번째인데, 폭력을 쓰지 않고 적극적인 투쟁을 통해 민주주의를 회복해야 한다는 것인데, 그것이 6월투쟁을 통해서 실증이 되었다. 그래서 폭력을 쓰지 않는 것이 상대방에 대해서 더 큰 폭력의 구실을 주지 않고, 필리핀 군중이 50-100만 모여 전차 앞에 서니, 아무런 무력도 쓰지 못한 것처럼, 우리는 수數가 무기이니 상대방의 폭력에 수로 대항해야 한다. 우리는 민심과 도덕이 우리의 무기이기 때문에 정의로운 입장으로 상대방의 폭력을 대할 때, 상대방은 국제 여론에 몰려 외국의 비난의 대상으로 몰릴 수 있다.

두 번째는 비용공적 남북통일이다. 남북통일은 반드시 이루어야 하겠지만, 우리가 공산주의와 공존하면서, 물론 공산화로의 남북통일은 아니다. 그것은 우리 남한 국민이 군사독재도 반대하지만, 공산주의도 반대하는 것이 다수 국민의 뜻이다. 이런 면에서 공산주의를 용납하는 통일로 가는 것은 국민의 지지를 잃고, 군부가 즉각적으로 미국의 지원하에 개입, 이것을 일소하려는 구실을 주게 된다. 그것은 국민의 지지도 받지 못한 채, 실패하게 된다.

그리고 말썽이 되는 셋째는 반미적 민족 자주인데, 민족 자주는 반드시 해야 한다. 그리고 미국의 옳지 못한 정치를 비판해야 한다. 그런데 반미라는 것은 비판도 포함하느냐, 원수로서 내모는 것을 포함하느냐라는 협의와 광의를 따져야 한다. 나는 현 단계에서 협의적 반미를 주장하고, 광의적 반미를 현명치 못한 것으로 간주한다. 그러나 미국이 독재를 지지하고, 또 경제를 지배하고, 남북한을 분단 고착화로 모는 것에 단호히 반대해야 한다. 그것은 정책적 반대이며, 미국을 내모는 것에 대한 반대는 우리 국민이 원하는 반대는 아니다.

중국이, 미국을 극도의 원수로 규정하던 중국이 이제는 자기의 국익을 위해서, 소련의 방해를 지양하기 위한 방법으로 미국의 손을 잡고 정책을 실시하고 있다. 일본이 2차대전 전에 그렇게 미국을 매도하고 원수로 규정하다가 2차대전 후, 미국을 잘 이용해서 일본은 부자가 되었다. 여러 가지를 참고해야 한다. 이런 의미에서 우리가 미국을 원수로 모는 행위는 국민의 지지도 받기 어렵고 결국 우리의 상대편인 독재정권에게 탄압의 빌미를 줄 뿐이다. 이런 의미에서 미국의 정책을 비판하되, 원수로 삼아서 몰아내는 것에는 반대한다. 따라서 나의 삼비는 많은 오해의 소지를 그동안 노정해 왔기에 지금은 전술한 것처럼 서술적으로 설명을 해서 말을 하고 있다.

질문 10월 3일 연세대에서 문익환 의장이 공식 제안한 '남북 단일팀 구성'에 대한 견해는 어떠하신지, 그리고 일부의 '올림픽 공동개최 주장'에 대한 견해는?

김대중 내가 청주교도소에 있을 때, 올림픽의 한국 유치 소식을 들었다. 그 당시에는 주로 경제적 이유로 올림픽 유치를 반대했다. 그러나 다시 곰곰이 생각해 보니 올림픽이란 것이 현 정권에게는 득도 되고 실도 되는 것이었다. 어쨌든 올림픽 때문에도 대대적인 탄압은 할 수 없을 것이고….

그런데 북한에서 단일팀을 제의했을 때, 왜 저것을 현 정권이 받지 않느냐고 자문을 했다. 사실 이 정권이 아시안게임과 올림픽 두 가지를 다 갖고 왔을 때, 현 정권에게 바보 같은 사람이라고 비판을 했다. 그때 북한에서 아시안게임을 유치하려 했다. 그때 북한의 체면도 세워 주고 또한 북한이 아시안게임을 하면 남한이 그곳에 가야 한다. 또 남한이 올림픽을 하게 되면 북쪽이 여기 남한으로 와야 한다. 훨씬 일이 순조로워질 텐데 앞뒤도 보지 않고 그냥 밀어붙여서, 참으로 답답하다. 모든 것을 싹 쓸고 밀어붙이려 하는 '에너미enemy(적) 정신', '라이벌 정신' 등 다 먹으려 하는 이 정신 때문에 부딪힌 일이다.

연대집회에서 문익환 선생님이 말했던 "이번 올림픽은 남북한 화해의 장으로 하자"라는 말에 깊은 공명을 가지며, 구체적인 방안은 12월 후에 말했으면 좋겠다.

질문 현재 군사독재를 종식시키기 위한 현실적 '실천 프로그램'은 무엇이라고 생각하시는지?

공명선거를 담보하는 거국중립내각

김대중 독재는 이론의 일관성 없이 자유롭게 마음대로 변경한다. 히틀러 나치스는 독일 사회주의 노동당이다. 노동자 당을 건설하자고 하고, 소수 특권 정당을 만들어 노동자 지도자를 마구 학살했다. 예를 들어, 네덜란드를 침공 안 한다고 발언하고, 한 달 만에 침공했다. 체코도 마찬가지로 침공했다. 폴란드에 대한 무침공 발언도 파기하고 침공했고, 이것이 독재자의 특징이다.

따라서 작년 여름까지는 현행 헌법 절대 수호, 즉 한 번 해 보지도 않고 바꾼다는 것이 말이 되냐는 절대 수호였다가 갑자기 내각책임제로 변경했다. 전두환 씨가 처음 취임했을 때, 가장 나쁜 제도가 내각책임제였다고 했다. 그런 것을 다시 주장하고, 올봄이 돌아오니까, 다시 호헌, 그리고 6월에는 망국적 발언이라고 규정했던 직선제를 다시 들고나왔다. 이러한 독재자와 변신의 기본적 원칙은 장기집권이다. 이것만은 절대 안 바꾼다. 이번 6월에서는 자신들이 망하게 되니까, 재빨리 변신해서 8개 항 중에서 직선제를 제외하고는 전부 지키지 않고 있다.

다만, 1980년하고는 다른 것이 총칼이 등장하지 않은 것이다. 이번에는 총칼도 소용없고 선거로 잡아 나가자는 것이 다른 내용이다. 국민의 힘 때문이지만, 확실한 것은 공명선거에는 마음이 없다. 무슨 방법으로라도 정권을 잡으려 한다. 이것을 막을 수 있는 길이 '거국중립내각'이다. 중립내각이란 현재의 것도 중립이다. (각료들이) 당적이 없기 때문에. 그래서 거국내각이 되어야 한다. 그것은 현재의 여, 야, 새야, 모든 국민이 참여해야 한다. 이렇게 되어야만 선거를 공정하게 관리할 수 있다. 그래서 작년 10월 아시안게임 끝나고, 바로 다음에 신민당 집회 때부터 거국내각을 주장해 왔다. 이것만이 민주주의의 확실한 길이다, 끊임없이 얘기했는데도 불구하고 신민당은 거절했다. 이 민주당이 되면서 형식적인 접수가 있었는데, 거의 신경을 쓰지 않았다. 또 국민운동본부에 호소했는데도 불구하고 실천이 없었다. 심한 말인지는 모르겠는데, '국본'은 공명선거에 치중하는 것이 좋다고 생각한다. '국본'이 단일화에만 치중하면 내부에 분열이 생길 수 있으므로, 필리핀의 사례처럼 공정선거에 열을 올려 주어야 한다. 또한 '국본'은 거국내각, 언론 자유에 치중해야 한다. 언론 자유 없이 선거 없다. 또한 망국적 지방색을 없애야 한다. 그리고 나머지 구속자 문제, 노동 문제 등을 민주당이나 기타 기관에 부탁해야 한다.

지난번 연세대에서도 이 "10월을 거국내각 수립의 달로 정하자. 이것 없이는 민주정부 수립이 없다"라고 말을 했다. 이 점에서 우리 모두 합의를 해, '민통련'에서도 이런 방향으로 적극성을 띠어 거국과도내각을 쟁취하자. 김정렬 내각의 행태를 보면, 보통 나쁜 내각이 아니다. 과거 이한기 국무총리 서리 같은 사람은 명동사태 때 병력 안 쓰고 해결하려고 상당히 노력했다. 또 계엄 선포하려고 할 때, 나는 이 정책에 동의 못 한다고 말을 했다. 그래서 쫓겨난 것이다. 반면에 현 김정렬은 "1980년 쿠데타 할 때 협의하고, 이렇게 해서 전두환을 밀어준 사람인데, 나오자마자, 좌경·용공 떠들어 대고, 세상에 국무회의에다가 사용자 측 대표인 전경련 간부들을 데려다 일방적으로 한쪽 측의 얘기만 듣고, 공개석상에서 노동자를 비방했다. 이것은 이 내각이 누구만을 위한 내각인지를 단적으로 증명했다. 거국내각이 성립되면 이런 일은 있을 수 없다.

나는 이번 10월 한 달을 거국내각을 만드는 달로 설정, 11월부터 있을 수 있는 선거를 이 거국내각이 관장하지 않으면, 매수, 투표, 개표 부정, 온갖 부정을 막는 데 굉장히 힘들 것이다라고 생각하면서 거국내각 방향을 오늘 회의의 마지막 결론으로 설정해, 우리 모두 합심하자.

김대중 '나의 고백'

「사목」

가톨릭 주교회 기관지 『사목司牧』 1990년 11월호에 수록된 내용이다.

질문 당신이 살고 싶은 곳은? 그 까닭은?

김대중 내가 살고 싶은 곳의 하나는 광주이고 또 하나는 목포이다. 광주학생 독립운동의 고장, 5·18민주화운동의 고장, 망월동이 있는 민주 성지 그리고 나와는 끊을 수 없는 광주이다. 또 하나는 나의 고향 항구 목포이다. 유달산, 삼학도, 영산강 그리고 「목포의 눈물」의 목포! 대안동에 집을 짓고 고하도가 병풍처럼 둘러싼 호수 같은 목포항 입구를 보면서 살고 싶다.

질문 당신이 가 보고 싶은 곳은?

김대중 북한이다. 나는 육십이 넘도록 아직 북한에 가 본 적이 없다. 무엇보다도 금강산에 가 보고 싶다. 만일 금강산에 가 보지 못하고 죽는다면 큰 한이 될 것 같다. 그리고 백두산도, 대동강도 보고 싶고 모든 곳을 가 보고 싶다. 북한 땅 대지에 입 맞추며 통곡도 하고 싶다.

질문 당신이 가장 하고 싶었던 일이 무엇이며 언제, 무엇을?

김대중 어릴 때부터 정치가나 교육자가 되는 것이 나의 꿈이었다. 후자는 이루어지지 못했다. 나는 정치가가 되어서 많은 고생도 했고 또 대통령 선거에서 두 번 실패했지만, 국민의 편에 서서 나름대로 양심껏 일해 왔기 때문에 나의 인생에 후회는 없다.

질문 당신이 진심으로 마음을 터놓고 대화한 사람은?

김대중 무엇보다도 인생의 삶의 척도를 "무엇이 되는 것"보다도 "바르게 사는" 데 두는 사람이다. 바르게 사는 사람이란 내 이웃 즉 내 아내, 내 자식들, 내 형제 가족부터 시작해서 모든 세상 사람들을 위해서 봉사하는 것을 삶의 보람으로 여기는 사람이다. 만일 그가 기독교 신앙에 입각해서 그런 사랑과 봉사의 생활을 하는 사람이라면 금상첨화라 할 것이다.

질문 당신 생애에서 가장 고마운 사람은? 그 까닭은?

김대중 고 장면 국무총리다. 그분은 내가 1956년 영세를 받을 때 나의 대부를 서 주신 신앙의 아버지시다. 그분은 나에게 신앙의 모범을 보여 주셨다. 장면 박사는 그 당시 민주당의 당직 배분에 있어서 나를 파격적으로 발탁해서 내 역량을 발휘하도록 도와주셨고, 집권했을 때는 집권당의 대변인으로 기용해 주셨다. 그리고 무엇보다도 박사님은 민주주의의 정신에 투철하고 자기가 정권을 내놓는 한이 있더라도 야당의 권익을 존중해야 한다고 거듭 역설하신 것을 지금도 생생히 기억하고 있다.

질문 당신 생애에서 양심에 가장 거리낀 일을 한 것은? 언제, 무엇을?

김대중 내 누이동생이 1959년에 죽었는데, 누이동생은 이화여대 다니다가 중도 퇴학하고 오랫동안 심장판막증으로 고생하다가 죽었다. 그 당시 나는 야당을 하면서 선거에 몇 번 실패해서 가산이 탕진되어 누이동생의 치료를 충분히 해 주지 못했다. 그보다도 좀 더 누이동생을 따뜻하게 격려하고 보살펴 주었어야 했는데 그것도 제대로 못 했다. 어떨 때는 귀찮다고 생각한 일도 있었는데 지금도 가슴이 아프다.

질문 당신의 삶의 목적은?

김대중 내 삶의 목적은 하느님께서 이 세상에 히느님의 사랑과 평화와 정의의 나라를 세우는 일에 동참하는 것이다. 즉 민중을 괴롭히는 악과 싸워서 이를 극복하고 고난받고 소외받는 사람들을 위해 인간다운 삶의 여건을 실현하고자 한다. 갈라진 조국을 화해와 사랑으로 통일하여 7,000만 민족에게 기쁨과 평화의 대로를 열어 주고 싶다. 나아가 우리 민족이 아시아·태평양 시대의 주역이 되어 세계의 평화와 소외된 민족의 발전을 위해 봉사하는 도덕적 선진국이 되는 기틀을 세우고 싶다.

질문 당신이 가장 좋아하는 덕목은?

김대중 경천애인敬天愛人이다. 하느님을 공경하고 사람을 사랑하라는 뜻인데, 경천과 애인은 따로 떨어진 것이 아니라 경천을 하려면 먼저 하느님의 아들인 우리 이웃 사람을 사랑해야 하고 사람을 사랑하려면 우리 모두의 아버지인 하느님을 공경해야 한다. 둘은 갈라질 수 없는 하나이다.

질문 당신이 가장 아름답다고 느낀 것은? 또 그 까닭은?

김대중 좌절과 슬픔 속에 젖어 있는 사람들, 특히 집단적으로 그런 상태에 있는 민중들의 고난에 동참해서 같이 노력하고 희생하는 것을 볼 때이다. 나는 우리 대학생들이 농민이나 노동자 등 민중 속에 들어가서 고난을 같이하는 것을 볼 때, 이 세상에 그 무엇보다도 아름다움을 느낀다.

질문 당신이 보기에 세상에서 가장 완전한 행복은? 그것을 얻기 위한 노력은 어떻게?

김대중 행복을 얻는 것은 결코 불가능한 것이 아니다. 누구든지 무엇이 되는 것보다도 바르게 사는 데 목표를 두는 삶을 살아간다면 그런 삶은 하루하루가 성공이요, 행복된 삶이다. 특히 사회적으로는 소외된 사람들, 나의 도움을 필요로 하는 사람들을 위해 봉사하고 내 사랑을 아낌없이 줄 때 진정한 행복이 있다고 생각한다.

질문 당신이 겪은 가장 큰 행운은?

김대중 내게 가장 큰 행운은 서로 사랑하고 아끼는 화목한 가정이 있다는 점이다. 우리 가족은 나로 인해 수없는 박해를 받았다. 그러나 그러한 고난 속에서 서로 사랑하고 한데 뭉치게 되었다. 이웃에 대한 봉사의 정신과 정의로운 사회를 이루기 위한 노력 속에서 하나가 되었다. 우리는 주일마다 세 자식들과 세 며느리 그리고 다섯 손녀, 두 손자 이렇게 온 가족이 교회에 갔다 와서 점심을 같이 먹는데 이때가 우리에게는 가장 행복한 때이다. 모두 착실하고, 모두 건강하고, 서로 아끼고 화목하니 이 이상의 행복은 어디 있겠는가!

질문 당신이 겪은 가장 큰 불행은?

김대중 이유 여하를 막론하고 1987년 선거 당시 야권 단일 후보를 이루지 못했던 점이다. 물론 단일 후보가 됐더라도 과거와 같이 부정선거로 인해서 승리는 어려웠을 것이다. 그러나 단일 후보가 됐더라면 국민에게 그토록 좌절감을 주지 않았을 것이라고 생각할 때, 그것은 나를 위해서나 국민을 위해서 큰 불행이었다고 생각한다.

질문 당신에게 가장 두려운 것은?

김대중 역사의 심판이다. 역사 속에서 내가 어떻게 평가될 것이냐. 우리들은 한때 세상 사람들을 속일 수는 있지만 역사를 속일 수는 없다. 또 내게 두려운 것은 자기 양심의 소리이다. 우리는 남을 속일 수는 있어도 자기 자신은 속일 수 없다.

질문 당신에게 부자유를 가장 크게 느끼게 하는 것은?

김대중 유명한 데서 오는 사생활의 침해이다. 그리고 너무나도 많은 사람을 접촉하기 때문에 읽고 싶은 책을 읽지 못한다든가, 하고 싶은 취미 생활을 못

하는 것이다.

질문 불행이나 고난 또는 두려움을 이길 수 있는 힘은 어디서 얻는지?

김대중 자기가 바르게 살고 있다는 데서 오는 긍지와 마음의 평화이다. 옳은 것은 반드시 국민과 역사에 의해서 바르게 평가된다는 믿음, 한때의 좌절이나 오해는 결코 오래갈 수 없다는 확신이 고난을 극복할 힘을 준다.

질문 원수나 미운 사람과 어떻게 화해할 수 있으며 참용서가 가능한가?

김대중 사랑까지는 못 해도 용서는 할 수 있고 또 해 왔다고 생각한다. 나는 박정희 씨나 전두환 씨같이 나를 정치적으로만이 아니라 생명까지 말살하려 한 사람을 용서해 왔다. 그러나 어떤 경우에도 죄는 용서해서는 안 된다.

질문 당신에게 영향력을 준 책은?

김대중 토인비의 『역사의 연구』이다. 이것을 통해서 나는 인류 역사의 대파노라마의 전모를 파악할 수 있었는데, 도전과 응전에 의해서 움직이는 역사 발전의 법칙을 깨달을 수 있었다. 그리고 또 하나는 성서이다. 이 책을 통해서 하느님의 사랑의 본질, 즉 소외받고 고통받는 사람 그리고 카인같이 죄에 가득 찬 사람까지 하느님은 사랑하신다는 위대한 진리를 배웠을 때 내 눈이 환히 떠지는 심정이었다.

질문 당신에게 영향력을 준 종교 서적은?

김대중 공의회 문헌이다. 이것을 통해 제2차 바티칸공의회 이후 우리 교회가 나아가는 새로운 진로에 대해서 많은 것을 배우게 되었다. 또 하나는 독일의 신구교 신학자들에 의해 만들어진 『하나의 믿음』으로서 결국 마르틴 루터의 종교개혁 이래 이제 교리 면에서 하나가 된 교회의 모습을 배웠다.

질문 당신에게 감명 깊었던 영화나 연극은?

김대중 영화 〈토지〉를 보았는데 우리 조상들의 잡초같이 끈질긴 생명력에 큰 감명을 받았었다. 그리고 연극은 〈세일즈맨의 죽음〉인데 현대자본주의 문명

속에서 인간의 삶의 한계상황을 생생히 느낄 수 있었다.

질문 성숙한 사람에게 첫째로 꼽을 수 있는 성격은?

김대중 '열린 마음'이라고 생각한다. 남의 말을 경청하고 내가 그 사람의 위치에 서서 그 사람과 문제를 생각하고 같이 해결하는 자세이다.

질문 우리의 청소년들에게 가장 바라는 것은?

김대중 무엇보다도 성공의 참뜻을 올바르게 파악해야 한다. 성공이라는 것은 결코 높은 자리에 서거나 부자가 되는 것이 아니다. 성공이란 한 순간 한 순간을 바르게 사는 것이다. 성공은 결코 내일에 도달할 목표가 아니라 지금 이 시간에 차지해야 할 현실이다. 이것이 인생의 진리라는 것을 깨닫기 바란다. 그리고 자기 자신에 대한 엄격한 윤리적 규제를 습관화해야 한다. 사람의 가장 중요한 싸움은 자기 자신과의 싸움 그것도 도덕적으로 떳떳하게 사는 자기를 만들기 위한 싸움이라는 것을 명심해 주었으면 좋겠다.

질문 우리 대학생들에게 가장 기대하는 것은?

김대중 우리 대학생들이 민주화와 민족문화의 회복과 사회정의의 실현을 위해 이룩한 공헌은 크게 평가되어야 한다. 그러나 그간 일부 대학생들의 태도를 볼 때, 자기들의 주장에 대해 국민의 이해를 얻으면서 추진하기보다는 너무 성급하고 과격하여 국민과 유리된 경향이 적지 않다. 한 사람이 백 보를 가는 것보다는 백 사람이 한 걸음을 가는 것이 옳은 것이다. 왜냐하면 운동은 대중과 연대했을 때만 성공할 수 있는 기본 성격을 지녔기 때문이다. 대중으로부터 고립되는 것이야말로 공작 정치의 목표이자 바람인 것이다.

질문 우리나라의 가정에 가장 큰 문제점은 무엇인가? 가정을 결속시키는 바탕은?

김대중 가정에 있어서 가장 중요한 문제는 부모들이 자식들의 모범이 되는 것이다. 부모는 비윤리적인 생활을 하면서 자식들에게만 바르게 살라고 하고,

부모는 책 한 권 읽지 않으면서 자식들에게만 열심히 공부하라는 것은 설득력이 없다.

질문 남존여비를 벗고 사회 발전을 위해 여성들이 무엇을 배워야 할 것인가?

김대중 우리나라는 이제 남녀고용평등법이 성립되었고 또 가족법에 의해서 여성이 법률적으로 남성과 동등한 대우를 받게 되었다. 그러나 문제는 이러한 권리들이 여성보다는 남성들에 의해서 부여된 면이 상당히 크다는 점이다. 여성이 스스로의 힘에 의해서 자기 권리를 쟁취해야 한다. 그러기 위해서는 여성 모두가 여성 지도자를 키우고 아껴야 하며 각종 선거에서 여성 후보를 적극 지원해야 한다. 그렇지 않으면 남성으로부터의 차별을 결코 벗어날 수 없을 것이다.

질문 사회의 성숙한 발전을 위해 개선되어야 할 한국의 남성상은?

김대중 인구의 반을 차지한 여성을 가정과 사회 전체의 파트너로 이해해서 그의 인격과 권리를 존중하는 것이다.

질문 우리 한국민의 장점과 단점이 무엇이라고 생각하는가?

김대중 한국민의 장점은 뭐라 해도 교육열과 부지런함 그리고 진취적이라는 점이다. 한국민의 단점은 의심할 여지없이 성질이 급하고 꾸준함이 부족하다는 점이다.

질문 우리나라 역사에서 가장 존경하는 인물은? 그 까닭은?

김대중 전봉준 장군이다. 전봉준 장군은 시골 서당의 훈장이었는데 이런 분의 머리에서 노비 해방, 과부 개가, 토지 개혁, 서정 혁신 등의 내정 개혁과 반제국주의의 시대적 소명이 나왔던 것은 참으로 놀라운 일이다. 그리고 전봉준 장군은 그것을 실천에 옮겨서 수백만의 농민을 궐기시켰다. 세계의 어떠한 민중 지도자에 견주어도 손색이 없다.

질문 어떤 사람이 국가나 사회 공동체의 발전에 가장 이바지하는가?

김대중 모든 사회 구성원에게 자유와 정의, 인간의 존엄성이 보장되어야 하며 그러한 권리의 쟁취가 사회 구성원 자신의 참여에 의해서 이루어져야 한다. 즉 주인으로서 자기의 권리를 쟁취하도록 도와주어야 한다고 믿고 노력하는 사람이다.

질문 어떤 사람이 국가나 사회 공동체의 발전에 가장 해를 끼치는가?

김대중 국민 대중의 참여의 길을 봉쇄하는 독재자이다. 독재자에 의해서 국민의 자유가 박탈되고 성장으로 얻어진 부를 소수에게만 집중시키는 그런 잘못된 사회구조는 우리 사회를 분열시키고 많은 사람들을 좌절과 저항으로 이끌기 때문이다.

질문 현재 우리나라에서 가장 시급히 해결되어야 할 일은?

김대중 민주주의의 정착이다. 그중에서도 핵심은 지방자치제를 전면적으로 실시하는 것이다. 우리는 이러한 민주 발전을 통해서 자유와 정의를 실현해서 한국을 동방의 서독으로 만들어서 통일에의 힘을 기르는 것이 우리들의 시급한 과제로 설정되어야 할 것이다.

질문 남북통일의 첫걸음이 무엇이고 이를 위해 계속해야 할 과제는?

김대중 평화 공존과 평화 교류를 병행 실시해서 한편에서는 정치적 군사적 대립을 최대한도로 감소시키고 한편에서는 전면적인 교류를 진행시켜서 민족의 동질성을 회복시키는 것이라고 생각한다.

질문 현재 우리나라에서 정부가 해야 할 가장 중요한 일은?

김대중 무엇보다도 국민으로부터 믿음을 회복해야 한다. 그리고 민주주의와 부의 공정 분배를 실시해서, 국민으로 하여금 정부가 우리 자신을 위해서 있다는 것을 실감하게 해 주어야 한다.

질문 현재 우리나라에서 국회가 해야 할 가장 중요한 일은?

김대중 3당 야합으로 국민의 대표성을 상실한 13대 국회를 해체하고 새로운 총선거를 통해서 14대 국회를 창출하는 것이 가장 시급한 일이라고 생각한다.

질문 현재 우리나라에서 사법부가 해야 할 가장 중요한 일은?

김대중 사법부가 시대의 흐름을 바르게 파악하고 사법부에 대한 국민의 기대에 부응하는 판결 자세를 가져야 한다. 무엇보다도 이제 냉전 시대가 종식되었고 화해와 통일의 시대로 가고 있는 이 마당에, 사법부가 시국 사범에 대한 상응한 판결을 내려야 한다.

그리고 또한 사법부는 국민이 좌절감과 분노에 빠진 가장 큰 원인이 이 사회의 힘 있는 자에 의한 억압 구조와 착취에 있다는 것을 파악하고 약한 사람들을 짓밟는 강자의 횡포에 대한 엄격한 제재의 자세를 취해야 한다.

질문 현재 우리나라에서 국민이 해야 할 가장 중요한 일은?

김대중 지방색 타파이다. 지방색 타파 없이는 우리는 좋은 정치를 기대할 수 없다. 어느 정당이, 어느 후보자가 가장 국민을 위해서 바람직한 정당과 후보냐가 아니라 그 정당의 후보자가 어느 지역에서 나왔느냐 하는 데 기준을 두고 투표한다면 천년이 가도 우리 정치는 바로 될 수 없다. 동서 간의 화해도 못하면서 우리가 어떻게 남북의 화해를 기대할 수 있겠는가?

질문 모든 국민을 함께 잘살게 하는 경제 정책은?

김대중 정의 있는 자유경제이다. 경제체제로서는 자유경제가 가장 바람직하다는 것은 말할 필요도 없다. 그러나 불균형 분배 구조를 타파해서 빈부 간, 지역 간, 도시와 농촌 간, 대기업과 중소기업 간의 갈등과 적대를 해결하지 않으면 건전한 경제 발전은 결코 이룰 수 없는 것이다.

질문 현재 우리나라에서 막중한 책임을 질수록 꼭 지켜야 할 기본 덕목은?

김대중 국민에 대한 외경심이다. 국민을 하늘같이 존경하고 국민을 범같이 무서워해야 한다. 그래서 국민의 뜻에 따라서 국민을 위한 정치를 해야 한다.

질문 우리나라에서 가장 소중히 보존해야 할 전통이나 문화를 무엇으로 보는가?

김대중 교육열, 효도, 스승에 대한 존경심이다. 어느 민족이건 자원이 풍부하다고 해서 반드시 잘살지는 않는다. 그러나 국민을 잘 교육시켜서 못사는 나라는 하나도 없다. 교육은 우리의 가장 위대한 전통인 것이다. 부모가 자식이나 머느리의 인격을 존중하는 가운데 이루어지는 효도는 온 가족이 존경과 사랑 속에 행복한 가정을 이루는 원천이 될 것이다. 군사부일체君師父一體라고까지 말한 스승에 대한 존경은 우리 사회의 가장 큰 자랑거리라고 생각한다. 그리고 문화도 민중들에 의해서 창출된 문화를 우리는 특별히 보호하고 발전시켜야 한다. 국악, 무용, 공예 등 각종 민족 예술에 대한 재평가와 보존에 더욱 힘써야 한다.

질문 토속 종교에 대한 당신의 관심은?

김대중 토속 종교는 우리 민중들의 생각과 소망이 담겨져 있는 것으로서 우리들은 민중의 삶의 뿌리를 여기서 발견할 수 있다. 또 거기에는 부분적으로 하느님의 계시가 나타나 있다. 따라서 토속 종교에 대해서 깊은 관심과 연구를 하는 것은 기독교가 한국에서 뿌리를 튼튼히 내리는 데 큰 도움이 될 것으로 믿는다.

질문 당신은 조상과의 유대를 어떻게 의식하고 표현하는지?

김대중 조상을 거슬러 올라가면 아담에 이르고 아담을 거슬러 올라가면 하느님에 이른다는 교회의 해석이 나는 아주 정당하다고 생각한다. 따라서 조상에 대해서 나는 따뜻하고 친근한 존경심과 유대를 느낀다. 그리고 조상들이 남긴 많은 위대한 유산이 있다. 우리는 그것을 잘 발굴해서 현대적으로 되새겨야 한다고 생각한다. 나는 김해 김씨인데, 김해 김씨의 조상인 수로왕과 왕후인 허씨를 시조로 하는 가락국의 역사에는 아주 소중한 유산들이 있다. 민중이 왕을 추대하는 민주주의의 싹이 있고, 왕이 백성을 위해서 좋은 정치를 한 민본주의가 나와 있고, 외국 여성과 왕이 국제결혼을 한 세계주의 정신이 나와 있고, 또 왕비가 난 자식들 중에서 두 왕자를 골라 허씨 성을 준 여권 존중의 싹이 있다. 그렇기 때문에 우리는 이런 것을 현대적 입장에서 재해석할 때 20세기의 오늘의 현장에서 조상과의 새로운 만남의 장이 열린다.

질문 종교가 국가와 사회 발전을 위해 제일 먼저 무엇을 해야 한다고 보는지?

김대중 광야에서 외치는 소리가 되어야 한다고 생각한다. 그러기 위해서는 무엇보다도 중요한 것은 지역감정을 타파하는 데 종교가 앞장서야 한다. 하느님의 사랑은 민족과 인종의 차별도 뛰어넘는데 지금 이 나라에서는 독재자들이 조성해 놓은 지역감정이 우리 사회를 갈가리 찢어 놓고 있다. 그런데 종교계가 이 문제에 대한 적극적인 개입을 주저해 왔고 심지어 일부는 여기에 동조하는 경향도 있었다. 이것은 참으로 하느님의 뜻에 어긋난다고 생각한다. 그리고 또한 종교는 이 땅의 정의 실현에 앞장서서 위정자들이나 사회 여론에 강하게 호소해야 한다고 생각한다.

질문 한국 천주교회에 대해 마음에 드는 점이나 보존해야 할 점은?

김대중 위대한 순교의 역사이다. 이것은 참으로 자랑스럽고 감사하고 길이 보존해야 한다고 생각한다. 평생을 독신으로 살면서 모든 것을 주님께 바치는 신부님이나 수녀님을 보면 저절로 머리가 숙여진다.

질문 한국 천주교회에 대해 마음에 들지 않는 점과 비판해야 할 점은?

김대중 성직자들이 지나치게 권위주의적인 것 같다.

질문 한국 천주교회에 대해 특별히 바라고 싶은 것이 있다면?

김대중 천주교회가 신자들의 영적 구원과 더불어 사회적 구원에 대해서 좀 더 적극적인 역할을 했으면 좋겠다. 일제하 3·1독립운동에 참가하지 않은 우리들의 수치스러운 역사, 일제의 신사참배에 과감하게 저항하지 않았던 역사, 이런 것을 우리가 생각할 때 우리는 좀 더 사회에서 정의로운 참여를 해야 하지 않는가 생각한다.

질문 당신의 삶에서 이론적인 설명이 불가능한 신비로운 체험이 있다면?

김대중 1973년 일본 도쿄에서 중앙정보부원들에게 납치되어서 배에 태워진 후에 전신을 결박당해 바닷속에 던져지려는 순간이었다. 나는 이제 나의 인생은 마지막이라고 생각하면서 다른 일을 생각하고 기도하는 것을 잊고 있었다. 그랬는데 갑자기 예수님이 내 앞에 나타났다. 그래서 예수님의 옷자락을 붙잡고 나를 살려 달라고 애원을 하는데 어디선가 펑펑하는 폭발물 소리가 계속 들려왔다. 그것은 나를 구출하기 위한 미국(?) 비행기의 경고탄 소리였다. 주님의 나타나심은 내가 죽음을 모면하는 순간이었다.

질문 현재 당신의 삶에 만족하는지? 만일 만족하지 못한다면 무엇을 하고 싶은지?

김대중 원칙적으로 만족하고 있다. 나는 성공의 기준이 무엇이 되는 것이 아니라 어떻게 사는 것이 기준이라고 생각하기 때문에 나의 삶에 만족한다. 물론 여러 가지 실수와 잘못은 많았다.

질문 당신의 인생을 어떻게 엮어 가고 끝맺어야 할 것인지?

김대중 하루하루 최선을 다해서 살아감으로써 끝을 맺고자 한다. 그러나 자기가 최선을 다하는 것은 내 자신만이 할 수 있는 자유 선택의 영역이다. 따라서 나는 내가 할 수 없는 일에 대해서는 하느님에게 맡기고 거기에 대해서 신경 쓰지 않기로 결심하고 있다.

질문 사후 세계에 대해서 어떤 생각을 하는지?

김대중 예수의 부활을 믿느냐 안 믿느냐가 사후에 우리가 하느님을 만날 수 있느냐 없느냐 하는 우리들의 신앙을 결정한다고 생각한다. 나는 많은 고민과 묵상 끝에 예수님의 부활을 믿고 있다. 때때로 의문과 흔들림이 없는 것은 아니지만 기본적으로는 그런 확신을 갖게 된 것을 감사히 생각한다.

질문 당신이 다음 세대에 남기고 싶은 말이 있다면?

김대중 역사는 정의의 편이다. 민중의 소망은 반드시 성취된다. 이 세상은 바른 방향으로 전진하고 있다. "내일의 태양이 떠오른다는 데에 조금도 의심 말고 당신의 최선을 다하시오. 그것이 당신 인생의 성공의 길입니다."

질문 당신은 어떤 좌우명을 가지고 살고 있는지?

김대중 나의 좌우명은 첫째로 행동하는 양심이 되라는 것이다. 행동하지 않는 양심은 악의 편이다. 둘째는 앞에서도 누차 강조했지만 무엇이 되느냐가 중요한 것이 아니라 어떻게 사느냐가 중요하다. 셋째는 우리가 이 세상에서 성공하려면 서생적書生的 문제의식을 갖는 순수성과 더불어 상인적商人的 현실감각을 갖는 실체적인 자세의 두 가지가 하나로 조화되어야 한다고 생각한다.

질문 이외에 하고 싶은 이야기가 있다면?

김대중 지금 우리 세대는 인류 역사 이래 처음 있는 대격변기를 맞고 있다. 그리고 이 격변기는 민중이 처음으로 주인이 되는 민중 혁명의 시대이다. 민중 혁명의 목표는 자유와 빵이 같이 보장되고 인간의 존엄성이 최고의 가치가 되는 그런 시대인 것이다. 또한 우리가 살고 있는 한국은 아시아·태평양 시대, 인류 역사상 처음 도래하는 시대의 중심에 있다. 한국은 거기에서 주도적 역할을 하는 나라 중의 나라가 될 것이다. 우리 역사를 보더라도 우리는 민족사상民族史上 최대의 상승기에 있다. 언제 우리 민족이 이렇게 세계적으로나 또 우리 내부적으로 힘을 발휘한 일이 있었던가. 우리는 비록 분단이 되어 있지만 이 문제도 머지않아서 극복될 것이다. 이제 냉전 대결의 시대는 끝났고 민족주의와 민주주의가 세계를 끌고 가는 시대가 되었기 때문에, 민족주의에 의한 통일, 민주주의에 의한 자유와 정의의 실현은 의심할 바가 없는 것이다.

노동운동의 자유가 민주주의의 척도

정운영

—

1991년 12월, 월간 『사회평론』에서 마련한 정운영 『한겨레신문』 논설위원과의 특별대담으로, 『사회평론』 1992년 1월호에 수록되었다. 녹취 정리는 정진백 월간 『사회평론』 창간 대표가 하였다.

—

정운영 『사회평론』으로부터 이 대담을 부탁받고 처음에는 완강히 고사했으나, 박호성 편집인의 회유와 위협(?)으로 결국 수락하고 말았습니다. 일을 맡으면서 두 가지 목표를 세웠습니다. 우선 대학생을 비롯한 젊은 세대들이 신문이나 방송을 통해 김대중 대표의 얼굴과 이름은 자주 대하고 있으나, 실상 과거의 행적이라든가 경륜에 대해서는 잘 모르기 일쑤입니다. 예컨대 도쿄에서 김 대표의 신상에 사활의 위험이 닥쳤던 1973년에 태어난 세대들이 벌써 투표권을 행사할 나이에 가까워지고 있는 형편이기 때문입니다.

따라서 김 대표의 생각과 행동을, 긍정적이든 부정적이든, 있는 그대로 상세하게 그들에게 알리자는 것이 그 하나의 목표였습니다. 그리고 지난 대통령 선거에서 당시의 김대중 후보를 지지했던 사람들 가운데 상당한 수효가 지금은 그 지지의 유보 내지는 관망의 자세를 취하고 있는 것이 사실입니다. 그래서 그 거리감의 원인을 밝혀 보자는 다른 하나의 목표를 세웠습니다. 다시 한번 바라든 바라지 않든, 김 대표의 행보가 당분간 이 나라의 장래와 운명적으로 연결되어 있는 이상 그것은 반드시 필요한 작업이라고 생각했기 때문입니다. 요컨대 오늘의 대담은 김 대표의 과거를 정확하게 알아보고, 지난 대통령 선거 이후 김 대표의 공과를 분명하게 따져 보려는 데에 있다고 할 수 있습니다.

김대중 잘 알겠습니다. 아주 어려운 대담이군요.

정운영 며칠 전 어떤 행사에서 김 대표가 전두환 씨와 악수를 하면서 파안대소하는 큰 사진이 어느 신문에 실려 있었습니다. 우리네 생각으로는 그저 따귀를 한 대 올려붙였어야 마땅한데, 그 평화로운(?) 사진을 보고는 여러 사람이 적지 않게 곤혹스러운 느낌을 받았습니다. 그게 정치인지 아니면 김 대표의 품성인지, 글쎄 어떻게 해석해야 되겠습니까?

김대중 저도 착잡한 심정을 느꼈는데, 평소부터 죄는 미워해도 사람은 미워하지 않는다고 말해 왔습니다. 나쁜 제도에 대해서는 철저하게 반대하고 목숨을 걸고라도 싸우지만 사람을 미워한 일은 없어요. 그렇기 때문에 전두환 씨에 대해서도 인간으로서 미워한 적은 없어요. 그가 한 정치에 대해서는 반대하고, 앞으로도 영원히 반대하지만, 인간으로서 만났는데 그렇게 기분 나쁘게 대할 것은 없다는 생각이었지요. 그때 들어가면서 앞에 있는 분들과 쭉 악수를 하면서 갔는데, 전두환 씨가 와 있는지는 몰랐어요. 그래서 돌연히 만나서 순간적으로 웃고 악수를 했는데, 평소부터의 제 생각이 그렇게 표현된 것 같습니다.

민주주의는 싸워서 회복해야

정운영 죄는 미워하지만 사람은 미워할 수 없다는 김 대표의 얘기는 다른 곳에서도 여러 번 읽었는데, 말은 그렇게 하지만 현실에서야 어디 그렇게 됩니까?

김대중 저는 그래요. 이상하게 저는 성격적으로 사람을 잘 미워하지 못해요. 물론 저도 미운 사람이 있으면 욕도 하고 죽어 버렸으면 좋겠다는 생각도 하지만, 그게 오래가지를 못해요. 그리고 제 신앙이 그렇고요. 제가 1980년에 사형 선고를 받고 마지막 진술을 할 때도 내가 죽더라도 우리 민주주의는 반드시 10년 내에 온다, 그때 여러분은 한 가지 유념할 일이 있는데, 민주주의는 어떤 경우에든 싸워서 회복해야 하지만 사람에 대해서는 보복하지 말라고 당부했습니다. 대통령 선거, 국회의원 선거에서도 절대로 정치보복은 안 한다는 얘기를 했고 실제로 행동으로 그렇게 했어요. 1988년 올림픽이 끝나고 전두환, 이순자를 체포하라고 할 때, 저는 끝까지 제 소신대로 얘기해서 다 설득을 시켰어요. 그 대신 5공 청산에 있어서 광주 문제를 끝까지 철저하게 파헤친다든지, 정호용 씨 같은 분을 정계에서 물러나게 한다든지, 전두환 씨를 국회청문회에 나오게 한 것은 제가 아니었으면 안 됐어요.

정운영 옛날에 김 대표가 쓴 어떤 글을 보니까 가장 고마운 사람으로 장면 총리를 든 적이 있었습니다. 그런데 우리가 장면에 대해서 느끼는 것은 민주주의의 규칙을 지켰다는 점과 정권을 빼앗겼다는 점, 이 양 측면입니다. 이에 대해서는 어떻게 생각합니까?

김대중 그분이 나를 대변인으로 발탁해서 매일 만났습니다. 그 어느 때인가 장 총리는 우리가 오래 집권하는 것보다는 평화적으로 야당이 집권하는 것이 더 중요하다는 말을 했어요. 나는 그 말이 마땅치 않았지만 그 후의 장기집권을 쭉 보니까 실감이 가더라고요. 그래서 훌륭한 분이었다는 생각을 하는데, 다만 마지막에 5·16쿠데타를 다루는 방법에 있어서는 지금도 부족한 점이 있지 않았는가라고 생각하고 있습니다. 물론 장 박사가 미 대사관으로 피신하려다가 막혀서 못 간 것도 알지만, 그때는 미군사령관이 한국 작전권을 완전 장악하고 절대적인 영향력을 발휘했었으니까, 거기와 연락을 해서 뭔가 사태를 해결하려는 노력을 적극적으로 했어야 했습니다. 그건 본인께 우리가 많이 서운하게 생각하는 점이죠.

정운영 1925년에 출생하신 것이 맞습니까?

김대중 실제는 1924년 1월 8일(음력 1923년 12월)이에요. 그런데 1925년 12월 3일로 되어 있는 것은, 일제시대에 징병에 끌려가지 않기 위해서 일부러 2년 정도 늦추어 놓았기 때문입니다.

정운영 그러면 해방 당시의 나이가 20세로, 한참 피가 끓는 시대였을 텐데요. 이력을 보니까 건준에도 가입했고 인민위원회에도 가담을 했었는데, 그 이후 결별의 사유가 분명하지 않던데요, 간단히 얘기해 주시지요.

김대중 1946년 여름경까지 지방에서는 좌우익의 차이가 없이 같이 일했어요. 그러다가 그 사람들과 갈라지게 되는데, 지금은 그런 말이 없지만 그때는 공산당은 소련을 조국이라고 한다, 그리고 붉은기를 우리 깃발이라고 한다는 말이 있었거든요. 그래서 인민위원회 사람들이 모인 회의에서, 제가 그때는 나이도 젊으니까 거칠게 말했지요. 어느 놈이든지 소련을 조국이라고 부르면 가만히 안 두겠다고 했어요. 그것이 미움을 받아서 꽉 찍히는 원인이 됐어요. 그래 가지고 관계가 악화되었고, 그런 데다 당시 한민당 목포시 부지부장을 맡고 있던 장인이 나를 불러다 놓고, "너는 공산주의가 뭔지 몰라서 그런다. 우리는 일제시대 신간회도 해 보고 뭣도 해 보고 해서 다 안다"라면서 설득을 하고, 그래서 그들과 갈라서게 되었죠.

정운영 그러면 이렇게 정리해도 되겠습니까? 사회주의나 공산당이 갖고 있는 비민족적 지향 같은 것에 대한 반발과 장인의 설득, 이 두 가지를 결별의 이유라고 봐도 좋습니까?

김대중 네. 공산주의가 갖고 있는 정의의 측면에 대한 주장에는 매력을 느꼈어요. 그런데 아까 말씀드린 것과 같이 내가 본질적으로 갖고 있는 민족주의적 생각에는 변함이 없습니다.

정운영 1955년에『사상계』라는 잡지에 기고한 글 중에, 물론 당시와 현재 사이에 굉장한 거리와 차이가 있지만 아무튼 거기에 이런 내용이 들어 있었습니다. "현재 우리 민족의 최대의 과업이 공산 침략자를 타도하여 남북을 통일해야 한다"고 말이지요. 그때는 지금과 상황이 크게 다릅니다만, 당시의 이 주장이 현재도 유효합니까?

김대중 지금 나는 이렇게 생각합니다. 지금은 공산주의자고 무슨 주의자고 대화를 통해서 민족적 차원에서 협력하고 공존하면서 통일을 해 나가야 한다고 생각하고 있어요.

정운영 그렇다면 당시의 주장은?

김대중 그 당시의 상황을 반영한 것으로서, 공산주의 타도라는 것은 북한 정권 타도라는 의미보다는 공산주의를 반대한다는 의미로 말한 것입니다.

정치를 왜 하게 되었나

정운영 정치 초년기에 시련이 많았던 것 같습니다. 국회의원 당선까지 4수를 했고, 그 과정에서 부인이 타계하는 비극도 겪었습니다. 그렇게까지 하면서도 정치를 하고 싶었던 이유가 뭡니까?

김대중 저는 어렸을 때부터 정치에 관심이 많았어요. 일제 때 시골에서 자랐는데 저희 아버지가 구장을 지내셨어요. 마을에서 제일 유지지요. 그때 우리말 신문은 없고, 일본의『매일신보』가 구장집에는 무료로 배달되었는데, 꼭 1면을 읽을 정도로 정치에 관심이 많았습니다. 그런데 제가 정치를 본격적으로 해야겠다고 작정한 것은 6·25전쟁 때입니다. 공산당이 남침해서는 제가 사업을 하기 때문에 반동이라는 이유로 쫓아냈습니다. 공산 치하에서 2개월가량

간혀 있다가, 학살 직전에 탈옥을 해서 나왔지요. 그때 이승만 박사는 남침에 대해 전혀 대비도 없으면서 한다는 소리가 사흘이면 평양에 가고 일주일이면 백두산에 산나는 소리만 하고, 또 자신은 도망가면서도 방송으로는 국민을 지킬 테니 걱정하지 말라고 큰소리치고 그랬습니다. 그런 것을 보니까 정치가 잘못될 때 국민이 얼마나 불행한가를 깨달았습니다. 그 제일의 희생자가 바로 나였던 셈이지요. 그때부터 지금까지의 일관된 생각은 인생에서 뭐가 되는 것도 중요하지만 어떻게 사는 것이 더욱 중요하다는 것입니다. 무엇이 되는 데는 이완용이 최고로 성공했지만 어떻게 사는 데에 실패했기 때문에 만고의 역적이 되고, 뭐가 되는 데 있어서 안중근 의사는 철저히 실패해서 시골 면장 하나 못 했지만 어떻게 사는 데에 성공했기 때문에 영원한 영웅입니다. 또 바로 우리 눈앞에서 앞서간 두 사람의 대통령도 뭔가 되는 데는 성공했지만 어떻게 사는 데는 다 실패한 사람들이지요.

정운영 1969년에 이른바 '40대 기수'라는 얘기가 나왔습니다. 지금 민자당의 김영삼 대표가 원내총무 시절에 거론했습니다만, 여하튼 거기에 김 대표도 적극적으로 찬동했고, 나중에 대통령 후보까지 올랐습니다. 그런데 당시 유진산 당수가 구상유취니 정치적 미성년자의 태도니 해 가며 여러 가지로 반대했습니다. 만약에 사정을 바꿔서 지금 민주당 내에 누가 40대 기수론 같은 것을 들고나온다면 어떻게 대응하겠습니까?

김대중 그것은 당연히 할 수 있는 주장이라고 생각합니다. 다만 당시의 우리는 40대도 대권 도전에 참여하겠다, 우리에게도 그런 기회를 달라고 했지, 기성세대에게 나가라는 얘기는 안 했어요. 그런데 지금은 그게 아닌 것 같아요. 인위적으로 세대 교체를 하는 것은 군사 문화이지 민주 문화가 아닙니다. 인위적 세대 교체는 5·16쿠데타 이후로 박정희 정권이 시작해서 지금까지 해 오고 있는 거예요. 또 하나 중요한 것은 잘 아시다시피 유진산 당수가 저를 철저하게 반대했습니다. 그래서 저를 배제하고 김영삼 씨를 지지했어요. 그러나 제가 2차 투표에서 역전승을 거두었습니다. 그 후 당수를 뽑는 전당대회가 있었는데, 그때 제가 당수를 하려면 당수도 할 수 있었습니다. 그러나 저는 선거를 하려면 당이 단합을 해야 한다고 생각해서, 유진산 씨를 그대로 총재로 앉히면서 저와 선거를 같이하도록 한 일도 있어요. 그분은 저를 배척했지만 저는 그분을 몰아내지는 않았어요. 그렇기 때문에 오늘 일부 사람들이 세대 교체를 주장하는 것을 보며 참 어이없어요. 우리는 저러지 않았는데, 저런 식이 아니었는데라는 생각을 갖습니다.

정운영 혹시 지금 민주당 내의 40대 가운데 그만한 역량을 가졌거나, 그 당시의 패기를 보여 줄 만한 사람이 눈에 띕니까?

김대중 언제든지 기성세대는 젊은 세대에 대한 편견도 있고, 평가절하도 하기 때문에 제 의견도 그럴지 모르겠지만, 그때의 우리와 같은 패기를 갖거나 스스로의 힘으로 크려는 노력들이 부족한 것 같아요.

정운영 이왕에 말이 나왔으니까 묻겠습니다만, 이른바 후계 구도를 구상하고 있습니까?

김대중 이미 하고 있습니다. 지금 그런 가능성이 있다고 보는 몇몇 분들에게는 당직도 주고 원내직도 주면서 지켜보고 있습니다. 그리고 가능성이 있는 몇몇 사람들에게는 그렇게 준비하라고 얘기합니다.

정운영 마지막 과정은 경선에 붙일 생각입니까?

김대중 당연하지요. 대통령 후보는 국민적인 지지랄까, 평가가 있어야 하기 때문에 인위적으로 만들 수는 없습니다. 내각책임제의 총리는 인위적으로도 됩니다. 그렇지만 대통령은 안 되는데, 지금 민자당의 민정계가 정권도 쥐고 당권도 쥐고 있으면서 대통령 후보를 만들지 못하는 것이 그 증거 아닙니까. 대통령 후보란 기회를 주면 자기가 되어야 해요. 저 같은 사람은 기회를 안 주는 것도 뚫고 나갔지만, 그것까지는 안 되더라도 기회를 주면 자기가 뚫고 나가야지 주위에서 후보까지 만들어 줄 수는 없어요.

정운영 당 밖에도 마음에 드는 사람이 있습니까?

김대중 예, 있어요.

도쿄 납치사건의 전말

정운영 다시 과거로 돌아가겠습니다. 1973년 도쿄에서 납치되었는데, 일본 쪽의 보도는 한국의 중앙정보부가 개입했다는 얘기를 전하고 있습니다.

김대중 일본 정부는 지금까지도 정식 발표는 안 했습니다.

정운영 여하튼 『마이니치 신문』이 취재하여 보도한 사건 전모에 따르면 그런 사실이 나오고 있는데요.

김대중 그건 명백한 얘기입니다.

정운영 그 납치사건에 대해 아직 밝혀지지 않거나, 김 대표 자신이 풀리지 않았다고 생각하는 문제들이 남아 있습니까?

김대중 부인하는 사람들도 있지만, 당시의 중앙정보부장 이후락 씨가 1980년에 우리 당의 최영근 씨에게 고백한 것을 보더라도 박정희 씨가 지시한 것이 틀림없다고 봅니다. 그리고 납치가 아니라 살해 계획이었습니다. 우선 호텔 목욕탕에서 저를 죽여서 피는 물과 함께 흘려 내 버리고, 몸은 토막을 내서 류색에 집어넣어 나오려고 했어요. 나중에 호텔방에서 큰 류색 두 개와 종이와 노끈이 발견됐습니다. 그리고 북한이 한 것으로 가장하기 위해서 북한의 담배를 놔두고 그랬어요. 그러나 호텔에서 나를 끌고 나오다가 우리가 소리치고 하니까 당황해서 거기서는 못 죽이고 바다로 끌고 나왔거든요. 그래서 바다에서 전신을 결박해서 물에 던져 죽이려다가 못 죽였는데, 그때 못 죽인 것은 비행기가 와서 경고탄을 계속 쏘았기 때문이에요. 그래서 저지가 된 것이지요. 그런데 지금도 분명치 않은 것은 그 비행기가 일본 것이었는가, 미국 것이었는가라는 것입니다. 그것이 아직도 비밀로 되어 있어요. 그러나 거의 분명한 것은 미국이 그것을 알았는데, 지금으로 봐서는 일본 내의 공작선과 중앙정보부 사이에 왔다 갔다 한 무전의 암호를 해독한 것 같아요. 그래서 못 죽인 것 같습니다.

정운영 막 바다에 던지려고 할 때, 이제 내 인생은 이것이 마지막이다라며 기도를 드렸더니, 예수님이 나타나셔서, 그분의 옷자락을 붙잡고 살려 달라고 빌어 목숨을 구했습니다라면서 인생의 신비 같은 것을 체험했다고 쓴 글을 읽은 적이 있습니다만.

김대중 그 말씀 중에 제가 마지막에 하느님께 기도했다고 했는데, 부끄러운 얘기지만 그때는 기도를 안 했습니다. 처음 해변가에서 큰 배로 실려 갈 때는 기도를 했어요. 제가 가톨릭 신자니까 성호를 긋다가 그 사람들에게 두들겨 맞기도 했지만, 막상 죽을 때는 다른 생각을 하고 있었어요. 고생스러운 방랑 생활도 이것으로 끝나니까 차라리 잘됐다라는 생각을 하다가, 그다음 순간에는 두 토막으로 잘라 놓으면 위 토막만이라도 살았으면 좋겠다라는 생각으로 노끈을 풀 수 있는가도 더듬어 보고, 그러는데 갑자기 예수님께서 앞에 서시더라고요. 그래서 예수님을 붙잡고 살려 달라고 했는데, 그 순간에 뭔가 눈에 번쩍하고 들어왔습니다. 붕대로 눈을 철저하게 감았는데도 말이지요. 그리고 무슨 펑 소리가 나자 나를 집어던지려던 사람들이 비행기라고 하더군요. 나중에 생각하면 그것이 생사의 기로였지요.

정운영 김 대표 개인적으로는 이 문제가 끝난 것으로 정리하고 있습니까, 아니면 아직도 미결의 상태로 두고 있습니까?

김대중 일본 정부는 그 문제에 대해 대단히 잘못된 태도를 취했지요. 왜냐하면 저는 일본에 합법적으로 거류 증명을 갖고 있었기 때문에 일본 정부가 제 신변을 보장할 의무가 있는 것입니다. 일본 국법을 어기고 납치를 해 갔으면, 일본 정부는 중앙정보부가 한 것이 명백해진 이상 반드시 저를 원상 회복을 시켜야 하는 것이지요. 저는 오랫동안 일본 정부에 책임 이행을 주장했지만 이제 그 책임은 묻지 않겠습니다. 또 이후락 씨가 지시해서 한 것은 분명하지만 누구에 대해서도 책임을 요구하지는 않겠습니다. 그러나 다만 진상은 분명히 밝혀야 합니다. 한번 저지른 악은 천년이 가도 진실이 밝혀져야 합니다.

정운영 김 대표가 가장 살고 싶은 곳이 광주와 목포라는 글을 읽은 적이 있습니다. 광주 문제를 끝났다고 생각합니까?

미결의 광주 문제

김대중 저는 그렇게 생각지 않아요. 광주에 대해서는 원칙이 있습니다. 진상 규명, 명예 회복, 정당한 배상, 그리고 광주 영령들을 위한 성역화 사업이 그것인데, 그 넷 중에 하나도 제대로 끝나지 않았습니다. '배상'을 '보상'이라는 방식으로 돈을 주었는데, 그런 방식으로는 배상이 될 수 없습니다. 진상 규명은 청문회를 통해 상당히 해냈습니다. 특히 중요한 진상의 하나는, 그것이 국내에서는 거의 과소평가되어 버렸는데, 말하자면 미국 정부가 국가의 정식 공언으로 광주진상조사위원회의 위원장 앞으로 보낸 공문에서 "12·12사태와 광주사태는 정치에 관심을 가진 군인들이 저지른 사건이었다"고 밝힌 것입니다. 미국으로서는 상당히 하기 힘든 일을 우리가 해낸 것입니다. 다만 진상 규명에 있어서 우리가 아직 못 하고 있는 것은 누가 발포 지령을 내렸는가인데 이건 이 정권하에서는 도저히 불가능하더라고요. 앞으로 그 희생자와 영령 및 광주 시민의 업적을 영원히 후세에 남겨서 큰 교훈이 되도록 하고, 또 우리가 죽은 사람들의 명예를 높여야 하는데, 대통령까지 그 사업에 동의해 놓고는 전연 지키지를 않습니다. 그래서 광주 문제는 미결로 남아 있습니다.

정운영 정치적으로 더 이상 이 문제를 거론하기 힘들다는 생각이 드는데요. 결국 정호용 의원 하나의 옷을 벗김으로써 이 문제를 사실상 끝내려는 게 아니냐는 의혹도 없지 않습니다. 이런 비판에 대해서는 어떻게 대답하겠습니까?

김대중 정호용 의원을 몰아낸 것을 과소평가한다면 굉장히 잘못입니다. 정호용 씨가 당시 민정당의 2인자입니다. 대통령 밑의 최고 권력자입니다. 그 사람 하나를 몰아낸다는 것은 말하자면 여권에서의 기둥을 빼 버린 것과 같습니다. 그리고 그 사람이, 즉 여당의 제2인자가 광주 문제에 대한 책임을 지고 나갔다는 것은 큰 성과로 보아야 합니다. 결과적으로는 그 사람이 나감으로써 여당이 구심점을 상실한 겁니다. 오늘의 상황을 보세요. 만일 그 사람이 그대로 있었으면 오늘 대통령감으로 부각됐을 것이고, 그 후로 여당이 훨씬 더 비민주적인 방법으로 위력을 발휘했을 것이라고 생각할 때 절대 과소평가할 수 없는 것입니다.

정운영 바로 그 점에 대해 실제로 책임질 사람은 전두환 씨인데 오히려 정호용 씨에게 책임을 지운 것이 아니냐는, 쉽게 말씀드리면 라이벌 제거와 광주 문제를 맞바꾼 것이 아니냐는 비판이 제기되고 있는데요.

김대중 그것은 전혀 그렇지 않습니다. 나는 광주 문제가 전두환, 정호용, 노태우 세 사람의 공동 책임이라고 생각합니다. 그런데 청문회의 조사 과정에서 전두환, 노태우 씨가 관련된 증거는 아무래도 안 나와요. 모두 부인하니까 말이지요. 그런데 정호용 씨는 피할 수 없는 것이 그때 공수부대 사령관이었단 말입니다. 현장에 가서 닷새인가를 있었습니다. 머무르기는 했지만 학살 발포 지령은 내리지 않았다는 것인데, 그것은 정황으로 봐서 도저히 납득이 안 가는 것입니다. 그러니까 아까도 얘기했지만 이 문제는 반드시 진상을 밝혀야 합니다. 나는 전두환 씨가 최고 책임자였다는 사실이 나타나지 않을까 하고 추측하고 있습니다.

정운영 그렇다면 진상을 밝히는 과정에서 전두환 씨를 법정에 세우는 경우가 있을 수 있습니까?

김대중 물론이지요. 누차 얘기했지만 사람을 처벌하는 것은 안 되어도, 그 진상만은 분명히 밝혀야 합니다. 누구에게도 차별이 있을 수 없습니다.

정운영 김 대표는 이른바 중간 평가의 유보가 파국을 막기 위한 조처였다고 해명했는데, 그에 대한 국민들의 의문이 두 가지입니다. 하나는 파국의 내용이 무엇인가라는 것이고, 다른 하나는 일종의 월권이 아니냐는 것입니다.

김대중 후자부터 먼저 얘기하면, 중간 평가를 안 하기로 한 것이 아닙니다. 연기하기로 한 거예요. 중간 평가라는 것이 1988년 봄 아닙니까. 그런데 2년은 해야 중간이라고 볼 수 있습니다. 1988년은 올림픽으로 한 해를 보냈고, 1989년 초는 아직 중간단계가 아니라는 데에 문제가 있었던 것이지요. 다음은 파국의 문제인데, 당시 정호용 씨가 앞장서서 중간 평가를 주장했습니다. 그리고 국무회의에서 강영훈 총리가 국무위원들과 중간 평가를 하자는 결의까지 했습니다. 나중에 중간 평가를 안 한다고 했을 때 강 총리가 사표를 냈습니다. 그러면 그때 어떤 계획을 갖고 있었는가. 노태우 씨는 중간 평가에 대해 자신의 일이니까 주저를 하고, 내각과 정호용 세력은 중간 평가 과정에서 학생들, 혁신계, 재야 모두가 들고 나서면 그 혼란을 구실 삼아 새로운 쿠데타로 정국을 일거에 제압하려는, 즉 여소야대의 정국을 뒤집어 보려고 음모하고 있었던 것입니다.

정운영 그러니까 중간 평가를 기회로 오히려 여권에서 정권을 파괴하려고 했다는 말입니까?

김대중 파국을 막는다는 것이지요. 그렇기 때문에 그 수에 넘어가서는 안 된다고 얘기했던 것입니다. 그리고 그때 야 3당이 "노태우 씨는 약속대로 민주화를 빨리해라. 그 결과에 따라 중간 평가를 한다" 이렇게 합의했던 것입니다. 그런데 그 약속을 어기고 김영삼 통일민주당 대표(당시)가 즉시 중간 평가를 하라고 나왔던 것입니다. 아까 말씀드렸던 바와 같이 그 사람들에게 그런 음모가 없었다면 여당의 제2인자와 정부의 제2인자가 어찌 그런 주장을 하고 나오겠습니까. 그런 음모가 있었던 것은 분명한 사실입니다.

야권 통합과 3당 통합

정운영 민자당으로의 통합에 대해서 김 대표는 부도덕하고 반민주적인 방법으로 영구 집권을 꿈꾸는 행위다라고 말한 적이 있는데, 야당이 통합하는 데는 그런 논리가 적용되지 않는가라고 억지로 묻는다면 어떻게 대답하겠습니까? 야당 통합은 되는데 여당 통합은 왜 안 되는가라고 말이지요.

김대중 논리적으로는 그렇게 됩니다. 그러나 야당 하겠다고 국민에게 약속하고 선출된 사람이 여당으로 간 것은 변신입니다. 그러나 야당 하겠다는 사람이 야당을 하겠다는 사람과 합쳐서 더 강한 야당을 하겠다는 것은 국민의 뜻에 합치되는 것이고, 선거 때의 약속과 하나도 틀린 데가 없는 것입니다. 어떤 여론조사를 보든지 국민은 야당이 통합하라고 하지만, 야당더러 여당으로 가라고 한 적은 한 번도 없습니다. 통일민주당 사람들은 유권자에게 "노태우 정권은 전두환 정권과 똑같다. 본질적으로 다른 것이 없다. 그렇기 때문에 위장된 군사정권의 독재를 막기 위해서 우리를 보내 달라"고 주장하고 나왔던 것입니다. 그래 놓고는 위장된 군사정권 사람들과, 그것도 국민은커녕 자기 당내에서도 한마디 없이 하루아침에 해치운 것, 이것은 완전히 부도덕한 짓이고 국민의 뜻을 배신한 짓이라고 봅니다. 그런데 그렇게 해서 된 당시 통일민주당 국회의원들이 지금 선거구에서 굉장히 몰리고 있습니다.

정운영 만일 절차가 공개적이고 모든 사람이 이해하는 방법이었다면 그렇게 비난을 안 받아도 되는 겁니까?

김대중 그래도 큰 차이는 없다고 생각합니다. 왜냐하면 국회의원이라는 것은 대의원입니다. 국민의 대표이고 국사를 논의하는 사람이기 때문에 선거 때 약속한 것을 넘을 수는 없습니다. 노태우 대통령이 내각책임제로 개헌을 추진하는 데 대해서도 내가 항상 "노 대통령은 그 자격이 없다. 이것은 국민에 대한 신의의 문제다"라고 주장하는 것은, 노태우 대통령이 6·29선언을 할 때 국민에게 항복했다면서 내각책임제를 포기하고 대통령직선제를 받아들였기 때문입니다. 선거 때 한 번도 내각책임제 얘기를 한 적이 없습니다. 그랬다면 그나마 36퍼센트도 못 얻었을 거예요. 그러면 임기 중에 절대로 내각책임제를 할 권한이 없는 거예요.

정운영 민자당 통합에 대해 김 대표는 그 사실이 보도될 때까지 전혀 몰랐다고 술회한 적이 있습니다. 제1야당의 총재가 그런 큰 정치적 사건을 정말 모르고 있다면 정보 수집 능력에 문제가 있는 것이고, 혹시 알고 나서도 그렇게 말했다면 정직하지 않다는 생각이 드는데요.

김대중 그런 비판을 감수하지만 사실은 그렇습니다. 공화당이 민정당으로 들어갈 가능성은 봤어요. 그러나 설마하니 민주당이 그쪽으로 가리라고는 꿈에도 생각하지 못했어요. 그래서 한다면 연립내각 정도는 될 가능성이 있다고 내다보았지요. 그때 김영삼 씨하고 김종필 씨가 매일 골프 치면서 태도를 수상하게 하지 않았어요? 그래서 공화당이 민정당으로 가느냐, 아니면 민주당과 공화당이 통합해서 민정당과 연립내각으로 가고 우리만 고립시키느냐는 문제만 생각했지요. 그렇지만 민주당이 바로 여당으로 갈 줄은 정말 몰랐어요. 발표하는 날까지 몰랐어요.

정운영 여소야대라는 정국이 있었습니다. 결과적으로 다시 여대야소로 복귀하고 말았습니다만, 혹시 김 대표 자신도 민정당을 투쟁의 대상으로 생각하기보다는 동반자적인 협력 관계로 생각했다가 그쪽의 버림을 받은 것은 아닙니까?

김대중 민정당을 동반자로까지 생각한 일은 없고요. 다만 여소야대의 체제하에서 여하간 우리가 다수니까 민정당과 정국 안정을 위해서 서로 협조해 나가야겠다고 했는데, 그것은 국민의 생각이 그것을 바라기 때문에 그렇게 한 것입니다. 아시다시피 지난 3-4년간 국민의 의식이 놀라울 정도로 바뀌어져 가고, 놀라울 정도로 보수화되고 있습니다. 그리고 지식인이나 재야에서 생각하는 것보다는 훨씬 더 과거의 독재체제를 혐오하는 생각이 줄어들고 있고, 심지어 최근의 어떤 여론조사를 보면 박정희 대통령을 가장 존경한다는 말이 나올 정도니 얼마나 달라져 가고 있는가를 알 수 있습니다. 일부가 극도로 과격해져 국민의 생각과 맞지 않는 일을 한 것도 결코 잘한 일은 아닙니다. 그런데 정치하는 사람들은 급속도로 변해 가는 이 물결을 타지 않으면 밀려나 버립니다. 그러면 당이 되지 않습니다. 그래서 국민의 정서에 맞추어 가려면 부득이, 말하자면 5공 시대의 자세를 갖고는 따라갈 수 없습니다.

공화국연합제의 내용

정운영 공화국연합제는 김 대표가 만들어 낸 가장 역작의 하나라고 생각하는데, 간단히 정리를 해 봤더니 평화 공존, 평화 교류, 평화 통일의 3단계로 되어 있고, 마지막 평화 통일의 단계가 1연방 2독립정부, 1연방 2지역정부, 1국가 1정부로 되어 있었습니다. 그런데 김 대표는 여러 곳에서 북한의 현 체제는 안 된다는 얘기를 한 적이 있는데, 그렇다면 이 공화국연합제라는 안의 상대가 북한의 현 체제입니까, 아니면 이 체제가 끝난 다음 체제입니까?

김대중 그것은 갈라서 얘기해야지요. 북한의 현 체제가 안 된다는 것은 우리의 상대가 안 된다는 것이 아닙니다. 지금 동유럽과 소련의 변화를 보더라도 북한이 현 체제를 갖고 오래갈 수는 없을 것입니다. 그것은 역사적 관점에서 본 북한의 입장 문제이고, 당장의 공화국연합제와는 관계가 없는 것입니다.

정운영 그러면 두 문제를 연결해서 얘기하자면 이런 해석이 가능하겠습니까? 여하튼 현 체제와도 공화국연합제라는 안을 가지고 접촉하고 노력을 기울일 수는 있으나, 그 구체적인 소득을 얻기는 어렵다고 말이지요.

김대중 저는 소득도 얻을 수 있다고 생각합니다. 현 체제와의 평화 공존이나, 군사 대결의 종식을 기대할 수 있고, 남북 교류에서 경제 협력을 포함한 여러 일을 할 수 있다고 보거든요. 그리고 현 체제에서 1연방 2독립정부를 하면, 연합정부가 있고 연합국회도 만들 수 있게 되지요.

정운영 이왕 북한의 얘기가 나왔는데, 평소 북한에 대해 어떤 생각을 하고 있습니까?

김대중 제가 느낀 것 중에 가장 새로운 발견은 크게 보면 같은 민족으로서 큰 변화가 없다는 것입니다. 많은 사람들이 큰 변화가 있다고 하는데 나는 큰 변화가 없다고 생각합니다. 역시 같은 조선 사람이다, 역시 같은 한국 사람이다라는 생각을 갖고 있습니다. 그리고 북한에 대해 우리가 평가할 점은 말하자면 민족 정통성을 지켜 왔다, 친일파를 제거하고 일제와 싸운 사람들이 권력을 지켜 왔다는 것입니다. 우리 대한민국 최대의 약점은 민족 정통성을 안 지켰다는 것입니다. 결국 일제시대 친일한 자들이 전부 정보부 요직, 군, 경찰, 실업계, 심지어는 문화계까지 다 점거하지 않았습니까. 그래서 아직도 일제의 잔재가 우리 주변에 우글거리는 상황이고, 이런 것을 보자면 북한을 상당히 평가해 주어야 합니다. 다만 그런 평가에도 불구하고 북한은 공산주의로서 국민의 기본권을 억압하고 개인 숭배를 강요했으며, 또 경제를 경제 원리대로 다루지 않아서 경제적 면에 있어서는 실패했습니다. 이런 면에서 북한은 성공적인 통치를 해 왔다고 볼 수 없습니다.

정운영 도쿄에서 납치될 때도 그랬고, 5공 치하에서 수난을 받을 때도 그랬고 여하튼 미국의 도움을 상당히 많이 받은 것으로 알고 있습니다. 예컨대 그레그에 대한 반대 여론이 비등했을 때 미국 국회에 사신을 보냈다는 얘기도 마찬가지고요. 그래서 김 대표는 미국에 빚이 너무 많아 나중에 좋은 기회가 오더라도 대미 자존에 혹시 문제가 생기는 것이 아니냐는 의구심이 이는데요 이 문제에 대해서는 어떻게 생각합니까?

김대중 그레그 대사 얘기부터 하면 제가 그레그 대사를 위해서 국회에 사신을 보낸 것은 아니고, 그레그 씨가 대사에 임명됐다고 해서 "당신의 임명을 축하한다. 그리고 당신이 과거에 나를 위해 애써 준 것을 나는 지금도 고맙게 생각하고 있다"는 편지를 보냈어요. 그런데 이 양반이 워낙 급하고 청문회에서 떠들고 하니까 공화당 의원을 통해서 "봐라, 한국의 야당 지도자로부터 나에게 이런 편지가 왔다" 하고 보였던 모양이에요. 그것이 국회에서 이용되리라고는 꿈에도 생각지 못했죠.

저는 그동안 미국에서 쭉 반미라는 얘기를 들어 왔습니다. 그 이유 중의 하나는 아무래도 제가 탄압을 제일 많이 받으니까 인권투쟁과 제일 많이 연결되고, 또 국회 내에서 케네디 의원을 위시하여 인권 문제에 철저하게 앞서 나가는 분들이 저를 지지하기 때문인 것 같습니다. 저는 분명하게 얘기해서 반미도 반대하고, 반소도 반대하고, 반일도 반대합니다. 어느 특정 국가를 반대하는 것을 반대합니다. 저는 민족과 국가의 이익을 우선시합니다. 그렇기 때문에 미국과 손잡는 것이 유리할 때는 손잡고, 아닐 때는 비판합니다. 지금 농산물 수입의 경우에는 철저하게 반대하고 있습니다. 제가 단호하게 반대하는 것이 이 정부가 함부로 행동하지 못하는 원인이 되고 있습니다. 농산물 개방의 고삐는 우리가 쥐고 있습니다.

정운영 미국이 우리에게 저지른 죄악이 있다고 생각합니까?

김대중 역사적으로 볼 때 한·일합병을 징당화시켜 주고, 또 한편으로는 해방적인 면도 있지만 국토 양단에 대한 책임도 있고, 그리고 광주학살 때 미국이 당연히 이것을 억제하고 견제해야 했는데, 이를 회피하여 결과적으로 전두환이 쿠데타에 성공하는 데 협력했던 점입니다. 제가 볼 때 박정희, 전두환 때까지 미국이 우리 국민의 의사보다는 독재자와 결탁해서 독재정권이 지탱하는 것을 도왔습니다. 크게 봐서 미국이 대한민국의 역사에서 민주 세력을 지지한 것은 극히 드물었고, 독재와 반민주 세력을 지지한 것이 대부분이었다고 저는 생각합니다.

정운영 김 대표는 여러 차례 한국이 제2의 서독이면 좋겠다, 아시아의 서독이면 좋겠다, 또 우리가 나가야 할 길은 제2의 서독이어야 한다면서 서독 예찬에 앞장서고 있는데 혹시 그럴 만한 특별한 이유라도 있습니까?

김대중 서독은 우리나라와의 많은 공통점 중에도 분단국가였고, 그러면서도 통일을 성취한 점에서 우리가 가장 배울 점이 많다고 생각합니다. 그리고 또 하나 제가 크게 호의를 갖고 있는 것은 서독이 제2차 세계대전에 자기 민족이 저지른 죄악에 대해서 철저하게 반성하고 있다는 점입니다. 일본은 과거에 대해 반성하지 않고 오히려 미워하고 정당화하려는데, 독일은 철저하게 반성하지요. 이것은 우리가 높이 평가하고 존경할 만하다고 생각합니다.

그리고 직접적인 문제로서는 우리가 군사통치하에서 시달릴 때 정말로 사심 없이 도와준 나라가 독일입니다. 독일의 인권 교회들이 우리의 민주주의를 위해 물심양면으로 얼마나 도왔습니까. 돈도 보내 주고, 우리나라 사람을 초대해서 교육도 시키고, 정부나 국회를 통해서 영향력을 행사하도록 만들고 했습니다. 그래서 노태우 씨가 독일 갔을 때도 폰 바이체커 대통령이 바로 "한국의 국가보안법이 그래서 되겠느냐? 한국에 정치범이 많다는데 그래서야 되겠느냐?"고 말하지 않았습니까. 이번에도 제가 가서 만났더니 바로 악명 높은 국가보안법이 아직도 있느냐고 묻더라고요. 이런 모든 점에서 우리가 참고할 만한 상대가 아닌가 생각합니다.

정운영 소련과 동유럽의 여러 나라에서 나타나고 있는 현실사회주의의 붕괴에 대해 어떤 느낌을 가지고 있습니까?

민주주의와 사회주의

김대중 저는 사회주의가 자본주의에 졌다고 보지는 않습니다. 민주주의를 하지 않는 사회주의, 민주주의를 하지 않는 공산주의가 진 것이고, 어떤 것은 스스로 붕괴한 것이라고 봅니다. 아시다시피 19세기 중엽부터 자본주의에 대한 안티테제로서 사회주의가 등장했습니다. 1848년에 '공산당 선언'이 발표된 것으로 알고 있는데, 그 후 150년 동안 자본주의와 사회주의가 다 같이 민주주의를 하면 성공을 하고, 민주주의를 안 한 자본주의와 사회주의는 다 실패를 했습니다. 가령 민주주의를 안 한 자본주의의 실패는 히틀러의 독점자본주의, 일본 군국주의하의 독점자본주의입니다. 그리고 민주주의를 한 자본주의는 아시다시피 서구 사회에서 성공했습니다. 심지어 독일이나 일본도 제2차세계대전 이후 민주주의를 하면서 자본주의로 성공을 했습니다. 민주주의를 한 사회주의는 스웨덴이 대표적인 케이스인데, 대단한 성공을 거두었습니다. 그런데 민주주의를 안 하는 사회주의, 말하자면 동유럽에서는 패배했습니다. 그러면 왜 민주주의를 하면 성공하고, 민주주의를 안 하면 패배했을까요.

제일 큰 이유는 민주주의를 하게 되면 민주주의가 갖고 있는 메커니즘을 통해 자기모순을 스스로 해결할 수 있는 자정 능력이 생기기 때문입니다. 여론이나 투표 같은 것을 통해 국민들의 변화된 욕구를 알아차려서 수용할 수 있습니다. 민주주의를 안 한 자본주의나 사회주의는 그것이 없습니다. 동유럽이나 소련에서는 '노동자의 나라'라면서 몹시 떠들지만 열심히 일하지 않습니다. 그래서 결국은 경제가 붕괴되어 버렸습니다. 그러니까 그렇게 강력하게 보이던 공산국가들이 힘없이 무너지는 것이지요. 가장 큰 문제는 경제적 붕괴가 원인이 되어서 국민적 단합이 안 되는 것입니다. 그런 의미에서 저는 사회주의가 패배한 것이 아니라 민주주의를 안 한 사회주의가 패배한 것이라고 생각합니다. 중국이나 북한이나 베트남 같은 나라들도 예외가 될 수는 없습니다. 이것은 역사의 흐름이기 때문에 누구도 바꿀 수 없는 것이지요.

정운영 그 도식에 따르면 북한은 민주주의를 하지 않는 사회주의라고 이해해야 되겠군요.

김대중 그렇지요.

정운영 그렇다면 남한은 어떻습니까? 민주주의를 안 하는 자본주의인가요?

김대중 남한은 민주주의도 제대로 하지 않고 개방경제도 제대로 하지 않고 있습니다. 오늘날 우리 사회에서 민주주의를 하지 않는다는 단적인 증거는 지금 감옥에 1,000수백 명이 있어서, 전두환 정권 말기보다 더 많은 재소자가 있다는 사실이 입증하고 있습니다. 그리고 민주주의를 하는 나라냐, 하지 않는 나라냐는 것을 테스트하기 위해서는 노동운동을 할 수 있는 자유가 있는가 없는가를 보면 됩니다. 자본가만 자유가 있고 노동자에게는 자유가 없으면 민주주의를 안 하는 것 아닙니까. 우리나라에는 노동운동의 자유가 없습니다. 지금 남한 사회가 안정을 못 찾고, 국민의 단합이 안 되고, 그리고 경제도 잘 안 되는 이유가 바로 거기에 있습니다.

정운영 걸프전이 개시되었을 때 김 대표는 전비 부담과 의료진 파견은 좋으나 전투병 파견은 안 된다면서, 그 안 되는 원인의 하나로 북한의 오판을 지적했습니다. 정말로 그때 북한의 오판이 문제가 되었습니까, 아니면 그저 말로 그렇게 해 본 것입니까?

김대중 반반이지요. 말하자면 우리 입장을 세우기 위한 부분도 있고, 잘못하면 그런 일이 있을 수 있다는 뜻으로.

대중이 참가하는 경제

정운영 1960년대 중반 제가 대학에 다닐 때 대중경제라는 말을 처음으로 들었습니다. 김 대표가 정치나 외교 분야와는 달리 경제 문제에서는 다소 서툰 것이 아니냐는 지적이 있습니다. 대중경제의 내용을 한마디로 어떻게 소개할 수 있습니까?

김대중 제가 하버드대학에 1년 있었는데, 거기서 대중경제에 대한 리포트를 냈어요. 그 대학교수들이 좋은 논문이라고 심사해서 하버드대학 출판사에서 출판되었는데, 그 제목이 단적으로 성격을 규정합니다. 그것은 대중이 소유에 참가하고, 경영에 참가하고, 분배에 참가한다는, 그래서 대중 참여를 허용하는 것입니다. 주식이 독점되지 않고, 그래서 기업이 국민적 기업으로 되고, 그리고 운영은 영세 주주의 선출에 의한 전문 경영인이 하고, 거기에서 나온 소득은 주주들과 노동자들에게 고루 분배된다는 아이디어가 대중경제의 골간이지요. 그러니까 자유경제의 원칙에 입각해서 대중이 참가하는 경제체제입니다.

정운영 그 말대로 민중이 소유와 관리와 경영에 대규모로 참여하게 된다면, 현재 우리가 갖고 있는 체제에 상당한 수정이나 변화가 와야 하는 것 아닙니까?

김대중 반드시 그렇지는 않지요. 서구 사회를 보면 지금 그전과 같이 일가족이 기업을 소유하고 있는 나라는 거의 없습니다. 자본주의라는 것이 민간인들의 자본에 의해서, 그리고 자유경쟁과 시장경제의 원리에 의해서 움직인다는 의미에서 자본주의입니다. 과거에 개인이나 일가족이 소유하는 독점적 소유에 의한 자본주의는 없어지고, 이제 우리나라 같은 경우에나 남아 있는 거예요. 지금은 대중들이 소유와 경영과 분배에 참가하는 것이 서구 사회에서 성공한 자본주의 국가들의 일반적인 예입니다.

정운영 어떤 글을 통해 김 대표는 전교조의 파업권에는 동의할 수 없다고 주장했는데, 논리적으로 파업 없는 노조가 어떻게 가능합니까?

전교조, 우루과이라운드, 노동 문제

김대중 그것은 논리일 뿐입니다. 단결권과 교섭권을 가지면 무시할 수 없는 영향력을 발휘합니다. 지금은 불법화되어 있지만 전교조가 얼마나 많은 영향력을 발휘했습니까. 옛날의 교련이 없어져 교총이 되고, 그 교총의 주장이 상당 정도 반영된 것도 전교조의 영향입니다. 그리고 국민의 뜻과 맞아야 하는데, 뭐라고 해도 국민이 학교 선생이 파업하는 것까지는 지지하지 않습니다. 지지를 받지 못하면 오히려 전교조 자체를 인정하지 않는 세력들을 도와주는 것밖에 안 됩니다. 그렇기 때문에 모든 것이 한꺼번에 갈 수 있는 것은 아니다, 국민과 보조를 맞춰 가자면 이 시간에는 단결권과 교섭권 정도를 갖는 것이 옳다고 저는 전교조에게 권했습니다. 그런데 이런 사연이 있었습니다. 뭐가 잘되어 가면 강경 세력들이 지배를 해요. 처음에는 전교조가 아니라 전교협이었죠? 그때 전교협의 간부가 저에게 와서 1년 동안은 전교조를 만들지 않겠습니다라고 했습니다. 그런데 1개월 후에 노조를 만들더라고요. 그래서 나중에 물어봤더니, 갑자기 밑에서 들고일어나서 도저히 안 된다는 거예요. 그런데 아니나 다를까 국민이 반발하니까 그때는 권력층에서 국민의 반발을 등에 업고 막 탄압해서 쓸어 넣어 버렸단 말입니다. 나중에 급하니까 단결권만이라도 갖게 해 달라고 할 때는 너무 늦었단 말입니다. 내가 볼 때 대학에서의 학생운동도 학생 대중 전체가 따라오지 않는데 억지로 독주하다가, 다수 학생들과 거리가 생긴 경우가 적지 않다고 봅니다.

정운영 우루과이라운드라는 것이 지금 거론되는 내용과 큰 차이 없이 타결되어 국회의 동의를 요청해 오면 이제까지의 공언대로 반대하겠습니까?

김대중 반대하겠습니다. 쌀 개방과 주요 농산물 개방에 반대하는데, 그것을 우리에게 강요한다는 것은 원칙적으로 옳지 않고 현실적으로도 옳지 않습니다. 왜 그러냐 하면 갤브레이스 교수도 지적하듯 농업은 근대산업이 아니라 전통산업이고, 전통산업에 대해 근대산업의 원리인 자유무역을 적용하는 것은 이치에 맞지 않으며, 전통산업은 보호받아야지 개방해서 경쟁에 맡길 수 없기 때문입니다. 지금 우리나라의 쌀값이 국제가격보다 다섯 배나 비싼데 어떻게 경쟁을 합니까. 우리나라 농촌은 완전히 없어지라는 얘기인데, 농촌이 없어지면 대한민국이 없어지지 않겠습니까. 말도 안 되는 소리지요. 미국도 과거에 백 년 동안 농업을 보조해 왔지 않습니까. 지금도 수출보조금을 주고 있잖아요. 자기들은 할 짓 다 하면서 우리와 똑같이 경쟁하자는 것이 말이 됩니까.

정운영 미국에서 심한 압력을 가해 오더라도 분명히 거부하겠습니까?

김대중 분명히 거부합니다.

정운영 민주당의 노동대책이 양비론으로 흐른다는 지적이 있습니다. 말하자면 이쪽저쪽 눈치를 살핀다는 비판인데요.

김대중 우리는 노동 문제에 대해서 한 번도 원칙을 바꿔 본 적이 없습니다. 우리는 처음부터 일관해서 노사 문제에 대해 이렇게 정리하고 있습니다. 노사는 대등한 입장에 서야 한다, 기업은 노동조합 결성의 자유를 인정해야 한다, 그리고 노동자들의 생존권은 보장되어야 한다, 그 대신 노동조합은 생산성의 향상에 책임져야 한다, 그래서 기업의 건전한 존립에 협력해야 한다, 이런 과정에서 정부는 어디까지나 중립에 서야 한다, 그래시 조종하고 위법한 측은 견제해야 한다, 그러나 중립성은 꼭 지켜야 한다는 것이 우리 입장입니다. 그런데 제가 볼 때 일부 노조 하는 사람들이 과격한 방향으로 주장을 해서, 그것이 국민들로부터 상당히 고립되고 비판을 받은 것이 사실이고, 그러한 점에서 지금 노조에서 상당한 반성이 일어나 시정하고 있는 것으로 알고 있습니다. 우리로서는 현재 노총과도 좋은 관계를 유지하고 있지만, 전노협이라든지 기타 대기업 노조와도 관계가 좋습니다.

정운영 노동운동이 때때로 과격하게 흐르는 부분이 있다고 했는데, 구체적으로 어느 정도가 과격한 것입니까?

김대중 가령 1989년, 1990년까지도 여러 군데의 투쟁 과정에서 폭력을 쓰지 않았어요? 그런 것은 절대로 안 된다고 생각합니다.

정운영 예컨대 사용자 측에서 먼저 폭력을 사용하기 때문에 노동자가 불가피하게 대응하는 경우에도 옳지 않다는 말입니까?

김대중 예, 안 된다고 생각합니다. 폭력을 썼을 때는 상대방에게 폭력을 쓸 구실을 줍니다. 그리고 상당한 경우에는 사용자 측이 폭력을 안 쓸 때도 노동자 쪽에서 쓸 때가 있습니다. 또 하나 노동조합에서 선출한 간부들이 가서 협상을 해 오면 뒤집어 버리는 예들이 많습니다. 이래 가지고는 되지 않습니다. 소수의 과격한 세력들이 집단으로 모일 때는 강경론이 정론이 됩니다. 그래서 뒤집어 버린다고요. 그렇게 하는 노조를 국민이 어떻게 신임하겠습니까. 그것은 결국 기업주나 정부로 하여금 노조에 대해 탄압할 수 있는 절호의 구실을 주는 것이지요. 그런 것이 결과적으로는 노조 자체에도 손해고, 국민의 지지도 받지 못한다고 생각합니다.

정운영 문제의 방향을 바꾸겠습니다. 지방색이라는 고질적이고 망국적인 풍토를 타파하기 위해서 여러 가지 얘기들을 하고 있는데, 김 대표는 그 대안으로 동서의 정부통령 제도를 제의했습니다. 그러나 그것은 지나치게 정치적인 대안으로서, 이를테면 동서에 속하지 않는 쪽의 주민들은 어떻게 하느냐 하는 반발이 제기될 수도 있는데요.

김대중 동서의 대립이 지방색의 시작이고 지방색의 본질 아닙니까. 그러니까 그렇게 표현을 한 것이지만, 좀 더 실제적으로 얘기하면 서로 다른 지역에서 정부통령 후보가 나옴으로써 그것이 지방 융합에 도움이 된다는 얘기입니다. 미국이 아시다시피 남북전쟁 전부터 남북 대립이 심하고, 남북전쟁 이후에는 거의 나라가 갈라질 정도로 대립이 심했습니다. 그런데 그것을 얽어매서 오늘까지 단합을 끌어온 것은 러닝메이트 제도입니다. 그런 의미에서 나는 이런 정부통령 제도가 필요하다고 했던 것인데, 아직은 당론으로 결정되지 않았습니다. 그러나 지방색의 문제는 본질적으로 그게 해결 방도는 아닙니다. 아까 지나치게 정치적이라고 했는데 사실입니다. 본질적으로는 차별하지 말아야 합니다. 차별하는 지역에 대해 왜 차별하느냐고 하는 것은 지방색이 아닙니다. 정당한 인권입니다. 물론 이것은 국민이 해결해야 합니다. 그런데 국민이 지방색에 의해 투표를 하면서 정치만 탓한다면 말이 안 되는 것이지요. 투표라는 것은 어느 정당의 어느 후보가 제일 좋은가에 따라서 투표를 해야지, 그 사람이 어디에서 나왔는가를 갖고 투표해서는 안 됩니다. 씨를 잘못 뿌렸는데 어떻게 좋은 곡식이 나옵니까. 이 점에서는 국민들도 반성해야 합니다.

정운영 만약 김 대표가 다른 지방에서 태어났다면 자신의 포부를 펴기에 좀 더 수월했으리라고 생각해 본 적이 있습니까?

김대중 예, 있습니다.

정운영 언뜻 이력을 보니까 사형 선고를 받고, 네 번 정도의 죽을 고비를 넘겼고, 6년 동안 옥고를 치렀고, 10년간을 연금과 망명 생활로 보냈습니다. 그래서 박해받은 정치인이라는 사실에는 누구도 이의가 없는데, 반대로 박해받은 것 이외에는 별 업적이 없지 않으냐고 다소 부정적인 시각을 들이댈 수도 있는데요.

나의 보람, 나의 부덕

김대중 박해를 받은 것이 민주주의를 위해서 저항했기 때문에 받은 것이라면, 독재를 저지하는 데 공헌했을 것 아닙니까. 제가 1985년 미국의 망명 생활에서 돌아왔고 1987년에 6·29선언을 가져왔는데, 분명히 말해서 그때 제가 김영삼 씨와 협력해서 둘이서 싸우지 않았다면, 틀림없이 내각제 개헌이 되어 버렸고 6·29는 없었을 것입니다. 국민의 힘으로 이긴 것이지만 결국 우리가 국민의 힘을 상징적으로 집결해서 싸운 것은 사실입니다. 그렇기 때문에 단순히 박해만이 아니라 박해 속에서 투쟁하면서 얻은 것도 있지 않은가 생각합니다.

정운영 1982년 미국으로 망명할 때, 당시의 실력자인 전두환 씨에게 화해 내지는 용서를 구하는 듯한 문건을 발표한 적이 있지요? 그 뒤 김 대표의 주변에서는 그 문제에 대한 언급을 꺼리고 있는데, 진짜로 그것을 스스로 썼습니까?

김대중 미국에 병 치료를 가게 해 주면 거기서 정치 활동은 하지 않고 치료에 전념하겠다고 쓴 것은 사실입니다. 그때는 그것을 쓰지 않고는 출국이 되지 않는 입장이어서 그렇게 했습니다. 지금으로서는 그것을 안 썼으면 좋았다고 생각할 수도 있으나, 그때로서는….

정운영 정치를 오래 하다 보니 그렇겠지만, 측근에 있던 사람들이 떠나서 모함하는 책을 내는 등 여러 가지 곤혹스러운 경우를 당한 것으로 알고 있습니다. 그것은 김 대표의 자신이 너무 지나쳐 주변에 사람이 모이지 않기 때문이라고 보는 사람도 있는데, 이에 대해서는 어떻게 스스로를 변호하겠습니까?

김대중 내가 부덕하다고 얘기한다면 거기에 반대하지는 않겠습니다. 그러나 이건 아셔야 합니다. 내 주변을 떠난 사람이 쓴 대표적인 것이 『동교동 24시』인데, 그 책은 우리 쪽에서 여러 가지 좋지 않은 행동을 해서 나간 사람을 안기부가 매수해서 그에게 원고를 써 주고 그의 이름으로 낸 것입니다. 그 안에 있는 얘기는 대부분 사실이 아니고요. 그런데 우리 쪽에서 나간 사람이 있는 것만 얘기하지, 우리 측근에 있다는 것이 얼마나 고통스럽다는 것을 모릅니다. 다른 야당 지도자 주변에 있으면 아무렇지 않은 일도 우리 주변에 있으면 문제가 됩니다. 30년, 40년 있으면서 몇 번이고 잡혀가서 물고문, 전기고문, 온갖 고문을 당하고 가산이 탕진되면서도 안 떠나는 사람들이 우리 주변에 수두룩하게 있습니다.

정운영 김 대표는 언제인가 "이승만의 가장 큰 잘못은 독재도 아니고 장기집권도 아니고 친일파의 등용이며, 박정희의 가장 큰 잘못은 독재도 아니고 부의 집중도 아니고 지역감정의 조장이다"라고 말한 적이 있는데, 이런 레토릭을 만약 전두환 씨나 노태우 대통령에게 연장한다면 어떻게 되겠습니까?

김대중 전두환 씨의 가장 큰 잘못은 집권을 위해서 자기의 정적을 파괴하고, 자기에 반대하는 광주 시민들을 학살한 것이 제일 큰 잘못이었다고 생각합니다. 노태우 씨의 잘못은 뭐라고 해도 내각제 개헌을 하려는 것, 그것이 잘못입니다. 그것 하나 때문에 모든 잘못을 저지르는 것입니다.

정운영 그러면 내각책임제 개헌을 안 하고 물러나면 잘못이 없는 겁니까?

김대중 내각제 생각만 없다면 노태우 씨가 비교적 민주주의를 순조롭게 했을 겁니다. 그 증거로는 3당 합당 이전에는 국회가 비교적 순조롭게 잘 갔어요. 국회에서 안건의 98퍼센트가 거의 만장일치로 여야 협상 테이블에서 통과가 됐고 한 번도 날치기가 없었습니다. 그런데 결국 내각책임제를 하려고 하기 때문에 3당 야합을 하고, 또 그 억지를 부렸던 것입니다.

정운영 모두가 잘못한 사람의 경우인데, 이번에는 본받을 만한 인물을 꼽아 보시지요.

김대중 뭐라고 해도 민족독립에 집념을 불태우면서 일신을 희생한 김구 선생, 이런 분은 정치 차원보다는 애국자의 차원에서 우리가 존경할 분입니다. 다만 그분이 정치적으로 다른 방법을 택했어야 한다고 봅니다. 예를 들면 그분이 신탁통치를 반대했는데, 그때 국제 정세를 봐서 남북이 분단되지 않고 하나로 될 수 있는 유일한 길은 신탁통치를 받아들이는 것이었습니다. 그 외에는 방법이 없었어요. 그런데 신탁통치를 반대했거든요. 그 반대하는 심정은 충분히 이해합니다. 저도 그때 반대했었거든요. 지금은 그런 입장에 대해 비판하고 있는데, 그래서 5년이면 됐을 일이 지금 50년 동안 분단으로 남아 있단 말이지요. 신탁통치를 받아들이지 않기로 했으면 남조선 단독정부를 수립할 때 참가해서 대통령이 됐어야 합니다. 이승만 씨는 영구 분단을 위해서 대통령이 됐지만, 김구 선생은 북한과 협상하여 통일을 이루기 위해서 대통령이 됐어야 한다는 것이지요. 그런데 이것도 거부했어요. 전부 거부만 했지, 어떻게 하면 통일할 것인가라는 정치적 대안이 없었다는 점이 애석합니다.

정운영 당시의 형편에서 신탁통치의 수락이 우리의 유일한 대안이었다는 김 대표의 말을 다시 확인해도 좋습니까?

김대중 미·소가 냉전으로 들어가기 전에 마지막으로 합의했던 안이에요. 그 것 아니면 다음부터는 갈라서는 것밖에 없는 때였어요. 그러니까 지금과는 상황이 다르다는 것을 알아야 해요.

정운영 그 외의 인물로는 누가 있습니까?

김대중 신익희 선생이 민주주의의 교사로서 그 당시 국민들에게 널리 민주주의의 필요성과 민주주의의 소중함을 가르치고 전국을 돌아다니면서 한 역할,

그래서 산산이 갈라졌던 야당 세력을 하나로 묶어서 민주당을 창당한 영도력, 이것이 상당히 돋보이고요. 그리고 장면 박사인데, 그분에 대해서는 이미 말씀드렸습니다.

정운영 모두 실패한 사람들만 좋아하네요.

김대중 지금까지 별로 성공한 사람이 없습니다. 민주주의를 위해서 싸운 사람 중에 성공한 사람이 없지 않습니까. 그 사람들이 실패하면서도 남겨 준 유산이 오늘날 우리가 가혹한 군사독재를 제압하면서 다시 민주주의로 가는 저력이 되고 있는 것이지요.

정운영 김 대표는 대학생들이 농민과 노동자 등 민중 속에 들어가서 고난을 같이하는 것을 볼 때가 이 세상에서 가장 아름답다고 말한 적이 있는데, 그 말을 그대로 믿어도 됩니까?

김대중 그렇습니다.

정운영 대학가의 데모에 대해서는 어떤 생각을 하고 있습니까?

데모의 권리와 학생운동

김대중 나는 학생들에게 당연히 데모의 권리가 있다고 생각합니다. 다만 폭력을 쓰는 방식은 옳지 않다고 생각하고요. 그것은 원칙적으로도 옳지 않고, 현실적으로도 상대방에게 탄압할 수 있는 구실만 주고, 또 국민으로부터 고립되기 때문입니다.

정운영 그러면 현실 개혁의 한 부분으로서 대학생들이 택하는 정치 행위에 원칙적으로는 동의하지 않는다는 말입니까?

김대중 폭력적 데모를 반대한다는 것이지, 평화적인 데모나 다른 의사 표시를 가지고 현실 정치에 개입하는 것은 바람직하다고 생각합니다. 내가 가장 슬프게 생각하는 것입니다만, 대학생들이 1980년대까지만 하더라도 정치인들을 초청해서 강연도 듣고, 건설적인 질문도 하고 그랬는데, 최근 1988년, 1989년, 1990년에 들어와서 학생들이 굉장히 거칠어졌어요. 일종의 심판자적인 입장에서 자기들이 마구 정치를 매도하고, 반동이니 보수니 사회민주주의니 이런 식으로 규정을 하고, 그리고 상대방의 말을 들으려고 하지를 않아요. 나이로 보면 새파란 막냇자식밖에 안 되는 사람들이 남의 이름을 함부로 불러대고. 이것이 어디서 온 것인가요. 남의 의견은 짓밟고 내 의견만 옳다고 주장하는 것이 바로 군사 문화인데, 바로 군사 문화에서 영향을 받은 그런 일을 볼 때 굉장히 슬픈 생각이 들고 이래서 되겠느냐 싶어요. 그런 가운데도 내가 학생 지도자들을 몇 사람씩 만나 얘기를 하면 완전히 통하고, 완전히 납득을 해요. 그런데 집단으로 모인 다른 장소에 가면 맘대로 매도하고, 심지어 폭력까지 쓰려고 하는데, 학생운동이 이래서는 안 된다고 생각합니다.

정운영 우리나라의 독재자들은 흔히 좋아하는 인물로 이순신 장군을 뽑고, 감명받은 책으로 『목민심서』를 들곤 하는데, 김 대표의 경우에는 토인비부터 토플러까지 그야말로 독서의 범위가 넓더군요. 이때까지의 사상 형성에 가장 큰 영향을 미친 인물 하나와 책 한 권을 소개해 주시지요.

김대중 종합적으로 사상을 형성시킨 책은 역시 토인비의 『역사의 연구』였고, 인물을 들라면 전봉준 장군을 들겠습니다.

정운영 현실 정치 문제로 화제를 바꾸겠습니다. 사실인지 아닌지 모르겠지만 신문지상을 통해 보면 야당의 비리도 여당에 못지않은 것 같은 느낌을 받습니다. 김 대표는 양비론의 시각을 대입하지 말라고 하지만, 아무튼 국민들이 자꾸 빠지려는 이 정치적 무기력증에 대한 치유 방안은 없겠습니까?

김대중 야당이라고 해서 비리가 없으란 법은 없지요. 그런데 언론이 보도할 때 야당의 이름은 과장하고 여당의 이름은 축소하는 경향이 많습니다. 구체적으로 수서비리에서 야당 의원들이 돈을 먹은 것은 대서특필해서 신문을 매일 장식했습니다. 그러나 수서비리는 아시다시피 청와대에서 저지른 것입니다. 말하자면 떡시루째 들어간 곳은 청와대입니다. 야당 의원들은 여당 국회의원을 포함해서 떨어진 떡고물을 주워 먹은 것에 불과합니다. 물론 그것도 나쁘지요. 하지만 언론에서 떡시루 전체는 청와대로 갔다, 그런데 그것을 지켜야 할 야당 의원도 고물을 주워 먹었다라고 보도한 것이 아닙니다. 그쪽은 거의 제쳐 놓고 야당만 갖고 야단치니까, 국민들은 수서비리 하면 국회의원들 돈 받아먹은 것만 기억하게 됩니다. 이러니 야당이 어떻게 공정한 비판을 받을 수 있습니까. 그런데 지금 건설공사치고 정치자금 안 내고 한 것이 없습니다. 경부고속전철 같은 것도 정치자금과 연계되어 있다는 소문이 파다하지 않습니까. 세무사찰을 하다가도 뒤에서 정치자금을 갖다주면 그만 중단하거나 액수를 줄여 버리지 않습니까. 이런 짓을 하고 있는데도, 그것은 눈감고 있다는 말이지요.

정운영 '현대' 문제를 정치자금 쪽으로 몰아붙인 적이 있는데, 정말 틀림없습니까?

김대중 '현대' 문제는 세 가지 측면이 있습니다. 하나는 탈세에 대한 문제, 즉 주식의 변칙이동 문제로서 그에 대해 정부가 세금을 걷는 것은 정당합니다. 둘째는 불공정한 방법입니다. 다른 사람들이 하고 있는 것을 놔두고, 어느 특정 기업만 몰고 가는 것은 부당하지요. 셋째는 정부와 경제계의 관계에서 중요한 분수령이라고 할 수 있는데, 지금까지 경제인이건 경제단체이건 정부를 비판하지 못했습니다. 그런데 정주영 씨가 처음으로 경부고속전철 건설을 왜 서두르느냐, 영종도국제공항 건설을 왜 외국 기업에 주느냐, 서울시의 교통 환경이 이래서야 되겠느냐, 그리고 주택 200만 호 건설을 너무 졸속하게 해서 물가와 노임을 뛰게 만들어서야 되겠느냐는 등등 아주 정당한 비판을 가했습니다.

그 비판에 대한 양심으로서 정치보복을 한 것입니다. 내가 이렇게 말할 때는 모두 근거가 있습니다. 이렇게 볼 때 첫 번째는 정부가 정당하고, 두 번째와 세 번째는 정부가 부당하다는 것이 우리의 입장입니다. 제가 지금 말한 것은 결코 양비론이 아닙니다.

민중당과의 협력을 중요시한다

정운영 야당 통합이 수월하게 안 되는 이유로 민중당 쪽에도 여러 가지 문제가 있겠지만, 민주당 측에서 보자면 어떤 것이 난관입니까?

김대중 민중당과 우리 당이 통합하는 것은 그리 바람직하지 않다는 생각입니다. 우리 당은 중도정당이고 보수성을 띤 사람들도 많고, 반면에 민중당은 진보정당이 아닙니까. 진보정당이 보수정당으로 들어올 필요는 없습니다. 진보정당은 진보정당대로 대표할 세력이 있지요. 그런데 진보정당이 조급하면 안 돼요. 조급하다가는 전부 실패합니다. 맨날 원점으로 돌아가게 되지요. 진보정당에게 제일 중요한 것은 이념적으로 확고하게 뭉친 중심 세력이 형성되어야 한다는 점입니다. 둘째는 노동자 대중을 조직해야 하는데, 지금과 같이 노동자의 정치 활동을 억제하는 이런 사회에서는 할 수가 없어요. 노동자들이 조직화되고 헌금을 거두어 주어야 진보정당이 유지되는데, 그것을 할 수 없지 않습니까. 그리고 국가보안법이 있는 한 진보정당은 안 돼요. 그래서 지난번에 청와대 회담을 할 때, 제가 "아니, 그렇게 진보정당에 관심이 있으면 국가보안법을 폐지하고 구속된 노동자를 풀어 주고 구속된 사람들을 사면 복권시켜 주라"고 얘기했습니다. 그러지 않고 청와대에서 만나 돈이나 몇 푼 주면 별 의미가 없습니다. 그래서 나는 진보정당을 하시는 분들에게 솔직히 얘기합니다. "여러분들이 할 일은 우선 민주당을 정권 잡게 하는 일이다. 우리가 정권을 잡으면 그날로 여의도에서 전교조 간판을 들고나와 집회를 해도 괜찮고, 전농도 다 합법화된다. 또 그날로 전대협 학생들이 이북과 교류를 하더라도 문제가 되지 않는다. 장차는 공산주의자가 되는 것도 자유로운 나라가 진정한 민주주의이지만, 공산주의를 지지하지 않는 이상 그런 행동은 무방하다"고 말이지요. 민중당은 장래를 위해 일단 우리와 서로 협력해서 내년에 민주당이 정권을 잡도록 돕는 것이 중요하다고 생각합니다.

정운영 통합이 중요한 것이 아니라 협력이 중요하다는 말인데, 그러면 만약 다음 대통령 선거에서 민중당이 독자적인 후보를 낼 때는 다소 거북한 문제가 발생하지 않겠습니까?

김대중 나는 민중당이 독자적인 후보를 내지 않으리라고 봅니다. 그쪽도 분명히 안 낸다고 얘기하고 있습니다. 만일 민중당이 독자적인 후보를 낸다면 누구를 도울지는 명백하지 않습니까. 그것은 자기네들을 위해서 안 해야지요. 민중당은 스스로 대통령이 될 수 있는 선택권은 없고, 결국 민자당이냐 혹은 민주당이냐 하는 선택밖에 없습니다. 출마해서 민주당 표를 갉아먹어 민자당을 도와주는 일을 한다면, 그것은 민주당과 민중당에 굉장한 문제가 되는데 그런 일은 민중당에서 하지 않으리라고 봅니다.

정운영 그러나 민중당의 입장에서 보자면 이런 문제가 제기되지 않겠습니까? 우리가 들어가는 것은 환영하지 않는다, 그러면서도 여권의 후보를 돕게 되는 것은 옳은 일이 아니다, 그러면 우리 민중당보고 대체 어디에 서라는 얘기냐는 식으로 불만이 터질 수도 있지 않겠습니까?

김대중 민중당이 우리를 지지하는 것이 우리를 위해서 지지하는 것은 아닙니다. 자기를 위해서 우리를 지지하는 것입니다. 민중당이 민자당의 승리를 결과적으로 방조하는 것은 자기를 해치는 것이고, 우리를 당선시켜 주는 것은 자기를 위한 것입니다. 우리가 승리하면 그날로 노동조합의 정치 활동이 자유롭게 풀리게 되어 민중당이 노조에 접근할 수 있습니다. 그러면 진정한 진보 정당을 구상할 수 있기 때문에 자기에게 필요한 것입니다.

정운영 그러면 민주당은 철저하게 보수정당입니까?

김대중 아니, 중도정당이에요.

정운영 혹시 그 중도정당이 사회민주당이라는 간판과 사회민주주의적인 정책을 받아들일 가능성은 없겠습니까?

김대중 우리 당이요? 그럴 가능성은 없고 그럴 필요도 없다고 생각합니다. 아까도 말했듯이 지금은 자본주의 정당과 사회주의 정당이 150년 동안 서로 대결해 오다가 민주주의라는 공통분모 위에서 통합되는 과정입니다. 그렇기 때문에 유럽에 가 보더라도 과거 보수정당이나 사회민주 정당들이 전부 자기를 중도정당이라고 얘기하고 있습니다. 스웨덴의 사민당도 자기를 중도정당이라고 하지 혁신정당이라고 하지 않습니다. 독일의 사민당도 그렇고 말이지요.

그리고 네덜란드에 갔더니 심지어 기독민주당이 자기들을 중도좌파라고 얘기하고 있어요. 사회주의와 자본주의 정당이 정치적으로는 사회주의, 경제적으로는 대중 참여의 개방경제, 사회적으로는 복지사회, 이 세 가지를 중심으로 중도 통합이 됐습니다. 그래서 냉전이 종식된 것입니다. 유럽에서 선거 때 보면 정책의 차이라는 것은 거의 없다시피 합니다. 그렇기 때문에 우리도 중도정당의 길이 정당한 길이고, 앞으로 여기도 통합의 시대가 올 것이라고 생각합니다.

정운영 예전에 쓴 어느 글을 통해 김 대표는 경제 체제로서는 자유경제 체제가 가장 바람직하다는 것은 말할 것도 없다고 주장한 적이 있습니다. 그 소신은 조금도 변함이 없습니까?

김대중 물론입니다.

정운영 남북한의 유엔 동시 가입을 지지했지요?

김대중 제가 먼저 선창을 했습니다.

정운영 어떤 이유로 그랬습니까?

김대중 제가 우리나라에서 유엔 동시 가입을 제일 먼저 주장했습니다. 1972년 7·4공동성명 아흐레 후에 외신기자클럽에서 연설하면서 유엔 동시 가입을 주장하고, 또 하나 이대로 가면 박정희 씨가 통일을 구실로 해서 총통제를 할 가능성이 있다고 했는데, 불행히도 2개월 후에 10월유신으로 나타났지요. 그때 저는 남북이 이렇게 7·4공동성명으로 화해 무드를 타려면 당분간 공존해야 하는데, 공존을 하려면 유엔에 동시에 들어가서 국제 무대에서도 협력하면서 통일의 방향으로 접근해 가는 것이 옳다는 뜻에서 그렇게 주장했습니다. 처음에는 여야가 다 반대했어요. 그러다가 1년 후에 박정희 씨가 6·23선언 때 그것을 받아들였어요. 그런데 이북은 계속 반대를 했어요. 제가 작년 겨울 연형묵 총리가 왔을 때도 강력하게 권했고, 그리고 지난번 우리 국제의원연맹IPU 대표가 내북할 때도 강력히 권했는데, 결국은 이북이 태도를 바꿔서 동시에 가입하게 되었습니다. 이것은 이북의 정치적 변화에서 획기적일 뿐만 아니라, 남북이 앞으로 국제사회에서 공존하면서 협력하는 데 상당히 중요한 계기가 될 것입니다.

정운영 그러나 북한은 그것이 동시 가입이 아니라 별도 가입이고, 별도 가입이란 결국 통일을 멀리하는 것인데, 남한이 가니까 할 수 없이 따라가는 것이다라고 얘기하고 있는데요.

김대중 동시 가입을 하면 항구 분단이 된다는 얘기 아닙니까. 그러나 그것은 사리에 맞지 않습니다. 독일이 동시 가입을 했지만 통일이 되었고, 남북예멘이 유엔에 동시 가입했지만 통일이 되었고, 소련은 유엔에 소련과 우크라이나와 백러시아 셋이 들어가 있지만 셋이 분단국가는 아니지 않습니까. 유엔은 현존하는 국가들이 국제회의를 통해 세계문제를 공동으로 논의하는 장소이지, 그것 자체가 영구적인 구속력을 가진 것은 아닙니다.

정운영 분단 고착화의 위험은 생각할 필요가 없다는 뜻입니까?

김대중 없습니다. 독일 같은 선례가 있잖아요.

정운영 최근에 김 대표가 이룬 가장 큰 공적 중의 하나는 뭐니 뭐니 해도 지방자치제로서, 아마 여기에는 국민들의 이의가 없으리라고 생각합니다. 단식까지 하면서 얻어 낸 것 아닙니까. 그러나 지방자치가 실시된 이래 몇 달 동안 소득보다는 실망이 훨씬 더 컸는데, 이런 면에서 그 실시를 가장 열심히 주장했던 본인으로서 김 대표는 어떤 느낌을 받습니까?

국민의식과 풀뿌리 민주주의

김대중 한국 사람이 참 성질이 급한데 성질이 급하면 안 됩니다. 지방의회가 되어서 현재 첫 정기회의를 하고 있습니다. 지방자치건 뭐건 이런 것이 뿌리를 박으려면 적어도 몇 년은 걸립니다. 세계에서 지방자치를 안 하고 민주주의가 된 나라는 하나도 없습니다. 그런데 지방자치제를 하면 결국은 민주주의가 됩니다. 왜 그러냐 하면 풀뿌리 민주주의가 튼튼하게 발전해 나가면 민주주의가 안 될 수 없기 때문입니다. 지방자치는 아직 제대로 된 것이 아닙니다. 구청장이나 시장, 군수나 도지사도 뽑지 않고 있지 않습니까. 그것까지 되어야 지방자치가 되는 겁니다. 현재 지방의회가 있는데, 자꾸 언론이 문제점만 부각시키니까 그렇게 보이지만, 이것이 있음으로써 과거에 콧대 높았던 지방행정관리들 앞에서 주민의 입장이 얼마나 강화되었는지 모릅니다.

정운영 선거 때마다 재야 영입이라는 문제가 거론되는데, 그것이 별로 성공한 적이 없다는 생각이 듭니다. 좀 가혹하게 얘기해서 당 대표의 입지를 강화하는 데 이용된다는 비판도 있는데, 이 문제는 어떻게 생각합니까?

김대중 두 가지로 얘기할 수 있는데, 과거에는 우리가 영입하려고 해도 사람들이 잘 안 왔습니다. 그런데 지금 통합한 이후로는 달라지고 있습니다. 앞으로 조직책 발표하는 것을 보면 아시겠지만 의외의 분야에서도 사람들이 올 것입니다. 이미 오고 있고요. 그리고 과거의 재야 영입이 전연 실패한 것은 아닙니다. 그쪽에서 들어온 분들이 국회의 각 위원회에서 활동을 잘해 주었어요. 그래서 정치 전체에 대해 신선한 바람을 일으킨 면도 있고, 또 재야권의 바람을 상당히 대변도 했습니다. 그러나 재야권 말고 다른 분야, 예를 들면 전직 장성이라든가 고위 관료라든가, 경제인 등 다양한 영입에 성공하지 못했는데, 그동안은 환경이 그렇게 안 됐습니다. 그러나 지금은 많이 달라졌습니다.

정운영 다소 급진적인 성향의 학생이나 진보적인 지식인이 김 대표의 정치적인 행보에 부담을 주지는 않습니까?

김대중 지장이 된다고는 생각하지 않고 그런 세력도 당연히 있어야 된다고 생각합니다. 다만 그런 사람들이 서로 의견이 다를 때는 대화를 통해 이해하고, 같이 협력하고, 결론도 내리고 해야 하는데, 그런 것 없이 일방적으로 매도하면서 해결하려고 할 때, 솔직한 얘기로 굉장히 슬픔을 느끼고 또 굉장히 걱정스럽다는 생각이 듭니다. 그렇게 해서는 안 되는데.

정운영 혹시 엔엘NL이니 피디PD니 하는 말을 들어 본 적이 있습니까?

김대중 물론입니다.

정운영 그런 움직임에 대해 어떤 생각을 갖고 있습니까?

김대중 엔엘NL 쪽에서는 주로 민족주의적인 생각을 갖고 있는데, 그것에 대해서는 젊은 사람들로서 당연한 생각이라고 봅니다. 다만 그것이 한 발 더 나가서 주체사상까지 간다면 저로서는 찬성할 수 없습니다. 그것은 제가 볼 때 잘못된 선택이 아니라고 생각하고 있고요. 피디PD가 노동자라든가 기층 민중의 권익을 생각하는 것도 대단히 좋은 일입니다. 다만 그것이 모든 것을 배척하며 고립적이고 독선적으로 나가고, 폭력까지 수반할 때는 대중, 특히 자기들이 기초로 하는 기층 민중의 지지는 얻지 못합니다. 그런 것은 결과적으로 기층 민중에 대한 정권의 탄압을 합법화시키고 합리화시키는 결과가 됩니다. 그렇기 때문에 정신은 물론 방법까지도 현명해야 한다고 생각합니다.

정운영 우리 사회에는 장기수 문제, 악법 개폐의 문제, 생존권 투쟁의 문제 등 해결해야 할 과제들이 산적해 있습니다. 지방자치 실시를 얻어 내던 때만큼의 노력과 투쟁을 쏟았던들 이 문제들이 훨씬 더 빨리 개선될 수 있으리라는 느낌이 듭니다.

김대중 그것은 좋은 지적이나, 현실을 생각해야겠지요. 지난 5월 한 대학생이 타살당해 정국이 첨예한 국민적 대결로 치달아 현 정권이 최대의 위기에 몰렸을 때, 일부 강경 재야의 주장과는 달리 정권 타도가 아니라 국가보안법 철폐, 양심수 석방, 경찰 중립화 등의 문제에 힘을 집중했더라면 상황이 훨씬 달라졌을 거예요. 제가 매번 말해 오는 바이지만 민주화운동은 국민 대중의 관심사를 반보 앞서 제기하고 그들의 정서를 따라야 하는 것이지, 너무 앞서 나가면 대중들이 받아들이지를 못합니다.

내각제에는 군벌과 재벌을 위한 책략

정운영 내각책임제를 반대하거나 반대해야 되는 이유는 무엇입니까?

김대중 아시다시피 대통령직선제 수용의 6·29선언은 우리 국민들의 피어린 투쟁의 승리가 아닙니까. 그런데 내각책임제로서의 개헌은 재벌, 정치군인, 5공 세력 등의 기득권을 지키기 위한 것입니다. 따라서 그것은 국민의 의사를 전면적으로 거스르는 것이지요. 또 내각책임제가 되면 국회의원은 완전히 재벌들의 돈으로 좌우됩니다. 일본을 보십시오. 집권당인 일본의 자민당에는 파벌이 대여섯 개 있습니다. 파벌의 보스는 돈을 많이 거둬서 밑의 사람들에게 줄 수 있는 사람이 됩니다. 돈을 못 거두면 절대로 보스가 못 됩니다. 그 보스 중에서도 돈을 더 많이 거두는 사람이 큰 파벌을 갖고, 총리가 됩니다. 또 장관 자리도 갈라 먹습니다. 더 알기 쉽게 말하면 국회의원 아무개는 '현대'하고 가깝고, 또 국회의원 아무개는 '삼성'하고 가깝고 이렇게 돼 버리는 것입니다. 영국과 같이 부패가 없어진 나라라면 몰라도 우리나라와 같이 세계에서도 부정부패가 심한 나라에서 이것은 심각한 문제입니다. 또 문민정치 밑에서 군대의 완전한 정치적 중립이 이루어지기 전에 내각책임제를 했다가는 군부에게 제압되고 맙니다. 이런 내각책임제는 국민을 위한 정권이 아니라 군벌과 재벌을 위한 정권이고, 그들과 결탁한 부패한 관료들의 정권이기 때문에 이 나라를 불의한 길로 끌고 갈 것이 뻔합니다.

정운영 1992년의 총선 결과가 어떠하든 내각책임제 개헌은 재론하지 않겠습니까?

김대중 재론하지 않습니다.

정운영 현재의 민자당에서 잠재적인 대권 후보 3인을 들라면 누구를 꼽겠습니까?

김대중 글쎄요. 김영삼, 박태준, 이종찬 씨 정도라고 할 수 있겠지요.

정운영 이른바 양 김의 재대결을 피하고 싶습니까, 아니면 바라고 있습니까?

김대중 막상 그렇게 된다면 쉽지는 않겠지만 해볼 만하지 않을까요. 다만 정권을 장악하고 있고, 막강한 금권을 갖고 있고, 엄청난 조직이 있고, 또 많은 관변 조직을 동원할 수 있는 그런 체제에서는 후보자 인물 이외의 조건이 많이 개입하기 때문에, 제 생각에는 누가 나와도 만만히 볼 수 없는 힘겨운 상대가 될 것이라고 생각합니다.

정운영 지난 대통령 선거에 나왔던 이른바 비판적 지지에 대해 어떤 생각을 가지고 있습니까?

김대중 지식인들의 비판은 바람직한 것이지요. 그러나 저로서는 단일화론에 불만이 많습니다. 후보 단일화를 추진하는 과정에서 어느 한 후보가 약속을 깨고 말을 안 들으면, 추진 주체가 독자적으로 그들의 입장을 표명했어야 하는데, 결국은 유야무야로 끝내고 말았기 때문입니다.

정운영 선거와 관련하여 생각할 때, 이번에 결성된 전국연합에 바라는 것이 있습니까?

김대중 전국연합은 사회운동을 중심으로 활동을 계속해 나가리라고 봅니다. 만약 그들이 독자 후보를 내세운다면, 그것이 과연 누구를 위한 것이겠습니까. 나는 그런 무리를 범하리라고 보지 않습니다.

정운영 선거에 승리하더라도 집권에는 무리가 따른다고 보는 견해가 있는데, 예를 들면 재계의 협력은 어떻게 얻을 생각입니까?

김대중 저는 철저히 자유경제를 지지합니다. 이것은 우리 당도 마찬가지입니다. 자유경제하에서는 무엇보다도 기업인의 생명인 창의와 모험심, 이것이 경제를 역동적으로 밀고 나가기 때문입니다. 기업인에 대해 말씀드리자면, 제가 기업인을 미워하고 증오하는 것 같다고 말하는 사람도 있습니다만 그것은 사실이 아닙니다. 대기업에 대해서는 솔직히 애증의 양면을 가지고 있는데요. 그분들이 경제인으로서 공헌한 노력, 또 그분들이 관권 경제하에서 권력한테 당한 가지가지의 어려움을 볼 때 우리는 측은한 생각도 들고 동정도 합니다. 그렇지만 결과적으로 대기업들이 권력과 결탁해서 노동자를 가혹하게 대우하고 그리고 중소기업을 몰락시키면서 자기 혼자만 비대해진 것도 사실입니다. 그런 점은 고쳐야 합니다. 정치가 기업을 좌지우지하고 배후에서 위협하는 일이 없어야 하는데, 민주정부만이 이것을 보장할 수 있습니다. 이런 우리의 충정을 알게 된다면 재계나 대기업이 우리를 반대할 리가 없습니다. 사실상 지금도 그렇게 해 오고 있습니다.

정운영 만약의 경우, 군부는 설득할 자신이 있습니까?

김대중 군부에 대해 저는 낙관하고 있습니다. 6월항쟁을 통해 우리가 알게 된 일은 우리 군에도 참으로 좋은 현상이 일어났다는 것입니다. 군 내부에서도 "이제는 더 이상 정치에 개입하지 말자. 개입해 봤자 국민이 따라 주지도 않는다. 군대가 정치에 개입하는 시대는 지났다"는 반성이 있었다는 것이지요. 아직도 정치에 유혹을 받고 있는 군인이 있을 수 있겠지만 그런 사람은 소수일 테고, 다수 군인은 정치에 중립을 지켜야 한다고 생각하고 있다고 봅니다.

정운영 야권에서 복수 후보가 출마하여 승산이 없는데도, 경륜이 부족한 야권의 상대가 끝까지 사퇴를 안 하고 버틴다면 그에게 양보할 의향이 있습니까?

김대중 그럴 가능성이 없지는 않겠으나, 당 밖에서 그런다면 우리는 거기에 관심을 갖지 않겠습니다. 그런 요구를 하기 전에 먼저 당내로 들어와야 합니다.

정운영 단순한 가정이지만 1992년 선거에서 다시 실패한다면 퇴진할 생각입니까?

김대중 그건 그때 가 보아야 하겠지만, 적어도 지도자적 위치에서는 벗어나 있을 것입니다. 그렇다고 정치적 은퇴까지는 아직 고려하고 있지 않아요.

정운영 이것으로 일단 대담을 마칩니다. 오랜 시간 동안 대단히 감사합니다.

세계사의 흐름과 철학의 위치

김광수

—

1993년, 김광수 한신대학교 철학과 교수와 나눈 대담으로, 『철학과 현실』 1993년 겨울호에 수록되었다.

—

현실과 철학의 만남

김광수 선생님 안녕하십니까. 저는 『철학과 현실』이라는 계간지를 대표해서 선생님을 뵈러 왔습니다. 『철학과 현실』지는 수년 전 김태길 선생님께서 은퇴하시면서 내놓으신 기금으로 발간되고 있는 계간지입니다. 선생님께서는 우리 사회가 안고 있는 문제를 철학의 빈곤에 인한 것으로 보았습니다. 철학의 빈곤 문제는 두 측면에서 생각해 볼 수 있습니다. 한편으로는 사회 구성원들이 받아들일 수 없는 세계관을 가지고 살고 있다는 것이며, 다른 한편으로는 사회 구성원들의 바람직한 세계관의 정립을 위해 역할을 해야 할 철학자들이 생경한 외래 철학을 논하는 강단 철학에만 머물러 있었다는 것입니다. 그래서 김태길 선생님께서는 '철학을 현실화' 하고 '현실을 철학화' 하는 일종의 철학 운동을 하도록 사재를 내놓으셨으며, 그 첫 사업으로 나온 것이 『철학과 현실』

입니다. 일반 대중을 상대로 한 계간지로 쉽고 재미있고 깊이 있는 잡지로 만들려고 애를 쓰지만 한계가 있습니다. 철학적 문제들의 성격상 그런 것 같습니다. 그래서 독자가 많지는 않지만, 그래도 우리 잡지의 독자들에 관한 한 자부심을 가지고 있습니다. 소수의 '깨어 있는 정신들'이 우리 잡지를 애독하고 있기 때문입니다.

선생님께서는 지금 평범한 시민으로 돌아오셨다지만 정치가로서 일생을 보내셨고, 저는 또 우여곡절은 좀 있습니다만 철학도로서 일생을 보내왔기 때문에, 이 만남은 각별한 뜻을 가지고 있는 것 같습니다. 가장 현실적이라고 할 수 있는 정치인과 가장 비현실적이라고 할 수 있는 철학도가 만나고 있기 때문입니다. '현실과 철학의 만남'이라고 할까요. 저희 잡지의 이름과 같습니다.

김대중 원래 철학은 우리 생활과 밀접한 관계를 가지고 출발했던 겁니다. 예를 들어 유교는, 이것은 동양의 대표적인 철학인데, 잘 아시다시피 어떻게 하면 국민들에게 좋은 정치를 베풀 수 있게 이 세상의 제왕들이 바른 왕도 정치를 하도록 만드느냐 하는 것을 가르쳤습니다. 또 서양 사회에서는 플라톤이나 소크라테스 등 여러 철학자들도 현실 문제를 이야기하고, 각 지방을 다니면서 국왕들에게 권유도 하고 직접 정치에 참여도 했지요. 플라톤은 시실리섬에서 만난 참주를 위해서 정치에 약간 개입하지 않았습니까.

위대한 과학자, 위대한 정치가, 위대한 문학자들은 모두 철학자들이었습니다. 그리고 나는 보통 사람들도 나름대로 철학을 하고 싶어 하고, 또 해야 된다고 봅니다. 그런 입장에서 볼 때 귀지貴誌가 철학과 현실의 만남이랄까, 일체화의 뜻을 가지고 『철학과 현실』을 내는 것은 대단히 의미가 깊다고 생각합니다. 철학자인 김 교수와 정치인이었던 내가 어떻게 보면 아주 극과 극 같지만 어떻게 보면 또 가장 가까워야 되는 그런 입장에 있지 않은가 하고 생각합니다. 철학이 있는 정치, 현실에 바탕을 둔 철학, 이러한 상황이 하루속히 이루어져야 한다고 믿습니다.

김광수 역사의 방향이 조금만 달랐더라면 선생님께서는 진작 대통령이 되셨을 텐데, 오늘 이러한 자리를 가질 수 있게 되어서 우리 『철학과 현실』지로서는 정말 영광스럽습니다. 그러나 저는 '철학함의 정신'에 따라 이 대담을 토론식으로 진행했으면 합니다. 대단히 외람됩니다만, 선생님 말씀 중에 제가 동의할 수 없는 부분이 있으면 반론을 제기하도록 하겠습니다.

김대중 물론 그러서야지요.

김광수 선생님께서는 어느 글에서 "논리의 검증을 거치지 않은 경험은 잡담이며 경험의 검증을 거치지 않은 논리는 공론이다"라고 말씀하셨습니다. 제가 『논리의 비판적 사고』라는 책을 썼기 때문만은 아니라고 생각되는데, 저는 그 말씀을 대하고 정말 기뻤습니다. 선생님께서 평소 말씀하시는 것이 논리적이라는 말은 많이 들었지만, 논리에 대한 관심과 이해가 그 정도라는 것은 몰랐기 때문입니다. 선생님께서는 철학이나 논리를 각별히 공부하신 적이 있으십니까?

김대중 크게 공부한 적은 없습니다. 옥중에 있을 때 논리학 서적도 좀 읽어 봤고 철학 서적도 읽어 봤지만, 뭐 공부를 제대로 했다고 할 정도는 아니지요. 그러나 철학이야말로 과학 중의 과학이며, 특히 논리학의 발전은 우리의 과학과 정치와 경제의 발전과도 관계가 크다고 생각하기 때문에, 늘 관심을 가지고 있습니다.

김광수 최근에 유럽을 다녀오셨고, 얼마 전에는 납치 20주년 기념식을 가지신 것으로 알고 있습니다. 납치사건은 국내뿐만 아니라 국제적으로도 아주 대단한 사건이었지요. 선생님께서는 그동안 수없이 죽을 고비도 많이 넘기시고 감옥에도 많이 가시고 연금도 당하시는 등 숱한 고난을 겪으셨는데, 그렇게 힘든 길을 선생님께서는 어떻게 일관되게 걸으셨습니까?

김대중 뭐 내가 그렇게 일관되게 자신 있게 걸었다고 할 수는 없지만 여하간 좌절이나 포기를 하지 않고 한길을 40년 걸어온 것은 사실입니다. 그렇게 살게 된 가장 큰 힘은 역시 철학적인 생각에서 나왔습니다. 그것은 내가 많이는 안 읽었지만, 동서양의 철학사와 고전들을 읽고 저 나름대로 생각을 정리하고 있었기 때문입니다.

결국 철학이라는 것은 인간이 근본적으로 이 세상을 어떻게 보고 어떻게 살아야 할 것이냐 하는 그런 근원적인 것을 과학적이고 논리적으로 구명하는 것이 아니겠습니까. 나는 가장 현실적인 정치인이면서 가장 비현실적인 원칙을 가지고 있습니다. 그것은 원칙과 현실을 합쳐서 현실적으로 성공하는 것을 최선으로 생각하고, 둘 중의 하나를 버릴 때는 현실을 버리고 원칙을 지킨다는 것입니다. 결코 현실에 타협해서 원칙을 포기하지 않는다는 것입니다. 무엇이 되는 것보다는 어떻게 사는 것이 중요한 일이지요. 이렇게 원칙에 충실해서 살려면 때로는 목숨도 내놔야 한다는 것이 역사의 가르침이지만, 나는 고집스럽게도 원칙에 입각해서 떳떳하게 살도록 노력해 왔습니다.

김광수 철학자의 경우 그 말씀은 평범한 이야기입니다. 그러나 정치가인 선생님이 그러한 말씀을 하시니까 조금은 의아하게 생각하는 사람들이 있을 것 같습니다. 정치가는, 적어도 한국의 정치가들은 정치적 목적을 이루기 위해서 사는 사람들이라는 인식이 팽배하기 때문입니다. 더구나 선생님을 "무엇이 되는 것"을 가장 중요하게 여기는 사람으로 보는 시각도 있었습니다.

김대중 내가 대통령이 되기 위해서 노력한 것은 사실입니다. 그러나 그것을 내가 대통령이 되는 것을 가장 중요하게 여겼기 때문이라고 해석하는 것은 잘못입니다. 대통령이 되고자 하는 것도 우리 민족과 나라를 위해서 "어떻게 사느냐"의 일환으로서 그런 것이지, 대통령이 되는 것 자체가 제 인생의 목표는 아니었습니다.

행동하는 양심

김광수 그렇다면 선생님께서 당하신 그 많은 박해와 고난도 이른바 말하는 '대통령병' 때문이 아니라 "어떻게 사느냐"를 중요하게 여기신 선생님의 신념 때문이었습니까?

김대중 그렇게 볼 수 있습니다. 그러나 김 교수의 '신념 때문'이라는 표현은 오해의 여지가 있습니다. 신념보다는 신념에 따른 행동 때문에 고생을 한 것이지요. 인간은 누구나 양심을 가지고 있는데 행동하는 양심이 중요하다, 양심 없는 사람은 한 사람도 없지만 문제는 행동을 하느냐 않느냐에 달려 있다, 악한 양심의 사람들보다는 행동하지 않는 선한 양심의 다수 방관자들 때문에 이 사회가 이렇게 잘못되고 있다고 나는 생각하였습니다. 그래서 나는 행동하는 양심이 되어야겠다, 또 행동하는 양심이 되려면 악은 악이고 선은 선이라고 비판해야 되고, 또 비판하면 선의 실현과 악의 패배를 위해 싸워야 되고, 그렇게 되면 박해가 따라오고 고통이 따라오는 것은 불가피한 일이었습니다. 그렇지만 나는 인생을 정말 충실하게 사는 것, 저의 신념과 일치시켜서 행동하며 사는 것이 중요하다, 현실적으로 수난을 받고 손해를 보더라도 옳다고 생각하는 원칙을 지키고 사는 것이 마땅하다, 무엇이 되는 것보다 어떻게 사느냐가 중요하다, 바르게 살기 위해서는 자기를 내놔야 한다는 생각을 하며 살아왔습니다.

김광수 선생님께서 '행동하는 양심'의 중요성을 강조하시던 때가 생각이 납니다. 대부분의 사람들이, 즉 "양심을 가진 대부분의 사람들"이, 선생님의 말씀을 뼈저리게 받아들였다고 확신합니다. 그러나 보통 사람들은 행동하는 양심이 당하는 고통이 두려워 신념을 행동으로 나타내지 못하였다고 생각합니다. 선생님께서는 고통이 두렵지 않으셨습니까?

김대중 누구나 고통은 두렵겠지요. 그러나 나는 어떻게 보면 비현실적인 것 같지만 어떻게 보면 대단히 현실적입니다. 무엇이 되느냐보다는 어떻게 사느냐 하는 생각을 가지고 바르게 사는 사람만이 자기 당대에는 자기 양심 속에서 성공을 하고 또 후세에는 역사 속에서 올바르게 평가를 받는다고 생각하기 때문에, 악과 타협하지 않고 수난을 무릅쓰고 선을 위해 선의 실현을 위해서 싸우는 것이 근본적인 계산을 하면 자기에게도 이익이 된다는 생각을 가졌던 것입니다.

나는 인생을 단거리로 보지 않습니다. 내 생애 전체를 통해서 어떻게 살았느냐 하는 장기적 결산이 무엇이냐, 그것이 후세의 역사와 국민들 마음속에 어떻게 투영될 것인가, 이렇게 생각해 왔기 때문에, 나는 양심에 따라 행동하는 데 따르는 고통을 남이 생각하는 정도로 그렇게 억울하게 여기지 않았습니다. 물론 저도 인간이기 때문에 고통스러울 때도 있었고 슬플 때도 있었고 피하고 싶은 때도 있었지만, 그러나 적어도 진리와 역사와 국민을 배신해 가면서까지는 살지 않으려고 노력해 왔고, 또 어느 정도는 그렇게 했다라고 생각하고 있습니다. 그런데 아까 김 교수가 말씀하시기를 보통 사람은 행동하는 양심이 되고 싶어도 거기서 당하는 고통이 두려워서 못 한다고 하셨는데, 그것은 사실이기도 하지만 변명이기도 합니다. 누구나 다 감옥에 갈 필요는 없습니다. 누구나 모두 박해를 무릅쓸 필요는 없습니다. 하고 싶은 생각만 있다면 선거 때 바르게 투표하면 됩니다. 신문사나 당국에 익명으로라도 충고하고 전화 거는 일 등 하고자 하는 마음만 있다면 할 일은 얼마든지 있습니다.

김광수 이미 선생님에 대한 평가는 달라지고 있고, 앞으로 더욱 달라지리라고 생각합니다. 그것은 행동하지 못했던 양심도 실질적으로 선생님이 당하신 고통의 편에 있었다는 것을 뜻할 것입니다. 군사정권의 정당성을 주장하던 사람들조차도 이제는 새로운 각도에서 과거를 평가하는 것을 볼 수 있습니다. 물론 이 점을 과대평가할 필요는 없을 것입니다. 보통 사람들은 보통 사람들일 뿐이니까요. 그들은 양심에 따라 산다면서도 개인의 이익을, 그것도 선생님처럼 멀리 내다보는 것이 아니라 코앞의 이익을 중요시하는 '개인적인 삶'을 살아갑니다. 반면에 선생님께서는 개인적인 삶은 희생하시면서, 이건 제가 만들어 본 표현입니다만, 어떤 '보편적인 삶' 같은 것을 살았다고 생각합니다. 보편적인 삶을 사는 분들은, 사상가들과 철학자들, 종교 지도자들과 위대한 정치 지도자들이 그랬던 것처럼, '좋은 사회'에 대한 꿈을 가지고 있습니다. 선생님께서도 좋은 사회, 즉 이상 사회에 대한 꿈을 가지면서, 나아가 그것을 실현하고자 노력하시는 분이라고 생각합니다. 선생님께서 그리시는 이상 사회는 어떤 사회입니까?

구성원 모두가 주인 되는 사회가 곧 이상 사회

김대중 이상 사회는 한마디로 말하자면 그 구성원들이 모두가 주인의 입장에서 참여하고 내일의 좋은 사회와 자기의 정당한 몫을 기대하면서 최선을 다해서 신바람 속에 노력하는 그런 사회라고 생각합니다. 이상 사회의 첫째 조건이 꼭 풍요는 아닙니다. 모든 사람이 원하는 것을 다 충족하는 것도 이상 사회의 조건은 아닙니다. 이상 사회는 그 구성원들이 모두 내가 주인이다 하는 주인 의식을 가지고, 자기가 왜 이 일을 해야 하느냐, 이 일을 하는 것이 내게 어떻게 유익하냐 하는 데 대한 확신을 가지고 신바람 나게 참여하는 사회입니다. 그런 이상 사회에서는 자기가 자기 운명의 주인이기 때문에 권세나 권력이 지배하거나 국민이 하는 일에 대해서 간섭하는 것은 최대한으로 줄여져야 합니다.

동양 사회에서의 이상 사회는 요순시대였습니다. 요임금이 어느 날 지방을 순시하던 중 어떤 노인이 길에 앉아 노래를 부르는 것을 들었습니다.

"해가 뜨면 농사를 짓고 해가 지면 쉰다. 샘을 파서 물을 마시고 밭을 갈아서 밥을 먹는다. 제왕의 덕이 내게 무슨 소용이 있으랴."

오늘의 사회가 그때와 똑같은 구조는 아니지만 이상 사회의 근본정신에 있어서는 같습니다. 이 노래는 모든 참여자가 내가 주인이다, 그리고 나는 내 할 일을 하고 그것을 통해서 내 자아 발전을 시키고 있고 사회에 공헌하고 있다, 정치는 그러한 우리의 권리를 보장해 주고 제발 간섭하지 말라 하는 것입니다. 얼마나 훌륭한 동양의 이상 국가상입니까!

그것에 비하면 플라톤이 말한 이상 사회는 엄청나게 차이가 있습니다. 지금은 서구 사회가 민주주의를 하고 있지만, 이상 사회의 정신에 관한 한 동양 사회가 월등 앞서고 있지 않나 하는 생각이 듭니다. 플라톤은 이상 국가의 모델을 제시할 때 완전히 스파르타식을 도입했지요. 스파르타에게 아테네가 패배한 충격에서였다고 봅니다. 사람이 나면 금과 은과 동으로 가른다, 동은 생산에 종사하는 평민 계급이다, 평민들이 노예와 같이 일해서 나머지를 먹여 살려야 한다, 플라톤은 경제에 있어서 일종의 공산주의를 주장했는데 가족제도까지 그랬습니다. 일정 수의 남녀가 한집에 살면서 공동의 아내와 공동의 남편이 공동의 자식을 낳아 누가 부모인지 모르게 만든다, 병약자는 없애 버리고 20세 이전이나 40세 이후에 난 자식은 낙태시키거나 출산 후 죽여 버린다, 그래서 완전히 스파르타식으로 교육을 한다, 교육도 통제하고 결혼도 사생활도 모두 통제해야 한다는 것이었습니다. 이와 같이 인간의 본성에 완전히 배치되는 주장을 하지 않았습니까. 이런 것을 놓고 볼 때 근원적으로 올라가면 이상 사회의 정신이 서구 사회보다는 오히려 동양 사회가 앞섰지 않았느냐 이런 생각이 듭니다.

아리스토텔레스도 역시 놀라운 이야기를 많이 하고 있습니다. 상인과 공인은 대우받을 자격이 없다, 농민은 노예가 되어야 한다, 노예는 열등한 자가 되는 법인데 그 우열은 전쟁으로 결정한다, 열등한 자는 통치자 밑에서 노예로 사는 것이 행복하다, 사람은 나면서부터 통치자나 노예의 운명을 타고났다, 여자의 지위는 열등한 것으로서 노예의 지위처럼 아주 자연스러운 것이라고 했습니다. 이러한 것들을 어떻게 이상 사회의 모습이라 할 수 있겠습니까.

앞에서도 이상 사회로서 신바람 나는 사회를 말했습니다만, 이상 사회는 결코 먼 훗날의 이야기가 아니고 우리 눈앞에서의 이야기여야 합니다. 무엇보다도 바르게 산 자가 우리 눈앞에서 성공하고 올바르지 못한 자가 우리 눈앞에서 실패하는 그런 사회가 되어야 합니다. 물론 후일의 역사에서 비판받는 것도 중요하고 또 그것이 없으면 사람들이 현실에서 희생을 하며 사는 의미가 없지요. 그러나 이것은 이상 사회가 아닙니다. 이상 사회는 오늘의 현실 속에서 선이 이기고 악이 패배하는 사회입니다. 우리는 이상 사회를 완성할 수는 없다고 생각합니다. 그러나 완성을 지향하고 완성의 확신을 가지고 나가야 합니다. 오늘을 보람 있게 살고 내일의 희망을 갖고 살아야 합니다.

이상 사회에서는 새로운 인도주의가 실현되어야 한다고 생각합니다. 새로운 인도주의, '신인도주의'라고 내가 이름을 붙여 보았는데, 그것은 첫째, 한 국가 내에서 국민의 자유와 번영과 복지의 권리가 고르게 보장되어야 합니다. 특히 소외 계층에 대해서 그 권리가 보장이 되어야 합니다. 둘째, 이 세계에서 지금까지 수탈당하고 버림받아 온 제3세계 사람들이 선진 국가와 대등하게 자유·번영·복지를 누릴 수 있는 보장이 되어야 합니다. 셋째, 지금 우리들이 살아오면서 인간만을 생각해 왔는데 그래선 안 됩니다. 이 지구상에 있는 모든 존재들, 즉 동식물, 하늘·땅·바다·물·공기의 건강한 생존권이 보장되어야 합니다. 인간 때문에 얼마나 많은 초목과 동물·날짐승·물고기 등이 고통을 받고 있는가, 그리고 얼마나 땅과 하늘이 오염되고 있는가, 이런 데까지 우리의 생각이 미쳐야만 진정한 인도주의자가 되는 것입니다. 이런 새로운 인도주의가 실현되는 사회를 지향하는 것이 이상 사회로 가는 길이라고 생각합니다.

김광수 선생님의 이상 사회에 대한 견해에서 특이한 점이 몇 가지 발견되는 것 같습니다. 첫째, 꼭 풍요로운 사회가 이상 사회는 아니라는 것입니다. 이는 상당히 중요한 점이라 생각합니다. 인류 역사상 그 어느 때보다도 풍요를 누리고 있는 이 시대에도 굶어 죽어 가는 사람들이 수없이 많으며, 우리나라가 보릿고개의 쓰라린 가난을 벗어난 것도 엊그제인 것 같습니다만, 가난은 인류가 풀어야 할 숙제 중 가장 큰 항목에 속해 있었습니다. 그래서 가난한 민중들은 하나같이 잘 먹고살 수 있는 세계를 꿈꾸어 왔습니다. 이상 사회의 모습을 그린 외국의 동화나 그림 같은 것을 보면 구워 놓은 비둘기가 통째로 입 안으로 들어가고, 포도나무에는 소시지가 주렁주렁 매달려 있으며, 시냇물은 곧 포도주요, 산은 온통 치즈로 만들어져 있습니다. 성서의 만나와 같은 것들이지요. 일을 하지 않고도 먹고살 수 있을 만큼 풍요로운 세상을 이상 사회로 그리고 있습니다. 그런데 선생님께서는 풍요로운 사회가 반드시 이상 사회인 것은 아니라고 말씀하신 것입니다.

김대중 풍요로운 사회가 반드시 이상 사회라면, 깨끗하게 잘 가꾸어진 동산에서 일하지 않고 배불리 실컷 먹고 잠자는 살찐 돼지가 가장 행복하게요? 한 사회가 이상 사회가 되자면 그 구성원들이 굶주림으로부터 해방되는 것이 필요하겠지만, 무엇보다도 자유로운 참여 속에 자아가 실현되어야 한다고 생각합니다.

김광수 19세기 영국의 철학자로서 그는 경제학자이면서 정치 이론가이기도 했지만, 존 스튜어트 밀의 말이 생각납니다. "배부른 돼지보다 배고픈 소크라테스가 되는 것이 낫다"고 했지요.

김대중 그랬지요.

김광수 그런데 우리는 지금도 "경제를 살려야 한다"는 말을 귀에 따갑게 듣고 있습니다. 중국집에서도 자장면 배달만 해도 한 달에 백만 원을 벌 수 있는 세상이 되었는데도 "기아선상에서 헤매는 민생고를 시급히 해결하고"라는 박정희 장군의 혁명 공약이 아직도 이루어지지 않았나 착각할 정도로 경제적 풍요를 강조하고 있습니다. "경제를 살려야 한다. 그러나 잘 먹고 잘사는 것보다 더 중요한 것은 사람답게 사는 것이다"라는 말은 들리지 않습니다. 그런데 바로 이러한 말을 정치인으로부터는 선생님에게서 처음으로 듣는 것 같습니다. 선생님께서 이상 사회의 핵심적인 요건으로 사회 구성원들이 모두 주인으로서 신바람 나게 참여하여 자아를 실현하는 것을 말씀하셨기 때문입니다.

김대중 경제가 중요하지요. 그러나 우리가 명심해야 할 것은 경제적 풍요가 우리의 궁극적인 목적은 아니며, 경제적 풍요가 인간다운 삶을 보장해 주는 것도 아니라는 사실입니다. 요순시대가 태평성대였다는 것은 그때 굶주린 사람들이 없었다는 것이 아닙니다. 생산력이 극히 제한된 시대에 모두가 잘살 수는 도저히 없었겠지요. 그러나 그때 사람들은 모두 "임금이 무슨 소용이냐. 내가 노력해서 내가 먹고산다. 내가 주인이다"라는 생각을 가지고 무슨 일이든지 자율적으로 신나게 하며 살았던 것입니다. 그래서 그 시대를 '요순시대'라고 하는 것이 아니겠는가 생각합니다.

김광수 '역사의 방향'에 대해서는 잠시 후에 생각해 보겠습니다만, 선생님이 하신 말씀으로부터 인류 역사의 방향을 가늠해 볼 수 있을 것 같습니다. 즉 인류 역사는 인간의 자유가 확장되어 가는 역사였다는 것입니다. 노예의 상태에서 주인의 상태로, 속박의 상태에서 해방의 상태로, 소외의 상태에서 참여의 상태로 인류의 역사가 발전해 온 것이 아닌가 생각됩니다. 그리고 선생님께서 이상 사회의 요체로 제시한 "모든 사회 구성원의 주인화"는 바로 역사 발전의 궁극적 목표인 것 같습니다.

선생님께서 제시한 이상 사회의 요건으로 또 중요한 것은 '신인도주의'입니다. '인도주의humanitarianism'는 보통 인간주의humanism 또는 인간중심주의 anthropocentricism와 대동소이한 의미로서, 중세의 신중심주의에서 벗어나 인간을 세계의 주인으로 부각시키고 있습니다. 그런데 선생님의 이상 사회 모델은 인간만이 아니라 지구상에 존재하는 모든 존재를 세계의 주인으로 여기고 대접하는 방향으로 발상의 전환을 요구하고 있습니다.

김대중 오늘의 산업사회가 자연에 대해서 잘못을 범한 것은 성서에 대한 편협한 해석 때문이었습니다. 하느님이 세상을 창조하시고 세상을 "다스려라"라고 말씀하신 것을 인간이 자연을 마음대로 짓밟고 착취해도 된다고 해석하여 자연을 훼손하고 파괴하게 된 것이지요. 그러나 하느님께서 자연을 "다스려라"라고 말씀하신 것은 "자연을 잘 가꾸고 보살피면서 같이 잘 사는 방향으로 활용하라"는 것으로 해석해야 할 것입니다. 그래야 하느님이 창조하신 만물이 제대로 본질을 발휘할 수 있을 것이며, 하느님의 사랑이 보편적으로 실현될 수 있을 것입니다. 나무는 나무대로, 새는 새대로 본성을 잘 발휘할 수 있게 해야지요. 그런 의미에서 불교에서 말하고 있는 만유불성萬有佛性의 사상은 참으로 배울 점이 많이 있습니다.

선생님께서는 정말 용공이 아니십니까

김광수 이상 사회의 모델은 많이 있습니다. 선생님께서 언급하신 플라톤의 철인왕국哲人王國, 디오게네스의 통, 토머스 모어의 『유토피아』, 캄파넬라의 『태양의 왕국』, 푸리에의 이상주의, 베이컨의 『신대륙』, 어거스틴의 『신의 국가』, 그리고 미하일 바쿠닌의 무정부주의에 이르기까지 수없이 많이 있습니다. 그 중에서도 현대사를 진동시킨 이상 사회의 모델은 역시 공산주의라고 할 수 있습니다. 선생님께서는 수차례에 걸쳐 용공으로 몰리셨고, 그래서 정치적으로 많은 손해를 보셨습니다. 거듭 해명하시기에도 곤혹스러울 만큼 선거 때마다 용공 시비는 단골 메뉴였습니다. 선생님께서는 스스로 용공이 아니라는 점을 분명히 하셨고, 또 현 문민정부도 선생님께서 용공이 아니라는 것을 공식적으로 밝혔지만, 용공 시비로 인해 선생님이 당하신 고통과 손실은 보상받을 길이 없을 것이라는 생각이 듭니다. 또 선생님의 고통과 손실은 우리나라의 고통과 손실과 무관할 수가 없다고 봅니다.

공산주의 사상과 관련된 것으로 또 한 가지 꼭 짚고 넘어가야 할 것은 젊은이들의 이념적 방황입니다. 독재정권에 대항하여 투쟁하는 가운데 많은 젊은이들은 공산주의 또는 사회주의에 심취했습니다. 그러나 기성세대는 그들에게 "공산주의는 나쁘다"는 말 외에 아무 말도 못 했으며, 정부도 감옥 외에 대책이 없었습니다. 독재정권의 체제가 공산주의 체제보다 우월하다는 것을 젊은이들에게 설득시킬 수 있는 이론이나 물증이 없었기 때문이었습니다. 그러다가 동구권이 몰락했습니다. 젊은이들이 하루아침에 이념적 '고향'을 잃어버린 셈이지요. 그들은 공산주의가 잘못된 사상이라는 것을 이성적으로 받아들인 것이 아니라 현실적으로 강요당했던 것입니다. 그래서 공산주의의 정당성에 관한 한 일부 학생들은 아직도 정리가 안 되어 있다고 생각합니다.

이러한 맥락에서 선생님의 견해를 듣고 싶습니다. 선생님께서는 자신이 용공이 아니라고 수차례 밝히셨지만, 선생님의 말씀을 믿지 않거나 정치적으로 해석하는 사람들도 있었던 것 같습니다. 이렇게 질문드리는 것을 용서하시기 바랍니다. 선생님께서는 정말 용공이 아니십니까?

김대중 아직도 이런 질문을 받는군요.

김광수 다음 질문을 위한 질문으로 여겨 주십시오.

김대중 나는 용공이 아닙니다. 아니 이 표현은 적절하지 않습니다. 오히려 나는 1950년대부터 『동아일보』와 『사상계』의 기고를 통해서 공산주의의 근원적인 오류와 그 파멸의 미래를 예언했습니다. 지금도 그 글은 엄연히 남아 있습니다. 역대 군사독재자들과 언론이 합세해서 30년 동안에 나를 그렇게 만들어 버린 것뿐입니다.

김광수 그렇다면, 이 질문을 드리기 위해서 드린 질문이었습니다만, 공산주의의 어떤 점이 잘못되었습니까? 왜 선생님은 공산주의를 용납할 수 없는 것입니까?

김대중 공산주의의 가장 잘못된 점은 첫째로 무엇보다 다수를 위해서 소수가 희생되어도 좋다는 그들의 철학입니다. 이상 사회는 모든 사람이 주인으로서 존중받고 자아를 실현할 수 있는 사회라고 했습니다. 그런데 공산주의는 노동을 위해서 나머지 사람들은 희생해도 좋다는 것입니다. 그 희생 중에는 생명의 희생까지 포함됩니다. 여기서부터 잘못되었지요. 철학적 집단주의의 논리입니다.

둘째로 공산주의는 비판을 허용하지 않습니다. 불완전한 인간이 하는 일을 완전한 인간이 한 일로 전제하고 비판을 못 하게 합니다. 그래서 모든 인간의 자아가 원칙적으로 상실되고 말지요. 비판이 봉쇄되고 독재자가 찬양만 받으면 의식적이건 무의식적이건 잘못된 판단이 나옵니다. 그리고 오판이 나오면, 무고한 사람들이나 선한 사람들이 자꾸 희생됩니다. 독재는, 그것이 좌익 독재건 우익 독재건, 악입니다. 그것은 신이 아닌 인간을 신으로 만들고, 인간의 인간으로서의 최고 가치인 자아를 질식시켜 버리기 때문입니다. 비판을 허용하지 않는 제도는 어떤 말로도 정당화될 수 없는 반인간적인 것입니다. 이북을 보아도 알 수 있고 스탈린 치하의 러시아를 보아도 알 수 있습니다. 인권이라는 것은 하늘이 준 것으로 누구도 빼앗을 수 없는 것인데, 공산주의는 이것을 쉽게 빼앗아 버립니다.

셋째로 공산주의가 빵을 위해 자유를 희생시키는 것도 문제입니다. 인간은 누구를 막론하고, 낫 놓고 기역 자도 모르는 사람도, 내가 행복하려면 자유도 있고 빵도 있어야 된다고 생각합니다. 그것이 인간의 본성입니다. 그러면 물질과 정신을 대등한 입장에서 존중해야지, 어느 하나만 존중한다는 것은 잘못입니다. 잘 아시다시피 공산주의가 나오는 과정에서 사회주의적인 이상 사회를 꿈꾸던 사상가들로서 생 시몽이라든가, 로버트 오언이라든가, 푸리에 같은 사람들이 있는데, 그들의 주장은 비현실적이고 공상적이었습니다. 그러나 거기에는 인간에의 사랑과 낭만이 있었습니다. 그러나 칼 맑스의 공산주의에는 오직 냉혹한 물질의 논리뿐이었습니다. 유물사관·유물론·유물철학 등을 보면 알 수 있듯이 오직 물질이 모든 것을 결정합니다. 물질적 평등을 위해서는 인간성의 유린도 독재도 서슴지 않습니다. 인간이라는 것은 물질적 풍요뿐만 아니라 정신적 충족도 꼭 있어야 한다는 것을 칼 맑스나 레닌 자신의 삶의 체험을 통해서도 알 수 있었을 것입니다. 그들은 자기들의 현실적 체험조차 무시한 것입니다. 이와 같이 공산주의는 철학적 기본 바탕부터 잘못이며 인간의 본성에 반하는 것입니다.

유물변증법의 철학이라든지, 유물사관의 역사관이라든지, 자본주의의 모순을 정확하게 지적한 점이라든지, 공산주의의 학문적 기여를 우리는 인정해야 합니다. 그러나 그것은 어디까지나 자본주의의 단점을 보완하는 점에 있어서입니다. 그래서 재미있는 것은, 자본주의는 이러한 공산주의의 도전을 받아들여서 자체 모순을 제거하기 위해서 자꾸 자기 변역을 해냈다는 것입니다. 수정자본주의의 방향으로 말입니다. 결국 오늘날의 자본주의는 원래 애덤 스미스를 비롯한 자본주의 이론의 창시자들이 말한 것과는 전혀 다른 것이 되어 있습니다.

공산주의는 자기 변혁을 하지 않았습니다. 여기에 문제가 있는데, 왜 그렇게 되었느냐 하면, 한쪽은 정치적 민주주의를 수용했고, 한쪽은 이를 수용하지 않았기 때문입니다. 정치적 민주주의를 수용하면, 체제는 여론의 비판을 받게 됩니다. 대중으로부터 피드백을 받는 것이지요. 대중의 피드백을 받으면, 잘못된 점을 고쳐야 하지요. 고치지 않으면, 다음 선거에서 떨어져요. 이와 같이 체제가 시대에 따라 국민의 뜻에 따라 자꾸 변해가서, 자본주의는 사회보장제도를 실시한다든가 자본 소유를 대중화한다든가 경영을 전문 경영인에게 맡긴다든가 하여 사회주의적 요소까지 다 수용하게 되어, 과거의 초기 자본주의는 거의 사라졌습니다. 그런데 공산주의는 그걸 안 하다가 망한 것이지요. 여론의 비판을 용인하지 않으니까 피드백이 안 되고, 중앙집권적 관료 독재가 형성되어 다수의 이름을 사칭하면서 소수의 당료가 다수를 지배하고 통제하고 탄압하게 된 것이지요. 이러한 비인간적이고 부패한 체제 속에서 노동자의 협력을 얻지 못한 공산주의 경제는 붕괴할 수밖에 없었습니다. 빵을 내건 공산주의 사회는 자유는 물론 빵까지 빼앗겨 버린 것이지요. 이런 면에 있어서 공산주의의 몰락은 필연적이었습니다.

칼 맑스가 「공산당 선언」을 발표한 것은 1848년이었습니다. 그 이후 150년 동안 공산주의 또는 사회주의와 자본주의가 대결을 했습니다. 그런데 자본주의 중에서도 민주주의를 허용하지 않은 히틀러의 독점자본주의와 일본의 군국주의적 독점자본주의는 모두 패배했습니다. 그리고 사회주의 중에서도 민주주의를 허용한 스칸디나비아 사회주의라든가, 영국 노동당, 프랑스의 사회당, 독일의 사회민주당, 심지어 오스트레일리아와 뉴질랜드의 사회당 등은 다 성공했습니다. 따라서 우리가 알 수 있는 것은 민주주의를 받아들인 자본주의와 사회주의는 성공했고, 민주주의를 받아들이지 않은 자본주의와 사회주의는 실패했다는 것입니다. 단순히 사회주의가 자본주의에 진 것이 아닙니다. 사회 구성원 하나하나의 자아와 자율을 존중하느냐 안 하느냐에 따라 그 사회의 운명이 결정되었던 것입니다.

김광수 선생님께서 이상 사회의 요건으로 사회 구성원 모두가 주인으로 존중 받아야 한다는 점을 강조하신 이유가 분명해지는 것 같습니다. 북한의 국호가 '조선민주주의인민공화국' 이지요? '민주주의' 란 표현도 들어 있고 '인민' 이 라는 표현도 들어 있는데….

김대중 좋은 말은 다 들어 있지요.

김광수 북한이 민주주의를 하고 있지도 않고 인민이 주인 노릇을 하는 것도 아니라는 것은 잘 알려진 사실입니다. 따라서 공산주의에 대해서 선생님이 지 적하신 것이 옳다면, 북한의 체제도 언젠가는 무너질 수밖에 없을 것이라는 생각이 듭니다. 북한도 문제이지만, 사실 우리나라를 비롯한 많은 나라가, 또 는 지상의 대부분의 나라들이 선생님이 말씀하신 이상사회를 이루고 살려면 아직 멀었다고 생각합니다. 선생님의 이상 사회, 즉 사회 구성원 모두가 다 같 이 주인이 되어 잘 사는 사회가 과연 올 수 있을까요? 다시 말해서 선생님께서 는 우리의 역사가 어디로 흘러가고 있다고 보십니까?

역사는 어디로 흘러가고 있는가

김대중 역사는 크게 보면, 내가 앞에서 말한 바와 같이, 사회 구성원들이 다 같 이 주인으로 참여해서 자아를 실현할 수 있는 그런 방향으로 발전해 나가고 있다고 봅니다. 즉 인간으로서 발명한 최선의 제도인 민주주의 제도가 실현되 어 가는 방향입니다. 20세기를 봅시다. 20세기는 민주주의가 계속 승리해 온 역사입니다. 민주주의만이 인간의 자아를 구현시킬 수 있는 제도인데, 20세기 에서 처음으로 민주주의가 전 세계적인 보편적 이념으로 등장했습니다.

제1차 세계대전은 아시다시피 크게 보면 제국주의 대 제국주의의 전쟁이었 습니다. 그 과정에서 국민국가 내부에서 민주주의를 하는 미국·영국·프랑스와 전제 왕권이 통치하는 독일·러시아 이런 나라들과의 싸움이었고, 여기에서 민주주의 쪽이 이겼습니다. 그래서 민주주의는 한 발짝 더, 적어도 유럽 사회에서는 발전되어 갔습니다.

그다음 제2차대전이 일어났는데, 그것은 나치즘과 일본 군국주의의 전체주의적 국가들 대 민주 서방국가들과 민주주의를 표방한 공산주의 국가와의 연합국의 싸움이었는데, 결국은 민주주의를 표방하는 쪽이 이겼습니다. 그런데 그다음에 2차대전이 끝나고 나니까 바로 냉전으로 들어가서 결국 서구 사회의 민주주의 국가와 공산 전체주의 국가와의 싸움이 돼 가지고, 그 투쟁 과정에서 약 50년 동안 싸움이 붙었다가, 결국 공산주의의 패배로 끝났습니다. 아까도 말했다시피 공산사회주의가 자본주의에 진 것이 아니라 민주주의를 안 한 공산사회주의가 민주주의를 한 서구 사회에 진 겁니다. 서구 사회는 이번에는 자본주의만이 아니라 민주주의적 사회주의 국가들도 참가했고 각 국가 안에는 사회주의 정당들이 전부 주체로서 참가했습니다. 영국의 노동당, 스웨덴 등의 사회민주당들이 참가해서 결국 민주주의가 승리했다고 볼 수 있습니다.

여기서 다 끝났느냐, 그건 아닙니다. 지금까지는 국민국가 안에서 민주주의를 해 왔는데, 그렇게 되니까 자연히 자기 국민국가의 이익만을 생각하게 되고, 남의 나라에 대해서 배타적이 되고, 이기적이 되고, 우리가 보다시피 제3세계에 대한 수탈이 자행됩니다. 오늘날 남북 간의 현격한 차이가 일어난 것도 이러한 맥락에서 볼 수 있습니다. 그런데 이러한 국가 이기주의는 세계 전체적으로 볼 때 반민주적인 것입니다. 따라서 이러한 경향도 민주적인 것으로 바뀌어 갈 것입니다. 즉 현재의 국민국가 내에서의 민주주의, 연방 같은 체제 속에서의 민주주의, 그리고 유엔 속에서의 세계적 민주주의, 이런 식으로 삼원적三元的인 민주주의의 시대가 올 수도 있다고 봅니다. 지금 서구 사회는 유럽공동체EC의 기반 위에 유럽 연방으로 나가고 있지요. 크게 보면 역사는 그런 방향으로 나가고 있습니다. 북·미자유무역협정NAFTA도 아시아태평양경제협력체APEC도 전부 그러한 전조라고 보아도 아마 큰 잘못은 아닐 것입니다.

나의 이러한 주장은 오늘의 경제 발전 방향이 뒷받침해 주고 있습니다. 지금 각국의 경제가 한 국민국가의 틀을 벗어나서 유럽공동체EC같이 자국 주변의 대지역으로 나갈 뿐 아니라, 다국적 기업·범국적 기업같이 모든 것을 세계 규모에서 계획하고 집행하고 있습니다. 일반 중소기업조차 세계를 무대로 뛰고 있는 실정입니다.

거기다 교통과 통신이 순식간에 전 세계에 연결이 되어 있습니다. 공해가 서로 공동 대처를 안 하면 안 되게 되고, 지구의 문제를 공동 대처 안 하면 인류 전체가 파멸합니다. 그리고 소외된 사람들, 소외된 민족, 소외된 지역의 문제를 해결하지 않으면 원리주의가 대두되어서, 종교적 원리주의, 민족적 원리주의 등이 이 세계를 혼란과 분규로 몰고 갑니다.

이렇게 볼 때 이제는 민주주의가 자국 안에서만 배타적으로 존재할 수 없게 된 것입니다. 앞서 말한 대로 하나는 국민국가 안에서의 민주주의는 그대로 가고, 그다음에는 지역 연방주의 입장에서의 민주적인 재편성과 협조 관계 그리고 셋째 단계는 국제 연합을 기본으로 한 세계 연합적인 그런 민주주의 조직체가 형성이 되어 갈 것입니다. 대개 민주주의 세계는 지금 이런 방향으로 진전을 하고 있는 것이 아니냐, 그래서 이런 가운데서 나중에 얘기가 나오겠지만, 아시아 특히 동아시아가 중요한 위상을 갖고 등장하고 있지 않나 그렇게 생각합니다.

'글로벌 데모크라시'와 신인도주의

김광수 역사의 방향은 민주주의가 신장되어 갈 뿐만 아니라, 그 민주주의를 실현하는 단위 자체가 국가를 뛰어넘어 범세계적으로 되어 가는 것이라는 견해이신 것 같습니다.

김대중 네, 제 생각은요, 아까 말한 바같이 자기 국민국가 안에서의 자유와 정의의 실현뿐이 아니라, 지역 연방 안에서의 자유와 정의도 실현되고, 세계적으로 실현되어야 합니다. 그리고 그것은 인간만을 위해서만 아니라 이 지상에 있는 모든 존재, 꼭 동식물만이 아니라 땅과 물과 공기까지도 다 인도주의적 입장에서 생각하고 존중하는 새로운 인도주의의 실현이 될 것입니다. 나는 영국 케임브리지에서 당대의 석학인 앤서니 기든스와 이야기하면서 이러한 나의 견해를 '지구적 민주주의global democracy'라는 표현을 써서 설명한 적이 있습니다. 그분의 생각도 기본적으로는 나와 같았는데, 그분은 '세계적 민주주의cosmopolitan democracy'를 생각해 보고 있었다는 말을 했습니다. '코즈모폴리턴'이라고 하면 조금 인간만 생각하는 감이 있습니다. 나는 '지구'라는 말을 강조할 때가 왔다고 봅니다. 지금 지구가 존재하느냐 못 하느냐의 문제가 되고 있거든요. 우리는 지구와 운명을 같이하게 되어 버렸단 말이에요. 그래서 그런 말을 써 보았지만, 나는 학자가 아니니까 떠오르는 생각만 내놓은 것이고, 체계는 학자들이 세울 문제입니다.

이제는 철학도 거기까지 나가야 하지 않나, 이것이 정말 철학의 과제이고 김 교수 같은 분들이 개척해야 할 과제라고 생각합니다. 이제는 내 국민만 잘 사는 시대도 지났고, 이 세계의 이웃과 더불어 잘 살아야 되고, 또 지구상에 존재하는 모든 것과 같이 잘 살아야 하는 시대가 왔는데, 무엇보다도 중요한 것은 우리 인간이 그렇게 깨달아야 합니다. 그러니까 철학도 이제는 이런 지구 전체의 존재하는 모든 것을 중심으로, 나아가 우주까지도 생각하는 철학이 나와야 되지 않는가, 그렇게 생각합니다.

김광수 환경오염 문제가 심각해지면서, 많은 사람들이 선생님의 생각과 유사한 생각을 하고 있는 것 같습니다. 그러나 환경론자들의 견해는 "지구환경을 보존해야 한다"로 요약될 수 있는 반면, 선생님의 견해는 "지구상의 모든 존재가 그 본질을 최대한 발휘하면서 살 수 있도록 해야 한다"는 것입니다. 환경론자들의 관심은 지구의 '육체' 부분에 있고, 선생님의 관심은 지구의 '육체' 부분뿐만 아니라 '정신'의 부분에도 있는 것 같습니다. 이러한 선생님의 견해는 '보편적 행복'을 이루기 위해 '보편적 삶'을 추구한 이상주의자들의 꿈을 인간의 삶에 국한시키지 않고 지구상에 존재하는 모든 존재에까지 확대해 놓고 있습니다.

그러나 선생님의 견해는 이상적인 만큼 과거의 이상주의적 사상들이 안고 있었던 문제점들을 그래도 이어받는 것 같습니다. 무엇부터 논의해야 할지 모르겠는데, 먼저 제가 드린 질문을 확인하는 것부터 시작하겠습니다. 제가 드린 질문은 "역사는 어떤 방향으로 흘러갈 것인가"였습니다. 그런데 선생님의 말씀은 다분히 "역사는 어떤 방향으로 흘러가야 하는가"라는 질문에 답한 감이 없지 않아 있습니다. 그래서 다시 확인하는 것을 용서하시기 바랍니다. 선생님께서는 모두에게 제시하신 이상 사회의 모델을 지구촌 전체로 확대하셨고, 역사는 그러한 '지구적 이상 사회'를 이루는 방향으로 나아갈 것이고 또 그래야 한다고 말씀하셨는데, 선생님께서는 정말로 인류의 역사가 그러한 지구적 이상 사회를 이루는 방향으로 나아갈 것으로 보십니까?

김대중 그렇게 봅니다.

김광수 선생님께서는 많은 고초를 겪으셨는데도 불구하고, 역사 발전에 관한 낙관론자이신 것 같습니다. 그 많은 역경 속에서도 굴하지 않고 일관되게 민주화투쟁을 할 수 있었던 것도 선생님의 이상 사회에 대한 확신과 그 이상 사회가 이루어질 것이라는 낙관적 자세 때문이 아니었나 생각됩니다.

그러나 선생님의 낙관론에 대한 적어도 세 방향에서의 도전을 생각해 볼 수 있습니다. 첫째로 신인도주의도 인도주의의 약점을 가지고 있다는 것입니다. 둘째로 포스트모더니즘을 비롯한 상대주의적 경향의 사상들의 도전이 있습니다. 셋째로 인간성의 한계입니다. 이러한 도전들을 하나하나 짚어 보았으면 합니다.

인도주의는 인간을 '세계'라는 무대의 주인공으로 부각시키는 데 큰 역할을 한 사상이라 할 수 있습니다. 신이나 운명이나 또는 어떤 초인간적인 존재가 우리의 운명을 지배한다고 하는 생각으로부터 인간이 인간의 운명에 대한 주체라는 생각에로의 전환은 참으로 대단한 세계관의 변화였습니다. 그러나 선생님께서 지적하셨다시피, 인도주의는 인간을 오만하고 무자비한 지구촌의 파괴자로 만드는 데 기여하는 결과를 빚었습니다. 그리고 선생님의 신인도주의는 이러한 인도주의의 문제점을 보완하여 인간만이 아니라 지구에 존재하는 모든 존재를 지구의 주인으로 대접해야 한다는 것입니다. 그러나 문제는 인간이 인간 중심적인 사고를 벗어날 수 없다는 것입니다. 동식물을 보호하고 산과 강을 가꾸는 것도 결국 인간의 입장에서 인간의 이익을 위해 하는 일들이 아닐까요?

김대중 그런 점이 없지 않아 있습니다. 강이 오염되는 것을 막자는 것도 강을 위해서가 아니라 오염된 물을 마시면 사람에게 해로우니까 그런 것으로 볼 수 있습니다. 또한 사람이 먹고살자면 동식물을 잡아먹어야 하고, 집을 짓자면 나무를 베어야 합니다. 그래서 과연 인간이 참으로 인간 아닌 다른 존재를 절대적인 의미에서 위할 수 있느냐 하는 근본적인 문제가 있습니다.

나는 이러한 문제가 신인도주의의 정신을 공허한 것으로 만들지는 않는다고 생각합니다. 자연도 생물체들을 죽입니다. 지진도 나고 폭풍이 일기도 합니다. 동물들도 서로 잡아먹고 풀도 뜯어 먹습니다. 자연도 어떤 의미에서는 자연을 파괴하는 것이지요. 그렇다고 해서 우리는 정말로 자연의 공존 체계가 깨어진다고는 보지 않습니다. 오히려 자연은 자연 자체의 건강을 유지하기 위해서 자정 작업을 하고 있다고 볼 수 있습니다. 하느님이 주신 자연의 모습은 넘치는 생명력입니다. 자연은 이 생명력을 균형 있게 유지시키는 방향으로 늘 움직이고 있는 것입니다. 그런데 인간은 자기들만의 이기적인 목적으로 이 공존 체계의 균형을 파괴하면서 다른 생명체들의 존재를 파괴합니다.

개발을 하지 않을 수 없고 경제 성장을 하지 않을 수 없습니다. 그러나 인간은 그것도 자연의 생명력을 손상시키지 않는 방식으로 해야 합니다. 맑은 물속에는 수많은 생명체들이 건강하게 살아갑니다. 그러므로 공장폐수와 생활하수를 정화해서 이를 오염시키지 않도록 해야 합니다. 이것은 인간이 절대로 피할 수 없는 이웃이자 어버이인 자연에 대한 의무인 것입니다. 이것은 동시에 인류의 종말을 피하는 노력이기도 합니다.

인간은 영악한 동물이어서 꾸준히 계몽을 하면 결국에 가서는 이 점을 깨닫게 되고 자연의 생명력을 균형 있게 보존하는 방식으로 행동하게 될 것이라는 것이 제 생각입니다. 이미 그런 예는 얼마든지 있습니다. 발가벗었던 우리 한국의 산들이 온통 푸른 나무로 덮였습니다. 템스강, 일강 등 많은 강들이 다시 맑아지고 물고기들의 낙원을 이루고 있습니다.

김광수 '자연의 생명력'에 대한 선생님의 말씀을 듣고 보니까, 인도주의나 신인도주의가 안고 있는 문제점, 즉 인간이 하는 모든 결단은 결국 인간 자신을 위한 것이라는 인간중심주의의 문제점이 어느 정도 해소되는 것 같습니다. 인간이 자연의 생명력을 보존시키는 방식으로 행동하는 것이 인간 자신을 위한 것이기도 하지만, 어떤 의미에서는 자연이 '바라는 것'일 수 있기 때문입니다.

두 번째 문제점으로 넘어가겠습니다. 신인도주의와 지구적 민주주의가 신장되어 가는 방향으로 역사가 발전되어 갈 것이라는 선생님의 낙관론적 견해는, 철학사적으로 보면, 절대주의의 편에 있습니다. 역사의 발전 방향에는 어떤 옳은 방향이 있고, 실제로 역사가 그 방향으로 나아가고 있다는 견해는, 상대주의나 회의주의의 입장은 결코 아니며, 굳이 말하자면 절대주의의 입장이라 할 수 있습니다. 그런데 현대는 상대주의의 시대입니다. 특히 요즈음은 포스트모더니즘이 세계적 관심을 끌고 있습니다. 포스트모더니즘은 인간의 문제를 인간의 이성에 의해서 해결할 수 있다는 이성주의적 근세 정신의 허구성을 폭로하고, 우리가 떠받들던 모든 종류의 절대주의적인 신념·권위·진리·정의·덕목·상식·관행 등이 단지 강자의 생존 양식일 뿐이라고 선언합니다. 이러한 경향에 의하면 선생님의 신인도주의와 지구적 민주주의에 대한 낙관론은 고전적인 만큼 나이브한 감상주의라고 여겨질 수 있습니다. 이러한 도전을 단지 '철학적 경향'일 뿐이라고 제쳐 둘 수는 없을 것 같습니다. 철학적 사상은 언제나 앞으로 올 시대의 나팔수 역할을 한 경우가 많이 있었기 때문입니다. 포스트모더니즘적 경향은 선생님의 예측을 빗나가게 하지 않을까요?

포스트모더니즘의 도전

김대중 나는 그렇게 생각하지 않습니다. 나는 현재의 제도와 이념이 가지고 있는 한계, 인간의 역사가 가지고 있는 제한성을 잘 압니다. 그러나 우리가 우리 인간의 역사와 현실을 자세히 살펴볼 때, 인간은 기본적으로 자기가 가지고 있는 문제점을 해결해 왔고 역사를 전진시켜 왔습니다. 인간은 인간의 의식주 문제를 크게 개선시켰습니다. 1980년대의 중반을 계기로 인간은 역사상 처음으로 자기들의 생존을 해결할 수 있는 생산능력의 개발에 도달했습니다. 인간은 또한 인간을 질병과 단명으로부터 크게 해방시켜서 많은 전염병과 난치병이 치료되고 평균수명은 20세기에 들어와서 배나 늘어났습니다. 인간은 문맹으로부터 해방되고 문화적 생활을 향유하며 세계를 하나의 생활권으로 만들고 하나의 가족으로 만들어 가고 있습니다. 당장 우리 눈앞에서 노예적인 독재체제였던 공산주의가 무너지고 민주주의가 보편적 이념이자 실제적 제도가 되고 있습니다. 여성 해방, 노예 해방, 노동자의 권리, 사회보장 등을 놓고 볼 때, 인간 사회는 많은 모순과 범죄와 부패에도 불구하고 전진하고 있다는 것을 알 수 있습니다.

우리는 관념의 유희에 빠져서는 안 됩니다. 노예제도가 그대로 존속해서, 내가 노예의 신분으로서 모든 자유가 박탈되고, 굶주림과 혹사에 시달리며, 내 자식이 내 것이 아니라 주인의 소유로서 주인 마음대로 처분되는 등의 경우를 상상해 봅시다. 그런 끔찍한 상황과 오늘 우리의 상황을 비교해 보면, 그래도 우리의 역사가 전진했다는 주장을 거부할 수는 없을 것입니다. 분명히 역사는 전진하고 진리와 정의도 신장되어 왔습니다. 노예제도, 봉건제도, 근대 자본주의 제도 그리고 민주주의 제도로 나아가는 과정에서 독재적 자본주의와 독재적 사회주의의 패배가 분명해졌습니다. 나는 역사 속의 사실들과 오늘의 현대에 비추어 볼 때, 모든 부조리에도 불구하고 우리의 역사는 전진해 왔고 앞으로도 전진한다고 믿습니다.

포스트모더니즘은 과거의 독일통일 전에 있었던 독일 낭만주의와 상통하는 사상이라 봅니다. 인간이 사상적으로나 정신적으로 어떤 벽에 부딪혔을 때 그것을 뛰어넘기 위한 도피주의적인 경향이 나타납니다. 독일도 1872년에 통일하기 전까지는 통일의 길이 암담하고, 다른 나라들은 다 국민국가로서 전진해 나가는데 아무리 노력해도 되지 않고 수십 개의 지방 국가로 분단된 채 있을 때, 그런 현실에 절망한 나머지 지식인들 사이에서 독일 낭만주의가 나왔습니다. 이런 낭만주의는 바이런의 낭만주의와 니체의 초인의 철학에도 관계가 있다고 읽은 일이 있습니다.

현대도 유사한 상황에 놓여 있습니다. 현대는 모든 사람들이 굉장히 적응하기 힘든 시대입니다. 모든 것이 너무나 급격하게 변하고 있으며, 이 변화가 어디로 어디까지 갈지, 어떻게 변할지 알 수 없기 때문입니다. 어제까지 내가 가지고 있던 지식과 사상과 이념이 오늘에도 스크랩돼야 할 처지에 들어간 것도 참 많습니다. 또한 아까 말한 대로 국민국가 내부에서나 지역적으로나 또는 제3세계에서 이성이 실현되는 일을 제대로 하지 못했습니다. 결국 국민국가 내에서는 소수가 다수를 수탈하고 그 권리를 빼앗는 일이 행해졌고, 세계적으로는 제3세계의 희망 밑에 선진 국가들이 이익을 챙기고 향락을 누려 왔으며, 또 우리들에게 아름다운 세상과 자원을 공급해 주는 이 지구를 파괴시키는 등, 과학의 힘을 빌린 근대화 과정 속에서 저질러진 비이성적인 일이 너무도 많았기 때문에 이성이 상당히 회의의 대상이 될 수밖에 없었다고 생각이 됩니다.

그러나 앞서 말한 대로 역사는 지구적 민주주의와 신인도주의가 발전되는 방향으로 나아가고 있습니다. 이성 만능주의도 있을 수 없지만 이성은 인간에게 있어서 가장 중요한 무기이기 때문에, 이성의 힘에 의해 오늘날 우리가 겪고 있는 혼란과 난관과 철학적 방황을 극복할 수 있다고 봅니다. 포스트모더니즘은 20세기의 격변 시대에 나타난 파상적인 현상에 그치고 말 것이라 봅니다.

보편적 인간은 어떻게 가능한가

김광수 이성의 문제는 선생님의 낙관론에 대한 세 번째 도전과 깊은 관계를 가지고 있습니다. 이상 사회의 건설에 관한 인간의 문제는 이런 것 같습니다. 이상 사회는, 선생님의 모델도 그렇지만, 대부분 그 구성원 전체의 행복을 추구하는 사회주의적 정신을 바탕으로 하고 있습니다. 그러나 사람들은 모두 자기 자신의 행복을 추구하며 살아갑니다. 따라서 문제는 어떻게 하면 두꺼운

이기적 자아의 껍질에 갇혀 사는 개체가 그 껍질을 깨고 나와 개체 자신만을 위하는 삶이 아니라 전체를 위하는 삶을 살 수 있을까, 어떻게 하면 개인적 자아가 사회적 자아로 성숙할 수 있을까가 됩니다. 그래서 이상 사회를 실현시키려는 구체적인 프로그램은 바로 이 역설적 물음에 대한 답에 해당하는 정책들을 포함하고 있게 마련입니다. "사람은 자발적으로는 보편적 삶을 살 수 있는 능력이 없다"고 생각하는 통치자는 독재를 합니다. 인간성에 대한 신뢰를 버릴 수 없는 도덕가는 인간의 심성을 교화시켜서 보편적 인간을 만들고자 합니다. 맑스주의자는 인간성이 자본주의의 모순에 의해 왜곡된 것으로 보고, 이 모순을 제거함으로써 사회적 인간을 '회복'하고자 합니다. 그런데 선생님의 이상 사회에서는 자유가 유보될 수 없는 항목입니다. 따라서 독재는 안 됩니다. 또한 선생님은 공산주의가 실패할 수밖에 없는 이념이라고 말씀하셨습니다. 그리고 선생님은 인간의 문제를 인간의 도덕감에 호소해서 해결할 수 있다고 보시진 않을 것입니다. 그렇다면 선생님께서는 어떻게 해야 이기적 삶을 사는 사람들이 일종의 '보편적 삶'을 사는 사람들로 변할 수 있다고 생각하십니까?

김대중 저는 이 문제가 인간의 본성 또는 가능성에 입각해서 해결돼야 한다고 봅니다. 인간은 본성적으로 선과 악의 양면성을 가지고 있습니다. 이성과 감성의 양면을 또한 가지고 있습니다. 그러므로 인간은 배타적 이기주의자도 되고 사회적 공동선에의 참여자도 됩니다. 그래서 문제는 어떻게 해야만 부정적 측면을 줄이고 긍정적 측면을 확대시키느냐 하는 것입니다.

인간의 부정적 측면을 억제하고 긍정적 측면을 확대하기 위해서는 정치가 잘되어서 사람을 긍정적이고 전진적인 방향으로 유도해 가야 합니다. 그리하여 공동체의 발전 속에서 각자 개인의 이익이 보장되도록 하여 사회 구성원이 자발적으로 공동선을 위해 협력하도록 해야 합니다. 이러한 과정에서 바른 자는 보상받고 그른 자는 중벌을 받아야 합니다. 이것을 해낼 수 있는 것이 정치이며 그 정치의 가장 바람직한 제도가 민주주의입니다.

그러기 위해서는 물론 선각자적인 지도자가 필요합니다. 그러나 그보다 더 중요한 것은 국민이 민주주의를 할 수 있을 만큼 성숙해야 한다는 것입니다. 이것을 어떻게 하는가. 국민의 자발적인 각성이 중요합니다. 민주주의는 그 국민의 수준 이상은 못 합니다. 예를 들어 선거를 하는데 어느 후보가 제일 훌륭한 후보냐, 어느 후보가 지금까지 우리를 위해서 바르게 싸워 왔느냐, 어느 정당의 정책이 제일 좋으냐, 이런 것을 가지고 투표하는 것이 아니라 지역감정이나 정치적 모략에 현혹되어 투표하는 데는 바른 민주주의가 될 수가 없지요. 선거 후에 거짓이나 음모가 밝혀져도 따지지도 않으니 더욱 민주주의는 어려워집니다.

좋은 정치에 왕도는 없습니다. 선진 민주국가가 모두 그렇듯이 결국 국민이 똑똑하고 성숙해야 합니다. 이와 병행해서 혹은 이를 위해서, 정치 지도자, 지식인, 언론 등의 역할이 매우 중요한 것입니다. 이러한 과정에 우리는 전진해서 사회적 보편선을 실현하게 됩니다. 시간이 걸릴 것입니다. 그러나 지금까지의 역사에 비추어서 인간의 역사는 이상 사회를 향한 전진을 멈추지 않을 것입니다. 이것은 인간의 본성이요, 역사의 본질이기 때문입니다. 그리고 이러한 인간 사회의 발전을 위해서도 비판 정신의 고양이 절대 필요합니다.

국민이 비판 정신을 갖추게 되면, 불의한 세력이 발붙일 틈이 없게 됩니다. 민주주의에서는 조금 잘못된 정부라든가, 무능한 정부, 부패한 정부가 나오는 것이 크게 문제 될 것이 없습니다. 지금 민주주의를 비교적 잘해 온 미국과 영국, 기타 북유럽 여러 나라 등을 보더라도 나쁜 정부나 부패된 정부가 얼마든지 있었습니다. 그러나 그것은 큰 문제가 되지 않았습니다. 나쁜 정부나 무능한 정부는 국민이 비판해서 시정시키고 아니면 선거해서 바꿨습니다. 우리가 역사를 살펴볼 때, 그들은 정말 어린 소년들이 눈을 비비고 새벽에 일어나 아침부터 저녁까지 일해야 하는, 교육이고 사회복지고 아무것도 없는 초기의 미숙한 자본주의 사회에서, 오늘날은 노동자들이 상상도 못 할 만큼 대접을 받게 되고 그 권리가 보장되는 사회로 변하게 만들었습니다. 어떻게 그렇게 만들었느냐. 국민들이 비판 정신을 가지고 정치의 시정을 요구하고 여론과 투표를 통해서 자꾸 정부를 편달하고 바꾸고 했기 때문입니다.

비판 정신의 고양 절대 필요

김광수 그렇다면 어떻게 해야 국민들이 그 비판 정신을 가지게 될 수 있을까요?

김대중 비판 정신이란 옳은 것을 옳은 것으로, 그른 것을 그른 것으로 판단하고, 옳지 않은 것을 옳지 않다고 지적하며 시정을 요구할 수 있는 정신을 말합니다. 따라서 사람들이 비판 정신을 갖기는 대단히 어려워요. 옳고 그른 것을 판단하기도 어렵지만, 그른 것을 그르다고 말하고 시정을 요구하기는 더욱 어렵습니다. 그러기 위해서는 용기가 필요하기 때문입니다. 손해도 보고 박해도 각오해야 하기 때문이지요. 그리고 무엇보다도 많은 사람들이 무관심하고, 귀찮은 일에 말려들지 않으려 합니다. 그래서 국민 대다수가 비판 정신을 가질 것을 바라는 것은 요원한 일이라고 비판에 빠질 수 있습니다. 그러나 그렇게 되어서는 안 됩니다. 국민적 비판 정신은 반드시 실현되어야 합니다. 그러기 위해서는 몇 가지 노력이 필요합니다.

첫째는 무엇보다 교육을 통해서 국민의 비판 정신을 길러야 합니다. 교육 이상의 힘은 없습니다. 둘째는 뜻있는 사람들이 각계에서 자기희생을 무릅쓰고 일어나야 합니다. 우리는 4·19혁명과 6·29를 통해서 훌륭한 역사적 선례를 가지고 있습니다. 셋째는 뜻있는 사람들은 또한 국민을 조직화해서 집단적인 힘으로 비판적 여론을 일으키고 잘못을 시정하도록 해야 합니다. 넷째는 매일같이 국민에게 정보와 판단의 자료를 주는 언론이 앞장서야 하고 책임을 통감해야 합니다. 다섯째는 비판은 단순히 잘못만 지적할 것이 아니라 국민에게 바른 사람, 바른 정책들을 지지하는 일도 함께 해야 합니다. 여섯째로 비판은 끝장을 볼 때까지 꾸준히 해야 합니다. 우리 국민같이 한두 달간 불같이 비판하다가도 이내 망각해 버리는 것은 잘못을 시정하는 것을 목적으로 하는 비판의 본질에 어긋나는 것입니다. 일곱째로 우리 국민은 교육 수준이 높습니다. 뜻있는 사람들이 앞장서서 노력한다면 다른 어느 국민보다도 건전한 비판 정신을 갖고 이 나라의 정치와 사회를 바르게 이끌게 될 것으로 믿습니다.

김광수 우리 국민이 비판 정신을 갖춘 민주 시민으로 생활할 수 있을 만큼 성숙되게 하기 위해서 해야 할 일이 참 많을 것 같습니다. 돌이켜 보면 우리 국민은 민주적 생활에 관한 한 멸시를 받았습니다. "한국에서 민주주의가 실현되기를 바라는 것은 쓰레기통에서 장미꽃이 피는 것을 바라는 것과 같다"고 말한 어떤 영국 기자가 있었는가 하면, "엽전은 안 돼. 그저 군홧발로 짓밟아야 돼" 하는 끔찍한 말을 서슴지 않고 주고받던 때도 있었습니다. 민주주의를 전혀 경험해 보지 않은 사람들이 민주적으로 생활할 줄 모른다고 국민을 야만인 취급했던 것이지요. 그런데 이러한 논조를 따르자면, 지금도 마찬가지일 것입니다. 많이 달라졌다고 하지만, 아직도 우리 의식의 시계는 전근대에 머물러 있다고 할 수 있기 때문입니다. 이러한 현상은 일종의 악순환으로 어디선가 맥을 끊어야 할 것 같습니다.

김대중 맞아요. 그 악순환을 끊는 것이 중요합니다. 나는 그것이 누구보다도 정부나 기업이나 사회 각계각층의 지도적 위치에 있는 사람들의 몫이라고 생각합니다. 즉 지도층에 있는 사람들은 국민을 깔보고 열등시하는 자세를 버려야 합니다. 많이 알지 못한다고 해서, 무엇이 옳고 무엇이 그른지 잘 판단할 줄 모른다고 해서, 민주적 사고와 생활을 할 줄 모른다고 해서, 그들을 군화로 짓밟는 식으로 대해서는 안 됩니다. 아무리 그래도 그들은 모두 엄연한 인격체이고 주체입니다. 그들의 말에 귀를 기울이고, 그들의 견해를 존중해 주고, 그들이 자율적으로 민주주의 정신에 따라 생활하도록 유도해야 합니다. 그것이 신인도주의 정신이며, 그 길이 민주화를 앞당기는 길이고, 그래야 김 교수가 말한 악순환의 고리가 끊어지게 됩니다.

그런데 하나 명심할 것은 국민은 개개인으로서는 부족한 점이 많지만 하나의 집단 의사, 즉 민심으로 응집될 때는 어떠한 현인보다도 더 현명하고 어떠한 장사보다도 힘이 셉니다. 그래서 예로부터 "민심에 따른 자는 흥하고 민심에 역행하는 자는 망한다順天者興逆天者亡"고 하지 않았습니까. 어쨌거나 우리나라도 과거에 비하면 자꾸 발전해 나가고 있습니다. 지금 벌써 30년 동안의 군인정치가 끝났다는 것도 하나의 발전 아닙니까.

문민 시대와 국민적 다이내믹스

김광수 지금까지는 선생님이 그리시는 이상 사회의 이론적인 측면에 초점을 맞추어 선생님의 견해를 들어 보았습니다. 이제는 이러한 선생님의 견해에 비추어서 우리나라 상황을 한번 진단해 보면 좋겠습니다. 우리나라는 현재 진행되고 있는 문민정부의 개혁 작업에도 불구하고 많은 문제점이 있다는 것이 지적되고 있습니다. 선생님께서는 지금 상황에서 지적할 수 있는 문제점으로 어떤 것을 들어 주시겠습니까?

김대중 우리의 지금 현실에서, 특히 문민 시대에서 중요한 것은 아까도 말했다시피 모든 사람들을 신명 나게 참여시키는 것이라고 생각합니다. 그런데 아직 거기까지는 이르지 못하고 있습니다. 군정 30년을 겪는 동안에 우리 사회는 정신적 활기와 미래에의 희망을 잃은 채 보기에 따라서는 이미 일종의 조로 현상에 들어가 의욕을 잃고 체념해 버리는 경향이 있습니다. 국민 사이에 무력감이 팽배해 있는 것이 사실이라고 봅니다. 우리가 지금 이 아시아·태평양 시대의 대변화의 시점에 있어서 그 주역이 되어야 할 우리 국민의 다이내믹스를 끌어내는 태세가 제대로 확립이 안 되었다고 생각합니다.

경제 발전을 시켜서 잘살아 보겠다고 하는 것은 1960-1970년대에 끌어냈던 다이내믹스였습니다. 그러나 그 다이내믹스는 좌절된 것이었습니다. 경제 건설의 결과는 소수에게 부가 집중되고, 빈부 격차, 도시와 농촌의 격차, 대기업과 중소기업의 격차, 지역과 지역의 격차가 커지게 되어 국민을 실망시켰습니다. 지금은 경제만 가지고는 국민을 신명 나게 할 수 없고 다이내믹스를 줄 수 없습니다. 지금은 냉전이 끝났고 우리를 50년이나 묶어 놨던 분단의 족쇄도 풀렸습니다. 거기다 새로이 시작되는 경제 전쟁, 아시아·태평양 시대에서 경쟁국과의 경제 전쟁에서 이겨내려면 통일의 길로 나가야 합니다. 점진적인 통일을 추진해서 남북 대결에서 오는 소모적 지출을 대폭 줄여야 합니다. 그리고 남북이 합쳐야만 새로운 경제 도약을 할 수 있습니다. 이 문제를 진지하게 다뤄야 합니다. 국민들이 지금 이 문제 때문에 굉장히 갈피를 못 잡고 있는 면이 있습니다. 세계에서 통일 못 된 나라가 유일하게 우리나라뿐 아닙니까.

그런 데다가 과거에 통일은 당위성의 문제였지 가능성의 문제가 아니었습니다. 우리나라는 단일민족이고 타의에 의해서 분단되었기 때문에 마땅히 통일할 권리가 있습니다. 냉전 시대에는 "통일해야 한다"라는 당위성만 있었습니다. 미·소 냉전 구조의 현상 고착 체제 속에서 전혀 통일의 가능성이 없었습니다.

이제는 냉전 구도가 다 끝났고 우리를 묶고 있던 족쇄는 풀렸습니다. 이제는 통일의 가능성이 생겼고 통일을 해야만 우리는 살 수 있게 되었습니다. 왜냐하면 통일을 안 하고 여전히 남북 대결로 막대한 국방비를 써 가지고는, 군비를 줄이고 경제 경쟁에 전력을 다하고 있는 경쟁국들한테 지금도 밀리고 있는데 앞으로는 더 밀리게 되고, 우리는 결국 삼류 국가로 떨어져 나갈 것이기 때문입니다.

뿐만 아니라 우리가 통일을 하게 되면 남북 경제 협력을 통해서 큰 이득을 볼 수가 있습니다. 신발·의류·완구 등 남한의 사양산업이 북쪽에 올라가면 당장에 국제경쟁력이 생기고 북한의 지하자원과 관광자원을 개발하면 상호 이익을 증진시킬 수 있습니다. 지금 백수십 개의 기업들이 이북에 가겠다고 신청하고 있는 것도 바로 그 때문입니다. 그리고 북한과 손잡아 통일의 길로 나아갈 때 우리는 만주·시베리아·몽골·중앙아시아 등 세계에서 마지막 남은 자원 보고를 개척하게 되고, 그래서 우리가 세계 선진 국가의 대열에 들어갈 수 있다는 것을 최근 영국의 『이코노미스트』에서 출판된 한국 통일에 관한 보고서에서도 지적을 하고 있습니다.

그런데 우리나라는 아직도 과거 냉전 체제에 매달려 있는 것 같습니다. 아직도 어떻게 통일을 하면 독일과 같은 부작용이 없이 성공적으로 해 나갈 수 있느냐, 어떻게 통일을 하면 남북이 서로 화해 속에서 평화 공존하면서 교류하고 민족 동질성을 완성하며 같이 번영해 나갈 수 있느냐 하는 점에서 분명한 방향감각이 우리에게는 지금 없습니다. 그래서 국민들이 초조해하고 좌절감을 갖게 되고 해서 신바람이 나지 않는 것입니다.

신명이 안 나는 이유로 또 하나는 국민들이 정말로 자기들이 주인으로서 참여하고 있는가 하는 데 아직 확신을 가질 수 없다는 점입니다. 국민의 참여에 대한 욕구를 충족시키는 면이 더욱 강화되어야 합니다.

맺힌 한은 어떻게 풀 것인가

김광수 '국민적 다이내믹스'라는 선생님의 표현은 인상적입니다. 그 표현은 대단히 풍부한 생명력을 담고 있는 것 같습니다. 사실 과거 정권은 '경제 성장'이라는 이념으로 국민적 다이내믹스를 결집시켰습니다. 경제 성장은 우리 모두의 꿈이었고, 모든 악을 정당화시켜 주는 마술 방망이였습니다. 그런데 선생님께서는 이제 경제 성장만으로는 국민의 다이내믹스를 끌어내지 못한다고 지적하셨습니다. 그리고 국민적 다이내믹스를 끌어낼 수 있는 새로운 이념으로 '통일'을 제시하였습니다. 통일은 우리 민족의 염원이자 권리일 뿐만 아니라, 경제 성장을 위해서라도 추구해야 한다는 것이었습니다.

이건 좀 예민한 문제입니다만, 국민의 힘이 결집이 안 되고 신명이 안 나는 이유로서 저 나름대로 생각해 본 것이 있습니다. 그동안 30년간의 군사정권하에서 상처받은 사람들이 굉장히 많이 있고 그들의 상처가 치유되지 않은 채로 있다는 것입니다. 정말로 가슴에 한을 품은 사람들이 많이 있습니다. 이제 그들을 박해하던 군사정권은 가고, 그들이 꿈꾸던 문민정부가 들어섰습니다. 그러나 현실은 어떻습니까. 문민정부의 기반은 상당 부분 그때 한을 안겨 준 사람들로 구성되어 있습니다. 그래서 사람들은 지금 대통령을 중심으로 해서 이루어지는 개혁이 뭔가 좀 걸맞지 않다는 느낌을 갖게 되고, 그래서 어느 정도 혼란에 빠져 있다고 할 수 있습니다. 이런 것도 '개혁'인가 하고 말입니다. 사실 개혁을 주도하고 있는 일부 세력과 한을 안은 사람들은 과거에는 '동지'의 관계 속에 있었던 적도 있습니다. 그런데 개혁은 한을 안은 대부분의 사람들이 소외된 상태에서 이루어지고 있고, 오히려 개혁의 대상이 개혁의 주체 노릇을 하려는 모습까지 볼 수 있습니다. 그래서 또 한이 맺히지요. 한을 달래고 상처를 싸매는 문제는 그냥 "이제부터 잘해 보자"고 함으로써 풀어질 수 있는 성질의 것이 아닌 정말 우리 사회의 심각한 문제라고 생각합니다. 선생님께서도 한을 가지고 계시지 않습니까?

김대중 그러니까 순서가 먼저 한풀이가 돼야 되고, 다음으로 신명이 이루어져야 합니다. 한풀이라는 것은 보복이 아닙니다. 한이란 것은 내가 볼 때 민중들이 좌절된 소망을 안고 이것을 기어이 이루려고 몸부림치는 것이 한입니다. 우리 민족의 한이 잘 나타나 있는 것이 이른바 판소리인데….

김광수 선생님께서 영화 〈서편제〉를 보시고 하신 말씀이 신문에 보도된 것을 저도 읽은 적이 있습니다. 저도 한과 원한을 구분 못 했었는데 선생님의 말씀을 듣고 구분하게 되었습니다.

김대중 판소리 다섯 마당을 보더라도 춘향이의 한은 이도령과 다시 재결합하는 것입니다. 좌절된 사랑을 다시 회복하는 것이지요. 춘향이는 온갖 몸부림을 칩니다. 곤장을 맞으면서도 굴복하지 않고 나도 내 사랑을 지킬 권리가 있다고 주장하고, 방자를 서울로 올려보내기도 하고, 장님을 데려다가 점도 쳐보며 몸부림칩니다. 흥부의 한은 배불리 먹는 것이기 때문에 매품도 팔아 보고 형수 찾아가 주걱으로 뺨을 두들겨 맞으면서도 밥을 구걸하고 그럽니다. 토끼의 한은 용궁에서 무사히 살아오는 것이기 때문에 거기서 온갖 지혜를 다 발휘해서 살려고 몸부림칩니다. 간을 육지 소나무 위에 놔두고 왔기 때문에 내 배를 갈라 봤자 간이 없다는 것을 용왕으로 하여금 납득하도록 하는 데 혼신의 지혜와 연기를 합니다. 그 토끼가 민중을 상징한 거죠. 심청이의 한은 아버지의 눈을 뜨게 하는 거니까 황후가 되어도 그 한이 안 풀려서 맹인 잔치까지 합니다.

한은 목적 달성으로 끝나는 것이지 보복이 아닙니다. 춘향이는 자기를 그렇게 가혹하게 고문을 한 사또에게 보복을 안 했고, 흥부는 자기 형에게 보복은 커녕 오히려 재산을 나누어 주었고, 토끼는 육지에 올라온 뒤에 자라에게 보복을 안 했습니다. 그리고 심청이는 아버지를 만나고 나서야 비로소 행복하게 되었습니다. 황후가 되었다고 해서 행복했던 게 아니고 말입니다.

나는 아시다시피 정치를 떠났습니다. 물론 나도 국민이니까 말할 수는 있습니다. 그러나 나는 현실 정치에 대해서는 관여하지 않는다는 원칙을 가지고 있기 때문에 별로 말을 하고 싶지 않습니다. 다만 내가 대통령 후보로 나왔을 때 '국민적 대화합'을 주장했다는 것을 지적하고 싶습니다. 그 화합은 과거에 한이 맺힌 사람들은 그 한을 풀어 주고, 잘못한 사람들은 국민 앞에서 회개함으로써 대화합한다는 것이었습니다. 무원칙한 '잊어버리자' 주의는 아니었습니다.

광주 문제도 한이 맺힌 사람들에 대해서 진상 규명이라든가 명예 회복을 통해서 한을 풀어 주고, 그 대신 악을 행한 사람들에 대해서는 국민이 사과를 받아야 합니다. 그리고 처벌은 안 한다, 이렇게 해서 대화합을 한다, 이런 생각을 가졌습니다. 나는 이것을 1987년 대선 이래 일관되게 주장해 왔습니다. 이래야만 과오를 범한 사람들에게는 그 과오를 청산하여 새 출발을 할 수 있는 기회를 주게 됩니다. 그리고 한에 맺힌 사람들에게는 그 한을 풀면서 용서의 아량을 베풀 수 있게 해야 한다는 것입니다. 이것이 진정한 한풀이요, 화해이며, 국민적 단결과 새 출발의 길입니다.

그런데 최근에 칠레에서 제 생각과 비슷한 일들을 대통령이 하고 있어요. 칠레가 최근에 중남미 중에서 여러 가지 면에서 비교적 잘되어 가고 있는 나라인데 거기서도 과거 사람들에 대해 처벌은 안 하지만 진실은 밝히고 있습니다. 과거에 수난당한 사람들을 위해 국민이 영원히 기억할 수 있는 기념사업을 한다든지 기념탑을 세운다든지 해서 결코 그 사람들이 잊혀지지 않고 국민 속에 남는다는 것을 분명히 해 주고 있습니다. 잘못을 저지른 사람들과 억울한 사람들에 대해서는 그 진상을 분명히 밝히고 있습니다. 물론 칠레는 아직도 과거 독재하던 피노체트가 군의 최고사령관을 하고 있는 등 문제점이 있습니다. 그러나 이렇게 시비와 책임과 공과를 분명히 가림으로써 지금 칠레 사회는 다시는 군인이 정치에 개입할 수 없게 안정을 찾아가고 있습니다. 경제도 50퍼센트까지 갔던 인플레이션이 지금 10퍼센트로 내려가고, 수출도 소련, 동유럽까지 하여 이제 우리의 경쟁 상대로 부상하는 데까지 발전하고 있습니다.

나는 지금 김영삼 대통령이 가령 군 내에서 과거 사조직을 만들어 군권을 독점하고 쿠데타까지 일으키던 그런 세력에 대해 단호한 조치를 취한 것이라든가, 최근의 부정 척결 문제 그리고 금융실명제라든가 하는 것들이 잘한 일이라고 생각합니다. 그렇기 때문에 나는 개혁이 잘되기를 바라고 있습니다. 그런데 요새는 상당수의 과거 수구적 인사들이 다시 또 등장하고 있으며, 한을 품었던 사람들의 기대가 흔들린다는 말을 간혹 들을 때가 있습니다. 나는 그런 사람들에게는 "이런 문제는 조금 시간 여유를 줘야 되지 않느냐" 하고 말합니다. 언론이나 지식인들은 자기 본연의 사명대로 비판적 입장에서 정부가 잘할 수 있도록 편달할 필요는 있다고 생각합니다.

김광수 사실 규명을 하고 사과는 받되 처벌은 하지 않는 방식으로 과거의 잘못을 청산한다는 선생님의 대화합 정신은 높이 살 만합니다. 그러나 이러한 해결 방식은, 비록 정치적으로는 묘수일지 몰라도, 당한 사람들의 입장에서는 좀 억울하고 불공평하게 생각될 것 같습니다. 법의 정신은 잘못을 범한 사람들이 그에 상응하는 벌을 받아야 한다는 것이 아닙니까?

김대중 법의 집행에 있어서도 잘못한 사람이 있더라도 기소유예, 집행유예, 형 집행정지, 사면 등 정상참작의 여러 방법이 있습니다. 그러한 관대한 조치는 법을 어긴 사람의 정상을 참작해서 하는 수도 있고, 국가나 사회의 더 큰 이익, 예를 들면 사회적 안정이라든가 국민적 화해를 위해서 취해지는 것입니다. 그러나 무조건이 아닙니다. 진실을 밝혀 당한 사람의 억울함을 해소시키고 명예를 회복시켜 주어야 합니다. 가해자가 진심으로 사과해야 합니다.

김광수 선생님께서 지적하신 바와 같이 분단된 조국의 통일은 우리 민족의 지상 과제입니다. 그래서 선생님께서도 정계 은퇴 후에 하실 의미 있는 일로서 바로 이 문제를 택하셨다고 생각됩니다.

통일은 남북 동질성 회복부터

김대중 우리가 살길은 세계에서 마지막 남은 자원의 보고인 시베리아·몽골·중앙아시아 등을 개척하는 것입니다. 그리고 이들 지역에 진출하자면 북한을 통해야 합니다. 북한을 통해서 고속도로도 열고, 파이프라인도 설치하고, 남북이 힘을 합쳐 경제를 이룩해야 합니다. 그렇지 않으면 우리는 세계 무대에서 선진국이 될 수가 없습니다.

다만 우리가 명심해야 할 것은 독일식의 흡수 통합을 꿈꾸어서는 안 된다는 것입니다. 흡수 통합을 하게 되면 경제적 부담과 오랫동안 갈라져 있던 정신적 갈등을 막을 길이 없습니다. 그러므로 우리는 평화 공존·평화 교류·평화 통일의 3원칙 아래 3단계 방식에 의한 통일을 추진해서 아주 확실하고 안전하게 통일을 추진해 나가야 합니다. 한마디로 말하면 "통일은 빨리 시작하되 진행은 단계적으로 하자"는 것입니다. 이렇게 해 나가면 공화국 연합의 단계에서는, 첫째로 남북이 국가 연합을 하여 서로 평화적으로 안심하고 살면서 군비 축소를 하여 그 돈을 경제 발전과 사회 발전에 투자할 수 있고, 둘째로 서로 협력함으로써 다 같이 경제적으로 큰 득을 볼 수 있으며, 셋째로는 점진적으로 접촉하는 가운데 민족 동질성을 회복할 수 있을 것입니다. 따라서 독일처럼 무리한 흡수 통일을 하지 않고 공화국 연합부터 시작하면 큰 성과를 거둘 수 있을 것입니다. 양쪽에서 뜻만 있으면 충분히 할 수 있습니다. 지금 세계적 관심을 끌고 있는 핵 문제는 1994년 초까지는 해결될 것으로 보는데, 그러면 국가 연합에 착수할 수 있습니다. 그러기 위해서 큰 준비가 필요 없습니다. "대한민국은 한반도와 그 부속 도서로 한다"와 같이 양쪽 헌법에 걸림돌이 되는 조항 등을 빼 버리면 됩니다.

우리가 타성적으로 통일을 그렇게 빨리해서 되겠느냐, 천천히 해도 되지 않겠느냐고 할 수 있습니다. 그러나 그렇게 해서는 안 되는 것이, 남북이 빨리 협력 체제로 들어가지 않으면 경제가 국제 경쟁에서 뒤질 수밖에 없고, 또 주변 정세도 변할 수 있기 때문입니다. 지금은 미국·러시아·중국·일본 등이 동아시아의 체제 구축에 대해서 공통된 합의가 이루어지지 않은 상태입니다. 이 사이에 우리가 빨리 통일해야지, 그렇지 않으면 어려워질 수 있습니다. 주변 국가들이 통일을 도와주지는 못해도 방해할 수는 있습니다. 통일은 어디까지나 우리가 자주적 힘으로 해야 한다는 것이 절대적인 명제이며, 절대로 우리의 운명을 제3자에게 넘겨주어서는 안 됩니다. 그러자면 주변 4대국이 어떠한 간섭 방안이나 자기네 형편대로의 동북아시아 체제에 합의하기 전에 통일에 착수하도록 해야 할 것입니다.

김광수 민족 동질성의 회복이 전제되지 않은 통일은 실질적인 통일이라 할 수 없기 때문에 민족 동질성을 먼저 회복하는 교류를 선행해야 한다는 것이 선생님의 통일론이 가진 특징인 것 같습니다.

요즈음은 텔레비전에서도 북한의 모습을 조금씩 보여 주고 있기 때문에 북한 사람들이 어떻게 살고 있다는 것을 단편적이나마 짐작할 수 있게 되었는데, 「통일전망대」 같은 프로를 보다가 가끔 저는 통일이 아득하다는 느낌을 갖게 됩니다. 어린아이들은 기계처럼 말하고 행동합니다. 어른들도 모든 것이 연극인 것처럼 말과 동작을 하고, 너 나 할 것 없이 '수령님'을 외칩니다. 그러한 모습을 보면 과연 어떻게 우리가 함께 살 수 있게 될까 하고 답답한 생각이 듭니다. 우리와 너무 다르기 때문입니다. 어떻게 이러한 이질성이 극복될 수 있을까요? 어느 편이 변해 주어야 할까요? 북한 사람들이 우리 남한 사람들이 사는 방식대로 연습을 해 줄 것으로 보십니까?

김대중 그것은 불가능할 것 같지만 전혀 불가능하지는 않습니다. 그들은 자기 신념에 의해서가 아니라 주입된 사상에 의해서 기계적으로 움직이는 것이니까 전환도 기계적으로 됩니다. 유엔 동시 가입, 남북 교차승인, 한국의 법적 실체 인정에 대한 반대를 수십 년 하다가 위에서 일단 결정하니까, 이제는 이 새로운 변화를 열렬히 지지하지 않습니까. 소련이나 동유럽이 쉽게 바뀐 것 보십시오. 불가능한 일은 아닙니다.

국가연합 체제하에서는 배우고 싶으면 배우고, 배우고 싶지 않으면 안 배울 수 있는 것입니다. 그러나 교류를 많이 하다 보면 자연히 남북이 서로 상대방의 장점을 배우게 될 것입니다. 특히 북한은 남한과 외국의 투자를 받아들이려면 시장경제의 원리를 받아들여야 합니다. 그러다 보면 정치적 자유도 차츰 허용하게 됩니다. 정보화 시대인 오늘날 정보의 자유로운 흐름을 허용하지 않고서는 경제 발전도 기술 개발도 일어나지 않습니다.

북한이 장점이 하나도 없는 것은 아니에요. 북한도 장점이 있어요. 어떻게 보면 우리 민족의 여러 전통과 순수성을 보존하고 있는 것도 있고, 해방 후에 친일파를 과감하게 숙청했으며, 민족적 자주성이랄까 정통성이 상당히 확립되어 있는 면도 있습니다. 또 북한 사회에서는 정의로운 사회를 만들어야 된다는 생각도 상당히 있는 것이 사실입니다. 그러니까 이런 면에 있어서 우리가 그것을 타산지석으로 교훈을 삼아야 할 것이라고 생각됩니다.

북한은 우리가 하고 있는 민주제도에 대해서 배워야 할 것이고 경제가 발전되려면 시장경제로 나가야 될 것입니다. 근본적으로는 앞으로 연방제 통합이 되려면 민주주의와 시장경제로 나가야지요. 그렇게 됩니다. 그것을 강요해서는 안 되고, 국가연합 체제하에서 교류와 협력을 하다 보면 결국은 좋은 쪽으로 끌려 가기 마련입니다. 그것이 잘 안 되면 다시 10년을 연장해도 관계없고요. 일단 우리가 통일의 길로 가고 있으면 몇 년 안에 꼭 해야만 한다는 건 아닙니다. 왜냐하면 남북이 일단 협력 체제가 되면 세계시장에 같이 돈벌이 나가고, 같이 서로 투자하게 되고, 기타 여러 분야에서 협력을 하게 되기 때문에, 그때는 서로 다시 떨어질까 봐 겁을 낼 것입니다. 절대 전쟁을 안 한다, 어느 쪽도 절대 핵무기를 가져서는 안 된다, 어느 쪽도 상대방을 공격하는 태세를 갖춰서는 안 된다, 즉 절대 평화와 최대의 교류를 확대시켜 나가자, 이 두 가지만 가지고 서로 접촉해 나가면 나머지 문제는 해결될 것입니다.

우리가 미리 이건 되고 저건 안 된다고 할 필요는 없어요. 우리가 73년밖에 통일한 역사가 없는 독일에 비해서 하나 자신을 가지는 것은, 우리는 1300년 동안 통일의 민족이라는 점입니다. 세계에서 이렇게 1300년 동안 통일을 유지해 온 민족이 별로 없습니다. 더구나 독일과 같이 지방분권적인 통일이 아닙니다. 우리는 중앙집권제에 의해 단일국가로서 통일되어 있었기 때문에 독일보다 훨씬 동질성이 강합니다. 이것이 우리의 아주 큰 강점입니다. 최근에 남북 언어학자들이 언어 문제를 가지고 회담을 했는데, 그 결과를 보면 80퍼센트 이상이 공통되고 나머지도 본질적인 차이가 아니라는 것입니다. 1300년의 뿌리가 50년 때문에 흔들릴 것이라고 보지는 않습니다.

북한 사회를 보고 온 사람들의 이야기지만, 북한에서 우리 고유의 도덕률 같은 것은 어떻게 보면 남한보다 더 잘 보존되었다고 말들을 하고 있어요. 우리 민족의 장구한 통일의 역사로 보나 우리 국민의 뛰어난 자기 본질 수호의 역량으로 보나 이질성은 극복할 수 있습니다.

김광수 통일 문제에 있어서도 선생님의 신인도주의적 견해가 드러나는 것 같습니다. 남북의 극단적 이질성을 어느 한쪽을 패퇴시키는 방법이 아니라 서로의 체제를 인정하고 존중하는 상태에서 극복해야 한다고 하기 때문입니다.

김대중 그런데 실질적으로 북한이 우리를 많이 따라오게 될 것입니다. 왜냐하면 우리는 세계의 조류와 일치하는 체제를 가지고 있다는 점에서 우위에 있기 때문입니다. 따라서 자연히 그쪽에서 따라오게 되지만 그것은 누가 이기고 누가 지는 방식으로 따라오게 되는 것이 아니라, 필요에 의해서 좋은 것을 선택한다는 방식으로 따라오게 될 것입니다.

김광수 통일 문제에 대한 논의에 앞서 선생님께서 제기하셨던 문제가 되겠는데요. 사실 박정희 정권 시대에 "잘살아 보세"라는 구호를 듣기 시작한 이래 5-6공을 지나면서 경제 성장 위주의 정책을 정부에서 꾸준히 펴 왔습니다. 그래서 '경제 성장 이념'이라고 말할 수 있을 정도로 그 구호는 우리의 뇌리에 박혀 있습니다. 지금 현 문민정부에서도 "경제를 살려야 한다"라는 말을 많이 하고 있고, 언론에서도 개혁보다는 경제를 더 중요시하는 논평을 많이 내고 있습니다.

　저는 솔직히 그런 얘기를 들을 때 좀 씁쓸한 느낌을 갖습니다. 물론 돈이 중요하지요. 그렇지만 돈은 보다 더 중요한 어떤 것의 수단에 불과한 것입니다. 그런데 마치 돈이 다인 양, 돈벌이가 목적인 양 얘기하고, 우리나라 최대의 문제가 경제 문제인 것처럼 떠들고 있는 것입니다. 문민정부가 들어섰다고 하지만 뚜렷한 개혁 철학을 제시하지 않은 상태에서 구 정권의 경제 성장 이념을 그대로 이어받고 있다는 느낌이 듭니다. 만일 선생님께서 저의 말에 동의하신다면, 우리가 경제 성장을 도모하면서도 경제 성장보다 더 소중한 것으로 이룩해야 할 가치 있는 일은 어떤 것이라고 생각하십니까?

돈보다 더 중요한 가치

김대중 나는 현실 정치에는 개입하지 않는 입장이기 때문에 여기서는 특정 정권의 정치에 대한 비판이나 평가가 아니라 원론적인 입장에서 말해 보겠습니다.

지금까지 군사정권 30년을 지내는 동안에 우리나라는 소외의 보편화 시대를 만들어 왔습니다. 무엇보다도 중요한 것은 군사정권하에서 저질러진 소외를 극복하는 것입니다. 농민도 소외되고, 노동자도 소외되고, 지식인도 소외되고, 학생도 서민 대중도 소외됐습니다. 한 줌도 못 되는 수의 사람들이 모든 것을 독점했고, 우리는 어떤 결정권도 갖지 못했습니다. 선거는 하나의 요식행위에 불과했습니다. 지방자치를 하지 않음으로써 부정선거를 마음대로 할 수 있었고, 권력을 통해 조성한 막대한 선거자금으로 유권자를 마음대로 매수해서 선거를 조작했습니다. 결국 유권자들은 그들이 정권을 잡는 데 동원된 하나의 도구요, 부역군에 불과한 상태로 소외되고 전락했습니다. 그래서 가장 중요한 것은 우리가 주인 의식을 되돌려 받을 수 있는 참여의 보장이라고 생각합니다.

이렇게 되기 위해서는 경제가 과거와 같은 대기업 중심이 아니라 중소기업이 중심이 되거나 대기업과 대등한 입장이 될 수 있는 체제로 가야 합니다. 이미 세계 경제는 소품종 다량생산의 중소기업 체제로 체질 자체가 바뀌어 가고 있습니다. 이건 경제의 올바른 발전을 위해서도 중요합니다. 그리고 노동자를 억압만 해서 통하던 노동 집약적인 생산의 시대는 갔습니다. 이제는 정보 지식산업 시대입니다. 그래서 이 시대에는 정보가 물 흐르듯 자유롭게 흐르고, 개인의 창의성이 보장되는 민주주의가 철저히 실현되어야 하고, 노동자들이 자유롭게 자기의 권리를 주장하면서도 적극적으로 참여하고 협력할 수 있는 그런 체제가 필요합니다. 그러한 참여의 체제를 빨리 만들어야 합니다. 중소기업에 대해서도, 노동자·농민에 대해서도 그렇습니다.

기본적인 문제는 자아의 발견, 자아의 확립, 자아의 실현입니다. 이것이 실현되어야 합니다. 그래야 경제 발전의 의미가 있습니다. 김 교수의 말씀같이 경제 발전만 앞세운다면 과거 박정희 정권이나 기타 군사정권과 다를 것이 없게 됩니다. 그러려면 대기업의 지배력을 제한하고 중소기업을 강화시키고, 노동자와 기업가가 대등한 입장에서 서로 대화를 통해 문제를 풀어 가면서 신나게 협력할 수 있는 체제를 만들어 가야 합니다. 농민에 대해서도 마땅히 정당한 권리를 보장해서, 5·16쿠데타 이후부터 지금까지 30년 이상 농민의 희생 밑에서 경제 발전을 해 온 관행을 이제 청산해야 합니다. 그리고 농민의 오랜 희생에 대해서 보답을 해야 합니다.

전체적으로 봐서 경제 발전이 중요한 것이지만, 이런 국민적 참여, 빠짐없는 참여가, 그리고 참여한 사람들이 자기에게 돌아오는 몫에 대한 확실한 기대와 보장을 갖는 그런 체제로 빨리 나가야 된다고 생각합니다. 그러려면 누구도 특권을 받을 수 없는 그런 체제를 취해야 하는데, 그런 의미에서 이번의 금융실명제는 원칙적으로 참 잘한 일입니다. 이제 빨리 한국은행을 독립시켜야 하고, 또 금리 자유화를 실현시켜야 하고, 약자에게 더 정의가 실현되는 방향으로 세금 제도도 바꿔 나가야 한다고 생각합니다. 아무튼 국민 모두가 신이 나야 합니다. 나는 우리에게 필요하고 우리 민족성에 알맞은 민주주의는 '신나는 민주주의'라고 생각합니다. '신명'은 '한'과 '멋' 등과 더불어 우리 민족만이 가지고 있는 독특한 정서를 나타내는 말이기 때문입니다.

지역감정과 지역차별

김광수 한은 풀되 보복은 하지 않는 방식으로 국민 대화합을 이루고, 민족적 동질성을 회복하여 통일을 하고, 국민 모두가 소외되지 않고 신명 나게 참여하여 일을 할 수 있게 된다면 우리나라는 참으로 살 만한 나라가 될 것 같습니다. 그러나 저는 자꾸만 비관적인 생각이 듭니다. 전라도 사람들의 한 때문입니다. 전라도 사람들의 한은 개인적인 한이 아니라 전라도민 전체의 한입니다. '전라도 사람'이라고 하면 누구를 불문하고 즉각적으로 불리한 입장에서 설 수밖에 없는 취급을 당합니다. 다시 말해서 지금 우리는 남한 내부적으로도 통일이 안 된 상태인 것입니다. 이러한 지역감정의 문제를 풀지 않고서는 다른 문제들도 풀 수 없지 않을까요?

김대중 지역차별이죠.

김광수 네, '지역차별'이라고 하는 것이 더 정확한 표현이 되겠습니다.

김대중 그래요. '지역감정'이라는 말은 정확하지 않습니다. '지역감정'이라는 것은 양쪽이 동등한 입장에서 서로에게 나쁜 감정을 갖는 것입니다. 미국에서도 '흑백차별'이라고 하고, 과거 일제가 한 것도 '민족차별'이라고 하지 '민족감정'이라고 하지 않습니다. '지역감정'이라는 말은 지역차별주의를 호도하기 위한 마술적 언어라고밖에 볼 수 없습니다. 현재 하고 있는 것은 분명히 호남에 대한 지역차별입니다.

호남 차별은 20세기를 사는 민족으로서 가장 수치스러운 일이고, 우리 민족의 큰 재앙입니다. 남한 내부적으로도 서로 대립, 분열된 상황에 있으면서 "이래 가지고는 통일은 무슨 놈의 통일이야?" 하는 한탄이 나올 정도의 상태인 것은 틀림없습니다.

내가 이탈리아를 가 봤는데 거기도 지역 문제가 있습니다. 이탈리아 남부와 북부의 문제인데, 남부가 낙후되어 있어요. 그러나 거기는 남부의 낙후에 대한 문제로서 제기되고 있지, 북부 출신이 남부 출신을 차별하는 일은 없습니다. 그리고 같이 남부의 발전에 대해서 염려를 하고 있습니다. 이탈리아는 원래 남부는 아프리카 쪽의 영향도 상당히 받았고 민족적으로도 그쪽 사람들이 많이 와서 섞였습니다. 또 중부 지대는 오랫동안 교황령이었고, 북부 지대는 라틴 계통이고 해서, 세 군데가 역사적으로 문화적으로 아주 달라요. 그렇기 때문에 문화적 문제로 지역성을 내세우고는 있지만 정치적으로 지역 문제는 없습니다. 이탈리아 의원들이 농담하고 이야기하는 걸 내가 보아도 문화적인 것을 가지고 하지 정치적인 것을 가지고 하지는 않아요. 이탈리아가 저런 혼란 속에서도 어떻게 그렇게 잘되어 가고 있느냐, 어떻게 지세븐G7 국가 중 4위를 유지하고 있는가. 두 가지 이유에서입니다. 하나는 중소기업을 육성하고 있다는 것, 또 하나는 지역 문화의 차이가 정치적인 갈등으로 발전하지 않는다는 것입니다. 이 점은 과거에 여기 이탈리아 대사로 있던 심볼로티라는 여자 대사가 나에게 이야기해 준 것인데, 실제로 가 봐도 그랬습니다.

오늘날 우리나라의 지역차별 문제는 우리의 응어리가 되고 우리들이 풀어야 할 멍에가 되고 있는데, 사실 과거에도 지역적인 문제는 조금 있었습니다. 가령 고려 왕건이 죽으면서 남긴『훈요십조訓要十條』를 보면, 거기에 차령산맥 이남 사람을 쓰지 말라는 말이 있습니다.

이것은 왕건의 언동 중 가장 수치스러운 것이었습니다. 그러나 그건 뭐 큰 문제가 아니고, 호남 지역에 대해 본격적으로 차별 정책이 생긴 것은 선조 때 일어난 정여립의 난입니다. 사실 정여립은 역사적으로 하나의 민중적 개혁 정치를 지향하던 사람으로 높이 평가되어야 할 사람입니다. 그때는 역적이 되어 전주가 격하되고 또 호남 사람의 등용이 거의 끊기게 되는 사태가 되어 그때부터 본격적인 지역차별이 일어나기 시작했습니다.

그러나 그때도 지금과 같이 극한점까지 가지는 않았습니다. 박정희 씨가 집권한 이후부터 이런 상태가 되었는데, 아이로니컬하게도 호남 사람들이 박정희 씨를 당선시켜 놓고 호남 사람들이 당한 거예요.

김광수 네, 그랬었지요.

김대중 1963년 대통령 선거에서 박정희 씨가 15만 표 차이로 이겼는데, 호남에서만 35만 표를 이겼습니다. 박정희 씨는 그때 호남과 영남에서만 이기고 나머지는 다 졌어요. 호남에서 35만 표 이겼으니까, 산술적으로 해도 만일 호남에서 졌다면 15만 표 빼고도 20만 표 차로 선거에서 패배하는 셈이 됩니다. 그런데 박정희 씨는 이러한 막중한 은혜를 입은 호남에 대해서 대통령이 당선되자마자 차별하기 시작했습니다. 나는 지금도 왜 박정희 씨가 그렇게 은혜를 원수로 갚을 짓을 했는지 알 수 없습니다. 다만 두 가지 이유를 상상할 수 있는데, 하나는 호남 사람들이 과거 자유당 독재에 철저히 싸우는 것을 보고 독재를 할 수밖에 없는 그로서는 호남을 처음부터 배제시켜야겠다는 생각이었을 것이고, 또 하나는 영호남 대립을 조장해서 인구 구조상 양대 세력을 이룬이 두 지역을 이간시키고 대립시켜서 그 지역 싸움 때문에 정부에 대한 저항력을 약화시키려는 의도에서 했지 않았나 하는 생각이 듭니다. 어쨌거나 영호남 대립 구조 속에서 이루어진 호남 차별은 전두환 씨 때까지 계속되었는데 이것은 노태우 씨의 시대에 이르러 절정에 달했습니다.

노태우 씨는 인재 등용이나 지방 사업에 있어서 박정희·전두환 두 전임자보다 훨씬 더 심했습니다. 나는 그의 5년 임기 중에 두 번 그의 지나친 호남 차별을 지적하고 시정을 요구했으나, 그에게서는 똑같은 대답이 두 번 모두 되풀이되었습니다. "호남 사람은 반성해야 한다. 호남 사람은 누구를 쓰려고 하면 서로 모략한다"는 것이었습니다. 나는 그에게 "인사 문제를 두고 다른 지역 사람은 모략하는 경우가 없느냐? 대통령이 자기가 쓰고 싶으면 쓰고 안 쓰고 싶으면 안 쓰는 것이지 남의 말에 의해서 좌우되느냐?"라고 반박한 일도 있습니다.

노태우 씨는 한발 더 나아가서 영호남 대립을 호남 대 비호남으로 확대시켰는데 그는 이 목적을 위해서 3당 합당을 하였고, 그 후에도 당 최고위원회에 영남과 충청도 사람만 등용하고 호남 사람에 대해서는 그럴 계획이 있는 양 말만 퍼뜨리다가 끝내 하지 않았습니다. 이렇게 해서 절정에 이른 호남에 대한 차별은 그 위력이 얼마나 큰 것인지 부산 횟집 사건으로 극명하게 드러났습니다. 부산 횟집 사건이 나자 야당은 물론 여당까지도 크게 당황을 했는데, 그것이 영남은 물론 중부권에서까지 여당 후보의 표를 대폭 증가시켜 당선에 결정적 기여를 할 줄은 아무도 몰랐던 것입니다. 권력자들이 30년 동안 자행한 악랄한 반민족적인 마술에 국민이 속아 넘어가서 이것이 결국 제2의 천성이 되다시피 된 것입니다. 자유당과 민주당 때까지는 그러지 않았습니다. 자유당 때는 저희 목포나 전주에서도 영남 출신이 국회의원이 되었고, 부산·대구·상주에서는 호남 사람이 되었습니다. 목포에서는 바로 제 옆집에 사는 사람의 동생 되는 사람이었는데, 그는 경상도 진주 출신이었습니다. 나는 그의 선거운동을 열심히 했었습니다. 그런데 그때는 전혀 '경상도', '호남' 소리 들어 본 일이 없었습니다. 이런 점은 영남에서도 마찬가지였습니다. 그것이 여기까지 악화가 된 상태가 된 것입니다.

김광수 이런 지역차별의 문제를 어떻게 해야 해결할 수 있을까요?

김대중 이 문제 해결은 딴 길이 없습니다. 첫째, 국민이 반성을 해야 합니다. 이런 말도 안 되는 것을, 그리고 나라와 민족을 망치고 자기 자신의 인간성까지 망치는 이런 일은 그만둬야 합니다. 뿐만 아니라 지역감정은 인간성에 있어 가장 저열한 감정으로서 나와 나의 가족과 나의 이웃을 오염시킵니다. 국민이 반성하지 않는 한 절대로 이 문제는 해결이 안 됩니다. 두 번째는 집권자가 심각한 반성을 해야 합니다. 집권자가 인재 등용이라든가 지방 발전에 있어서 차별을 하지 않아야 합니다.

이렇게 국민과 집권자 양쪽이 자세를 바꾸고, 정치권이나 지식인이나 문화인들이 모두 일어서서 지역차별 타파 그리고 영호남 화목 운동의 전개 등에 나서야 합니다. 여기에 참여해서 고쳐야 합니다. 이것을 안 고치고 어떻게 남북통일을 이루는 데 있어서 공산당에 대하여 성공적인 대처를 할 수가 있겠습니까. 이런 문제는 문민정부 시대가 왔으니까 반드시 해결해야 된다고 생각합니다.

아까 김 교수 말씀 중에 내가 호남에서 태어나지 않았다면 진작 대통령이 되었을 거라는 얘기가 있었는데 그런 말을 간혹 듣습니다. 하다못해 인구가 적은 강원도에 태어났어도 전라도만 아니면 대통령이 되었을 거라고 말합니다. 하지만 나는 절대로 동의하지 않습니다. 호남에 대한 부당한 차별에 편승해 가면서까지 대통령이 될 생각은 없습니다. 나는 호남 사람으로 태어난 것을 자랑으로 생각합니다. 그리고 "고통받는 사람들, 부당하게 차별받는 사람들의 편에 섰다는 것이 내게 얼마나 떳떳하고 보람 있는 일이냐!"라고 생각합니다. 다른 도 사람들도 훌륭하지만 호남 사람들도 훌륭합니다. 호남 사람들도 결점이 있지만 다른 도 사람들도 결점이 있습니다.

누구나 모두 아는 일이지만 이순신 장군은 호남이 없으면 나라가 없다고 했습니다. 실제로 그랬습니다. 임진왜란 때 함경도까지 쳐들어갔지만 호남은 범하지 못했습니다. 여기서 나라를 지탱했습니다. 그리고 정유재란 때에는 결정적인 역할을 호남에서 했습니다. 일본군이 원균의 해군을 전멸시키고 나서 무인지경을 가듯이 영남 쪽에서 서해안을 거쳐 인천에 상륙해서 서울로 진격하려고 했습니다. 조선 측에는 해군이 없으니까 이를 막을 길이 없지 않습니까. 만일 그때 이순신 장군이 해남 진도의 울돌목, 즉 명량鳴梁에서 호남의 민중들과 같이 이걸 막아 내지 못했던들 서울까지 다 함락되고 말았을 것은 불을 보듯 뻔했습니다. 배 열두 척을 가지고 일본 군함 수백 척을 저지하여 세계 전사戰史에 예가 없는 대승리를 거두어서 일본으로 하여금 더 이상의 전쟁을 단념케 하고 회군을 결정토록 하게 했던 것입니다. 그것을 호남 땅에서 호남 장정들과 같이했던 것입니다. 권율 장군이 행주산성에서 대첩을 했는데 권율 장군은 전라도 순천 지방에 주둔하고 있다가 호남 장정들과 호남서 만든 최신의 무기를 가지고 올라와 그런 빛나는 승리를 했던 것입니다.

광주학생독립운동만 하더라도 그렇지요. 그것이 일제하에서 3·1운동의 다음가는 우리 민족의 자랑스러운 투쟁이란 것은 누구도 부인할 수가 없습니다. 그리고 해방 후 지금까지 한 번도 변함없이 독재와 싸운 곳이 바로 호남입니다. 뿐만 아니라 5·18민주화운동 때 광주와 목포, 기타 호남인들의 태도는 얼마나 훌륭했습니까. 이 민주화운동은 세계에 자랑할 만한 일입니다. 신군부의 그 무서운 위세 앞에 결연히 일어나서 싸운 것도 호남인뿐이었다는 점에서 자랑스러운 것입니다.

그러나 5·18민주화운동의 위대한 점은 거기에만 그친 것이 아닙니다. 그들은 폭력에 의해서 수백 명이 학살당하고 수천 명이 체포되면서도 끝까지 비폭력으로 대하였습니다. 그들은 육친의 시체를 눈앞에 놔두고서도 여러 날 동안이나 점령하고 있는 기간에 단 한 사람에게도 보복하지 않았습니다. 그들은 시민군이 점령하고 있는 10일간 도시를 철저히 지켜서 은행과 가게가 안심하고 문을 열고, 도둑질한 자도 약탈한 자도 없게 했습니다. 그들은 대화를 통해서 해결하기 위해 거듭 협상을 요구하고 미국의 중재를 요청했던 것입니다. 이런 그들의 자세는 전 세계를 감동시키고 찬양과 동경을 집중시켰던 것입니다. 내가 1983년에 하버드에 있었을 때 하버드 사람들이 가장 높이 평가하면서 그들의 관심과 경탄을 자아낸 것도 이러한 5·18민주화운동의 위대한 특성이었습니다. 앞에서 말한 이런 위대한 특성들을 호남 사람들은 보여 줬습니다. 나는 그런 사람들하고 있으면서 억울하고 차별받는 그들의 편에 서는 것을 가장 큰 자랑으로 생각합니다.

제3공화국 이래 텔레비전 드라마건, 라디오 드라마건 "못나고 더러운 건 전부 호남 사람들!" 이렇게 몰아서 호남 사람들에 대한 혐오감을 조성해 왔습니다. 나는 분명히 말합니다. 내게는 추호도 지역차별의 감정이 없습니다. 모든 지방 사람들은 다 나름대로의 장점이 있고, 호남 지방 못지않은 훌륭한 역사가 있는 것을 나는 잘 알고 있습니다. 누구도 내 지방만 훌륭하고 다른 지방은 그렇지 않다고 말할 근거는 없습니다.

나는 박정희 씨가 18년 집권 중에 한 가장 큰 죄악으로서 민족의 역사에서 영원히 비판받을 일이 이 호남 차별 정책이었다고 생각합니다. 그의 그러한 정책은 세월이 갈수록 더욱 우리 사회의 단결과 다이내믹스를 파괴하고 국가의 건전한 발전과 민족 통일의 역량을 저해시키고 있습니다. 김영삼 문민정부는 군사정권이 남긴 이 악의 유산을 반드시 해결해야 할 것입니다.

김광수 사실 선생님께서 그렇게 말씀해 주셔서 지금 알았습니다만, 그처럼 총알이 빗발치는 반전시 상황에서도 약탈이 없었고 질서를 지켰다는 것은 참 중요한 의미를 갖는 것 같습니다. 미국에서 로드니 킹 사건이 났을 때 흑인들과 멕시코계들뿐 아니고 백인들까지 합세하여 한국 상점들을 상대로 닥치는 대로 약탈을 했다는 것과 비교해 볼 때, 광주 시민들은 참으로 성숙한 자세를 보여 주었다고 생각이 듭니다.

김대중 1990년대 영광·함평 보선이 있었는데, 내가 엉뚱한 짓을 했어요. 경상도 대구분인 이수인 씨에게 당의 공천을 주었던 것입니다. 그분은 거기에 한 번도 가 본 일이 없었습니다. 그곳 사람들도 이수인 씨를 전혀 몰랐습니다. 그야말로 '성부지명부지姓不知名不知'의 사람이었습니다. 그래서 내가 공천을 했을 때 처음엔 반발이 컸지요. 당에서는 걱정이 많았습니다. 그러나 나는 호남인의 양식을 믿는 데가 있었습니다. 그래서 나는 그들에게 말했습니다. 이번 선거에서 이 의석 하나가 여당에 가나 야당에 가나 천하대세에는 상관없다, "설사 이수인이 경상도 사람이라도 민주주의를 하기 때문에 지지한다"면서 여러분이 이수인 씨를 당선시켜 준다면 온 국민이 감동할 것이고, 특히 영남 쪽에서는 "당하고 있는 호남도 저렇게 하는데, 우리가 이래서 되겠느냐?"는 각성이 일어날 것이다, 이번 선거야말로 호남인의 민주적 정서와 지역차별 타파에 대한 열망을 표시할 수 있는 가장 좋은 기회다, 영광 함평의 여러분은 적게는 전라도민을 위해서, 크게는 이 나라를 위해서 결단을 내려 달라고 호소를 했습니다. 그렇게 설득을 한 후, 나중에 하고 나서 보니까 이수인 씨가 그 지방 출신의 국회의원보다 더 많은 표를 얻었습니다. 그러나 놀랍고 실망스러운 것은 이런 일이 영남인들의 마음을 돌리는 데 거의 도움이 되지 않았다는 사실입니다. 오히려 이런 노력을 이상하게 해석하는 경향이 있다는 것을 알고 나는 얼마나 실망했는지 모릅니다.

아시다시피 나는 40년 동안 다섯 번 죽을 고비를 넘겼고 6년 감옥살이도 했고 10년 동안 연금과 망명 생활을 하면서 가족도 다 버리고 했는데, 그때 내 머리 어느 한구석에 경상도가 있고 전라도가 있었겠어요? 전 국민과 민족을 위해 희생하면서 내 생각에 내가 이렇게 싸우면, 이 독재정권한테 한때는 이런 핍박을 받지만 국민은 나를 알아줄 것이다, 지역이 다르다고 해서 날 차별하지는 않을 것이다, 그런데 내가 독재하고 싸운 것이 "김대중이는 과격하다"는 고정적인 이미지를 굳히게 했고, 또 통일을 주장한 것이 용공같이 되었고, 지역차별은 여전하고, 이런 상황에서 피눈물 나는 심정을 내가 한두 번 느낀 것이 아닙니다. 대통령 선거를 세 번 했지만, 지역감정도 용공 조작도 관권의 개입도 그리고 금력의 매수도 없는 선거는 한 번도 해 보지 못하고 억울한 낙선만 거듭하다가 정치를 그만두게 된 나는 어떻게 보면 지독히도 팔자가 기박한 사람이라고 생각됩니다. 앞으로는 이런 일이 없었으면 좋겠습니다.

학생운동도 변화해야

김광수 대학에 몸담고 있는 사람으로서, 그리고 특히 보직을 맡고 있는 사람으로서, 선생님이 지적하신 민족성에 관하여 학생들의 경우를 짚어 보았으면 합니다. 학생들은 분명 그동안 한국의 민주화 과정 속에서 중요한 역할을 했습니다. 그러나 지금의 일부 학생 운동권의 모습은 안타깝기만 합니다. 국민들의 눈살을 찌푸리게 하는 구태의연한 투쟁 방법을 쓰고 있기 때문입니다. 그들은 변화를 주장하면서도 자기들은 변화하지 않습니다. 민주를 외치면서도 자신들은 전혀 민주적이지 못합니다. 그들도 어쩔 수 없이 변화를 싫어하는 한민족의 후손이라고 치부해 버리기에는 너무 안타까운 현실입니다.

김대중 나도 우리 학생들을 생각할 때 그들이 매우 중요한 기여를 했다고 생각합니다. 누구도 부정할 수 없는 것은 4·19혁명 때 학생들이 이룩한 것, 그 기여는 역사에 길이 남을 것입니다. 이렇게 4·19혁명을 전체 학생들이 잘했는데, 일부 소수의 학생들이 국민의 뜻에 맞지 않는 과격한 짓을 해서 위대한 혁명을 군사정권으로 하여금 뒤집을 수 있는 구실을 주었습니다. 판문점으로 가자고 해서 그렇게 된 것 아닙니까. 우리 학생들이 지난 1987년 6·10항쟁 때 굉장히 큰 기여를 했습니다. 그런데 그때 학생들은 어떠한 폭력도 쓰지 않았고 용공으로 오해받을 짓도 하지 않았습니다. 그래서 중산층도 그들을 지지했고 나중에 같이 참여까지 했습니다. 그걸 보고 외국 사람들, 특히 미국 사람들은 전두환 씨가 양보를 해야 한다고 했습니다. 그때까지 전두환 씨를 지지하던 태도를 바꿨습니다. 위대한 광주민주화운동에서도 학생들이 앞장서서 그런 자랑스러운 일을 했습니다.

그런데 해 놓고 나서 전체가 잘한 일을 일부가 망쳐서 일부의 과오 때문에 전체가 훼손된 일들이 있었습니다. 학생들이, 통일을 주장하는 것은 좋지만, 남한에서 통일 논의를 자유롭게 할 것을 요구한다든가, 정부가 반통일적인 정책을 펼 경우 그것을 비판한다든가, 북한이 뭐가 옳고 뭐가 그르냐 등을 바르게 평가한다든가 하는 일을 해야 하는데, 그들은 무조건 북한을 좋다고 하고, 심지어는 주체사상을 공공연히 지지하고, 폭력을 마구 휘둘러 가며 미국을 원수로 삼는 행동을 하는 등 국민이 겁을 먹고 외면할 수 있는 행동을 많이 했던 것입니다. 북한을 바로 안다고 하면서도 북한의 잘못된 점은 덮어 두고 좋다는 점만 자꾸 얘기하는 등의 경향이 있었습니다. 이리하여 국민으로부터 학생운동권 전체가 외면당하고, 이렇게 되니까 학생운동이 성공할 수 없지요.

나는 학생 대표들을 여러 번 만나서 얘기를 했었습니다. 운동이라는 것, 그것이 정치운동이건, 학생운동이건, 노동운동이건, 문화운동이건, 운동이라는 것은 국민 대중의 지지를 받아야 한다, 대중의 지지를 받지 못하면 운동이 아니다, 물론 진리를 탐구하는 사람은 남들의 지지를 받지 않아도 자기주장대로 한다, 예수님이나 소크라테스 등은 삶을 십자가 위에서 혹은 독배로서 마셔도 자기가 진리라고 생각하는 것을 굽히지 않았다, 또 이것이 진리라고 생각하면 학자들은 책이 한 권 안 팔려도 출판을 한다, 이것은 운동이 아니고 진리 탐구이기 때문이다, 그러나 운동하는 사람은 대중의 지지를 얻어야 한다, 대중이 못 따라오면 서서 기다려야 하고 설득해야 하고 왜 안 따라오는지 배워야 한다, 네가 안 따라오는 것이 네 잘못이라고 생각하면서 혼자 앞으로 가면, 대중으로부터 유리되고, 그렇게 되면 통일이나 민주주의를 원치 않는 사람들한테 악용만 당하게 된다, 자기는 국민을 위하는데 국민은 자기를 외면하고, 심지어 자기를 혐오하고 반감을 갖게 된다, 이렇게 얘기를 했습니다.

나는 내가 주장한 삼비주의三非主義(비폭력·비용공·비반미)를, 특히 그중에서도 비반미를 주장하면서 학생들을 만났습니다. 그들은 우리나라가 경제적으로 미국과 일본의 식민지요, 군사적으로 미국의 식민지라는 것이었습니다. 나는 그들에게 말하였습니다. 그렇다면 이렇게 말해 보자, 해방 후 유럽 강국은 마셜플랜에 의해서 그리고 일본이나 대만이나 모두 다 미국으로부터 경제 원조를 받았는데, 지금 그런 나라들이 오히려 미국을 위협할 만큼 경제적 독립국가가 되었다, 그런데 왜 우리만 식민지가 되었는가. 이 점을 생각해 본 일이 있는가. 설마 미국이 우리만 그렇게 만들려는 정책을 가지고 있지는 않았을 것 아닌가. 그 이유는 미국이나 일본보다는 우리의 경제인과 우리의 정부가 정경유착의 부패 구조 속에서 일본이나 미국의 대기업들과 결탁해서 부정을 저지른 데 그 원인이 있는 것이다, 다른 나라보다 더 비싸면서도 더 나쁜 시설을 도입해 오는 등 우리 측의 행동 때문에 우리가 식민지가 되었다면 그 이유는 우리에게 있는 것이다, 미국이나 일본만 원망하고 있을 일이 아니다, 또 우리나라에 미국 군대가 있으니까 우리나라가 미국의 군사적 식민지라고 하는데, 유럽 각국이나 일본에도 미국 군대가 있으니까 그럼 일본도 미국의 군사적 식민지인가. 군사적 식민지라는 것은 그 나라 자체가 필요해서 와 달라고 해서 왔느냐, 또는 필요 없다는데도 억지로 왔느냐에 따라서 결정이 되는 것이지, 외국 군대가 있다는 것만으로 그런 것은 아니지 않으냐. 우리 현실에서 미군이 와 있는 것은 6·25전쟁 때부터 북한이 남침해서 왔다는 것은 다 아는 사실이고, 평화 체제가 확립되지 않은 준전시 상태이기 때문에 있는 것이다, 지금 당장 미국이 나가면 우리는 막대한 국방비를 증액시켜야 하는데 이는 우리의 교육과 경제 발전을 결정적으로 저지시킬 것이다, 또 미국이 나가면 한반도에 생긴 이 군사적 진공상태에 일본이 들어올 가능성이 있다, 여러분은 설마 미군을 몰아내고 일본의 군사적 영향 아래로 들어가자고 하는 것은 아니겠지요? 오죽하면 북한이 미국에 대해서 남한에 상당 기간 주둔해도 좋다고 통보했겠습니까. 이렇게 말하면 그들은 알아들었습니다.

지난번 영국에 있을 때 신문을 보고 깜짝 놀란 것은, 학생들이 "노태우·전두환을 체포"하려고 연희동으로 몰려갔다는 것이었습니다. 이런 일이 어떻게 국민의 지지를 받을 수 있겠습니까. 학생들이 무슨 수사권이 있기에 그런 일을 할 수 있겠습니까. 이런 일은 학생들이 제일 싫어하는 수구 세력이나 반통일 세력에게 민주주의와 통일을 사보타주할 수 있는 절호의 구실을 줄 뿐입니다. 실제로 정부 안에서 이런 사건을 계기로 해서 수구 세력이 크게 득세를 하고 있다고 알고 있습니다. 학생운동도 시대에 맞게 변화해야 합니다. 과거에 군사독재와 싸우던 방식만을 고집하면 국민으로부터 외면당하고, 따라서 영향력을 행사하지도 못합니다.

김광수 선생님께서 정치를 떠나셨다고 하셨을 때 많은 국민들이 감격한 반면, 일각에서는 선생님이 정치를 떠나셨다지만 선생님의 일거수일투족이 모두 정치적으로 해석될 수 있다고 했습니다. 그런데 오늘 학생들의 잘못을 거침없이 지적하시는 것을 보고, 전혀 정치적인 발언이 아니라는 생각이 들었습니다.

김대중 내가 학생들을 사랑하기 때문에 이런 말을 하는 것이지요. 사실 이제는 학생들도 많이 변한 것 같아요. 쓰라린 경험을 통해서 많이 배워 가고 있는 것 같습니다. 참 좋은 현상이라고 생각합니다. 언제나 명심할 것은 국민과 함께 가야 합니다. 국민의 이해와 지지를 받아야 합니다. 그런 학생운동만이 성공할 수 있습니다. 이 점을 학생운동 하는 사람들은 정말 금과옥조로 삼아 명심해야 합니다.

김광수 정치가는 국민에 의해 선출되기 때문에 정치가만의 잘못이라고 할 수는 없겠지만, 많은 한국의 정치가들이 수준 이하라는 평가를 받고 있습니다. 과연 그들이 개인적인 삶이 아닌 보편적인 삶을 주재할 만한 능력이 있는가. 도대체 그들이 정치가로서 무슨 철학을 가지고 있는가. 도대체 그들은 무엇을 하는 사람들인가. 이러한 물음들을 묻지 않을 수 없는 모습들이 흔히 눈에 띕니다. 우리 사회에 민주화가 이루어지기 위해서는 누구보다도 먼저 정치가가 바로 서야 할 텐데, 정치인들의 리더 역할을 하시던 분으로서 한 말씀 해 주십시오.

정치가의 수준은 국민이 결정

김대중 오늘날 다른 선진 국가에서도 정치가에 대해서 가혹한 평가를 내리지요. 그래서 정치가는 이류 아니면 삼류 인간으로 보기도 합니다. 얼마 전에 미국에서도 국민의 70퍼센트 이상의 현역 정치인에 대해서 불신하고 바꾸기를 바란다는 보도가 난 일이 있습니다.

그러나 미국이나 선진 국가에서는 이런 일이 근본적인 문제가 될 수는 없습니다. 그것은 국민이 언제나 감시자 또는 선택자로서의 의식을 가지고 정치를 감시하고 정권을 바꾸기 때문에 그렇습니다. 거의 만년 정권이라 하던 자민당 정권을 일본인들은 투표를 통해서 바꿨습니다. 문제는 우리 사회에 좋은 정치가가 부분적으로 있지만 그들이 뜻을 펼 수가 없다는 것입니다. 사회에 문제가 있기 때문입니다.

첫째로 군사독재가 좋은 정치가가 나오려야 나올 수 없는 여건을 만들었습니다. 부정선거로 좋은 정치가를 도태시켰고, 부정부패로 돈을 만들지 못하는 정치가는 성공하지 못하게 했습니다. 군사정권이 국회 경시, 정치 경시 풍조를 조장해서 정치나 국회에 대한 국민의 혐오감을 강화시켰습니다. 그래서 정치인들의 질이 저하될 수밖에 없었으며, 권력에 순종하는 사람들과 돈 많이 만들어서 매수 잘하는 사람들과 책략에 능한 사람들만을 양산해 냈습니다.

둘째는 지식인들의 침묵이었습니다. 행동하지 않는 지식인들 때문에 그래요. 지식인들의 침묵, 비판 의식의 결여, 이런 것이 나쁜 정치를 횡행하게 하고, 뜻있는 정치가가 도태되게 한 것입니다. 지식인·언론인이 정치를 올바르게 비판해서 잘한 사람은 크게 내세우고 못한 사람은 견제해야 하는데 우리나라에서는 이러한 경향이 지극히 부족합니다.

그런데 지금부터 2,000수백 년 전의 춘추전국시대에 공자나 맹자나 제자백가들은 천하를 돌아다니면서 제왕들을 비판하고 국정을 개혁하라고 했습니다. 희랍의 철학자들도 그리스와 지중해를 돌아다니면서, 정치를 이렇게 해라, 나에게 맡기면 이렇게 하겠다고 주장하고 다녔습니다. 우리나라에서도 조선왕조를 통해서 선비들은 목숨을 내놓고 정치를 비판했습니다. 그러던 것에 비해서 군사통치하에서의 지식인들은 너무도 위축되었고, 방관적이고, 보신 주의적이 아니었나 하는 생각이 듭니다.

내가 미국 하버드대학에 1983년부터 1984년까지 있었는데, 그때 총장이었던 데릭 복이라는 분은 그때 미국에서 최고의 권위를 가진 사람 중의 하나였습니다. 이분이 하루는 국제문제연구소에 특강을 왔어요. 이분이 얘기가 끝나고 질문을 하라고 해서 내가 질문을 했습니다. 하버드는 누구나 인정하는 세계 제일의 대학이다, 우리나라에는 이러한 하버드나 예일대학 출신이 많다, 국민들이 볼 때, 이 사람들이 돌아오면 민주주의의 본고장인 미국에서 배워서 우리나라를 좋은 민주주의 나라로 만들 것이다, 우리를 위해 좋은 일을 할 것이라고 생각했는데, 이 사람들이 돌아와서 거의 예외 없이 독재자 또는 재벌 쪽에 붙어서 독재를 합리화하고 수탈을 정당화한다, 이 책임은 어디에 있다고 보느냐. 하버드나 예일 같은 대학들의 교육이 잘못된 것이냐, 그 사람 개인의 책임이냐고 물었습니다. 상당히 도전적인 질문이었습니다.

총장은 말하기를 그것은 교육의 잘못도 아니고 개인의 책임도 아니고, 인간의 본성이 권력 앞에 약하고 유혹에 약한 데 책임이 있다고 본다는 것이었습니다. 나는 납득이 안 갔지만 그때는 시간도 없고 해서 반박하는 것을 그만두고, 총장에게 편지를 썼습니다. 나는 당신의 말이 납득이 안 간다, 만일 당신 말대로라면, 한국의 대학생들이 지금 민주주의를 위해 싸우고 줄을 지어 감옥에 가고 있는데, 이것은 어떻게 설명할 것인가. 세계 최고의 대학을 나온 사람들은 독재정권에 협력하고, 그보다 못한 대학을 다니는 한국의 학생들은 민주화투쟁을 하고 있다, 이것을 어떻게 설명할 수 있겠는가. 이 편지를 보낸 후에 총장이 만나자고 해서 우리는 여러 가지 대화를 나눴고, 그 후 좋은 친구가 되어서 내가 귀국할 때 총장은 나의 안전한 귀국을 정부에 촉구하는 글을 『뉴욕 타임스』지에 기고하기도 했습니다. 나는 우리나라같이 선비가 존경받고 지식의 영향이 큰 나라에서는 지식인이 더 큰 책임과 역할을 감당해야 한다고 생각합니다.

민주주의를 위해 투쟁하고 감옥에 간 사람은 낙선시키고, 군사정권에 협력해서 돈벌이한 사람을 당선시켜서는 안 됩니다. 누가 우리를 위해 바르게 싸웠고 좋은 정책을 갖고 있느냐의 문제가 아닌, 물질의 유혹, 지역감정 혹은 모함 등에 따라 대통령의 선거가 좌우되어서도 안 됩니다. 투표하는 것이 정말 문제가 아닌가 생각이 듭니다. 그런 가운데서 좋은 정치인과 좋은 정치가 나올 수 없습니다. 앞에서도 말했지만, 민주주의는 국민의 수준만큼 할 수 있습니다. 국민의 수준은 그 나라의 교육의 수준, 지식인들의 비판의 수준에 따라서 크게 영향을 받습니다.

김광수 우리나라 정치인들의 수준에 대한 비판을 기대하고 드린 질문인데, 오히려 정치가를 옹호하시는 듯한 느낌을 받을 정도로, 그러한 정치인들을 만든 사회 구성원들에 대한 비판을 토로하셨습니다. 듣고 보니 정말 그렇다는 생각이 듭니다. 생명을 내걸고 군사쿠데타를 일으킨 장본인들이 민주주의적 게임을 하리라 기대할 수는 없었고, 폭력에 약하고 코앞의 이익에 눈이 어두운 보통 사람들의 경우도 어쩔 수 없는 것이었다고 할 때, 우리나라 정치의 낙후성에 대한 지식인들의 책임과 과오가 더욱 크게 부각되는 것 같습니다. 저도 지식인의 한 사람으로서 반성하는 바가 많이 있습니다.

결국 사회 구성원들이 모두 주인 의식을 가지고 자신의 정당한 권리를 행사하고 사회 전체를 위한 자신의 역할을 기꺼이 수행할 때 민주주의가 우리에게 성큼 다가올 것이라 생각됩니다. 그런데 구성원으로 말할 것 같으면 여성이 반을 차지하고 있습니다. 저는 미국서 공부하는 동안에 미국의 여성들이 남성과 똑같이 일을 하고 활동을 하는 데 큰 감명을 받았습니다. 여성이라고 해서

집 안에서 아이나 보고 늘어진 모습으로 동구 밖을 배회하는 것을 볼 수 없었습니다. 그들은 남성과 꼭 같이 출근하고 퇴근하였습니다. 그러한 모습을 보면서 우리나라도 여성이 저렇게 활동해 주면 그만큼 국력이 커지지 않을까 생각해 보았습니다. 우리나라 여성들에게 이러한 활동을 바라는 것은 지나친 것일까요?

여성의 권리는 스스로 찾아야

김대중 지나치지 않습니다. 앞으로 우리나라의 장래는 인구 반이 넘는 여성들이 사회를 위해 얼마나 기여하는가에 따라 좌우된다고 해도 과언이 아닙니다. 사실 여성에 관한 한 우리나라는 유리한 입장에 있습니다. 우리 어머니들의 교육열이나 윤리관은 대단히 높이 평가될 수 있기 때문입니다. 요즈음 보면 사회 활동에도 상당히 많이 참여하는 것 같아요.

하지만 이것이 결코 우리가 기대하고 만족할 만한 수준은 아닙니다. 참 기이한 것은 세계에서도 그렇지만 아시아에서 우리 여성들만큼 교육 수준이 높은 나라는 아마 일본 빼고는 없을 겁니다. 그런데 정치 분야에서는 우리나라처럼 여성의 진출이 없는 나라가 없어요. 여성이 집권자가 되었거나 집권자가 되기 위한 선거에서 승리한 곳은 아시아에서만 해도 인도·스리랑카·파키스탄·방글라데시·미얀마·필리핀 등 대단히 많이 있는데, 우리나라에서는 여성 집권자는커녕 229명 뽑는 국회의원의 지역구 선거에서 한 명도 당선된 사람이 없습니다.

김광수 여성 의원들이 있지 않습니까?

김대중 그들은 모두 전국구 의원들입니다. 여성들이 여성한테 표를 안 줍니다. 조금 부족하더라도 찍어 줘야 하는데, 우리가 보기에 이만하면 됐다 하는 사람도 안 돼요.

거기다가 여성에겐 압도적으로 불리한 조건이 많이 있습니다. 여성은 경제적으로 약합니다. 여성은 일반적인 여성 경시 풍조의 피해자입니다. 여성은 가정에 매달려야 합니다. 그리고 여성은 사회에서 여러 가지 제약을 받고 있습니다. 그런데 그걸 여성 자신들이 알아주지 않는다는 겁니다. 그래서 당선이 안 됩니다. 이런 점에서 여성들이 전체적으로 각성을 해야 할 겁니다.

이런 기가 막힌 얘기가 있습니다. 1991년 광역 선거 때 과천에 살면서 공명 선거 운동하던 친구가 있었습니다. 이 사람이 하루는 집에 들어갔더니 대학을 졸업한 부인이 10만 원권 수표를 내놓으면서 말하더라는 것이었습니다. 여권 후보 측에서 몇 번 오라고 해서 갔답니다. 음식을 먹을 때까지만 해도 별 부담을 못 느꼈는데 건네주는 10만 원을 받으니까 찍어 줘야 할 부담을 느꼈다고 말이에요. 서울에서도 상당히 잘사는 층이 사는 아파트 지대에서 있었던 일인데, 여당의 선거 운동조를 만들어서 하루씩 그 운동조를 교대하는 거에요. 운동원을 매일 100명까지 낼 수 있는데, 매일 교대하면 20일이면 2,000명까지 낼 수 있잖아요. 운동원으로서 합법적으로 돈을 매일 10만 원씩, 20만 원씩 받지요. 이 일을 생활이 안정된 대학까지 졸업한 여성들이 하고 있다는 겁니다. 나는 선거운동을 하면서 정말 내팽개치고 싶은 절망감을 느꼈습니다. 인텔리 여성들이 모두 이런 것은 아니겠지만 분명히 상당수가 그런 것은 사실입니다. 나는 여성을 위해서 이 말을 하는 것입니다.

우리 집은 30년 전부터 아내하고 저하고 둘의 문패가 함께 붙어 있어요. 나는 한 번도 의식적으로 아내의 인격을 모독하거나 한 적이 없어요. 나는 국회에서나 당에서나 여성의 지위 향상에 정말로 노력했습니다.

국회에서 여성들이 근 40년 동안 부산서부터 하려고 한 가족법 개정을 적극 추진한 일이 있었습니다. 1989년, 즉 1990년 2월에 3당 합당을 하기 전, 여소야대 시대에 내가 제1당 당수를 할 땐데, 청와대에서 대통령과 박준규 당시 민정당 대표위원, 김영삼 통일민주당 총재, 김종필 공화당 총재하고 저하고 회의를 했어요. 내가 제안을 해서 가족법을 고치자고 했습니다. 아내가 차별당하고, 딸이 차별당하고, 어머니가 차별당하는 이런 법은 안 된다고 했는데, 별로 신통한 반응을 얻지 못했습니다. 그때 그래도 박준규 의장이 호응을 했는데, 다른 당은 별로 찬성하지 않았습니다. 알고 보니까 우리 당 안에서도 남자 의원들 대부분이 찬성하지 않더라고요. 그런 것을 내가 밀어붙여서 마지막에는 하기로 합의가 되었는데, 12월 국회 마감 전날까지 여야 의원들의 사보타주로 안 되는 것입니다. 그래서 내가 대통령한테 직접 전화를 걸어서 이걸 실현시켰습니다. 국회 마감 날에야 겨우 통과됐어요. 만약 그날 안 되었다면 그 후 3당 합당이 되었으니 아마 지금까지도 그대로였을 겁니다.

그 안이 통과되던 날 난 너무도 감격을 했어요. 그래서 우리 의원들 보고 역사적인 일이니까 한번 박수 치자고 했지요. 그런데 총무가 돌아다니다 오더니 하는 말이, 모두 총재가 하라고 하니까 할 수 없이 하지, 남자의 권리 빼앗기는 데 뭐가 좋아서 하겠느냐고 한다며 웃더군요. 실상 의원들의 본심으로는 절대다수가 반대를 한 거죠. 그때 의원들이 대의를 위해서 참아 준 것을 진심으로 감사하는 심정이었습니다.

그 이후로 우리 당은 그것 때문에 거의 덕 본 일이 없어요. 어디서도 그걸 통과시켜 줘서 고맙단 말을 들어 본 적이 없어요. 여성들은 그러한 단군 이래의 대혁명이며, 여성의 권익 신장에 결정적인 결과를 가져와서, 가족 내의 자기 신분이나 재산상속에 있어서 남성과 같은 권리를 보장해 주는 법이 통과되었는데도 관심도 없고, 누가 힘써서 이렇게 되었는지 알려고도 안 해요. 그래서 여성을 위해 좋은 일을 해 봤자 표가 안 된다, 굳이 애쓸 필요가 없다, 이런 생각이 정치권에 상식화되어 있습니다. 도대체 정치가들이 여성을 두려워하질 않아요. 여성이 힘을 쓰지 않으니까 그렇습니다. 여권이 여기까지 온 것은 여성운동의 힘도 있지만 계몽적인 남성들이 여성을 지원해서 여기까지 온 거라고 생각해요. 여성이 자기 힘으로 쟁취할 수 있는 강력한 무기인 투표권이 있는데 그걸 활용하려 하지 않는 거예요.

가족법이 1993년부터 시행 중인데 이제 아내의 권리가 남편의 권리와 같고, 딸의 권리가 아들의 권리와 같고, 어머니의 권리가 아버지의 권리와 같아진 것입니다. 그래서 이제부터라도 여성 자신이 각성하고 내 권리는 내가 찾는 그런 노력이 필요하다고 생각합니다. 투표권이라는 무기가 있지 않아요? 외국에서 국회의원이 얼마나 유권자를 두려워합니까. 이제부터는 여성의 권리를 남자가 주는 것이 아니라 여성인 자신이 자신의 힘으로 찾는 그런 시대가 빨리 와야 할 것입니다.

김광수 저는 교육자로서 "인간은 인간으로 태어나지 않고 인간으로 만들어진다"는 말을 즐겨 사용합니다. 이러한 생각을 가지고 있지 않으면 교육에 종사할 뜻이 없겠지만 말입니다. 지금 논의되고 있는 것과 관계시켜서 말하자면, 인간은 태어날 때부터 민주 시민이 되어 있는 것이 아니라, 경험과 교육을 통해서 민주 시민으로 만들어진다는 것이 되겠습니다. 그래서 여성이 민주 시민으로서 주체적 역할을 하지 못하는 것이나, 일반적으로 대다수의 우리 국민이 민주주의적 사고와 생활을 하지 못하는 것은, 다른 원인도 있겠지만, 무엇보다도 우리의 교육이 잘못되었기 때문이라는 지적이 있습니다. 교육열에 관한 한 우리나라는 세계 제1위겠지만, 교육의 내용과 질은 그 교육열을 따라가지 못했기 때문에, 오늘날 우리 사회의 여러 문제점들이 노정될 수밖에 없다는 것입니다. 그래서 교육개혁을 해야 한다는 목소리가 높고, 정부에서도 그럴 계획을 가지고 있는 것으로 알고 있습니다. 선생님께서는 우리나라 교육의 어떤 점이 잘못되었다고 보시고 또 어떤 방향으로 개혁되어야 한다고 보십니까?

교육은 완전한 새 출발을 해야

김대중 우리 부모들은 6·25 전시하에서도 소 팔고 논 팔아 자식을 교육시킬 정도로 교육열이 높았습니다. 그러나 국민교육에 대한 이렇다 할 철학이 없이 교육열에 편승하여 고학력 인물을 양산하는 데 그쳤습니다. 이렇게 우리의 교육에 근본적인 문제가 있지만, 기본적으로 나는 그거나마 가르친 것이 안 가르친 것보다는 훨씬 낫다고 생각합니다. 전에는 사회가 아직도 이만큼 변화되어 있지 않았고 경제도 질적으로 큰 변화가 없었기 때문에, 단순한 양산 위주의 교육도 괜찮았다고 할 수 있습니다. 어떤 의미에서는 그러한 교육이 대량 생산 체제와 맞는 교육 방식이었습니다. 그렇지만 이젠 사회도 이렇게 변화했고, 복잡해졌고, 경제도 정보화·첨단산업화되어서 교육의 질도 바뀌어야 합니다.

오늘날 우리 사회는 너무도 복잡다단하고 변화무쌍합니다. 그래서 나이 먹은 사람도 변화에 적응하면 청년이고, 나이 적은 사람도 변화에 적응 못 하면 노인입니다. 따라서 교육은 국민들에게 올바른 방향을 제시해 주고 판단력을 키워 주고 적응할 수 있도록 도와주어야 합니다.

또한 오늘날 우리 사회는 가치관과 윤리가 크게 흔들리고 있습니다. 과거 봉건적인 도덕 윤리로 지탱하던 사회가 급속도로 무너지고, 서구의 윤리와 생활 규범이 급격히 보편화되고 있기 때문입니다. 그래서 우리나라에 알맞은 가치관과 윤리가 무엇이냐를 취사선택하지 않으면 부작용이 올 것이라는 것은 우리가 눈으로 보고 있는 실정입니다. 특히 생명 경시, 물질 만능주의, 출세를 위해서는 수단·방법 가리지 않는 것, 범죄를 부끄럽게 생각하지 않는 것 등 많은 문제점이 대두되고 있습니다. 교육의 힘이 여기에 크게 작용해야 하는데, 그러기 위해서는 교육의 질을 높여 가야 할 것입니다.

또 교육이 과거에는 19세기 말부터 시작되는 대량생산 체제, 즉 대공장에서 획일적인 단순노동을 요구하는 생산 체제 때문에 오늘날 초등학교·중학교 체제는 군대에서와 같이 규율을 지키면서 획일적인 사람, 획일적인 작업의 반복을 감내하는 사람을 양성하는 것이 되었고, 고등학교에서 대학까지의 교육은 사무실에서 획일적인 업무에 종사하는 사람을 기르기 위한 것으로 되었습니다.

이제는 산업구조가 달라졌습니다. 소품종 대량생산의 다양화 시대로 변했고, 첨단산업 시대의 진입으로 창조성이 요구되고 있으며, 고도의 기술이 요구되는 시대가 되었습니다. 따라서 양산 체제의 교육도 이제는 개성 있는 사람들을 양성하는 방향으로 교육이 본질적인 변화를 해야 합니다.

그런 점에서 교육이 질적 교육, 소수 정예 교육의 방향으로 나아가야 합니다. 그러면 비용이 많이 드는데, 그것은 감내해야 합니다. 그 대신 과거에 노동력과 에너지 그리고 원자재를 많이 쓰던 시대에서 고도 기술 산업으로 들어가면 생산 비용이 월등히 절감되기 때문에, 그런 비용을 전부 교육에 투자하여 개성 있는 지식인들을 양성하는 데 집중하는 교육 체제가 되어야 합니다. 이러한 질 중심의 교육은 산업에 있어서 높은 부가가치의 제품과 연결되기 때문에 경제적으로 이득이 큽니다.

새로운 질 위주의 교육을 위해서는 무엇보다도 교수의 질을 높여야 합니다. 교수가 모르면 어떻게 가르치겠어요. 교수 스스로도 공부 안 하고는 가르칠 수 없게 하는 교수평가제도가 도입되어야 합니다. 우수한 실적을 내는 교수들에게는 사회적·국가적으로 물심양면의 좋은 대우를 해 주어야 합니다. 교수들도 10년 전에 만든 노트를 써먹는 것은 통하지 않게 하는 교육 환경을 만들어야 합니다.

그리고 성인교육이 중요합니다. 40대 이상의 사람들은 지금 가지고 있는 지식의 반 이상을 스크랩해야 할 정도로 사회구조·생활양식·경제구조가 변하고 있습니다. 우리가 이렇게 격변하는 시대에 적응하려면 성인교육에 힘을 써야 합니다. 지금 우리나라는 이 성인교육이 거의 방치된 상태입니다. 텔레비전 같은 것을 통해서 토요일과 일요일에 몇 시간씩은 성인교육을 해야 합니다. 그래서 사람들이 전자 시대에서는 무엇을 알아야 하고, 생명공학·유전공학에서는 어떤 연구가 진행되고 있으며, 어떻게 해야 시대에 걸맞은 대처를 할 수 있는가 등을 배울 수 있게 해야 합니다. 그래서 국민들이 자신을 갖고 이 격변 시대를 살 수 있게 해야 합니다. 이런 교육이 없어서 국민들은 불안합니다. 내 생각은 시대에 뒤떨어진 낡은 생각이라고 부끄러워서 말도 못 합니다. 시대에 뒤떨어지고 적응하지 못한다는 생각이 심해지면 사람들은 그것을 잊기 위해, 옛다 모르겠다, 술이나 마시고, 쇼 코미디를 보거나, 마약을 하거나, 교회나 사찰에 가서 내세만 찾습니다. 그 예로서 휴거 사건이나 미국의 웨이코 사건 같은 것을 들 수 있습니다. 지금 우리 사회가 전체적으로 위기에 처해 있지만 교육이 가장 큰 위기에 처해 있으며 가장 큰 개혁이 필요합니다. 교육은 완전한 새 출발이 필요합니다.

김광수 변화하는 시대, 복잡한 경제·사회적 상황, 개성과 창조성을 요구하는 산업구조, 그리고 그러한 세계 속에서 살아야 하는 사람들의 삶 등을 중요한 변수로 고려하는 선생님의 교육관은 우리 사회가 급변하는 세계 속에서 살아남기 위한 전략을 포함하고 있으며, 개체를 존중하는 선생님의 사상이 반영되어 있는 것 같습니다. 획일적인 일반화 교육보다는 능력과 개성에 따른 특성화교육이 중요하고, 국민교육의 개념을 학생들에게만 적용시킬 것이 아니라 성인들에게까지 확장하여 전인교육·평생교육을 시켜야 한다는 지적은 교육개혁이 어느 방향으로 가야 할 것인가에 대한 중요한 지침이 될 것 같습니다.

대학에 몸담고 있는 사람으로서, 나아가 교무처장이라는 보직을 맡고 있는 사람으로서, 곤혹스러운 것은 대학교육의 파행성입니다. 학생들이 공부하지 않는다든가….

김대중 우리나라가 교육열은 강한데, 참 기형적입니다. 대학 들어갈 때는 밤 잠 안 자고 공부하고, 대학 다닐 때는 공부를 별로 하지 않습니다. 먼저 잘못된 것은 대학정원제입니다. 공부할 사람에게는 모두 기회를 주되, 공부 안 하는 사람은 절대로 점수를 안 주고 진급이나 졸업을 안 시켜야 한다고 생각해요. 민주주의 국가에서는 공부하겠다는 사람을 공부 안 시키면 안 됩니다. 그 대신 공부 안 하는 사람을 공부시킬 의무는 없는 거예요. 공부하고 싶은 사람들을 위해서 2부제라도 해서 거기서 수입이 증대되는 것은 교수 연구비, 연구 시설과 장학금의 확대로 쓰도록 해야 합니다.

　대학교육이 잘될 수가 없는 이유 중 하나가 교육 요원의 반 정도가 시간강사라는 것입니다. 우리 사회에서 가장 불합리한 처우와 가장 가혹한 착취가 어떤 노동자보다도 이 시간강사들에게 자행되고 있습니다. 시간강사가 되려면 적어도 박사학위를 갖고 있거나 석사 이상인데, 상당한 세월을 보내며 배운 사람들입니다. 이런 사람들의 수입이 파출부들의 수입보다도 못하고 맥줏집에서 맥주 나르는 사람들의 수입보다 못한 실정입니다. 이 학교 저 학교 뛰어봤자 불과 한 50-60만 원밖에 못 받고, 그것도 방학이면 없어요. 어떠한 사회보장의 혜택도 없습니다. 그러니 그들이 질 좋은 교육을 제공해 줄 것을 기대할 수가 없습니다.

　이런 불합리한 점을 방치하며 교육의 질적 향상을 꾀한다는 것은 말도 안 되는 소리입니다. 이것은 교육 문제 이전에 인간에 대한 모욕이고 용서할 수 없는 학대입니다. 내가 국회에서 야당 총재를 할 적에 이 점에 대하여 매우 분노하였습니다. 그런데 한번은 시간강사 대표들 몇이 왔더라고요. 참 잘 왔다고 하면서 실상을 잘 써서 청원서를 제출해 주면 우리가 그 문제를 해결하도록 앞장서겠다 그랬지만, 그들은 다시 나타나지 않았습니다. 아마 그런 청원 냈다가 당할 불이익을 생각하여 적극적이지 못했던 것 같습니다. 나는 그 후 바빠서 그것을 잊었고, 생각나면 또 화냈다가 했는데, 이런 문제도 해결하지 않으면서 교육개혁은 이룰 수 없다고 생각합니다.

김광수 그 문제는 돈 문제와 뗄 수 없는 관계를 가지고 있습니다. 국공립대학에서는 교수 확보율이 150퍼센트를 넘는 경우도 있지만, 사립대학은 60퍼센트를 확보하기도 힘겹습니다. 사학의 재정 형편이 말이 아니기 때문입니다. 최근에 안 사실인데, 너무 어처구니가 없어서 말을 할 수 없을 정도인 것이 있습니다. 교육법 중에 기부금 제도가 있다는데, 사람들이 원천적으로 사립학교에 기부금을 낼 수 없도록 되어 있다는 것입니다. 사람들이 국공립학교에 기부를 하면 세제 혜택을 받는 반면, 사립학교에 기부를 하면 세제 혜택을 못 받게 되어 있다는데, 도대체 이런 법이 어떻게 있을 수 있습니까?

기여입학제를 도입해야

김대중 독일 같은 곳은 정부가 다 무료 교육을 해 주고, 네덜란드에서는 연구비까지 주면서 교육을 시킵니다. 미국에서도 사립학교에 엄청난 보조금을 주더라고요. 우리나라가 공립이나 사립이 똑같이 국민교육에 기여를 하고 있는데, 지원 정책에 있어서 너무도 큰 면에서 차별을 하고 있는 것은 하루속히 시정되어야 합니다. 정부가 사학에 지원을 못 하는 이유는 돈이 없어서라는 것뿐이에요. 그러면 세금을 똑같이 나누어 주든지, 그렇지 않으면 사립학교의 정원을 풀어 주든지, 2부제를 자율적으로 하게 하든지, 기여입학제를 허용하든지 해야 할 텐데 아무것도 안 하고 있어요.

기여입학제를 마치 죄악처럼 받아들이는 측이 있는데, 내 의견은 좀 달라요. 야당 총재를 하면서도 일부 비판을 무릅쓰고 기여입학제를 찬성했습니다. 돈 있는 사람이 내 자식 공부시키고 싶다, 그 대신 학교에 돈을 내서 돈 없는 학생들에게 장학금도 주고 교수 연구비도 주고 싶다, 있는 사람이 없는 사람에 대해서 여유 있는 돈을 쓰겠다는데 못 받아들일 이유가 없지 않으냐 하는 생각이 듭니다. 그 대신 뽑는 데 있어서 돈만 많이 내면 누구나 다 뽑는 게 아니라, 가령 점수순에 의해서 뽑는다든지, 정원 외에 몇 명에 한해서 뽑는다든지, 또 일정 금액을 정해서 기부금 경쟁이 너무 지나치지 않게 하든지 제한을 해야 합니다. 그리고 입학 허용이 곧 졸업 허용이 아니다, 그렇게 들어와서 열심히 공부 잘하면 졸업하고 못하면 안 된다, 이렇게 하면 입학 허용이 별 특혜가 아닙니다. 앞으로는 졸업 자격을 엄격하게 심사해서 졸업증을 가지면 정말 실력을 입증하는 증명서가 되도록 하는 방식으로 제도를 바꾸면서 정원제도 풀고, 기여입학제도 필요하면 허용하는 등 각 대학이 이 사회에 유용하다고 생각하는 방식으로 특색 있는 교육을 하도록 풀어 줘야 해요. 우리나라처럼 정부가 대학에 대해서 돈은 전혀 주지 않으면서 간섭하는 경우는 세계에 없어요. 이 것은 교육 발전과 관련해서 근본적으로 중요한 문제점이라고 생각합니다.

김광수 가장 감명 깊게 읽으신 책은 어떤 것입니까?

토인비의 『역사의 연구』

김대중 언제나 말하지만 내가 읽고 가장 큰 영향을 받은 것은 토인비의 『역사의 연구』입니다. 이 책은 우리말 번역으로 12권이나 돼요. 그것은 역사철학 책으로서 굉장히 난해한 점도 있습니다. 그것을 다 독파했지만 잘 이해 못 한 부분도 있었습니다. 또 토인비의 다른 책들을 거의 다 읽었지요. 그래서 거기서 많은 것을 배웠습니다. 인생을 바로 보고 역사를 바로 보는 그런 것을 배웠습니다. 내게 참 큰 영향을 주었어요. 그리고 버트런드 러셀, 맹자 이런 분들이 영향을 많이 주었습니다. 종교 분야에서는 테이야르 드 샤르댕, 라인홀드 니버 이런 분들입니다. 나는 책을 읽더라도 저자의 의견을 무조건 받아들이진 않습니다. 내가 주체적으로 판단해서 해석하고 이해하고 받아들입니다. 그러므로 누구의 의견을 받아들이건 그것을 내 것으로서 받아들이려고 노력합니다.

테이야르 드 샤르댕 신부의 진화론적 사상의 영향을 많이 받았습니다. 그는 이 세상을 하느님이 창조하신 것으로 보지만 하느님은 완전한 것으로 창조하신 것이 아니라 진화 과정에 있는 것으로 보았으며, 특히 인간의 동참에 의해 자꾸 진화하는 것으로 보았습니다. 즉 예수님은 이 세상 한복판에 서서 인간을 영적으로는 하느님에게 올리고, 현실적으로는 예수님의 이 세상의 완성 사업에 동참시켜서 예수님 내림의 날이 속히 도래할 수 있도록 협력시킨다는 것입니다. 이 세상은 하느님의 미완성 작품이기 때문에 많은 모순과 갈등이 있는 것입니다. 그러나 아무리 자연적 재난이 닥쳐오고 인위적 악이 발생할지라도 결국은 세계가 이러한 것들을 극복하고 완성의 방향으로 진화되어 가는 것입니다. 이와 같은 샤르댕 신부의 견해는 나에게 신앙적으로나 사상적으로 큰 도움이 되었습니다.

라인홀드 니버의 『도덕적인 사람과 비도덕적인 사회』에서는 사회가 개인 선과 사회 선 두 개가 합치되어야 발전할 수 있다는 것을 배웠습니다. 경제학적인 면에서는 피터 드러커, 앨빈 토플러, 레스터 서로, 군나르 뮈르달 같은 사람들의 책들이 유익했습니다.

문학작품에서는 명작 소설이라고 하는 것들과 많은 국내 소설들을 읽었는데, 이러한 독서가 매우 중요하다고 생각합니다. 왜냐하면 소설을 읽음으로써 정신에 윤활유를 친 것처럼 우리 생각이 유연해지기 때문입니다. 특히 명작 소설이나 좋은 예술작품이나 좋은 음악 같은 것은 우리들의 영혼에 감동과 활력을 주는 것이기 때문에, 우리들의 삶에 있어서 필요 불가결한 것이라 생각합니다. 과학기술의 발전도 문화 예술이 발전되어야 창의가 솟아오릅니다.

김광수 음악도 좋아하십니까?

김대중 음악은 좋아해요. 그전에는 고전음악을 별로 안 좋아했는데 요새는 좋아지기 시작했어요.

김광수 미술관에도 가끔 가십니까?

김대중 미술을 보러 가기도 합니다. 연극을 제일 많이 보고 좋아하는 편입니다. 우리나라 음악, 국악을 좋아합니다. 그런데 연극이나 그런 것을 보러 가는데 있어서 제 기준이 있어요. 미술이나 고전음악 같은 것은 보통 어려워하지 않습니까. 그래서 경원하지만 그럴 필요 없다고 봅니다. 전문가의 평가와 내가 느낀 것이 다르더라도 상관없습니다. 내가 느낀 대로 감상하면 된다고 생각합니다. 제일 나쁜 것은 남의 흉내를 내서 평을 하는 것입니다.

〈서편제〉 영화를 보면 마지막 장면에 눈보라 치는 가운데 송화가 어린애에게, 지팡이에 끌려가지 않아요? 감독에게 내가 말했지요. 내가 볼 때 마지막 장면이 압권이다, 왜 그러냐 하면, 이 영화는 한에 대한 영화인데, 한은 이루어질 때까지 계속해서 추구해 가는 것이다, 송화가 다시 득음의 경지에 대한 한을 찾아서 나가는 장면인데, 거기에는 내가 이루지 못하면 어린애가 이룰 것이라는 결코 포기할 수 없는 한의 굽힐 수 없는 의지가 있다, 그리고 촬영 기법을 보니까 어린애가 둥둥 떠가는 것처럼 보였는데, 이것은 미래에 대해서 전진해 가는 것을 보이는 것이 아니냐…. 〈미션〉이라는 영화를 보면 인디언들이 백인에게 항거하다가 몰살당하지 않습니까. 그런데 마지막 장면에 개울물에서 꼬마들이, 남자, 여자가 생식기를 보이면서 물장난을 하면서 서 있단 말입니다. 그것은 생식기를 가진 꼬마들이 살아 있는 한은 아무리 죽여도 새로운 생산이 있다, 끊기지 않는 생명의 맥이 살아남을 수 있다는 것을 표시한 것으로 보았거든요. 이것도 비슷한 것이다, 그랬더니, 감독이 말하는데, 지금까지 그렇게 말해 준 사람이 없대요. 다 영화가 끝이 비참하다는 등, 아이가 송화의 친딸이냐는 등을 물었지 그런 소리 한 사람은 없었다고 해요. 내가 잘 봤다 못 봤다가 아니라 나는 그런 식으로 내 판단대로 봐요. 그게 진정한 문학예술을 감상하는 방법이 아닌가 생각합니다.

김광수 선생님께서 자꾸 밝은 쪽을 보려고 하시기 때문이 아닐까요? 선생님의 사상은 전체적으로 매우 낙관적이라는 인상을 받고 있습니다.

나는 낙관주의자

김대중 그래요. 나는 낙관주의자입니다. 하나 강조할 점은, 난 인생에서 많은 고통과 박해와 좌절과 실패를 겪었는데, 밝은 쪽을 본다는 것은 나 자신도 때론 스스로 이상하다고 생각합니다. 그건 내 신앙과 철학관에 있어요. 역사를 보더라도 분명히 발전해 왔어요. 세상은 완성의 방향으로 나아가고 있어요. 전쟁·빈곤·폭력이 있고, 매춘이니 마약이니 폭력이니 하는 것이 전 세계적으로 있습니다. 세상에는 어려운 문제와 어두운 면이 있지요. 그러나 그러한 것들이 제거되는 방향으로 역사는 발전되어 왔습니다. 이 점은 이미 언급한 바 있습니다.

1993년 9월 2일 신문을 보고 놀랐어요. 아프리카 나라들이 모두 민주주의의 방향으로 가는 꿈틀거림이 있다는 기사가 있었습니다. 1950년대까지 아시아 나라들이 독립하고, 1960년대에 아프리카 나라들이 독립을 했습니다. 민주주의도 역시 아프리카보다는 아시아에서 더 앞서 진행하고 있습니다. 아시아는 민주주의에 대한 각성이 아주 커졌습니다. 그리고 이제는 민주주의를 안 하면 경제도 안 되는 정보지식 산업사회로 나가고 있습니다. 경제를 위해서도 민주주의로 나갈 수밖에 없어요. 내가 보기에 중국도 결국 경제 때문에 민주주의로 나가게 될 것이라고 봅니다. 시장경제와 민주주의는 동전의 앞과 뒤거든요. 그런데 우리가 그것을 본격적으로 시행하기도 전에 아프리카에서 민주주의가 꿈틀거리고 있다는 것이었습니다.

이번에 이스라엘하고 팔레스타인해방기구PLO 간의 타협이 되어 가고 있는데, 나는 팔레스타인해방기구의 아라파트란 분을 굉장히 높게 평가합니다. 지금 이슬람 원리주의가 팽배한 가운데, 그래서 이스라엘을 원수로 내모는 가운데서, 현실적인 판단을 하여 목숨을 내걸고 타협을 하려는 용단을 내렸어요. 자치에서 독립으로 가는 점진적 전진은 자기 진영의 거센 반발과 맞서야 합니다. 이러한 모험은 보통 용기로 되는 것이 아닙니다. 용기라는 것은 반대편하고 생사를 걸고 싸우는 것도 용기이지만, 더 어려운 용기는 같은 편으로부터 배신자라는 오해를 받으면서 결단하고 행동하는 것입니다. 그런 걸 보면 인생에 긍지와 의미를 느끼게 됩니다. 이렇게 모든 위험을 무릅쓰고 냉정한 이성으로 판단해서, 이 선이 바로 타협할 선이다, 그래서 모든 위험을 무릅쓰고 결단을 내리는 이런 사회 지도자들이 나와서 역사를 이끄는 것을 보면 인생 살맛이 납니다. 이스라엘 라빈 총리도 마찬가지예요. 이스라엘도 반대파가 만만치 않아요. 도대체 이스라엘과 팔레스타인이 악수할 수 있다고 누가 생각했겠습니까.

이와 같이 세계가 진전하고 있기 때문에 낙관하는 것입니다. 1993년 7월 초 이스라엘에 갔다 왔었지요. 히브리대학에서 강연도 하고 그랬는데, 그때 이미 이 문제가 상당히 좋은 방향으로 가고 있다는 것은 알았지만 이렇게 빨리 되리라고는 몰랐습니다. 인간이 하는 일에 완전은 없어요. 그러나 결국 긴 눈으로 보면 인류는 완전을 향해 한발 한발 나아가고 있는 것은 틀림없어요. 지금까지 수천 년 동안 툭하면 지금이 말세라고 한 사람이 얼마나 많았습니까. 하지만 한 번도 말세가 된 일이 없어요.

김광수 선생님처럼 수난을 많이 당하신 분이 역사를 희망적으로 보신다는 것은 참으로 놀랍습니다. 제가 판단해 보건대, 선생님께서 그처럼 낙관적인 견해를 가지시게 된 것은 선생님의 경륜과 사상 때문이라고도 할 수 있지만, 선생님의 신앙 때문인 것으로도 볼 수 있을 것 같습니다. 선생님께서는 어떻게 신앙을 가지게 되었습니까?

어떻게 신앙을 갖게 되었는가

김대중 나는 6·25전쟁 때 공산당한테 잡혀서 목포교도소에 들어갔는데, 약 220명 중에서 140명이 학살당하고 한 80명이 탈옥할 때 나왔어요. 그때를 계기로 해서 신앙에 대한 욕구가 생겼습니다. 그러다가 1957년에 당시 장면 부통령이 권해서 영세를 받았습니다. 영세를 받았다 해도 충분한 신앙심을 가졌던 것은 아니고, 그 후 계속적으로 신앙에 대해서 생각을 하고 또 여러 고난을 겪는 과정에서 하느님을 체험하기도 하고 하느님의 실존을 믿게도 되었지요. 특히 일본에서 납치되어 올 때 바닷가에서 예수님을 만나는 체험을 한 후로 저의 신앙은 굳어졌습니다.

김광수 그때 이야기를 좀 해 주시지요.

김대중 간단히 얘기하면, 1973년 8월 8월 도쿄 그랜드팰리스호텔에서 양일동 씨를 만나고 나오는데 복도에서 네댓 명이 저를 덮쳤어요. 그런데 처음에는 그 사람들이 저를 목욕탕에서 살해하기 위해서 침대에다 내동댕이치고 저한테 마취를 걸었어요. 잠시 의식을 잃었어요. 그러나 내가 방으로 끌려들어 가면서 나와 같이 가던 김경인 의원이 소리를 쳤기 때문에 호텔에서 죽이는 것을 그들은 포기했습니다. 그들은 나를 지하실로 끌고 가서 큰 배로 옮겼습니다. 그 배가 '용금호'라는 그들의 공작선이었던 것입니다. 거기서 전신을 완전 결박하고 입도 막고 눈도 가리고 양 손목 양 발목 다 묶고 등에다가 판자를 붙여서 몸을 던지려는 순간이었습니다. 나는 그때 하느님께 기도할 생각은 않고 딴생각하고 있었어요. 한 5분 물속에서 허덕이면 죽겠지, 그래도 좋다, 이렇게 생각했습니다. 그러다 몸의 하반신은 상어한테 물려도 좋으니까 윗부분만이라도 살았으면 좋겠다, 이런 생각을 하고 있었는데, 갑자기 예수님이 옆에 서시더라고요. 그래서 예수님의 옷소매를 붙잡고 살려 달라고 하면서 "난 아직도 국민을 위해서 할 일이 많습니다. 살려 주세요" 하고 매달렸어요. 그 순간 눈을 가렸는데도 붉은빛이 번쩍 들어오더라고요. 그리고 펑 소리가 나더니, 그 안에 있던 한 대여섯 명의 선원들이 뛰쳐나가면서 "비행기다!" 하고 소리치더군요. 그러자 배가 미친 듯이 속력을 내서 달려요. 펑펑 소리도 계속 나고, 한 30분 동안을 가만히 있으니까 배가 정상 속도로 갔는데, 어떤 젊은 사람 하나가 뛰어들면서 김대중 선생님 아니냐고 해요. 그렇다고 고개를 끄덕이니까, "저는 부산서 재작년 대선 때 선생님한테 투표했는데요" 하면서, 귀에다 대고 "이젠 산 것 같습니다"라고 하더군요. 그러한 체험을 한 후로 하느님의 존재를 확신하게 되었습니다.

김광수 신비로운 신앙의 체험을 통해서 신앙을 갖게 된 사람들이 많이 있습니다. 그러나 지성인은 신비 체험을 받아들이기에는 너무나 이성적입니다. 선생님께서도 신비 체험만으로 신앙에 대한 확신을 가지실 수는 없었을 것 같은데요?

김대중 그렇습니다. 그때 그건 순간적인 체험이었어요. 1980년에 잡혀가서 사형 선고를 받았을 때였습니다. 이젠 죽었구나 했습니다. 신군부 사람들이 자기들한테 협력하면 살려 주고 대통령 빼놓고 뭐든지 시켜 준다고 했어요. 응낙을 안 하니까 그러면 죽어야 한다, 재판은 아무것도 아니라고 했습니다. 그리고 실제 재판에서 사형 선고가 났어요. 1심, 2심, 3심까지 사형 선고를 받았는데, 그때 신앙이 본격적으로 문제가 되데요. 이제 죽는데 저승에 가서 하느님이 없으면 어떻게 하나. 하느님이 정말 계시는가. 하느님이 계시다면 어떻게 이런 나쁜 자들이 성공하고 광주서 사람들이 무고하게 학살당해야 하느냐. 하느님이 어떻게 이럴 수가 있느냐. 이런 문제를 갖고 본격적으로 신앙에 대해 고민했어요.

그것을 풀기 위해 이 책 저 책을 많이 읽었는데, 납득을 못 했어요. 결국은 오랜 사색 끝에 나름대로 납득의 경지에 갔습니다. 예수님이 하느님의 아들이라면 하느님은 계신다, 예수님이 부활한 것이 사실이라면 예수님은 하느님의 아들이다, 예수님의 부활은 생전에 그를 버렸던 제자들의 회심과 순교, 예수교를 적대하던 사도 바울의 목숨을 마친 포교 활동에서 증거될 수 있다, 그러나 하느님의 존재 문제는 결국 자신의 신앙의 결단이다, 이런 맥락에서 하느님의 존재를 믿게 되었습니다. 그리고 악의 존재는 이 세상이 지금 진화의 과정에 있기 때문에 이러한 마찰 현상이 있는데, 이 세상은 앞서 말한 대로 전진을 해 가고 있다는 점에서 이해가 되었습니다.

김광수 이성적인 사람일수록 신앙을 갖기 어렵다고 하는데, 선생님께서는 신비 체험을 하셨을 뿐만 아니라 지극히 이성적인 판단을 통해 신앙을 가지시게 된 것 같습니다. 철학적으로는 선생님의 판단에 대해서 문제 삼을 것이 있지만, 여기서 그것을 더 깊이 논하지는 않겠습니다. 신앙을 갖기 위한 판단과 결단은 이성적인 방법만으로는 규명할 수 없는 면이 있기 때문입니다.

선생님의 판단과 결단 중 어떤 부분에 대해서는 다른 사람들의 관심사가 되는 것이 있습니다. 선생님께서는 많은 사람들의 지지를 받는 공인이었기 때문입니다. 선생님께서는 지금 정치를 떠나셨지만, 선생님을 지지했고 아끼는 사람들이 선생님에 관여된 일로써 여태껏 가슴 아프게 생각하는 부분이 있는데, 그것은 1987년 대선 때 야권 통합이 이루어지지 못한 것입니다. 지금 이 시점에서 그 문제에 관한 선생님의 심정을 듣고 싶습니다.

크게 후회되는 일은 1987년 대선 때 못 이룬 '야권 통합'

김대중 내 일생 동안의 정치 생활에 크게 후회되는 일이 없는데, 그 일 하나가 나로서는 유일하게 굉장히 후회되는 일이에요. 이미 국민 앞에서 여러 번 그때 내가 한 일에 대해서 사과를 한 바이지만, 나라도 양보했어야 했는데 못 한 것이 잘못이었습니다.

이제 정계도 은퇴했으니까 하는 얘기지만, 사실 나는 김영삼 씨를 두 번 도와드렸어요. 1979년 10·26 직전 당 총재 될 때와, 1986년 이민우 씨하고 작별하고 당 총재가 될 때, 그렇게 두 번을 도와드렸어요. 그분도 그 점을 고맙게 생각했어요. 그런데 1986년 12월에 그분이 유럽 갔을 때 본에서 김대중 씨가 복권되어서 풀리면 이번에 대통령은 양보하겠다고 밝혔습니다. 신문에 보도도 됐었어요. 귀국해서도 본인이 다시 그걸 확인했어요. 그러자 내가 풀렸어요. 그래서 당으로 들어오라고 적극 요청해서 입당했습니다. 약속을 지킬 것으로 믿었지만, 들어갔는데 그렇게 안 되었어요. 그리고 많은 갈등도 생기고 해서 탈당해서 신당을 만들었던 것입니다.

지금 지나고 나니까 책임은 나 혼자 지게 되었는데, 그때 나보고 출마하라고 얼마나 압력이 심했는지 몰라요. 그건 지역적으로 호남뿐만 아니라 서울에서도, 가령 고려대학교에서도 10만 명 이상이 집회할 때 김영삼 씨에게는 "양보하라"면서 저를 열렬하게 미는 상황이었어요. 그래서 결국 출마를 결단하였습니다. 이미 말한 대로 그때 내가 지고 나오지 않았어야 했다고 생각합니다. 그러나 강조할 것은 어느 나라건 선거에 있어서 야당 후보가 둘 나오는 것은 얼마든지 있는 일이라는 것입니다. 그리고 당선된 일도 얼마든지 있어요. 그

때 그 선거는 부정 때문에 그런 결과가 나온 것이지 공명선거에서 노태우 씨가 이긴 것은 아닙니다.

그러나 이러한 말들은 전부 구차한 설명이에요. 내가 보기에 국민의 소박한 감정은 야당은 하나로 뭉쳐서 나와야 한다, 누가 나쁘고 누가 좋은 것이 아니라 누가 되었든지 둘 중에 하나가 양보해야 한다는 것이었습니다. 그런 국민의 소박한 바람을 내가 따르지 못했으니, 그 책임을 내가 져야 한다고 생각하고 있습니다. 김영삼 씨가 양보 안 하면 내가 양보를 해야 했는데, 그러지 못해서 결과적으로 국민에게 큰 실망을 안겨 드린 것을 생각하면 후회스럽기 그지없습니다.

김광수 많은 사람들이 선생님의 은퇴 선언에 대하여 미묘한 느낌을 가지고 있습니다. 한편으로는 환영하고, 한편으로는 아쉬워하면서, 정치의 속성상 상황이 달라지면 또 나서지 않을까 하고 생각하는 것 같습니다. 어떻든 국민은 선생님의 일거수일투족에 관심을 가지고 있으며, 많은 사람들은 선생님께서 어떤 형식으로든 계속해서 국가를 위한 어떤 역할을 해 주실 것을 기대하고 있습니다.

통일 문제 연구에 전력할 뿐

김대중 이 점은 확실해요. 나는 다시 정치를 하지 않을 것입니다. 나는 사실 낙선 후로 굉장히 충격을 받았습니다. 그것은 내가 대통령이 못 돼서라기보다도, 내가 40년 동안 가꾸어 온 뜻이 이루어지지 못했기 때문이었습니다. 나는 40년 동안 대통령 되면 한번 잘해 보겠다는 생각으로, 감옥에 가나, 집에 있으나, 망명하나, 쉬지 않고 내가 정권을 맡으면 어떻게 할 것인가를 골몰히 생각하면서 살았습니다. 민주당의 정책은, 이번 경실련에서도 높이 평가를 받았지만, 하나하나 제 정성과 노력이 깃들어 있습니다. 그런데 결국 그런 기회를 한 번도 못 갖고 이대로 정계를 물러선다고 생각할 때, 차마 발이 안 돌아가는 미련이 남는 것은 사실이었습니다. 그러나 과거에 선배들을 보면 물러설 때 못 물러서고 추한 모습을 보였는데, 끝을 선언한 건 내가 잘한 거라고 생각하고 있습니다.

40년 동안 하던 일을 버리고 뭘 할까 생각하니 막막했어요. 그래서 좀 나가서 조용히 생각하자 해서 영국을 간 겁니다. 영국은 아무래도 사람이 좀 덜 올 것 같아서 갔지요. 케임브리지에서 5개월 동안을 유익하고 행복하게 생활했습니다. 거기서 유럽과 독일을 세 번 다녀 보았는데, 농촌을 보고, 공장을 보고 곳곳을 보면서, "야, 이거 통일을 막연히 생각해서는 큰일 나겠다. 정말 독일의 교훈을 올바르게 살려야겠다"는 생각을 했어요.

그렇게 되니까 내가 이렇게 낙선한 것은 하느님의 뜻이 내가 대통령이 되는 것보다 더 중요한 통일 문제에 있어서 올바른 방향을 모색하도록 하는 책임을 나에게 주신 데에 있는 것이 아닌가 생각했습니다. 20년 이상 온갖 박해를 받고, 용공으로 몰리고 하면서도 일관되게 통일 정책을 생각한 것이 사실인데, 그 일에 봉사하도록 하기 위해서 내가 낙선한 것이 아닌가 생각했습니다.

그래서 나는 앞으로 통일 문제에 대해서 전력을 다하고, 아시아에서 새로이 대두되고 있고 실현될 수밖에 없는 민주주의에 대해서 각국 지도자들과 협력해 나가려고 합니다. 지금 영국·독일·미국·캐나다·호주의 중요한 연구 단체들이 저와 협력하겠다고 연락이 오고 있고, 국제적으로도 활동 범위가 상당히 넓어질 것으로 생각이 듭니다.

나는 국민을 위해서 마지막으로 또 민족의 한 사람으로서 모든 것을 바쳐서 조국이 평화적으로 그리고 가장 바람직한 방향으로 통일되도록 봉사하고 싶습니다. 최소한도로 작용을 덜고 성과를 올리는 통일의 길을 계속 탐구해서 사회에 알리고 정부에 알리고 그런 일을 하도록 하겠습니다. 나는 결코 정부가 하는 통일의 진행에 대해서 관여하지 않습니다. 다시 말하면 내가 통일을 하는 것이 아니고 국민이 하는 것이고, 국민의 뜻을 받들어서 정부가 집행하는 것입니다. 나는 다만 국민 앞에 이렇게 하는 것이 바람직한 통일 방안이라는 것을 제시해서 국민이 안심하고 통일에 나설 수 있도록 할 것입니다. 결국 정부를 도와주는 것이지요.

실제로 내가 말하는 공화국연합제는 김영삼 대통령이 말한 국가연합제하고 거의 일치합니다. 그리고 북한에서는 벌써 5-6년 전부터 여러 차례 공식 또는 비공식으로 제가 말하는 국가연합 방안에 대해서 긍정적으로 검토할 용의가 있다고 말하고 있습니다. 그러니까 핵 문제가 끝나면 남북 양 정부가 하려고만 하면 언제라도 국가연합 방식에 의해 통일을 할 수 있는 여건이 되어 있습니다. 북한도 지금 당장에 군대와 외교를 하나로 하는 연방제가 무리라는 것을 인식하고 있습니다.

김광수 정말 필생을 바쳐서 국민을 위해 애써 주신 선생님께서 통일 한 문제에 초점을 맞춰 전력을 해 주시면 통일이 우리 앞에 성큼 다가오지 않을까 하는 생각이 듭니다. 통일 문제에 영호남 문제와 같은 마가 끼어들지 않았으면 하는 바람입니다.

김대중 중요한 것은요. 내가 욕심을 버리는 것입니다. 내가 정치에 나가서 대통령이 될 욕심, 통일 대통령 된다는 소리도 들리던데, 그런 욕심도 버려야 합니다. 오직 통일 하나에 국민의 한 사람으로서 겸손하게 협력해 나간다, 일찍이 남보다 앞서서 이 문제에 관심을 갖고 이 문제를 해 온 사람으로서 마지막 내 인생의 마무리를 여기서 지음으로써 국민에게 봉사하고 우리 후손들에 대해서 분단 없는 나라를 남겨 주고 싶다, 거기서 나는 만족합니다.

김광수 사실 우리의 현대사를 보면 대통령으로 남는 것보다는 민족의 지도자로 남는 것이 훨씬 뜻있는 일이 아닐까 싶습니다. 부디 건강하실 것을, 기원하겠습니다.

북한과 북한의 핵을 어떻게 볼 것인가

로버트 스칼라피노

—

1993년 10월 10일, 미국의 국제정치학자 로버트 스칼라피노Robert A. Scalapino 교수와 로스앤젤레스 힐튼호텔에서 대담한 내용이다.

—

남북한의 일괄 타결 협상안

김대중 현재 가장 시급한 것은 핵 문제를 해결하는 것이며, 이 문제를 해결하기 위해서는 일괄 타결 협상이 필요하다고 생각한다. 북한은 지금 상당히 절박한 상황에 놓여 있고 우리에 대해서 일종의 배신감을 느끼고 있다. 많은 사람들이 김일성 주석이 살아 있는 동안에는 아무것도 변할 수 없다고 했으나 내 생각은 다를 뿐만 아니라 실제로 이미 김일성 주석은 아주 중요한 양보를 몇 가지 했다고 본다. 즉 40년 동안 절대 불가하다고 했던 유엔 동시 가입을 수용했다. 우리 쪽에서 지난 20년 동안 요구했던 교차승인은 이제 남한에게는 적용되었으나 북한에게는 해당이 안 되고 있다. 그러므로 북한이 실망하고 더 나아가서 배신감을 느끼는 것은 당연한 것일는지도 모른다. 이외에도 김일성 주석은 남한의 법적 실체를 인정한다는 또 하나의 획기적인 양보를 했다. 그러나 그들이 기대했던 대對서방 외교나 경제 협력을 얻어 내는 데 실패했다. 이를 계기로 북한의 강경파들이 온건파를 공격하게 되었다.

남한의 기업가들이 북한 김달현 부총리와 만났을 때 김달현은 그 자리에서 강경파들로 인해 입장이 매우 어려워졌다면서 남한 기업인들의 도움을 호소하였다고 한다. 나는 일종의 당근과 채찍이라고 볼 수 있는 일괄 타결 협상안을 주장하고 있다. 우리는 북한에게 다음의 세 가지를 요구해야 한다. 첫째 핵개발 완전 포기, 북한 핵 문제는 일본의 핵 무장과 연계되어 있기 때문에 이에 대해서는 1퍼센트도 양보해서는 안 된다. 둘째 북한은 국제원자력기구IAEA 사찰을 지속적으로 받고 남북이 합의한 대로 상호 사찰도 수용해야 한다. 셋째 북한은 언제든지 남한에 대한 기습 공격을 감행할 수 있도록 되어 있는 휴전선의 군사 배치를 바꾸어야 한다.

이상의 조건들을 받아들이면 우리는 북한에게 다음과 같이 세 가지를 해 줄 수 있다. 첫째 외교 관계 수립, 둘째 정당한 경제 협력, 셋째 팀스피릿 훈련 포기이다. 내 생각으로는 북한이 이를 받아들일 것으로 본다. 그러나 북한이 이를 받아들이는 것을 꺼리더라도 중국이 북한을 설득하게끔 하는 데 좋은 명분을 주게 된다. 만약 유엔이 북한에 대해서 경제 제재 조치를 취한다고 하더라도 서방이 북한에 대해서 경제적 지원을 한 것이 거의 없기 때문에 경제 제재의 효과는 별로 없을 것이다. 그러나 경제 지원을 지속적으로 제공하고 있는 중국이 유엔의 제재를 지지하는 경우에는 북한에 대해서 상당한 압력이 될 것이다.

스칼라피노 아주 합리적인 얘기라고 생각한다. 아시다시피 클린턴 미 행정부 출범 이래 대화를 위한 문호를 어느 정도 개방했으나 내 생각으로는 현재 이 핵 문제가 가장 복잡한 것으로 보이는데, 어떤 이유에서인지는 모르겠으나 북한은 아주 제한된 사찰만 있어야 한다는 입장을 취하고 있다. 일설에 의하면 북한이 진실을 밝히지 않고 거짓말하고 있다는 것을 국제원자력기구IAEA 실험과 인공위성에서 찍은 사진들을 통해서 북한이 핵확산금지조약NPT 탈퇴 의사를 밝히기 3주 전에 알려 주니까 상당히 당혹하게 생각하고 있으며 어떻게 해결해야 할지 몰라서 전전긍긍하고 있다. 물론 북한은 국제원자력기구는 객관적이지 못하고 미국이 지배하고 있다고 주장한다. 그렇지만 제시된 증거들에 대한 검증은 있어야 한다. 내 생각으로는 아마도 이 문제를 계기로 강경파가 당분간은 득세할 것으로 본다.

그런데 철저한 사찰, 특히 남북한 군사 사찰을 얘기할 때 또 다른 요인을 나는 생각해 본다. 즉 북한이 자기의 약점들이 노출되는 것을 꺼리는 것이 아닌가 하는 것이다. 1992년 10월에 북한을 방문할 당시, 물론 많은 것을 볼 수는 없었지만 청진까지 비행기로 가서 거기서 나진 등을 갔다. 우리는 러시아제 헬리콥터를 탔는데 급유하는 과정을 보니까 상당히 원시적이었다. 우리는 평양 상공에서 천둥과 번개를 만나서 함흥에 비상 착륙했는데 그곳에 있는 군용기들을 봤다. 내 일행 중 한 사람인 전직 태평양함대 사령관 로널드 헤이스 제독은 해군 조종사 출신이었는데 그는 그곳 비행장에 있던 비행기들을 보고 아주 실망했다. 물론 그것들은 일부에 해당되는 것이겠지만 현재 휘발유 부족과 정상적인 비행 훈련을 할 수 없는 점 등을 볼 때 내 생각에는 북한군 내에는 아주 많은 취약점들과 문제점들이 있으며 이것들이 노출되는 것을 꺼리는 것이 또 다른 이유가 아닌가 한다.

그렇지만 선생과 전적으로 동감하는데, 이 핵 문제는 아주 심각하기 때문에 무작정 두고만 볼 수는 없다. 아시다시피 미국은 남북 대화의 진전을 강력하게 요구했으며, 남한을 빼놓은 상황에서 북한과 접촉하는 것은 바람직하지 않다고 본다. 그런데 어떻게 보면 북한은 미국하고 직접 대화하기를 원하지, 남한과는 대화하길 원하지 않고 있는 것 같다.

태양정책과 강풍정책

김대중 2차대전 이후 우리가 공산 정권들을 대할 때 다음 두 가지 방법을 택했다. 하나는 『이솝 이야기』에 나오는 나그네의 외투 벗기기와 같은 비유로 일종의 태양정책이다. 우리는 소련과 동유럽 국가들에 대해서 외교 관계, 경제 협력, 문화 교류 및 관광 등을 통해서 이 나라들이 스스로 개방 정책을 취하도록 유도하여 결국에 공산주의의 붕괴를 가져오게 됐다. 반대로 강풍 태도를 취했던 베트남에서는 패배를 했다. 아울러 쿠바와 북한을 변화시키는 데에도 성공하지 못했다. 이제 공산주의가 거의 소멸된 시점에 우리는 더욱 유연하고 보다 더 인내를 해야 한다. 북한은 아주 약해졌고 주민들은 굶주리고 있다. 사람은 누구나 배가 고프면 화를 내고 배가 부르면 웃는다. 중국이 그 좋은 예이다. 문화혁명 당시에는 많은 중국인들이 강경했는 데 반해 지금은 아주 온건해졌지 않은가. 이제 그들은 돈을 버는 데 적극적이지 이념에 대해서나 공산주의에 대해서는 관심이 없다. 물론 북한이 핵무기에 대한 야심이나 남한을 공산화하려는 야욕은 절대로 용납할 수는 없다.

그렇지만 내 생각에는 미국이 잘못한 것이 있다고 생각한다. 미국은 북한에게 남북한 교차승인을 요구했으면서도 북한을 승인하지 않았다. 북한을 유엔의 정식 회원으로 받아들였으면서 왜 외교 관계 수립을 하지 않는지 모르겠다. 외교 관계 수립을 한다는 것이 꼭 동맹을 맺거나 우방이 된다는 의미는 아니다. 외교 파트너로서 북한을 받아들인다는 것은 북한만을 위하는 것이 아니라 우리를 위한 것이기도 하다. 평양에 수십 개의 서방국 대사관들이 깃발을 날릴 때 얼마나 큰 영향력이 있겠는가. 또한 수백 명의 서방 측 외교관들이 모든 분야에 걸쳐서 북한의 지도층과 ―특히 군 지도자들을 포함해서― 만나서 얘기함으로써 상호 이해 또는 협상을 위한 좋은 결과를 가져올 것이며 북한에서 일어나는 상황에 대해서도 잘 알 수 있을 것이다. 가장 위험스러운 것은 만약 내일 김일성 주석이 죽는다 해도 우리는 북한으로부터 아무런 정보를 얻을 수 없는 입장인 것이다. 우리는 북한이 남한에 대한 군사 도발을 할 가능성의 여부를 모른다. 그러나 만약에 외교 채널이 그곳에 있으면 즉각적으로 북한 지도부와 군 지도자들을 만나서 남한에 대한 도발을 않도록 종용하면서, 남한서도 그런 도발은 없을 것이라고 보장하고 평화를 유지할 것을 설득할 수 있을 것이다.

모든 것은 평화적으로 처리되어야 한다. 우리는 남북한 간의 전쟁을 피할 수 있는 접촉을 가져야 하며, 외교 관계 수립이 되면 자연히 기업인들이 북한에 진출할 것이다. 지금 현재 남한의 150-200여 명의 기업인들이 북한에 갈 수 있는 허가를 정부에 요청하고 있다. 기업인들은 북한에 좋은 기회가 많다고 보고 있다. 그리고 수천, 수만 명의 관광객들이 북한에 가게 되면 북한 주민들에게는 상당한 영향을 줄 것이라고 본다. 그들은 자신들이 얼마나 속았는가를 알게 될 것이며, 북한 체제를 위협하는 상황으로까지 갈 수도 있을 것이다.

그럼에도 불구하고 김일성은 교류를 할 수밖에 없을 뿐 아니라, 하기를 원하고 있다. 그 이유는 다음 세 가지로 볼 수 있다. 첫째 북한의 경제 상황은 극도로 나쁘다. 둘째 김일성 주석은 김정일 비서에게 자기 자리를 안전하게 물려주기 위해서 자기 생전에 서방 및 남한과의 문제를 해결하기 원한다. 셋째 김일성 주석은 이제 북한을 개방하는 데 있어서 어느 정도 자신감이 생긴 것 같다. 중국의 발전을 보면서 그는 사회주의를 다치지 않고 경제 발전이 가능할 수 있다는 자신감을 얻은 것 같다. "북한 체제를 해치지 않고도 서방국가들과 경제 관계를 발전시킬 수 있는 방법이 있구나"라고 생각하는 것 같다. 최근에 김일성 주석은 중국 경제 개발에 대해서 처음으로 강력한 지지 발언을 했다. 그렇기 때문에 내 생각에는 미국이 좀 더 일찍 북한과 경제 관계를 수립했더라면 좋았을 텐데, 그러지 않았다. 어쨌든 간에 지금이라도 미국이 합리적인 태도를 취하면 세계 여론은 미국을 지지할 것이고 북한은 세계 여론으로부터 더욱 고립될 것이다. 그러나 이제껏 미국 정책이 유연해지는 징조는 있지만 아직은 주머니 속에 있으며 꺼내 보이지 않고 있다. 김일성은 과거 경험 때문에 의심이 많다.

미국은 동양 사람들의 사고방식으로 이해하려 해야 하며, 특히 북한 사람들의 사고방식을 이해해야 한다. 북한은 김일성 주석의 체면을 살리기 위해서 일괄 타결 방안으로 문제 해결을 원한다. 그리고 협상 과정에서 양보를 하더라도 김일성 주석은 북한 주민들로부터 비난받지 않는다. 예를 들어서, 유엔 동시 가입에 대한 북한 입장은 미 제국주의자들이 한반도를 영원히 분단하려는 음모라고 북한 주민들에게 인지시켜 왔음에도 불구하고 유엔에 가입했다. 그러고 나서 김일성 주석은 국민들에게 북한을 세계로부터 고립시키려는 미 제국주의자들의 음모가 있어 왔다, 그래서 이 음모를 분쇄하기 위해서 이번 결정을 내렸다고 설명했다. 그러자 북한 주민들은 위대한 지도자가 아주 잘했다고 박수를 보낸다. 오직 김일성 주석만이 이와 같은 영향력과 위엄을 가졌다.

스칼라피노 그 문제와 관련해서는 중국이 상당히 중요한 역할을 했다고 생각한다. 중국이 북한에게 남한의 유엔 가입 신청을 비토할 수 없다고 하니까, 북한은 새로운 고민이 생겼다. 만약에 북한이 유엔에 가입하지 않는다면 남한만 유엔에 들어가게 되는데 그것은 용납할 수 없으므로 북한도 어쩔 수 없이 가입하게 되었다. 우리는 1991년 6월에 (아시아 소사이어티Asia Society) 대표단 자격으로 북한에 갔었다. 중국의 행동이 어떠하리라는 것을 알면서도 그때까지도 그들은 영구 분단을 의미하는 두 개의 한국이 유엔에 가입하는 것을 용납할 수 없다는 노선을 계속 설교하고 있었다.

최근 몇 년간의 러시아와 중국의 행동들로 인해서 상당한 영향이 있었다고 생각한다. 교차승인 문제는 러시아에 의해서 해결되었다고 할 수 있다. 내가 국제회의 참석차 블라디보스토크에 갔을 때 셰바르드나제 외무장관을 만나서 잠시 얘기를 했는데 그가 북한에서, 러시아는 남한을 승인할 것이며 북한과는 새로운 경제 협정이 이루어져야 한다고 얘기했을 때 그곳 사람들로부터 맹렬한 공격을 받아서 상당히 당혹했다고 한다. 내 생각에는 북한이 러시아로부터 배신당했다고 느끼는 것 같고, 비록 중국이 이 상황에 대한 대처에 있어서 러시아보다 훨씬 능란했지만 북한은 중국에 대해서는 편치 않고 확실히 믿지 못한다고 느끼는 것 같다. 아시다시피 우리 입장은 핵 사찰과 남북 대화 진전이란 두 가지 조건만 해결된다면 상황이 향상될 수 있다는 입장을 견지하고 있다. 이 시점에서 당신은 미국이 이와 같은 두 가지 전제 조건을 보류하고 북한이 포괄적인 핵 사찰 수용도 받아들이지 않고 남북 대화 진전을 위한 노력을 않더라도 일방적으로 북한에 대해서 어떤 제스처를 취해야 한다고 생각하는가?

김대중 내 제안은 남한 정부와 긴밀한 협의를 거쳐서 일괄 타결 방안을 발표하고, 물론 이때 중국과도 논의하는 것이 좋을 것이며, 그런 연후에 북한의 태도 변화를 기다리는 것이다. 중국에게는 이와 같은 획기적인 방안을 제시하려고 하는데 북한이 이를 받아들이면 제일 좋겠지만, 만약 그렇지 않을 경우에는 중국이 영향력을 행사해야 한다. 중국이 북한에게 만약에 이 방안을 수용하지 않으면 유엔 경제 제재 조치를 지지할 수밖에 없으며, 원조도 삭감할 것이라고 한다면 우리는 이와 같은 방안들을 발표할 것이다. 그러므로 내 생각에는 미국·남한 그리고 중국 간의 삼각 협상이 이루어진 후에 방안을 제의하면 틀림없이 세계 여론도 이 방안을 지지할 것이다.

스칼라피노 우리는 남한과 일본과는 긴밀하게 협의를 하고 있으며 부수적으로 중국과도 얘기하고 있다. 핵 문제가 해결되었을 경우 경제적·기술적 측면에서 가능하다고 생각되면 우리는 북한의 원자력 에너지 프로그램을 경수로 반응기로 전환하는 것을 돕겠다고 했는데 이것은 상당히 중요한 양보, 또는 최소한 제안은 된다. 내 생각으로는 우리가 계속해서 문을 열어 놓고 있을 것으로 보이며, 현재 뉴욕에서 비밀 회담이 진행되고 있다. 내가 알기로 심각한 문제 중의 하나는 영변에 장치되어 있는 국제원자력기구IAEA 카메라에 필름이 떨어져서 그곳 상황을 모니터링할 수 있는 방법이 없어지게 되었으므로 만약 다음 달 정도까지 아무런 진전이 없을 경우에 국제원자력기구가 직접 유엔에 이 문제를 상정하게 될 것이라는 얘기를 들었다.

김대중 이와 같은 국제원자력기구의 태도를 북한에게 압력을 가하는 수단으로 사용하는 것이 어떻겠는가? 즉 국제원자력기구가 결의안을 채택해서 유엔에 상정하게 될 경우, 북한에 대한 경제 제재 조치 결의안이 유엔에서 채택되기 직전에 미국은 북한에 대해 유엔에서 이 같은 상황이 전개되고 있는데 우리는 대화를 통한 평화적인 방법으로 문제를 해결하고 싶기 때문에 미국은 마지막 기회로써 일괄타결안을 제시할 용의가 있다라고 하는 것이다.

북한의 최고 권한은 누구에게 있는가

스칼라피노 이치에 닿는 얘기라고 생각한다. 이미 말한 바와 같이 최근에 북한은 몇 사람을 뉴욕에 보냈다. 그리고 그곳에서 상당히 비밀스러운 얘기들이 진행되고 있는 것으로 알고 있다. 그런데 솔직히 말해서 좀 꺼림칙한 것은 북한에는 두 가지 정책 간에 충돌이 있는 듯하다. 이른바 경제 전문가들, 이들은 특별 경제구역을 만들기 원하며 합작 투자와 외국 자본을 원한다. 그리고 한편으로는 내가 극단적 소극주의자라 일컫는 부류가 있다. 이들은 여하한 이유에도 움직이려고 하지를 않으며 대부분은 군인들로 구성되어 있다. 우리는 뉴욕에서의 갈루치·강석주 회담을 통해서 새로운 계기를 마련할 수 있다고 생각했었다. 그들이 움직이면 우리도 움직일 것이라고 신호도 보냈다. 그러나 아직도 이에 대한 결정은 평양에 있는 극단적 소극주의자들이 하는 것처럼 보인다.

아주 커다란 미스터리는 북한의 정책은 과연 누가 진짜로 만드는가이다. 최고의 권한은 누구에게 있는가? 김일성 주석인가, 아니면 이제는 김정일 비서인가? 몇 명의 외교관들은 김정일 비서와 그의 지지자들이 상당한 권한을 장악했다고 말했으며 그중 한 사람은 어떻게 알았는지, 또 이것이 사실인지는 잘 모르겠지만, 말하기를 김정일 비서가 그의 부하들에게 "모든 중요한 정보는 내게 가져와라. 그러면 내가 아버지한테 전달할 것을 결정하겠다"고 말했다고 한다. 만약 이것이 사실이라면 김일성 주석은 일어나는 상황에 대해서 완전한 정보를 못 갖고 있을 수도 있다는 것이다. 반면에 김정일 비서에 대한 다른 견해가 너무나 많다. 그의 능력 그리고 그의 관계들, 이 최고 권한에 대한 문제는 어떻게 생각하는가?

김대중 물론 북한 상황을 잘 모르지만 내가 전적으로 믿는 바로는 김일성 주석이 아직도 절대적인 권한을 갖고 있다고 보며 동시에 김정일 비서도 권한을 많이 부여받아서 점점 더 강해지고 있다는 것도 사실이라고 생각한다. 그래서 많은 부분이 김일성 주석까지 안 가고 김정일 비서 선에서 처리될 것이다. 그렇지만 어떤 일이라도 김일성 주석이 일단 결정하면 아무리 김정일 비서 마음에 안 들더라도 아무 말도 못 할 것이다. 그러므로 우리는 일괄 타결 방안을 공개 발표해서 김일성 주석에게 전달될 수 있도록 해서 김일성 주석으로 하여금 결정을 내리도록 하고 이때 김일성 주석이 양보를 하게 된다면 김정일 비서도 따를 수밖에 없을 것이다. 이런 연유에서 나는 김일성 주석 생전에 남북 문제를 해결할 것을 종용하는 것이다. 내가 전 주한 미국대사인 도널드 그레그를 뉴욕과 워싱턴에서 만났을 때 그는 이런 내 의견에 대해 동의했으며 또한 일괄 타결 협상에도 공감을 표했다. 나는 다시 한번 강력히 제안하지만 미국이 이 기회를 놓치지 않기 위해서 일괄타결안을 공개적으로 발표하기 바란다. 미 하원의원 애클맨이 북한에 가기 전에 그를 만났다. 그리고 카터 대통령께 내 생각을 얘기하니까 아주 강력히 지지해 주면서 내 의견을 미 국무장관과 대통령 안보 담당 보좌관에게 전달해 주겠다고 했다. 내 생각에는 이와 같은 일괄타결 방안을 가지고 김일성을 설득시키는 것이 관건이라고 생각한다.

스칼라피노 앞으로의 몇 달간이 의심의 여지없이 절박한 시기임이 틀림없다.

김대중 그러나 김일성 주석은 정보가 부족하고 아들의 측근들에 둘러싸여 있으며, 물론 김일성 주석에게 충성하는 측근들도 있기는 하지만, 더욱이 김정일 비서의 권한이 강화되면서 상황을 더욱 복잡하게 만들 소지가 있다.

스칼라피노 북한의 결정 과정에는 우리가 모르는 너무나 많은 미스터리들이 있다. 그러나 내 느낌에 하나의 열쇠는 경제 분야에 관심을 갖고 있는 테크노크라트(경제 관료)들이 보다 큰 목소리를 가질 수 있을 것인가, 그리고 김정일 비서와 김일성 주석이 과연 이들을 지지할 것인가 아니면 대개 강경파인 오진우와 같은 보수 군부 세력을 지지할 것이냐에 달려 있다고 본다.

나는 북한에서 변화를 가져올 수 있는 잠재적인 계층이 세 부류가 있다고 본다. 첫째 동유럽과 러시아에서 돌아온 수천 명의 유학생, 이들은 바깥 세계를 부분적으로나마 봤으며 비록 공산 치하에 있을 때였지만 어쨌건 국제적인 사건들을 접할 수 있는 창구가 있었고 그리고 대부분은 과학기술 분야의 교육을 받았기 때문에 색다른 접근 방법에 대한 감각도 어느 정도 갖고 있다. 둘째 현재 북한에는 한때 일본에서 살았던 사람이 10만 명이 넘으며 이들도 무언가 다른 체제에 대해서 알고 있다. 이들은 아직도 바깥 세계에 연고가 있으며 송금을 받고 어떤 경우에는 경제 활동에도 참여한다. 셋째 외교관과 군에 있는 사람들 중에 지금 뉴욕에 와 있는 사람들처럼 해외에 근무한 적이 있는 사람들과 나는 때때로 만나 본 적이 있다. 그들은 국제 환경을 알고 있으며 또한 비록 이야기는 안 하지만, 북한이 상당히 뒤처져 있다는 사실을 알고 있다. 나는 그들이 어느 정도의 목소리를 가지고 있는지 모르며, 어느 위치까지 그들의 메시지가 들리는지 모른다. 예를 들면, 김일성 주석이 그들의 목소리를 들을 수 있는지조차도 모른다. 그렇지만 내 생각에는 이들이 변화를 가져올 수 있는 잠재적 요소라고 생각되며 앞으로 이들이 변화를 유발시킬 수 있는 잠재적인 역량을 가질 수 있도록 여건 조성을 해 줄 수 있게 되기를 바란다.

김대중 김일성 주석을 만나 본 사람들로부터 듣는 이야기는 김일성 주석은 완전하지는 않으나 상당한 정보를 가졌고, 건강해 보였으며, 아직도 정신력은 건재하다고 전언한다. 내 생각에는 미국이 고위층 인사를 김일성 주석과 만나도록 해서 몇 가지 언약을 해 주는 것이 바람직하다고 본다. 즉 우리는 북한을 전복할 의사가 전혀 없으며, 만약에 북한이 핵 개발을 포기하고 공명한 태도로 시장을 개방할 준비가 되어 있다면 우리는 외교 관계를 수립할 적절한 준비도 되어 있다. 북한의 모든 문제는 북한 스스로 결정할 수 있다. 그러니까 서로 줄 것은 주고 받을 것은 받는 일괄 타결의 방향으로 나아가자. 이와 같은 것이 김일성 주석이 듣고자 하는 것인데, 이런 확실한 메시지가 김일성 주석에게 전달되어야 한다.

스칼라피노 물론 1차, 2차에 걸친 갈루치와 강석주 회담 중 1차 회담이 공동성명에서는 미국은 무력 사용을 안 하겠다는 언약을 했으며, 북한 언론은 이 약속과 경수로에 관한 문제를 크게 부각시켰다. 선생 생각에는 평양에 보내는 사절로 어느 정도 위치에 있는 사람을 보내야 한다고 생각하는가?

김대중 아주 썩 좋은 생각은 없지만 은퇴한 고위 인사는 어떻겠는가. 카터 대통령과 같은 사람이 가장 적합하다고 생각한다.

스칼라피노 카터 대통령은 이 문제에 관여하기를 원하고 있다. 1992년 12월에 그는 나와 아시아재단Asia Foundation 총재인 윌리엄 풀러를 초청해서 이 문제에 관여할 수 있는 가능성에 관한 의견을 교환했다. 그렇지만 아마도 클린턴 행정부는 핵 문제에 어떠한 돌파구가 생길 수 있다는 가능성이 보이기 전에는 카터 대통령과 같은 주요 인사를 보내는 것을 꺼릴 것으로 생각된다.

김일성 주석 생전에 해결해야

김대중 내 생각으로는 닭이 먼저냐, 계란이 먼저냐와 같이 누가 먼저 소강상태를 푸느냐가 관건이다. 기다려 보자는 태도보다는 능동적으로 대처하기를 바란다. 내 생각으로는 미국은 북한보다는 제시할 것이 훨씬 더 많다고 생각된다. 통일 문제와 관련해서 이야기를 하자면 북한은 독일식의 통일이 이루어질 것에 대한 의심을 갖고 있다. 그러므로 우리는 북한에게 그런 일이 없을 것이라는 보장을 해 줌으로써 안심시켜야 할 것이다. 흡수 통일의 가능성이 있다 할지라도 남한을 위해서 바람직하지 않다.

나는 지난 20년 동안 3단계 통일론을 주창해 왔다. 이제 남한 정부에서도 첫 단계인 국가연합에 참여하겠다는 입장을 표명했다. 재미있는 사실은 북한도 이 제안에 대해 관심을 보여 왔다는 것이다. 셀리그 해리슨이 북한에 가서 김영남과 북한 지도층을 만났을 때 북한의 고려연방제가 현실적이지 못하다고 지적하면서 김대중의 공화국연합제, 즉 국가연합제를 수용하라고 권하니까 그들은 김대중의 연합제 방안에 대해서 의논할 준비가 되어 있다고 말했다. 몇 년 전 북한 학자들이 워싱턴 세미나에 참석했을 때 통일 방안에 대해서 질문을 받자 그들은 김대중 방안을 긍정적으로 검토할 생각이라고 말했다. 그리고 5년 전에 국제의원연맹IPU 총회가 있었을 때 우리 당 대표들에게 김대중 통일 방안을 가지고 통일을 이야기하자고 했다. 그러므로 핵 문제만 해결이 된다면 이와 같이 남북이 다 같이 긍정적인 관심을 갖는 연합제 형태의 통일이 활발하게 진행될 가능성이 크다. 북한은 흡수 통일을 상당히 두려워하고 있기 때문에 연방제 방안을 통해서 시간을 벌기를 원한다. 남한의 입장에서 보더라도 흡수 통일을 추구해서는 안 된다고 생각한다.

스칼라피노 내 느낌에도 한국의 현 정부는 흡수 통일을 원하는 것 같지는 않다.

김대중 만일 우리가 원한다고 해도 흡수 통일의 가능성은 아주 희박하다. 우리와 독일은 상황이 아주 다르다. 북한 주민들은 거의 50년 동안 김일성 주석 우상화 교육에 세뇌되어 있으며, 남한 정부에 대하여 미 제국주의의 앞잡이라고 세뇌시켜 왔고, 소수의 기업인들을 제외하고는 남한 주민 모두는 비렁뱅이들이다, 남한에는 범죄·부패·매춘 등이 난무하고 있다는 아주 부정적인 시각을 갖고 있다. 북한 주민들은 남한에 대해서 부정적인 세뇌만 당해 왔고 긍정적으로 생각하는 아무런 정보가 없기 때문에 동독 사람들과 같은 태도를 가질 하등의 이유를 가지고 있지 않다. 북한에는 백만 명이 넘는 강한 군대를 갖고 있으며 만일 김일성 주석 체제가 붕괴한다면 군부가 세력을 장악해서 남한에 대하여 더욱 적대감을 갖는 조치를 취할 가능성이 있다. 또 다른 하나의 이유로는 1950년도에 유엔군이 압록강까지 진출하자 중국이 공산정권을 수립한 지 1년밖에 안 되었는데도 수백만 명의 희생자를 내면서 한국전쟁에 직접 개입하였다. 그러므로 지금도 중국은 북한이 남한에 흡수되는 것이 자국의 안보와 이해에 광장한 위협이라고 생각하고 있다.

스칼라피노 동감이다. 북한에서 대변동이 발발한다면 이러한 현상은 최상부의 권력층과 지식층으로부터 일어나지, 일반 대중들로부터는 발생되지 않을 것이다. 그리고 이러한 상황이 되면 어느 누구도 예측 불허하는 일이 발생할 것이다. 왜냐하면 북한의 어느 집단이 중국으로 쫓겨나서 중국에게 지원을 요청하고 다른 이익 집단은 남한이나 다른 곳에 지원 요청을 한다면 상당히 위험한 상황이 전개될 것이다. 그러므로 북한에서의 무정부 상태는 심각하게 우려할 만한 상황이다. 지금 덩샤오핑은 89세임에도 아직도 강력한 힘을 가지고 있는 것처럼, 김일성 주석도 향후 10년간 더 살 수 있을는지는 모르나 사람이 80세가 되면 언제 어떻게 될지는 아무도 말할 수 없을 것이다. 미국이 전제하는 두 가지 조건은 핵 사찰에 있어서의 진전과 남북 관계의 진전이 있는 것이다. 미국 정책을 결정하는 그룹 내에서의 토론이 있었다. 이 토론에서 융통성 있는 정책을 지지하지 않는 사람들이 있었는데 이들은 더욱 강경책을 추구하자고 했고, 반면에 나를 포함한 융통성 있는 정책을 주창하는 사람들도 있었다. 그들은 대부분 선생이 지금 말했던 것 같은 얘기들을 했다. 그 논쟁에서는 우리가 승리했지만, 우리의 승리는 일시적이다. 무슨 말인고 하니 북한이 융통성을 보이지 않는다면 미국과 남한에서와 마찬가지로 강경파들이 득세할 것이라고 보며 이런 사실을 북한 쪽에도 알려 줘야 한다고 생각한다. 상황은 아직 상당히 유동적이다.

김대중 강경 자세와 융통성 있는 태도를 동시에 취해야 한다. 강경 자세로써 우리는 북한이 핵무기를 보유하는 것을 절대 용납할 수 없다. 그러나 그들이 핵을 포기한다면 우리는 그에 상응하는 많은 이익을 제공할 것이다.

스칼라피노 이른바 당근과 채찍 같은 회유와 강경책의 균형을 한 시점에서 어디에 두는가 하는 것이 문제이다. 그러므로 우리는 발생하는 상황에 따라서 대처해야 할 것이다. 그리고 바로 이러한 점을 지금 미국에서 토의하고 있는 것이다. 나는 지금 샌디에이고 회의에 참석하고 오는 길이다. 남한과 4강대국이 북한과 함께 참석하기로 되었는데 북한은 불참했다. 물론 전반적인 문제점들이 토의되었고, 나도 중국이 아주 중요한 요소라는 점에 동의한다. 중국은 북한의 핵무기 보유를 원치 않으며, 지속적인 대화를 원하고 있다. 우리가 중국에게 제기한 문제는, 과연 대화에 진전이 없을 경우, 어떤 시점에서 제재 조치로 전환할 것인가이다. 이에 대해서 중국은 생각해 보지 않은 것 같고 토의

하고 싶어 하지도 않는 인상이다. 그러나 중국은 이러한 문제점들에 대한 중대한 요소라고 생각하며 우리는 수시로 그들과 접촉하고 있고, 한국도 역시 마찬가지라고 생각한다.

김대중 나는 한국과 중국 사이에서 활발한 대화와 협력이 있는 것으로 알고 있다.

스칼라피노 나도 동감이다.

김대중 내가 다시 한번 제안하고 싶은 것은 누군가 영향력 있는 지도자가 직접 김일성 주석에게 이 문제를 가져가면, 김일성 주석은 큰 판단을 내리는 것을 좋아한다. 또한 김일성 주석은 죽기 전에 한국 및 서방과의 문제를 푸는 데 매우 열심이다. 물론 실무적 차원의 토의나 고위 관리 차원의 대화를 반대하지는 않지만 이와 같은 획기적인 접촉도 가져야 한다. 김일성 주석이 법적 실체로서 한국 정부를 인정하고 교차승인, 유엔 동시 가입과 같은 결정을 내린 것을 보면 강경파들의 반대를 묵살하고 또다시 커다란 결단을 내릴 수 있는 가능성도 아주 크다고 할 수 있다. 그는 절대적 권한이 있기 때문에 그가 결단을 내리면 군부·강경파·김정일·측근 등 그 누구도 불평할 수 없다.

스칼라피노 선생은 현 한국 정부가 이러한 전략을 받아들일 것이라고 생각하는가?

김대중 모른다. 그러나 핵 문제가 민감한 문제로 대두되었을 때 남한 정부는 매우 융통성 있는 자세를 보여 줬다. 그러나 내 생각에는 그와 같은 유연한 입장은 미국과의 협의에 의해서 많은 영향을 받았다고 생각된다.

스칼라피노 그러나 나는 양쪽에 서로 긴밀한 얘기가 오갔었다고 생각한다. 물론 클린턴 미 행정부는 또 다른 지역에서의 위기 상황을 원치 않으며, 평화적으로 해결되기를 희망한다.

향후 아시아에서 미국의 역할

김대중 본인은 동아시아에서의 미국인들의 일반적인 느낌에 관해서 질문하고
자 한다. 조금 더 자세히 설명하겠다. 지금 동아시아는 전 세계 인구의 30퍼센
트를 차지하고 있는 매우 중요한 지역이다. 매년 이 지역은 평균적으로 7퍼센
트 이상의 경제 성장을 이룩하고 있으며, 이 지역의 사람들은 교육 수준이 높
고 근면하며 무언가를 성취하기 위한 의욕이 대단히 높다. 최근에 본인이 독일
순방을 했을 때 헬무트 콜 총리가 아시아 여행에서 돌아와서 그곳 신문들에 의
하면, 다음과 같이 말했다 한다. 아시아 없이는 독일도 존재할 수 없다, 그리고
아시아 국가들과의 관계를 증진하고 촉진시키기 위해서 내각에서 6개 항의 주
요 정책을 채택했다고 한다. 또한 내가 알기로는 미 대통령 클린턴도 미국은
아시아 국가라고 선언했다고 한다. 이런 것을 볼 때 이 지역에서 미국의 계속
적인 주둔에 대해서 미국 국민들의 일반적인 생각은 어떤지 알고 싶다.

군사적인 측면에서 얘기하자면, 일본과 러시아 간 북방 섬 4개로 인한 긴장
고조, 러시아와 중국 그리고 일본과 중국 간의 군비 경쟁 가능성이 높아지고
있는데 오로지 미국만이 중재와 조정의 역할이 이 지역에서 가능하다고 보며,
이 지역에 다자간 안보 체제를 만들 수가 있다. 아시아는 미국의 투자와 기
술·경영을 필요로 하고 있으며, 우리는 솔직히 말해서 한 나라에 의해 아시아
경제가 지배당하는 것을 원하지 않는다. 그러므로 그렇게 되지 않도록 하기
위하여 미국이 필요한 것이다. 또한 지금 많은 아시아 국가들은 민주 발전을
원하고 있다. 그러므로 미국의 존재는 이와 같은 민주화에 도움을 줄 수 있다.
우리는 최근 미 대통령 클린턴의 아시아의 인권과 민주주의에 관한 견해에 대
해서 환영한다. 본인은 미국이 현재 이러한 세 가지 이유에서 아시아 국가들
에게 도움이 될 것이라고 생각되며 동시에 미국의 이익을 위해서도 이 지역이

중요하다고 생각한다. 다만 한국을 포함한 많은 아시아인들은 미국이 때때로 보여 준 이기적이고 고답적인 태도를 경계하고 있는 것도 사실이다. 그러나 이런 방향으로 정책이 펼쳐지려면 미국민의 지지가 필수적이다. 당신은 이 점에 대하여 어떻게 평가하는가?

스칼라피노 솔직히 말해서 이 상황은 대단히 복잡한 문제이다. 클린턴 행정부는 아시아에서 전략적인 주둔을 지속하고 강력한 정치적·경제적인 역할을 하기를 원하는 데 의심의 여지가 없다고 생각한다. 군사전략 면에서 주둔 기지 개념에서 점차적으로 투입 능력, 이동방어 개념 등에 대한 강조가 증가될 것으로 본다. 그렇지만 한국이나 일본에 현재 주둔하고 있는 소수 인원을 철수시키려는 의도는 전혀 없다. 아마 약간의 재조정은 있을 수 있으나 현재 상황하에서 철수는 없을 것이다.

복잡한 문제의 야기는 우선 국내 상황의 긴급한 문제들로부터 출발된다. 선생이 아는 바와 같이 미국은 일본·서유럽과 함께 아직도 불황 국면에 있다. 우리 국민은 경제 상황, 도시 생활 문제, 범죄, 환경오염 등 국내 문제에 관해 염려하고 있다. 그래서 그들은 장기간 동안 일종의 갈등 상황에 깊이 관여하지 않으려고 노력할 것이며, 당신이 인지하는 것처럼 소말리아 사태는 국민 여론 및 태도에 관련해서 많은 문제점들을 만들고 있다.

이제 나는 무엇보다도 쌍무적인 협의를 지속하는 것이 아주 중요하다고 생각한다. 우리는 거의 모든 주요 파트너들과 안건이 있다. 일본의 경우에는 대부분의 이슈들이 경제적인 것들이며, 경제 안건을 토의하기 위한 쌍무적인 협의를 위한 새로운 기준을 만들려고 하고 있다. 중국의 경우 관련된 안건들이 보다 복잡하며, 경제적인 문제도 있지만 인권 문제, 전략무기 판매에 관한 문제, 무기 개발에 대한 기술 이전 등, 솔직히 말해서 오늘날 중국과의 관계는 그다지 좋지 않다. 그러므로 한반도 문제에 있어서 조금 걱정할 필요는 있다. 관계가 좋지 않기 때문에 한반도에서 중국이 할 수 있는 역할에 대해서 다소 걱정도 된다. 중국의 지도층은 현재 미국에 대해 올림픽 유치 등 많은 문제들에 대하여 상당히 노여워하고 있다. 어떻게 우리가 쌍무 관계에 대해 적절히 조절하느냐에 따라서 미국이 아시아에 보다 지속적이고 강화된 참여를 하도록 여론을 이끌도록 하는 것이 매우 중요하다.

일반적으로 우리가 계속적으로 참여할 것에 대해서는 의심할 여지가 없지만 앞으로는 보다 많은 공동 참여를 요구할 것이고 이것이 바람직하다. 우리는 안건들에 대해서 다자간 합의가 이루어지도록 노력할 것이다. 사실 개방된 정치 분위기와 심도 깊은 협의 등으로 인하여 우리와 한국과의 관계는 어느때보다도 좋다. 그러나 우리 국민들이 국내 문제들에 대해서 너무 걱정하지 않고 보다 더 지역적이고 세계적인 역할에 신경을 쓸 수 있게끔 국내 문제들을 해결하는 것이 중요하다. 이것은 물론 클린턴 행정부의 중요한 약속이다.

김대중 미국의 1992년 아시아 국가들과의 교역이 4,300억 달러인 반면에 유럽은 2,500억 달러였다. 40퍼센트나 더 큰 규모이다.

스칼라피노 그렇지만 아시아와의 교역에서 커다란 폭의 무역 적자가 있었다. 한국과는 없지만 일본과는 500억 달러 가까이 무역 역조 현상을 보이고 있다.

김대중 마지막으로 나는 최근에 중국의 핵실험에 대한 당신의 의견을 듣고 싶다. 나는 이 문제에 대하여 상당히 우려하고 있다.

스칼라피노 중국은 자국 핵무기의 안전도를 점검해야 할 필요가 있으며, 그들의 주장은 과거에 당신들도 그랬고, 핵무기를 보유한 다른 국가들도 모두 핵실험을 했는데 왜 우리 실험만 문제 삼고 있는가를 제기하고 있다. 그러나 이것은 핵실험 문제를 재개시키는 결과를 야기시킬 수 있으므로 매우 걱정스러운 것이다. 만일 중국이 계속 핵실험을 한다면 우리를 포함한 프랑스 외의 핵보유 국가들도 좌시하지는 않을 것이다. 나는 핵실험 금지의 합의가 이루어지기를 바라며, 또한 일본·한반도·러시아와 중국의 일부분을 포함한 동북아시아에 비핵 지대를 만들기 위한 대화가 시작되기를 바란다. 내 생각에는 상당히 건설적인 움직임이 될 것이다.

김대중 내 의견으로는 미국과 다른 서방국가들이 중국의 핵실험과 관련하여 비난성명을 내야 한다. 우리는 중국뿐만 아니라 어떠한 국가라도 저지해야 한다. 필요하다면 유엔에서 결의문을 채택해야 하며 이것은 틀림없이 세계 여론의 지지를 받을 것이다. 그리고 미국이 이 문제를 해결하는 데 있어서 인내심을 가져야 한다고 생각하며, 즉각적인 반응은 삼가는 것이 좋겠다.

스칼라피노 내 생각에는 미국이 그렇게까지는 하지 않을 것으로 본다.

제 3 부 — 한반도 평화의 해법

한반도 평화와 독일 통일의 교훈

리하르트 폰 바이체커

—

2005년 12월 6일, 김대중 전 대통령의 노벨평화상 수상 5주년을 기념하여 리하르트 폰 바이체커Richard von Weizsacker 전 독일 대통령과 서울 김대중도서관에서 나눈 대담으로, 2005년 12월 8일 오후 11시 30분 한국방송KBS 1에서 「노벨평화상 수상 5주년 기획—김대중 전 대통령·폰 바이체커 독일 전 대통령 특별대담」으로 방송되었다. 사회는 한상진 서울대 교수가 맡았다.

—

한상진 이렇게 뵙게 돼 영광입니다. 세계의 존경을 받는 지도자를 모시게 돼 떨립니다. 논어의 "유붕이 자원락래하니 불역락호有朋自遠方來不亦樂乎"라는 말이 있습니다. 두 분이 어떻게 서로 만나게 되셨는지요?

김대중 폰 바이체커 전 대통령을 우리 사무실에서 영접하게 되니까 기쁜 마음을 금할 수 없습니다. 우리는 1960년대부터 한국, 일본, 독일에서 만나 기독교, 특히 한국의 민주주의 문제에 대해서 이야기했습니다. 폰 바이체커 전 대통령은 제가 일본에서 납치되었을 때 또 군사정부에서 사형 선고를 받았을 때 저의 구명을 위해서 애써 주었습니다. 또 대통령 궁에서 저희 내외를 면담해 주시는 등 저에게는 잊을 수 없는 친구이자 은인입니다. 특히 한국의 민주주의와 인권을 위해서 헌신적으로 도와주어서 우리 국민 전체의 친구이자 은인으로 생각하며 감개무량합니다.

한상진 폰 바이체커 전 대통령님, 김대중 전 대통령님과는 지금까지 40년 동안 친구로 지내고 계시는데요. 김대중 전 대통령의 어떤 점이 가장 인상에 남으셨는지 참 궁금합니다.

폰 바이체커 저는 세계교회협의회 중앙위원회 대표단의 일원으로 처음 한국을 방문했습니다. 당시 대표단 일부는 강원용 목사 등을 만나기 위해 서울을 찾은 이들이었습니다. 우리가 한국을 방문한 것은 빈민가에 살고 있는 가난한 사람들을 돕기 위한 것이었고 실제로 빈민 구제 활동을 펼칠 수 있길 바랐죠. 당시 대통령은 아니셨지만 제가 김대중 전 대통령을 처음 만나게 된 것도 바로 빈민 구제 활동을 통해서입니다. 그는 가난한 사람들을 위해 적극적으로 활동했습니다. 당시 김대중 전 대통령의 빈민 구제 활동이 비밀리에 북한과 협력하기 위한 것이 아니냐는 의혹이 있었지만 사실이 아니었죠. 김대중 전 대통령은 가난한 사람들을 돕는 것을 실천해 민주주의적 가치를 심으려고 하셨던 겁니다. 이런 인연으로 김대중 전 대통령을 만났고 존경심이 싹트게 됐습니다. 당시 김대중 전 대통령이 가난한 사람들을 돕는 것은 개인적으로 매우 힘든 일이었습니다. 하지만 김대중 전 대통령은 용기 있는 분이셨기 때문에 모든 역경을 헤치고 민주주의의 발전을 위해 노력하셨습니다.

한상진 오늘 이 자리에는 두 분의 부인께서도 함께하셨습니다. 정말 감사합니다. 지난 11월, 광복 60주년 기념사업추진위원회는 갤럽에 의뢰해 국민의식조사를 했는데요. 광복의 여러 의미 가운데 지난 60년 동안 어떤 것이 어느 정도 실천되었는가를 물었습니다. 여기에 대해서 우리 국민의 80퍼센트는 광복이후 국민의 자유 신장이 실현됐다고 보았습니다. 하지만 광복 이후 한반도에 통일국가를 세우는 것이 실현되고 있다고 본 사람은 40퍼센트에 불과했고, 46퍼센트는 거의 실현되지 않았다, 13퍼센트는 전혀 실현되지 않았다고 보았습니다, 광복 60년을 맞아 무엇보다 남북의 화해 협력 그리고 한반도 통일에 관심을 가져야 할 이유가 여기에 있다고 생각됩니다. 우선 북한 핵 문제로 갈등을 빚고 있는 최근 한반도 상황을 두 분께서는 어떻게 생각하시는지 여쭙고 싶습니다.

김대중 남북 간에는 보기에 따라서는 만족하지는 않지만 상당한 진전이 있었다고 볼 수 있고, 보기에 따라서는 근본적으로 아직도 진전이 없다고 볼 수도 있습니다. 둘 다 잘못된 것이 아닌데 다만 얘기하고 싶은 것은 지금 한반도를 둘러싼 정세, 남북 민족 상호 간의 의식 변화, 그리고 서로 평화적으로 공동 번영하면서 사는 문제는 북한에도 필요하고 우리에게도 필요합니다. 그러기 때문에 민족적인 정서로뿐만 아니라, 이해관계를 위해서도 필요합니다. 평화를 위해서, 번영을 위해서, 생존을 위해서도 필요한 문제이기 때문에 결국 이 문제는 발전되어 나갈 것입니다. 남북 관계는 실질적으로 많은 변화가 있었는데 미국과 북한 관계가 잘 발전되지 않아 여러 문제가 생긴 것입니다. 핵 문제에 있어서는 과거에 제가 여러 번 얘기했고 결국에는 현재도 그러한 방향으로 되어 가고 있지만 결국 북한은 핵을 완전히 폐기하고 검증을 받고, 미국은 북의 안전을 보장해 주고 경제적 제재를 해제해 주어야 합니다. 이것은 북·미 양자가 서로 주고받으면서 동시적으로 해결하면 되는 것입니다. 다행히 지금 이 문제는 북·미 간에도 대화가 있지만 6자회담이 있어서 노력을 하면 됩니다. 미국 부시 대통령이 북한이 먼저 핵을 폐기하는 것을 보고 나서 하겠다고 하면 안 됩니다. 6자회담이 성공하면 6자회담을 상설화해서 한반도와 혹은 동북아의 평화를 책임질 수 있도록 해야 합니다.

한상진 폰 바이체커 전 대통령께서는 어떻게 생각하십니까?

폰 바이체커 제 생각에 6자회담 개최는 매우 커다란 진전이라고 생각합니다. 그러나 김대중 전 대통령이 언급하신 것과 마찬가지로 두 가지 문제를 생각해 봐야 합니다. 첫 번째, 어떠한 형태로든 핵 무장 시도는 있어서는 안 될 일이라는 것입니다. 핵은 한반도뿐만 아니라 동아시아 및 전 세계에 상당한 위험을 가져올 것입니다. 두 번째 우리 모두는 세계화 시대에 살고 있다는 것입니다. 전 세계 어떤 국가도 지역 국가들과의 협력 없이 생존할 수 없습니다. 6자회담을 통해 북핵 문제에 대한 영구적인 방안이 나와야 합니다. 물론 북한의 일방적인 의무에 대한 이야기는 아닙니다. 예를 들어 미·중 관계를 살펴봤을 때 중국이 미국을 추월할 것이라는 의혹을 뿌리쳐야 하며 새로운 군비 증강으로 중국을 견제해야 한다는 생각도 버려야 합니다. 지금은 양국의 보다 깊은 이해와 적절한 협력이 절실한 때입니다. 6자회담이 단계적 협력을 취하고 세계화되고 있는 국제사회의 미래에 대해 제대로 인식한다면 전 세계 평화에 지대한 공헌을 하게 될 것입니다. 그렇기 때문에 세계가 6자회담의 진전 상황을 예의 주시하는 것입니다. 6자회담은 한 가지 목적이 아닌 영구적인 목적을 위한 회담이 되어야 합니다.

한상진 참 좋은 말씀입니다. 미래에 대한 희망을 갖게 해 주는 말씀입니다. 독일과 한국은 다 같이 2차대전 이후 강대국에 의해 분단되었습니다. 우리보다 먼저 통일을 이룩한 독일의 경우, 그 중요한 열쇠가 바로 주변 국가들의 협력이었는데요. 폰 바이체커 전 대통령님, 독일통일로 이어지는 주변국들의 협력과 이것을 얻기 위한 서독의 노력 등을 소개해 주시면 좋겠습니다.

폰 바이체커 제2차세계대전이 끝나고 미국과 소련이라는 두 강대국 간에 얄타회담이 개최되었습니다. 얄타회담으로 한반도에 삼팔선이 생겼고 유럽 또한 강제적으로 분단이 됩니다. 제가 살고 있는 베를린뿐만 아니라 독일 전체의 분단이 고의적으로 합의된 것이지요. 그 당시 우리는 유럽의 역사가 끝나가고 있다고 생각했습니다. 이러한 상황에서 깊은 역사적 통찰력을 지닌 많은 유럽 국가들이 자국의 권리를 포기하고 유럽공동체EC를 만들어 통합된 권리를 찾으려는 움직임을 보이기 시작했죠. 이를 계기로 유럽 국가들이 서로 화해하기 시작했습니다. 특히 수 세기 동안 앙숙 관계였던 프랑스와 독일이 화해를 하게 됩니다. 동유럽은 시간이 조금 흐른 후 유럽공동체에 가입했습니다. 이러한 화해 정신으로 유럽공동체의 창립 6개국은 조기에 화해할 수 있었고 유럽 역사의 새로운 장이 열린 것이죠. 유럽국에게는 대단한 안도감을 주는 부분이라고 할 수 있습니다.

한상진 헬싱키협정이 독일통일 더 나아가 동독의 변혁에 미친 영향도 설명해 주시면 좋겠습니다.

폰 바이체커 냉전 기간 동안 서방과 동방은 긴장 관계를 유지했습니다. 그러나 시간이 흐르자 많은 국가들이 긴장을 완화하는 데탕트 정책을 원했습니다. 인간다운 삶을 누리기 원했던 독일 국민들도 긴장 완화를 원했습니다. 대도시 한중간에 막힌 장벽 때문에 반대쪽에 있는 가족과 친지를 마음대로 만날 수 없는 상황은 현재로서는 상상하기 힘든 일이죠. 당시 서독 정부의 지도자들이 1975년 헬싱키에서 서방국가들과의 정상회담을 추진했습니다. 여기서 한 가지 부연 설명을 드려도 되겠습니까? 당시 처음부터 일이 순조롭게 풀린 것은 아니었습니다. 우방국이었던 미국을 헬싱키회담에 참가하도록 설득시키는 일은 쉽지 않았습니다. 당시 미국은 회담 결과가 어떻게 될 것인가, 이 회담으로 평화 증진을 기대할 수 있을 것인가에 대한 부분보다는 소련의 힘을 더욱 강화시키는 결과를 낳지는 않을까 하는 의혹을 품고 있었습니다. 하지만 미국은 결국 회담에 참가했고 당시 소련연방의 시스템을 해체시키는 첫 출발점이 됩니다. 헬싱키회담에 참가한 소련의 우방국에서도 새로운 세력들이 등장해 자신의 요구 사항을 보다 분명히 나타내기 시작하죠. 유럽에서 '자유운동'으로 알려진 폴란드의 연대노조운동 역시 헬싱키회담에서 비롯된 것입니다. 헬싱키회담은 끔찍한 냉전 시대에서 대화와 평화, 통일을 향한 전환점의 역할을 했습니다.

한상진 김대중 전 대통령께서는 재임 시 한반도 주변 국가와의 관계 개선에 큰 협력을 했습니다. 앞으로 통일을 위해서 인접 국가들과 어떻게 협력해 나가는 것이 바람직하다고 생각하십니까?

김대중 저는 지금부터 34년 전인 1971년 대통령 선거 출마 당시 그때 제가 내세운 선거공약 중에 미·일·중·소 4대국에 의한 한반도 평화 보장을 해야 한다고 했습니다. 4대국에 남북을 합친 것이 지금의 6자회담인 것입니다. 저는 일관되게 한반도 평화는 4대국과의 관계를 어떻게 하느냐가 중요하다고 이야기했습니다. 얼마 전 미국 예일대학의 케네디 교수가 한국에 와서 이런 말을 했습니다. "한국은 네 마리 코끼리 사이에 낀 작은 코끼리다. 네 마리 코끼리 사이에서 어떻게 운신하고 조정하느냐에 따라서 한국의 안전이 보장된다"는 이야기를 했습니다. 세계에서 미·일·중·러 4대국 사이에 끼어 있는 나라는 우리나라뿐입니다. 이러한 특수한 환경 속에서 주변 국가와의 관계를 잘 발전시켜 나가는 것은 우리의 생존과 지대한 관계가 있습니다. 조선왕조 말엽에 그러한 4대국 관계를 제대로 못 한 데서 실패한 것입니다. 제가 대통령이 되면서 '햇볕정책'을 제시했을 때 미국의 클린턴 대통령, 일본의 총리들, 중국의 장쩌민 주석, 러시아 푸틴 대통령 등이 모두 적극 지지해 주었습니다. 대통령 재임 5년 동안 주변 4대국과 매우 좋은 관계를 유지했습니다. 이러한 관계는 우리가 남북 관계를 발전시키는 데 큰 힘이 됐습니다. 우리는 앞으로도 4대국과의 관계를 더욱 중시해서 앞으로 6자회담을 성공시켜야 할 것입니다. 그리고 6자회담을 상설화해서 남북한과 동북아시아 평화를 지키는 노력을 하는 것이 결국 한민족이 강대국 사이에서 자기 목소리 내면서 살아가는 지혜입니다. 우리나라의 생존과 발전은 4대국과의 관계를 원만히 해결하면서 균형적인 선린 관계로 발전시키느냐에 달려 있다고 생각합니다.

한상진 조금 전에 한국은 네 마리의 커다란 코끼리 사이에 낀 작은 코끼리라고 말씀하셨는데 한국도 코끼리는 코끼리입니까?

김대중 한국은 과거 산업사회 시대에는 큰 코끼리가 될 힘이 없었지만 지금은 지식정보화 시대로 우리가 해볼 만한 시기입니다. 최근 황우석 박사 이야기도 있지만 우리는 큰 코끼리뿐만 아니라 왕초 코끼리도 될 수 있습니다.

한상진 아주 고무적인 말씀입니다. 이번에는 국제적인 협력 속에 남북한이 국제적으로 풀어 가야 할 문제에 대해서 말씀드리고자 합니다. "모든 관계의 초석은 신뢰에 있다" 이런 이야기가 있습니다. 앞으로 남북한 신뢰 증진을 위해서 어떤 방법이 가장 바람직하다고 생각합니까?

김대중 남북이 50년 동안 서로 어떻게 하면 상대방을 말살시키고 나만 잘 살면 되느냐는 자세로 살아왔습니다. 상대방에 대한 불신과 위기의식으로 신뢰가 생기지 못했습니다. 남북 간에 신뢰가 생기려면 너도 잘되고 나도 잘되자고 해야 합니다. 통일이 되면 모두 승자가 되는 통일을 해야 합니다. 저는 2000년 김정일 위원장을 만났을 때 "사람은 누구나 영원히 사는 사람이 없다. 당신과 나는 남북을 대표하는 입장인데 우리가 마음 하나 잘못 먹으면 7,000만 민족을 공멸시킬 수 있다. 그러나 우리가 바른 생각을 가지면 우리 민족은 혜택을 입을 것이고 평화, 번영을 누리고 미래에 대한 희망을 가질 것이다. 남한을 공산화한다는 생각을 꿈에라도 버려야 한다"고 이야기했습니다. 또 우리는 북한을 흡수 통일할 생각을 갖고 있지 않다고 했습니다. 조급한 통일은 남북 모두에게 좋은 일이 아닙니다. 저는 김정일 위원장과 이러한 이야기를 통해서 북한이 우리를 믿을 수 있도록 노력을 했습니다. 그때 남북이 자주적으로 노력하고 교류 협력하자고 합의했는데 그 후로 우리는 일관되게 그 약속을 지켰습니다. 때로는 북한이 말썽을 부려도 인내심을 갖고 약속을 지켰습니다. 그러한 결과 결국 북한도 태도가 달라졌습니다. 오늘날 과거 어느 때보다도 남북 간은 신뢰와 이해가 높아졌다고 생각합니다.

한상진 폰 바이체커 전 대통령님, 독일의 경험에 관해서 하시고 싶은 말씀이 있으실 텐데요. 신뢰 증진에 관해서요.

폰 바이체커 분단을 경험한 나라가 살길을 갖고 세계적인 경력을 갖출 수 있는 유일한 방법은 서로 힘을 합쳐 협력할 때 가능합니다. 이는 명백한 사실입니다. 하지만 이것은 빠른 시일 내에 이루어지는 것은 아니죠. 독일의 통일 경험에서 예를 들어 보겠습니다. 동서독 간에는 정치, 교육, 이념의 차이가 존재했지만 통일을 이뤘고, 통일한 지 15년이 지난 지금 두 개의 거대 정당이 서로 돕는 새로운 정부가 들어섰습니다. 대부분의 거대 정당들은 동독 출신 인사들이 이끌고 있습니다. 현 독일 총리와 연정 파트너 의장도 동독 출신입니다. 이 모든 일들이 자연스럽게 일어났습니다. 우리가 해야 할 일을 시행하고 국내 개혁을 추진하며 주변국과 협력을 하기 위해서는 동서독이 서로 협력할 때 훨씬 수월해집니다. 2000년 남북정상회담이 개최되기 전 김대중 전 대통령은 양국의 차이에 대해 분명히 말씀하셨습니다. 그 후 일어난 일들을 보면 인내심, 용기, 이해가 필요하다는 것을 알 수 있습니다. 이러한 덕목은 김대중 전 대통령 안에 내재되어 있으며 이를 바탕으로 김대중 전 대통령의 자신감이 나오는 것입니다. 사회자님의 세대, 더 나아가 더 어린 세대들은 "훌륭한 신념은 신뢰와 협력에 있다"라는 사실을 이해하기가 보다 수월할 것입니다.

한상진 폰 바이체커 전 대통령께서 독일통일 15년이 지나고 나서 일어난 정치적으로 대단히 의미 깊은 말씀을 해 주셨는데요. 총리도 동독 출신이고 야당 당수도 동독 출신이라는 사실은 신뢰라고 하는 것과 연관해서 참 부러운 현상이라고 생각합니다. 김대중 전 대통령께서는 최근의 변화에 대해서 어떻게 생각하십니까?

김대중 저도 여야 양측의 대표를 동독 출신으로 선출하는 독일 국민의 아량과 결단에 대해서 놀랍고 높이 평가하고 있습니다. 독일통일은 동서독이 모두 잘 되는 방향으로 문제를 해결했습니다. 독일의 이러한 예를 보고 배워 앞으로 남북이 통일이 되면 북한 사람도 없고, 남한 사람도 없는 하나의 민족으로서 함께 지도자도 선출하고 협력해야 한다고 생각했습니다.

한상진 남북 관계 개선을 위해 현실적으로 가장 필요한 것은 경제 교류와 협력을 강화하는 것이 아닐까 합니다. 독일의 경우 통일 이후 동독의 경제가 무너졌고 경제 부담을 서독이 모두 짊어지게 된 경험이 있지요. 먼저 폰 바이체커 전 대통령님, 경제 교류와 협력이 왜 중요하고 그것을 어떻게 하는 것이 통일을 위해 보다 바람직한지 말씀해 주시면 감사하겠습니다.

폰 바이체커 앞서 논의한 문제들에 대한 제 생각을 더 말씀드릴 수 있는 기회가 되겠군요. 물론 독일이 통일하는 데 있어 유럽과 국제적 상황은 매우 긍정적인 영향을 끼쳤습니다. 그러나 통일과 관련한 모든 일을 성취하기 위해서는 많은 노력과 시간이 필요합니다. 우리는 동독에 거주하는 젊은이들이 그들의 고향에서 좋은 교육을 받고 그곳에서 일자리를 얻을 수 있기를 바랍니다. 저희는 동독 젊은이들이 자신의 능력을 발휘하기 위해 서독에까지 와서 취업해야 하는 번거로운 상황이 없기를 바라고 있습니다. 두 번째로 동서독 간에는 실업률의 편차가 매우 큽니다. 이는 중요한 문제이지만 심각한 위험 요소가 돼서는 안 됩니다. 셋째로 독일통일 후 지난 15년 동안 서독은 매년 동독에 상당한 금액의 재정적 지원을 해 오고 있습니다. 그래서 서독의 재정 상황이 매우 안 좋습니다. 아마 한국의 상황보다 더 안 좋을 수도 있습니다. 어려운 상황인 것은 확실합니다. 이를 극복하기 위해서는 쉼 없는 노력과 꾸준한 인내심이 필요합니다. 그러나 상황은 개선되고 있습니다. 여기서 명심해야 할 점은 동서독의 규모가 서로 비교할 만한 위치에 있지 않다는 것입니다. 독일의 인구는 8천만인데 그중 80퍼센트가 서독인, 20퍼센트가 동독인입니다. 따라서 동독 재건을 위해 필요한 수송 등 여러 문제를 해결하기 위한 서독의 부담은 여전합니다. 제가 생각하기에 전반적으로 볼 때 6자회담은 한반도에 매우 좋은 기회이자 중요한 사안입니다. 김대중 전 대통령께서 6자회담의 이로운 점에 대해서 매우 설득력 있게 말씀해 주셨는데요. 6자회담은 미국, 일본, 중국, 러시아를 보다 긴밀히 한자리에 모이게 하는 기회를 제공합니다. 이는 한반도뿐만 아니라 세계 평화를 위해서도 중요한 점이지요. 일본과 중국이 긴밀한 관계를 유지하는 것이 중요합니다. 양국은 경제적으로는 가까운 관계를 유지하고 있습니다만 정치적으로는 아직도 해결할 문제가 많습니다. 미국과 중국도 마찬가지입니다. 남북 문제가 주가 되는 6자회담은 미국, 일본, 중국, 러시아 4개국이 보다 빨리 긴밀하게 만날 수 있는 매우 유용한 기회입니다. 유럽은 6자회담을 단순히 한국의 문제가 아니라 세계 평화를 위한 문제로 생각하고 있습니다. 6자회담은 세계 도처에 상당한 영향을 미칠 것입니다. 유엔 활동을 더욱 고무시킬 수도 있습니다. 만약 한국의 리더십하에 미국, 일본, 중국, 러시아 4개국이 보다 긴밀한 관계를 갖게 되는 6자회담이 지속된다면 유럽 헬싱키회담에서처럼 화합과 협력을 이끌어 낼 수 있습니다. 저는 한국에서도 이러한 저희의 경험이 되풀이되었으면 하는 바람입니다.

한상진 김대중 전 대통령은 재임 중 햇볕정책을 잘 수행하셨습니다. 사회 일각에서 '퍼주기'라며 대북 정책을 비판하고도 있습니다. 그러나 서독의 동방정책과 비교하면 대북 지원은 훨씬 작은 것 같습니다. 앞으로 북한을 위한 대북 교류 협력은 무엇입니까?

김대중 햇볕정책을 '퍼주기'라고 비난하는 이야기는 민족적 입장이 아니라 국내 정치적 입장에서 나왔습니다. 그런데 이제는 그런 말을 접고 남북 교류 협력을 이야기하니까 참 다행입니다. 우리가 북한과 경제 협력하는 것을 북한을 도와주는 것이라고 생각하는 것은 단견이고, 우리 목적과 일치하지도 않습니다. 우리는 물론 북한을 도와줘서 북한 스스로 경제를 재건하여 통일을 이루었을 때 서로의 부담을 더는 것이 큰 목적입니다. 그러나 남한도 북한을 적극적으로 이용해야 할 경제적 이유가 있습니다. 우리의 중소기업들은 국내의 노임이 비싸서 중국, 베트남까지 진출하고 있습니다만 실제로 성공하는 기업은 별로 없습니다. 그러나 북한은 남한과 거리가 가깝고 노동자들의 임금이 매우 쌉니다. 교육이 잘된 우수한 노동력이 있고, 또 언어가 통합니다. 우리 중소기업들이 북한에 진출하여 이러한 여건들을 활용하면 성공할 수 있습니다. 현재 남한에는 400조 원이 넘는 돈이 투자할 곳을 찾지 못하고 있습니다. 이 돈 중 100조 원쯤 북한에 투자된다면 어떻게 되겠습니까. 우리가 경각심을 가져야 할 것은 중국의 자본이 북한에 물밀 듯이 들어간다는 것입니다. 중국 상품이 홍수같이 북한으로 들어가고 북한의 귀중한 자원을 중국으로 가져갑니다. 북한도 한 나라에 예속되는 것은 원하지 않지만 중국에서 받지 않으면 도리가 없으니 그렇습니다. 그것은 제가 김정일 위원장과 이야기해 봤지만 분명한 사실입니다. 우리는 현재 북한을 구원, 자립화시키는 입장이고 이것은 우리 경제를 건전하게 발전시키는 길이기도 합니다. 또한 북한이 중국 등 어느 한 나라에 예속되지 않도록 하는 길입니다. 우리의 북한 진출은 압록강을 건너서 유라시아 대륙으로 가는 '압록강의 기적'을 일으키기 위해서도 필요합니다. 이러한 경제 협력은 오늘 북한에 100원 주고 10원 받는다 하더라도 내일은 우리가 200원을 받을 수도 있습니다. 이것은 남북 양쪽에 윈윈이 되는 길입니다. 작게 보지 말고 큰 시각으로 바라보아야 합니다. 북한과 철도가 연결되면 우리는 유라시아 대륙을 거쳐 유럽까지 진출할 수 있습니다. 철의 실크로드가 이어집니다. 우리나라가 물류의 동쪽 거점이 될 것입니다. 물류가 일어나면 문화, 관광, 보험, 금융 등 여러 산업이 일어나서 남북 양쪽이 다 같이 큰 혜택을 보는 시대가 옵니다. 북한에 대해서 손해 본다고 생각하지 말아야 합니다.

한상진 현실적으로 걱정스러운 것은 북한 인권에 관한 문제입니다. 얼마 전메리 로빈슨 전前 아일랜드 대통령이 한국에 오셔서 강연한 적이 있습니다. 모든 문제의 뿌리에는 절대 빈곤, 만성 질환, 식량 위기의 근본 문제가 있다는 점, 그리고 이러한 근본 문제를 해결하기 위해서 국제사회가 보다 깊은 관심을 가져야 한다는 점을 역설하셨는데요. 또 다른 한편에서는 북한 인권 문제를 정치적, 외교적 지렛대로 활용하려는 경향에 대한 우려의 목소리도 나오고 있는 현실입니다. 이러한 상황에서 어떻게 하면 균형적이고, 체계적인 인권 정책을 실현할 수 있겠습니까?

김대중 공산국가의 인권 문제에 있어서는 역사의 교훈을 봐야 합니다. 공산국가는 억압하고 봉쇄하면 아무런 변화를 보지 못합니다. 과거 소련에 대해서 50년 동안 봉쇄했지만 변화가 없었습니다. 헬싱키협정으로 데탕트가 시작됐습니다. 동서독 간의 경제, 문화, 인적 교류가 동독에 인권의 바람을 불게 했습니다. 동독은 외부 싸움에 진 것이 아니라 내부에서 변화의 바람이 일어났습니다. 중국도 한국전쟁 이후 봉쇄했지만 변화가 없었고, 닉슨이 찾아가서 변화되었습니다. 베트남도 전쟁으로도 안 됐지만 외교와 교역으로 변화가 가능했습니다. 쿠바는 50년 동안 봉쇄했지만 아직도 변화시키지 못했습니다. 저는 부시 대통령이 2002년 한국에 오셨을 때 이러한 모든 말씀을 다 드렸습니다. 북한도 결국은 마찬가지입니다. 공산국가의 교훈을 배워서 북한을 개방으로 유도하면 결국에는 우리가 바라는 시장경제의 방향으로 나가지 않겠습니까. 그렇게 되면 외국 사람이 왕래하고 북한 인권도 발전될 것입니다. 한국에 대해서 북한 인권 문제에 대해서 소홀히 한다는 이야기를 국내외에서 하는데 그렇지 않습니다. 우리가 북한에 대해서 식량, 의약품, 비료 등을 지원하고 있습니다. 이러한 지원으로 북한은 엄청난 혜택을 보고 있습니다. 사람의 인권에는 정치적 인권, 사회적 인권이 있습니다. 사회적 인권은 먹어야 사는 인권, 안전하게 살아야 하는 인권, 병 고쳐야 하는 인권 등의 의미로 남한은 많은 지원을 하고 있습니다. 북한에서 약 7,000명이 탈출했는데 인권을 이야기하는 미국이 수용하지 않고, 일본도 그들을 받지 않고 있지만 우리는 그들을 모두 수용하고 있습니다. 남북 이산가족이 50-60년 동안 못 만나고 2000년 정상회담 이전에는 200명밖에 만나지 못했는데 현재 1만 2,000명까지 만나고, 이산가족 면회소도 만들었습니다. 정치적 인권 문제를 이야기하면 북한이 반발해서 이산가족 상봉에 지장이 생길 가능성이 있습니다. 우리는 북한을 조용히 설득하면서 정치적 인권 문제를 개선하도록 하고 있습니다. 지금 우리는 북한 인권에 대해서는 상당히 기여하고 있다고 생각합니다.

한상진 폰 바이체커 전 대통령님은 어떻게 생각합니까?

폰 바이체커 김대중 전 대통령의 말씀에 전적으로 동의합니다. 물론 인권은 유엔헌장에 명시되어 있는 바와 같이 보호되어야 합니다. 인권 규정을 위반한 행위는 국제사회가 관심을 기울일 필요가 있습니다만 그와 관련된 범죄는 테러 방지를 위한 방법과도 연관이 있습니다. 테러와 인권 침해의 근본 원인이 무엇인가를 찾아낼 때에 비로소 그 문제를 해결할 수 있습니다. 사람들이 가난에 시달리고 있는지, 질병으로 고통받고 있는지, 생계 수단이 없어 강제 이민을 해야 하는지 등의 문제를 살펴보는 것이 인권 침해 문제를 해결할 수 있는 마지막 방안입니다. 항상 어떤 일의 동향을 살펴볼 때는 그 근본 원인이 어디에 있는지 생각해 보아야 하며 이는 매우 중요합니다. 평화의 전제 조건 중에서 보통 사람들의 존엄성 있는 삶에 대한 인권에 대해 살펴보지 않은 채 단지 인권 보호만을 위해 개별적으로 투쟁하는 것으로는 진정한 인권 보호를 할 수 없습니다.

한상진 독일의 경험을 잘 새겨 같은 실수를 안 해야 하는데, 통일을 하는 데 조심해야 할 점은 무엇인지, 또 원대한 꿈과 야망이 있다면 무엇입니까?

김대중 우리는 독일 방식을 따르지 않아도 되지만 독일 방식에서는 많이 배우고 있습니다. 먼저 통일한 독일이 부럽지만. 독일통일의 여러 부작용을 보면서 교훈을 얻고 있어 다행입니다. 저는 햇볕정책을 내세우면서 평화 공존, 평화 교류, 평화 통일의 3원칙, 그리고 제1단계의 남북연합, 제2단계의 남북연방, 제3단계의 완전 통일을 이야기했습니다. 제1단계는 2000년 남북공동선언문에서 합의한 것과 같이 북의 '낮은 단계의 연방제'와 남의 '남북연합제'의 방식이 공통점이 있기 때문에 절충한다고 했습니다. 남북연합제는 남북 양측이 현재의 독립국가 체제를 유지하면서 남북의 정상들이 정기적으로 회합하고 각료회의, 국회회의를 통해 일종의 협의체로 협의해 나가는 것입니다. 이러한 남북연합제를 착실히 진행하면서 장차 남북연방제로 가야 합니다. 우리는 통일 문제에 있어서 서두르지 말고 착실히 해 나가면서 양쪽이 손해가 없도록 해야 합니다. 한반도 주변 4대국이 독일의 경우와 같이 기꺼이 협력할 수 있도록 노력해야 합니다. 4대국이 우리를 식민지로 만들지는 않겠지만 우리의 통일을 방해하는 역할을 할 수도 있습니다. 그러므로 4대국 외교는 매우 중요합니다. 우리는 경제적으로 세계 열한 번째 국가로서 우리 국민이 착실히 해 나간다면 주변 국가의 협력과 지원을 이끌어 낼 수 있습니다. 그러나 서둘지 말고 나만 잘되겠다는 생각을 가져서도 안 됩니다.

한상진 2002년 월드컵 때 "꿈은 이뤄진다"를 봤습니다. 우리 민족의 꿈과 희망인 한반도의 평화 체제 구축 방법은 무엇입니까?

김대중 현재로서는 6자회담에서 북핵 문제를 해결하는 것이 중요합니다. 북핵 문제가 해결되면 나머지 미사일 문제, 여러 가지 화학무기 문제도 해결될 것으로 생각합니다. 북핵 문제가 해결된 후에 6자회담을 상설화해서 한반도와 동북아 안보를 책임지도록 해야 합니다. 더불어 한반도 평화협정을 만들어 전쟁 상태를 종식시키고, 세계와 협력해서 세계 평화에 기여하는 나라가 되어야 합니다. 평화를 위해서는 남북 간에 가난한 사람들에게 희망 주고, 세계의 가난하고 병들고 고통받는 사람들을 지원하는 나라가 되어야겠습니다. 노르웨이, 스웨덴 같은 나라들은 우리나라보다 경제력은 약하지만 세계의 가난한 사람들을 얼마나 많이 돕고 있습니까. 우리는 평화의 나라, 그리고 약자에 대해서 동정하고 도와주는 사랑의 정신을 실천하는 나라가 되어야 합니다.

폰 바이체커 너무 서두르지 마십시오. 그리고 우리가 이미 저지른 실수를 반복하지 마십시오. 우리는 화폐 통합을 서둘렀는데 당시 그렇게 해야 할 정치적인 이유는 있었지만 경제적으로는 실수를 저지른 것과 마찬가지였습니다. 또한 예측할 수 없는 상황에 대해 준비를 철저히 해야 합니다. 이 자리를 빌려 통일에 대한 준비가 충분히 되어 있지 않았음을 고백하고 싶습니다. 왜냐하면 우리는 분단에 너무 익숙해 있었기 때문입니다. 분단을 극복하려는 의지는 있었지만 현실적으로 준비가 충분하지 못했습니다. 그리고 통일이 비교적 빨리 이루어졌습니다. 따라서 서두르지 않으면서 충분한 준비를 하는 것이 중요합니다.

한상진 제가 한 가지만 꼭 여쭈어야겠습니다. 1985년 5월 8일 종전 40주년 기념 의회 연설에서 폰 바이체커 전 대통령께서는 나치의 만행에 대해서 거듭 사죄하셨고 유대인, 집시, 소수민족 등 희생자들에게 용서를 구했습니다. 행동하는 지성으로 독일은 주변국의 신뢰를 얻었는데요. 동북아도 사정은 마찬가지라고 생각합니다. 일본은 과거사와 관련해 주변국들의 신뢰를 얻지 못하고 있는데요. 많은 사람들이 일본이 독일에서 배워야 한다고 충고하고 있는데 이에 대해 어떤 견해를 갖고 계시는지요?

폰 바이체커 모든 국가는 나름대로의 방식을 찾아야 합니다. 이 질문은 일본에서도 여러 번 받은 적이 있습니다. 일본에서도 과거사를 사죄하기를 원하는 사람들이 분명히 있습니다. 저는 주변국에 저지른 과거사에 대해서 특히 잘못을 저지른 사실에 대해서 정직해야 한다고 생각합니다. 이는 도덕적 의무일 뿐만 아니라 궁극적으로 다음 세대에게 보다 나은 미래를 누릴 수 있도록 해 줄 것입니다. 젊은 세대들은 과거의 만행에 직접 관여하지 않았기 때문에 이해하기 힘들 수도 있습니다. 그러나 그들이 올바른 미래에서 살아가기 위해서는 과거사에 정직해야 한다는 사실을 짐작할 수 있을 것입니다. 특히 과거 적대국들과의 관계를 개선할 필요가 있습니다. 독일과 프랑스는 화해를 이루었고 제2차 세계대전의 첫 희생국인 폴란드와 러시아와도 관계 개선을 이루었습니다. 이러한 이유 때문에 구세대들이 과거의 적대국들과의 관계 개선을 위해 노력한 것입니다. 이러한 관계 개선은 과거를 진실되게 바라볼 때 가능합니다.

한상진 김대중 대통령님. 동북아 평화 체제를 위해서 일본의 역할에 대해서 한 말씀 해 주십시오.

김대중 한·미·일 3국의 협력 관계는 경제적 협력뿐 아니라 동북아 평화 발전을 위해서 절대적으로 필요합니다. 일본은 지금 어느 길로 가고 있느냐. 미국과 손잡고 중국과 대결하는 길로 가고 있느냐, 아니면 미국과 손잡고 중국, 한국과도 손잡는 방향으로 가고 있느냐 그것이 중요합니다. 그런데 지금 보면 우려스러운 점이 많습니다. 일본에 있어서 가장 큰 걱정은 급속한 우경화입니다. 그리고 그것을 막을 힘이 민간 속에서 일어나지 않고 있습니다. 우리나라처럼 민주주의를 위해서 목숨을 바치고 감옥을 간 사람들도 없고, 또 비정부기구NGO 같은 민간 조직도 별로 성공하고 있지 못하고 있습니다. 일본은 그러한 우경화를 막을 사람이 없습니다. 과거를 비난하면 반발만 하는 이런 상황이라서 일본에 대해서는 묘수가 없습니다. 이런 점에 있어서 일본에 대한 대책을 적극적으로 신중하게 만들어서 한·미·일 3국 공조 체제를 통해서 일본의 일을 잘 조율할 필요가 있습니다. 중국과 이야기해서 한·중·일 3국이 잘 협력해야 합니다. 그래서 일본이 과거를 분명히 반성하고 다시는 과거의 과오를 되풀이하지 않는 자세로 돌아오도록 노력해야 합니다. 그렇지 않으면 상당히 어려운 관계가 지속될 수 있습니다.

한상진 한반도 평화를 위해서 동북아, 세계 평화를 위해서 오늘 두 분이 하신 말씀을 가슴 깊이 새겨들어야 하겠습니다. 두 분의 말씀은 우리를 이끌어 갈 길잡이 역할을 할 것으로 생각합니다. 존경과 감사의 말씀을 드립니다.

한반도 평화의 조건

미하일 고르바초프

—

2006년 6월 18일, 오전 10시부터 12시까지 미하일 고르바초프Mikhail Gorbachev 구소련 대통령과 서울 동교동 김대중도서관에서 나눈 대담으로, 2006년 6월 24일 오후 8시 「KBS 스페셜」에 방영되었다. 사회는 문정인 연세대학교 교수가 맡았다.

—

노벨평화상 수상자, 두 지도자의 여섯 번째 만남이 갖는 의미

문정인 「KBS 스페셜」은 오늘, 특별한 만남을 준비했습니다. 김대중 전 대통령과 고르바초프 옛 소련 대통령과의 특별 대담입니다. 고르바초프 옛 소련 대통령은 냉전 체제 해체의 설계도를 만들었고 김대중 전 대통령은 6·15남북공동선언을 통해 한반도 평화 구축과 공동 발전의 토대를 마련했습니다. 최근 한반도에는 북한 미사일 문제로 긴장이 다시 고조되고 있습니다. 북핵 해결을 위한 6자회담은 교착상태가 계속되고 있습니다. 두 전직 대통령은 한반도 평화와 동북아의 번영을 위해 어떤 해법을 제시할지 주목해 보고자 합니다.

　김대중 전 대통령님, 고르바초프 옛 소련 대통령님 반갑습니다. 두 분께서는 민주주의와 인권 그리고 평화를 위하여 많은 공헌을 해 왔습니다. 그 결과 두 분께서는 노벨평화상을 받으셨습니다. 그리고 두 분을 모셔서 이렇게 대담

470

을 갖게 된 것을 큰 영광으로 생각합니다. 김 전 대통령님께서 고르바초프 전 대통령을 여섯 차례 만난 것으로 알고 있습니다. 처음 인연은 어떻게 되었고 어떻게 관계를 발전시켜 왔습니까?

김대중 1993년 7월에 제가 모스크바에 있는 외교대학원에서 정치학 박사를 받았는데 그때 항상 뵙고 싶었던 고르바초프 전 대통령을 개인 사무실에 찾아가서 만나 뵈었습니다. 그 이후로 한국 국내에서도 두 번 뵈었고 해외… 로마 같은 곳에서도 뵙고 해서 오늘까지 여섯 차례 만나게 되었습니다.

문정인 고르바초프 전 대통령님, 우리 김대중 전 대통령님에 대해서 어떤 인상을 가지고 계십니까?

고르바초프 김대중 전 대통령님은 무엇보다도 매우 흥미로운 분이라고 말씀드릴 수 있겠습니다. 자유와 민주주의 같은 가장 숭고한 가치들을 지켜내고자 노력하시는 분이죠.

저는 김 전 대통령에 대해 마치 친척과도 같은 친밀함을 가지고 있습니다. 우리는 매우 가까운 친구입니다. 단순히 인간적인 면에서뿐만 아니라 지성적인 면, 이데올로기적인 면에 있어서도 그렇습니다. 저는 이러한 우리의 우정을 매우 소중하게 생각하고 있습니다.

냉전의 마지막 장벽, 한반도 분단은 어떻게 봐야 하나

문정인 이제 한반도 평화에 대해서 말씀을 나누어 보고자 합니다. 김 전 대통령님께서는 1970년대 냉전의 양극 구도가 아주 견고했을 때 이미 '4대국 보장론'을 제안하셨고 남북한에 대한 주변 4강 교차 수교를 강력히 주장하셨습니다. 어떻게 그 어려운 상황에서도 그런 생각을 할 수 있으셨는지, 그리고 우리 한국의 분단과 통일에 대해서는 어떤 역사적 인식을 갖고 계시는지 말씀해 주십시오.

김대중 4대국을 한반도 평화의 책임 당사자로서 제가 제기한 것은, 아시다시피 조선왕조 말엽 그때에 일본과 중국(청나라)이 우리나라를 두고 전쟁을 했고 또 일본과 러시아가 전쟁을 했습니다. 또 일본이 두 전쟁을 다 이기니까 미국이 일본하고 협의해서 소위 가쓰라태프트 밀약을 해서 한국을 일본이 병탄하는 것을 지원해 줬습니다.

이렇게 4대국이 우리나라 운명과 관계가 있습니다. 역사적 사실로 봐도 이것(4대국)은 중시하지 않을 수 없는 것입니다. 또 역사는 역사라고 해도 지금의 현실에서도 4대국이 다 나름대로 상당한 영향을 한반도에 미치고 있습니다. 지정학적으로도 우리는 4대국이 싫다고 한반도를 떼서 짊어지고 다른 곳으로 갈 수도 없습니다. 폴 케네디 교수가 와서 이야기했다시피 "한국은 네 마리 큰 코끼리 다리 사이에 끼어 있으니까, 그것을 어떻게 잘 헤쳐 나가느냐에 따라서 한국의 운명이 결정된다"고 하는데 그런 지정학적 위치에 있어서도 4대국은 무시할 수가 없습니다.

또 실제로 과거 미국과 소련은 냉전의 당사자였고 한국은 냉전에 의해서 고통을 받고 있고 여러 가지 영향을 받고 있습니다. 그렇기 때문에 이 문제에 있어서 미국과 소련은 물론 한국전쟁에 참가했던 중국, 한국전쟁 때 미국의 후방 기지로서 지원했던 일본 등 직접·간접으로 한국전쟁에 참가했던 나라들이 한국 문제와 평화 문제에 대해서 협력해야 한다는 것입니다.

제가 그때 이런 주장을 했는데 당시 공화당 대통령 후보였던 박정희 대통령이 "소련과 중국은 우리의 적성 국가인데 적성 국가보고 우리의 평화를 보장하라고 하는 것이 말이 되는가. 이상한 사람이다"라고 말씀하셨어요.

그래서 그때 제가 답변하기를 "그 사람들이 우리에 대해서 그런 적성 국가적인 입장에서 부정적인 영향을 끼치고 있기 때문에, 그렇게 하지 말고 우리가 평화적으로 살도록 책임지고 협력해야 한다. 왜냐하면 당신들은 우리를 분단시킨 책임자들 아니냐. 그리고 또 북한 배후에서 전쟁을 지원한 사람들 아니냐. 그러니까 한반도 평화에 대해서는 당연히 책임져야 하고 또 우리는 그런 요구를 할 권리가 있다" 제가 그렇게 답변한 일이 있습니다.

문정인 고르바초프 전 대통령님, 대통령님께서 한국 사람들에게 깊은 인상을 주셨던 것은 소련 자체의 변화도 있지만, 사실상 주변 4강의 남북한 교차승인을 위한 물꼬를 텄다는 데 많은 의미를 두고 있습니다. 그 당시 어떻게 해서 1990년 한소 수교를 하게 되셨는지 그리고 그때 한반도 분단과 한반도 평화를 어떻게 보셨는지, 이 점에 대해서 말씀해 주시면 감사하겠습니다.

고르바초프 김대중 전 대통령께서 말씀하신 한반도 분단에 대한 시각과 평가에 지지를 표하고 싶습니다. 2차대전 후 한반도는 분단이 되었죠. 이것은 당시의 세계질서를 그대로 반영한 것이었습니다. 전후 세계는 여러 블록으로 갈라져 있었죠. 독일도 분단되어 있었고, 한편에서는 국제분쟁이 일어났습니다. 전 세계적인 현상이었죠. 당시 세계는 양대 세력이 대치했습니다. 이 양대 세력의 뒤에는 미국과 소련이 있었죠. 우리 모두에게 매우 힘든 시기였습니다. 그래서 당시의 어려움을 극복하는 데는 많은 노력이 필요했습니다. 우리는 결국 냉전을 종식시키긴 했지만, 이런 가정을 해 보고 싶군요. 만일 냉전 체제 당시 소련과 미국이 관계를 정상화하지 않았다면, 또 소련과 중국 사이의 관계도 정상화되지 않았다면 어떻게 됐을까요. 아마도 냉전 체제 당시의 난제를 해결하고 새로운 시대로 나아간다는 것은 기대하기 어려웠을 것입니다. 이제 냉전의 시대는 지났습니다. 지금 중부, 동부 유럽에서는 민주주의 과정이 진행되면서 새로운 변화의 바람이 불고 있는데요. 이러한 조류는 이제 한반도에서도 진행되어야 합니다. 그런데 지금 한반도에는 아직까지도 냉전의 장벽이 그대로 남아 있는 것입니다.

한반도 분단에 참여한 국가들은, 남북한 국민들이 통일된 국가에서 살고자 하는 바람을 알아야 하며, 한반도 분단 해소를 위해 책임감을 가지고 그들이 해야 할 역할을 이해해야 한다는 것입니다.

북핵과 미사일 문제, 6자회담 교착상태 어떻게 풀어야 하나

문정인 고르바초프 전 대통령님이나 김 전 대통령님께서는 생각이 너무나 같으신 것 같습니다. 그 당시 서로 만나 보지도 않으셨는데도 불구하고 이렇게 같은 생각을 하실 수 있었다는 것이 상당히 놀라운 일이라고 생각됩니다. 두 분 다 한반도와 동북아의 평화와 안정에 대해서 관심이 많습니다. 현재 우리의 평화와 안정을 위협하는 가장 큰 변수가 있다면 그것은 북한 핵 문제라고 할 수 있겠습니다.

김 전 대통령님께서 재임 중에 '페리 프로세스'를 가동시켜서 북한 핵 문제에 대해서 해결의 돌파구를 마련했는데, 지금 다시 어려워지고 있습니다. 무엇이 문제일까요?

김대중 북한의 핵 문제에 있어서요. 이것이 최대 변수라기보다는 나는… 북한은 국제사회 규범을 지키고 평화에 협력하는 태도를 확실히 하고 또 미국은 북한에 대해서 생존을 보장해 줘야 합니다. 안전을 보장하고 또 국교도 하고… 국제연합UN 가입하는 데 찬성했으면 국교도 하는 건 당연하지 않습니까. 그리고 경제적 제재도 해제하고… 그래서 우리가 볼 때, 북한이 국제사회에 나오면 당연히 세계를 알게 되고 여러 가지 책임도 지게 되고 국제사회에서 이득을 얻으려면 국제사회로부터 좋은 평가를 받아야 하고 그러니 북한이 달라질 것입니다.

또 북한은 지금 말하기를 "만일 우리에 대해서 안전만 보장해 주고 여러 가지 제재를 해제하면 핵도 포기하겠다. 미국이 와서 직접 검증해도 좋다" 이렇게 말하니까 미국은 거기에 대해서 상응하는 안전 보장이나 경제 제재 해제 같은 대가를 주고… 그런데 일부에서는 그러더라도 말하자면 "북한이 말 바꾼다. 속인다" 할 때 그때는 6자회담에서 나머지 나라들, 북한 빼고 5자가 합의해서 북한을 제재할 수 있지 않습니까.

그런데 그런 거래를 안 해 보고, 지금 제재부터 하려는 일부 강경파들, 그런 분들이 오히려 일을 어렵게 하고 있다고 생각합니다.

나는 북한의 핵은 절대로 안 되는 것이고 이것은 없어져야 하는 것이고 그렇지만 한편으로는 핵을 없애는 동시에 북한 생존권도 보장해서 책임 다하도록 하고 생존권을 보장해 주는데도 불구하고 계속 좋지 않은 일을 하면 그때는 국제적인 제재 혹은 6자회담 제재를 할 수 있다는 이야기입니다.

문정인 고르바초프 전 대통령님께서는….

고르바초프 이미 김 전 대통령과 저는 이 북핵 문제에 대해 의견이 일치합니다. 미국은 북한에 대해 구체적으로 요구하고 있는데요. 그것은 잘 알려져 있는 핵 프로그램에 대한 것이죠. 핵과 관련된 모든 연구와 모든 작업을 포기하라고 요구하고 있습니다.

그런데 이러한 요구와 함께 같이 제안되어야 할 사항이 동반되지 않고 있습니다. 핵을 포기할 경우 안전을 보장하고 경제적으로 지원하겠다는 약속이 없는 것입니다.

북한은 사회, 경제적으로 심각한 상황에 처해 있습니다. 북한은 지금과 같이 봉쇄되고 고립되어 있는 상태에서는 살 수가 없으며, 원조를 필요로 하고 있습니다. 북한에 대한 경제 제재는 해제되어야 합니다. 그리고 북한에 도움을 주고 있는 한국에게도 압력을 행사해서도 안 됩니다.

무엇보다 중요한 것은 북한 사람들로 하여금 북한이 안전을 보장받을 수 있다는 확신을 갖도록 할 수 있어야 하는 것입니다. 만약 이러한 확신을 심어 줄 수 있다면, 평화를 위한 과정은 가속화될 수 있을 것입니다. 그런데 누군가 이런 긴장 상태를 이용하여 일종의 게임이나 도박을 하면서 자국의 과제를 해결하려 해서는 안 됩니다.

제가 생각하는 북핵 문제에 대한 접근 방식은 이렇습니다. 한국인의 입장이 고려되어야 합니다. 아울러 주변국의 이해관계도 고려해야 합니다. 결과적으로는 서로 협력해야 합니다. 어떤 개별 국가의 이해관계만을 생각하지 말고 다른 쪽의 이해관계도 아울러 생각해야지요. 여기서 특별히 언급해야 할 점은, 북한이 스스로는 현재 상황을 바꾸기가 어렵다는 점입니다. 체제 문제를 포함해 많은 과제가 산적해 있기 때문이죠.

문정인 고르바초프 전 대통령님께서는 한때 슈퍼 파워였던 소련의 지도자이셨습니다. 지금은 미국이 슈퍼 파워라고 할 수 있겠습니다.

그런데 미국은 북한과 직접 대화를 해서 문제를 해결하면 될 텐데 왜 직접 얘기를 하려고 하지 않는지, 그 이유를 어떻게 보시는지요?

고르바초프 글쎄요…. 미국은 이렇게 생각하는지도 모릅니다. "한반도에서 갈등이 계속되고 또 오래 유지될수록 미군이 한국에 계속 주둔할 수 있고, 또 미국 무기가 한반도에 배치되어 있는 데에 대한 논거가 더 힘을 얻을 수 있다"고 말입니다.

하지만 한반도에 평화를 정착시키고 통일 과정을 진행시키기 위해서는 김 전 대통령께서 말씀하신 대로 해야 합니다.

문정인 김 전 대통령님, 지금 고르바초프 전 대통령님께서 상당히 흥미 있는 말씀을 하셨습니다. "주한 미군이 계속 있고 미국이 동북아에 계속 주둔하려고 하면, 한반도에서 어떤 긴장이 있어야 되는 것이 아닌가"라고 하는 이런 말씀하신 것 같습니다. 김 전 대통령님 견해는 어떠신지요?

김대중 지금 고르바초프 대통령께서 말씀한 주한 미군 문제인데… 이 주한 미군은 우리가 마지막 한반도 평화를 위해서 활용하면 그것은 선善기능을 하는 것입니다. 조선왕조 말엽에 미국이 적극적으로 개입해서 외국이 우리를 침략하고 병탄하려는 것을 막았다면 상당한 성과가 있었을 것입니다.

이 점을 제가 북한에 가서 김정일 위원장과 이야기했을 때, 김정일 위원장 자신도 "남쪽에 있는 미군이 북한에 대해서 공격만 안 하면, 우리는 지금은 물론 통일 이후까지도 미군이 있는 것이 좋다"고 했습니다. 이 말은 그 후 올브라이트 장관이 (북한에) 갔을 때도 김정일 위원장이 했습니다.

그래서 이런 점에 있어서 우리는 "주한 미군이 긴장을 강화시키고 여러 가지 분규를 일으키는 쪽으로 행동을 하느냐. 아니면 여기서 주변 강대국들의 자의적인 야심을 억제하면서 한반도 평화를 지키고 동북아시아의 평화를 지키는 방향으로 하느냐"가 문제라고 생각합니다.

그것을 (결정하는 역할은) 우리에게도 있습니다. 우리가 "주한 미군은 어디까지나 평화를 중시하고 방위를 위해서 있는 것이지, 전쟁을 위해서 있는 것이 아니다" 하는 것을 확실히 하고 또 이 점에 있어서 북한이 같이 협력을 해야 합니다.

그렇게 되면 주한 미군은 선기능을 할 수 있다고 생각합니다.

북한 미사일 문제, 어떤 영향을 미칠까

문정인 현재 핵 문제 못지않게 다시 불거진 문제가 미사일 문제라고 생각합니다. 이 미사일 문제 어떻게 보십니까? 어떻게 다루어야 할까요?

김대중 지금 미사일 문제가 돌출돼 가지고 (있습니다.) 이것이 만일 실제로 발사되어서 미국 본토 가까이까지 가는 것이 입증되면 상당한 문제가 생길 것으로 보고 있습니다. 그리고 미국의 네오콘이라든가 일본의 극우 세력 이런 사람들은 아주 좋다구나 하고 군비 강화 혹은 재군비 방향으로 달려갈 것이라고 생각합니다.

그 사람들의 진짜 목표는 북한이라기보다는 중국입니다. 그런데 지금 중국을 목표로 할 수 없으니까 북한을 말썽거리 악당으로 만들어서 그렇게 분위기를 조성해 가는 면도 있습니다. 전부 그런 것은 아니지만요.

그래서 이번에 만일 미사일 발사하면 틀림없이 전쟁 선호하고 냉전주의적인 사람들이 이것을 최대로 악용할 것이고, 그래서 상당히 부정적인 결과가 나올 가능성이 있다고 생각해서 지금 걱정하면서 보고 있습니다.

문정인 고르바초프 전 대통령님께서는 북한의 미사일 문제에 대해서 어떻게 생각하십니까?

고르바초프 지금 세계 곳곳의 언론이 북한 미사일 문제에 대해 보도하고 있는데요. 마치 상당히 심각한 문제인 것처럼 말하고 있습니다. 그러나 제 생각으로는 아무 일도 없을 것으로 봅니다. 단지 게임이 진행 중이라고나 할까요. 북한은 일종의 도박을 하고 있는 것이죠. 긴장을 강화하는 것입니다. 저는 이로 인해 국가 간에 불신이 더 커질 것으로 생각합니다.

국가 간에 신뢰가 없다면 아무것도 해결할 수 없습니다. 북·미 양자 간에는 물론 6자회담 당사국 사이에도 신뢰를 구축해야 합니다. 주변국 사이에 신뢰가 구축되어야만 세계에서 매우 중요한 지역인 한반도에서 긴장이 해소될 수 있고 한국인의 뜻대로 평화를 정착시킬 수 있을 것입니다.

6자회담, 어떻게 풀어야 하나

문정인 작년 9월 19일, 제4차 6자회담에서 베이징공동선언이 나오지 않았습니까. 그래서 북핵 문제, 한반도 평화 정착 문제 그리고 동북아의 다자간 안보 협력 문제가 다 광범위하게 다루어졌습니다. 그래서 우리는 상당히 큰 희망을 가졌습니다.

그런데 갑자기 북한 위조지폐 문제, 돈세탁 문제가 나오면서 모든 것이 다 교착상태에 빠져 있거든요. 이것을 어떻게 봐야 할까요? 그리고 어떻게 풀어 나가야 6자회담이 활성화되면서 핵 문제부터 한반도 평화 정착, 동북아 다자 협력까지 풀어 나갈 수 있을까요?

김대중 (지난해) 9월 19일 합의가 상당히 잘된 것 아닙니까. 그렇게 되니까 위조지폐 문제가 돌출했단 말입니다.

거기에는 그런 합의와 건설적인 발전을 별로 바라지 않는 냉전주의적인 사고를 가진 사람들, 자꾸 긴장을 조성하려고 하는 사람들이 이런 위조지폐 문제에 관여했거나 아니면 환영을 하고 있다고 생각합니다. 그래서 실제로 그 사람들 목적대로, 지난해 9월 19일 좋은 성명 발표해 놓고, 지금은 완전히 정체 상태에 있거든요. 그러면 미국은 북한을 어떻게 할지 해결책이 있나? 미국도 없는 것입니다. 그래서 미국 내에서도 자꾸 "직접 대화해야 된다. 줄 것은 주고, 받을 것은 받는 일을 하라"는 이야기 나오고 있습니다.

그래서 6자회담 참가국들이 한반도 평화 문제에 대해 계속 노력해서, 한반도에 평화가 오는 것을 바라지 않는 그런 사람들에게 결코 이익을 줘서는 안 된다고 생각합니다.

그리고 북한과 우리 남쪽이 서로 협력해서 외부의 부정적인 공격이 스며들지 못하도록 혹은 성공하지 못하도록 해야 합니다.

솔직한 얘기로 북한이 하는 일이 때때로 강경파들, 미국에서 네오콘이라든가 일본에서 극우라든가, 이런 사람들만 좋게 하고 신나게 하는 일이 간혹 있습니다. 그것은 본의가 아니겠지만 그런 점에서도 매우 주의해야 한다고 생각하고 있습니다.

문정인 고르바초프 전 대통령님께 한 가지 여쭈어보겠습니다. 이번에 광주(노벨상) 정상회의에서 채택한 「광주선언」을 보면 "6자회담을 상설화시키자, 그렇게 해서 이것을 유럽의 '다자안보협력' 체계와 같이 구축해 나가자"는 논의가 있었습니다. 이것이 가능할 것 같습니까? 일부에서는 6자회담의 상설화가 너무나 이상적인 것이 아닌가라는 주장도 있는데요.

고르바초프 제가 먼저 말씀드리고 싶은 것은 바로 이 6자회담이라는 기구가 생기고 나서 불과 얼마 지나지 않아 이 기구의 잠재력을 볼 수 있었다는 점입니다. 어떻게 해서든 이 틀을 유지하고 잘 활용해야 합니다. 분명히 이 6자회담을 가지고 게임을 하고 회담이 성공적으로 진행되지 못하도록 방해하려는 측이 있을 것입니다.

그러나 6자회담의 지속을 막는 어떤 사건이나 영향에 대해서도 굴복하지 않고 이 틀은 계속 유지되도록 해야 합니다. 제 생각에는 여론이 중요합니다. 한 국가의 여론뿐만 아니라 동북아 지역, 나아가 세계의 여론이 6자회담에 강한 영향력을 행사하도록 해야 할 것입니다.

시민사회의 역할도 중요합니다. 시민사회가 여론을 형성하고, 또 6자회담 차원에서 정책이 실현되도록 영향을 미칠 수 있다고 생각합니다. 미래를 위해 새로운 질서를 준비한다는 것은 매우 광범위한 문제입니다.

아시아·태평양 지역에는 많은 기구들이 있습니다. 군사 안보 분야 외에도 경제 관련 기구 등 다양한 형태가 있습니다. 그 메커니즘도 다양합니다. 그런데 제가 말하고 싶은 것은 이런 다양한 기구들 중에서도 한반도 문제를 논의하기 위한 '6자회담'의 잠재력이 대단히 크다는 점입니다. 한반도는 아시아·태평양 지역의 다른 어떤 곳보다도 세계의 방향을 좌우할 만큼 큰 변화가 일어나고 있는 곳이기 때문입니다.

그리고 6자회담이라는 메커니즘은 북핵 문제를 해결하기 위해 생겼지만, 결국 이 메커니즘은 이 지역의 다른 문제를 해결하는 데도 이용될 수 있을 것입니다. 6자회담은 그럴 만한 자격이 있다고 봅니다.

이것은 중요한 문제로서 여러 가지 경우를 고려해 봐야 하니까 아직 제가 확정적으로 말할 수는 없을 것입니다.

그러나 한 가지 분명하게 말할 수 있는 것은, 6자회담은 전적으로 한반도 문제를 해결하기 위해 활용되어야 한다는 점입니다.

문정인 김대중 전 대통령님께서는 재임 중에 동아시아의 '다자협력'에 대해서 큰 지평을 열었습니다. '아세안+3'도 만드셨고, 그다음 '동아시아비전그룹'을 통해 동아시아 공동체의 비전을 만들었습니다. 그래서 경제 부분은 상당히 많은 진전을 가져왔는데, 대통령 재임 중에 안보 부문에 있어서 '다자안보협력'은 그렇게 큰 성과는 못 봤다고 보거든요. 그래서 6자회담의 상설화 문제와 김 전 대통령께서 보시는 미래의 '다자안보협력' 문제를 어떻게 연관시켜서 볼지 말씀해 주십시오.

김대중 동아시아 안보의 핵심은 동북아시아입니다. 동북아시아의 안보 문제에 관련한 나라들이 모두 6자회담에 관계되어 있습니다.

그래서 저는 지금부터 35년 전, 1971년 대통령 선거에 출마했을 때도 '4대국 한반도 보장론'을 이야기했습니다. 지금 6자라는 것은 그 4대국에 남북한이 합쳐져서 6자입니다. 대통령 퇴임 후 최근에도 6자회담 상설화를 주장했고, 중국 가서 장쩌민 주석하고 외교 담당 국무위원인 탕자쉬안唐家璇 씨를 만나서도 이 이야기를 했는데, 탕자쉬안 씨가 나중에 저한테 "우리 중국은 당신 생각을 지지한다"고 했습니다. 또 미국 내에도 그런 생각을 가진 분들이 있습니다.

한반도의 평화는 핵 문제 하나 해결된다고 다 끝나는 것이 아닙니다. 미사일도 있고 대량살상무기, 기타 여러 가지 화학무기들이 있지 않습니까. 그래서 한반도 평화, 동북아시아 평화를 위해서는 6자가 협력만 하면 흔들림 없이 나갈 수 있습니다. 그래서 이 문제는 계속해서 우리가 추진해 나가야 한다고 생각합니다.

북한의 개혁 개방과 남북 경협 확대 방안

문정인 이번에는 북한 경제 이야기를 좀 나눴으면 합니다. 2002년 7월 1일 조치 이후에 북한이 개방 개혁 쪽으로 가는 것은 분명한 사실입니다. 그러나 개방과 개혁의 속도가 너무 더디지 않으냐는 말도 있습니다. 그리고 요즘 특히 우려가 되는 부분은 중국과 북한의 경제 협력이 가속화되고 있는데, 어떤 분들은 "북한이 결국 중국 동북 3성 일부가 되는 것이 아닌가, 아니면 발해만 경제권의 일부가 되는 것이 아닌가?" 하는 우려를 제기하고 있습니다.

김 전 대통령님께서는 북한 경제 개방 개혁의 속도와 폭, 중국과 관계 등의 맥락에서 남북한 경협의 방향을 어떻게 잡아야 하는지 말씀해 주셨으면 합니다.

김대중 북한은 경제를 개혁 개방하는 것만이 자기들이 살길이라고 확실하게 알고 있습니다. 그런데 개혁 개방이 성공하기 위해서는 국제통화기금IMF에서 돈도 빌리고 세계은행, 아시아은행에서도 빌리고 또 외국 투자도 유치해 와야 하는데, 그것을 할 수 있도록 해 주는 나라는 미국입니다. 지금 미국이 다 막고 있거든요. 그러니까 이것이 속도를 내서 갈 수가 없죠.

그래서 이 문제도 결국은 6자회담에서 핵 문제가 해결되면 북한에 대한 그런 경제적 족쇄가 풀려나가지 않겠나… 이렇게 보고 있습니다. 그 사이 중간적인 조치로서 중국이 지원하고 있고 우리가 지원하고 있는데, 중국이 북한을 동북 4성으로 만들려고 한다는 것은 과장된 이야기입니다. 나는 중국이 그런 생각을 지금 구체적으로 가지고 있다고는 보지는 않습니다.

그런데 지금 북한 소비재의 거의 80퍼센트가 중국서 오고 있습니다. 북한 상점에는 중국 상품 일색이에요. 구체적인 산업 분야에도 투자하기 시작했고… 그런데 내가 분명히 아는 것은, 북한은 중국에 예속되는 경제체제 만드는 것을 절대로 바라지 않습니다. 그 점에 대해서 상당한 경계심을 가지고 있습니다.

그러나 그 사람들은 지금 길이 없지 않습니까. 국제적으로는 (지원이) 안 돼, 미국이 막아 버려서… 또 우리도 한계가 있어, 그래서 지금 중국밖에 없는데, 이렇게 (북한을) 계속 견제하고 억압하면 본의 아니지만 북한이 중국에 끌려들어 갈 가능성은 상당히 있다고 봅니다.

그렇기 때문에 우리도 북한에 진출해서 중국하고 같이 서로 견제하고 서로 협력하면서 북한 경제를 살려 주는 조치가 필요합니다. 또 그것이 우리의 이익입니다. 우리는 북한에 진출해야 중소기업도 살릴 수 있고, 또 북한에 가서 사회간접자본에 투자해야 앞으로 남북 통일 경제에 있어서 나라를 발전시켜 나가는 길을 이을 수 있습니다.

무엇보다도 중요한 것은 북한을 거쳐서 압록강을 건너 가지고 유라시아 대륙으로 나가는 것입니다. 우리는 말이 반도라고 하지만, 바다로도 가고 육지로도 가는 것이 반도인데, 우리는 육지로 못 가고 있습니다. 북한하고 문제가 해결돼서 철도가 열려야 합니다. 저는 6·15정상회담 때부터 철도 이야기 자꾸 하고 있고 또 현재 러시아 푸틴 대통령하고도 이 문제를 가지고 많이 이야기하고 있습니다. 이것은 모든 관계국에게 이익이 됩니다. 북한도 이익이 되고 우리도 이익이 되고 러시아도 중국도 이익이 되는 것입니다. 유라시아 대륙으로 철도가 나가려고 하면 북한 철도를 우리가 복선화시키고 현재 노후화된 철도 시설을 보수해야 합니다.

그렇게 하면 우리 한국이 21세기 세계 경제 속에서 비약적인 발전을 할 것이라고 봅니다. 흔히 하는 말로 과거를 '한강의 기적'이라고 하지만, 이제는 '압록강의 기적'을 이룩할 수 있습니다. 이런 생각으로 북한 경제 지원을 가난한 친척에게 속으로는 귀찮게 생각하면서 할 수 없이 준다는 식으로 생각하지 말고, 이것이 남한의 중소기업들을 북한에 진출시켜서 살리는 길이고, 이것이 평화를 강화시킴으로써 우리나라에 외국 투자가 늘게 하고 우리나라 기업인들이 더 많은 활동을 할 수 있게 하는 길이고, 이것이 우리가 유라시아 대륙으로 나가서 결국은 세계 경제 속에서 한국이 우뚝 서는 길이다… 하는 생각을 가지고 봤으면 좋겠습니다.

문정인 한 가지 민감한 질문을 해 보겠습니다. 남북한 경제 교류 협력의 중요성을 상당히 강조하셨는데 만일 북한 핵 문제라든가 미사일 문제로 긴장이 고조되는 상황에서도 개성공단, 금강산 사업, 중소기업의 대북 진출이 계속되어야 한다고 보십니까?

김대중 그렇게 경제적 협력이 계속되기 위해서는 아까 고르바초프 대통령께서도 이야기했지만 반드시 안보 문제가 해결되어야지요. 그게 안 됐는데 돈 가지고 가서 투자할 사람이 누가 있겠습니까.

그리고 또한 북한은 그런 사람들에 대해서 적극적인 지원을 해 주고, 안전한 사업 경영을 보장해 주고, 그리고 북한은 스스로가 절대로 전쟁을 바라지 않는다, 스스로는 어디까지나 평화를 바란다는 점을 확신시켜 줘야 합니다. 그래서 그 두 가지 문제… 북한의 안전 평화 문제와 우리의 투자 문제, 이 두 가지가 결국 서로 연계되어 있다고 생각합니다.

고르바초프 제가 몇 마디 보충하겠습니다. 제가 아는 정보에 의하면 북한도 역시 남북 경협에 대해 어떤 의구심 같은 것을 가지고 있는데요. 제 생각에는 어떤 경우에도 이미 시작된 남북 경협은 계속되어야 한다는 것입니다. 이런 경제 교류를 통해 남북 관계가 안정적인 방향으로 나아가도록 전반적인 영향력을 행사해야 합니다. 제가 말하고 싶은 것은 남측의 노력 없이는 결코 많은 것을 얻을 수는 없습니다.

그렇다고 북한을 마치 동생 보듯 하라는 것은 아닙니다. 말하자면 약소국이라서 마음대로 좌지우지할 수 있다는 식으로 대한다면 북으로부터 아무것도 얻을 수 없을 것입니다. 그렇게 되면 북한은 "어떻게 버텨 내야 할 것인가" 하는 문제 앞에서 다른 해답을 찾으려 할 것입니다. 군대를 동원하고 무력에 의존하려 할 것입니다. 그러면 다시 긴장이 발생하겠죠.

문정인 고르바초프 대통령께서는 사실상 소련 사회주의경제의 대전환을 만드신 장본인이십니다. 특히 개방, 글라스노스트, 개혁 페레스트로이카라고 하는 개념을 만들고 과거 소련에 전반적인 변화가 오도록 하셨습니다. 그때의 경험에 비추어 봤을 때, 지금 북한은 어떠한 형태의 개방과 개혁을 해야 한다고 보십니까?

고르바초프 예, 우리 러시아에는… 다른 나라가 우리로부터 배울 만한 경험이나 교훈도 있고, 동시에 다른 나라가 피해야 할 부정적인 경험도 있습니다. 이런 점에서 저는 김대중 대통령께서 말씀하신 것과 관련해 몇 가지 주목해 주셨으면 하는 점을 말씀드리겠습니다.

우선 북한의 경제 개혁은 과연 성공할 것인가의 문제입니다. 그것은 북한 개혁의 내용과 수준, 속도 등 여러 가지 요인에 따라 결정될 것입니다. 그런데 여기서 가장 중요한 것은 바로 "체제 자체를 어떻게 할 것인가"입니다. 과거 소련에서 개혁 개방을 할 때는 어떻게 해서든 기존의 사회주의 체제를 유지하면서 모든 개혁을 하려고 했습니다. 하지만 그렇게 되지는 않았어요.

기존의 체제란 변해야 하는 것이었고 또 어떤 형태로든 변할 수밖에 없었습니다. 문제는 기존의 사회주의 체제를 "어떤 형태로 바꾸어 갈 것인가"입니다. 러시아의 경험에서 출발해야 하는가, 중국의 경험을 끌어와야 하는가, 아니면 베트남의 경험을 본떠야 하는가. 이것은 북한 스스로가 결정해야 합니다.

핵심은 "사람들이 어떻게 바뀌도록 할 것인가"입니다. 사람들에게 동기 유발이 있어야 합니다. 바로 이런 차원에서 기존 체제를 변화시켜야 한다는 것입니다. 사람들을 고무시켜 새로운 성과가 나오도록 해야 하는 것입니다.

그 방법은 시장경제를 도입하는 것입니다. 다른 여러 가지 동기 유발을 위한 정책을 시도해 봤지만 아무것도 성공하지 못했습니다. 과거 사회주의 국가들은 지금 각 국가마다 나름대로의 방법으로 시장경제를 도입해 가고 있습니다.

물론 북한도 이러한 길을 걷고 있는데요. 북한이 서둘러서는 안 됩니다. 북한을 재촉해서도 안 됩니다. 만일 내부에 혼란이 생겨 상황이 급박해지면 모든 것을 망칠 수 있습니다. 북한은 인력 양성을 위해 남한으로 사람을 보내 배우게 하고 또 이곳(남한)에서는 어떻게 일을 하는지 보여 주어야 합니다.

김대중 전 대통령께서도 좋은 말씀을 하셨습니다. 한국의 중소기업을 북한으로 보내서 기술을 전수하고, 북한 사람들과 함께 전망 있는 사업을 같이 하면 좋을 것입니다. 그러면 일자리도 생길 것이고 사람들의 소득도 늘게 됩니다. 단 전체적으로는 안정이 필요하고요.

문정인 그런데 고르바초프 대통령께서 조금 전에 상당히 본질적인 문제를 제기했다고 생각되는데요. 그것은 "경제 개혁의 속도와 정치 개혁의 속도를 어떻게 조화시키는가" 하는 문제입니다.

개방 개혁을 많이 해서 북한 체제에 위협이 된다면 북한은 할 수가 없게 됩니다. 그래서 어떻게 하면 정치적 안정을 유지하면서 그 안에서 개방 개혁을 해야 하는가… 이것이 아마 북한 지도부의 가장 큰 고민일 것이라고 생각됩니다. 고르바초프 대통령께서는 직접 체험을 하셨는데 북한의 이 문제에 대해서는 어떻게 생각하시는지요?

고르바초프 예, 우리가 과거 소련에서 개혁을 시작했을 때… 개혁을 진전시켜 나가자 당시 소련의 지배 계층은 저항하게 되었습니다. 공산당 간부와 관료들이었죠. 특히, 기업의 권한이 확대되는 데에 대한 저항이 심했지요. 그렇게 되면 경제를 감독하는 당위원회의 입지가 도전받게 된다고 생각했기 때문입니다. 개혁을 하려면 이러한 저항까지 모두 고려해야 할 것입니다.

그래서 북한은 경제 개혁을 점진적으로 단계를 밟아 해 나가야 합니다. 그들을 빨리하라고 재촉하면 안 됩니다. 그러면 위험합니다. 우리는 이랬습니다. 옛 소련의 보수 진영은 아무것도 변화시키지 않으려 했던 반면, 민주 진영은 장애물을 딛고 오로지 전진, 전진해 나가야만 한다고 말했습니다. 이것이나 저것이나 양쪽이 다 극단적으로 가는 것은 위험합니다. 최적의 길을 찾아야 합니다.

김대중 문제는 중요하니까 한마디 하겠는데…. 정치 (개혁)하고 경제 개혁을 어떻게 조화해서 나가는가 하는 문제인데, 러시아와 동유럽은 정치 개혁과 경제 개혁을 병행해서 했습니다.

그런데 중국이나 베트남은 정치는 그대로 가면서, 말하자면 체제를 유지하면서 경제만 근대화하는 방식으로 해서 상당한 성과를 올리고 있습니다. 내가 볼 때, 북한은 당연히 중국식이라는 말은 싫어하지만, 중국이나 베트남같이 체제는 유지하면서 경제를 발전시키는 것을 할 것입니다.

그러나 세상에는 다 이치가 있습니다. 경제가 발전되면 중산층이 성장됩니다. 중산층이 성장되면 결국에는 정치 개혁을 요구하게 됩니다. 영국 산업혁명 때도 그랬고, 프랑스 대혁명도 그런 중산층 요구를 안 들어주었기 때문에 대혁명이 일어난 것입니다.

지금 중국도 벌써 3년 전에 공산당 당헌을 바꿔서, 공산당 당원 자격으로 노동자·농민 한 계층으로만 했던 것을, 이제는 지식인과 기업가까지 포함하는 '3개 대표론'을 장쩌민 주석이 내세웠습니다. 그것은 변화를 말하고 있는 것입니다. 처음에는 북한도 중국식을 따라가겠지만 결국은, 경제가 발전되려면 더구나 급속히 발전되려면 그런 정치적 변화가 없이는 안 되기 때문에 변화가 올 것으로 봅니다.

고르바초프 잠시 저의 의견을 말씀드리겠습니다. 중국과 베트남은 경제 개혁을 하고 있는데요. 경제 정책은 변화시키면서도 기존 정치체제를 유지하고 있습니다. 제가 말씀드리고 싶은 것은, 중국에서는 경제 개혁을 시작하기 전에 문화혁명이 있었다는 점입니다.

문화혁명의 핵심은 당시 경제 개혁을 추진하던 세력을 축출하는 것이었습니다. 중국공산당 안의 보수 세력들이 문화혁명을 도구로 정치투쟁을 했던 것이지요.

중국은 15년 만에야 문화혁명으로부터 벗어날 수 있었습니다. 개혁 개방이 본격적으로 이루어지기 전에 문화혁명과 같은 정치적 조치가 먼저 있었던 것이죠. 기존 사회주의 체제를 유지하면서 경제 개혁을 한다고 해서, 경제만 변하고 당이나 정치는 전혀 변하지 않을 수 있다는 것은 아닙니다. 체제는 항상 변하고 있습니다. 단 점진적으로 변하는 것이죠.

정부의 역할이 변하고 당도 변하게 됩니다. 그러나 국가마다 사정에 따라 진행되는 것이죠. 그러니까 경제 개혁과 함께 정치체제가 성공적으로 변해 가려면 바로 그 나라의 토양에서 나온 것이어야 합니다. 다른 나라에서 가져올 수 없는 것입니다.

그 나라의 문화, 경제 상황 등을 고려한 것이어야 합니다. 교육, 학문 등 그 나라가 가진 모든 요소를 고려한 것이어야 하죠. 결국은 체제 개혁을 하고 있는 사회주의 국가들은 어떤 기준이나 방향으로서의 민주주의 원칙은 따르면서도 저마다의 방식을 찾는 것입니다.

북한 인권 문제, 어떻게 대응해야 하나

문정인 그런데 지금 일각에서는 북한의 인권 문제가 상당히 논쟁화되고 있습니다. 한국 정부는 인권을 주장하면서도 북한 인권에 대해서는 외면하고 있다는 주장이 많습니다. 김 전 대통령님께서는 어떻게 생각하시는지요?

김대중 저는 그 문제에 대해서… 제가 청와대에 있을 때인 2002년 2월, 부시 대통령이 청와대에 오셨습니다. 바로 한 달 전 1월에 이라크와 이란과 북한을 악의 축으로 지정하고 온 거예요.

그때는 북한을 공격한다는 말도 있었고 해서, 나도 상당히 긴장해서 맞이했는데, (부시) 대통령이 만나자마자 북한 인권 문제를 이야기하면서 북한을 완전히 비난했습니다. 백성들 밥도 못 먹이면서 전쟁 준비나 하고… 이런 이야기를 했어요. 그래서 내가 부시 대통령에게 이야기했습니다.

"물론 북한 인권이 좋지 않은 것은 다 안다. 그런데 그런 인권 문제에 있어서 지금 압박한다고 해서 되는가. 당신들이 50년 동안 인권 문제 가지고 소련을 압박하고 냉전했지만 바꾸지 못했고, 중국도 그렇게 했지만 못 바꾸고, 베트남도 그렇고, 지금 쿠바같이 바로 눈앞에 있는 조그만 섬도 못 바꾸고 있지 않은가.

그러면 어떻게 해서 바꾸었는가. 소련하고 동유럽하고 유럽안보협력회의, 헬싱키협정을 만들어서 서로 교류하고 협력하는 체제를 만드니까 소련 사람들이 세계를 알게 되었던 것이다. 그러자 이래서는 안 되겠다고 하는 기운이 일어나니까 고르바초프 대통령이 그것을 장악해서 위대한 페레스트로이카 혁명을 한 것이다. 중국도 안 되니까 닉슨이 중국에 가서 마오쩌둥을 만났다. 그래서 결국은 중국의 안전 보장, 국제연합UN 가입, 국교 정상화를 이야기하면서 마오쩌둥이 같이 동의하여 덩샤오핑을 등용했고 개혁 개방을 해서 오늘날

같이 변한 것 아니냐. 베트남하고는 공산주의 인권 문제 해결한다고 전쟁까지 했지만 결국 못 이기고 나왔는데, 지금 외교하고 교류하니까 모든 것이 잘돼 우리가 안심하고 가서 투자할 수 있는 나라가 되었고, 과거에 비하면 인권도 많이 개선되어 가고 있는 것이다.

결국 공산당의 변화는 개혁 개방으로 유도할 때 되는 것이지, 외부에서 압력 가하면, 오히려 이것을 '제국주의적 세력의 음모'라고 구슬려 가지고 백성은 더 교화되고, 더 독재를 강화한다. 그래서는 안 된다."

그랬더니 부시 대통령이 납득을 해서 기자회견 하면서 "북한을 공격하지 않겠다. 북한하고 대화하겠다"(고 했어요.) 내가 대화하라고 (했어요.)

당신들 나쁜 짓 하는 사람하고 대화하지 않는다는데, 대화에는 나쁜 짓 한 것, 좋은 일 한 것이 문제가 되는 것이 아니라, "필요한가? 이익이 되는가?"가 문제다, 레이건 대통령은 소련을 악마의 제국이라고 해 놓고도 대화하지 않았느냐, 당신네는 6·25전쟁 때 전쟁 도발한 사람들하고 전쟁 중에 대화해서 휴전협정을 맺지 않았느냐, 그런 소리 하지 말고 대화해야 한다, 이 얘기를 했더니 대화하겠다고 선언했어요. 식량도 주겠다고 했는데, 그런데 그 이후에 제대로 안 됐습니다.

문정인 고르바초프 대통령께서는 북한 인권 문제에 대해서 어떻게 생각하십니까?

고르바초프 인권은 매우 근본적인 문제입니다. 경제 개혁의 성과가 없어 생활에 활력을 주지도 못하고 또한 사람들은 전체주의 체제 아래에서 통제를 받아, 학문이나 비즈니스, 문화 등에서 자신들이 이니셔티브를 가질 수 없다면, 인권이라는 것은 아주 중요한 문제로 떠오릅니다.

그렇다고 해서 모든 분야의 인권 문제를 동시에 해결해야 하는 것은 아닙니다. 국가별 상황과 문화에 따라 비전을 가지고 매우 주의 깊게 개선해 나가야 하고 또 시간도 필요합니다.

페레스트로이카를 옛 소련 공산당 관료들이 저지하려 했을 때 옐친의 그룹은 이에 반대하며 모든 문제를 빨리 해결하려고 했습니다. 사유재산을 확대하고 국영기업을 사유화하는 등 모든 조치를 빨리 진행하려고 했습니다. 그 결과 소련이 붕괴된 것입니다. 매우 위험한 교훈인 것이죠.

그다음 푸틴 대통령에 와서야 러시아는 정치적 안정과 함께 경제 성장이 시작되었습니다. 모두 주의 깊게 봐야 할 부분입니다.

김대중 조금 전에, 한국은 북한 인권에 대해서 관심이 부족하다는 국제 여론에 대해 이야기를 했는데, 인권에는 정치적 인권이 있고 또 사회적 인권이 있습니다.

정치적 인권은 영국에서의 1688년 명예혁명 이후 시작되어 영국 산업혁명 이후 부르주아 중산층이 일어남으로써 정치적 인권, 언론·집회·결사의 자유 같은 것이 본격화된 것입니다. 역사는 길지 않습니다.

그러나 사회적 인권이라는 것은 수십만 년 전에 인류가 이 지구상에 태어난 그 시간부터 먹어야 살고, 어린 애는 어머니 젖까지 먹어야 삽니다. 그리고 병들면 고쳐야 해요. 그러한 인권은 오랫동안 계속되어 왔습니다.

먼저 정치적 인권에 대해서 보면, 조금 전에 말한 바와 같이 공산국가는 개혁 개방이 안 되는 이상, 효과가 없기 때문에 (북한의 정치적 인권 개선이) 큰 효과를 못 올리고 있지만, 다만 북한에서 탈출한 사람들을 약 8,000여 명 받아들여서 여기에 생활 터전을 마련해 주는 것은 부분적으로 하고 있습니다. 다음으로 사회적 인권에 대해서 보면, 우리가 식량을 보내 주고 있지 않습니까. 비료 10만 톤 보내면 증산이 10만 톤 더 됩니다. 그러면 20만 톤이 됩니다. 그리고 의약품 같은 것도 보내 주지 않습니까.

이렇게 해서 북한 사람들이 지금 굶주리지 않게 하기 위해 많은 도움을 주고 있습니다. (북한의) 사회적 인권에 대해서는 세계 어느 나라보다 우리가 기여하고 있는 것입니다. 그러나 우리가 만일 정치적 인권을 떠들면 북한과의 관계가 여기서 전부 뒤죽박죽이 되어 버립니다. 성과도 못 올리면서 혼란만 가지고 오는 일을 우리가 하는 것은 현명하지 못합니다.

다만 세계의 다른 국가들이 북한에 인권 문제가 있다고 생각하면 그 분들이 이야기하는 것은 자유입니다. 그러나 그것을 똑같이 우리보고도 하라는 것입니다. 다른 상황에 있는 나라더러 그렇게 하라는 것은 현실적인 이야기가 아니라고 생각합니다.

한반도 평화와 동북아 다자안보 체제의 가능성

문정인 우리 한반도의 평화 안정이라고 하는 것은 동북아의 전반적인 전략 구조하고 분리해서 볼 수는 없는 것이 아니겠습니까. 그런데 요즘 보면 '중국 위협론'이라고 하는 것이 중국의 부상과 더불어 크게 대두되고 있습니다. 그러면서 미국은 일본하고 동맹을 강화시키면서 중국을 보이지 않게 고립시키고 억제하려고 하는 움직임도 있습니다. 이런 것이 한반도와 동북아의 평화·안정에 주는 함의는 무엇일까요? 한국 정부는 여기에 어떻게 접근해 나가야 할까요?

김대중 중국이 지금 바라는 것은 오랜 가난에서 벗어나고, 그동안 여러 가지 굴욕의 역사가 있었는데, 정상적인 국가가 되고, 그리고 지금도 수많은 빈곤층이 있습니다.

그것이 5,000만 명이라고도 하고 1억 명이라고도 하고 또 몇억 명이라고도 합니다. 그런 문제 때문에 매일같이 지방에서 시위가 일어나고 말썽이 생기고 있거든요. 중국도 지금 절대로 안심할 수 있는 것은 아닙니다. 그래서 중국은 경제 발전에 전념하고 싶어 한다고 나는 봅니다.

중국이 지금 대외적으로 제2의 미국이 되고 그래서 세계국가가 되고 지배자가 되길 바란다고는 보지 않습니다. 만일 그렇게 나오게 되면 많은 부작용이 있을 것입니다. 또 미국이 있고 일본이 있고 모든 나라가 있는데 중국의 그런 야심이 쉽게 이루어질 것도 아닙니다.

먼저 그렇게 하지 말고(중국 위협론을 제기하지 말고), 모두 중국과 대화를 해서 중국도 좋은 방향으로 개혁 개방을 하고, 민주화도 하고, 인권도 신장시키고… 이런 방향으로 하도록 해서 중국도 같이 안심하고 살 수 있는 나라가 될 수 있으면 좋은 것 아닙니까.

문정인 유럽에서는 '러시아 위협론' 이라는 것이 없습니다. 러시아는 유럽안보협력기구OSCE의 일원이고, 나토 국가들하고도 잘 지냅니다. 이런 현상이 왜 동북아에서는 없는 것일까요?

고르바초프 이제 이 문제에 대해 동북아에서도 모색이 시작된 것입니다. 6자회담과 같은 기구에 앞으로 더 많은 나라들을 포함시킬 수도 있습니다. 어떤 구상이 유효할지는 두고 봐야 알겠죠.

유럽의 경우 안보협력회의와 같은 기구는 1975년부터 시작돼 지금의 안보협력기구로 발전해 왔습니다. 이 회원국들이 지난 1990년에는 파리헌장을 채택했죠. 유럽에서 "대결과 분열의 시대는 종말을 고했다"고 선언한 것입니다. 유럽에서는 이런 다자간 안보협력이 계속돼 왔고 앞으로도 계속될 것입니다.

제가 소련 지도자였던 지난 1986년, 블라디보스토크 선언을 통해 동아시아 국가 간 안보협력기구를 제안한 적이 있습니다. 이 지역의 모든 상황을 관찰해서 평가하고, 특정 지역에 위험이 있을 경우 적시에 개입해서 해결할 수 있어야 한다는 것이었죠.

그런데 아무도 반응을 보이지 않았어요. 유일하게 코멘트를 한 사람이 존 볼 턴인데, 그가 동아시아에 와서 말하기를 고르바초프가 제안한 것은 너무 유토피아적이라는 것입니다. 그러나 이제는 아닙니다. 바로 그 시기가 온 것이죠.

김대중 그래서 현재로서는 중요한 것이, 6자회담을 성공하도록 하는 것입니다. 6자회담이 성공하면, 지금 중국 문제의 당사자인 중국은 물론 일본, 미국, 한국 등의 나라들이 모든 문제를 협의로써 풀어 나갈 수 있다는 자신이 생기고 또 그럴 수 있는 토대가 생깁니다.

우리가 잘 알듯이 중국이 북한하고 가깝지만 핵 반대하지 않습니까. 그리고 북한 보고 국제사회에 협력하라고 하지 않습니까. 그런 것으로 볼 때도 중국을 나쁘다고만(위협이라고만) 생각할 것이 아닙니다.

이런 점에서 한국 일본, 미국, 중국 그리고 러시아와 북한도 포함하는 6자회담 당사국이 협력 체제를 앞으로도 계속 유지해 나가야 합니다. 6자회담은 아주 잘 만든 것입니다.

한반도나 동북아시아에 영향력 줄 수 있는 나라가 다 끼어 있습니다. 그렇기 때문에 여기서 이야기가 되면 그 누구도 이의를 제기할 수 없습니다. 확실한 보장이 됩니다. 그래서 이 6자회담 중요성을 우리 국민도 한 번 더 인식하고, 6자회담이 잘되도록 바라고 지원해야 하지 않을까 생각합니다.

문정인 장시간 감사합니다. 지금까지 두 분의 지도자로부터 한반도와 동북아의 평화 번영을 위한 새로운 대안을 모색해 봤습니다. 오늘 얻을 수 있는 교훈은 명백합니다. 강압과 대립보다는 화해와 협력, 급진적 변화보다는 점진적 변화, 일방주의보다는 다자주의 협력, 그리고 열린 마음으로 서로를 이해하고 안정을 모색할 때 동북아와 한반도에 평화 번영이 온다는 것입니다. 장시간 감사합니다. 여기서 오늘의 특별 대담 마치도록 하겠습니다. 대단히 감사합니다.

미국과 북한은 주고받는 협상을 해야 한다

시엔엔

—

2006년 9월 23일 오전 10시 30분, 미국 시엔엔CNN과 서울 동교동 김대중도서관에서 인터뷰한 것으로, 2006년 10월 7-9일에 걸쳐 시엔엔의 「토크 아시아Talk Asia」에 방송되었다.

—

질문 대통령님, 「토크 아시아Talk Asia」에 오신 것을 환영합니다. 우선 대통령님의 햇볕정책에 대해서 이야기를 나누기를 바랍니다. 햇볕정책이 아주 좋은 의도가 있다는 것을 알고 있지만 항상 비판가들도 있었다고 생각합니다. 대통령님께서 햇볕정책에 대해서 생각하신 것이 기대에 미치셨습니까?

김대중 남북 관계에 있어서는 상당히 햇볕정책이 잘 진전이 되었는데, 북·미 관계가 클린턴 정권 때는 잘 협조해서 됐지만 부시 정권 들어서면서 아주 악화되고 경색되어 햇볕정책의 진전에도 상당한 갈등을 가져온 것입니다. 햇볕정책은 완전한 성공이라고 할 수는 없지만 상당히 큰 성과를 올린 것이 사실인데, 무엇보다도 남북 간의 긴장이 크게 완화되었습니다. 그전에는 미국이 베트남에서 패전하고 나올 때나 또 판문점에서 북한 경비병이 총을 쏘거나 하면 공황 상태가 일어나서 피난 갈 준비를 하고 공포에 떨었는데, 남북정상회담 이후에는 그런 일이 없었습니다. 이번에 북한 미사일이 발사되고, 핵무기

495

제조 등 그런 문제가 있어도 국민들이 놀라지 않고 이제 북한을 많이 알게 되니까 북한에 대해서 자신감을 갖고 그런 문제에 대해서 한반도에서 우리 국민이 자신을 갖고 살아 나가는 데 많은 기여를 한 것이 햇볕정책이라고 생각합니다.

햇볕정책 이후에 북한 사람들의 생활에도 큰 변화가 있습니다. 이제 북한은 배급제도를 유지하는 계획적인 공산주의 사회가 아니라 각자가 알아서 살아가는 그런 시대가 되었습니다. 최근 북한 사회에는 장사하는 사람들이 아주 많이 퍼졌고 그러한 사람들은 북한 내부에서만이 아니라 국경을 넘어서 중국을 왕래하는 사람들이 굉장히 많습니다. 그런 사람들은 금지되어 있지만 경비병들에게 뇌물을 주면서 자유롭게 왕래하고 있습니다. 이렇듯 북한 사회가 내부적으로는 실질적으로 계획경제에서 시장경제로 바뀌어 가는 그런 큰 중요한 의미가 있습니다. 그전에는 남한에 대해서 불신과 증오 일변도였는데 우리가 식량을 주고 비료를 준 이후로 우리에 대해서 상당히 감사하고 부러워하고 그리고 "우리도 저렇게 잘살았으면 좋겠다"고 생각하는 등 남한에 대한 적대감이 크게 감소되었습니다.

질문 대통령님께서는 북한 사람들의 생활 개선 이런 이야기를 말씀하셨는데 북한 사람들은 갈수록 그렇지만 더 고립되어 가고 있다고 말씀드릴 수 있겠고, 이러한 것들이 또 북한의 미사일 발사나 김정일 정권 이런 것 때문이라는 것을 알고 있습니다. 김정일 위원장이라는 사람은 굉장히 가려져 있는 인물이고 겉으로 드러내기를 꺼리는 인물인 걸로 알려져 있는데 대통령님께서는 김정일 국방위원장을 직접 만나 보고 실제로 어떤 인물이었는지 말씀 좀 해 주시기 바랍니다.

김대중 아주 재미있는 질문인데요. 김정일 위원장은 그동안 외부에서 생각하던 그런 인물과 상당히 다릅니다. 이 점은 올브라이트 전 국무장관이 가서 보고 온 것도 그렇고, 일본의 고이즈미 전 총리도 같은 이야기를 하고 있고, 스웨덴의 페르손 전 총리도 그런 이야기를 하고 있습니다. 김정일 위원장은 상당히 머리가 총명하고 또 판단력이 빠르고 또 상대방의 말을 들으면 즉각 가부간의 결정을 하는 등 그런 장점이 있습니다. 물론 김정일 위원장은 철저히 일인 독재를 하는 사람이기 때문에 일인 독재의 폐해는 그것대로 우리가 생각해야 합니다.

질문 제일 유명하고도 사람들이 가장 신기하게 생각하는 대통령님과 김정일 국방위원장님과의 대화는 바로 북한 공항에 내려서 공항에서 차를 타고 두 분이서 함께 가실 때 나눴던 대화가 아닐까 싶은데 실제적으로 그때 무슨 대화를 나누었는지 사람들이 아무도 모르는 그런 상황입니다. 지금 대통령님께서 당시 무슨 대화를 나누었는지 밝혀 주실 수 있습니까?

김대중 우리나라에서 설명해도 잘 납득이 안 되는 그런 경우에는 "버선목을 뒤집어 보일 수도 없고 참 답답하다" 그런 말이 있습니다. 그때 저는 사실 김정일 위원장이 공항에 나올지 안 나올지 몰랐습니다. 그런데 나왔는데 국빈으로서 외국에 가면 영접한 차는 내가 혼자 타는데 내가 차에 타고 있으니까 누가 차에 '턱!' 앉더라고요. 보니까 김정일 위원장이 앉아 있어요. 그런데 타 본 사람은 이해할 수 있겠지만 약 60만 명의 사람들이 도로에 나와서 소리치고 꽃대를 흔들고 만세를 하는데 말해도 들리지도 않는 상태고 또 나는 아직 김정일 위원장과는 일면식도 없고 그런 중대한 대화를 할 때는 상당히 긴장하고 함부로 말할 수도 없고 그래서 대화할 수 없었습니다. 그 두 가지, 즉 말을 해봤자 안 들리고 또 말할 심정도 아니고 그래서 그냥 서로 밖의 사람들에게 손을 흔들어 주어야 하기 때문에 또 말할 수도 없었어요. 그렇게 해서 거의 한마디도 못 하고 있는데, 김정일 위원장이 한 번은 "잘 모시겠다!" 그런 말을 한 기억이 있고 대화가 실제로 없었습니다.

질문 대통령님과 김정일 위원장은 이야기가 서로 잘 통했다는 것을 대통령님의 말씀으로 알 수 있는데 그때 당시 대통령님께서 북한을 방문하시면 김정일 국방위원장이 서울을 답방하겠다고 약속하고 그 약속을 지키지 못했습니다. 대통령님께서는 참 많이 실망하셨을 것 같은데요.

김대중 많이 실망했고, 사실 약간 기분이 안 좋습니다. 그런 데다가 못 오면 못 온다고 얘기하고 사과를 해야 하는데 거기에 대해서 공식적으로 일언반구도 없습니다. 중국의 장쩌민 주석이나 러시아의 푸틴 대통령도 "답방을 하라"고 하고 "더구나 당신보다 나이가 많은 분이 여기까지 왔는데 당신이 찾아가지 않는다는 것은 예의가 아니다"라고 상당한 이야기를 하면 그때마다 그분들에게 가겠다고 얘기했다는 것을 들었는데 결국 안 왔습니다. 그 점에 있어서는 매우 유감일 뿐 아니라 왔었으면 훨씬 더 남북 관계가 평화롭게 잘 진전되었을 텐데 참 아쉽다고 생각됩니다.

질문 지금 김정일 국방위원장은 답방 문제를 고집을 부리고 있고 핵무기의 개발에 있어서도 고집을 부리고 있지 않나 이렇게 생각됩니다. 7월에 있었던 북한의 미사일 발사 이것이 아시아 지역에서 얼마나 큰 영향을 미쳤다고 생각하십니까?

김대중 그것은 한마디로 말해서 북한이 큰 잘못을 저질렀다고 생각됩니다. 그로 인해서 아시아 긴장이 고조되었고 일본이 재군비 쪽으로 우익의 힘이 급속화되었습니다. 또 북한 자체에 대해서 미국이나 일본이 제재로 나서고 있고, 유엔도 북한에 대해서 염려하는 등 이것은 북한에 대해서 도움이 안 되고 아시아 전체의 안전과 평화를 위해서도 도움이 안 된다고 생각됩니다. 그래서 왜 그런 어리석은 짓을 하는지 저는 그런 일을 해서는 안 된다고 공개적으로나 사적으로나 굉장히 강력한 공표를 했는데 그것이 소용이 없었어요.

질문 김정일 국방위원장은 항상 미국과의 일대일 대화를 원한다고 이야기해 왔습니다. 하지만 워싱턴은 지금 "그것은 현실화되지 않을 것이다" 이렇게 이야기하고 있습니다. 대통령님께서도 김정일 위원장을 만나 보셨는데 북한을 다시 6자회담의 협상 테이블로 오게 하기 위해서 다른 방법이 있다고 생각하십니까?

김대중 미국이 김정일 위원장과 직접 대화를 안 하겠다는 것은 이해하기 어렵습니다. 대화란 것은 친구와 하는 것만이 대화가 아니라 적하고도 이해관계가 일치하면 대화를 하는 것입니다. 레이건은 과거 소련을 '악마의 제국' 이라고 해 놓고도 대화를 했고, 또 미국은 북한에 대해서 6·25전쟁 중에도 휴전협정 대화를 1년 이상 해 가지고 휴전협정을 성립시키지 않았습니까. 그 외에도 과거에 많은 대화를 했는데 이제 와서 대화를 할 수 없다는 것은 납득할 수 없습니다. 대화한다는 것이 꼭 양보한다는 것도 아닌데 왜 안 합니까. 물론 나는 6자회담을 지지하고 6자회담의 테두리 안에서 하는 것도 반대하지 않지만 아무튼 그 사람이 원하는 대화에 적극적으로 응할 필요가 있다고 생각합니다. 실질적으로 테두리 내에서도 대화할 수 있고 밖에서도 대화할 수 있는 것입니다. 그리고 북한이 6자회담에 다시 나오게 하는 것은 지난번에 4차까지 나오지 않았습니까. 4차회담에서 작년 9월 19일 날 아주 좋은 기회였는데 바로 그 다음 날 방코델타아시아 은행의 돈 이야기가 나왔단 말이에요. 그러니까 북한이 지금 "미국이 그것에 대해서 증거를 내놔라. 그러면 그것에 대해서 책임을 지고 납득 하겠다"고 이야기하고 있습니다. 그런데 미국이 안 내놓으니까 북한은 "그것이 해결되기 전까지는 6자회담 못 나가겠다" 이렇게 이야기를 하고 있는 것입니다. 나는 북한이 6자회담에 나가서 그런 얘기를 해야 한다고 생각합니다. 그리고 미국은 북한에 대해서만 "왜 6자회담 안 나오느냐" 이런 이야기를 하고 있지만 여하간 미국이 지금 증거가 있으면 내놓든지 아니면 확실치 않으면 그 문제에 대해서 보류를 하든지 해서 6자회담이 열릴 수 있도록 길을 열어주고 도와주어야 한다고 생각합니다.

질문 현재 북한은 핵무기를 개발하고 있다고 인정했습니다. 그리고 북한이 미국과의 일대일 대화를 진정으로 원한다면 이러한 핵 프로그램을 중단시킬 수 있지 않겠습니까. 그러므로 현재 주도권을 쥐고 있는 쪽은 미국이 아니라 북한이 아니겠습니까?

김대중 그 말씀은 일리가 있고, 공감을 하고 있습니다. 동시에 북한은 미국에 대해서 자기의 안전을 보장하고 경제적 제재를 해제하는 조건이면 자기들도 "핵을 포기하고 그래서 미국이 직접 와서 감시해도 좋다" 이렇게 제안을 하고 있습니다. 그러니까 직접 대화하자 이런 것입니다. 그러나 미국이 안 받아들이니까 문제가 악화되는 것입니다. "네가 먼저 포기해라. 그러면 그때 우리가 알아서 해 주겠다" 이런 식으로 미국이 하고 있다고 생각하고 있으니까 북한은 "미국을 믿을 수 없다" 그래서 문제가 그렇게 되고 있는 것입니다. 그러나 여기서 분명히 말씀드리고 싶은 것은 북한은 미국과의 관계 개선을 열망하고 있습니다. 그것만이 자기들이 살길이라고 생각하고 있습니다. 그리고 그것만이 중국의 속국 비슷하게 중국의 영향력 아래로 들어가는 것을 막는 길이라고 생각하고 있습니다.

그래서 나는 북한에게 한번 기회를 주어야 한다고 생각합니다. 말하자면 북한의 안전을 보장하고 경제적인 제재를 해제해서 국제사회에 나오도록 해 주어야 한다고 생각합니다. 그러나 그렇게 해 주었는데도 만일 약속을 안 지키면 그때는 6자회담에 참가한 북한을 뺀 나머지 5자회담이 북한을 제재해야 합니다. 그때는 중국도 반대하지 못할 것이고 우리도 반대하지 못할 것입니다. 한 번 그러한 결단을 미국이 내리는 것이 좋지 않으냐 그렇게 생각합니다. 결국 북한이 핵무기를 가지고 그 핵무기를 가지면 아시아 전체가 남한도 일본도 대만도 모두 핵 보유 국가가 되어 핵의 지뢰밭같이 되는 것을 막기 위해서도 미국도 미국의 국익을 위해서도 그러한 과정을 거치는 것이 좋습니다. 그래서 북한이 약속을 지키면 좋고, 안 지키면 그때는 모두 합쳐서 제재를 하자 그런 이야기입니다.

질문 부시 대통령은 북한을 악의 축이라고 비판했었습니다. 대통령님께서도 김정일 위원장을 만나 보셨고 영리하고 결단력이 있는 인물이다, 이런 말씀을 해 주셨는데 부시 대통령이 말씀하셨듯이 김정일 위원장이 악합니까?

김대중 나는 그가 신봉하는 공산주의를 실천하는 정치에는 악이 많다고 생각합니다. 그러나 개인적 지도자로서 또는 인간으로 볼 때는 아까 말씀드린 그러한 평가를 내리고, 또 만나 본 여러 사람들이 그런 평가를 했습니다. 나는 2002년 1월에 부시 대통령이 북한을 '악의 축'이라는 발언을 하고 2월에 한국에 오셔서 나와 대화를 했는데 우리는 장시간 아주 좋은 대화를 나누었습니다. 그때 나는 이야기했습니다. "레이건은 소련을 악마의 제국이라고 했는데도 대화했고, 6·25전쟁 중에도 대화했다. 그런데 대화를 하는 것과 악마의 제국과 무슨 관계가 있느냐? 필요성이 있고 이해관계가 있으면 대화하는 것이지, 대화도 서로 우호적인 대화도 있고 적대적인 대화도 있다." 부시 대통령은 그것을 받아들였어요. 그래서 정상회담 후 공동 기자회견 할 때 세 가지를 얘기했어요. 하나는 북한을 공격하지 않겠다. 둘째는 북한과 대화하겠다. 그리고 재미있는 것은 내가 이야기한 레이건에 관한 이야기를 본인이 직접 "레이건은 소련을 악마의 제국이라고 해 놓고 대화를 했다. 나도 대화하겠다"고 이야기했어요. 그리고 "북한에 식량 주겠다" 이렇게 이야기했는데 그것이 그 후로 실천이 제대로 안 되었어요.

질문 부시 대통령이 악의 축 발언을 하셨을 그때 당시 대통령께서 북한과 아주 좋은 관계를 유지하고 지속시키기 위한 노력을 하고 계셨습니다. 그때 당시 미국과 동맹 관계를 유지하면서 남북 관계를 발전시키는 데 어떠한 노력을 했고, 얼마나 어려우셨습니까?

김대중 클린턴 대통령 때는 공개적으로 내 "햇볕정책을 지지한다. 북한에 대한 모든 정책은 김대중 대통령이 앞장서면 뒤에서 내가 밀어주겠다"고 선언을 했습니다. 그런데 부시 대통령이 들어온 후 소위 말하는 에이비시ABC(Anything But Clinton) 정책을 "클린턴이 한 정책은 모두 반대다" 그런 말이 농담으로 나올 정도로 대북한 정책에 있어서 상당한 거부를 보였습니다. 그렇듯 아주 어려운 지경에 있었는데, 나는 그러나 그것 때문에 미국에 대해서 반미적으로 반응하거나 부시에 대해서 비난하지 않았습니다. 그것 빼고도 많은 점에 있어서 한국은 미국과 이해를 같이하고 있고 또 우방으로서의 역사를 가지고 있습니다. 동시에 이 문제도 근본은 우리가 어떻게 하면 한반도 평화를 실현시킬 것이냐에 대한 방법에 대한 문제이기 때문에 나는 끈기 있게 부시 대통령을 설득했습니다. 그래서 아까 말과 같이 2002년 2월에 서울에서 회담한 후 부시 대통령이 몸소 기자회견에서 발표하고 그랬던 것입니다. 우리는 정치적으로 미국과 민주주의를 공동 이념으로 하고 있고 시장경제를 공동 정책으로 하고 안보 면에서 공산주의를 반대하고 한반도 평화를 지키는 점에 있어서 일치하고 있습니다. 이러한 3대 원칙에 일치하고 있는 만큼 나머지 문제는 때론 의견이 일치하지 않더라도 조절하면서 세 가지를 확고히 하는 한·미 관계는 아주 반석 위에 있다고 생각합니다. 일부에서 말하는 것을 너무 과도하게 생각할 필요가 없다고 생각합니다.

말이 나왔으니까 한마디 덧붙이겠습니다. 지금 미국에서 한국에 대해서 6·25전쟁 때 도와준 은혜를 모른다거나, 또 한국을 믿기 어렵다는 말들이 나오는데 나는 그 점에 있어서는 생각을 달리합니다. 우리는 동맹국으로서 미국에 협조를 충실히 했습니다. 베트남전에 참전하여 5천 명의 사상자가 발생하고 1만 명의 부상자를 냈습니다. 이라크에는 미국, 영국 다음에 우리가 가장 많은 군대를 보내고 있고 앞으로도 계속 유지할 것 같습니다. 우리는 서울 바로 전면에 있는 제일 중요한 울타리인 아주 우수하고 장비가 좋은 2사단이 빠져나가는 데 동의해 주고 우리가 대신 맡았습니다. 그리고 용산에 있는 미군기지를 평택으로 이전하는 데 그 비용도 대면서 평택 현지 주민들이 주택 철거에 반대하니까 경찰이 강제적으로 철거시키고 있는 그런 일까지 하고 있습니다. 한·미 자유무역협정FTA은 지금 일본도 안 하고 있는 것을 우리가 하고 있습니다. 이렇듯 우리는 안보 면에서나 경제 면에서나 미국에게 긴밀히 협력하고 있습니다. 그런 의미에서 나는 미국 사회가 한국이 많은 일을 협력하고 있음에도 불구하고 비판하는데, 프랑스는 2차대전 때 미국에 신세를 졌지만 이라크 파병 안 하고 미국을 비판하고, 독일도 독일통일에서 미국의 신세를 졌습니다만 파병하지 않고, 얼마나 많은 점을 미국에 피해를 주었습니까. 나는 독일을 비판하는 것이 아니라 그런 관계에 있는 나라들은 덮어놓고 우리 한국에 대해서만 비판하는 것은 문제가 있다고 생각합니다. 또한 한국에서 전쟁이 일어난 원인은 미국과 소련이 한반도를 둘로 갈라놓았기 때문입니다. 이런 점에 있어서 나는 미국이 독일이나 프랑스와 똑같이 동맹국으로서 한국을 대해야 한다고 생각합니다. 여론조사를 해 보면 한국 사람의 80-90퍼센트가 미국을 좋아합니다. 그러나 과반수의 사람들이 미국 정책에 대해서 문제를 가지고 있습니다. 나는 그것은 자연스러운 일이라고 생각합니다.

질문 현재 미국 정부 내에서는 강경한 입장에 있는 사람들이 더 많다고 생각합니다. 그렇다면 이 북핵 문제를 해결하는 데 있어서 중국이 얼마나 영향력을 행사할 수 있다고 생각하는지요?

김대중 결국 북한은 가난한 나라지만 지독하게 병적일 정도로 자존심이 강한 나라입니다. 중국이 북한을 컨트롤할 수 없습니다. 물론 영향력은 있지만. 문제는 북한은 미국과 이야기하고 싶어 합니다. 양보해도 미국에게 양보하고,

받아도 미국으로부터 받고 싶어 합니다. 그것이 자기네가 안심하고 국제사회에서 살아 나가는 길이라고 생각합니다. 제일 중요한 것은 미국이 북한에 대해서 어떠한 태도를 취하느냐가 중요하고 그다음이 중국이나 한국이라고 생각합니다.

질문 대통령님께 개인적인 질문을 드리고 싶은데, 1973년 대통령님께서 납치를 당하고, 그 이후 많은 고통을 당하신 것을 잘 알고 있습니다. 그때부터 지금까지 대통령님의 많은 경험을 봤을 때 대통령님의 그러한 신념, 믿음을 지키기 위해서 많은 고통을 당하신 것이 그만큼 가치가 있었다고 생각하십니까?

김대중 당신 나라의 건국 투사들 즉 조지 워싱턴이나, 토머스 제퍼슨 그런 분들이 "자유가 아니면 죽음을 달라" 하고 싸우지 않았습니까. 사람은 뜻을 가지고 삶의 보람을 느낄 수도 있지만 또는 자유나, 정의 그러한 대의를 위해서 목숨을 바치며 기꺼이 싸우는 사람들이 있습니다. 내가 당신 나라 건국 위인들과 똑같은 사람이라고는 할 수 없지만 그런 사람들의 제자 격은 되어서 나도 그런 대의를 위해서 싸웠다고 생각합니다. 그러나 그런 공포 속에서 몇십 년을 살아가고 사형 선고를 받아 목에 밧줄을 걸고 교수형에 처할 것을 생각하면 굉장히 두려운 것은 사실입니다. 나에게 사형 선고를 해 놓고 군사정부 사람들이 "당신이 우리와 협력하면 살려 주겠다. 만일 그렇지 않으면 반드시 죽이겠다"고 협상했습니다. 그때 제가 대답하기를 "내가 지금 당신들과 협상하면 일시적으로는 살지만 나는 영원히 죽는다. 그러나 내가 당신들과 협상 안 하면 나는 일시적으로 죽지만 우리 국민들의 마음과 역사 속에 영원히 살 것이다. 나는 역사 속에 영원히 사는 길을 택하겠다"고 거절했습니다. 그때 나를 살리는 데 카터 대통령과 레이건 당선자 두 분이 아주 결정적인 역할을 했습니다. 그리고 일본에서 납치되어 끌려올 때 바다에서 수장될 위기에 있었는데 그것을 막아 준 것도 미국중앙정보국CIA이 정보를 캐치해서 정보를 일본에 넘겨주어, 그래서 비행기가 나타나서 구해 준 것입니다. 나는 두 번에 걸쳐 죽음의 고비를 넘겼는데 미국의 도움을 받아 내 개인적으로도 미국에 대해서 큰 은혜를 느끼고 감사하게 생각합니다.

질문 대통령님께서는 전라도의 아주 작은 섬에서 태어나신 걸로 알고 있습니다. 전라도라는 지역은 한국에서도 조금 무시당한 지역이라는 것으로 알고 있는데 대통령님께서 정치인으로 활동하시는 데 이런 것이 어떤 영향을 주었습니까?

김대중 지역적 차별이 우리나라에서는 상당히 심한데 그것은 박정희 씨가 대통령에 당선되어 자기 정권을 유지하기 위해서 차별 정책 그리고 경상도 우월 정책을 써서 그것이 아주 큰 폐단이 되고 있습니다. 그러나 전라도 사람들은 다 똑같은 한국 사람들입니다. 나는 김해김씨 전라도 출신인데 김해 김이라는 것은 경상도입니다. 이 말은 우리 조상들이 경상도에서 왔다는 말입니다. 경상도 사람도 전라도가 조상인 사람이 많습니다. 그런 정도 가지고 지역감정을 조장하고 차별을 조장하는 사람들은 우리 국민과 민족에게 큰 죄를 지은 것이라고 생각합니다. 이런 문제는 해소되어 갈 것으로 생각됩니다. 이번에 내가 부산대에서 강연을 했는데 진정한 환영을 받고 왔습니다. 나는 이 문제에 대해서 비관하지 않습니다.

질문 대통령님께서는 대통령으로 당선되시고 정치 활동을 하는 데 있어서 전라도에서 오셨다는 것에 대해서 개인적으로 어떠한 차별을 느끼신 것이 있었습니까?

김대중 나는 그것은 느끼지도 않았고, 그런 경향이 설사 있더라도 무시하고 살았습니다. 나는 많은 경상도 사람들을 총리로도 임명하고 대통령 비서실장으로 임명하고 사무관으로도 임명했습니다. 그래서 우리 정부에서는 그런 일이 전혀 문제가 되지 않았습니다.

질문 대통령님께서는 농부의 아들이셨습니다. 정치 이외에 다른 어떤 일을 하고자 하는 생각은 없으셨습니까?

김대중 정치 외에 해운업을 해서 상당한 성공을 했었습니다. 정치 이외에 내가 하고 싶은 것은 대학교수를 하고 싶었습니다.

질문 대통령님의 가장 어려운 시기라고 할 수 있는 것이 대통령님의 자제분들이 사법적으로 곤란을 겪었던 그때가 아닌가 생각됩니다. 그때 당시 대통령님은 위대한 정치 지도자로서 존경받고 있었습니다만 아버지로서 이런 것에 어떠한 영향을 받으셨습니까?

김대중 한마디로 말해서 국민에게 굉장히 죄송했고 큰 고통을 받았습니다. 동시에 그 사건들은 많은 부분이 조작된 사건이었습니다. 거기에 대해서는 말하자면 여러 가지 많지만 진실을 얘기하는 자체가 옳고 그름이 있기 때문에 여하튼 제가 자식들 교육을 잘못한 점으로, 지금도 그렇게 생각하고 또 아버지 때문에 어떤 면에서는 희생된 자식들에 대해서도 미안하게 생각합니다.

질문 대통령님께서는 넬슨 만델라 대통령과 많은 비교가 된다고 말할 수 있습니다. 두 분 모두 재야인사로서 활동하시다가 나중에 대통령에 당선되어 큰 활동을 하셨습니다. 또 두 분 모두가 노벨평화상을 수상한 공통점을 가지고 있습니다. 대통령께서는 노벨평화상을 수상하신 것이 정상회담 그것으로 인해서 많은 논란이 있어 왔다는 것을 알고 있습니다. 대북 송금 지원으로 정상회담이 이루어진 것이 아니냐는 비판도 있었습니다. 이런 것에 대해서 대통령님께서는 어떻게 생각하시는지요?

김대중 넬슨 만델라 대통령은 나보다 훨씬 더 고생도 많이 하셨고, 또 남아공이라는 우리나라보다 훨씬 나쁜 조건 속에서 그런 투쟁과 성취를 해낸 것에 대해서 존경하고, 나에게는 대선배로서 내가 배울 점이 많다고 생각하고 있습니다.

그리고 북한에 대한 문제는 정부로서는 돈을 준 적이 없습니다. 현대가 주었는데 그것은 엄청난 북한의 이익권을 장악하고 대가를 준 것입니다. 마치 영국의 디즈레일리 총리가 수에즈 운하를 살 때 프랑스보다 영국이 먼저 샀는데, 그때도 법적으로 문제가 있었습니다. 그러나 디즈레일리 총리는 어느 정도 문제가 있는 줄 알면서도 돈을 개인에게 주어서 계약을 하도록 한 것과 같이 나도 북한에게 장차 우리가 북한에서 발언권을 강화시키는 데 필요하다는 생각에 그렇게 했고, 그것이 지금 부분적으로 실천되고 있습니다. 이것은 우리가 앞으로 북한에 큰 영향력을 발휘하게 될 것입니다. 우리가 30-50년 동안 철도, 항만, 정보통신, 관광시설 등을 확보했기 때문에 현대가 그러한 계약을 하는 것을 대통령의 특별 권한으로 승인해 준 것입니다.

질문 대통령님의 일생 동안 다른 사람들과 다르게 많은 일을 겪으셨고 또 많은 업적을 남기셨다고 생각합니다. 대통령님의 인생 중 가장 하이라이트가 될 만한 업적은 무엇입니까?

김대중 정치적으로는 50년의 독재를 종식시키고 여야 간 평화적 정권 교체를 한 것, 경제적으로는 외환 위기를 단시일 내에 극복한 것, 남북 관계에서는 정상회담을 한 것, 내 개인적으로서 노벨평화상을 받은 것 이런 것이 해당된다고 생각합니다.

대화 거부는 있을 수 없다

조지 위프리츠 외

—

2006년 10월 13일, 『뉴스위크Newsweek』의 조지 위프리츠George Wehrfritz 홍콩 지국장, 이병종 서울 특파원과 서울 동교동 사저에서 가진 인터뷰이다.

—

위프리츠 저는 지금은 홍콩에 있지만 6년 동안 일본에 있었습니다. 이병종 국장과 함께 일했습니다. 그때 당시 남북정상회담 때도 취재했었습니다.

김대중 일본에 6년 동안이나 계셨으면 일본의 여러 가지 변화에 대해서 많이 알고 계시겠습니다.

위프리츠 네. 그렇습니다. 일본에는 경제적으로, 외교적으로 군사적으로 큰 변화가 있습니다.

김대중 네. 우리는 그런 변화에 대해 어느 정도는 걱정하고 있습니다.

위프리츠 일본의 군사력 강화에 대해 걱정하십니까?

김대중 일본이 총체적으로 우경화하고 군사 대국을 지향할 뿐 아니라 무엇보다 과거에 대해 다시 이를 정당화하고 반성하지 않는 것이 큰 문제입니다. 특히 그것이 일본의 젊은 사람들, 젊은 국회의원들의 우경화가 더 심한 것이 걱정입니다.

위프리츠 이병종 국장이 흥미로운 것을 인터넷에서 봤습니다. 북한의 핵실험 이후 한 웹사이트를 봤는데, 그 웹사이트의 응답자의 3분의 1 정도가 "북한에서 핵실험을 한 것은 자부심을 가질 일이다. 우리 한민족은 이를 이용해 일본을 공격해야 할 것이다"라고 답하고 있었습니다. 민족주의적인 성향은 일본뿐 아니라 이렇게 한국에서도 있는 것 같습니다.

김대중 물론 그런 상호작용을 하지요. 그러나 지금 그런 지적을 하신 웹사이트의 얘기는 일반적인 얘기는 아니라고 생각합니다.

우리 국민의 절대다수는 북한의 핵실험에 아주 충격을 받고 반대하고 있습니다. 우리는 한반도가 비핵화되어야 한다고 생각하고 있고, 북한의 핵실험은 1991년 남북 간에 맺은 비핵화공동선언에 정면으로 위배되는 것이기 때문에 이 점에 있어서는 어제도 여야 없이 국회에서도 만장일치로 비난 결의가 통과되었습니다.

위프리츠 대통령님께서 북한과의 화해 정책, 또한 일본과의 화해를 위해 노력하신 것을 알고 있습니다. 그러나 현재 북한의 군사적 도발 행위가 일어나고 있고 일본에서도 우경화되는 움직임을 보이고 있는데, 대통령님께서는 이런 문제에 있어 얼마나 우려를 하고 계십니까? 대통령님께서 지켜 오신 유산에 대해 얼마나 우려를 하고 계십니까?

김대중 북한이 핵실험을 한 후로 유엔에서도 제재 논의가 되고 있습니다. 북한에 대한 제재는 세 가지를 생각할 수 있습니다.

그러나 먼저 말할 것은 북한 핵은 절대 용납될 수 없고, 실험한 핵무기는 반드시 해체되어야 한다는 것입니다. 그런 전제로 얘기하겠습니다.

첫 번째 대책은 군사력을 써서 북한을 제재하는 것인데 지금 미국은 그렇게 할 여력도 없고 주변국인 한국, 중국, 러시아는 물론이고 일본도 군사력을 쓰는 것까지는 생각하지 않고 있는 것 같습니다. 또한 한국, 중국, 러시아는 군사력 사용에 반대하고 있습니다. 미국의 입장에서 보나 주변국의 태도로 보나 군사력을 사용하는 것은 어렵다고 생각합니다.

두 번째는 경제적 제재를 하는 것이고 현재 유엔도 그런 방향으로 논의를 하고 있는 것 같은데, 물론 북한은 고통을 받을 것입니다. 굉장히 큰 고통을 받겠지만 그것이 반드시 성공한다는 보장은 없다고 생각합니다. 북한은 그런 경제적 고통을 받는 데 단련이 돼 있고 경제 제재를 한다고 해도 미국이나 일본이 하는 것인데, 이미 할 만큼 했기 때문에 더 큰 제재를 하기도 어려운 입장에 있습니다. 북한이 무너지게 되면, 중국이 마음만 먹으면 중국의 경제력으로 봐서 북한을 도와주는 것은 일도 아닙니다. 그리고 하나 위험한 것은 경제 제재를 하게 되면 북한이 그들의 핵기술 시설 같을 것을 이란이나 베네수엘라 등의 나라에 팔 수가 있습니다. 이런 나라들은 석유가 생산되어 돈도 많기 때문에 거기서 경제적 혜택을 끌어올 수도 있는 것입니다. 그래서 경제 제재는 고통은 주지만 결정적인 효과는 주지 못할 것이라고 생각합니다.

세 번째는 대화를 하는 것입니다. 우리는 미국이 북한과 왜 대화를 안 하는지 이해할 수 없습니다. "북한이 악을 행하니까 대화 안 하고 있다"고 하는데, 대화가 무슨 친구 사귀는 겁니까. 대화는 악마하고라도 필요하면 하는 것입니다. 과거에 미국이 그렇게 해서 성공했습니다. 예를 들면, 닉슨은 중국을 '전쟁범죄자'라고 규정했지만 중국의 마오쩌둥을 찾아가서 대화해서 성공했습니다. 미국은 소련을 50년 동안 냉전으로 봉쇄해도 안 되니까 결국 레이건이 소련을 '악마의 제국'이라고 했지만 대화해서 헬싱키협정을 만들어 내서 결국 오늘 소련과 동유럽을 민주화시켰습니다. 아이젠하워는 전쟁하는 적이었던 북한과 대화해서 휴전협정을 이뤄 냈습니다. 그래서 지금 50년 이상 한반도에서 평화를 유지하고 있습니다. 대화는 필요하면 누구하고라도 하는 것입니다. "나쁘니까 대화 안 한다." 이것이 세계 평화를 책임지고 있는 미국이 할 수 있는 얘기인가, 우리는 그 점에 대해 의심을 하지 않을 수 없습니다.

위프리츠 대통령님 재임 중 그리고 그 이전부터 한반도는 독일의 '오스트폴리틱(동방정책)'을 모델로 해야 한다고 하셨습니다. 햇볕정책을 고안해 내셨습니다. 또한 클린턴 대통령과 함께 노력해 대화의 분위기를 조성했습니다. 클린턴 행정부 동안 한국, 미국과 북한은 북핵 위기를 거의 해결 직전의 단계까지 갔던 것을 알고 있습니다. 몇 달 뒤 새로 당선된 부시 대통령과 정상회담을 하셨고, 그 정상회담 중에 미국의 대북 정책이 바뀌었다고 해도 과언이 아닐 만큼 큰 변화가 있었다고 생각합니다. 이렇게 부시 대통령이 클린턴 행정부의 대북 정책을 변화시킨 것에 얼마나 큰 분노를 느끼셨습니까? 그리고 부시 대통령의 결정이 얼마나 큰 잘못이었다고 생각하십니까?

김대중 클린턴 대통령은 나의 햇볕정책을 전면적으로 지지했습니다. 공개적으로 선언했고, 또 저는 북한에 가서 김정일 위원장을 만날 때 사전, 사후에 충분히 클린턴과 협의했습니다. 그리고 아시다시피, 미국과 북한과 정상급 회담이 이뤄질 것에 합의할 만큼 진전이 있었던 것입니다. 한마디로 말해, 거의 다 됐던 것이 클린턴 행정부의 임기가 끝나는 바람에 해결이 안 된 것입니다. 클린턴 대통령이 몇 년 전에 저희 사무실에 왔는데 그때 "1년만 더 여유가 있었다면 북핵 문제는 해결될 수 있었을 텐데 아쉽다"고 했습니다. 저도 그렇게 생각합니다.

부시 대통령 당선 후 저는 2001년 미국에 갔습니다. 그때 파월 국무장관과 우리 정부와 합의해 공동 발표문을 냈는데, "미국은 클린턴 정권의 정책을 계승하고 내가 앞장서면 우리 정책을 지지하겠다"고 합의했습니다. 그러나 부시 대통령이 저와 공동 기자회견을 하는 자리에서 그런 합의는 제쳐 놓고 "북한은 백성을 먹여 살리지도 못하는데 무슨 핵무기 개발이냐"면서 공격했습니다. 그래서 완전히 합의된 것이 뒤집혀 버렸습니다.

그러자 그때부터 일이 틀어지기 시작했고, 소위 말하는 '에이비시ABC(Any-thing But Clinton)' 얘기가 나왔습니다. 그 결과는, 결국 부시 정책의 실패로 귀결됐습니다. 북한은 핵확산금지조약NPT을 탈퇴했습니다. 국제원자력기구 IAEA 요원들을 추방시켰습니다. 그래서 이제 우리는 북한의 핵 활동에 대해 알 수 없게 되었습니다. 그리고 북한은 핵을 개발해 실험까지 하게 됐습니다. 만일 클린턴이 합의했던 것을 그대로 계승해서 했더라면 문제는 해결됐을 것이라고 확신합니다. 그 점에서 대해서 매우 아쉽게 생각하고 있습니다.

위프리츠 대통령님께서는 이 문제에 대해 열정과 굳은 신념을 가지고 계시는 것을 잘 알고 있습니다. 그때 당시 한·미정상회담을 하실 때에 열띤 논쟁을 하셨습니까? 눈을 똑바로 쳐다보면서 이 문제에 대해 실수를 해서는 안 된다고 강하게 말씀하셨습니까? 그렇다면 부시 대통령은 어떻게 반응하셨습니까?

김대중 물론 그렇게 했습니다. 2002년 2월 부시 대통령이 한국에 오기 한 달 전 이란, 이라크, 북한을 '악의 축'이라고 발표했습니다. 저는 부시 대통령과 대화를 한 시간 반을 했습니다. 제가 얘기했습니다. "우리도 공산주의 반대한다. 우리도 핵 반대한다. 우리도 북한 미사일 반대한다. 그러나 이 문제는 아무리 싫더라도 대화를 해서 풀어야지, 그렇지 않고 무슨 방법으로 풀겠는가. 무력 사용밖에 없는데 그것은 해서는 안 되는 것이고 또 성공의 보장도 없다." 그러면서 아까 말한 "레이건은 악마의 제국과도 대화했다"라고 말하며 설득했습니다. 그리고 얘기했습니다. "미국이 제2차세계대전 이후에 공산국가와 상대해서 대화해서 성공 못 한 예가 없다. 소련에서 성공하고, 중국에서도 성공하고, 베트남에서는 전쟁하다가 졌지만 대화해서 지금 좋은 관계를 유지하고 있다. 그러나 조그마한 섬 쿠바는 50년 동안 봉쇄해도 바꾸지 못하지 않았는가. 대화했으면 진작 해결됐을 것이다. 북한과도 마찬가지다." 이렇게 해서 부시 대통령은 마침내 제 의견에 동의했습니다.

그래서 부시 대통령이 내 의견에 전적으로 동감해서 합의를 봤습니다. 부시 대통령은 기자회견을 하면서 "첫째, 북한을 무력 공격하지 않겠다. 둘째, 북한과 대화하겠다", 그러면서 "레이건은 소련을 '악마의 제국'이라고까지 했지만 대화했다"고 하는 내 말을 그대로 썼습니다. 그 말까지 했습니다. 그리고 "세 번째 북한에 식량을 주겠다"고 말했습니다. 여기서 본인 입으로 그렇게 말했습니다. 그리고 그 후 그것이 실천이 안 됐습니다. 이런 사태에 대해서 제가 얼마나 실망을 했고 그리고 우리 국민이 얼마나 실망을 했겠나 생각해 보면 알 겁니다.

위프리츠 그때 당시 부시 대통령이 대통령님께 거짓말을 하고 있었다고 생각하십니까? 아니면 그 이후에 정책적인 변화가 있었다고 생각하십니까? 제가 다르게 좀 말하자면, 부시 대통령이 대통령님이 듣고 싶어 하시는 방향으로 말했다고 생각하십니까?

김대중 아닙니다. 부시 대통령이 완전히 제 말에 공감했습니다. 그래서 처음에 부시 대통령과 저의 단독 정상회담을 45분, 그리고 그 이후에 장관 등과 함께 공동 회담을 45분 하기로 예정되어 있었는데, 공동 회담을 취소하고, 부시 대통령과 저는 한 시간 반 동안 단독 회담을 했습니다. 그래서 부시 대통령이 완전히 공감을 해서 기자회견에서 자신이 자진해서 그렇게 발표했습니다.

위프리츠 부시 대통령과의 일대일 회담에서 나눴던 내용, 그리고 그 이후 부시 대통령과 나눴던 대화와는 굉장히 상반되는 정책을 펼친 것 같은 괴리가 어디서 온다고 생각하십니까? 부시 대통령이 단순히 그 이후 생각이 바뀐 것이라고 생각하십니까, 아니면 행정부 내 정책을 결정하는 다른 사람들이 있다고 생각하십니까.

김대중 그것은 제가 얘기하는 것보다도 직접 부시 정부 측에 물어보는 것이 좋겠습니다.

위프리츠 북핵 문제와 관련해 과거와 관련된 질문인데 이것이 또 현재 상황과도 연관이 있다고 생각합니다. 1994년에 긴장감이 고조되는 북핵 위기가 있었는데요. 그때 당시 대통령님께서는 워싱턴에 내셔널프레스클럽에 오셔서 연설을 하셨는데, 그때 대통령님께서 미국의 특사를 북한으로 보내서 문제를 조정하는 것이 좋겠다고 제안하셨습니다. 그리고 그 특사로 지미 카터 전 대통령을 보내는 것이 좋겠다고 제안하셨습니다. 클린턴 행정부는 이를 귀담아듣고 그 이후 이런 계획이 실제로 옮겨졌고, 대통령님께서도 아시다시피 큰 성공이 있었습니다. 오늘날에도 이와 유사한 핵 위기가 있고 그때보다 더 긴장이 고조되고 악화된 상황에 있다고 말할 수 있습니다. 현재 미국에서는 제임스 베이커 같은 분을 특사로 보내는 것이 어떻겠냐는 제안들이 있는 것으로 알고 있습니다. 이것이 좋은 생각인지 여쭤보고 싶고, 또 유엔에서도 북한에 특사를 보내는 문제에 대해 논의가 있는 것으로 알고 있습니다. 만약 대통령님께 그런 제안이 온다면 대통령님께서는 이를 수락하실 의사가 있으십니까?

김대중 저는 북한에 특사로 간다면 미국 정부가 가장 신임하는 미국의 지도자가 가는 것이 좋다고 생각하고 그런 의미에서 제임스 베이커 씨가 가는 것이 좋을 것이라고 생각합니다. 그러나 그것에 앞선 문제가 있습니다.

문제는 부시 대통령이 북한에 대해, "군사적 행동을 한다든가, 경제 제재를 해 가지고는 성공하기 어렵다. 또 최선의 방법이 아니다. 그러니 대화로 해결해야 하겠다" 이런 결심이 섰을 때 특사가 가도 효과가 있을 겁니다. 그래서 부시 대통령이 그런 결심을 하고 그리고 베이커 씨 같은 분을 보낸다면 효과가 있을 것입니다. 왜냐하면 북한은 미국과 관계 개선을 열망하고 있습니다. 지금도 핵실험을 해 놓고도 "대화해서 안전만 보장되면 무엇 때문에 우리가 핵이 필요하냐. 한반도 비핵화에 적극적으로 나서겠다" 이렇게 말하고 있지 않습니까. 지금 가능성이 있는 것입니다. 희망이 있는 것입니다. 문제는 부시 대통령이 "북한하고 대화하겠다. 그래서 줄 것 주고 받을 것 받는 그런 협상을 하겠다" 이런 결심만 서면, 저는 이 문제는 아주 쉽게 해결된다고 생각합니다.

위프리츠 그렇다면 대통령님께 공식적인 특사로 가실 의지가 없습니까?

김대중 지금 제가 나서는 것보다는 베이커 씨가 나서는 것이 훨씬 좋다고 생각합니다. 저는 별도로 개인 자격으로 가서 김정일 위원장과 여러 가지 한반도 문제에 대해 흉금을 털어놓고 얘기하는 것, 그래서 사이드에서 분위기를 도와줄 수는 있다고 하더라도 제가 이 문제에 공식적으로 특사로 나서는 것은 적합하지 않다고 생각합니다.

위프리츠 대통령님께서 혹시 핵실험 문제가 발생한 이후 베이커 씨와 대화를 나누신 적이 있습니까?

김대중 없습니다.

위프리츠 미 행정부 관리와 대화를 나누신 적이 있습니까?

김대중 핵실험 이후에는 없습니다. 이전에는 있습니다. 근자에는 부시 행정부 1기 앤드류 카드 비서실장, 국무성의 아미티지 부장관이 와서 장시간 얘기했습니다. 핵실험이 발생하기 직전이었습니다.

위프리츠 한반도에서 전쟁이 재발하는 것을 막기 위해 오늘, 그리고 내일, 그리고 몇 달 동안 어떤 조치들을 취해야 한다고 생각하십니까?

김대중 먼저 유엔에서 결의를 하되, 너무 강도 높은 결의는 안 하는 것이 좋다고 생각합니다. 어차피 제재 결의는 할 모양이니까. 그리고 결국 이 문제를 푸는 것은 미국과 북한이 풀어야 합니다. 6자회담 테두리 내에서 하건, 밖에서 하건 풀어야 합니다. 미국이 북한과 대화의 채비를 할 필요가 있다고 생각합니다. 그러지 않으면 해결책이 없습니다. 문제는 더 악화될 뿐이라고 생각합니다.

이 단계에서는 너무 출구가 없이 가혹한 제재는 하지 않고 어느 정도 체면이

서는 정도의 경제 제재를 하는 데 그쳐야 하고 한편으로는 미국이 북한과 대화할 채비를 해야 한다고 생각합니다. 그렇게 되면 미국이 대화만 하면 이 문제는 풀릴 것이라는 상당한 신념을 가지고 있습니다.

이병종 대통령님께서는 미국이 해야 할 역할에 대해서 말씀하셨는데, 한국이나 중국이 할 수 있는 일은 무엇이 있을까요?

김대중 중국과 우리는 북한하고 우리가 가지고 있는 통로를 통해서 평화적으로 북한이 한반도 비핵화 체제로 돌아가도록 설득하고 미국과 건설적인 대화를 하도록 유도하면서, 남북 관계에 서로 긴장을 조성시키는 일은 삼가는 것이 좋다고 생각합니다.

아주 간단히 얘기해서 북한은 미국과 대화를 열망하고 있고, 대화를 통해 북한의 안전이 보장되고 경제 제재가 해제되면, 핵이건 미사일이건 다 미국이 하자는 대로 하겠다는 그런 입장이라고 저는 확신하고 있습니다. 또한 그런 말도 하고 있습니다. 그렇기 때문에 미국은 왜 이를 잘 이용하지 않는지 이해할 수 없습니다. 문제가 미국과 북한 사이에 얽혀 있는데 대화를 안 한다는 것이 말이 됩니까. 대화하면 해결될 가능성이 충분히 있다고 생각합니다.

위프리츠 인터뷰에 응해 주서서 감사드립니다.

부시의 에이비시ABC 정책이 대북 정책 실패 초래

아오키 오사무

—

2006년 12월 9일, 『오마이뉴스재팬』 창간 기념 특별회견으로 편집위원 아오키 오사무青木理와 가진 인터뷰이다. 한국의 『오마이뉴스』에 2006년 12월 11일 발표되었다.

—

아오키 10월 9일 북한 핵실험을 전후해서 북·미 직접 대화, 주고받는 협상, 동시 실천, 이 세 가지를 거듭 주장해 왔는데, 최근 북·미 대화가 시작되고 부시 대통령도 한·미정상회담에서 핵 폐기를 전제로 한국전쟁 종전 선언 의향까지 있다고 내비쳤다. 북핵 문제 해결을 위한 6자회담과 북·미 관계를 어떻게 전망하시는지.

김대중 미국 중간선거 계기로 북한 핵 문제가 해결 방향을 찾아가지 않겠는가 그렇게 본다. 북이고 미국이고 이 문제는 대화를 통해 해결할 수밖에 없고, 그 외에 가령 미국이 무력을 행사하는 것은 불가능하고 경제 봉쇄도 한계가 있다. 해결책은 북·미가 직접 대화하고 이를 6자회담이 뒷받침하고, 주고받고 동시에 말 대 말, 행동 대 행동으로 해 나가야 한다. 그것 외에는 해결책이 없는 걸 가지고 이렇게 (시간을) 끌고 있는 것이다. 그러나 미국 중간선거를 계기로 제대로 방향을 잡아 가지 않겠나 기대한다.

아오키 한반도 비핵화를 위한 한국의 역할은 어디에 있다고 보시는지.

김대중 한반도 비핵화는 한반도비핵화공동선언에서 남북이 합의한 것이다. 북한 핵실험은 그 공동선언을 위반한 것이다. 절대 용납이 안 된다. 결국 북은 핵을 포기하고 철저하게 검증받는 그런 길로 나가야 한다. 그러면 미국은 좀 줄 것은 주고 그래야 한다. 한국은 한반도비핵화공동선언의 당사자로서 북에 대해 선언 위반의 책임을 추궁하고, 한반도 비핵화로 적극적으로 나가도록 항의하고 설득도 해야 한다. 또 미국에 대해서는 북한과의 대화를 안 하고 압박을 가해 성과 없이 북한이 오히려 핵확산금지조약NPT을 탈퇴하고 국제원자력기구IAEA 감시 요원들을 추방하고 핵실험까지 하도록 사태를 악화시켰다는 점을 설득해 이제 해결의 길을 찾아 대화를 해 나가도록 해야 한다. 바로 그런 데에 한국의 역할이 있지 않겠는가.

아오키 한국이 북에 대해 항의도 하고 설득도 하지만 '햇볕정책'에 대한 비판과 의문의 목소리도 있다. 앞으로도 '햇볕정책'을 계속하는 게 좋다는 생각인가.

김대중 햇볕정책으로 한반도 긴장이 얼마나 완화되었나. 많은 성과가 있었다. 이산가족 상봉만 해도 남북정상회담 이전까지 50년 동안 200명이 만났는데 그 후에는 1만 3,000명이 만났다. 이산가족 문제가 얼마나 큰 인권 문제이고 인도적으로도 중요한가. 그리고 개성공단, 금강산 관광사업은 단순히 경제 교류뿐만 아니고 휴전선을 개성 쪽으로 5킬로미터, 동해안으로 10킬로미터를 북상시킨 것이나 마찬가지다. 개성의 1개 사단이 이동했고, 동해안의 장전항 군항이 이전해 갔다. 그러니 안보를 더 튼튼히 한 것이다.

그뿐이 아니다. 북한이 과거에 우리(남한)에 대해 나쁘게만 생각했다. 미 제국주의의 앞잡이다, 우리(북한)를 죽이려고 한다, 몇 사람만 잘살고 다 거지다, 이렇게 믿고 있었는데 남쪽의 비료와 쌀이 들어가면서 남한이 잘산다, 우리가 속았다, 남한이 우리를 도와주고 있다, 우리도 저렇게 잘살았으면 좋겠다, 이렇게 북한 민심이 바뀌고 있다.

금강산 관광을 130만 명이 다녀왔는데 북한 사람이 볼 때, "우리는 밥도 못 먹는데 남쪽 사람들은 저렇게 관광을 다닌다"면서 얼마나 부러워하겠나. 그래서 과거에 냉담하게, 표독하게 대하던 사람들이 지금은 남한 사람들을 이웃 사촌처럼 대한다. 그만큼 마음을 바꿔 놓았다. 얼마나 큰 성과인가. 남한에서도 공산주의는 반대지만 동족 간에는 사랑하고 아끼고 지내야 한다는 생각들이 확실해졌다.

이처럼 햇볕정책은 많은 것을 했다. 햇볕정책이 완전한 성공을 못 한 것은 북·미 관계가 안 좋아져 장애가 와서 못 한 것이다. 그러나 앞으로도 햇볕정책 이외는 딴 길이 없다. 세계 각국의 전문가들도 다 그렇게 말한다. 이번에 마치 햇볕정책 때문에 북이 핵실험을 했다고 하는데 언제 북한이 햇볕정책 때문에 핵실험한다고 했나. 북한은 미국이 자기들을 못살게 하니까 (자위권 차원에서) 핵실험한다고 했다. 미국도 북한 핵실험을 비난했지만 햇볕정책 때문이라고 하지 않았다. 햇볕정책은 부당한 비판을 받았지만 크게 개의할 필요는 없다고 본다.

북한은 중국 때문에도 핵 갖기 어렵게 되어 있다

아오키 북한에 일차적 책임이 있고, 그다음에 북과의 대화를 거부한 미국에게도 책임이 있다는 김 전 대통령의 주장이 언론에서는 '미국책임론'을 제기한 것으로 정리되었다. 그러나 지난 7일 그레그 전 주한 미국대사는 "평양의 핵 개발 추진의 원동력은 한국이 아니라 미국에 대한 북한의 의심, 두려움과 공포"라고 강조했다. '미국책임론'의 근거를 좀 더 명확하게 구체적으로 밝혀 달라.

김대중 클린턴 대통령 때는 나하고 같이 협력해서 북한 문제가 거의 해결되어 갔다. 그러다가 정권이 교체되었다. 그 이후로 부시 정권이 대북 정책을 계승하지 않고 이른바 '에이비시ABC(Anything But Clinton) 정책'이라고 해서 클린턴 시절의 정책은 다 반대하지 않았느냐. 그 결과가 큰 실패로 나타났다. 결국 북한의 핵확산금지조약NPT 탈퇴와 국제원자력기구IAEA 요원 추방 그리고 핵실험이 현실로 나타나게 되었다. 이런 것이 외교적 과오와 정치적 판단 착오가 아니고 뭐겠나.

내가 대통령 재임 중에 2002년 2월 부시 대통령이 서울에 와서 "북을 공격 안 하고 대화하겠으며 식량을 주겠다"고 나와 세 가지 합의를 했다. 기자들 앞에서 발표도 했다. 그런데 실천이 안 되었다. 그런데 그것(강경책)이 북의 핵을 막았나. 막지 못했다. 북한은 "미국이 우리와 대화도 안 하고 우리를 멸망시키려고 하니 핵을 만들지 않을 수 없다"고 말하고 있다. 협상은 서로 만나서 얘기하고, 줄 것은 주고 받을 것은 받고 하는 것인데 서로 불신이 있으니 그 실천을 동시에 해야 하고 그게 협상의 원칙이다. 그걸 안 해서 북이 마침내 핵까지 갖게 되었다. 그걸 (미국 대북 정책의) 성공이라고 할 수는 없지 않나.

아오키 부시 행정부의 외교적 판단 착오가 북핵 억제 실패의 큰 원인이 되었다는 말씀인데….

김대중 부시 대통령이 지금 현재 잘못했다고 얘기하는 것이 아니라 내가 대통령 재임 때부터 얘기한 것을 저쪽에서 실천을 안 해서 이렇게 되었다는 것이다.

아오키 지난 2002년 10월에 미국이 '고농축우라늄HEU' 문제를 제기했는데 그 이후에 지금까지 아무런 증거를 제시하지 못했다. 고농축우라늄 문제가 결국 북한이 핵실험까지 이르게 한 중요한 전기가 되었다고 보는데….

김대중 (HEU 문제를 계기로) 결국 북한이 "우리가 (고농축우라늄을) 가지고 있지 않은데도 몰아세우는 것 보니까 미국이 우리와 타협할 생각이 없다. 우리의 핵 문제가 아니라 정권 자체를 넘어뜨리려고 하는 것이다" 이렇게 해석을 했고 또 미국 '네오콘'이 그런 얘기를 많이 하지 않았나. 말하자면 북한이 너 죽고 나 죽자 하는 막다른 골목에 있으니 핵이라는 '카드'를 가지고 나가게 된 것 아닌가.

아오키 북한의 핵은 어디까지 카드라고 생각하는 것인지, 북한이 핵 자체를 가지고 싶다기보다는 미국과 협상하기 위한 카드다?

김대중 현 단계에서는 (협상) 카드라고 본다. 왜냐하면 북한이 핵을 가져 봤자 큰 목적을 달성할 수 없다. 우선 북한 핵은 중국에게 악몽이다. 대만이나 일본이 핵을 가지는 길을 열어 주는 것이다. 일본과 대만이 핵을 갖는 것은 중국으로서는 악몽이다. 그러니 절대로 북한 핵을 용납할 수 없는 것이다. 그 때문에 중국이 북에 대해 아주 엄중하게 통보를 하고 있는 걸로 알고 있다. 그리고 현재 북한이 고립되고 여러 가지 경제 제재받는데 앞으로 핵 포기를 안 하면 그 제재는 훨씬 더 강화될 것이다.

결국 북한은 중국 때문에도 핵을 갖기 어렵게 되어 있고, 핵을 가져도 일본과 대만이 핵을 갖는 사태가 오면 북핵은 위력이 크게 감소되어 쓸모가 없다. 그렇기 때문에 북한 핵은 현 단계에서는 '협상용'이다. 미국이 북의 안전을 보장하고 경제 제재 해제하고 국제사회에 나오게 하면 북한은 핵을 포기할 것이다. 또 북한 사람들이 중요하게 얘기하는 것이 "한반도 비핵화는 돌아가신 김일성 주석의 유훈"이라는 것이다. 북에서 김일성의 얘기는 '신성불가침'이다. 그래서 현 단계는 핵을 통해 협상을 성공시키려는 목적이 아닌가 싶다.

아오키 지난 6월로 예정된 재방북이 무산되었는데 다시 여건이 조성이 되면 방북할 의향이 있는가?

김대중 아직 여건이 성숙되지 않아 지금 뭐라고 말하기는 그렇다.

베트남식 무력 통일도, 독일식 흡수 통일도 안 된다

아오키 생전에 한반도 평화 통일을 보실 것이라 생각하시는지? 또한 어떤 통일이 되어야 한다고 전망하는지?

김대중 우리가 해방 이후 분단되었을 때 60년 넘게 분단될지 누가 알았나. 통일은 한쪽만 하려고 한다고 되지 않고 상대가 있다. 우리를 둘러싼 미·일·중·러 4대국 영향도 크다. 중요한 것은 남북이 통일의 방향으로 정책의 기본을 세워 한발 한발 나가는 것이다. '햇볕정책'은 통일을 빨리하자는 것이 아니라 착실하게 하자는 것이다. 우선 평화적으로 같이 살자, 그리고 교류 협력하자는 것이다. 북한 경제가 어려우니 경제를 회복시키고 서로 교류를 많이 하고 만나면 상호 이해가 늘어나고 상대방에 대한 부정적인 인식도 바뀌는 것이다.

그다음에 서로 안심하고 살 수 있다고 생각할 때 통일을 하는 것이다. 평화 공존, 평화 협력, 평화 통일 3원칙 밑에서, 그리고 제1단계 남북연합, 이건 지난 6·15정상회담 때 남북연합과 '낮은 단계의 연방제'는 합의가 되었다. 그다음은 미국식의 연방제이고 그다음은 완전 통일이다. 결국 언제 통일이 되느냐가 중요한 게 아니라 그런 방향으로 나가고 있느냐가 중요하다. 그러면 언젠가 통일이 되는 것이다.

절대 통일을 서둘러서는 안 된다. 우리는 베트남식 무력 통일도 안 되고 독일식 흡수 통일도 안 된다. 독일식으로 하면 북한 경제 살리고 북한을 먹여 살릴 능력이 안 된다. 엄청난 부담이고 국민의 큰 반발이 일어난다. 우리는 서로 전쟁까지 했기 때문에 아직도 증오심이 많다. 북한 또한 공산주의로 남한을 적화하겠다는 기본 정책을 바꾸지 않았다. 하나가 되기는 아직 여건이 성숙되지 않았다. 평화 공존, 평화 협력, 평화 통일의 3원칙과 남북연합, 연방, 완전

통일의 3단계로 차분히 가면 완전한 통일이 안 되어도 서로 안심하고 왕래하고 같이 사업하고 북한에 가서 사는 '사실상의 통일' 단계가 오는 것이다.

아오키 참여정부하에서 주한 미군 문제와 관련해 여러 가지 변화가 있었고 앞으로도 협상이 있을 것인데 주한 미군 재배치 문제에 대해 어떻게 생각하시는지 궁금하다.

김대중 주한 미군 재배치와 감축은 미국 자체의 세계 전략에 의해서 하는 것이지 한·미 관계가 안 좋아서 그렇다는 것은 사실이 아니다. 그런 차원에서 해결할 문제가 아니다. 한국과 미국은 기본적으로 관계가 나쁠 것이 없다. 이라크에도 미국, 영국 다음으로 한국이 군대를 많이 보냈다. 미군의 전략에 따라 2사단을 후방으로 옮기는 것도 동의해 줬다. 용산 기지의 평택 이전도 농민들 반대를 경찰이 제재하면서까지 미군 기지가 들어가도록 해 주고 있다. 군사 분야에서는 큰 문제없이 협력하고 있다.

한·미방위조약은 미국의 이익도 되고 우리의 이익도 된다. 국가 간의 이익은 서로의 이익이 되어야 한다. 미국이 한반도에, 또 아시아 대륙에 군대를 가지고 있는 것은 동아시아 전체에 대한 미국의 영향력 유지에 얼마나 중요한지를 알 수 있다. 그러기 때문에 한반도에 미국이 있는 것은 우리를 위해서만 있는 게 아니고 미국을 위해서 있는 것이다. 앞으로도 한·미방위조약의 협력 관계는 유지되어 갈 것이고 그것이 한·미 양측의 공동의 이익이 될 것이다.

미국 예일대학의 폴 케네디 교수가 "한국은 미국·일본·중국·러시아라는 네 마리 코끼리 다리 사이에 끼어 있으니 그 사이를 잘 헤쳐 나가야 한다"고 얘기했는데 참 옳은 말이다. 나는 1971년 대선에 출마해서 '4대국 한반도 평화 보장론'을 말했는데 지금의 6자회담은 거기에 남북을 합친 것이다. 6자회담은 상설화되어야 하고 한·미·일 3국의 공조 협력 관계도 앞으로 공고히 유지해 나가야 한다.

노 대통령, 민생·남북 관계 개선에 좀 더 열심히 해 주길

아오키 노무현 대통령 임기가 앞으로 1년 남았는데 노무현 정부에 대한 솔직한 평가를 듣고 싶다.

김대중 나는 국내 정치는 되도록 말을 안 하는 입장인데, 노 대통령이 어려운 여건 속에서도 남북 관계를 깨지 않고 유지해 나가는 노력을 한 것과 미국에 대해서도 협력할 것은 하면서 주장할 것은 주장한 것은 높이 평가한다. 그 점은 국제적으로도 높이 평가하는 사람들이 있다. 그런데 나는 노 대통령이 좀 더 민생 문제와 남북 관계 개선에 열심히 해 주길 바란다.

아오키 지난번 『경향신문』 60주년 기념 회견에서 열린우리당과 관련 "산토끼 잡으려다가 집토끼 놓쳤다"고 말했는데, 통합신당파와 사수파가 대립하는 지금도 그 말씀은 유효한가? 또 열린우리당이 국민의 지지를 받으려면 어떻게 해야 하는가?

김대중 아까도 말했지만 국내 정치 문제는 얘기를 안 하기로 했으니 더 이상은 말하지 않겠다. 다만, 그때 그렇게 말한 것은 사실이고 또 수정할 필요는 없으니 그렇게 이해해 달라.

아오키 노 대통령이 지난번에 김 전 대통령 사저를 방문한 뒤에 이런저런 얘기가 많이 나왔다. 청와대에서 자세한 배경 설명을 했지만 "호남 표와 햇볕정책을 맞바꾼 것"이라는 정치공학적 해석까지 나왔는데….

김대중 뭐 하고 뭘 바꿨다는 것인가.

아오키 두 분이 호남 표의 지원과 햇볕정책에 대한 지원을 서로 주고받은 것 아니냐는 것이다.

김대중 허, 허….

아오키 2시간 동안 오찬을 했는데 실제로 북핵 문제와 부동산 문제 그리고 반

기문 유엔 사무총장과의 인연 외에는 다른 대화 주제가 없었는가?

김대중 뭐 집안 얘기도 하고 여러 가지 했지만 정치 문제는 일절 안 했다. 또 그분이 정치 얘기를 안 하니 나도 안 했다.

아오키 김대중도서관 1층 전시관을 둘러보니 1998년 대통령에 취임하면서 열다섯 가지 대통령 수칙을 적은 국정 노트를 봤다. 영광스러운 때도 있었지만 어려울 때도 있었을 것이다. 특히 박정희 시절에 어려움이 많았지만 집권 후반기에도 어려움이 적지 않았을 텐데 어떤 자세와 신념으로 극복했는지 궁금하다.

김대중 나는 어려움에 처할 때 그걸 피하지 않고 사실대로 받아들인다. 그런 가운데 세어 보면 여러 가지 좋은 점도 있다. 국정이 어렵더라도 외환 위기를 극복했다든가, 남북 관계의 큰 물꼬도 텄다든가, 정보화를 실현했다든가, 우리 국가가 그만큼 세계적으로 위상이 높아졌다든가 하는 것이 그렇고, 개인적으로 또 여러 어려움이 있지만 생각해 보면 우선 신안군 하의도라는 섬에서 태어난 사람이 서울에 와서 대통령까지 된 게 큰 것 아닌가. (웃음) 또 세계에 수많은 대통령이 있지만 재직 중에 노벨평화상을 탄 사람이 누가 있나. 이처럼 세어 보면 많다. 양면을 본다. 나쁠 때는 좋은 면을 보고, 좋을 때는 나쁜 면을 경계하고, 심지어 아내하고 사이가 좋다든가, 건강이 좋다든가, 좋은 친구들이 있다든가 등 세어 보면 많다. 양면을 보니까 좋을 때 경계가 되고 나쁠 때는 위안이 된다.

아오키 김 전 대통령은 민주화의 상징적 인물인데 참여정부의 인기가 떨어지면서 김 전 대통령과 함께 민주화운동 했던 사람들이 '도매금'으로 같이 떨어지는 현상이 있다. 그래서 민주화운동 했던 분들이 마음의 상심을 많이 받고 있다. 그런 분들에게 어떤 자세로 임했으면 좋을지를 말씀해 달라.

김대중 내가 한 일에 대해 옳은 일을 했다, 역사적으로 의미 있는 일을 했다,

이렇게 생각하면 한때 평이 좋거나 나쁘다든가 하는 것은 인간사에서 흔히 있는 일이다. 그 대신 우리가 엄청난 독재를 상대로 수많은 희생을 치르면서 역사를 바꾼 큰일을 해낸 것은 누구도 부인할 수 없지 않나. 그런 의미에서 역사 속에선 반드시 승리자가 된다.

내가 사형 선고를 받았을 때도, 신군부 사람들이 와서 타협하면 살려 준다고 했다. 그러나 내가 당신들에게 협력하지 않으면 일시적으로 죽지만 사람은 어차피 죽는데 나는 영원히 산다, 나는 영원히 사는 길을 택하겠다고 했다. 길게 보면 사람이 죽을 때 내 인생을 값있게 살았다, 이럴 수 있는 사람이 제일 성공한 사람이다. 민주화에 헌신했던 것을 후회할 사람이 누가 있나. 일시적으로 여론이 좋고 나쁘고는 상관할 것 없다.

이번에 핵 문제가 터졌을 때 모두 폭풍에 휩쓸리듯이 하는데, 내가 정면으로 받아서 나간 것도 내가 소신을 가지고 한 일이다. 옳은 일이기 때문에 이런 때 국민에게 바른 방향을 얘기해 줘야 한다. 그게 내 의무다. 이 때문에 내가 타격을 받거나 희생을 받을지 모르지만 내가 볼 때 북·미 직접 대화와 주고받는 협상, 그리고 동시 실천의 세 가지 외에는 길이 없다, 전쟁은 못 하는 것이고 해서도 안 되는 것이다. 이렇게 하니까 내 마음의 정리가 확 되더라. 그렇게 사는 것 아니겠냐.

아베 정권서 한·일 관계 잘될 거라는 확신 지금 가지고 있지 못해

아오키 조만간 '김대중 납치' 사건에 대해 국정원이 조사 결과를 발표할 것으로 예상되는데 그때 박정희 정권 시절 정보기관의 관여가 공식적으로 확인되면 한·일 관계에도 영향이 있을 것 같다. 한·일 양국은 그 문제를 어떻게 해결해야 한다고 보나.

김대중 양국 정부가 정도를 걸어야 한다. 다 알고 있는 일을 지금 감추고 있지 않나. 사실은 사실대로 인정하고 잘못은 잘못대로 책임을 져야 한다. 일본 정부가 한국의 중앙정보부 요원이 한 것이라는 증거를 쥐고도 한국 정부에 적극적으로 타협한 것은 부끄러운 일이다. 또 한국 정부가 그 문제에 대해 책임을 지지 않은 것도 말할 수 없이 잘못된 일이다. 이번 기회에 양국 정부가 공동으로 잘못한 것은 잘못대로, 사실은 사실대로 용기로써 결단해야 한다.

아오키 김대중 전 대통령께서 1998년 10월 오부치 게이조小淵惠三 일본 총리와 한·일공동성명(21세기 새로운 한·일 파트너십 공동선언)을 발표하면서 한·일 관계가 많이 좋아졌고 돌이켜 보면 '사상 최고의 한·일 관계'였다. 그런데 고이즈미 준이치로小泉純一郎 총리 때에 와서 한·일 관계가 악화되었다. 지금 민간 교류는 활발하지만 정부 관계는 좋지 않은 상태다. 이렇게 된 문제점과 책임은 어디에 있다고 보는지, 그리고 아베 신조安倍晋三 총리에 대해 어떤 기대를 하는가?

김대중 오부치 총리와는 아주 합의가 잘 되었다. 그렇게 해서 일본이 과거사에 대해 정식으로 사죄하고 우리는 일본이 민주화와 평화로 가는 것을 평가하고 앞으로 미래지향적으로 나가자 이렇게 했다. 실제 집권 5년 동안 한·일 관계는 매우 좋았다. 그때도 야스쿠니신사 문제가 있었다. 상하이 아시아태평양경제협력체APEC 정상회담에서 고이즈미 총리와 일곱 가지 항목에 합의했는데 그중에 야스쿠니 문제는 고이즈미 총리가 "새로운 추모 시설을 만드는 것을 고려하겠다"고 자진해서 제안했다. 그런데 실천이 안 되었다. 그 뒤에 고이즈미 총리가 야스쿠니를 참배했다.

전쟁에 나갔다가 희생한 사람에 대해 추모하고 참배하는 것은 당연하다. 우리가 문제 삼는 것은 전범이 합사되어 있기 때문이다. 과거 침략 전쟁에 대한 반성이 있다면 도저히 할 수 없는 일이다. 그것은 그 사람(전범)들 때문에 아까운 생명을 바쳐 전사한 다른 합사된 희생자들에 대한 모욕이다. 그것은 우리 한국과 중국, 동남아 사람들에게 도저히 용납이 안 되는 근본적인 문제다. 그런 점에서 한·일 관계의 악화가 시작되었다.

일본에 대한 우리의 걱정은 과거에 대한 반성이 매우 부족하다는 것이다. 일본은 해가 갈수록 과거를 정당화, 미화하려고 한다. 일본이나 독일이나 다 제2차대전 '침략국'이다. 일본은 독일과 비교하면 싫어하지만, 독일은 반성하고 사과하고 보상하고 국민에게 철저히 과거를 교육시키는데 일본은 거리가 너무 멀다. 독일은 철저한 반성을 했기 때문에 침략을 당한 주변국들로부터 신뢰와 지지를 받게 되었다. 또 철저한 과거 청산의 결과로 독일은 통일을 이루고 현재 유럽연합EU의 중심 국가가 되었다. 일본이 '보통 국가'가 되려면, 우선 침략을 한 다른 보통 국가들이 하듯 과거 청산을 해야 한다. 그런데 일본이 군사력 강화와 자기 정당화를 하면서 보통 국가를 얘기하면 침략당한 사람들이 얼마나 걱정하겠나.

한국과 일본, 중국은 반드시 함께 손잡아야 한다. 그래야 동북아와 동아시아 전체 그리고 세계가 안정된다. 이건 절대적 조건이다. 그런데 세 나라가 모래알처럼 각자 흩어져 있는 상태여서 걱정스럽다. 일본은 독일 얘기하면 화내지 말고 "왜 우리에게 그렇게 말하는가"를 반성할 필요가 있다. 그런 점에서 일본이 크게 생각을 바꿔야 한다. 그런데 불행하게도 일본이 아베 정권에서 그럴 가능성은 적지 않은가 싶어 상당히 걱정스럽다.

아오키 아베 총리 취임 이후에도 앞으로 한·일 관계가 어려울 것이라는 얘기인가?

김대중 그렇게 안 되길 바라지만 잘될 것이라는 확신을 지금 가지고 있지 못하다.

일본인 납치 문제를 정치 문제로 발전시키지 않아야

아오키 한반도 비핵화, 동아시아 지역의 안정을 위해 일본의 역할이 크지만 납치 문제 등으로 북한에 대한 일본 여론은 나쁜 상황이다. 앞으로 일본의 역할을 어떻게 보나?

김대중 납치 문제는 두말할 것 없이 북한의 잘못이다. 그런 인권 유린이 어디 있나. 북한의 사과는 당연하고 상당수 사람을 돌려준 것도 당연한데 아직 일본으로서는 미진한 것 아닌가 싶다. 이 문제는 피해자가 납득할 때까지 해결해야 한다. 북한이 어차피 납치한 것 인정하고 사죄했으면 더 이상 감출 것도 없지 않나. 그런데 북한이 왜 그러지 않는지 모르겠다.

나는 사실 지난 6월에 북한에 가면 그 얘기를 하려고 했다. 그 문제는 일본의 속이 확 풀릴 때까지 다 해 줘라, (일본 측과) 같이 찾아다니면서 여기저기 무덤을 파서라도 빨리 문제를 해결해라, 일본의 유족들이 계속 문제 삼고 있는데 언제까지 처음 고이즈미와의 약속하고 다르다고만 주장할 것이냐, 그것은 인권 문제이기 때문에 인권 침해를 당한 사람들이 납득할 때까지 해 주어야 한다, 이렇게 얘기하려고 했다.

다만 일본에서 납치 문제를 정치적으로 이용하는 것은 별도 문제다. 그렇게 해서는 안 된다. 결국 일본은 북한과 국교를 정상화해야 한다. 과거 일본이 침략했던 상대와 국교 수립을 못 하고 있는 것은 일본으로서도 자랑스러운 게 아니다. 그러기 때문에 납치 문제는 납치 문제에 그쳐야지 납치 문제를 정치적 문제로 발전시키는 것은 일본이 할 일이 아니다.

아오키 북·일 정상회담도 추진해야 된다고 보는가?

김대중 그런데 지금 일본에서 그런 얘기가 안 통하지 않나. 우선 납치 문제를 빨리 마무리하면서 그 문제(정상회담)로 나가야 한다. 그런데 납치 문제가 미진한 상태여서 일본 정부 방침도 (정상회담 추진을) 안 하고 있고 일본 국내 여론에서도 (정상회담은) 쉬운 일이 아니다. 우선 빨리 북한이 납치 문제를 풀어야한다. 그리고 국교 정상화로 나가야 한다.

아오키 마지막으로『오마이뉴스재팬』의 3,000명 시민 회원과 일본 국민에게메시지를 달라.

김대중 일본이 전후에 경제적으로 크게 일어나고 많은 성취를 했는데 중요한것 하나가 부족한 게 있다. 일본이 민주주의를 싸워서 쟁취한 게 아니라는 것이다. 고문당하고 목숨 바치고 희생해서 된 게 아니라는 것이다. 한국은 얼마나 많은 사람이 죽었나. 나도 사형 선고를 받아서 죽을 사람이 기적으로 살아난 것 아닌가. 일본은 그런 일이 없다. 그렇기 때문에 일본 민주주의는 주체 세력이 없다.

그러니까 조금 수틀리면 북한과 국교하겠다는 사람의 집에 폭탄 던지고, 중국과 관계 개선하자는 사람 집에 불을 지르고 하는데도 그런 것에 맞서는 세력이 약하다. 내가 일본 친구에게 말한 적이 있지만 민주주의는 공짜가 없다. 토머스 제퍼슨이 "민주주의라는 나무는 인민의 피를 먹고 자란다"고 말했다. 그게 그냥 해 본 소리가 아니다.

일본의 민주주의라는 것이 전쟁에 지고 나니까 맥아더 원수가 와서 "이제부터 민주주의 하라"고 하니까 하다시피 한 것 아닌가. 일본의 민주주의는 근간이, 뿌리가 약하다. 일본의 뜻있는 사람들이 그것을 굉장히 심각하게 생각해야 한다. 그래서 이제 지금 지키는 데라도 목숨을 바칠 필요가 있으면 바쳐야한다. 그것을 제대로 못 하면 일본은 앞으로 한쪽으로 끌려가고 국제사회에서친구를 많이 잃을 것이다. 일본이 민주주의 뿌리가 확고하지 않고 주체 세력이 약한 것, 그걸 어떻게 보완하느냐에 일본의 뜻있는 사람이 자기희생을 각오하고 노력해야 한다.

제4부 — 새로운 시대를 향하여

새로운 시대에 주목해야

앨빈 토플러

—

2007년 5월 31일, 미국의 미래학자 앨빈 토플러Alvin Toffler 박사와 서울 동교동 사저에서 나눈 대담으로, 2007년 6월 19일 『뉴스메이커』 729호에 수록되었다.

—

김대중 전 대통령과 미래학자 앨빈 토플러 박사가 지난 5월 31일 동교동 김 전 대통령 사저에서 만났다. 김 전 대통령과 토플러 박사는 북핵 문제 등 한반도 이슈와 미래사회의 변화상에 대해 대화를 나눴다. 김 전 대통령은 1980년 내란음모죄로 감옥에 있을 때 이희호 여사가 넣어 준 토플러 박사의 『제3의 물결』을 읽고 지식정보화 사회의 도래를 알 수 있었다고 한다. 재임 중에 김 전 대통령은 토플러 박사를 청와대로 자주 초청해 정보화에 대해 의견을 교환했다. 『뉴스메이커』가 김 전 대통령과 토플러 박사의 대화록을 단독으로 입수해 전문을 싣는다.

김대중 오늘 이렇게 찾아 주어 영광입니다. 진심으로 환영합니다. 부인께서 빨리 회복하시기 바랍니다.

토플러 내 처 하이디도 대통령님께 안부와 존경의 말씀을 전해 달라고 하였습니다. 앞으로 괜찮아지기는 하겠지만 지금은 걸을 수가 없습니다. 정원 손질을 하다가 다리를 다쳤는데 의사가 근육 발육을 위해 장화 신기를 권유했습니다. 그런데 그것이 무거워서 오히려 무릎에 무리를 주어 지금은 무릎을 다친

상태입니다.

김대중 한국의 정보화에 가장 큰 영향을 준 이는 토플러 박사입니다. 그리고 전자정부를 권고해 준 이로는 일본의 손 마사요시(손정의) 소프트뱅크 회장과 빌 게이츠 마이크로소프트 회장이 있습니다.

토플러 감사합니다. 그것은 저에게도 무척 기쁜 일이었습니다. 부시 정권이 남북한 문제에서 태도 변화를 보이고 있는데, 북한이 정말 핵무기를 가지고 있는지 아닌지는 모릅니다. 북한은 정확히 핵무기를 가지고 있습니까?

김대중 핵탄두를 만들었다는 것은 사실입니다. 그러나 미사일을 장착해서 발사할 정도까지는 아니라고 알고 있습니다.

토플러 북한이 정말 변화할 것이라고 생각하십니까?

김대중 그것은 미국이 어떻게 하느냐에 따라 달라질 것입니다. 미국이 북핵 문제를 해결하기 위해 생각해 볼 수 있는 (방안으로) 첫 번째는 군사적 응징이 되겠습니다만, 현재 미국은 중동에 발목이 잡혀 있어서 북한을 대상으로 다른 전쟁을 또 치를 만한 여유가 없습니다. 두 번째로 지금 일본과 함께 경제 제재를 하고 있지만 중국과 한국이 동참하고 있지 않아서 성공을 거두지 못하고 있습니다. 중국과 한국은 미국이 북한과 줄 것 주고 받을 것 받는 협상을 해야한다, 대화도 시도해 보지 않고 제재부터 할 수 있느냐라고 주장해 왔습니다. 세 번째로 작년 미국의 중간선거에서 민주당이 승리하였는데, 민주당은 부시의 압박정책에 찬성하지 않고, 대화를 통해 협상으로 풀자고 얘기하고 있습니다. 넷째, 부시의 임기가 거의 끝나 가고 있는데 중동에서 실패했기 때문에 한반도에서라도 성공해야 할 필요가 있고, 그래서 최근 부시의 대북 정책이 대화를 하자는 쪽으로 변화하고 있습니다. 줄 것 주고 받을 것 받자, 행동 대 행동action to action, 말 대 말로 하자는 쪽으로 상황이 변하고 있습니다. 반면, 북한 역시 미국이 핵 포기, 비핵화를 조건으로 직접 대화, 안전 보장, 경제 제재 해제, 국교 정상화를 하겠다고 하니, 얻을 것 얻게 되면 핵을 고집할 명분이 없어집니다.

토플러 두 가지 질문이 있는데요, 만약 일본이 핵무기를 갖겠다고 하면 어떻게 됩니까?

김대중 일본은 북한의 핵 개발을 빌미로 핵을 보유하고 싶다는 것이 일본의 지도부 및 일반 다수의 심정입니다. 그러나 명분이 없습니다. 미국의 핵우산이 일본을 보호해 주고 있기 때문에 명분도 없고, 일본의 핵 보유를 미국이 원하지도 않습니다.

토플러 그럼 미국의 핵우산이 과연 신뢰할 만한가라는 의문이 드는데요.

김대중 미국이 얼마나 강력하게 결의하느냐, 그리고 일본과 미국이 얼마나 긴밀한 관계를 가져가느냐에 달려 있습니다만, 핵 문제를 걱정할 필요는 없으리라고 봅니다. 일본이 핵을 보유한다는 것은 중국에게는 매우 중대한 문제이기 때문에, 일본이 핵을 보유하기는 어려울 것입니다. 그러나 일본이 핵을 갖지 못하게 하려면 북한이 먼저 핵을 포기하게 해서 일본이 핵을 가지려는 구실을 없애야 합니다. 그래서 중국은 북한의 핵 포기에 전력을 다해 왔습니다.

토플러 일리 있는 말씀입니다. 그런데 아주 다른 시나리오인데요. 시간이 흘러서 남북한이 어떤 형식으로든 통일이 되었다고 가정할 때, 북한이 현재의 핵을 그대로 보유한 채 통일이 될 수도 있을까요?

김대중 북한이 핵을 보유하고 있는 한은 통일을 하지 않을 것입니다. 그리고 미국도 북한의 안전 보장, 국교 정상화, 경제 제재 해제 등을 해 주지 않을 것입니다. 그러므로 북한은 핵을 가질 수 없을 것입니다. 통일 한국이 핵을 보유하는 것은 주변 강대국들도 지지하지 않을 것입니다. 또한 우리도 핵은 필요 없습니다.

토플러 그럼 핵을 어떻게 제거할 수 있을까요?

김대중 2·13 6자회담 합의에서 북한의 요구를 들어주고 북한은 핵을 포기하기로 했습니다. 북한이 핵을 완전히 포기할 때 미국은 북한과의 국교 정상화를 하고 국제사회로 진출할 수 있도록 하기로 했습니다. 북한이 핵을 고집하는 이유는 안보에 대한 위협 때문인데 미국이 북한의 안전 보장을 하겠다고 했고, 또한 한국전에 참전했던 4대 주요국, 남북한과 미국, 중국이 함께 평화협정을 맺어서 양쪽의 안전 보장을 하자는 말을 부시 대통령이 이미 하고 있습니다. 그러므로 북한은 핵을 가질 필요가 없습니다.

토플러 네. 실제 핵을 포기한 국가들이 있기도 했습니다. 남아프리카가 그랬고 브라질인지 아르헨티나인지도 그랬지요. 그러나 핵을 포기하는 것은 매우 어렵습니다.

김대중 그 외에 우크라이나도 미·소가 안전 보장을 해서 핵을 포기했습니다. 리비아도 했지요. 부시 대통령이 클린턴 정부의 대북 정책을 계승했다면 이 모든 상황은 진작에 끝났을 것입니다. 그러나 에이비시ABC(Anything But Clinton) 정책을 채택함으로써 그동안 6년을 허비했습니다. 북한은 핵확산금지조약NPT에서 탈퇴했고, 국제원자력기구IAEA 사찰단을 추방했고, 제네바협정도 어기고, 미사일 모라토리엄도 무시한 채 미사일을 발사했고, 핵실험을 하기도 하는 등 상황은 악화되기만 했습니다. 잘못된 정책 때문에 손해를 많이 입었습니다. 그러나 지금은 정책을 선회하여 대화를 추구하고 있고 북한도 만족하고 있습니다.

토플러 다른 질문 하나를 드릴까 합니다. 앞으로 태평양 지역에서 미국의 역할은 어떻게 될 거라 보십니까? 현재 미군은 이 지역의 안정화에 기여하고 있는데, 이런 미국의 역할이 앞으로 필요하거나 유효하다고 보시는지요?

김대중 그것은 미국이 하기에 따라 다를 것입니다. 중국과 미국이 화해 협력하여 태평양 지역의 평화와 안정을 보장하는 정책을 추구한다면 미군의 역내 주둔은 바람직할 것입니다. 반면 미·일이 군사동맹을 강화하면 중국이 군비 경쟁을 강화하는 등 미국에 반발하게 될 텐데 최근 그런 경향이 보이기도 합니다만, 아무튼 동북아 안정이 깨질 것이고, 그렇게 되면 미군의 역내 주둔이 긴장을 더욱 강화할 것입니다.

토플러 요즘 일본을 보면, 중국도 그런 듯합니다만 민족주의의 대두를 엿볼 수 있습니다. 뉴스를 보면 아베 총리가 어려움을 겪고 있고 야스쿠니신사 이야기도 나오는데, 기본적으로 동북아 지역의 국가들은 변화가 가져오는 문제들을 직면하고 있지 않습니까?

김대중 불안정으로 갈 것이냐 안정으로 갈 것이냐라는 갈림길은 미국과 중국의 관계에 따라 달라질 것입니다.

토플러 그럼 핵이 없다고 전제했을 때 통일 한반도도 중립국을 선언할 가능성이 있습니까?

김대중 19세기 말에 중국, 러시아, 일본은 우리나라를 점령하기 위해 전쟁을 치렀습니다. 러일전쟁, 청일전쟁 등이 있었는데 미국이 여기 있었다면 견제와 세력 균형자의 역할을 했을 것입니다. 그래서 우리의 입장은 미군이 한국에 주둔하고, 우리는 미국과 방위조약을 유지해야 한다는 것입니다. 다만 러시아, 중국, 일본 등과 적대시하지는 않을 것입니다. 그래서 반은 동맹, 반은 중립 같은 형태가 될 것입니다. 4대국과는 관계를 좋게 가져가면서 안보나 외교의 핵심에서는 미국과의 관계를 중시한다는 것입니다. 박사님, 박사님께서 최근에 출간하신 『부의 미래』에 대해 이야기를 듣고 싶습니다.

토플러 한국 및 전 세계는 현재 미국에서 전개되고 있는 새로운 시대에 주목해야 합니다. 그래야 미래를 전망할 수 있을 것입니다. 지난 30-40년간은 컴퓨터나 인터넷 등 제3물결에 해당하는 기술들이 큰 진전을 보였습니다. 최근에 일어난 일이라고 생각하는 분이 많지만, 이런 기술들은 1950년대부터 시작한 것이고, 1960년대에 들어와서는 정치적인 부문에서 많은 움직임이 일어났습니다. 예를 들어 여성운동이나 환경운동 등 말입니다. 기술이 다른 시대로 진전해 가는 만큼 기관institution도 변해야 합니다. 왜냐하면 사회·정치 부문의 발전 없이 기술만 계속 진전할 수는 없기 때문입니다. 하이테크나 정보기반 지식경제 등 제3물결이 도래하는 가운데 기관은 아직 제2물결의 산업화 시대에 머물러 있어서 이런 불일치가 비경쟁력을 낳고, 이런 것들 때문에 카트리나 재해 등이 발생했을 때 미국 정부가 상황에 대처할 수 없는 무능력을 낳았습니다. 이 외에도 의료·연금·교육 부문 등 위기가 너무 많습니다. 그런데 그 누구도 이것을 큰 위기라고 보고 있지 않습니다. 그러나 관료적인 기관은 이제 적절하지 못합니다. 이들이 제대로 변화하지 않으면 적절히 기능할 수 없습니다. 한국, 일본도 그렇고 앞으로 중국도 그럴 것입니다.

김대중 그럼 적절한 정부의 형태는 무엇이 되어야 할까요?

토플러 많은 실험이 행해질 것이고, 많은 실패도 있을 것입니다. 우리는 관료적인 조직을 만들려는 본능이 강하고, 또한 관료적 조직 내의 구성원들도 큰 변화에 저항할 것이기 때문에 쉽지는 않을 것입니다. 예를 들어 9·11사태 이후 미국은 과거 더 작은 규모로 존재하던 15개의 정보기관intelligence agency을 1개로 통합하여 큰 관료적 조직으로 만들었습니다. 적enemy은 적은 수의 구성원이 센터나 본부도 없이 수평한flat 형태의 조직으로 운영되고 있는데 말입니다. 사실 우리가 쭉 따라온 방법이 관료적인 조직 형태였기 때문에 그랬겠습니다만, 산업화 시대의 관료적 조직에서 벗어나 이제는 엔지오NGO나 시민사회 모델들, 네트워크 형태의 평평한 조직, 더 일시성temporary을 가지고 정확하게 correct 문제를 해결할 수 있는 조직이 필요합니다. 거대한giant 그리고 모든 문제를 해결하려고 하는 비대한 하나의 관료 조직 대신에 말입니다. 어떤 형태의 기관이 되어야 하냐고 물으셨는데 참 어려운 질문입니다. 확신할 수 있는 것은 문제 발생이 점점 더 빠르기 때문에 조직 대응도 더 빨라야 합니다. 또한 한 개의 문제가 아니라 여러 문제가 유기적으로 얽혀서 일어나고 있기 때문에 한 가지 분야에만 집중하는 관료적 조직은 맞지 않습니다. 일어난 상황은 복잡다단한데 "우리는 이 문제만 다룬다. 저 문제는 저쪽에서 다룬다" 해서는 안 됩니다. 점점 더 복잡성과 일시성이 중요해질 텐데, 아직까지 이런 문제를 해결한 예는 없고, 심지어는 적절한 묘사조차 이루어지지 않고 있습니다.

김대중 그럼, 그런 바람직한 기관은 나타나지 않은 상태에서 사태만 진전되고 있다는 말씀인가요?

토플러 그렇습니다. 아직까지 슈퍼 모델super model도 나오지 않았고, 관심을 가질 만한 스몰 모델small model도 나오지 않은 상태입니다. 추측할 수 있는 것은 피라미드적 관료 조직이나 네트워크적 조직 등 두 가지뿐 아니라 훨씬 다양한 다른 조직이 나타나리라는 것입니다. 또 다른 중요한 현상은 프로슈밍prosuming의 부상입니다. 사람에 따라서 이 현상을 다르게 표현하기도 합니다만, 점점 더 많은 활동이 경제적 대가without payment 없이 일어나고 있습니다. 예를 들어 기업의 새 광고 전략을 짜는 데 아이디어를 내어 기여할 수도 있고, 이처럼 돈을 받지 않고 기여하는 형태의 병렬 경제parallel economy가 나타나고 있는데, 경제학자들은 이러한 병렬 경제의 성장세를 아직 묘사해 내고 있지 못합니다. 돈의 흐름이 따르지 않는 활동은 포착하지 않기 때문인데, 프로슈밍 경제는 점점 더 중요해지고 있습니다. 개인이 돈을 받고 한 행위가 아니었지만 결과적으로 돈과 관련된 결과(부의 창출)가 초래된 것을 의미하는데, 일례로 리눅스를 들 수 있습니다. 이 컴퓨터 운영체제OS는 기존 운영체제에 불만을 가진 엔지니어 한 사람이 만들어서 그 후 수백 명의 엔지니어들이 개선해 나간 것인데, 그들은 경제적 대가를 바라고 한 것이 아니라 편의를 위해 했던 것입니다. 그러나 이제는 중국 정부에서 엠에스MS 제품 대신 리눅스를 사용하도록 법제화한 상태입니다. 이처럼 프로슈머들이 돈을 바라지 않고without payment 시작한 일이 결과적으로 돈과 결부된 경제monetary economy에까지 영향을 미치고 있습니다. 그런데 경제학자들은 이를 포착하지 못하고 있습니다. 이제는 경제에 대한 다른 사고가 필요합니다. 사고팔고 투자하는 등 돈의 흐름에만 집중하다 보니 병렬적으로 존재하고 있는, 돈과 결부되지 않은 경제 non-monetary economy에 대한 데이터를 수집하거나 알려는 노력을 많이 하지 않고 있습니다. 돈을 받고paid 돈을 받지 않고unpaid 간에 상호작용이 일어나고 있고, 돈과 결부된 경제와 결부되지 않은 경제 사이에서 부가 창출되고 있음에도 불구하고 말입니다. 경제학자들은 화폐경제에 영향을 미치는 모든 활동을 측량해야 합니다. 그런데 이런 본분에 충분한 관심을 갖고 있지 않은 것 같습니다. 이러한 활동들이 사소하다고 생각하는 것 같습니다. 이것은 마치 경제학자들이 자신의 한쪽 폐만 알고 다른 쪽 폐는 모르는 것과 같습니다. 사실 이런 지적은 경제학자들을 매우 불편하게 만들지요. 프로슈머로서의 개인은 이제 기술의 발전에 힘입어 직접 생산에도 참여하고 있고 이것이 통화의 부분에까지 영향을 미치고 있는 것입니다. 예를 들어 예전에는 혈압을 재려면 의사를 찾아가 돈을 지불하고 혈압을 쟀습니다. 그러나 요즘은 혈압 측정 기계를 개인이 사서 잴 수 있습니다. 사진도 예전에는 필름을 사고 찍어서 인화할 때는 따로 사진관에 맡겨야 했습니다. 그러나 지금은 기계만 클릭하면 인화도 직접 할 수 있습니다. 돈이 통용되는 경제 부문에서 강력한 기술 발전이 이루어지고, 이것은 다시 돈이 통용되지 않는 경제 부문에서 가치를 창출하고 있는 것입니다.

김대중 인류가 제1물결인 농업 경제에서 산업화 시대로 들어오는 데 1만 년이 걸렸던 반면, 18세기 산업화 사회를 거쳐 오늘날의 제3물결, 정보화 시대로 들어오는 데는 200년밖에 안 걸렸습니다. 이처럼 사회가 급변하면 사람들이 정신이 없지 않겠습니까?

토플러 사람들이 사회의 변화 속도를 따라잡지 못해서 겪게 되는 어려움은 이미 『미래 충격Future Shock』에서 얘기했습니다만, 앞으로 이런 일이 점점 더 많이 일어날 것입니다. 육체·정신적으로 처리process할 수 있는 데에는 한계가 있지요. 그러나 앞으로 신경학이나 유전학 등의 발달로 두뇌 자체가 변화되어 30-50년 후에는 이런 한계조차 뛰어넘게 될 것입니다. 물론 그렇게 되면 도대체 어디까지 인간이라 규명할 수 있는가라는 질문에 봉착하게 되겠지요. 소소하지만 재미있는 얘기를 하나 해 드리자면, 얼마 전 오염된 사료를 잘못 먹고 강아지가 죽자 이를 둘러싸고 법적 논쟁이 붙었는데, 강아지 주인이 이 사료 업체를 고소하자 사료 업체는 그 강아지를 얼마에 구입했느냐, 사료비로 얼마가 들었느냐, 그만큼 배상해 주겠다고 했습니다. 그러나 강아지 주인은 그것이 중요한 것이 아니다, 심리적으로 그 강아지는 가족과 마찬가지였다고 했습니다. 이처럼 인간과 비인간 사이를 가르는 것이 재미있는 문제이기도 하지만 매우 종교적인 이슈가 되기도 할 것입니다. 제가 이런 얘기를 했더니 하이디가 저더러 미쳤다고 하더군요. (웃음)

김대중 이것은 반농담입니다만, 급속한 변화를 따라잡지 못하고 심리적 공황에 빠지는 이들을 중심으로 집단적 저항이 일어나면서 원시로 돌아가자는 움직임이 일어날 것이라고는 생각하지 않으십니까?

토플러 충분히 그럴 수 있습니다.

김대중 이슬람들이 점점 원리주의에 경도되어 현 문명은 기독교 문명이고 우리의 문명이 아니다라고 기존 문명을 배척, 나아가서는 문명 간의 대결이 일어날 수도 있다고 어느 분이 걱정하기도 했는데, 그럴 가능성도 있다고 보십니까? 기독교보다 이슬람인들은 신앙심이 더 깊어 힘이 폭발적인데요.

토플러 일리 있는 말씀이십니다. 이슬람 신도들 중 몇 퍼센트가 극단주의자들인지는 알지 못하지만 향후 몇십 년 동안 위험한 상황이 지속될 수는 있습니다.

김대중 그럼, 그런 위험을 어떻게 해소할 수 있을까요?

토플러 이슬람인들을 획일적으로 보아서는 안 됩니다. 대개 이슬람인들은 자살을 하거나 타인을 해치려고 하지 않습니다. 2-3년 전 인도네시아의 한 학자를 방문할 일이 있었는데, 인도네시아에는 큰 이슬람 조직이 두 개 있습니다. 각각 회원이 3,000만 정도 되는데, 그 학자가 그 주요 조직 중 한 개의 수장이었습니다. 그를 만나기 위해 호텔로 찾아가 방문 앞에서 기다리며 누가 나올까, 수염을 길게 길렀을까 아니면 가운을 길게 늘어뜨렸을까 등등 궁금해 했습니다. 그런데 문이 열리고 나온 이는 젊은이였고 느슨한 바지에다 미국식 셔츠를 입고 있었는데, 그 셔츠에는 "University of Chicago시카고대학"라고 쓰여 있었습니다. 후에 그가 그 자리에서 쫓겨났다는 얘기를 듣긴 했습니다만 당시는 매우 놀랐습니다.

이어서 한번은 연설을 할 일이 있어 두바이에 잠깐 들렀다가 파리로 가는 비행기를 타고 있었습니다. 통로 쪽에 앉아 있었는데 맞은편 통로 쪽에 앉아 있던 한 신사가 영자 신문을 보고 있다가 제 쪽을 자꾸 돌아봤습니다. 보니 제 사진이 실려 있더군요. 그러다가 신문에 실린 사람이 제가 맞느냐고 물어보기에 그렇다고 대답했습니다. 그는 이란인이었고 두바이에서 부동산업을 하고 있다고 했는데, 그러다 대화를 시작한 지 5분도 안 되어 갑자기 "두바이에서 부동산을 더 매입해야 할까요?" 하고 질문을 하더군요. 그래서 두바이에 겨우 18시간밖에 안 있었는데 어떻게 알겠느냐고 대답했습니다. (웃음) 사람들은 미래학자라고 하면 모든 것을 알 것이라고 추측합니다.

김대중 지금 보면 이슬람의 원리주의가 급속히 번지고 있고, 기독교의 원리주의도 커지고 있어서 이것이 미국의 대선을 좌우할 정도까지 되었습니다. 이런 현상을 두고 헌팅턴은 '문명의 충돌'이라고도 표현했습니다만 이런 갈등을 해소하기 위해 전 이란 대통령은 문명 간 대화가 필요하다고 얘기했습니다.

토플러 물론 대화해야 합니다. 그러나 일부 과격한 집단들이 돈을 대주고 무기를 대주고 있지만 정부를 통제할 정도는 아닙니다. 이란 등과 얘기를 시작해야 하긴 하지만 그것만 가지고는 극단주의자들을 극복하는 데 한계가 있습니다.

김대중 사람들도 언젠가는 신의 존재를 입증할 수 있는 때가 올까요? 토인비가 신에 대해 한 얘기를 보면 인간이 육체와 관련해서 의학 연구를 해 온 것은 수천 년 전부터이지만, 인간의 내면이나 정신세계에 대한 연구를 해 온 것은 19세기 말이 되어서야 프로이트나 융의 연구를 통해서 나타나기 시작했습니다. 극히 최근 일이고, 심층심리학 등은 어린이 단계라고 할 수 있는데, 몇백 년이나 천 년씩 연구를 해 나가면 신이 있느냐 없느냐를 알 수 있는 가능성이 있지 않을까요?

토플러 이와 관련된 논쟁은 천 년이 지나도 끝나지 않지 않을까요?

행동하는 양심 앞에 부끄러움 없어

손숙

—

2007년 8월 21일 오후 4시 기독교방송CBS 라디오 「손숙의 아주 특별한 인터뷰」에 방송된 것으로, 연극배우이자 전 환경부 장관인 손숙과의 인터뷰는 서울 동교동 사저에서 이루어졌으며, 이후 『손숙의 아주 특별한 인터뷰』(중원문화, 2007)에 수록되었다.

—

손숙 김대중 전 대통령은 긴 설명이 필요 없는 분이시지요. 파란만장한 삶을 살아오신 분이십니다. 일생 동안 다섯 번 죽을 고비를 넘겼습니다. 사형 선고도 받았습니다. 6년의 옥살이까지 하셨습니다. 10년 동안의 망명과 연금 생활을 강요당해야 했습니다. 하지만 결국 대통령의 자리에까지 오르셨지요.

재임 기간 동안 김정일 북한 국방위원장의 초대로 평양을 방문해서 6·15남북공동선언을 이끌어 내셨습니다. 50여 년 동안 지속되어 온 한반도 냉전을 남북 화해와 평화의 기틀로 바꾸는 데 온 힘을 바쳐 온 공로로 노벨평화상까지 수상했습니다.

비록 남북정상회담이 10월로 연기됐지만 이를 바라보는 전직 대통령으로서의 감회, 자식을 키우면서 아파했던 순간들, 고향 그리고 부모님에 대한 추억 등 인간적인 김대중 전 대통령의 모습들을 8월 21일 시비에스CBS 「손숙의 아주 특별한 인터뷰」에서 만나 보았습니다. 이 인터뷰는 동교동 김대중 전 대통령의 사저에서 이루어졌습니다.

유쾌하게 사는 것, 웃음이 건강에 제일 좋아

손숙 건강은 어떠세요?

김대중 신장이 좋지 않아서 투석 치료를 받고 있는데, 그걸 빼면 의사들이 다 좋다고 합니다.

손숙 특별히 하시는 운동이 있으신가요?

김대중 운동은 다리도 불편하고 해서 별로 못 하고 맨손체조를 주로 합니다. 건강을 위해서 제일 좋은 것은 유쾌하게 사는 것, 웃고 사는 것이 좋은 거니까 집사람하고 그런 생활을 하려고 노력하고 있어요.

손숙 아침에 보통 몇 시에 일어나세요?

김대중 아침 7시에 일어나서 제일 먼저 하는 건 신문 보는 겁니다. 그리고 라디오도 듣는데 텔레비전 옆에 갖다 놓고 듣고 있어요. 시비에스CBS도 자주 들어요. 내가 볼 때는 우리나라 방송이 텔레비전이든 라디오든 뉴스가 좀 부족해요. 그리고 세계화 시대인데 우리나라 뉴스에서 아프리카나 중남미, 유럽의 뉴스가 정말 없잖아요. 이 세계화 시대에 세계인을 만들어 가야 하는데, 그런 점에서 방송이 좀 더 적극적으로 해 줬으면 좋겠어요.

섬마을 소년, 눈감으면 고향 생각 선명해

손숙 고향이 전남 신안군 하의도인데, 언제 다녀오신 적이 있으세요?

김대중 다녀온 지 10년 되었어요. 고향에 가도 옛날 사람들이 대부분 세상을 떠났고, 많은 사람들이 도시로 나와서 사실 섬이 비어 있다시피 해요.

손숙 그곳에서 몇 살까지 사셨어요?

김대중 열두세 살까지 살았어요.

손숙 초등학교를 하의도에서 다니셨나요?

김대중 하의도에 있는 초등학교가 4년제라서 그곳에서 4학년까지 다녔어요. 그리고 목포로 전학을 갔죠. 내가 어렸을 때는 초등학교조차 없어서 서당에 다녔어요. 유명한 한문 선생한테 한문을 배웠는데 내가 공부를 잘했어요. 서당에서 장원을 했는데 장원서를 써 줘서 그걸 가지고 집에 왔더니 부모님이 굉장히 좋아하셨어요. 어머니가 떡, 술, 과일 등을 머슴한테 지고 당신도 이고 서당에 가서 한탕 거나하게 벌인 일이 있어요.

그런 어느 날 아버지가 동생을 초등학교에 입학시키려고 하는데 저보고도 구경 삼아 따라가라고 하셔서 초등학교를 갔어요. 밖에서 놀고 있는데 안에 들어가셨던 아버지가 나오시더니, 너는 여기서 2학년이 된다고 하니 2학년으로 들어가라고 하셔서 들어갔어요. 그때 2학년으로 안 들어갔으면 오늘날의 내가 없는 거죠. 아마도 시골에서 구의원쯤 하면서 군수 혼내고 있을 거예요. 그래서 사람의 운명이라는 것이 우연이라는 것이 참 많아요.

그러던 어느 날 누워 있는데 부모님이 말씀하시더라고요. 어머니는 얘가 공부를 잘하는데 이대로 썩히기에는 아까우니 목포로 나가서 밥장사라도 해서 아이를 가르치자고 제안을 하세요. 아버지가 농사를 지으셨는데 좋다고 그렇게 해 보자고 해서 시골로서는 상당히 많은 재산을 팔고 목포에서 '영신여관'이라는 여관을 했어요. 그래서 목포북교초등학교에 4학년으로 편입해서 졸업하고 목포상업학교를 갔어요.

손숙 교육열이 대단하셨던 것 같아요.

김대중 1937년 그 무렵인데 그 시대 하의도 같은 벽촌에서 그런 생각을 가졌다는 것이 참 기가 막힌 일이에요. 또 그런 부모를 안 만났으면 오늘의 내가 없는 거죠.

손숙 하의도에서 초등학교를 다니실 때 어떤 학생이셨어요?

김대중 모범생이었어요. 공부도 잘했고, 선생님들이 아주 좋아했어요. 일본인 선생 한 명, 한국인 선생 한 명이 있었는데 일본인 선생이 교장이었어요.

손숙 형제는 어떻게 되세요?

김대중 6남매인데 내가 둘째예요. 목포에 갈 때는 밑에 동생들은 놔두고 갔죠.

손숙 가끔 하의도의 고향 풍경이 눈에 그려지시나요?

김대중 환히 그려지죠. 사람의 기억이 중년 이후는 잊어버리는데 옛날 어렸을 적 기억이 선명하게 되살아나요. 논에서 뛰어놀던 것, 갯가에서 낙지 잡아서 먹던 것까지. 낙지 잡아서 먹을 때 기술이 필요해요. 알다시피 산 낙지가 들러붙잖아요. 콧구멍으로 잘못 들어가면 사람이 죽을 수도 있어요. 그래서 낙지를 잡으면 머리를 꽉 쥐고 자꾸 다리를 훑어서 힘을 빼야 해요. 다리를 꽉 쥔 채로 머리부터 씹어야 돼요. 그 기술이 필요해요. 갯벌에 가서 낙지 구멍에 손을 넣고 잡아내서 먹곤 했어요.

손숙 지금도 산 낙지를 가끔 드세요?

김대중 지난번에 목포에 갔을 때 먹었어요. 요새는 기술이 발달해서 꼬챙이에 끼워서 주데요.

어머니께 고생한 모습만 보여드려… 가슴이 아파

손숙 부모님은 어떤 분이셨어요?

김대중 아버지는 도시에서, 지금 태어났으면 굉장한 예술인이 되셨을 거예요. 국악을 참 잘하셨고 춤도 잘 추셨어요. 말하자면 한량이죠. 우리 집이 마을에서 처음으로 축음기를 사 왔어요. 임방울의 노래 등을 축음기로 돌리면 동네 사람들이 와서 듣는 거예요. 다른 곳은 없으니까. 사람들이 듣고는 어떻게 저조그만 통 안에 사람이 들어가서 노래를 부르느냐고 아주 신기하게 생각했어요. 그리고 어머니는 현실적이고 경제에 대해서 아주 관심이 많고 특히 자식들에 대한 사랑, 교육열이 강했어요. 집안 살림을 어머니가 꾸려 가다시피 했어요.

손숙 어머님을 생각하면 마음이 아프거나 죄송했던 일이 있으신가요?

김대중 죄송했다기보다 어머님에게 존경심을 갖게 된 것은 내가 아마 네다섯 살 때였을 거예요. 마을 논밭에 놀러 나갔는데 엿장수 아저씨가 엿통을 땅에 놓고 술에 취해서 잠을 자더라고요. 그때는 시골에서 엿장수들이 엿만 파는 것이 아니라 여러 가지 화장품 등을 방물장수처럼 팔러 다녔어요. 그런데 엿장수가 잠을 자니까 동네 아이들이 물건을 하나씩 집었어요. 훔친 거죠. 나도 담뱃대 하나를 가지고 집에 왔는데 그때는 나쁜 줄 모르고 가져왔단 말이죠.

그걸 가지고 어머니한테 드리면서 큰 효도나 하는 것처럼 아버지 드리라고 하니까 어머니가 너, 이거 어디서 났냐 하시기에 저기 엿장수가 있는데 애들이 하나씩 가져갔다고 그랬어요. 어머니가 이리 가까이 오래요. 그리고는 덜미를 잡으시더니 이 어린놈의 새끼가, 뒤통수에 피도 안 마른 놈이 도둑질부터 배운다고 막 때리시더라고요. 그리고 엿장수 있는 곳에 끌려갔어요. 어머니가 엿장수를 깨우더니 당신이 돈이 얼마나 많아서 이따위로 장사를 하느냐고 담뱃대를 던져 주면서 야단을 치세요. 그때 비로소 나쁜 짓인 줄 알았어요. 그런 점이 잊히지 않죠. 그리고 아까 말했듯이 목포로 나오는데 어머니가 그렇게 주장하지 않으셨으면 목포에 나올 수가 없었고 오늘의 내가 없었어요.

손숙 언제 어머님이 돌아가셨어요?

김대중 1971년도에 대통령 선거를 하고 돌아가셨어요.

손숙 낙선하신 것을 보시고 돌아가셨어요?

김대중 보시고 돌아가셨어요. 그러니까 부모에게 좋은 모습을 보여드리지 못했죠. 감옥에 끌려다니고 고생한 것만 보여드려서 가슴이 아파요.

손숙 혹시 낙선하시고 나서 어머님이 뭐라고 말씀하시던가요?

김대중 아무 말씀도 안 하시데요. 대통령 선거할 때는 굉장히 관심을 갖고 보셨는데 떨어지고 나니까 너무 낙심해서 아무 말씀도 안 하세요. 그런데 그때 엄청난 국민 지지가 일어났었어요. 그래서 모두 되는 줄 알았어요. 내가 전체 46퍼센트를 얻었었거든요.

돈 잃고, 낙선하고… 그래도 내 꿈은 정치가

손숙 초등학교 때 꿈이 뭐였어요?

김대중 어렸을 때부터 정치가가 되고 싶었어요. 그래서 신문도 일제강점기 신문이지만 1면의 정치면을 많이 읽었어요. 초등학교 때부터 그런 거니까 좀 특별했죠.

손숙 나중에 사업도 하셨어요.

김대중 사업을 하기는 했지만 거기에 마음을 못 붙였어요.

손숙 돈도 좀 버셨다고 들었어요.

김대중 많이 벌었어요. 나중에 정치하면서 국회의원 네 번을 떨어지면서 완전히 알거지가 됐어요. 옛날 국회의원 선거는 지금과는 달라서, 밥을 몇백 명씩 먹여야 하고 돈 줘야 하고 하니까 못 견뎌요.

손숙 돈도 잃고 낙선하고, 그 순간 정치를 그만두어야겠다는 생각은 안 하셨어요?

김대중 절대 안 했어요. 대신 굉장히 고통스러운 생활을 얼마 동안 해야 했어요. 그래서 전처도 많은 고생을 하고 지금의 집사람도 시집와서 정말 고생 많이 했어요. 내 뒷바라지하느라고….

손숙 생활비를 다달이 가져다주거나, 이런 일도 안 해 보셨어요?

김대중 어쩌다 생기면 주지만 누가 주는 사람이 있어야지요. 그때 야당에 얼마나 압박을 해 오던지 어디 가서 손 하나 벌릴 수도 없고 장사 하나 할 수도 없었어요. 그러면서 유혹이 많이 있었지만 그걸 뿌리치고 하지 않았어요. 아내가 뒷받침해 주지 않았다면 어려웠을 거예요. 집사람이 이대 나가서 강의하거나 YWCA 전국연합회 총무 하면서 받은 월급으로 먹고살 때도 있었어요.

평생을 손에서 놓지 않은 책, 정신적 자양이 돼

손숙 평생에 걸쳐서 가장 열심히 하신 취미 생활 중 하나가 독서이신데, 1993년도에 한국애서가클럽에서 주는 '제3회 애서가상'을 받으셨어요. 지금까지 책을 몇 권이나 읽으셨어요?

김대중 나는 책을 빨리 못 읽어서 생각보다 많이는 못 읽었어요. 그러나 일생을 손에서 책을 놓지 않고 산 것은 사실이에요. 책을 읽을 때 정독을 해요. 줄도 긋고.

손숙 어느 인터뷰에서 "책을 읽고 싶어서 다시 감옥에 갈 생각을 할 정도"라고 하셨어요.

김대중 감옥에서 책을 읽을 때 어떤 때는 진리를 배울 때가 있어요. 무릎을 치면서 내가 여기를 오지 않았다면 진리를 모르고 죽었을 텐데 하고요. 지금 지식의 상당 부분은 감옥에서 배운 거예요. 그런데 감옥에서 책에 대한 불만이 뭐였는가 하면 내가 읽고 싶은 책은 마음대로 못 들여와요. 책 권수도 제한이 있고, 조금이라도 정치색이 나오면 안 되고. 나와서 보니까 좋은 책이 자꾸 나오더라고요. 사람들을 자꾸 만나면 입이 있으니까, 제대로 못 읽고 하니까 차라리 감옥에 다시 들어갔으면 하는 생각이 정말로 들더라고요. 바깥 생활에 익숙해지니까 그런 생각도 자연히 없어졌지만 한때는 그랬어요.

손숙 최근에 읽은 책 가운데 기억에 남는 책이 있으신가요?

김대중 요즘에는 책을 많이 못 읽었어요. 앨빈 토플러의 『부의 미래』를 읽고 있고 조정래 씨가 쓴 소설 『오, 하느님』을 아주 감동적으로 읽었어요.

손숙 지금까지 읽으셨던 책 중에서 추천해 주시고 싶은 책이 있다면요?

김대중 토인비의 『역사의 연구』라고 12권짜리가 있어요. 아주 방대한데 감옥에서 다 읽었어요. 역사철학이라서 상당히 어려워요. 어떤 대목은 읽어도 뭔지 의미를 모르고 넘어간 것도 있거든요. 하여튼 다 읽고 많은 걸 배워서 내가 갖게 된 세계관, 역사에 대한 철학이 형성되었어요. 그리고 박경리 씨의 『토지』를 다 읽었는데 그걸 통해서 우리 민족, 조상들의 많은 것을 느끼고 배우게 되었어요.

손숙 예전에 제가 했던 〈카뮈〉의 공연에도 오셔서 끝나고 카뮈와 사르트르에 대해서 얘기하시던 기억이 있어요. 문학 서적도 많이 읽으세요?

김대중 문학 서적을 굉장히 많이 읽었어요. 러시아 문학은 푸시킨이나 도스토옙스키, 톨스토이 등 거의 다 읽었어요. 그리고 미국의 헤밍웨이 책도 읽고 『노인과 바다』, 『무기여 잘 있거라』 등이 있잖아요. 영국, 프랑스 소설도 많이 읽었죠. 그것이 내 정신적 자양에 크게 도움이 된 것 같아요.

손숙 초등학교 때부터 책을 읽으셨어요?

김대중 그때는 지금 초등학생들처럼 읽을 만한 만화라든지 그런 것이 별로 없었어요. 있어도 일본 거였고. 아무튼 초등학교 때부터 읽는 것을 좋아했어요. 특히 신문 읽는 걸 좋아했죠.

사랑이라는 말보다, 농담 주고받으며 많이 웃어

손숙 취미 생활 중에서 북도 좀 치시고 소리도 하시나요?

김대중 소리는 못하는데 흥얼거리는 정도는 하죠. 그리고 북, 장구는 흉내는 내요. 정식으로 배운 것은 아닌데 사업할 때 밑에 있는 직원이 북을 배워서 가르쳐 주더라고요. 젊을 때 예술 분야에 관심이 많았고 흥이 있었어요.

손숙 영화도 많이 보셨어요?

김대중 그렇게 많이 본 것은 아니지만 조금씩 봤어요.

손숙 좋아하는 배우가 있으신가요?

김대중 잉그리드 버그만을 좋아했어요. 남자 배우로는 험프리 보가트를 좋아했고요.

손숙 첫사랑에 대해서 이야기해 주세요.

김대중 초등학교 5-6학년 중에서 우등생들은 체육대회가 있으면 교장 선생님한테 상품을 전달해 주는 역할을 했었어요. 내가 6학년인데 5학년인 여학생 하나가 옆에 앉는데 아주 예쁘장하더라고요. 말하자면 첫눈에 반했어요. 그리고 졸업하고 나는 목포상업학교 가고 그 친구는 목포여자학교에 들어갔는데 상업학교하고 여학교가 방향이 정반대예요. 그럼에도 내가 그 여학생 얼굴 한 번 보려고 길을 바꿔 가면서 아침에 다니곤 했는데 4-5년 동안을 했어요. 나 혼자 그렇게 좋아한 거니까 말 한마디 걸어 보지도 못하고 짝사랑만 했는데 졸업 후에 만났어요. 한 두세 번 만나고 나서는 자연히 멀어졌어요. 나중에 학교 왕래하면서 부딪치면서 좋아한다는 건 알게 되었어요. 나도 굉장히 생겼었거든요. 여학생들에게 인기도 있었어요. 그 이후에도 소식은 계속 들어 알고 있는데 잘 살고 있다는 얘기를 들었습니다.

손숙 이희호 여사님과는 어떻게 만나게 되셨어요?

김대중 6·25전쟁 때 부산에 가서 사업을 하는데 집사람이 면학회라는 단체의 회원으로 있었어요. 강영훈 전 국무총리 등이 그 모임에 있었고요. 내가 거기에 가입은 안 했지만 그분들과 가까이 지냈어요. 그러면서 집사람을 알게 됐죠. 그래서 친구로 지내다가 집사람이 미국에서 유학할 때 전처가 죽었어요. 집사람이 미국에서 공부 끝나고 돌아와서 만나게 되었는데 서로 가까워져서 결혼하게 된 거죠.

손숙 당시에 두 아드님과 함께 사셨을 때라서 초혼이셨던 이희호 여사님과 결혼하실 때 주변의 반대는 없었어요?

김대중 집사람 집안 쪽에서는 반대한 것으로 알고 있어요. 그런데 이희호 여사가 관대한 생각으로 나를 거둬 준 거죠. (웃음)

손숙 두 분이 애정 표현을 자주 하시나요?

김대중 둘 다 인색하게 해요. 요즘 젊은 사람들처럼 못 하고. 사랑한다는 말은 하지만 빈번하게는 안 하고 우리는 둘이 농담을 많이 해요. 그래서 많이 웃어요. 그러면서 하루를 보내죠.

손숙 최근 〈화려한 휴가〉라는 영화를 관람하실 때 김대중 대통령께서 손수건으로 눈물을 닦으시더라는 기사가 나왔어요.

김대중 눈물을 조금 흘린 건 맞는데 진짜로 운 것은 미국에 있을 때, 독일에서 온 5·18 기록 테이프를 내가 받았는데 얼마나 가슴이 떨리던지 가지고만 있고 석 달을 못 봤어요. 그러다가 미국에 있는 동포들과 함께 관람을 했는데 그 때 참 많이 울었어요. 이번에는 그때처럼 울지는 않고 몇 군데 눈물이 났어요.

신군부 협력은 영원히 죽는 것, 끝내 타협 안 해

손숙 인생에서 가장 많이 울어 보신 적이 언제셨어요?

김대중 난 눈물이 많아요. 그리고 슬픈 일도 많고. 그때 사형 선고를 받아서 틀림없이 죽게 생겼는데, 미국에서 레이건과 카터의 대통령 선거가 있었어요. 카터가 현직 대통령인데 나를 살리려고 애를 썼는데 신군부가 말을 안 들어요. 카터가 대통령으로 당선이 되면 내가 살고 레이건이 당선이 되면 공화당은 민주주의에 대해서 관심이 적으니까 나는 죽는다고 생각을 했었어요. 그런데 미국 선거 날짜는 지났는데 누가 됐는지 알 수가 있어야지요. 하루는 밖에 소장 당번이 지나가면서 레이건이 됐다고 말을 하더라고요. 그래서 발 뻗고 울었어요. 하느님이 나를 버리셨다고, 이제는 죽었다고….

실제로 나중에 주한 미국대사였던 글라이스틴 대사의 이야기를 들어 보니까, 레이건이 당선이 되니까 신군부, 특히 허 씨들, 대령급(허화평, 허삼수 등—편집자)들이 손뼉을 치면서 이제는 됐다, 김대중을 죽여도 누가 시비 걸 사람이 없다고 했다는 거예요. 그래서 대사가 미국으로 뛰어가서 레이건 당선자를 만나서 사태가 이렇다, 당신이 됐다고 이제는 김대중을 죽여도 좋다고 하니 어떻게 하면 좋겠냐고 했더니 레이건이 버럭 화를 내면서 "정권이 바뀐다고 김대중을 살려야 한다는 원칙까지 바뀐 것은 아니다. 절대 못 죽인다" 그래서 구명에 나선 거예요. 그래서 사실 전두환을 미국에 국빈으로 초대한 것은 내 구명하고 교환한 거죠. 이건 대사를 비롯해서 당시에 구명에 나섰던 분들이 직접 이야기해 준 거니까 틀림없는 사실입니다.

손숙 발 뻗고 우실 때 무슨 생각을 하셨어요?

김대중 죽는구나 했죠. 그런데 나는 죽는 문제에 대해서는 항상 각오를 하고 있었으니까 죽는 것 자체는 크게 두렵지 않은데 감방에 앉아 있으면 사형수니까 언제 불려 갈지 모르잖아요. 물 가지고 온 사람 발소리만 들어도 깜짝 놀라고, 밥 가지고 온 사람 발소리만 들어도 깜짝 놀랐죠. 그런 걸 생각하면 가슴이 죄어 올 때마다 스스로를 타일렀어요. 사람이 죽으려면 길거리 가다가도 자동차에 치여서 죽고 전염병에 걸려서도 죽는 거니까, 그래도 내가 민주주의를 위해서 싸우다 죽는 것은 보람 있는 일이 아닌가 하고 스스로를 타일렀어요.

하루는 신군부 사람이 왔어요. 나하고 면회하면서 우리하고 협력하자고 해요. "우리하고 협력하면 살려 주고 아니면 반드시 죽이겠다. 사흘 후에 올 테니 답변해라." 사흘 후에 왔더라고요. 많은 고민 후에 답변을 했어요. "나도 죽는 것은 두렵고, 죽고 싶지 않고 살고 싶다. 하지만 내가 지금 당신들과 협력하면 나는 일시적으로는 살지만 영원히 죽고, 내가 당신들과 협력 안 하면 일시적으로는 죽지만 영원히 산다고 생각한다. 그러니 날 죽이시오."

그때 대의적인 명분도 있었지만 가장 타협을 못 하겠다고 한 이유 중의 하나는 가족이더라고요. 가족이 그렇게 나를 존경하고 나 때문에 모진 고생을 하면서도 불평 한마디 없이 나를 자랑으로 생각했는데, 내가 그 사람들과 타협해서 집에 돌아가면, 사회는 내가 안 나가면 얼굴 안 보면 그만이지만 가족은 아침저녁으로 봐야 하는데 아내 얼굴을 어떻게 보고 자식들 얼굴을 어떻게 보겠어요. 할 수 없이 가족이니까 받아는 주겠지만 나를 옛날처럼 존경하겠는가, 나를 어떤 사람으로 취급하겠는가 생각하니까 가족의 명예를 위해서도 내가 죽어야겠다는 생각이 들더라고요.

손숙 나중에 부인께 그 말씀을 하셨어요?

김대중 집사람은 말을 안 하는 것이 장기니까 듣기만 했어요. (웃음) 집사람에 대해서 하나 생각난 것은 육군교도소 면회를 와요. 면회하면 사람들이 있으니까 제대로 할 말도 못 하고 하느님께 기도를 해요. 그런데 기도하는데 "하느님, 내 남편 살려 주세요" 하고 기도하는 게 아니고 "하느님, 뜻대로 하십시오" 한다고요. 살려 달라고 하면 살려 줄 수도 있을 텐데 왜 저런 식으로 기도를 하는가, 밖에 나가면 단단히 한번 해 주려고 마음을 먹었던 적도 있어요. (웃음)

인간을 용서한 '빛나는 노벨평화상'

손숙 감옥살이, 사형 선고 등 온갖 고생을 겪으시면서 가슴 치게 억울한 일들을 당하셨잖아요. 나를 그렇게 힘들게 했던 사람들이 진심으로 용서가 되세요?

김대중 용서했다고 봐야죠. 나는 원칙이 있어요. 죄는 용서하지 않지만 사람은 용서한다. 범죄적인 인권 유린이라든지 잘못된 것은 반드시 바로잡는다고 해서 내가 대통령 되면서 시작했잖아요. 내가 당선이 되고 취임도 하기 전에 김영삼 대통령과 이야기를 해서 전두환, 노태우를 석방시켜 주었어요. 그리고 사면 복권시키고 그 사람들한테 보복하지 않았어요.

나는 보복을 하려면 할 사람이 너무 많아요. 나한테 하도 억울하게 한 사람이 많아서 그거 하다 보면 아무것도 못 하겠더라고요. 이름을 대도 괜찮겠다고 생각하는데 강삼재 의원 같은 사람은 얼마나 나한테 야멸차게 했어요. 대통령 선거하고 있는데 선거 도중에 내가 일가친척들 총동원해서 각 은행 계좌에 수백억 원의 돈을 넣었다고 일일이 계좌 이름과 액수까지 대고 했잖아요. 그러면서 여당의 사무총장이 근거 없이 말하겠느냐고, 그 때문에 잘못하면 떨어질 뻔했어요.

그때는 선거 끝나고 당선만 되면 가만 안 두겠다 생각했는데 선거 끝나고 내가 지금까지 한마디 안 했어요. 내가 노벨평화상을 받았는데 그 이유 중의 하나가 정치적 반대파에 보복하지 않았다는 게 들어 있어요.

손숙 진정한 화해나 용서는 어떤 거라고 생각하세요?

김대중 사람은 누구나 마음속에 악과 선이 있어요. 악마와 천사가 다 있어서 천사가 많이 나타날 때는 선한 사람이고 악마가 많이 나타날 때는 악한 사람이에요. 악마였다가 천사가 이기면 좋은 사람이 되는 거고 좋은 사람이었다가도 악마가 이기면 나쁜 사람이 되는 거죠. 그래서 사람은 좋은 사람이 되기 위해서 계속 노력해야 해요.

그런 의미에서는 나도 똑같은 거예요. 나도 행동으로는 하지 않았지만 속으로 사람을 미워한 적도 있고 어떤 때는 죽어 버렸으면 좋겠다고 생각한 적도 있고, 남이 알지만 않는다면 나쁜 일도 했으면 좋겠다고 생각하거든요. 그렇기 때문에 사람은 원죄니 뭐니 그런 걸 떠나서 좋은 사람도 자기 노력과 환경에 따라서 나쁜 사람이 될 수도 있어요. 그런 의미에서 우리는 남을 용서할 의무가 있고 또 사랑은 못하더라도 용서는 할 수 있거든요. 그런데 나쁜 사람, 미운 사람을 사랑하라는 것은 불가능하더라고요. 백성을 탄압하고 죽이고 부정을 저지른 사람들을 어떻게 사랑하겠어요. 나는 못 하겠더라고요. 그러나 용서는 할 수 있겠더라고요. 그런 생각으로 나한테 가혹하게 한 사람들을 용서할 수 있었어요.

손숙 대통령 임기 중에도 많은 오해도 받고 어려운 일들을 겪으셨는데 그때마다 대통령으로서 어떤 마음가짐을 가지셨는지 궁금합니다.

김대중 정치를 해 나가다 보면 반대파가 있기 마련이잖아요. 반대파는 비판하기 마련이거든요. 그중에는 정당한 비판도 있고 억울한 비판도 있죠. 그걸 당연한 일로 각오해야 해요. 그리고 내가 옳은 일을 하고 있으면 억울한 비판을 하더라도 언젠가 이 문제는 해결이 된다고 생각하면 되는 거예요. 내가 야당에 있을 때는 나를 빨갱이로 아는 사람이 참 많았어요. 나는 자기들을 위해서, 민주주의를 위해서 이렇게 몸 바쳐 하는데 그렇게 악의가 아닌 오해를 하는 국민들을 볼 때 피를 토할 심정이었죠. 그러나 이 문제는 반드시 시간이 가면 해결이 된다고 믿었어요. 과거의 역사를 보더라도 얼마나 위대한 사람들이 자기 생애에서 얼마나 기가 막힌 억울한 일들을 당했는가, 그것이 인간의 숙명이다, 그렇게 생각하면서 억울하고 부당한 일은 끝까지 극복하고 나아가면 어느 때인가는 내가 살아 있는 동안에 해결이 안 되면 죽어도 해결이 된다 생각하고 살았기 때문에 좌절된 일은 없었어요.

손숙 음식 드시는 거 좋아하시죠?

김대중 그렇게 많이 먹지도 않는데 대식가라고 소문이 나서 돌이킬 수가 없어요.

손숙 어떤 음식을 좋아하세요?

김대중 중국요리를 좋아해요. 육류든 생선이든 가리는 거 없이 다 잘 먹어요.

고난 속에 쌓인 우정, 애장품을 주고받기도

손숙 세계 각국에 친구가 많으신데 친한 친구분을 소개해 주세요.

김대중 미국의 클린턴 대통령과 친한데 클린턴 대통령은 한마디로 말하면 사랑스러운 사람이에요. 클린턴의 임기가 마지막이라서 아시아태평양경제협력체APEC에 마지막으로 출석했을 때인데 정상들이 앉아 있으니까 종이하고 볼펜을 갖고 들어오더라고요. 그러더니 한 사람마다 앞에 가서 사인해 달라고, 어린아이들이 스타를 보고 사인해 달라고 하는 것처럼 사인을 해 달래요. 정말 순수한 사람이라는 생각이 들었어요.

그 사람은 자기가 도덕적으로, 인격적으로 훌륭한 사람이라고 생각하면 아낌없이 존경의 뜻을 표시해요. 미국에 국빈으로 방문했을 때도 만찬사에 이런 말을 하더라고요. "우리 시대에는 우리가 존경하는 영웅들이 있다. 남아공의 넬슨 만델라, 체코의 하벨, 한국의 김대중. 이런 사람들이 우리 시대의 영웅이다." 미국이라는 강대국 대통령의 프라이드를 제쳐 놓고 하나의 사람으로서 사람에 대해서 존경할 수 있는 사람은 존경한다는 거죠. 그런 면을 볼 때 참 훌륭하다는 생각을 했어요.

행동하는 양심 앞에 부끄러움 없어, 영원한 꿈은 정치가

손숙 대통령까지 역임하셨으니까 인생에서 정치가의 꿈을 다 이루셨는데 가족에게는 미안한 게 있으실 것 같아요. 지금 이 순간 어떤 게 가장 미안하세요?

김대중 아내에게는 미안하다기보다는 감사하다, 존경스럽다 그런 생각이 많고 자식들이 나 때문에 젊은 시절을 완전히 봉쇄당했거든요. 취직도 못 하고 장사도 못 하고 결혼조차 못 했어요. 그래서 둘째는 두 번 약혼했다가 상대방 부모가 반대를 해서 파혼을 했어요. 현재 며느리도 부모가 반대해서 못 하고, 그때 내가 1983년에 미국에 망명해서 있었는데 아들도 며느리하고 결혼하는 것을 단념하고 미국으로 왔을 때예요. 그랬는데 집사람이 도저히 둘째가 안쓰러워 못 보겠다고 해요. 밤마다 한국에 있는 여자애하고 전화를 하는데 저걸 어떻게 하면 좋으냐고 하는데 자식에 대해서 두 번 파혼당하고 세 번째까지 그러니까 가슴 아프다는 말을 표현할 수가 없더라고요.

그래서 아까 얘기한 주한 미국대사로 있던 글라이스틴 대사를 만나자고 해서 내 사정이 이렇고 인간적인 문제인데 당신이 도와줄 수 없느냐고 했더니 알았대요. 얼마 후에 며느리가 한국에서 미국으로 단독으로 건너왔더라고요. 글라이스틴 대사가 도와준 거죠. 결혼식을 올리는데 부모가 없으니까 며느리 아버지는 문동환 목사가 아버지 역할을 해 줘서 성당에서 결혼을 시켰어요. 나중에는 사돈된 분들이 사위에 대해서 굉장히 만족을 하고 관계가 지금 아주 좋아요.

세상의 상식적인 생각으로 호의호식시켜 주는 아버지는 못 되었지만 목숨을 내놓고 민족과 국민을 위해서 혹은 세계의 평화를 위해서, 행동하는 양심을 위해서 자기의 목숨까지 걸었다는 것이 자식들에게는 천금과도 바꿀 수 없는 교훈이 되지 않았을까, 세상을 바르게 살아간다는 것, 한 번 결심하면 끝까지 한다는 것이 교훈이 되었다고 생각합니다.

손숙 나중에 다시 태어난다면 어떤 일을 하고 싶으세요?

김대중 정치 아니면 역사학자를 하겠어요. 역사를 좋아했어요.

남북정상회담, 한반도의 서광을 알리는 신호탄

손숙 6·15공동성명을 창출하신 전직 대통령으로서 이번 남북정상회담에 대해 감회가 새로우실 것 같아요.

김대중 내가 걱정한 것은 노무현 대통령 재임 중에 남북정상회담이 안 되면 다음 정부가 맥을 이어 갈 수가 없다고 생각해서 상당히 걱정을 했었어요. 그런데 그게 해결이 돼서 다행으로 생각하고 있습니다. 나는 앞으로 남북 간에는 매년 정상회담이 있어야 한다고 생각해요. 정상회담을 하면 총리와 장관들 회담을 하고 국회회담도 하고, 이렇게 계속 서로 오고 가고 협력하는 거죠. 6·15남북정상회담 이후로 얼마나 세상이 변했어요. 중요한 것은 북한 사람들의 마음이 바뀌었어요. 그렇게 우리를 원수로 생각하고 미워하던 사람들이 우리에 대해서 고맙다, 남한이 잘사니까 부럽다, 평화적으로 살고 싶다고 하더니 마침내 문화적 변동이 생기고 있잖아요.

북한에서는 알다시피 남쪽의 대중가요가 유행하고 있고 텔레비전 드라마를 보고 있고 심지어 영화도 숨어서 보고 있거든요. 이러니까 문화의 변화가 오는 거예요. 마음이 바뀌어졌단 얘깁니다. 이것만 봐도 남북정상회담을 하는게 성공한 것이라고 보는데 이산가족이 가장 절실한 문제예요. 내가 대통령이 될 때까지 50년 동안 총 200명이 서로 만났어요. 그런데 대통령이 된 이후로 1만 5,000명이 만났어요. 앞으로 면회소 만들어 놓고 계속 만날 거예요. 이것만 해도 어딥니까. 50-60년 동안 생사도 확인하지 못하고 만나지 못하던 사람들이 만난다는 것이 얼마나 중요합니까.

그리고 중소기업들이 잘 안 돼서 베트남으로도 가고 중국으로 가는데 앞으로 북한으로 가야 돼요. 북한으로 가면 거리가 짧고, 말이 통하고, 노동력이 우수하고, 임금이 싸고 아주 좋아요. 여기 있는 중소기업들 대부분이 살아나요. 또한 지하자원이 세계적으로 부족한 시대인데 북한이 우수한 지하자원이 많아요. 북한의 지하자원을 캐면 북한도 도움이 되고 우리도 도움이 되는 거죠. 개성공단 같은 것도 북한 도처에 만들어서 북한이 어떤 경우에도 남쪽으로 내려오지 않고 거기서 벌어먹고 살도록 만들어야 돼요.

중요한 것은 철도를 연결시켜서 시베리아 대륙을 관통해서 유라시아 대륙, 유럽의 파리, 런던까지 가야 해요. 그럼으로써 한국은 태평양 쪽의 물류 거점이 되고 대서양과 마주 보는 거죠. 그 사이에 있는 중앙아시아가 석유, 가스, 광물 등이 나와서 노다지판인데 우리도 거기에 들어가서 그 판에 끼어야 해요. 이런 점에 있어서 우리는 북한과 관계를 잘 맺어서 유라시아 대륙과 연결해 진출하는 것이 장차 21세기 발전에 아주 중요하다고 생각해요. 그러기 위해서는 남북 관계가 좋아져야 하고 남북 관계가 좋아지기 위해서는 무엇보다 정상이 만나서 서로 믿음을 주어야 해요.

내가 6·15남북정상회담 때 김정일 위원장의 마음을 사로잡는 결정적인 말을 했어요. "인생이란 것은 누구나 영원히 사는 사람이 없다. 또 높은 자리에 간다고 해서 영원히 가는 사람도 없다. 당신과 나는 남북을 대표하는 입장인데 우리가 마음 한 번 잘못 먹으면 우리 민족이 공멸한다. 그러나 우리가 마음을 잘 먹고 평화를 유지하고 잘 협력해 나가면 우리 민족이 다 같이 축복을 받을 것이다. 역사에서 높이 평가받을 것이다. 우리가 지금 기로에 서 있는 것이다. 실제로 독일의 예를 들어서 우리가 당신들을 흡수 통일할 거라고 생각하는데 우린 그럴 생각 없다. 아니, 그럴 생각이 없는 게 아니라 능력이 없다. 우리는 북한이 독자적으로 경제 발전을 하는 데 도와주고 남북이 그렇게 왕래하면서 교류 협력하고 장차 평화적으로 통일하는 것을 바라지 흡수 통일 같은 거 안 한다. 마찬가지로 당신들이 일부에서 생각하는 공산당 통일은 우리도 죽어도 용납 안 한다. 만일 그렇게 하려고 하면 전쟁밖에 없다. 그런 건 당신들도 꿈에라도 버려야 한다. 그러니 같이 살면서 같이 협력하고 같이 발전하다가 이만하면 됐다 할 때 그때 통일하자." 그것이 김정일 위원장에게 천 마디 말보다도 더 영향을 주었다고 생각해요.

이번에 2차 정상회담 하게 되었는데 한마디로 말해서 안도의 한숨을 쉬었어요. 그리고 이번 정상회담 성공할 겁니다. 6자회담도 성공할 거예요. 이제는 미국과 북한의 이해가 맞아떨어졌어요. 지금까지 남북이 잘 안 되었던 건 미국과 북한과의 관계가 나빠서예요. 내년부터는 한반도 동북아시아에 서광이 비치는 시대가 올 거라고 생각합니다.

손숙 인터뷰에 응해 주셔서 감사드리고 통일될 때까지 건강하시기 바랍니다.

북한에 진출하여 균형과 견제의 역할을 해야

빌 클린턴

—

2007년 9월 26일 오전, 뉴욕 쉐라톤호텔에서 열린 클린턴 글로벌 이니셔티브Clinton Global Initia-tive 연례회의 개막식 직후 빌 클린턴 전 미국 대통령과 가진 대화 내용이다.

—

김대중 전 대통령은 9월 26일 오전 뉴욕 쉐라톤호텔에서 열린 클린턴글로벌이니셔티브Clinton Global Initiative 연례회의Annual Meeting 개막식Opening Plenary에 이희호 여사와 함께 참석했다. 개막식은 1시간 30분간 진행되었다. 개막식의 일부로 진행된 패널토의 중 민주주의를 위한 세계 곳곳의 행동을 거론하며 클린턴 전 대통령은 참석 중인 김 전 대통령을 지명하여 "내 오랜 친구 되시는 김대중 대통령은 바로 민주주의를 위해 평생을 투쟁하셨고 결국 나라의 민주주의를 성취하신 분이다"라고 소개했다.

개막식이 끝난 후 김 전 대통령은 클린턴 전 대통령과 40분간 별도 면담을 가졌다. 다음은 클린턴 전 대통령과의 대화 주요 내용이다.

김대중 이번 훌륭한 회의를 개최하고 훌륭하게 사회를 보신 것을 축하드린다. 패널토의 중 나에 대해 언급하여 주신 데 대해 감사하게 생각한다.

클린턴 늘 존경하고 있던 분이라 당연하며, 지난번 연세대김대중도서관을 방문하였던 것을 기억한다.

김대중 항상 대통령을 생각하고 있고 지켜보고 있으며 오늘과 같은 회의와 활동을 해 주신 것을 자랑스럽게 생각한다. 부시 대통령이 최근 대북한 정책을 선회하여 클린턴 대통령과 내가 하던 정책을 따르기 시작했다.

클린턴 부시 대통령의 예전보다 지금 상황이 더 잘 진전되고 있는 것 같다. (웃음)

김대중 부시 대통령의 지난 6년간은 클린턴 정권의 대북 정책을 배척했다. 결국 그 사이에 북한은 핵확산금지조약NPT에서 탈퇴하고, 국제원자력기구IAEA 사찰 단원들도 쫓아내 북한 내에서 핵 상황이 어떤지 알 수 없게 되었다. 또한 북한은 미사일 모라토리엄도 어긴 채 장거리미사일을 발사했고, 마침내 핵실험을 하는 등 (부시의 정책은) 상황 진전에 악영향만 미쳤다. 그런데 비현실적이던 정책을 최근 선회하게 되어 참 다행이다. 이러한 정책 선회와 관련해서 부시 대통령을 격려한다는 말을 어제 코리아소사이어티Korea Society 연설 중에도 밝혔다. 사실 부시 대통령이 이번에 태도를 바꿔 추진하고 있는 대북한 정책의 오리지널은 '클린턴-김대중 정책'이다.

클린턴 (웃음) 동감이다. 감사하게 생각하는 일은 대통령께서 이렇게 활동적으로 강연도 하시고 김대중도서관 활동 등도 하고 계시는 점이다. 퇴임 후에 민간인이 되었다고 활동을 멈추는 것이 아니라 계속해서 사회에 대한 책임의식을 갖고 활동하는 것에 감사드린다.

김대중 대통령을 다시 뵙게 되니 여쭤보고 싶은 것이 있는데 앞으로 미국은 중국을 어떻게 다루어야 한다고 생각하나?

클린턴 최선을 위해 함께 협력해야 할 것이다. 그러나 동시에 최악의 경우도 대비해야 할 것이다. 미국과 중국은 경제, 정치, 안보 면에서 협력할 뿐 아니라 동북아의 평화와 번영을 위해서도 관련국들을 한데 모으는 등의 협력에 있어서도 관심이 있다. 계속해서 최선을 위해 계속 협력해 나가는 것이 중요하다. 중국이 협력적인 관계로 나아갈 가능성이 더 크다고 생각하지만, 잘못된 방향으로 나아갈 가능성도 충분히 있다고 본다.

김대중 루빈 전 재무장관을 만나서 중국 얘기를 나누었는데 그 이야기를 좀 해 드리고 싶다. 중국 내에는 많은 정치적 파벌이 존재하지만 크게 보면 군부와 당이 힘의 줄다리기를 하고 있다. 만약 미국과 일본의 동맹의 힘이 중국에서 감당하기 어려울 정도의 압박으로 느껴진다면 중국 내에서는 군부가 득세를 할 구실이 되어 군사 강대국이 될 수 있다. 그러나 미·일동맹이 중국에서 걱정할 정도는 아니다, 당연한 정도다, 하고 받아들인다면 당이 힘을 얻게 되고, 후진타오가 주장하는 화평굴기, 즉 평화 속의 발전을 추구하게 될 것이다. 중국 내에는 매일 수백 건의 시위가 일어나고 있는데 생활고, 민생고를 겪는 사람들이 일으키는 것이다. 따라서 지금 중국 정부의 시급한 사안은 경제적으로 빈곤한 계층을 먹여 살려 사회불안을 무마시키는 것이다. 중국 당이나 정부는 그래서 미국과의 평화로운 관계 속에 내정에 집중하고 싶어 한다. 대통령 말씀대로 미국은 중국의 군사력에 대비하고 있어야 하겠지만, 한편으로는 평화로운 관계를 설정하여 중국이 안심하고 내정에 집중할 수 있도록 했으면 어떤가 한다. 현재 중국 내에는 주목할 만한 현상이 하나 있는데 신좌파와 신우파 간의 열띤 논쟁이다. 이는 정부 각료 등도 포함된 것으로서 반정부 세력의 논쟁이 아니라 정부 내의 논쟁이다. 신좌파는 "현 중국 사회의 부패나 빈부 격차는 자본경제를 했기 때문이므로 계획경제로 돌아가야 한다"라고 말한다. 반면 신우파는 "부패와 빈부 격차의 원인은 민주주의를 하지 않았기 때문이며, 비판의 목소리도 없고 투명한 경제 및 공정한 분배도 되지 않기 때문이다"라고 한다. 그런 의미에서 일당 지배는 타당하지 않고 시정되어야 하며 중국에는 스웨덴의 사회당 모델을 따라야 한다고 한다. 이처럼 중국 내에서 여러 가지 고민이 있으니, 미국에서는 한편으로는 군사적으로 안보를 대비하면서도 중국이 안심하고 내정에 집중할 수 있도록 유도하는 것이 좋지 않나 하는 것이 내 생각이다. 경제가 발전하고 공정한 분배가 이루어지게 되면 중산층이 생겨나고 그러면 중산층이 자기 힘으로 민주화를 이룩하게 될 것이다. 중국이 민주화되면 우리에게 위험이 되지 않는다. 미국도 생각해 볼 필요가 있다고 생각한다.

클린턴 같은 생각이다. 중국과 대립하기보다는 같이 미래를 만들어 가야 한다고 생각한다. 다만 만에 하나 있을 수 있는 만일의 위험은 대비해야 한다고 생각했다. 예전에 장쩌민 주석을 만났을 때 장쩌민 주석이 미국과 중국이 협력cooperation하는 미래를 만들어 가야 하는가, 아니면 경쟁competition하는 미래를 만들어 가야 하는가 하고 물은 적이 있다. 그때 나는 두 가지 모두 조금씩 추구해야 한다고 답했다. 경제적 경쟁도 필요하면 해야 할 것이고, 다만 갈등conflict의 미래는 지양해야 한다고 말했다. 미국이 중국을 지배dominate하는 상황을 원하지도 않으며, 같이 윈윈할 수 있는 미래를 만들어 가야 한다고 말했다.

김대중 마지막으로 북한과의 관계에 대해서 말씀을 드리겠다. 내가 재임 시절 대통령님이 지원을 많이 해 준 덕분에 햇볕정책도 추진할 수 있었고 북한도 방문할 수 있었고, 그 후 식량, 비료, 약품 등도 지원하고, 남북한 간 왕래도 있게 되었다. 그 결과 북한 주민들 사이에서는 표면에 보이는 것보다 더 큰 변화가 진행되고 있다. 과거에는 우리를 "자기들을 미워한다, 미국 제국주의의 앞잡이다, 자기들을 공격하려 한다"라고 생각하였지만, 이제는 "남한 사람들이 돕는 걸 보니 자기들을 싫어하는 것이 아닌 모양이다. 그들이 잘사는 것을 보니 부럽다, 우리도 저렇게 됐으면 좋겠다"라고 바란다. 예전에는 원수로 여겼으나 이제는 우리를 이웃사촌으로 여긴다. 그리고 이러한 북한 사람들 마음의 변화는 문화적 변화도 가져왔다. 요즘 북한 사람들은 비밀리에 남한의 유행가도 듣고, 비디오로 남한의 텔레비전 드라마나 영화도 보는 등 남쪽 문화를 수용하고 있다.

클린턴 좋은 변화다.

김대중 그래서 6자회담이 잘되어 북핵 문제가 해결된다면 남북한 관계는 급격히 개선될 것이다. 그렇게 되면 미국 기업도 남한 기업과 같이 북한에 진출하였으면 한다. 북한은 지하자원과 관광자원이 풍부하고 노동력도 매우 우수하다. 고등학교까지 의무교육을 받고 군사훈련도 받아서 매우 잘 교육되어 있고 임금도 싸다. 현재 북한 생필품의 80퍼센트는 중국에서 수입되고 있는데 북한 경제가 중국에 예속되기 전에 우리가 빨리 북한에 진출하여 균형과 견제의 역할을 해야 한다. 그러므로 북한 핵 문제 해결 시에는 미국 기업도 많이 들어가서 북한 경제를 살려야 할 것이며, 동시에 진출한 미국 기업들도 풍부한 북한 자원으로부터 혜택을 얻을 수 있을 것이다. 북한의 이러한 모든 변화는 대통령님과 나의 힘 때문인 것도 있으니 이와 관련하여 축하를 드린다.

클린턴 동감이다. 한국 대선의 결과가 어떻든 앞으로도 이런 대북 정책이 계속되기 바란다.

김대중 나도 희망하는 바이며, 햇볕정책은 국민이 지지하는 것이므로 선거 결과와 상관없이 계속될 것으로 보인다. 우리나라 대선만큼이나 미국 대선에도 관심을 갖고 있는데 클린턴 힐러리 상원의원에게도 좋은 일이 있기를 바란다.

이희호 이번 대선에서 클린턴 힐러리 상원의원에게 좋은 일이 있기를 바란다.

클린턴 지금까지는 아주 잘 진행되고 있다. 민주당 내에서뿐 아니라 얼마 전 여론조사를 보니 공화당도 앞서고 있어 매우 자랑스럽다.

북핵 문제가 순조롭게 진행되어야

헨리 키신저

—

2007년 9월 28일, 뉴욕 숙소에서 헨리 키신저Henry A. Kissinger 전 미국 국무장관과 나눈 환담 내용이다.

—

미국을 방문 중인 김대중 전 대통령은 2007년 9월 28일, 뉴욕 숙소에서 헨리 키신저Henry A. Kissinger 전 국무장관을 만나 50여 분간 북핵 문제, 한·미동맹 등에 대해 환담을 나누었다. 다음은 주요 대화 내용이다.

김대중 키신저 박사가 나보다 한 살 더 많고 노벨평화상도 받은 선배이기 때문에 내가 먼저 찾아가야 하는데 이렇게 찾아와 주셔서 감사하다.

키신저 김 대통령은 나라를 새로운 방향으로 이끌고 어려움 속에서도 입장을 굳건히 하신 용기를 늘 존경해 왔다.

김대중 그렇게 말씀해 주셔서 감사하다.

키신저 예전에 청와대에서 뵌 기억도 있고 야당 시절에 뵌 기억도 있다. 야당 시절 한국의 고위급 사람들은 말하기를 대통령님이 대통령이 될 가능성은 전혀 없다고 했는데 대통령이 되셨다. 현재 한국 및 동북아 상황을 어떻게 보시는가?

김대중 2·13합의가 되어 북핵 문제 해결의 전망이 밝아 보인다. 북한이 그동안 요구한 것은 직접 대화, 안전 보장, 경제 제재 해제, 국교 정상화만 되면 핵을 포기하겠다는 것이었는데 그동안 미국은 이러한 요구를 거부해 왔다. 그러나 2·13합의를 통해 북핵 문제 해결이 순조롭게 진행되리라 본다.

키신저 나는 이러한 협상을 지지하는 입장이다. 그러나 사람들은 생각하기를 북한이 양보할 때 이를 조금씩 나누어 해서 실질적으로 목표한 바를 성취할 수 있을지는 절대로 모른다고 생각한다. 그렇게 조금씩 나눠서 양보를 하면서 전체 과정을 연장한다는 것인데, 2·13합의 이행도 원래 일정보다 지연됐다.

김대중 2·13합의는 '행동 대 행동' 원칙을 따르고 있으므로 북한이 조금씩 주면 우리도 조금씩 주고, 북한이 많이 주면 우리도 많이 주면 된다.

키신저 2·13합의는 그 끝을 향해 가고 있는데, 북한이 핵을 포기한다면 북한은 어떤 상황에 놓일 것인가?

김대중 북한이 핵을 포기하면 미국은 주저 없이 테러지원국 해제, 적성국교역법을 해제해야 한다. 그리고 국교 정상화를 해야 한다. 북한은 그것을 열망하고 있기 때문에 이번에는 기회를 놓치지 않을 것이라고 기대한다. 미국이 2·13합의만 지킨다면 북한은 살기 위해서라도 적극 협력할 것이다.

키신저 그러면 이 모든 조치가 북한이 핵을 포기한 다음에 이뤄져야 한다고 생각하는가?

김대중 병행되어야 한다고 본다. '행동 대 행동' 원칙은 믿지 못하는 이들 사이에는 이해관계를 주고받기 위해 만들어진 것이다. 동시에 주고받는다는 원칙에 이미 합의하였다.

키신저 정부적 관점에서야 미국이 북한에게 군사적 공격을 감행하지 않겠다는 보장을 하는 것은 문제가 되지 않는다. 그러나 역사가적 관점에서 보면 북한의 개방 및 대외 관계 수립으로 인해 북한 사람들이 외부 세계를 알게 될 때에는 북한 정권이 그 생존을 걱정하게 될 것이라 여겨지는데….

김대중 북한은 중국이나 베트남의 길을 가고자 한다. 즉 공산정권은 유지하면서 경제적 개방을 하여 국력을 기르고 백성을 먹여 살리고자 한다.

키신저 통일은 언제쯤 될 것이라고 보는가?

김대중 통일을 서두를 필요는 없다. 먼저 평화 공존, 평화 교류 및 협력의 단계를 거쳐 상호 신뢰를 쌓고, 북한 경제도 회복되고 난 후 그다음에 완전 통일을 할 텐데 앞으로 한 10-20년 정도는 걸릴 것이다.

키신저 통일은 일차적으로 한국의 문제라고 생각한다. 중국이나 일본 등 주변국들이 나서서 도와주지는 않을 것이다.

김대중 중요한 말씀이다. 코리아소사이어티 연설 중에도 미국과의 동맹 관계를 유지하는 것이 중요하다고 말했다. 미군의 한반도 주둔은 동북아의 안정 및 균형, 우리의 안전과 발전에도 중요하다. 그리고 통일에도 미국의 도움이 중요하다. 과거 중국, 러시아, 일본은 우리나라를 침략하려 했고 침략했는데, 이들이 우리의 통일에 간섭하지 않고 협력하도록 유도하는 데도 미국의 역할이 중요하다. 북한의 김정일 위원장을 만났을 때 김 위원장도 미군은 통일 이후에도 한반도에 주둔해야 한다, 그래야 주변 강대국의 부당한 지배를 막을 수 있다고 말했다.

키신저 북핵 문제가 진전을 보이고 있는데, 그러면 평화협정이 지금 맺어져야 한다고 생각하시는가. 아니면 북핵 문제가 해결된 다음 맺어져야 한다고 보는가?

김대중 핵을 포기하지 않는 한 평화협정을 맺기는 어렵다. 가장 중요하고 긴급한 것은 북핵 문제 해결이다. 북핵 문제만 해결되면 동북아 및 한반도 정세는 일변하여 평화협정도 순조롭게 맺을 수 있을 것이다. 그러므로 우리의 관심과 노력을 핵 문제 해결에 집중해야 한다.

키신저 곧 2차 정상회담이 있다고 들었다. 김정일 위원장이 답방을 하기로 되어 있었는데….

김대중 서울을 답방하기로 나한테 약속을 했는데 지키지 않았다.

키신저 서울을 방문한다면 북한 사람들에게는 굉장한 경험이 될 텐데, 서울 방문을 주저하는 이유는 방문 기간 중 찍은 사진을 통해 서울의 놀라운 발전상이 알려질까 두려워하는 것 같다.

김대중 그런 문제도 있고, 또 서울 방문 기간 중 남한 사람들이 반대 시위를 할 수도 있고, 신변의 위협을 느낄 수도 있어서일 것이다.

키신저 처음 서울을 방문했을 때가 1951년이었는데 그때 서울에서 제일 높은 건물은 일본 정부 청사였다. 당시 오늘날 서울의 모습을 그려 보았다면 꿈같다고만 생각했을 것이다. 한국 대선은 어떻게 보는가?

김대중 현재 야당이 우세한데, 여당이 단일 후보를 내게 되면 일대일 시소게임이 가능할 것으로 본다. 박사님과 같은 세계 석학을 만났으니 한 가지 공부할 겸 여쭙고 싶은 것이 있다. 중국의 장래에 대해서는 어떻게 보시는가. 21세기를 지배하는 패자가 될 것이라 보시는가?

키신저 중국은 물론 더 강해질 것이다. 그러나 정치적 승계 등 내부 문제가 많이 있다. 그리고 개발에 따른 비용도 있다. 새로운 경제체제에 익숙한 젊은 세대가 성장하는 데 따른 문제도 있다. 그러나 중요한 것은 중국을 존경하는 마음을 가지고 파트너로서 대해야 할 것이다. 조금 전에 대통령님께서 말씀하신 미국과 한국 간의 관계 강화 및 미군의 한반도 주둔은 중요하다. 그러지 말자는 유혹도 많기 때문이다. 그러나 내가 생각하기에는 중국의 경제, 군사적 힘은 더욱 커질 것이다. 그러므로 미국과 한국은 계속 긴밀한 관계를 맺는 것이 중요하다. 한국이 중국과 미국 사이에서 왔다 갔다 플레이를 한다면 위험할 것이다. 한국이 미국에게 신뢰감을 갖고 있다는 것은 대단한 자산이다.

김대중 한국인들은 미국과의 군사동맹과 자유무역협정FTA 등 경제적 협력을 유지하는 것이 일차적 중심이 되고, 그러면서 일본, 중국, 러시아와 좋은 관계를 맺어야 한다고 생각하는데, 일차적 관심은 미국과의 관계이다. 심지어 김정일 위원장도 주변 강대국의 부당한 간섭을 막기 위해 한반도에 미군이 현재 그리고 통일 이후에도 주둔해야 한다고 말했다. 중국, 러시아, 일본을 지명하면서 이들의 간섭을 막기 위해 필요하다고 말했다.

키신저 앞으로 일본은 어떻게 발전할 것이라고 보는가?

김대중 지금 급격한 우경화가 우려스러운데, 그것보다 더 우려되는 것은 젊은이들이나 젊은 국회의원들의 우경화다. 이들은 과거 침략을 부인하고, 미화하기 때문에 일본의 피해국이었던 한국과 중국민들은 이에 민감한 반응을 보이고 있다. 우경화의 근본 원인은 일본인들이 과거 침략에 대한 교육을 제대로 받지 않았기 때문이다. 일본은 독일과 달라서 65세 이하 인구의 90퍼센트는 과거를 모르고 그래서 반성도 하지 않고 시정도 않는다. 그래서 일본 인접국들은 걱정이 많다. 프랜시스 후쿠야마 씨는 최근에 이러다가 일본이 국제적으로 고립될 것이라고까지 했다.

키신저 후쿠다가 신임 총리가 될 것이라 보는가?

김대중 아베 신조와 달리 후쿠다는 생각이 유연하고 과거에 대한 반성도 있고 인접 국가도 잘 지내려 한다. 그런데 문제는 일본 인구의 다수가 교육을 제대로 받지 못해 바로 생각하지 못한다는 것이다. 내가 대통령 재임하던 5년 동안은 일본과의 관계가 한·일 역사상 가장 좋은 시기 중 하나였는데, 퇴임 후 급격히 우경화되어 걱정이다. 젊은 국회의원들 다수가 태평양전쟁을 미국과 영국 등 서구의 지배에서 해방시키기 위한 전쟁이라고 미화하며 대동아전쟁이라고 부른다.

키신저 대통령님의 말씀을 잘 이해했다면 동아시아의 공동 번영에 있어서도 미국이 그 일부가 되어야 한다는 말씀인가?

김대중 그렇다. 6자회담이 성공을 거둔다면 이를 해체하지 말고 동북아의 평화와 번영을 위한 협력기구로 발전시켜야 할 것이다. 그리고 미국은 여기서 주도적인 역할을 해야 할 것이다.

키신저 인도는 어떠한가?

김대중 그동안 인도는 동아시아에서 어느 정도 거리를 두어 왔으나, 이제는 동아시아정상회의에도 참석하는 등 차츰 거리를 좁히고 있다. 동아시아는 여러 국가들이 있는데 중국이 워낙 크다 보니 인도가 균형을 맞춰야 한다는 의견도 있다.

키신저 지난주 인도 총리를 비롯한 그룹을 만나 이야기를 나누었는데 국제 정치의 중심이 대서양에서 태평양으로 옮겨 간다고 말했더니, 그 의견에 이의를 제기했다. 남아시아를 빼고 북아시아로만 간다고 덧붙여서 흥미로웠다. 그 사람들은 말하기를 아직까지는 사람들이 중국에만 관심이 있고, 중국이 미얀마에서 어떤 행동을 보일지, 한국이나 일본의 동맹 관계 등에만 관심을 보인다고 했다.

김대중 대서양에서 태평양으로 중심이 옮겨 가고 있다는 것은 맞는데, 그중에서도 동북아가 먼저 중심이 되고 앞으로는 남아시아도 관심을 받을 것이다.

키신저 인도가 그동안 거리를 보여 온 것을 역사적으로 설명할 수 있는데 인도는 그동안 자신들이 영국의 식민지를 받았기 때문에 유럽에 더 가깝다고 생각해 왔다. 19세기 영국인들이 하던 힘의 균형 정치를 하고 있는데, 영국인들보다 더 잘하고 있다. 오늘 떠나신다고 들었다. 너무 오래 잡고 있으면 안 되겠다.

김대중 하루 더 머무는 한이 있더라도 세계적 석학인 박사님과 얘기하는 것은 기쁜 일이다.

키신저 다음에 한국을 방문할 일도 있고 하니 다시 대화할 일이 있을 것이다. 이렇게 미국에서 다시 뵙게 되어 영광이다.

김대중 야당 시절부터 내게 시간을 많이 내 주시어 감사하다.

키신저 그것은 대통령님이 훌륭한 비전great vision, 훌륭한 상상력great imagination을 갖고 계시는 분이기 때문이다.

김대중 세계적 대석학에게서 그런 말을 들으니 큰 영광이다. 내 자서전에 꼭 넣도록 하겠다.

납치사건의 지휘자는 박정희

가네히라 시게노리

—

2007년 10월 30일, 일본 티비에스TBS 보도국장 가네히라 시게노리金平茂紀와 교토 에이엔에이 호텔ANA Hotel 2층 사가로룸에서 가진 텔레비전 회견 내용이다.

—

가네히라 김대중 사건에 대한 진상규명위원회의 조사 보고서가 발표되었습니다. 대통령님은 사건 진상 해명이 충분하다고 생각하시는지요?

김대중 제가 한국에서 말했지만 이번에 조사위원회가 노력한 흔적은 많이 있지만 진상을 제대로 밝혀냈는지에 대해서는 불충분하다고 생각합니다. 이번 조사의 핵심은 나를 납치한 것이 살해 목적이었느냐, 아니면 그냥 한국에 데려가는 것이 목적이었느냐 이거였는데, 이 문제가 확실치 않게 결론이 났습니다. 즉 호텔에서 그들은 저를 살해하려고 했었고 바다에 데려가서 물에 던지려고 했지만, 이 사건들에 대해서는 진술도 충분히 있고 증인들도 충분히 있으며 미국 측 정보책임자도 살해 목적이었다고 얘기를 했습니다. 이러한 내용을 진상조사위원회 측에도 전달을 했지만 충분히 조사하지 않았고 이런 문제들에 대해서 배려를 하지 않았습니다. 조사의 핵심 사항은 누가 지시를 했느냐인데 당시 중앙정보부장이던 이후락 씨가 나중에 박정희 전 대통령이 암살

575

당한 후에 우리들에게 연락을 해서 박 대통령의 엄명에 의해서 이루어진 것이라고 얘기를 한 적이 있습니다. 사실 박 대통령의 지시에 의한 것이 아니고 이 부장 단독에 의한 것이라면 그는 아마 바로 구속이 되었을 겁니다. 그뿐 아니라 어느 누구도 처벌을 받지 않았습니다. 이것은 바로 박 대통령의 지시에 의한 것이라는 것을 의미하는 것이 아니겠습니까. 그런데 심증은 가지만 단언할 수 없다고 결론을 낸 데에 대해서 우리는 불충분하다고 생각하는 것입니다.

가네히라 미국 정부의 마지막까지 아슬아슬한 개입으로 대통령님의 생명을 구했다고 알려지고 있는데 이것을 사실이라고 생각하십니까?

김대중 그때 온 것은 미국 비행기는 아니라고 미국 정보기관의 책임자가 언급했지만, 구체적으로 얘기는 안 했습니다.

가네히라 그러면 자위대였습니까?

김대중 자위대가 그런 능력을 가지고 있는지는 모르겠지만, 당시 경고를 했던 비행기는 미국 비행기가 아닌 것으로 알고 있습니다.

가네히라 사건 지휘를 박정희 전 대통령이 했다면 박 전 대통령의 범죄라고 생각하십니까?

김대중 그렇다고 생각합니다. 대통령 이외에는 그런 일을 할 수 없다고 생각합니다.

가네히라 진상규명위원회가 일본 경찰에 협력을 요청했으나 거절당했다고 하는데 일본 조사 당국에 하고 싶은 말씀은?

김대중 일본 경찰 자체는 내 사건의 진상을 밝히려고 애를 썼지만 납치사건에 대한 뚜렷한 증거를 가지고 정치 결착에 굴복한 것은 유감스럽게 생각합니다. 이번에도 이러한 요청이 있었습니다. 과거에도 저는 조사에 협력한 적이 있지만 아무 진전이 없었고 확실한 증거를 가지고도 수사를 안 한 일본 경찰에게 유감입니다.

가네히라 일본 경찰이 수사를 본격적으로 재개한다면 협력할 용의가 있으십니까?

김대중 만일 수사를 시작해서 본격적으로 진상 규명에 노력한다면 저는 얼마든지 협력할 용의가 있습니다. 그러나 지금은 아무 의미가 없습니다.

가네히라 일본 경찰의 수사에 협력한다면 그 조건은 무엇입니까?

김대중 일본 경찰이 수사를 재개하고 파악하고 있는 증거를 활용하는 한편 피의자를 신문하는 등 최선을 다해야 한다고 생각합니다. 김동운 일등서기관은 반드시 조사를 해야 합니다.

가네히라 제이엔엔JNN에서 이미 1983년 8월에 김동운 일등서기관이 사전에 일본 공안 당국에 납치 계획을 밝혔고 일본 측은 그것을 중지하도록 경고하였다는 사실을 보도하였는데 그에 대한 감상은?

김대중 그러한 이야기를 들은 것은 같은데 확실한 것은 모르겠습니다.

가네히라 일본 정부에 대한 거액의 뒷돈(4억 엔)이 지불되었다는 사실을 확인하셨습니까?

김대중 사건 직후부터 한국에서는 그러한 얘기들이 많이 있었습니다. 최근 다나카 가쿠에이의 최측근도 『문예춘추文藝春秋』에서 나의 사건과 관련하여 똑같은 얘기를 했습니다. 확실한 물증은 없지만 신빙성 있는 얘기라고 생각합니다.

가네히라 진실규명위원회의 보고서 안에 있는 김동운의 사과문을 보셨습니까?

김대중 진상조사위원회에서 그렇게 했다는데 조사위원회에서 저에게 가지고 오지 않아서 보지 못했습니다. 일본 경찰이 수사를 재개하고 진실을 파악하는 노력을 해야 합니다. 증거도 가지고 있으므로 피의자도 한번 만나고 그렇게 해 줘야 합니다. 김동운 서기관도 조사해야 합니다.

가네히라 헌법개정론이나 역사 교과서 개정 등 최근 일본의 소위 '우경화'에 대해서 어떻게 생각하고 계시는지요?

김대중 저의 대통령 재임 5년 동안 한·일 관계는 매우 좋았습니다. 저와 오부치 총리는 '21세기 한·일 파트너십' 선언을 통해서 오부치 총리는 과거 한국민의 피해에 대해서 '마음으로부터의 사죄'를 했습니다. 저는 일본의 전후 민주화 평화헌법을 평가하고 미래지향적인 관계로 발전시켜 나가자고 얘기했습니다. 역사적 전환점을 만들었습니다. 그럼에도 불구하고 최근 일본의 우경화에 대해서 걱정이 큽니다. 일본은 평화헌법을 개정하려고 하고 있고, 위안부 문제를 부인하고 있습니다. 일본은 총체적으로 과거사에 대해서 역사 인식이 부족합니다. 일본의 우경화는 우리에 대해서 여러 가지 걱정거리와 근심을 갖게 하고 있습니다. 이러한 근본 문제는 일본이 똑바로 역사 교육을 하지 않기 때문입니다. 그러니까 국민들은 과거사를 알지 못합니다. 과거를 알지 못하니 사과나 보상을 할 수 없습니다. 그러므로 일본은 새로 태어날 노력을 생각할 수 없습니다. 이러한 것은 독일과 근본적으로 다릅니다. 독일은 과거 범죄에 대해서 사죄하고 반성하고 배상을 했습니다. 그리하여 주변 국가들이 독일을 신뢰하게 되었고 나토NATO에 참여할 수도 있게 되었습니다. 또한 독일통일 때 주변 국가들이 모두 지지해 주었습니다. 어떻게 보면 독일은 적게 주고 많이 받은 것입니다. 일본과 독일은 같은 침략 범죄 국가인데 독일과 일본은 너무도 다릅니다. 우리는 일본이 미워서도 아니고 멀리하고 싶어서도 아닙니다. 가까이하고 싶은데 일본은 군사적·경제적으로 강대국이고 과거 역사에 비추어 걱정하고 있는 것입니다.

가네히라 역사 인식의 차이를 해결하기 위해 어떤 노력을 기울여야 할까요?

김대중 내가 대통령으로 재임 시 '역사인식공동위원회'를 만들었는데 그 의견의 차이를 메우지 못했습니다. 일본이 이웃 나라임에도 신뢰를 가질 수 없기 때문에 적극적인 지원을 하지 못한 것을 안타깝게 생각합니다.

가네히라 소위 '햇볕정책'에 대해 "김정일 체제를 지원할 뿐"이라는 비판적인 의견이 있고, 더구나 2002년 9월 17일 고이즈미 총리 방북 시 북한 김정일 위원장이 일본인 납치를 인정한 이후에는 북한에 대한 반발이 확산되고 있는데 이에 대해 어떻게 생각하십니까?

김대중 납치는 절대 용납할 수 없는 문제이며 피해자에게 납득이 갈 때까지 성의를 다해서 문제의 진상을 밝히는 것이 필요하다고 생각합니다. 이 점은 나는 한국에서도 언론 보도를 통해서 여러 차례 "일본인 납치 문제에 대해서 북쪽은 지금까지도 상당히 조치를 취한 것은 사실이지만 일본이 부족하다고 생각하니까 피해자가 만족할 수 있도록 더 적극적인 조치를 취하는 것이 좋다"는 얘기를 한 적이 있습니다. 일본도 납치에 대해서 주장하더라도 북한과 관계 정상화하는 데 최대한 배려를 할 필요가 있습니다. 결국 동북아에서 같이 살고 있는 이상 동북아 평화를 위해서는 북한과 관계를 개선하는 것이 필요하므로 그러한 배려를 할 필요가 있습니다.

가네히라 일본 내에서 북한에 대하여 대화와 압력이라는 여러 의견이 나오고 있는데, 압력을 가하면 북한은 어떻게 될 것이라고 생각하십니까?

김대중 역사상으로 소련과 동유럽 등 공산주의는 외부 압력으로 변화하지 않았습니다. 소련은 헬싱키협정, 유럽안보협약조약을 통해서 개혁 개방의 길을 가게 되었습니다. 중국도 압력으로는 안 됐습니다. 베트남도 전쟁까지 했지만 안 됐습니다. 대화를 통해 개혁 개방을 했을 때 변화했습니다. 북한도 마찬가지라고 생각합니다. 그러나 상대방이 무력을 행사하거나 부당한 일을 하는 것에 대한 대비책은 확실히 준비해야 합니다. 예를 들면 이번처럼 북한이 핵 개발을 했을 때 단호히 반대하고 핵을 포기시켜야 합니다. 그러나 그것도 북한의 정당한 요구를 들어주면서 변화시켜야 합니다. 일방적으로 해서는 안 됩니다. 지난 2·13합의는 6자회담을 통해서 북·미 간 대화를 통해서 서로 주고받는 관계 속에서 발전한 것입니다.

가네히라 마지막으로 일본 국민들에게 대한 메시지를 말씀해 주십시오.

김대중 올해 6자회담의 2·13합의에서도 "동북아에서의 지속적인 평화와 안정을 위한 공동 노력"을 하기로 합의를 봤습니다. 결론적으로 한국인은 일본을 신뢰하면서 동아시아 발전을 위해 협력하고 싶다고 생각합니다. 과거의 침략과 민족적인 모욕에 대해 상대에게 잘못했다고 사과해야 합니다. 경제적으로 군사적으로 대국인 일본이 한·일 우호 관계 발전을 위해 협력하고, 동북아시아의 발전과 협력을 위해 중심이 되길 바라고 있습니다.

중국은 이미 민주화 방향으로 나아가기 시작했다

울리히 벡

—

2008년 4월 4일 오전 10시 30분, 독일의 사회학자 울리히 벡Ulrich Beck 교수와 서울 동교동 사저에서 나눈 대담이다.

—

김대중 세계적으로 저명한 석학을 이곳에 모시게 되어 영광입니다.

벡 제가 더 영광입니다.

김대중 남북 관계가 최근 예민해지고 대결 모드로 가고 있어 걱정이 많은데 벡 교수는 어떻게 보십니까?

벡 사회학적 관점에서, 특히 제가 주장하는 위험risk 이론의 관점에서 말씀드리면, 위험이란 재앙 자체라기보다는 재앙의 예견으로 정치적 영향력을 가질 수 있습니다. 이 개념을 한국 사회에 적용해 보면, 일어나지도 않은 북한의 핵 발사가 남한뿐 아니라 동아시아, 남아시아까지 사람들의 일상생활은 물론 정치에 영향을 주는 위협이 될 수 있습니다.

정치권에서 두 가지 반응을 보일 수 있습니다. 짧게 말씀드리면 첫째는 이 위협 요소를 극화하여 다른 특정 우선순위, 다른 정치적 주제를 위해 이용할 수 있습니다. 둘째는 코즈모폴리턴적 관점을 가지는 것으로 공동의 위협에 대처하기 위해 일종의 국제사회를 결성하는 것입니다. 이런 것은 남북한 문제에도 적용될 수 있을 것입니다.

이제는 더 이상 한 국가의 문제가 그 국가 차원에 머물지 않습니다. 남북한 문제만 하더라도 남북한만 직접적으로 참여해서 해결할 수 있는 것이 아니라 보다 큰 틀 안에서 여러 나라가 참여해야 해결할 수 있습니다. 독일도 분단국이었는데 독일통일 역사를 보면 빌리 브란트 총리가 이러한 정치적 개념화를 이용한 것을 볼 수 있습니다. 당시 그는 독일통일을 위해 주변 유럽 국가들은 물론 미국, 구소련까지 참여하고 상호작용하는 코즈모폴리턴적인 큰 틀을 구성하고 그 참여국들 간의 브리지(가교)를 결성하는 것, 가장 작게는 동, 서독 간의 브리지를 결성하는 것을 추구했습니다.

공산국가를 변화시키는 것은 하드웨어가 아니라 소프트웨어

김대중 1998년 대통령에 당선된 후 그 전부터 주장해 왔던 햇볕정책을 실시했는데 그 결과 후임 대통령인 노무현 대통령 정권에 이르기까지 지난 10년 동안 남북 관계가 상당히 진전됐습니다. 긴장이 완화됐고 교류와 협력이 증가했으며 북한 주민의 과거 적대적인 태도가 우호적으로 변했습니다. 심지어는 문화적 변화까지 있어서 요즘 북한 사람들은 한국의 대중가요는 물론 텔레비전 드라마, 영화 등도 즐기고 있습니다.

그러다 정권 교체가 되면서 이명박 정부에서는 과거의 정책을 무시하고 대결주의적 자세를 취하면서 북한이 강력한 반발을 하는 가운데 한반도의 긴장이 고조되고 있습니다. 이명박 대통령과 내가 근본적으로 생각이 다른 부분은 이명박 대통령은 공산국가를 대할 때 냉전적 대결 정책을 취해야 공산국가의 버릇을 고칠 수 있다고 믿는 것입니다. 반면 나는 야당 때부터 대통령이 된 뒤까지 일관되게 햇볕정책을 주장해 왔습니다. 이는 나그네의 망토를 벗긴 것이 강한 바람이 아니라 따뜻한 햇볕이었다는 이솝우화와 마찬가지로 공산국가를 변화시키는 것은 하드웨어적인 것이 아니라 소프트웨어라는 주장입니다. 즉 공산국가를 개혁 개방으로 유도할 때에만 성공할 수 있다는 것입니다.

서방세계가 소련을 상대로 수십 년 동안 봉쇄 정책, 냉전적 대결 정책을 취했지만 소련을 변화시키지 못했습니다. 그러다가 헬싱키협정을 통해 구소련을 개혁 개방으로 유도하면서 소련을 물론 동유럽까지 민주화가 된 것입니다. 중국도 마찬가지입니다. 한국전 이래 중국과 무력 대결, 냉전 대결을 했으나 변화를 시키지 못하다가, 닉슨 대통령이 중국을 방문해 마오쩌둥을 만난 뒤 개혁 개방이 이루어지고 덩샤오핑 같은 인물이 등장하면서 문화대혁명 당시와는 비교도 할 수 없는 변화가 일어난 것입니다. 베트남과는 전쟁까지 하고 지고 나왔지만 지금은 국교를 맺고 무역을 하면서 상호 이익이 되는 관계를 발전시키고 있습니다. 북한도 마찬가지입니다. 미국이 북한과 국교 정상화만 하면 북한이 국제사회에 나와 활동하게 되고 그러면 북한도 제2의 중국, 제2의 베트남이 될 수 있습니다. 내가 만난 김정일 위원장은 미국과의 관계 개선을 매우 열망하고 있었습니다. 그러니 미국은 북한에 기회를 줘야 합니다.

나는 1998년부터 2003년 2월까지 5년간 대통령 재임을 했는데 임기의 반은 클린턴 대통령을 상대했고 반은 부시 대통령을 상대했습니다. 클린턴 대통령은 햇볕정책, 즉 평화적 방법, 대화를 통해 어려운 문제를 푼다는 정책을 적극적이고 공개적으로 지지해 주었습니다. 그리고 2000년 내가 북한을 방문할 때도 이를 지지해 주었습니다. 그 이후 내가 클린턴 대통령에게 주선을 해서 북한과 미국 간의 고위층 교류가 이루어졌고 거의 국교 정상화 단계까지 갔는데 클린턴 대통령의 임기가 끝났습니다. 2001년 2월 부시 정권이 들어서자마자 에이비시ABC(Anything But Clinton) 정책을 취하면서 그동안 나와 클린턴 대통령이 만들어 온 대북 관계에서의 모든 진전을 폐기하고 나쁜 행동에는 보상을 할 수 없다며 대결주의로 돌아갔습니다. 사태는 미국에 불리하게만 전개되어 북한은 핵확산금지조약NPT을 탈퇴했고 국제원자력기구IAEA 요원을 추방했으며 모라토리엄에 있던 장거리미사일을 발사했으며 마침내는 2006년 10월 9일 핵실험을 하기까지 이르렀습니다. 부시 대통령은 강경 정책의 실패를 깨닫고 마침내 2007년 2월 13일 합의, 즉 직접 대화, 주고받는 협상, 행동 대 행동의 원칙을 받아들이고 바른길로 나아가기 시작했습니다. 앞으로도 우여곡절은 있겠으나 북핵 문제는 결국 해결될 것으로 봅니다.

그런데 이명박 대통령이 '비핵·개방·3000', 즉 북한이 핵을 포기하고 개방을 하면 10년 내에 국민소득을 3,000달러 수준까지 올리겠다 하고 발표를 했습니다. 이는 부시 대통령이 과거 북한이 핵을 포기해야만 도와주겠다고 했던 것과 같은 주장인데, 부시 대통령은 이것이 실패하여 결국 직접 대화, 주고받는 협상으로 돌아왔습니다. 이러한 시점에 이명박 대통령의 주장은 참으로 동떨어진 주장입니다.

그런데 아직 대선 후보 시절 나를 찾아왔을 때 보니 상당히 생각이 유연했습니다. 그러므로 앞으로 이런 방식으로는 일이 안 되겠다 깨달으면 시정 조치를 할 것으로 봅니다.

벡 그러기 바랍니다. 대통령님의 비전은 매우 설득력 있고 분명합니다.

과거 구소련의 붕괴 및 유럽의 변화를 보면 동쪽, 서쪽 진영 모두가 서로에게 공동 위협이 되자 역설적이게도 양측이 브리지를 만들려는 움직임을 보였습니다. 즉 서로가 서로의 존재에 위협이 된다고 생각하면 양측 진영 모두 이념적 차이를 극복할 수도 있다는 것입니다. 과거 빌리 브란트 총리가 그랬듯이 말입니다.

한국에는 비현실적일 수도 있지만 실험적이고 계몽적일 수도 있는 이야기를 한 가지 더 덧붙이면, 현재 기후변화 문제를 둘러싸고 많은 논의가 이루어지고 있습니다. 기후변화는 인류 문명에 파괴적 위협이 될 수 있다는 점에서만 중요한 문제가 아니라 새로운 정치의 근간이 될 수 있다는 점에서도 중요합니다. 기후변화의 심각성에 제대로 대처하기 위해서는 정치권의 패러다임 전환이 필요할 것입니다. 즉 국가 단위의 정치가 서로 결합되어 공동으로 해결책을 찾아야 할 것입니다. 이는 동아시아, 남아시아의 상황에도 암시하는 바가 있을 것입니다. 서로 다른 국가들이지만 공동의 위협에 대처하기 위해서 단결하는 것인데 대통령님의 햇볕정책도 이렇게 적용될 수 있지 않을까 합니다.

빈국 국민의 불만은 군사적 대결보다 더 큰 리스크다

김대중 기후변화 문제는 중대한 문제인데 한 가지 희망을 가질 수 있는 이유는, 잘사는 나라든 못사는 나라든 동쪽 진영이든 서쪽 진영이든 기후변화의 위협은 모두에게 똑같다는 것입니다. 즉 협력하지 않으면 공멸한다는 공동의 이해를 가지고 있어서 해결할 수 있을 것입니다.

곤란한 문제는 따로 있는데 바로 빈부 격차입니다. 잘사는 나라의 사람은 못사는 나라의 빈곤 문제가 자기들에게는 위협이 되지 않으니 신경을 쓰지 않습니다. 그리고 저개발 국가에서 에이즈나 말라리아 등으로 고통받는 사람들의 문제도 남의 일 보듯이 합니다. 그러나 빈국 국민은 잘사는 너희가 우리를 수탈해서 그런 것이라고 원망할 수도 있고, 바로 그런 것이 오늘날 국지전이나 테러의 배경이 되고 있지 않나 생각합니다. 그래서 빈부 격차야말로 인류의 큰 문제점입니다. 빈국 국민이 갖는 이런 불만은 군사적 대결보다 더 큰 리스크입니다.

벡 대통령님의 현상 분석, 즉 불균형적인 부의 배분으로 그런 상황이 발생한다는 것에는 대개 공감하기는 하지만 아직 확신이 들지는 않습니다. 빈국의 문제도 한 국가 내에서만 다뤄질 수 있다는 생각은 점점 더 그 정당성을 잃고 있습니다. 각 국가들은 이제 글로벌한 불평등의 문제에 문을 열어야 합니다.

역사적으로 보면 19세기 유럽에서 칼 맑스가 노동자의 국제화라는 비전을 내세우면서 글로벌한 차원에서 문제를 해결해야 한다고 말했는데, 당시 민족 국가들은 큰 충격을 받았습니다. 그때까지만 해도 개별 국가 차원에서 모든 문제를 해결해 왔고 또 그것이 성공적이었기 때문입니다. 그러나 지금은 개별 국가가 글로벌한 불균형 문제 등을 단독으로 해결할 수 없는 상황이 되었습니다.

다시 기후변화에 대해서 잠깐 말씀드리면 놀라운 것은 기후변화와 관련하여 국제사회가 이에 대한 공동 대응을 승인하고 있고, 그래서 생태 자본주의, 혹은 환경 자본주의 부상을 가능하게 하고 있습니다. 이는 모든 기관을 기본적으로 변경하게 될 것입니다.

한 가지 여전히 궁금한 것은 이러한 새로운 정치가 아시아 지역에도 적용될 수 있을 것인가, 지역적 정치가 기후변화와 같은 문제를 다룸에 있어서 공동 대응 방식을 받아들일 것인가 하는 것입니다. 즉 중국, 남한, 북한 등의 국가들이 서로 다른 관점을 극복하고 연합unite할 수 있을 것인가 하는 것입니다.

김대중 기후변화와 같은 환경 문제는 서로가 공동의 이해관계를 가지고 있어 충분히 해결되리라 봅니다. 예를 들어 중국의 황사는 한국, 일본에도 피해를 주고 있고, 중국의 해양이 오염되면 한국, 일본도 영향을 받습니다. 중국의 황사를 막으려 남한 사람들은 식목에 적극 참여하고 있습니다. 환경 문제 관련 협력은 가능할 것입니다.

문제는 남한과 일본은 민주주의 체제인 반면 중국은 민주주의에 반대하는 공산주의 체제라는 것이 전면적인 부조화, 대립의 기저에 있는 것이 아닐까 합니다. 그러나 역사적 관점에서 보면, 미국이 일본과 협력하여 중국에 지나친 군사적 압력만 가하지 않는다면, 중국은 미국의 군사적 행동에 대한 두려움 없이 국내 문제에만 열중할 수 있을 것입니다. 이는 상당히 희망적인 전망일 수 있습니다만, 중국의 경제가 발전할수록 중산층이 등장합니다. 현재 중산층 인구는 5,000만에서 1억까지 추산되고 있는데 이들은 돈이 있고 파워가 있으며 그들의 민주적 권리를 요구할 것입니다. 영국의 산업혁명 때도 중산층으로 등장한 부르주아가 투표권을 요구했는데 영국의 귀족들은 현명하게도 투표권을 인정하여 평화적으로 민주체제 이행이 이루어졌습니다. 반면 프랑스 귀족들은 이를 거부하여 왕과 귀족이 몰락하였습니다. 즉 중산층이 늘어나면 이들은 본인들의 민주적 권리를 요구하게 되고 이에 평화적으로 응대하면 평화적 민주체제 이행이 되는 반면, 이에 폭력적으로 대응하면 힘겨운 이행이 될 것이라는 점입니다. 지금 현재 중국은 경제 발전과 더불어 중산층이 증가하고 있습니다. 중국이 이들의 요구에 어떻게 대처하느냐에 따라 중국의 미래, 나아가 동아시아, 세계도 큰 영향을 받을 것입니다. 그런데 나는 이 부분에 낙관적입니다.

희망을 갖는 이유는 첫째, 중국 지도층이 사실을 인식하고 장쩌민 주석 말기 때 공산당 당헌을 고쳐 세 개의 대표군을 채택했습니다. 과거에는 노동자 계층만 될 수 있었던 당원을 지식인, 기업인 등에게까지 확대했다는 것입니다. 이들은 바로 중산층들인데 중국 지도층은 새로운 변화에 적응하고 있는 듯합니다.

그리고 매일 지방에서는 300여 개의 시위가 일어나고 있는데, 이는 농민과 빈민층의 불만에서 출발하는 것으로 정부가 이를 무력 탄압하지 않고 있습니다. 시위도 폭동으로 이어지지는 않고 있습니다. 적당한 선에서 시위자는 불만을 배출하고 당국도 고칠 수 있는 것은 고치고 있습니다.

중국은 기로에 서 있습니다. 미국이 중국으로 하여금 내정에 전념할 수 있도록 해 준다면 중국은 민주화의 방향으로 나아가고 이를 점진적으로 수용할 것입니다.

또 다른 증거는 공산당 내에서 일고 있는 논쟁입니다. 중국의 부정부패, 빈부 격차는 자본주의 때문이니 이를 폐지하고 계획경제로 돌아가자는 신좌파의 주장이 고위직 가운데 흘러나오고 있는데, 역시 정부 고관들이 참여하고 있는 신우파 운동은 이러한 주장에 반대하고 있습니다. 그들은 중국의 부정부패, 빈부 격차는 민주주의의 부재 때문이므로 민주주의를 도입하면 투명성을 보장하는 제도, 감시 체제가 마련되어 부패나 빈부 격차 문제 등을 해결할 수 있다고 합니다. 나아가 일당 지배가 아니라 복수 당을 지향해야 하며 중국에는 스웨덴식 사회민주주의를 지향해야 한다고 말합니다. 중요한 것은 후진타오 주석도 이러한 신우파 주장에 찬성했다고 알려진 것입니다. 아직까지 전면적으로 실시되고는 있지 않지만 이런 논쟁이 정부 고위직들 사이에서 이루어졌다는 것이 중요합니다.

공산당 당헌을 고쳐 당원 자격을 세 개 대표군으로 확대했다는 것, 매일 300여 개의 시위가 정부의 암묵적인 승인 아래 나름대로 평화적으로 일어나고 있다는 사실, 그리고 신우파와 신좌파 간의 논쟁이 일고 있고 신우파의 주장을 중국 최고 지도층이 동의하고 있다는 것이 뚜렷한 민주화는 아니더라도, 중국을 잘 다루기만 하면 특히 미국이 잘 다루기만 하면 중국도 종국에는 민주화가 될 것이라는 것을 보여 줍니다. 언제 구소련이 무너지고 민주화가 될 것이라고 상상이나 했습니까. 중요한 것은 이러한 변화가 외부 세계가 아니라 내부로부터 오고 있다는 것입니다.

동양 격언에 공자 앞에서 유교 가르친다는 말이 있는데, 이렇게 말을 해 놓고 보니 세계 석학 앞에서 오히려 가르치려 한 거 같습니다. (웃음)

백 대통령님의 비전과 분명한 분석, 설득력 있는 주장에 매우 놀랍습니다. 대통령을 포함한 많은 정치가들을 만나 보았으나 대통령님만큼 명확한 비전을 갖고 계시는 분은 만나지 못했습니다.

한 가지 아직 '물음표'로 남아 있는 것이 있습니다. 반년 전 강연차 중국 북경을 방문해서 정치인과 지식인 등을 포함한 다양한 그룹과 논의를 했는데 가기 전에는 대통령님과 같은 비전, 즉 중국이 종국에는 민주화로 나아갈 것이라는 비전을 갖고 갔었으나 돌아올 때는 약간의 의구심이 들었습니다. 중국의 근대화를 보면 한편으로는 비즈니스를 하는 등의 경제적 자유는 상당히 허용하면서, 공적public 영역, 민주적인 문제democratic affairs 같은 영역에는 아주 분명히 참여를 제한하고 있습니다.

중국은 전환기, 아마도 긴 전환기를 거칠 것이며 중산층은 이 기간 중 혜택을 입을 것입니다. 그러나 그들은 사적, 민간 영역에서는 투자도 하고 수익도 얻고 할 수 있겠지만, 정치 영역에서는 그러지 못할 것입니다. 대통령님과 제가 유럽의 경우에서 본 것처럼 교육받고 부유한 중산층이 등장하면 이들이 정치적 영역에 대한 참여를 요구할 수 있다는 것이 중국에는 적용될 것 같지 않습니다. 중국은 경제를 개방하고 민간 영역에서는 자유를 허용하겠지만 정치적으로는 억압할 것입니다. 물론 중산층은 이를 수용할 것입니다. 다만 이를 위해서는 두 가지 조건이 충족되어야 하는데 경제적 위기 없이 고성장을 계속한다는 것이고 중국이 내셔널리즘nationalism을 계속 유지한다는 것입니다.

동양에도 인권 민주주의 사상이 있었다

김대중 중국의 민주화에 대해서는 누구도 장담할 수 없겠지만, 아까 말씀드린 몇 가지 이유에서 긴 안목으로 보면 지금은 아니겠지만 결국은 중국이 민주화로 나아갈 것이고 지금 그런 방향으로 나아가기 시작했다고 생각한 것입니다.

외부에서 장애가 되는 위협을 가하지만 않는다면 그래서 중국이 내부적으로 집중할 수 있도록 돕기만 한다면 말입니다. 이처럼 낙관하는 데는 사상적 근원도 있습니다. 17세기 말 유럽에서는 존 로크라는 사상가가 사회계약론을 주장했습니다. 즉 주권은 국민에게 있는데 이를 통치자에게 위임한 것이다, 통치자가 이를 선용하지 않으면 국민들은 이를 도로 회수할 수 있다, 이러한 인민 주권주의를 주장했습니다. 그런데 동양에서는 존 로크보다 2,000년이나 앞서서 이런 말을 한 이가 있습니다. 맹자는 「방벌론放伐論」에서 "황제는 천자로 하늘의 아들인데, 하늘이 자신을 대신해 좋은 정치를 하라고 권력을 위임한 것이며, 제대로 하지 못할 때에는 인민이 하늘 대신 일어나 그를 쫓아낼 수 있다" 했습니다. 중국은 200년 주기로 왕조가 변했는데 새 왕조를 일으키고자 한 이들은 이러한 사상을 이용하여 자신들이 하늘 대신 폭군을 위해 일어섰으며 그러므로 자신들의 혁명은 정당하다고 주장했습니다. 이러한 맹자의 논리는 동양 사회가, 한국에도 그런 사상가들이 많았습니다만, 이미 민주주의와 상통하는 역사가 있었다는 것을 보여 줍니다.

백 완전히 설득당했습니다. (웃음)

김대중 잘 들어줘 고맙고 좋은 말씀 많이 해 주셔서 고맙습니다.

백 오늘 나눈 이야기는 매우 흥미진진했으며 유럽에도 대통령님과 같은 비전을 가진 정치가가 있었으면 합니다.

김대중 과분한 말씀입니다.

백 진심입니다.

김대중 중국, 일본, 한국은 일 년에 두 번 정도 방문하십니까?

백 그렇지 못합니다. 중국은 작년에 방문했고 한국은 이번에 방문하게 됐는데 앞으로 더욱 자주 방문하고 싶습니다. 요즘 서구 사람들은 믿기를, 미래는 아시아에 있다고 합니다. 그러나 이 지역을 잘 알아야죠.

김대중 맞습니다. 중국과 인도 등이 큰 존재가 될 것인데, 특히 중국이 평화적으로 민주국가로 이행해 간다면 이는 세계에 축복이 될 것이며, 그들이 중화주의, 제국주의, 자기도취적 민족주의에 빠진다면 이는 큰 재앙이 될 것입니다. 아직 현재로서는 희망도 비관도 하기 어려운데 역사를 돌이켜 보면 다소 희망을 가질 수 있습니다. 중국이 이렇게 민주화의 길을 갈 수 있도록, 즉 내정 문제에만 집중할 수 있도록 미국과 유럽 모두 노력해야 하며, 이러한 내용을 지난 9월 방미 때 미국 지도자들에게도 많이 얘기했습니다.

벡 바쁘신데 귀한 시간 내어 주셔서 감사합니다. 즐거운 대화였습니다.

오늘의 한국 문제와 남북 관계

박명림

—

2008년 7월 3일 오전 10시 30분, 『역사비평』 편집위원인 연세대 박명림 교수와 서울 동교동 사저에서 나눈 대담으로, 『역사비평』 2008년 가을호에 수록되었다.

—

박명림 김대중 대통령님 안녕하셨습니까. 올해 대한민국이 정부 수립 60주년을 맞았습니다. 역사와 현실에 대해 비판적 정론을 추구해 온 계간 『역사비평』은 대한민국 60년을 어떻게 바라봐야 할지 모색하는 과정에서 이 인터뷰를 준비하게 되었습니다. 먼저 바쁘신 가운데 인터뷰에 응해 주셔서 깊은 감사를 드립니다. 유난히 무더운 여름에 어떻게 지내시는지요? 국민과 『역사비평』 독자들에게 주시는 인사 말씀으로 시작하고자 합니다.

김대중 저는 국민 여러분의 염려와 사랑으로 잘 지내고 있습니다. 다만 최근에 『역사비평』에서 인터뷰를 요청하면서 너무 어려운 질문을 보내와 시험 치르느라 무더위 속에 아주 혼났어요. (웃음) 경제도 어렵고, 에너지, 남북 문제, 국제 관계가 모두 어려워, 국정을 책임졌던 사람으로서 걱정이 아주 큽니다. 최근의 촛불시위도 주목해서 보고 있습니다. 시위의 참여자며 양상이 과거와는 상당히 다른 것 같아요. 박 교수는 이번에 촛불시위를 어떻게 봤습니까?

'잃어버린 10년' 담론: 이명박 정부의 잘못된 출발

박명림 정치학도이자 한 시민으로서 저도 몇 번 시위에 나갔었는데요. 현장에서 보니까 정권 교체 이후 예상보다 너무 급격하게 보수화, 탈공화가 추진되면서 국민들이 느낀 집합적 삶의 위기감과 두려움이 표출된 것 아닌가 하는 생각을 해 봤습니다. 실질적 삶은 점점 어려워지는데 대통령도 보수 후보가 된 데다가, 국회도 보수 세력이 과대 대표되고 진보 개혁 세력이 과소 대표되었지 않습니까. 자신들의 목소리를 전달하거나 삶을 보호해 줄 이가 없다는 판단에 이르자 국민들이 자신의 요구를 직접 주장하고 표출하는 것 아닌가 싶습니다. 단지 경제 정책뿐만 아니라 남북 관계나 국제 관계, 민주주의 등 모든 게 역전이 되고 있어서, '선진화 원년'이 아니라 마치 '후진화 원년'인 것 같습니다.

김대중 동의합니다. 지금 이명박 정권의 가장 큰 문제는 '잃어버린 10년'이라는 생각에 있는 것 같아요. 김대중·노무현 정권 때, 그 전에 한 걸 잃어버렸으니 다시 옛날을 되찾아야 한다는 생각을 하니까 국민들이 볼 때는 위기의식이 생기거든요. 우리가 떠올리기도 싫은 그런 권위주의 시대가 다시 오는 거 아니냐, 이거 민주주의가 위기 아니냐, 공포정치라든가 재벌 중심 경제, 소외층 도외시, 남북 대립 등이 다시 시작되는 것 아니냐. 그런 데다 대운하나 학교, 의료 등의 문제가 크게 대두되었지 않습니까. 쇠고기 문제는 하나의 계기가 된 것뿐이라고 생각합니다.

그런데 이번 촛불시위를 보면, 누가 따로 선동한 것도 아닌데 평범한 국민들이 유모차 끌고 나오기도 하고, 노인도 나오고, 학생들도 나오고 하는 모습이에요. 그 사람들이 생각을 한 방향으로 정리해서 제시하고, 그걸 비폭력적으로 주장하고, 인터넷을 통해 활발히 토론하고 하는 걸 보면 우리 국민이 얼마나 위대한지 깨닫게 됩니다. 앞으로는 정치가 이런 대중들과 엔지오NGO들이 함께 뭉쳐서 '시민 세력'이라고 할까, 직접민주주의 세력으로 결집하고 이들이 의회정치와 연계하는 그런 방향으로 발전하지 않을까 하는 생각도 듭니다. 우리 민주주의의 미래의 아주 큰 희망을 봅니다.

박명림 남북 관계의 역전을 말씀하시니까 대통령님과 관련해 생각나는 게 있습니다. 2005년 한국이 프랑크푸르트 국제도서전 주빈국일 때인데, 독일 현지에서 양국의 저명한 학자, 문인들을 모시고 한·독국제학술회의를 개최한 적이 있습니다. 그때 저는 이 학술회의의 한국 측 기획위원장으로서 조직책임을 맡았는데, 독일의 바이체커 대통령과 함께 대통령님을 기조연설자로 초청했었습니다. 공교롭게도 막판에 두 분 모두 건강 때문에 참석을 못 하시게 되어 우리 측은 이홍구 전 총리로, 독일 측은 겐셔 외상으로 바뀌게 되었지만요. 당시 현지에서 겐셔 외상을 만났습니다. 당신은 독일통일의 주역 중 한 명인데, 통일 과정에서 가장 중요하게 생각한 것은 무엇인지, 그리고 우리 한국 국민들에게 꼭 해 주고 싶은 말씀은 무엇인지 질문했습니다. 그때 겐셔 외상은, 여러 원인이 있지만 콜 총리가 진보에서 보수로의 정권 교체에도 불구하고 브란트 정부 이래 동방정책의 기본 원칙을 이어받은 것이 독일통일의 근본 원인 중 하나라고 하면서 '정책의 일관성'을 강조하더군요. 결국 국내 내정을 넘어서 온건 포용정책을 일관적으로 추진하느냐 그러지 못하느냐 하는 데 한국의 통일 여부가 달려 있을 것이라고 계속 강조했습니다. 자신들도 준비 부족으로 통일 이후 엄청난 고생을 했는데, 한국은 국제 관계를 포함해 더욱 치밀하게 준비할 필요가 있다는 얘기도 첨언하더군요.

김대중 나도 독일 통일하고 얼마 안 돼서, 그때가 1991년이었던 것으로 기억해요. 바이체커 대통령을 독일에서 만난 적이 있어요. 그때 바이체커 대통령은 내가 말하는 햇볕정책, 3단계 통일론 같은 것들이 아주 어려운 일이라고 했어요. 독일은 결국 거기에 실패했다고 말이죠. 자신들은 불가피한 상황에서 너무 급속하게 원치 않는 통일을 할 수밖에 없었다는 거예요. 시간이 흐르면 주변 국가들이 통일을 반대하게 될지도 모른다는 위기감이 있어서 그럴 수밖에 없었다고 그래요. 그런데 너무 서두르니까 결과적으로 베를린 장벽은 허물어졌어도 마음의 장벽은 그대로라서, 갈등이 심하다는 얘기를 하더라고요. 그러면서 햇볕정책과 3단계 통일론은 반드시 지켜 나가라고 신신당부를 했던 기억이 납니다. 역시 통일 문제는 사전 준비가 중요하다고 생각해요.

정부 수립 60년의 대한민국: 위대한 성취

박명림 그럼 이제 준비한 질문을 차례로 여쭤보겠습니다. 아시다시피 대통령께서는 전직 대통령 중에 박정희 전 대통령과 함께 가장 존경받는 두 분으로 평가받고 있고, 특히 생존해 계시는 대통령 중 국내외적으로 가장 높은 지지를 받고 계시는 걸로 알고 있습니다. 먼저 대한민국 60년을 어떻게 바라보시는지, 대한민국 대통령을 지내신 분으로서 소회와 느낌이 있으실 것 같습니다.

김대중 한마디로 말해 지난 60년은 신라 통일 이래 유례없는 시련이 중첩된 시기였는데, 우리 국민이 끈기와 저력으로 이것을 극복해 냈다고 봅니다. 시련만 극복한 것이 아니라 새로운 발전을 통해 많은 위대한 업적을 낸 60년입니다. 역사상 그 어느 때보다도 우리 국민이 큰 역량과 저력을 발휘해서 세계 무대에서 주목받는 나라를 만들어 냈다고 보고 있습니다.

먼저 1945년 일제 식민통치로부터 해방되자마자 미·소가 이 땅을 분할 점령했고, 곧 좌우 대립이 격화되었으며, 남과 북에 분단정부가 수립되었지요. 분할선 이남에는 이승만 대통령 중심의 대한민국이 수립되었는데, 친일파를 처리하지 못해 거기서부터 많은 문제가 틀어지게 되었어요. 그 뒤 북한의 남침으로 6·25전쟁이 벌어지고 독재가 이어졌지요. 4·19혁명 이후 잠시 민주당 정부가 존재하기는 했지만 곧이어 박정희·전두환의 참혹한 독재가 오래 계속되었어요. 그러다가 끝내 광주학살을 포함한 용납할 수 없는 반인륜적 학살행위로 이어지고…. 당시 정치적으로는 독재체제가 완전히 자리 잡았고, 언론이 어용화되었고, 경제적으로는 농민과 노동자의 희생 위에 재벌이 비대해지고 있었어요. 그런 한편에서는 점차적인 노동운동이나 여권운동女權運動의 신장도 있었지요. 노동운동이 확산되며 노동자의 정치 참여도 크게 늘었고요. 남북 관계를 보면 냉전 체제가 고착된 가운데 동서 대결 구도를 앞세우는 그런 시대였지요.

독재와 인권 탄압에 대해 젊은 학생들을 포함해 수많은 사람들이 계속 저항하고 목숨을 바치고 투옥·고문당하고, 그러면서도 그치지 않고 계속 투쟁해서 결국 독재자가 굴복했습니다. 경제 발전에 이어 민주화의 위업을 성취해낸 것이지요. 많은 진척이 있었습니다. 일례를 들면 국가인권위원회가 만들어지고, 또 여성부도 설립되고요. 노동자들에게는 노동조합 설립의 자유가 주어지고, 많은 과거사에 대해서 진상 규명이 시작되어 억울한 이들의 누명이 벗겨지게 되었어요.

이렇게 해서 결국 1998년 국민의정부 출범을 계기로 이제 이 나라에서는 어떠한 독재자도, 어떠한 군부도 민주주의를 뒤집을 수 없는 그런 국민의 힘이 형성됐다고 봅니다. 저는 어려운 상황에서도 민주주의를 성취해 낸 우리 국민들을 정말 자랑스럽게 생각하고 존경합니다. 그런데 최근 이명박 정권 사람들은 '잃어버린 10년'이라는 표현처럼 국민의정부와 참여정부 10년 동안 이루어진 이 엄청난 변화, 크게 성장한 국민의 힘을 잘못된 것이라고 생각하면서 과거로 돌아가려 하고 있어요. 과거로 돌아간다면 결국 권위주의 시절로 돌아간다는 얘기잖아요. 그런 것이 지금 촛불시위 앞에서 저항을 받고 있지 않은가 생각을 합니다.

결론적으로 말해, 대한민국의 지난 60년은 우리 국민이 전무후무한 시련에도 불구하고 이걸 극복하고 이 나라를 세계적인 모범 국가로 세운 시간이에요. 2차대전 이후 독립한 150여 개 신생국가 중에서 민주주의와 시장경제를 모두 성장시키고 사회정의를 어느 정도 확대하고 있는 나라는 한국뿐이에요. 중국도 아직 민주주의 안 하잖아요. 일본도 말하자면 과거 복고주의에서 벗어나지 못하고 있잖아요. 다른 나라들은 말할 것도 없고요. 물론 우리만 잘났다, 우리만 훌륭하다는 뜻은 아니지만, 이렇게 어려운 여건 속에서도 해야 할 일들은 대개 성취해 냈다는 것, 그리고 21세기에 잘하면 더 크게 성공할 것이라는 전망을 가지고 건국 60년을 맞이해야 한다고 봅니다.

오늘의 한국 문제와 남북 관계

박명림 저는 연구자 입장에서 한국 문제를 객관적으로 보기 위해 많은 외국 학자나 언론인들에게 물어보곤 합니다. 해외 방문도 꽤 자주 하는 편이고요. 그런데 그 사람들도 방금 말씀해 주신 것처럼 한국이 이렇게 빠르게 발전하게 된 근본 동력이 무엇이냐, 건국부터 산업화, 민주화, 정보화까지 선진국들도 수 세기에 걸쳐 오랫동안 추구해 온 것들을 한두 세대 안에 단박에 이뤄 낸 힘을 정밀하게 분석해야 한다며 함께 심층 연구를 하자고 합니다.

그럼 조금 구체적인 문제를 여쭤보고 싶습니다. 이명박 정부 들어서서 기존의 대북 온건 정책과 한국의 국제 관계가 크게 흔들리면서, 국제사회에서 우리의 발언권이 현저히 약화되고 있다는 평가가 곳곳에서 나오고 있습니다. 우리 내부가 아니라 국제적인 평가인데요. 유럽과 미국의 학자나 언론인들을 만나면, 독일 문제의 근본 성격을 바꾸어 놓은 사람으로 브란트를 꼽으면서 이에 비견되는 '아시아의 브란트'는 김대중이라고 하는 이야기를 자주 들었습니다. 햇볕정책으로 한국 문제의 성격을 바꿔 놓았다는 것이지요. 햇볕정책의 창안자로서 지금 남북 문제나 한국의 국제적 위상 약화 등을 어떻게 진단하고 계시는지, 또 어떻게 헤쳐 나가야 한다고 보시는지요.

김대중 결론부터 말하면, 나는 이명박 대통령이 햇볕정책이라고 말은 안 해도 결국 햇볕정책을 수용할 거라고 봅니다. 그분이 대통령 후보로서 나를 만나러 왔을 때도 햇볕정책의 방향을 적극적으로 지지하는 태도를 보였어요. 또 공교롭게도 지난 4월 15일 이명박 대통령이 나하고 같은 시기에 미국에 갔었습니다. 이명박 대통령이 미국 코리아소사이어티에서 연설을 했는데, 그 자리에 참가했던 보즈워스 전 주한 미대사가 하는 말이, 이명박 대통령이 햇볕정책이라고 말만 안 하지 내용은 똑같은 소리를 하더라는 거예요. 나도 그렇게 봅니다. 그런데 거기에 아직 일관성이 없어요. 자꾸 흔들리는 것 같아요.

지금은 남북 문제를 둘러싼 주변 상황이 아주 급격히 변화하고 있는 시기 아닙니까. 탈냉전 이후 최대의 변화가 일어나고 있습니다. 북·미 관계만 봐도 그렇고요. 이것은 양쪽 다 필요성을 느끼기 때문입니다. 내가 김정일 위원장을 만났을 때, 이런 얘기를 했습니다. 미국하고 할 것은 해라, 당신들 국가안전을 위해서도 그렇고, 경제 발전을 위해서도 미국과의 관계 형성이 필요하지 않으냐, 그럴 생각만 있으면 내가 클린턴 대통령하고 당신 사이에 중재를 하겠다고요. 그랬더니 김정일 위원장은 심지어 미국도 한반도 통일 이후를 주도해야 한다고까지 합디다. 구한말 우리를 병탄하려 했던 러시아나 중국, 일본을 견제하기 위해서는 미국의 역할이 필요하다는 얘기에요. 미국이 북한을 위협하지만 않는다면 우리는 언제든지 미국하고 손잡을 의향이 있다고 했어요. 그래서 내가 클린턴 대통령한테 얘기해서, 북·미 고위층 교류가 이루어졌습니다. 조명록, 그리고 올브라이트 두 사람이 서로 상대방의 수도를 왔다 갔다

했지요. 그런데 결국 클린턴 임기 내에 매듭을 못 짓고, 부시 정권 시기에 북·미 관계가 완전히 후퇴해 버렸습니다.

부시는 기본적 입장이 에이비시ABC(Anything But Clinton) 정책 아니었습니까. 클린턴이 한 건 다 안 된다면서 뒤집어 버렸죠. 그렇게 6년을 한 결과가 어땠냐. 참담한 실패였어요. 북한이 핵확산금지조약NPT을 탈퇴했습니다. 그리고 국제원자력기구IAEA 요원을 추방했어요. 장거리미사일을 발사했어요. 마침내 핵실험까지 했어요. 핵 보유 국가가 되어 버렸어요. 부시가 6년 동안에 북한을 그렇게 키워버린 겁니다. 북한이 핵을 가지고 나니까 부시로서는 결단을 내리지 않을 수 없었는데, 그건 전쟁이죠. 그런데 전쟁할 힘이 없잖아요. 중동에 발이 묶여 가지고. 그러니까 결국 6년 만에 내가 그렇게 부시를 붙잡고 설득하던 그 길로 돌아온 거예요. 참으로 안타깝습니다. 그 길이란 게 뭡니까. 북한과 직접 대화해라. 기브 앤 테이크로 하라는 거죠. 부시는 그 전까지 나쁜 놈하고는 대화할 수 없다, 악을 행한 자에게 보상을 줄 수 없다고 했거든요. 그러는 동안에 북한이 핵확산금지조약 탈퇴하고 국제원자력기구 요원 추방하고 장거리미사일 발사하고, 핵 보유 국가가 되어 핵실험까지 하는 상태까지 오니까 이젠 경제적으로나 군사적으로 달리 길이 없어요. 대화하는 길뿐이잖아요. 대화하고, 줄 건 주고 받을 건 받고, 행동 대 행동, 지금 하고 있지 않습니까.

그리고 다른 한 변수는 중국이에요. 미국은 항상 중국의 위협을 염두에 두고 견제하고 있는데, 만약 북한이 중국 편이 되면 상황이 중국에 아주 유리해집니다. 그런데 북한이 지금 미국 편이 되겠다, '친미 국가'가 되겠다는 거잖아요. 말만 그런 건지는 몰라도, 어쨌든 그렇게 나오고 있거든요. 지리적으로만 보더라도 중국 국경 옆에 있는 북한이 미국에 기울면 그만큼 중국에 대한 견제가 됩니다. 중국이나 러시아가 한반도를 타고 내려와 남한과 일본을 위협하는 걸 막아 줄 수 있죠. 이런 이점들이 있어서 북·미 관계는 급격하게 진전되고 있습니다. 북·미 관계가 좋아지니까 일본하고도 점점 좋아지고, 좀 시간이 걸리겠지만 국교 정상화를 바라보고 있지요.

6·15공동선언, 10·4공동선언의 인정—올바른 실용주의의 시작

박명림 말씀을 들으며 한반도가 지금 아주 결정적인 상황에 놓여 있다는 느낌을 받습니다.

김대중 그렇습니다. 이렇게 될 수 있도록 우리가 지난 10년 동안 그렇게 노심초사해 가면서 만들어놨는데, 문제는 이게 지금 딱 정체되어 버렸다는 거예요. 빨리 풀어야 합니다. 시간이 없어요. 내가 볼 때, 결국 우리 이 문제는 이게 지금 딱 정체되어 버렸다는 거예요. 빨리 풀어야 합니다. 시간이 없어요. 내가 볼 때, 결국 우리 이명박 대통령이 결단을 내려야 해요. 뭐냐면, 6·15공동선언과 10·4공동선언을 인정해야 한다는 겁니다. 이 두 가지는 북한의 김정일 위원장이 남한에 대해서 직접 서명한 유이한 문서예요. 북한에서 김정일 위원장의 서명이 얼마나 신성한 의미냐는 것은 말할 것도 없잖아요. 그러니까 이 문제가 해결되지 않으면 아무것도 풀릴 수가 없어요. 두 선언을 인정하고, 쌀과 비료를 포함한 인도적 지원은 빨리 재개해야 합니다. 이렇게 두 선언을 인정함으로써 신뢰를 회복하고 쌀과 비료를 주게 되면 북한은 내심 감사하게 생각할 겁니다. 우리가 비료 30만 톤을 보내 주면 북한은 식량을 30만 톤 이상 증산할 수 있어요. 그렇게 중요한 문제입니다. 북한은 내심으로는 간절하게 받고 싶겠죠. 그런데 북한은 죽어도 자존심은 안 버리는 나라 아닙니까. 과거 소련하고 중국하고 싸울 때를 봐도 알 수 있잖아요. 그러니까 문제를 풀려면 지금 거기서부터 시작을 해야 합니다. 빨리해야 해요. 이게 늦으면 미국 식량이 들어갈 거고, 중국에서도 들어갈 겁니다. 러시아도 주고 있고요. 일본이 합의

되면 또 몇십만 톤 들어갈 거예요. 그렇게 되면 북한이 우리도 남한 비료 필요 없다는 식으로 나올 수 있어요. 우리만 고립되는 겁니다.

또 중요한 문제가 개성공단입니다. 개성공단에 2차 공장들까지 입주하게 되면 35만 노동자가 일하게 돼요. 엄청난 대공단이 되는데, 지금 우리가 안 들어 가니까 북한에서는 불만이 많거든요. 그런데 중국이 자꾸 와서 기웃기웃한단 말이에요. 북한에서 오케이만 하면 중국은 곧 들어갑니다. 현재는 아직 그럴 가능성이 작지만, 잘못하다간 개성공단을 뺏길 가능성이 있어요. 우리가 북한을 볼 때 흔히 가난한 사촌을 보듯 귀찮게 생각하기 쉬운데, 그건 잘못이에요. 북한이 가난한 건 사실이지만, 엄청난 경제적 잠재력이 있습니다. 텅스텐, 마그네사이트, 우라늄, 금, 동, 석탄, 이런 것들을 대량으로 보유하고 있어요. 지금 거기 눈독을 들여 중국이 덤벼들고 있고, 영국·프랑스·독일·이탈리아·오스트리아·스웨덴 모두 덤비고 있어요. 이미 들어가 있는 곳도 많습니다. 내가 알기로는 미국 기업들도 개별적으로 접촉하고 있다고 해요.

이게 사실은 우리가 제일 좋은 조건이지 않습니까. 요즈음 말로 실용주의, 이거 사실 내가 1960년대부터 반복해서 쓰던 말인데 저작권 내야 할 것 같아요. 다만 진짜 실용주의를 하면 저작권료를 요구할 생각은 없어요. (웃음) 그 실용주의적 관점에서 보아도 이걸 놓쳐서는 안 됩니다. 북한과 거리 가깝죠, 말 통하죠, 같은 민족이죠. 우리가 제일 유리하게 이용할 수 있는데 현실은 어떻습니까. 지금 우리 중소기업들이 중국에 진출했다가 못 견디고 나오고 있는데, 그 사람들이 갈 데가 어디 있어요. 남한에서도 안 되는데. 결국 북한으로 진출해야 하는데 지금 못 가고 있는 거 아니에요. 그 남한의 중소기업들이 북한으로 가야 해요. 그래서 북한도 좋고 우리도 좋은 윈윈의 경제 협력을 해야 해요.

그리고 그 외에도 아주 중요한 것이 하나 있어요. 우리 한국을 '한반도'라고 하잖아요. 반도라면 육지도 가고 바다도 가야죠. 그런데 우리는 바다는 가지만 육지는 못 가요. 그건 반도가 아닙니다. 반도가 아니니까 어떻게 됩니까. 북한을 못 가니까 시베리아, 몽골도 못 가고 중앙아시아도 못 간단 말이에요. 이 지대는 지하자원의 보고예요. 지금 중앙아시아 같은 경우는 한참 자원 개발붐이 일어나고 있어요. 우리가 그곳엘 가야 하는데 못 가고 있는 거예요. 또 있죠. 유라시아 대륙을 거쳐서 파리나 런던까지 기차가 갈 수 있잖아요. 그렇게 하면 물류비와 시간이 각각 30퍼센트 정도 절약돼요. 우리 경제가 도약하기 위해서는 바다를 통한 진출은 한계에 이르렀다고 봅니다. 이제 육지가 중요한데, 그게 북한과의 관계 때문에 안 되고 있어요. 국익의 관점에서도 정말로 실용적 접근이 필요한 겁니다.

지금은 북한이 우선 식량이나 비료를 지원받고 싶어 하는 게 크지만, 조금만 지나면 북한도 더 발전하게 될 겁니다. 북한은 지하자원뿐만 아니라 양질의 노동력이 풍부합니다. 대부분의 노동자들이 고등학교까지 졸업하고 군대에서 6-7년씩 훈련받은 이들이죠. 아주 우수하고 가치 높은 노동력입니다. 여기에 눈독을 들이고 있는 것이 중국이나 유럽 나라들이에요. 우리가 이걸 이용할 수 있어야 합니다.

그리고 여태 우리가 북한에 무조건 퍼주기만 했다 어쨌다 하지만, 지금 남북 관계가 얼마나 평화로워지고 긴장이 완화됐습니까. 예전에는 판문점에서 총소리 한 방만 나도 도망갈 준비를 했는데, 지난번에 보세요. 핵실험을 해도 끄떡도 안 하잖아요. 그렇게 안정이 됐거든요. 북한의 민심도 바뀌었어요. 남쪽을 원수로 생각하고 남쪽 사람들은 인정도 없고 민족도 모른다고 생각했는데, 우리가 비료도 주고 식량도 지원하니까 그 사람들 마음이 바뀔 수밖에 없는 겁니다. 남쪽 사람들이 우리를 미워한 것이 아니라 우리를 동정하고 있구나, 남쪽이 잘살고 있구나, 부럽다, 우리도 그렇게 살고 싶다, 이렇게 마음이 돌고, 마음이 도니까 문화가 돌기 시작하거든요. 비공식적이긴 하지만 북한에 지금 남쪽의 대중가요나 텔레비전 드라마, 영화필름 같은 것들이 돌고 있습니다. 이렇게 볼 때, 그동안 우리가 얻은 것이 얼마나 큽니까.

이산가족 문제도 얘기해 보죠. 인권, 인권 하는데 이산가족 문제보다 큰 인권 문제가 어디 있습니까. 60년 이상 상봉을 못 하고 있는데. 국민의정부 들어서기 전까지는 약 200명의 이산가족이 상봉을 했어요. 그런데 그 이후 지금까지 1만 8,000명이 상봉했거든요. 금강산 관광도 계속되었고요. 남북 관계가 개선되면 이것도 기하급수적으로 숫자가 늘어날 거예요. 이런 등등을 볼 때, 국제 정세를 보더라도 그렇고 우리 내부의 상황을 봐도 이제는 우리가 그동안 투자했던 것을 거두어들일 단계가 됐단 겁니다. 우리의 미래는 북한과의 관계 여하에 달려 있다, 물론 안전 보장 차원도 마찬가지지만 실리적인 부분에서도 이 문제가 매우 중요하다고 생각합니다.

박명림 이명박 정부가 내세우고 있는 경제 회생, 자원 외교, 실용주의를 위해서도 그렇지만, 북한과 러시아, 중앙아시아의 자원 획득, 물류 비용 절감을 위해서도 남북 관계 발전이 얼마나 중요하냐는 말씀이 굉장히 인상적으로 들립니다. 현 정부 들어 완전히 대립 관계로만 설명들을 해 왔거든요.

김대중 실용주의란 것은 내가 좋아하건 안 좋아하건 현실을 현실로 인정하고 우리의 이익을 위해 거기에 필요한 대응을 하는 거예요. 그러니까 지금까지 무슨 소리를 해 왔건 바꿀 건 바꿔야 해요. 나는 이 대통령이 결국 바꿀 거라고 보고, 바꾸지 않으면 안 되는 상황이 급박하게 오고 있다고 생각해요.

서생적 문제의식과 상인적 현실감각

박명림 이제 역사나 사상으로 돌아가 여쭤봐야 할 것 같습니다. 아무래도 먼저 대통령님의 여러 가지 사상과 정책, 논리, 구상, 이런 것들에 대해서 질문하고 싶은데요. 저는 개인적으로 그동안의 대통령님의 여러 저작이나 연설을 분석하면서 기독교적 소명 의식, 도덕주의와 정의감, 실용주의, 이 세 가지가 핵심기조 아닌가 생각했습니다. 물론 정치인으로서의 권력 의지 역시 기본 요소의 하나였다고 봅니다. 제일 궁금한 것은 사상과 정책의 형성에 관한 부분입니다. 저는 대통령님을 보면서 정치 혹은 행동 이전에 정책을 구상하고, 정책 제시 이전에 정교한 논리를 먼저 세우는 일련의 사이클을 발견했습니다. 정치 입문 초기인 1950년대의 기록들을 봐도, 대안을 제시하실 때 당시 정치인들이 말하지 않던 노동 문제를 비롯해 평화 문제, 사회경제, 국제 관계 등에 대한 지식이 상당하신 걸 볼 수 있었는데, 당시 이런 문제에 관심을 갖게 된 계기는 무엇이었는지, 또 엄혹한 냉전과 반공주의 시대에 어떤 사상가나 책으로부터 이런 문제의 단초를 얻으셨는지요. 어떤 특별한 계기가 있었습니까?

김대중 1955년이라고 기억하는데, 그때 내가 『사상계』에 노동운동에 대한 원고지 100매 분량의 글을 기고한 적이 있고, 『동아일보』에도 몇 번 칼럼을 쓴 적이 있어요.

박명림 『사상계』 1955년 10월 호의 「한국 노동운동의 진로」라는 글을 말씀하신 듯합니다. 『동아일보』 기고 역시 1955년인데, 9월 14-15일의 「노총 분규와 우리의 관심(상·하)」을 비롯해 여러 편의 노동 문제 관련 글이 있습니다. 외람된 말씀입니다만 지금 읽어도 상당한 수준이라 놀랍습니다.

김대중 그렇게 읽어 주니 고맙습니다. 나는 우리나라의 통일 문제라든가 노동 문제, 경제 문제 등을 볼 때 항상 "서생적 문제의식과 상인적 현실감각의 균형을 지녀야 한다"고 생각했습니다. 순수한 원리 원칙에 입각해서 문제를 한번 보고, 그것이 현실에 어떻게 적용될 수 있는지, 현실에 맞는지 다시 생각합니다. 비슷한 얘기로 늘 내가 강조했던 것이 "망원경처럼 넓고 멀리 보고, 현미경처럼 좁고 깊게 봐야 한다"는 것이었습니다. 대개 학자들은 서생적 문제의

식으로 망원경같이 흐름을 멀리 보지요. 정치인들은 상인 정신을 생각하고요. 그 둘이 병행되어야지, 한쪽으로 기울면 실패해요.

1950년대 당시 국제 정세 얘길 하자면, 그때는 공산주의와 극단적으로 대립하던 시기였습니다. 하지만 미국과 소련이 전쟁을 하면 공멸하거든요. 그러니 전쟁은 불가능하고, 평화적으로 사는 길을 찾아야 하지 않느냐 하는 의미에서 데탕트 얘기가 간혹 나오곤 했었죠. 그래서 참혹한 전쟁을 치른 분단국가로서의 우리 상황을 떠올리며 평화 문제에 깊은 관심을 갖게 되었어요. 전쟁은 더 이상 절대로 안 된다고 본 겁니다. 경제 문제에 있어서도 이런 시대적 상황을 멀리 내다볼 때, 나는 결국 기업가와 노동자가 공생 공영하는 시대가 와야 한다고 생각했습니다. 그래서 내가 했던 말이, 자유 없는 빵도 안 되고 빵 없는 자유도 안 된다. 둘이 같이 있어야 한다는 것이었죠. 그 과정에서 외국 저작 중에는 라인홀드 니버나 갤브레이스, 토인비 등의 책들에서 여러 가지 배우기도 하고 영감을 얻기도 했어요. 그러면서 자기 고민을 안고 조용히 사색하고, 멀리 내다보고, 현실과 맞춰보고, 이렇게 계속하다 보니 앞서 얘기하신 여러 문제에 대한 나름의 생각들이 나오고 정리되더라고요. 지금 내가 1955년에 쓴 글을 다시 봐도 별로 큰 모순은 없어요. 그런 식으로 노동 문제를 포함해 현실 문제를 보고 그랬습니다.

자유도 중요하고 빵도 중요하다

박명림 1960년대 들어가면 평화나 유럽과 동아시아의 국제 관계를 집중적으로 말씀하기 시작하는데, 저는 그 단초가 1950년대 유럽과 일본에서 발전했던 2차대전 이후의 세계 평화 사상과 연결되어 있는 것 아닐까 하는 생각도 해 봤습니다. 그런데 당시는 국내에 이와 관련된 자료들이 거의 없을 때였거든요.

평화에 대한 생각을 그렇게 일찍 할 수 있었던 특별한 계기가 있었습니까?

김대중 별다른 특별한 계기랄 것은 없습니다. 내가 생각을 해 보니, 앞에서 얘기한 것처럼 소련과 미국이 전쟁을 할 수는 없는 거예요. 우리가 한국전쟁을 통해 경험했듯이 전쟁을 하면 둘 다 공멸하니까요. 해방 정국의 좌우 대립과 한국전쟁을 통해 우리가 얼마나 참혹한 피해를 당했습니까. 다시 겪으면 절대로 안 된다고 생각했어요. 우리가 전쟁을 회피하려 끊임없이 노력하면 결국 언젠가는 평화적으로 대화하고 협력하는 시대가 올 것이라고 믿었어요. 이건 아까 말한 비유로 하자면, 망원경처럼 내다보면 보이는 겁니다. 현미경처럼 보면 당장의 대립만 보이겠죠. 하루 이틀에 될 일은 아니지만 결국은 평화의 시대가 온다고 믿었어요. 결국 왔잖아요. 그리고 공산주의와 자본주의가 하나는 자유를 주장하고 하나는 빵을 주장하는데, 그게 서로 모순되는 것이 아니거든요. 자유가 있으면 빵이 있어야 하고, 빵이 있으면 자유가 있어야 합니다. 그래서 서구 사회에서 사회민주당이 등장한 것이고요. 사회민주당은 자유와 빵을 병행하거든요. 자유 없는 빵도 싫고, 빵 없는 자유도 싫고, 둘 다 있어야 한다는 것이 사회민주주의이고 미국의 리버럴한 사람들 생각입니다. 물론 여러 가지 책도 읽었지만 내 자신이 사색을 통해서, 즉 서생적 문제의식을 가지고 앞을 내다보고 상인적인 생각을 가지고 현실을 거기에 맞춰 보니까 이게 맞는 것 같았어요.

또, 그때 이미 나는 무슨 사태가 오거나 시대가 바뀌려고 하면 머리보다 몸에 먼저 느껴지는 기운 같은 것이 있었어요. 그렇게 느낌이 오면 그때부터 이론을 생각하는 경우가 간혹 있었지요. 말하자면 직관으로 느낀 것들을 이론으로 만들어 가는 식이랄까요. 많은 일이 그랬어요. 예를 들어 박정희 대통령 3선개헌 할 때, 그게 1969년인데, 내가 효창공원에서 연설하면서 "이번에 3선 개헌 하면 3선으로 끝나는 게 아니라 총통제로 간다" 그랬거든요.

박명림 1969년 7월 19일 효창공원에서 열린 3선개헌 반대 시국 대연설회에서 "3선개헌은 국체國體의 변혁"이라며 "3선개헌 이후에도 영원히 해 먹겠다"는 것이라면서 맹공을 퍼부으셨지요. 기록을 보면 대단한 열기의 집회였던 것 같습니다.

김대중 그랬지요. 그런데 당시 여당에서는 날 보고 미쳤다고, 국체 변혁이 뭐냐, 영구 집권은 꿈도 안 꾼다, 총통이 뭐냐고 했지만 결국은 유신체제를 통해서 그렇게 갔잖아요. 1971년 대통령 선거 때도 계속 그 얘기를 했는데, 박정희 대통령은 "난 총통이 뭔지도 모른다"고 했죠. 그랬지만 결국 그렇게 됐죠. 이런 식으로 나는 현실에 대한 체험과 직관을 굉장히 중요하게 생각해요. 그것은 현실에 대한 깊은 관심과 관찰에서 나온다고 생각해요.

논쟁의 한 중심: 대중경제론에 대하여

박명림 대통령님을 보면 이상과 현실의 긴장과 결합이랄까, 그런 게 늘 느껴졌습니다. 당시에 가장 주목받았던 이론 혹은 정치 노선이라면 대중주체 민주주의론, 대중경제론이 아닌가 싶습니다. 대통령께서 활동하시기 이전의 한국인 정치인들, 특히 야당의 김성수, 신익희, 조병옥, 장면, 윤보선 등의 지도자들은 정책이나 당론 결정 과정에서 국민을 계도 대상으로 보고 소수의 당내 인사들을 중심으로 '사랑방 정치'라고 할까 '밀실정치', '사전결정'이라고 할까, 아무튼 위로부터 결정하는 방식으로 정치를 했는데, 여러 자료들을 보면 대통령님은 일직부터 '대중', '국민', '시민' 중심의 정치와 경제를 언급하시거든요. 큰 차이인 것 같습니다. 대중주체 민주주의, 국민 민주혁명 등 구체적인 개념을 제시하기도 합니다.

대중경제론에 대해서도 지금은 여러 경제학자들이 이를 연구하기 시작했는데요. 한국 사상사 쪽으로 보면 임시정부로부터 조소앙의 삼균주의, 건국헌법으로 이어지는 균등발전론을 계승한 것 같고요. 또 시대적으로 보면, 당시는 박정희 정부가 초기에 내포적 공업화를 주장하다가 급속도로 수출 지향과 개발 독재로 나아가면서 야당 쪽에서 대안을 제출하지 못했던 시기입니다. 그런 시기에 대중경제론이 나오고, 또 학계에서는 내재적 발전론, 민족경제론이 앞서거니 뒤서거니 비슷한 시기에 나타나는 것을 볼 수 있습니다. 대중경제론은 현실적으로뿐만 아니라 경제 사상사적으로도 중요한 위치를 차지합니다. 그것이 구체적으로 되기까지 당시의 학자들과의 학문적 교류는 없었는지, 또 박정희의 경제 정책을 어떻게 생각하셨는지, 그리고 대중경제론이 나중에 집권하신 이후 민주적 시장경제론의 토대가 되지 않았나 하는 생각도 해 보는데 그게 맞는지도 여쭙고 싶습니다.

김대중 박정희 정권이 들어와서 경제개발 5개년 계획을 이야기하고, 나중엔 새마을운동을 한다고 국민들을 흥분시키고, 경제 발전을 추진하는데, 가만히 속을 들여다보니까 속임수를 쓰고 있더라고요. 결국 실상은 농민들의 곡가를 떨어뜨림으로써 노동자 임금을 낮추는 저곡가-저임금 정책이었어요. 그런 식으로 재벌들이 독점적인 이익을 얻었죠. 그때는 대부분의 재벌 기업들이 수입 금지해서 장사하지 않았습니까. 자동차산업이 대표적이죠. 수입차 가격보다 두 배, 세 배 비싸면서 내수용 차에는 재료도 수출용 상품보다 나쁜 걸 쓰고, 철판도 얇은 것, 부속품도 약한 것을 쓰고 말이죠. 그런 식으로 국민들이 뒤집어썼죠. 이런 예가 한두 가지가 아니었어요. 재벌을 위해 돈을 쏟아 부어 주면서 겉으로는 새마을운동이다, 뭐다 하며 농민을 동원하고, 또 경제가 발전해야 배가 부르니까 노동자는 열심히 일해라, 그렇게 강조하고….

이건 아니라는 생각이 들었습니다. 농민과 노동자 등 일반 국민에게 위기가 온다는 것을 느꼈어요. 이런 식으로 가면 이 나라가 완전히 재벌이 지배하는 나라가 되어서, 민주주의도 없고, 사회정의도 없고, 국민 생활도 파탄 난다고 생각했거든요. 그래서 대중이 참여하고 대중이 공동 운영하고 대중이 같이 분배를 받는 경제가 되어야 한다고 생각하기 시작했습니다. 대중이, 노동자가 주식을 소유하고, 감사도 노동자들이 직접 선출한 사람들이 해서…. 기업회계나 경영도 노동자들이 감시하면 이중장부나 비자금 같은 게 불가능하잖아요. 그때는 이중장부, 비자금 이런 문제들이 아주 심각했습니다. 그렇게 만든 돈으로 정치자금도 막 주고 했었죠. 이런 걸 막아야 한다고 강조했습니다. 그리고 또 하나 내가 강하게 주장했던 것이 이중곡가제였어요. 농민에게는 비싸게 사서 국민들에게 싸게 파는 이중곡가제를 주장했지요.

이런 것들을 포함해서, 결국 당시 내 주장을 한마디로 말하면 '중소기업 중심의 경제체제'라고 할 수 있습니다. 그냥 떠올린 것은 아니고, 대만이 그런 식으로 성공하고 있는 것을 봤거든요. 중산층, 중소기업이 성장해야 고용 효과도 커지고 부도 멀리 퍼져 나갑니다. 결국 민주주의와 시장경제가 성공하려면 중산층이 튼튼하냐 그렇지 못하느냐가 제일 중요해요. 중산층이 튼튼하면 하층의 사람들을 먹여 살려요. 고용 능력이 커지니까요. 민주체제도 튼튼해져요. '대중경제'의 목표는, 말하자면 중산층을 지원하고 그 밑에 계층을 중산층화하는 것이에요. 그렇게 하는 것이 부를 공평하게 분배하는 길이고, 경제의 중심이, 허리가 튼튼해지는 길이다, 그리고 대기업 경쟁에서는 우리가 이기기 힘들어도 중소기업 경쟁에서는 우리 국민의 교육 수준이 높고 임금이 싸니까 이길 수 있다, 이런 등등을 이야기하면서 대중경제론을 발표했죠. 그때, 그 선거 때 『대중경제 백문백답』이라는 책을 냈어요. 그리고 나중에 하버드대학에서 1985년에 『대중참여경제론Mass Participatory Economy』이라는 책이 나왔습니다. 이건 내가 하버드 국제문제연구소에 일 년 있다가 돌아오면서 리포트를 냈는데, 대학 측에서 그걸 출판하고 싶다고 해서 나온 거죠.

앞으로 우리 경제가 번영해 나가려면 무엇보다 중산층이 튼튼해야 한다는 생각은 지금도 변함없어요. 그냥 중산층이 아니라 좀 더 구체적으로 부품·소재산업을 육성하지 않는 것은 정부 정책이 잘못돼 있는 거예요. 내가 대통령이었을 때도 이걸 하려고 했는데 제대로 실현은 못 했고, 다만 부품·소재산업 육성을 위한 법은 만들어놓고 나왔어요. 앞으로도 그런 것이 중요하지 않나 싶어요. 물론 지금 디지털 경제시대가 되고 하면서 문제가 조금 달라졌다고 볼 수는 있지만.

박명림 학계에서 궁금해하는 것은, 대중경제론이 등장하면서 박정희의 성장지상주의, 혹은 개발 독재의 대척점에서 사회경제적인 대안으로 주목을 받았는데요. 앞서 말씀드렸듯 당시는 내재적 발전론이나 민족경제론 등이 나오던 때이기도 합니다. 대통령께서는 또 내외문제연구소를 운영하고 계셨고요. 그래서 대중경제론을 만들면서 혹시 젊은 학자들과 한국 경제의 대안 모색을 위한 세미나나 긴밀한 교류를 가지셨던 건 아닌지, 그런 점도 궁금한데요.

김대중 박현채 교수하고는 같이 좀 했어요. 책 내는 것도 도와줬고. 내외 문제 연구소 할 때는 남덕우 당시 서강대 교수 같은 분들도 초청해서 얘기를 듣기도 했죠. 여러 분야에서 많은 분들의 이야기를 들었지만, 결국 마지막에 틀을 짜고 방향을 잡는 건 제가 했어요. 최종적인 정책 대안을 만들어 내기 위해서는 많은 독서와 토론을 해야 했는데, 그 과정에서 엄청나게 많은 공부가 되었어요. 저는 무엇보다도 정치인은 공부를 하는 만큼 국가에 봉사할 수 있다고 믿고 있습니다.

4대국 안전 보장론과 한반도 평화구상: 1동맹-3우호 체제

박명림 4대국 안정 보장론 역시 대중경제론 못지않게 오랫동안 화제의 중심이자 논란의 초점이 되었지요. 대통령님의 훗날의 평화와 통일 구상에 결정적인 단초를 형성했던 계기이기도 하고요. 분단국가로서 격렬한 남북 대치 상황에 있었고, 또 한·미동맹이 무엇보다 중요했던 상황에서 4대국 안전 보장론을 말씀하시기 쉽지 않았을 텐데요. 엄혹한 냉전 상황에서 어떻게 4대국 안정 보장론을 제안하게 되셨는지, 또 혹시 그 시점에서 미국으로부터의 압력 같은 것은 없었는지요. 사실 노태우 정부 당시의 북방 정책과 관련하여 중국·소련과 국교를 정상화하는 데 기여한 아이디어 중 하나가 대통령님의 4대국 안전 보장 부전조약 제안이라는 얘기도 있는 것으로 알고 있습니다.

김대중 결론부터 말하면 미국의 압력 같은 것은 없었어요. 그리고 나는 한 번도 반미를 한 일이 없거든요. 그때도 그렇고 지금도 내가 얘기하는 것은 '1동맹-3우호 체제'입니다. 미국하고는 군사동맹을 해야 하고, 나머지 중국·러시아·일본하고는 우호 체제를 해야 한다. 우리가 지정학적으로 이 4대국에 둘러싸여 있는 특수한 상황이기 때문에 그렇습니다. 조선왕조 말엽을 생각하면 우리는 이 4대국과 좋은 관계를 유지하면서 서로 견제하게 만들어야 돼요. 그게 외교죠. 우리나라같이 외교 천재가 필요한 나라가 없어요. 우리나라같이 국민이 외교에 관심을 가져야 하는 나라가 없어요.

그런데 유감스럽게도 그게 부족해요. 조선왕조 말엽에 일본은 결국 우리를 병탄했고 러시아와 중국도 그러려고 했잖아요. 그때 미국이 만일 안 된다고 했으면 일본은 못 했어요. 그런데 미국이 동의하고 지지했단 말이에요. 그래서 우리가 쉽게 당한 거예요. 그렇게 외교가 중요해요.

태국 주변 나라들이 미얀마, 말레이시아, 인도네시아, 캄보디아, 라오스, 전부 식민지화됐는데 태국만은 식민지가 되지 않았습니다. 대국끼리의 이해관계 조정도 원인이 되었지만, 이건 태국 자체가 외교를 잘해서 가능했던 거예요. 영국하고 프랑스 사이에서, 그러니까 인도차이나 쪽으로 들어오는 프랑스와 그 외의 지역, 예를 들어 미얀마에 들어오는 영국 사이에서 우리 태국이 완충 역할을 하면서 어느 쪽으로도 붙지 않을 테니까 우리를 가만히 둬라, 우리가 중립을 지키겠다. 이런 것이 먹히더라고요. 외교 덕택으로 식민지가 안 됐다고 볼 수가 있어요. 그런데 우리는 그걸 못했거든요. 역사책을 보면 이런 얘기가 나와요. 청일전쟁에서 일본이 이긴 뒤에 독일공사가 한반도를 중립화하자고 했는데, 일본도 거기 동의를 했어요. 다 동의를 했는데, 그때 우리 정부 대신들 가운데 친청파들이 중국은 우리 상국上國인데 그걸 놔두고 중립을 한다는 게 말이 되냐고 반대를 했다고 해요. 그만큼 우리가 외교에 대해 깜깜했다는 말이에요. 물론 식민지가 된 것이 그 원인만은 아니지만요.

내가 1971년 대통령 선거 때 4대국 한반도 평화 보장을 얘기했는데, 세계에서 소련, 중국, 그때는 중공이죠. 그리고 일본, 미국, 이 4대국에 둘러싸여 있는 나라는 우리나라뿐이에요. 세계에 없어요. 세계에 없는 상황이면 세계에 없는 정책이 나와야 해요. 그런데 역사적으로 볼 때 그중에 제일 중요한 게 미국입니다. 미국은 우리와 거리가 머니까 직접적 이해관계가 좀 약하고, 그래서 우리에 대한 영토적인 야심은 과거는 물론이고 지금도 없어요. 물론 미국이 아무 이유 없이 여기 있는 것은 아니고, 이해관계는 있죠. 말하자면 중국에 대한 견제라든가, 일본을 보호해야 한다는 것. 좀 억울하긴 하지만 미국이 우리나라를 보호하는 데는 일본을 보호하려는 목적이 크게 작용하고 있거든요. 그건 현실이니까 현실대로 인식하는 것이야말로 실용주의죠. 인정하고 해 나가야 돼요.

그래서 내가 가만히 보니까, 미·소전쟁의 시대는 가고 데탕트가 오고 있는데, 그 물결을 타야 하지 않습니까. 물결을 탄다는 것이 뭔가. 그게 4대국의 한반도 평화 보장이었어요. 그런데 그 얘기를 대선 때 대놓고 했다가 아주 혼이 났죠. 나의 주장에 대해 당시 박정희 후보는 "중국과 소련이 우리 적성국인데 그들에게 한반도 평화를 보장하라는 것이 말이 되느냐"고 공격했는데, 나는 "우리의 적성국이니까 평화를 보장하라고 하는 것이지 이미 평화를 보장하고 있는 우방국에 대해서는 얘기할 필요가 없는 것 아니냐"고 반론을 한 적이 있습니다. 나는 일관되게 주장했어요. 적성적인 입장이 있기 때문에 보장하라는 것 아니냐, 우방 국가한테 새삼 보장하라고 할 필요 없지 않으냐, 그렇게 반론을 했는데. 결국 그것이 지금 오늘날 남북 합쳐서 6자회담인 거예요. 그리고 6자회담에서 동북아시아 안보 체제를 하게 되지 않았습니까. 결국 그때 말한 그것이 실현되고 있는 거죠. 우리는 당분간 1동맹-3우호 체제로 나가야 해요.

한반도 문제의 본질, 햇볕정책, 그리고 한·미 관계

박명림 그렇다면 대통령님께서 생각하시는 한반도 문제의 본질, 우리의 대처는 어떠해야 한다고 보십니까? 햇볕정책의 인식적 토대라고 할까, 그런 것을 여쭤보고 싶군요.

김대중 우리 민족은 20세기 초에 독립을 상실했고, 1945년에는 분단이 되었습니다. 이 모든 것이 다 강대국의 영향 때문에 그렇게 된 거예요. 따라서 우리의 독립을 유지하고 민족이 발전해 나가려면 주변에 있는 4대국에 대한 대책이 성공적으로 마련돼야 해요. 평화와 통일도 마찬가지라고 봅니다. 안으로는 남북이 단합하고 밖으로는 4대국과의 관계를 잘 다루어야 합니다. 나는 이 점을 1970년대 초부터 주장했어요.

앞에서도 얘기했는데, 1971년 대통령 선거에 출마할 때 '4대국 한반도 평화 보장론'을 주장했고. 또 내가 대통령에 취임할 당시에 보니까, 미국·일본과의 관계는 냉담했고 러시아와 중국과도 별 진전이 없었어요. 그래서 내가 국제적으로는 4대국을 중시하는 정책을 펴면서 남북 간에는 햇볕정책을 추진했습니다. 햇볕정책은 대립하는 사이에서 문제를 대화를 통해 해결하는 것이고, 그 결과는 양쪽 모두의 공동 승리로 이끄는 것을 말해요. 남북 관계를 이런 햇볕정책으로 끌고 가려는 것을 당시 4대국이 모두 적극적으로 찬성했습니다. 이렇게 해서 취임 후 불과 반년 사이에 엉클어져 있던 4대국 외교를 성공적인 우호 관계로 전환시키고 그 지원을 받을 수가 있었지요.

박명림 '4대국+남북' 방식이라고 할 수 있을 것 같습니다. 그런데 우리의 외교 상대인 '4대국' 축과 '남북' 축의 핵심인 미국과 북한은 우리를 중심으로 적대 관계인데 동맹인 우리가 적대 국가에게 온건 정책으로 나간다고 했을 때 미국과의 긴장이나 충돌은 없었나요? 상세하게 들려주시겠습니까?

김대중 내가 1998년에 대통령 취임하고 6월달에 미국에 국빈 방문을 해서 클린턴 대통령과 정상회담을 했습니다. 거기서 클린턴이 나에게 당신이 말하는 햇볕정책이란 게 뭐냐, 설명을 해 달라고 하더라고요. 그래서 내가 햇볕정책은 모든 분쟁을 대화를 통해 평화적으로 해결하자는 거다, 우리 한국에는 햇볕정책의 3원칙 3단계가 있다, 3원칙은 평화 공존, 평화 교류, 평화 통일이다, 통일의 제1단계는 남북연합, 아주 느슨한 연합이다, 제2단계는 남북연방이고 제3단계가 완전 통일이다, 여기에는 적어도 10-20년이 걸릴 것이다, 그렇게 설명을 했어요. 그랬더니 클린턴 대통령이 앉은자리에서 "당신의 평화와 화해를 통한 공동 승리의 햇볕정책을 미국은 적극 지지하겠다. 당신이 앞장서서 대응해 나가라. 그러면 우리가 뒤에서 밀어주겠다"고 말했습니다. 그리고 그 약속을 임기 말까지 지켰어요. 이 양반이 그때 기자회견에서 김대중 대통령의 햇볕정책을 우리는 지지한다, 우리가 도와준다, 이렇게 선언하더라고요. 그래서 클린턴 대통령 때는 아주 순조롭게 갔는데, 그 양반이 1년만 더 했어도 해결될 것을, 아니면 고어 부통령이 당선되었어도 해결되는 건데, 어떻게 부시 대통령이 당선돼서 이게 아주 달라졌죠. 부시도 6년 동안 하다 하다 안 되니까 다시 우리가 말한 소위 햇볕정책으로 돌아간 거예요.

박명림 우리로서는 크게 안타까웠지만, 클린턴 정부와 부시 정부의 대북 정책은 완전히 정반대였죠.

김대중 방금 말했듯이 내가 취임 후 처음 미국을 국빈 방문했을 때 햇볕정책을 지지한 이후 클린턴 대통령은 그 뒤로도 여러 번 지지를 표했어요. 미국은 올브라이트 국무장관을 북한에 보내 북한과 관계를 개선해 나갔습니다. 클린턴 대통령과 북한 관계가 거의 성공적으로 마무리되어나갈 즈음 미국의 정권이 바뀌어 부시 정부가 출범했는데, 부시 대통령은 취임하자마자 클린턴이 한 정책은 모두 반대하는 정책을 해서 북한과 모처럼 이루어졌던 관계 개선의 전망을 일거에 뒤집어 버렸어요. 그리고 악을 행한 자에게는 보답할 수 없다고 하고.

내가 2002년 부시 대통령 방한했을 때 부시를 붙잡고 얘기했습니다. "대화는 악마하고도 하는 것이다. 레이건 대통령은 소련을 '악마의 제국'이라고 했지만 대화하지 않았느냐. 북한이 핵무기와 미사일을 포기하게 하려면 당신이 거기에 상응하는 대가를 줘야지, 그렇지 않으면 북한은 결코 포기하지 않을 것이다. 그러면 전쟁밖에 없는데 전쟁을 하면 한반도는 잿더미가 된다. 미군의 추계에도 전쟁이 나면 2-3일 만에 수백만 명이 죽는다고 했다. 그런 전쟁을 우리가 어떻게 용납할 수 있나. 우리는 전쟁을 절대 반대한다. 전쟁을 하지 않고도 공산주의와 대화해서 변화시킬 수 있다는 것을 소련과 동유럽이 증명했고 중국과 베트남이 증명하고 있지 않느냐."

그렇게 설득해서 결국 부시 대통령은 공개적으로 "전쟁을 하지 않겠다. 그리고 북한과 대화하겠다. 식량 지원하겠다"고 약속했습니다. 그러나 그 이후에도 여전히 부시는 북한에 대해서 적대적 정책을 계속했어요. 그렇게 6년이 지났습니다. 그 결과는 앞서 말했지요. 북한은 핵확산금지조약NPT 탈퇴하고,

국제원자력기구IAEA 감시 요원 추방하고, 장거리미사일을 쏘고, 마침내 핵무기를 실험했잖아요. 6년 동안 부시의 대북 강경 정책은 얻은 것은 없고 문제만 더 어렵게 만들었어요. 그렇다고 미국이 북한을 군사적으로 공격할 이유가 있는 것도 아니고, 경제적 제재를 지금까지 해 봤지만 효과를 얻지 못해서, 남아 있는 유일한 길로, 북한과 대화하고 주고받는 '행동 대 행동'의 협상의 길로 돌아섰죠. 6자회담이 성립되고 그 길로 가게 된 거예요. 결국 우리의 4대국 한반도 평화 보장, 햇볕정책이 미국 역대 대통령의 정책을 이끌었고, 세계적 지원을 받게 된 거라고 봅니다.

햇볕정책의 골간: 모두를 친구로

박명림 말씀에 연결해서 여쭤보고 싶습니다. 독일 사람들이 브란트나 콜을 평가할 때, 서독의 적과 적을 서로 친구로 만드는 놀라운 능력을 보여 줬다는 얘기를 하곤 하는데요. 우리의 경우 대통령님의 시기가 바로 그랬다고 생각합니다. 북한과 미국, 북한과 일본이 그렇게 적대적이었고 일본과 중국도 결코 좋은 사이가 아니었는데요. 어쨌든 당시 클린턴 정부 때 워싱턴이나 도쿄, 베이징을 가 보면 이 사람들이 놀라는 게, 김대중과 남한을 중심으로 적대 국가들이 서로 연결되는 현상이 처음으로 생겼다는 것이었습니다. 굉장히 주목된다는 반응이었습니다. 네 나라가 각각 다 자기 정책을 가지고 일대일로 한반도 문제에 개입해 왔는데, 김대중이 집권을 하고부터는 남한을 중심으로 이루어지고 있다는 얘기를 여러 차례 들었습니다. 이런 측면은 훗날 6자회담이 되면서 참여정부 들어서서 더욱 강화되었지요. 어떤 특별한 외교적 구상이나 기술이 있었던 건지, 그리고 4대국 안전보장론부터 연결되는 한국 문제에 대한 비전이 있으셨던 건지 궁금합니다.

김대중 첫째는 4대국과 북한, 다섯 나라와 우리의 믿음이에요. 예를 들어 일본과는 그 전에 김영삼 정권 때 극도로 관계가 나쁘지 않았어요? 그런데 내가 대통령이 된 뒤에 일본 문화 개방 문제를 놓고 문화인들이 굉장히 반대를 했거든요. 문화 식민지가 된다고 하면서. 그때 내가 이런 얘기를 했어요. "일본 문화 들어온다고 우리가 식민지화될 것 같으면 우리 문화는 없어져도 된다고. 그런 우려는 조상에 대한 모욕이다, 우리 조상은 중국으로부터 유교, 불교 같은 고급문화를 받아들여서, 다른 주변 국가들이 중국화되는 와중에도 우리는 중국화되지 않았다. 조선 말엽부터 서양 문화가 들어왔지만 서양화됐느냐. 그렇지 않았다. 그런데 일본 문화는 우리 문화, 중국 문화, 서양 문화 받아들여 합쳐진 것인데, 왜 우리가 일본 문화에 동화되고 우리 문화가 말살된다는 거냐. 그런 정도의 문화라면 필요가 없는 것이다. 문화라는 것은 국제사회에서 다양하게 접하면서 그중에 좋은 것은 취하고 나쁜 것은 버리면서 살아남고 발전하는 것이다." 그런 얘기를 했어요. 그런데 여기에 대해 일본 사람들이, 말하자면 굉장히 감동을 받았어요. 그것이 일본에 한류가 일어난 하나의 큰 원천이 됐어요. 그리고 일본 국회에서 내가 연설을 했던 것이 지금도 일본 사람들이 얘기할 정도로 큰 인상을 남겼고, 그렇게 해서 일본으로부터 많은 신임, 신뢰를 얻었어요. 신뢰뿐 아니라 존경심도 받았어요.

그리고 중국의 경우, 과거에 대만과 중국이 대립하고 있을 때 우리가 대만과 국교를 맺고 있지 않았습니까. 그때부터 나는 일관되게 국교를 중국으로 옮겨야 한다는 주장을 했거든요. 그런 걸 중국이 잘 알고 있었어요. 그리고 내가 북한과 화해 정책을 하니까 중국이 아주 쌍수를 들어서 나를 지지하더라고요. 러시아도 마찬가지고요. 그리고 미국은 아까 얘기했던 것처럼 클린턴 대통령 만나서 설명하니까 김대중 햇볕정책 지지한다고 했고.

남북 관계, 그리고 2000년 정상회담

박명림 4대국을 한국의 입장에서 이렇게 정리하고… (웃음) 마지막 남은 관문인 북한을 열었던 것이군요. 분단 이후 역사적인 첫 남북정상회담을 포함해서요.

김대중 그래요. 그러면 남은 건 북한인데, 북한은 처음에 내가 대통령 선거 나올 때 상당히 나를 방해했어요. 기억하겠지만, 그때 북한에서 내가 북한하고 협력을 했느니 하는 소리도 나왔거든요. 그리고 내가 햇볕정책 이야기하니까 그럼 우리 공산주의를 말살한다는 거냐고 반발하고. 그래도 나는 개의치 않고 일관되게 내 진실을 설명했어요. 그러다가 결정적인 계기가 된 것이 2000년 3월에 내가 독일 베를린자유대학에서 했던 연설이에요. 소위 베를린 선언이라고, 북한에 화해와 협력을 제안하고 우리는 흡수 통일을 하지 않는다고 단언한 것이죠. 그때는 독일의 흡수 통일을 우리가 북한에 적용하려고 한다는 우려가 컸거든요. 그래서 우리는 흡수 통일 안 한다, 그럴 능력도 없다, 그렇게 얘기한 것이 북한에게 어느 정도 안도감을 준 것 같아요.

그래서 남북정상회담을 하게 됐는데요. 사실 남북정상회담을 할 때 김정일 위원장이 뭘 이야기하는지 아무것도 모르고 올라갔어요. 사전에 공동성명 초안하자고 해도, 오면 다 잘된다고, 오기만 하라고 해서 그냥 갔어요. 공항에 김정일 위원장이 나온다는 말도 있고 안 나온다는 말도 있고 그랬는데, 비행기에서 내리려고 아래를 보니까 그 양반이 와서 서 있더라고요. 그래서 거기서 인사하고 같이 출발했는데, 지금까지도 사람들이 많이 묻는 게 있어요. 둘이 차를 타고 50만 군중 앞을 한 시간 이상 걸려서 돌았는데, 그때 차 안에서 무슨 얘기를 했냐, 그런데 얘기를 한 것이 아무것도 없어요. (웃음) 얘기를 할 수가 없는 상황인 것이, 첫째 이게 처음 만나고 상대방을 모르니 무슨 속 얘기를 할 수도 없는 것이고, 둘째 더 중요한 것은 군중들이 밖에서 만세 부르고 꽃을 흔들고 하는데 거기 손을 흔들어 줘야 하잖아요. 게다가 차창을 내려놓고 있으니까 환호 소리가 높아서 악을 쓰지 않으면 서로 말을 해도 들리지 않는 상황이에요. 그래서 김정일 위원장한테 "저 모든 사람들이 대통령을 환영하기 위해 나온 사람들입니다" 그 말 한마디 들은 이후엔 말을 못 했어요. 나도 이 양반이 어떤 사람인지 아직 모르니까 말을 할 생각이 없었고.

그때 정식 회담이 시작될 때 내가 모두발언을 했는데, 그것이 상당히 효과가 있었다고 생각해요. 내가 김정일 위원장한테 그랬어요. "누구나 영원히 사는 사람이 없고 권력의 자리에 영원히 있는 사람이 없다. 지금 당신과 나는 남과 북을 통치하고 있는데, 우리가 마음 한번 잘못 먹으면 우리 민족이 공멸한다. 그러나 우리가 마음을 바로 먹고 평화를 이야기하고, 경쟁적으로 풀지 말고, 서둘지 않고 양쪽이 만족할 수 있는 통일을 하면 우리 민족과 후손들이 축복을 받을 것이다. 어느 쪽을 택하겠느냐. 그건 뻔한 게 아니냐. 그런데 이렇게 말만 해서는 안 된다. 첫째, 당신네는 남쪽을 공산화한다는 생각을 꿈에도 버려야 한다. 만일 공산화한다고 하면 전쟁이 날 수밖에 없다. 동시에 우리도 절대 북한을 흡수 통일 안 한다. 그럴 능력도 없다. 우리는 서독이 아니다. 그런 경제력도 없고, 서로 이질적으로 50년을 살아왔는데 갑자기 하나가 되면 정신적 갈등을 견딜 수 있겠냐. 독일을 봐라, 그거 견딜 수가 없다. 그러니까 내가 3단계 통일론 일찍부터 주장하고 있지 않냐." 거기서 김정일 위원장이 우리에 대해서 마음을 놓게 된 거예요.

박명림 북한과 미국이 서로 적대적이고 일본과 중국도 한반도를 놓고 서로 경쟁하는데, 지금 국제 정치 학자들이 주목하는 게, 김대중 정부 때나 노무현 정부 때는 이들에게 어떻게 한반도 문제에 대해 다 호의적인 정책을 갖게 만들었는지 하는 점입니다. 이게 열강의 이해가 격렬하게 대립하는 한반도 역사에서는 매우 드문 사례거든요.

김대중 거기에 대해서는 첫째로, 4대국이 각자 이해가 다르지만 한반도에서 평화가 깨지는 것을 바라지 않는 점에서는 공통되거든요. 그 때문에 내가 북한하고 평화를 추진한다는 것은 다 지지할 수밖에 없어요. 둘째는 우리에 대한 신뢰이지요. 내가 4대국에 대해서 각각 "절대 당신네들 나라에 불리한 짓은 안 한다. 우리는 당신네들과 협력이 필요하다. 그러니까 우리를 믿어라" 이런 설득을 아까 일본에 대해 했듯이 다 했거든요. 내 행동이 나 말하는 것을 다 봐도 틀림없으니까, 4대국이 나를 신임하게 되는 거죠. 그리고 셋째로 북한과의 신뢰입니다. 북한이 나를 신뢰하게 되니까 일이 순조롭게 간 것입니다. 그래서 클린턴도 퇴임 이후 여기 우리 사무실에 와서, 자기가 일 년만 더 있었으면 다 해 놓고 나왔을 텐데 아쉽다고 하더라고요.

미국이 제일 중요하다

박명림 언젠가는 상세히 연구해 봐야 할 중요한 과제임이 틀림없습니다. 냉전주의자들, 이념주의자들이 보기에는 한·미동맹을 강화하려 하면 남북 관계가 적대적이 되고, 남북 화해를 하면 한·미동맹이 흔들리고, 한·중이 가까워지면 일본이 견제를 하고, 그런 식으로 늘 제로섬으로만 보거든요.

김대중 아, 그게 그렇지 않아요

박명림 네. 그런데 대통령님 집권 당시에는 그렇지 않았다는 것이죠. 이건 뭔가 중요한 요인이 있을 것 같다고 봅니다. 다섯 모두랑 친했거든요?

김대중 무엇보다도 나는 원칙을 감추지 않았어요. 미국이 제일 중요하다는 것, 한·미동맹이 중요하다는 것, 모두에게 그 원칙을 감추지 않았고, 그러나 그것이 바로 반反중국 반러시아, 반일본은 아니다, 러시아나 중국, 일본도 다 우리에게 중요하다, 물론 역사적으로나 현실적으로나 미국이 제일 중요한 건 사실이다, 다만 미국과의 관계가 여러분들의 이해하고는 상충이 안 된다, 이걸 납득시킨 거죠. 그런데 지금 이것이 흔들리고 있어서 매우 안타깝습니다.

삼비노선三非路線, 반反대한민국은 안 된다

박명림 워낙 중요한 문제라서 국제 관계와 남북 문제를 좀 길게 여쭤봤습니다. 그럼 이제 다음 문제로 넘어가겠습니다. 대통령님의 '삼비노선三非路線'은 유명한데요. 비반미, 비폭력, 비용공. 그런데 민주화운동을 하실 때 보면, 집권 이후에도 그렇지만 인권과 민주주의가 대통령님의 모든 정치 활동과 정책의 중심인 걸 알 수 있습니다. 민주주의를 해야 빈곤 퇴치와 경제 발전이 가능하고, 민주주의를 해야 통일이 가능하고, 민주주의를 해야 제대로 된 체제 안보와 반공, 자주적인 국제 관계도 가능하다는 주장이셨는데요. 그러면서도 명백하게 이것은 반反독재이지 반反대한민국이 아니라는 점을 강조하셨습니다. 그래서 당시 재야나 일부 망명정부 수립을 말하던 교포들하고도 약간 견해 차이가 있으셨죠. 이걸 일관되게 견지하기가 쉽지 않았을 텐데요. 친親대한민국을 분명히 한가운데서 삼비노선과 민주화운동을 해 오신 것에 대해 여쭙습니다.

김대중 그렇습니다. 인권과 민주주의가 가장 중요해요. 그것은 대한민국을 위해서도 그래요. 민주주의와 대한민국, 둘을 배타적 관계에 놓으면 절대 안 돼요. 나는 독재 시절 해외교포들하고 얘기할 때도 그런 노선이 아니면 나는 안 한다고 분명히 해 두었어요. 미국에서 한민통 할 때 어떤 전직 장군 한 분이 망명정부를 수립하자고 해서 내가 당장에 나가 취소시킨 적도 있습니다. 우리가 대한민국을 반대한 게 아니고 박정희 정권 독재를 반대한 거니까 반독재지 반대한민국이 아니다, 우리는 어디까지나 대한민국 편이다, 북한 편 아니다. 또 일본에서 그 문제를 분명히 하라고 하니까 그 일부가 반대를 해서 내가 틀어 버렸어요. 난 그런 거는 같이 안 한다고. 그 사람들도 나중에는 다들 태도를 바꿨지요.

박명림 그런 면은 오랫동안 받아오신 이념공격과 오해에 비해 그동안 상세히 알려지지 않았었지요. 놀라운 사실의 하나는 대통령님을 포함한 해외의 민주화운동 기록들이 거의 원문 그대로 방대하게 남아 있었다는 점입니다. 이것들을 지금 연세대학교 김대중도서관에서 방대하게 수집·정리하고 있어, 한국역사의 객관적 기록과 연구·평가를 위해 참으로 다행스러운 일이 아닐 수 없습니다.

기록을 위해 지금 원문 그대로 남아 있는 당시 일차자료를 잠시 말씀드리면, 1973년 7월 6일 미주 한국민주회복통일촉진국민회의(한민통) 결성 당시 대한민국임시정부라는 망명정부 수립을 주장하는 견해에 대해 "이 투쟁 목표는 망명정부 구성이 아니다"라고 단호하게 제지하면서 독재 반대와 대한민국 지지를 분명히 천명하신 것으로 되어 있습니다. 또한 1975년 12월 21일에 일본 한민통에게 "대한민국 '지지'의 입장을 뚜렷이 하고 공산주의와 선을 명백히 그어 가는 자세를 언제나 견지해야 한다"고 표명하고 "이 점은 너무나 중요하다"고 누누이 강조하십니다.

김대중 그런 일차자료들이 지금까지 그대로 남아 있어 다행입니다. 앞으로 박 교수 같은 학자들이 더욱 객관적이고 체계적으로 연구해 주세요. 역사에 대한 객관적 연구와 분석은 꼭 필요한 작업입니다. 사실 위의 문제의 경우 박정희·전두환 군사독재의 날조나 이념 공세와는 달리 역사적 사실이 그랬어요. 저 자료들이 말하는 바 그대로지요. 민주주의와 인권이야말로 가장 소중한 가치였지만 나는 늘 대한민국을 사랑하고 지지했어요. 내가 그 원칙을 확실히 했기 때문에 나중에 한국에 들어와 납치되었을 때도 무사했고, 5·18민주화운동을 계기로 뒤집어씌우려고 할 때도 무사했어요. 아무리 뒤져 봐도 대한민국을 반대한 게 없거든요. 대한민국을 반대한다는 것은 아무리 박정희 독재 반대라고 해도 국민이 지지하지 않아요. 국민을 떠난 나는 없어요. 그러니까 나는 국민 입장에서 봤던 거죠.

외환 위기와 민주적 시장경제론

박명림 주제를 바꾸어 아무래도 민주화 이후 최대의 국난이었던 외환 위기 문제를 여쭤보지 않을 수 없습니다. 대한민국의 역사에서나 대통령님 집권 시기에 대한 평가 문제에서 빼놓을 수 없기 때문이지요. 1997-1998년 외환 위기 당시 국제 금융기구, 외국 언론과 정부들은 한국이 이토록 위기를 빨리 극복할 줄 몰랐다는 반응이었습니다. 특별히 취임 이후 성장과 복지, 민주주의와 시장경제의 병행 발전을 강조한 민주적 시장경제에 대해 설명을 듣고 싶습니다. 그것을 대중참여경제론의 발전된 버전으로 봐도 될까요? 재벌 개혁을 포함한 경제 구조조정 문제에 대해선 좀 더 적극적이지 못했다며 비판하는 견해가 없지 않은데 어느 정도 성공했다고 보시나요?

김대중 1998년 2월 대통령에 취임한 뒤 정부를 맡아 보니 한국이란 나라의 금고에 외화 달러가 불과 39억 달러밖에 없었습니다. 외화 부채는 수천억 달러로 완전히 파산 직전이었어요. 그래서 나는 당선부터 취임까지 약 2개월 동안 전혀 쉬지 못하고 완전히 현직 대통령과 똑같이 일을 하면서 외환 위기에 대처하지 않으면 안 되었습니다. 내가 당선되고 다음 날 클린턴 대통령으로부터 전화가 왔습니다. "한국의 외환 위기가 한국뿐 아니라 세계적으로도 중요한 문제인데 이 문제를 현명하게 다뤄야 한다"고 굉장히 강조하더라고요. 당시

나는 정부가 외환 관련해서 큰 문제가 없다고 얘기하기도 했고, 세계적으로 그렇게 한국의 경제 위기 문제가 큰 영향이 있다는 것을 잘 모르고 있었습니다. 클린턴 대통령과 통화하고 며칠 뒤 미국 재무차관이 한국을 방문해서 만났어요. 시장경제에 대한 내 소신을 묻고, 노동자에 대해서 구조조정과 해고를 할 수 있는지에 대해서 특히 관심을 갖고 물었습니다. 내가 대답했어요. "나는 대중경제를 주장하고 하지만 결국 그것은 복지가 수행되고 중산층이 지원받는 그러한 투명한 시장경제를 말하는 것이지, 자본가 위주의 경제를 말하는 것은 아니다. 그러나 자본가를 적대하거나 시장경제의 기본적 자유를 침해할 생각은 조금도 없다. 특히 당신이 관심을 갖는 노동자 해고 문제에 대한 내 생각은, 종업원 100명이 근무하는 기업체에서 열 명을 해고해서 회사가 회생하면 90명은 직장을 잃지 않게 된다. 그리고 기업이 다시 경쟁력을 찾으면 해고된 10명도 재고용할 수 있다. 그러나 10명을 해고하지 않으려다 기업이 망하면 100명 전부가 실업자가 되어야 한다. 어느 쪽을 택할 것이냐는 분명한 것 아니냐." 그랬습니다.

당시 내가 주장한 것이 민주적 시장경제예요. 민주적 시장경제가 뭐냐. 그것은 시장경제와 복지가 수레의 두 바퀴처럼 서로 보완하면서 경제가 발전한다는 거예요. 경제가 발전해야 노동자와 서민들이 일자리를 얻고 장사를 하게 돼요. 또 노동자나 서민들이 수입이 있어야 구매력이 생겨서 기업이 성공하게 됩니다. 이것은 상호 보완적이고 필수 불가결한 관계에 있는 거예요. 나는 대중경제의 원칙에 의해서 노동자들의 노동운동의 자유를 보장했어요. 그래서 당시 불법단체였던 전교조와 민주노총을 모두 합법화하여 자유를 줬습니다. 전 정부는 민노총과 전교조가 거리에 나오기만 하면 최루탄으로 제압했습니다. 내가 대통령으로 재임하기 전인 1997년에 최루탄을 연간 13만 3,000발을 썼어요. 그런데 내가 대통령이 된 후 1998년 3,000발을 썼고, 그 이후 4년 동안 한 발도 쏘지 않고 노동운동의 자유를 보장하고 안정을 찾게 됐습니다.

대중참여경제론은 어디까지나 정치적 민주주의를 기본으로 하는 겁니다. 민주주의 없는 중산층의 자유는 있을 수 없습니다. 앞에서 얘기한 하버드대학에서 출간한 책, 『대중참여경제론』에 그런 내 생각이 분명히 밝혀져 있어요. 이전 정권에서는 자유경제라는 명목하에 정부와 기업이 야합하고, 권력이 야합해서 부패가 만연했습니다. 기업은 기업 활동을 통해서 부자가 되는 것이 아니라 정부로부터 이권을 얻고, 저리 융자를 받아서 부자가 됐습니다. 나는 취임 후 이 점에 대해서 분명히 정책을 바꿨어요. 주요 기업인들을 초청해서 그들에게 말했습니다. "당신들이 과거에 나의 반대 세력에게 얼마나 많은 정치자금을 줬건, 또 그들을 얼마나 지원했건 나는 상관하지 않는다. 이제 그런 시대는 끝났다. 나는 정치자금을 줘도 받지 않을 것이고 또 받더라도 아무 이득이 없을 것이다. 나는 어떤 기업은 편애해서 발전시키고 어떤 기업은 미워해서 몰락시키는 일은 안 할 것이다. 세계시장에 나가서 국제적 경쟁에서 이기는 기업, 제일 좋고 제일 싼 물건을 만들어 돈 많이 벌어 세금 많이 내는 기업을 나는 애국적인 기업이라고 생각한다. 그러니 여러분들도 이제는 세상이 바뀌었고, 정부의 태도가 바뀌었고, 과거와 같은 정경유착의 시대는 끝났다는 것을 알고 세계 경쟁에서 이겨내도록 해라." 재임 중 나는 이런 원칙을 지켰고, 기업들도 결국 그렇게 됐다고 생각해요.

내가 취임한 뒤 금융·기업·공공·노사 4대 부분의 구조조정을 대대적으로 했습니다. 이건 엄청난 일이었고, 평상시 같으면 꿈도 꾸지 못할 일이었어요. 그러나 외환 위기 상황에서 국제통화기금IMF 지원을 받지 않으면 경제는 파탄 날 수밖에 없다는 절체절명의 위기였잖아요. 이것을 역이용해서 기업의 구조조정과 투명한 시장경제를 확립하는 데 활용했고, 큰 성과를 이룩했다고 생각해요. 30대 재벌 중 16개 재벌이 주인이 바뀌거나 세상에서 사라졌습니다. 부실한 기업들은 구조조정을 한 결과 모두 흑자 기업이 되었고. 그리고 주인은 바뀌었지만 비싼 값에 지금 매각되고 있잖아요. 당시 금융기관의 관리체제에 들어갔던 기업들이 대우건설, 현대건설, 대우조선 등인데, 다들 건전기업이 되었고 서로 사려고 하고 있어요. 이미 대우건설은 비싼 값에 매각되었고. 이제 우리나라에서 정경유착은 누구도 꿈꾸지 않고 있습니다. 기업들은 정부의 눈치를 보지 않고 오로지 국제 경쟁에서 이기는 길에 노력하고 있어요. 내 경제 정책이 성공했던 거라고 봐요.

금융기관도 2,100개 중 회생 가능성이 없는 650여 개를 인가 취소하거나 합병 등을 통해 문을 닫게 했습니다. 그 결과 적자로 파산 위기에 있던 은행들이 이제 모두 건전한 기업으로 돌아서서 흑자를 내고 있고, 부실채권 비율도 크게 낮아졌어요. 그리고 4대보험을 개혁해서 국민에게 고루 혜택이 돌아가도록 했고, 기초생활보장법 실시해서 200만 명에 달하는 사람들이 혜택을 보게 됐지요. 중소기업에 대해서는, 내가 해외 순방할 때마다 특히 일일이 전화를 걸어서 중소기업 자금 지원이나 기타 지원책을 챙기며 독려했는데, 큰 성과를 얻지 못한 게 지금도 유감이에요.

노벨평화상 수상에 대해

박명림 좀 색다른 질문 같지만 노벨평화상을 수상하는 영광을 얻었을 때의 소회가 궁금합니다. 대통령님의 노벨상 수상은 강대국들에게 고통받고, 전쟁을 치르고, 분단으로 대립해 온 한국의 역사에서 큰 의미가 있다고 보입니다. 몇몇 비판적 견해도 없지 않았던 것으로 들었습니다만, 개인적으로 노벨상 수상에 대해 어떤 의미를 부여하고 계시는지요?

김대중 노벨상 수상은 내 개인으로서는 다시없는 영광이고 기쁨이죠. 나의 노벨상 수상에는 우리 국민의 민주주의와 통일에 대한 강한 열망과 희생과 헌신이 기초가 되었다고 생각합니다. 그래서 국민들에게 늘 깊은 감사의 마음을 갖고 있습니다. 내가 민주화를 위해서 투쟁할 때 얼마나 많은 국민들이 희생하고 싸웠습니까. 나는 민주화 과정에서 네 번, 그 이전 6·25전쟁 때 공산주의에서 한 번, 모두 다섯 번의 죽을 고비를 넘겼고 6년 반을 감옥에서 살았어요. 또 20년 동안 연금과 감시, 망명 생활을 했어요. 집안에서 얘기할 때도 도청 때문에 말로 하지 못하고 필담으로 하는 세월을 보냈습니다. 그때 우리 국민들이 나를 버리지 않았어요. 내 집을 찾아와서 격려하는 국민이 얼마나 많았던지 참으로 감동적으로 기억하고 있습니다.

나는 개인적으로 세 가지 소원이 있었어요. 하나는 대통령이 되어 나랏일에 봉사하는 것이었고, 두 번째는 노벨평화상을 받는 것이었고, 세 번째는 정식 박사학위를 받는 것이었는데 모두 이루었습니다. 박사학위는 러시아 외교부에 속하는 외교아카데미에 정식으로 논문 내고 구두시험을 통과해서 박사 수준 이상이라는 평가를 받으면서 정치학 박사학위를 받았습니다. 내가 노벨평화상을 받은 주된 이유는 장구한 세월에 걸친 민주화투쟁과 헌신에 대한 평가가 첫 번째고, 그리고 분단국가에서 55년 만에 대화의 길을 열고 평화의 가능성을 발전시킨 남북정상회담에 대한 세계적인 지원과 노벨위원회의 평가가 이유가 됐지요. 또 미얀마의 민주화에 대한 지원과 동티모르 독립운동 지원으로 많은 사람의 목숨을 구하는 데 노력한 점이 있었고.

내가 노벨상을 받으러 노르웨이 갔을 때, 한국 노동조합이 노르웨이 노동조합에 연락해서 내가 노동운동을 탄압한다며 노벨평화상을 주면 안 된다고 건의했다는 얘기를 들었어요. 그래서 내가 노벨위원회 관계자에게 노르웨이 노동자 대표들을 만나게 해 달라고 요청해서 만났습니다. 그때 이런 얘기를 했어요. "한국의 노동조합은 과거에는 불법단체여서 거리에만 나오면 최루탄을 맞고 노동운동가들은 구속되었다. 그런데 나는 취임한 뒤 그 단체들을 모두 합법화시키고 심지어 정당까지 만들어서 자유롭게 정치 활동을 보장해 주었다. 그리고 나는 그들에게 두 가지를 부탁했는데, 하나는 이제 민주화가 되었으니 불법은 용납되지 않는다는 것이고, 둘째는 절대 폭력을 사용해서는 안 된다고 부탁했다. 합법적인 방법이 있는데 폭력을 사용한다는 것은 세계 어느 나라에서도 용납되지 않기 때문이다. 그러나 그들은 나의 부탁을 듣지 않고 자동차에 불을 지르고 심지어 경찰청 앞에서 폭력을 사용했다. 그래서 경찰이 그 책임자를 구속했던 것이다. 나는 그들이 앞으로 법을 지키고 폭력을 사용하지 않겠다고 약속해 주면 책임자를 석방하려고 했으나 본인들이 듣지 않아 해 줄 수가 없었다." 나는 노르웨이 노동조합 사람들에게 "당신네 노르웨이는 세계에서 가장 선두에 선 민주국가인데, 법으로 보장된 권리가 있는데도 폭력과 불법 행위를 해도 처벌 안 받느냐"고 물었습니다. 그 사람들이 깜짝 놀라며 "그래서는 안 된다. 우리는 그런 줄 몰랐다. 미안하다"고 했어요. 그 당시 국제노동기구ILO에서도 우리나라 노동조합에 법을 지키고 폭력을 사용하면 안 된다고 충고한 줄로 알고 있습니다.

이것은 노벨위원회로부터 들은 이야기인데, 매년 노벨평화상 선정 시 여러 말들이 있는데 내가 선정되었을 때는 세계가 일치해서 지지했고 그러한 예는 거의 없는 경우라고 해요. 나는 지금도 노벨평화상 받은 것을 영광으로 생각하고, 노벨상 수상자로서 세계 평화를 위해, 한반도 평화를 위해서 노력하겠다는 생각을 갖고 있습니다. 작년 겨울에도 노벨평화상 수상 기념으로 미얀마 민주 인사들을 초대해서 '미얀마 민주화의 밤'을 개최했어요. 행사를 성대하게 해서 아웅산 수지 여사와 미얀마 민주 인사들을 지원한 바 있습니다.

개헌 문제: 권력 구조, 4년 중임 정부통령제로 개헌해야

박명림 시간의 제약 때문에 한국 민주화의 국제연대, 북한 인권 문제, 리콴유 총리와의 동아시아 인권논쟁 등에 대해 준비한 다른 질문들은 생략해야 할 것 같습니다. 한두 가지만 더 여쭙겠습니다. 지금 국민들은 헌법개혁과 개헌 문제에 많은 관심을 가지고 있습니다. 정치권에서는 이미 논의가 시작되었고요. 우리나라에 어떤 권력 구조가 가장 바람직한가, 이 문제에 대해 혹시 대통령 재임 시기나 이후에 구상하신 바가 있으십니까? 국정 최고 책임자의 자리에 있었던 분이 직접 국민들에게 견해를 밝히는 것은 지금의 국면에서 의미가 크다고 생각합니다.

김대중 나는 과거부터 대통령중임제와 정부통령제가 우리에게 맞는다고 생각해 왔습니다. 우리의 경우 과거 3선개헌 전의 박정희 정권하 대통령중임제와 이승만 정권하의 정부통령제의 결합이 좋다고 생각했어요. 그래서 1987년 6월항쟁 이후 개헌 때 직선제가 부활되고 할 때도, 우리 야당에서는 정부통령제와 4년 중임제를 가지고 나갔습니다. 여당에서는 전두환 씨가 자기가 7년 단임제를 했기 때문에 반드시 단임제를 해야 한다고 주장했어요. 그런데 장기 집권 저지가 그때는 아주 금과옥조였어요. 또 전두환의 압력을 무시할 수가 없는 상황이었어요. 여당이 절대 안 된다고 하고, 그러니까 거기서 양보를 할 수밖에 없었어요. 정부통령제를 하게 되면 그때 전라도 경상도가 정부통령 후보를 하나씩 나누면 지역대립이 없어지니까 여당이 전략상 안 되는 거예요. 그래서 그들이 완강하게 반대하여 결국은 쟁취를 못 했어요. 참 안타까웠어요. 나는 지금도 정부통령제와 4년 중임제가 필요하다고 생각하고 있어요. 20년의 실험을 거친 지금은 이제 우리에게 맞는 권력 구조를 위한 개헌이 필요하지 않나 생각합니다.

촛불시위는 직접민주주의의 표현

박명림 지금 경제도, 한·미 관계도, 남북 관계도 모두 어렵습니다. 그래서 마지막으로 모두가 관심을 갖고 있는 촛불시위에 대한 견해를 여쭙고 싶습니다.

김대중 촛불시위에는 일종의 직접민주주의적 경향이 있다고 생각해요. 옛날 그리스 아테네에서 했던 그런 직접민주주의인 것이지요. 촛불시위에서 중요한 것은, 직접민주주의 상황에서도 평화가 유지되었다는 거예요. 그만큼 우리 국민이 자치 능력이 생겼고 의식이 강화됐거든요. 수십만 명이 모여서도 그렇게 질서를 지켜가는 것, 월드컵 때도 그랬는데 우리 국민이 그만큼 성숙했어요. 아주 위대한 국민으로 자랐어요. 이번에도 아주 철없는 몇몇 사람들 하는 짓 빼놓고는 오히려 경찰들보다 낫지 않나 싶어요. 그런데 경찰이건 촛불시위대건, 폭력은 안 돼요. 그리고 하나의 정치적 구호로서는 몰라도 정말로 지금 정부를 몰아내려고 하는 것도 안 돼요. 그것은 국민 뜻에 반하는 일이에요. 작년 12월에 선거해 놓고 다시 대통령 선거를 하고 싶어 하는 국민은 없어요. 국민이 바라지 않는 것을 하면 반드시 실패해요. 그건 민주주의도 아니고.

국민이 바라는 것은 어디까지나 삶의 문제, 권익의 문제와 관련하여 평화적으로 폭력 없이 절제 있는 주장을 하는 겁니다. 거기에는 쇠고기 문제도 들어가지만, 내가 볼 때 이 상황은 단순히 쇠고기만이 원인이라고 볼 수 없어요. 쇠고기가 하나의 동기가 된 것이죠. 지금 정부가 '잃어버린 10년'이라고 하면서 과거로 돌아가려고 하는데, 국민이 볼 때 그 과거에 여러 가지 몸서리쳐지는 일들이 있었잖아요. 독재, 소수만 이익을 얻는 경제, 게다가 인간이 파리처럼 쉽게 죽어 가도 억울함을 풀지 못하는 일들이 많았잖아요. 그런 것에 대해서 국민들은 공포를 느꼈던 것이고, 여기에 대운하나 공기업 민영화, 학교교육 문제, 유류가, 물가 문제처럼, 국민들이 이런 것은 안 된다고 피부로 생생하게 느끼는 문제들이 전부 종합적으로 작용해서 쇠고기를 동기로 일어난 게 아닌가 생각해요.

나는 결국 이것이 폭력화하지 않고, 그렇게 되리라 믿는데, 그렇게 평화적으로 계속 나가면 앞으로 우리 정치에 큰 변화가 생길 것 같아요. 지금까지 정치는 입법·행정·사법 3부가 이끌고 시민단체가 정치에 영향을 줬는데, 이제 이런 촛불문화제에 범국민적으로 자발적으로 참여한 시민들이 정치에 많은 영향을 행사할 거예요. 중요한 것은 이런 목소리를 행정부나 입법부가 잘 받아들여 취사선택해서 국민들이 만족하고 희망을 가질 수 있도록 잘 실천해야 한다는 겁니다.

이번 쇠고기 문제에서도 정부가 제일 부족했던 것은 국민들하고 대화를 안 했다는 거예요. 동장, 면장들까지 다 데려다가 대화를 하면서, 국민들하고, 막상 소비자하고 대화를 하지 않아요. 쇠고기 문제는 국민이 먹는 문제예요. 소비자가 국민이란 말이죠. 미국에서 소비자는 왕이라고 하잖아요. 여기서 미국은 장사하는 사람이고 우리 국민이 사실 손님인데, 이렇게 장사하는 사람과 소비자 사이에서는 두 가지가 중요해요. 하나는 가격이고 하나는 안전성이에요. 그런데 가격은 괜찮거든요. 거기엔 시비할 필요가 없고, 문제는 안전성이지요. 안전성에 관해서는 파는 미국, 그리고 그것을 중재하는 우리 정부 모두 소비자의 의견을 제일 존중해야 해요. 소비자의 의견이 틀렸으면 설명을 해야 돼요. 텔레비전을 통해서 문제점에 대해 성의 있게 대답하면 국민의 의견이 모일 것 아니에요. 그런데 그런 노력은 하지 않고 이거 아무 걱정 없는 건데 왜 그러냐, 안 하면 우리 경제에 타격이 온다, 이런 식으로 국민이 느끼는 문제에 대해 제대로 설명하지 않는 것이 부족한 점 아닌가, 저는 그렇게 봅니다. 지금의 위기를 잘 넘기면 지난 60년 동안 그랬듯이 우리 대한민국은 앞으로도 계속 발전할 수 있을 것으로 봅니다.

박명림 긴 시간 동안 체계적으로 말씀해 주셔서 감사합니다. 정부 수립 60주년 특별 인터뷰가 대통령님의 사상과 정책에 대해 연구하려고 하는 국내외 학자들뿐만 아니라 지금 어려운 상황에 처한 국민들에게도 많은 시사와 희망을 주지 않을까 싶습니다. 오랜 시간 말씀 다시 한번 감사드립니다. 건강히, 안녕히 계십시오.

김대중 감사합니다.

변화의 촉매, 아시아 전설의 리더와 대화
아시아 지역 13개국 150명의 청년 리더

—

2008년 9월 30일 오후 3시, 세계은행World Bank과 아세안ASEAN의 공동주최로 한국개발연구원
KDI 국제정책대학원 3층 화상회의실에서 열린 「변화의 촉매―아시아 전설의 리더와의 Open
Dialog」 내용이다. 피터 스티븐슨 세계은행 대변인과 유종일 한국개발연구원 교수의 사회로,
이희호 여사, 현정택 한국개발연구원 원장, 함상문 한국개발연구원 대학원장 등이 참석한 가운
데, 아시아 지역 13개국 150명의 청년 리더들과 화상 대화로 진행되었다.

—

스티븐슨 안녕하십니까. 한국개발연구원KDI 국제정책대학원에 오신 것을 환
영합니다. 이곳에서 「변화의 촉매」 시리즈로 아시아의 전설적인 리더와의 대
화를 가집니다. 이들은 아시아 지역의 번영을 가져왔고, 오늘날의 아시아를
가능하게 해 준 훌륭한 지도자들입니다. 이들의 과감한 의사 결정 덕분에 여
러 고난과 역경을 성공적으로 거치면서 지금 현재 2008년의 아시아의 모습을
갖추게 되었습니다. 오늘은 한국의 위대한 지도자 중의 한 분이신 김대중 전
대통령을 모시게 되었습니다. 김 전 대통령이 취임했을 당시 한국은 심각한
경제난에 직면해 있었습니다. 그리고 그러한 위기가 지금 전 세계를 위협하고
있습니다.

지금 13개 지역과 화상으로 연결되어 있는데요. 오스트레일리아, 피지, 인도
네시아, 일본의 두 곳, 한국, 라오스, 몽골, 파푸아뉴기니, 싱가포르, 스리랑카,
태국, 하노이, 호찌민 등입니다. 오늘 진행은 이미 정해 둔 순서대로 각 지역에

서 하나의 질문을 받겠습니다. 그리고 인터넷으로 따로 질문을 받겠습니다.

그러면 유종일 교수님께서 대통령님 소개를 해 주시겠습니다.

유종일 김대중 전 대통령님을 소개해 드리게 되어 대단히 기쁘며 영광입니다. 김 대통령은 일생을 인권과 민주주의에 헌신하셨습니다. 그리고 엄청난 정치적 박해를 받으셨습니다. 암살 기도도 여러 번 있었고, 가택 연금, 투옥, 그리고 망명 등을 견디셨고, 마침내 15대 한국 대통령으로 선출되셨습니다. 당선 후 임기를 시작하기도 전에 침몰 직전의 한국 경제를 구하기 위해 나섰습니다. 피터 대변인이 언급했다시피, 미국을 비롯한 많은 나라에서 현재 경제 위기를 겪고 있습니다. 이에 대해 대통령님의 도움이 필요할지도 모르겠습니다. 2000년 아시아의 인권, 민주주의 발전 노력, 한반도 화해와 협력을 이끌어 낸 공로를 인정받아 노벨평화상을 수상하셨습니다. 김 대통령은 퇴임 후에도 이러한 가치를 지속적으로 주창하고 이를 위한 노력을 멈추지 않고 있습니다. 이제 자랑스러운 김대중 전 한국 대통령을 여러분께 소개합니다.

스티븐슨 감사합니다. 먼저 방금 유 교수님이 말씀하신 데서부터 질문을 드리겠습니다. 대통령님은 여러 번 대선에 출마하셨고, 마침내 당선이 되셨습니다만 당시는 최악의 경제난이 한국뿐만 아니라 아시아를 휩쓸고 있었습니다. 우선순위를 어떻게 정하셨으며, 위기 극복을 위한 국민합의를 어떻게 이끌어 내셨습니까?

외환 위기, 국민의 지지와 국제적 지원으로 극복

김대중 유 교수님 소개 말씀 감사드립니다. 지금은 가장 심각한 시기이고, 오늘 이 대화가 매우 알맞은 시기에 진행되고 있다고 생각합니다. 미국발 금융 위기가 어떻게 발전할지 아무도 모르고 있고 다 걱정하고 있습니다. 모쪼록 미국 금융 위기가 잘 수습되기를 바랍니다. 한 가지 소망을 말씀드리자면 1998년에 한국은 이미 외환 위기를 겪었습니다. 그래서 우리는 이번 위기를 겪지 않고 잘 넘어갔으면 좋겠다고 생각합니다.

스티븐슨 야당은 초기에 그다지 협력적이지 않았습니다. 또한 40퍼센트가 약간 넘는 지지표로 당선이 되셨습니다. 어려운 시기에 어떻게 분열된 의견을 결집하셨습니까?

김대중 저는 소수의 여당이었습니다. 그래서 아주 힘들었습니다. 또한 야당이 별로 협력을 하지 않아 더욱 힘들었습니다. 그러나 저는 국민이 지지해 주고 국제통화기금IMF이나 세계은행 등 국제기구나 다른 나라들이 지원해 주면 능히 극복할 수 있다는 점을 국민들에게 말했습니다. 제가 다행히 국회에 있으면서 30년 이상 주로 경제 분야에서 봉사했기 때문에 국민이 저를 믿어 줬다고 생각합니다.

스티븐슨 개인적 차원에서 모두에게 힘든 때였습니다. 자산 매각에 대한 우려, 생활 수준의 하락에 대한 걱정도 많았습니다. 그렇게 어려운 시기에 나라를 이끌어야 한다는 압박을 개인적으로 어떻게 관리하셨습니까? 자신의 삶에서 제대로 나라를 이끌 수 있도록 어떤 일을 하셨습니까?

김대중 저는 정치 생활을 하면서 고생을 많이 했습니다. 감옥살이도 하고, 납치도 당하고, 죽음의 위기에서 탈출하기도 했습니다. 그리고 군법회의에서 사형 선고도 받았습니다. 그런 일을 겪었기 때문에 훈련이 많이 되어서 어지간한 일에는 그다지 놀라지 않습니다. '내가 국민의 지지를 받고 세계의 협력을 받는 한, 난 성공할 수 있다. 그리고 내가 일생을 정치하면서 언제나 정책에 몰두하고 연구를 했기 때문에 그것도 도움이 될 것이다'라고 생각했습니다. 그렇게 생각을 하니 상당히 긴장이 해소도 되고 자신감이 생겼습니다. 그리고 무엇보다도 국민들이 20억 달러어치의 금을 가지고 나와서 내놓고, 외환 위기를 극복하자고 했습니다. 그때 우리는 39억 달러밖에 없었는데, 그런 국민의 도움에 큰 용기를 얻었습니다.

비전을 성공시킬 포부 설명으로 국민의 지지를 얻다

스티븐슨 하신 말씀 중에 유명한 것이 "한국이 외환 위기를 극복하는 데 1년 반이면 된다"라고 생각하신다는 말씀을 하셨습니다. 그때를 돌아보면, 실제로 그것이 가능하다는 확신을 정말 하셨습니까?

김대중 저는 제가 겪은 여러 경제적인 경험과 지식, 정치인으로서의 영감inspiration을 가지고 판단할 때 "내가 해낼 수 있다"라고 생각했습니다. "1년 반이면 이 국난을 일단 해결할 수 있겠다. 나는 국민 지지를 얻을 수 있고, 세계의 경제기구들의 지지를 얻을 수 있기 때문에 우리 정부만 잘하면 할 수 있다. 그런데 잘하기 위해서는 국민의 신임을 얻어야 한다. 모든 것을 투명하게 해야 하고, 과거와 같은 정경유착이나 부패 등이 없어지면 국민의 신임을 얻게 되고, 국민의 신임과 국제기구의 지지를 받으면 못할 일이 없다"고 생각했습니다. 물론 두렵기도 했고 걱정도 했지만, 저는 자신감을 갖고, 할 수 있다는 생각을 가지고 임했습니다. 경제는 심리가 중요한데, 국민들한테 확실한 비전을 제시하고 그것을 실천해서 성공시킬 포부와 그 내용을 설명해서 국민의 지지를 얻었기 때문에 두려움 없이 추진했습니다.

스티븐슨 마지막 질문입니다. 북한과의 대화와 햇볕정책은 한반도의 화해의 길을 열었습니다. 그런 노력과 정책이 한국을 통치하는 전체적인 활동에 얼마나 관련되어 있습니까? 그런 정책들은 한국을 세계로 이끄는 정책의 일부로 포함된 것입니까?

김대중 물론 세계에 알리고 또 세계의 지지를 받는 데 노력을 했습니다. 미국을 국빈 방문했을 때 클린턴 대통령에게 햇볕정책을 설명했습니다. "평화적으로 공존하고, 평화적으로 교류 협력하고, 평화적으로 통일한다. 반드시 평화적으로 한다. 그러기 위해서는 대화가 필요하고, 주고받는 협상이 필요하다, 공동 이익이 필요하다. 이런 방향으로 나가겠다"고 했습니다. 그랬더니 클린턴 대통령이 "당신이 앞장서서 해라. 내가 당신을 도와주겠다"고 말했습니다. 그리고 기자회견에서도 공식적으로 그렇게 말했습니다.

6·15정상회담, 50년 냉전을 화해와 협력의 방향으로

김대중 저는 북한에 대해서 "북한은 무엇이 필요한가, 우리는 무엇이 필요한가" 하는 문제를 분명히 했습니다. 2000년 6월 15일 정상회담을 할 때 김정일 위원장한테 말했습니다. "우리가 평화적으로 대화하자는데 말로만 해서는 안 된다. 구체적 합의가 되어야 한다. 당신네는 대한민국을 공산화하려는 생각을 꿈에라도 버려야 한다. 그런 생각 가지고 있으면 전쟁밖에 없다. 그리고 우리는 북한을 흡수 통일하겠다는 생각을 갖지 않는다. 아니 갖지 않는 게 아니라 우리는 그런 능력이 없다. 우리는 서독이 아니다. 설사 능력이 있다 하더라도 50년 동안 적대하고, 전쟁 치르고, 냉전도 치르고 했는데 갑자기 통일을 하면 국민적으로 융합, 화합이 되지 않는다. 많은 어려움이 닥친다. 그건 독일의 사례에서 본 바 아니냐. 그러니 우리는 흡수 통일할 생각이 없다. 그래서 통일은 공산 통일도 안 되고, 흡수 통일도 안 되고, 어디까지나 민주주의 원칙에 의해서 통일을 해 나가야 한다"고 이야기했습니다.

그때는 북한 지도자들은 우리가 혹시 자기들을 흡수 통일하지 않을까 상당히 두려움도 있었고, 언젠가 공격해 오지 않을까 하는 두려움도 있었는데 우리가 그런 점에 대해 북한이 안심할 수 있도록 확신을 줬고, 동시에 우리도 안

심할 수 있도록 북한의 태도를 다짐받고 해서 6·15정상회담은 상당히 성공적으로 됐습니다. 그것을 통해서 50년간의 냉전을 화해와 협력의 방향으로 바꿔 놨습니다. 그 후로 북한과 미국이 핵 문제로 사이가 나빠져 많은 지장을 받았지만, 어쨌든 지금 6자회담까지 진전했습니다. 크게 볼 때 결국은 남북 간은 다시 화해 협력하고 6자회담은 성공해서 한반도와 동북아 평화 안보 문제가 발전되지 않겠나 생각합니다.

6자회담은 반드시 성공해야

김대중 한 가지 첨언할 것은 우리가 북한에 화해를 주창해서 내가 북한에 가고, 북한에 쌀도 주고, 비료도 주고, 의약품도 주고 한 결과 북한 사람들의 마음이 크게 바뀌었습니다. 그래서 북한 사람들은 우리가 자기를 말살하려 한다는 데 그것이 아니지 않으냐, 우리가 자기를 미워한다는데 미우면 왜 식량을 주겠느냐, 그리고 식량과 비료를 주는 것을 보니 남한이 잘사는 것 같다고 생각하게 된 것입니다. 이렇게 해서 북한 사람들이 "남한이 부럽다. 잘 지내고 싶다"고 생각하게 되었습니다. 그래서 과거에는 북한 사람 만나면 원수처럼 대했는데, 이제는 이웃사촌 대하듯이 하고 있습니다. 북한 사회에서 문화도 많이 바뀌었습니다. 남한에서 유행하는 대중가요라든가, 비디오, 영화필름 등이 북한에서 비공식적이나마 상영되고 있습니다.

　문제는 우리는 1,300년 통일한 민족입니다. 불과 60년 분단 때문에 통일을 포기할 수는 없는 것입니다. 통일은 반드시 될 것입니다. 그 과정은 평화적이어야 합니다. 평화적으로 되기 위해서는 공동의 이익이 보장되어야 합니다. 한쪽이 독차지하고, 한쪽은 빈손으로 남으면 절대로 평화적으로 될 수 없습니다. 그래서 6·15는 그런 방향으로 맥락이 닿아 있고, 의의가 큽니다. 6·15는 긴장 완화에 크게 공헌을 했고, 북한을 도와줄 기회를 만들었고, 북한 사람들의 민심이 크게 바뀌었고, 그뿐만 아니라 우리의 통일을 전쟁도 아니고, 흡수도 아니고, 평화적으로 상호주의적으로 해서 양쪽이 다 같이 득을 보는 통일을 해야 한다는 데 합의한 것입니다. 제1단계는 평화적 공존입니다. 이는 연합체제입니다. 이는 6·15선언문에도 들어 있습니다. 그다음에는 미국과 같은 중앙정부가 외교, 군사권을 갖고, 내정은 지방정부한테 맡기는 연방제, 그리고 마지막에는 완전한 통일로 나아갑니다. 북한과는 그런 방향에 대해서는 구체적으로 합의도 되었고, 서로 암묵적으로 이해하는 점도 있어 지금 일시 경색되고 있지만 남북 관계는 반드시 풀려서 좋은 방향으로 나갈 것입니다. 그러기 위해서는 6자회담이 반드시 성공해야 한다고 생각합니다.

스티븐슨 대통령님, 대단히 감사합니다. 연결된 각 지역에서 지금쯤이면 많은 생각과 질문을 가지게 되었으리라 짐작합니다. 지금부터 10분 휴식을 갖겠습니다. 그동안 각 지역에서는 질문을 모아서 지역별로 대통령님께 드릴 하나의 질문을 준비해 주시기 바랍니다. (휴식) 이제 순서대로 세 곳에서 먼저 질문을 받겠습니다. 먼저 오스트레일리아 캔버라입니다.

햇볕정책의 대전제는 공동 이익

오스트레일리아 햇볕정책이 현재의 남북 관계에 어떤 영향을 끼쳤다고 생각하십니까? 한반도 통일의 시한을 어떻게 잡고 계십니까?

김대중 햇볕정책은 양측이 대등한 입장에서 대화를 해서 모든 것을 평화적으로 해결하자는 겁니다. 어느 한쪽이 이기고, 어느 한쪽은 징벌받는, 소외되어서는 안 됩니다. 그래서 햇볕정책의 대전제는 공동 이익, 앞에서 말했듯이, 제1단계는 남북연합, 제2단계는 남북연방, 마지막은 통일인데, 시간이 걸려도 착실하게 양쪽이 완전 합의될 때 진행해 나가는 것이 햇볕정책입니다. 지금 북한에 대해서 "우리가 흡수합병하지 않겠다. 해치지 않겠다. 그 대신 북한도 우리와 평화적으로 지내자. 공산화 같은 생각은 하지 마라" 등 이런 것들이 합의가 되어서 지난 2000년 정상회담 이후 남북 관계는 과거의 냉전 체제로부터 화해 협력의 체제로 시작되었습니다.

스티븐슨 감사합니다. 라오스 질문입니다.

과감한 구조조정이 금융 위기를 극복하게 하다

라오스 동아시아 지역은 현재의 세계적인 경제 위기를 극복하는 데 도움을 주거나 피해를 입지 않도록 어떻게 준비하면 되겠습니까?

김대중 한국은 외환 위기 당시 외환 보유고는 39억 달러밖에 없었습니다. 거의 비어 있다시피 했지요. 하지만 5년 임기를 마치고 퇴임할 당시 보유고는 1,300억 달러까지 남겼습니다. 그 당시 우리는 세계 4대 외환 보유 국가가 되었습니다. 오늘날 미국의 금융 위기는 우리의 위기 극복 경험이 많은 참고가 될 것으로 봅니다. 우리는 외환 위기에 있어서 과감한 구조조정을 단행했습니다. 30대 재벌 중 16개가 문을 닫거나 주인이 바뀌었습니다. 은행을 대폭 합병시키는 구조조정을 했습니다. 그 당시 모든 기업, 재벌, 금융기관들이 적자투성이였습니다. 그리고 금융기관은 부실대출이 아주 많았습니다. 그래서 정부가 자산관리공사를 설립해서 국채를 팔아 돈을 만들어서 은행의 받지 못한 채권을 인수했습니다. 그래서 은행이 부실로부터 해방되어 건전 운영을 하도록 했습니다. 여기에는 국민의 지지와 국제적 지원의 영향이 아주 컸습니다. 마침내 한국 기업들은 적자를 떨고 흑자 전환하였고, 구조조정을 통해 주인이 바뀌어 정부 소유로 되었던 것이 이제 비싼 값으로 팔리고 있습니다. 그리고 은행도 회수 불능 부채가 1퍼센트 내외가 될 정도로 줄었습니다. 이렇게 해서 우리는 금융 위기를 극복했는데 이것은 취임 후 불과 1년 반 만에 달성한 결과였습니다.

이러한 성과에는 세 가지 중요한 요인이 있습니다. 첫 번째는 국민이 정부를 믿고 지지한 것, 둘째는 국제통화기금IMF, 세계은행, 미국, 유럽 등 경제기구 및 세계 다른 나라들이 지지해 준 것, 그리고 셋째는 정부가 제대로 리더십을 발휘해서 국민과 손잡고 국민의 믿음 속에, 세계의 신뢰 속에 정부가 사태를 이끌어 가는 세 가지 조건이 있었습니다. 거기에 대해서는 그 당시 미국의 재무장관이었던 루빈 씨가 그의 저서에서 "한국이 외환 위기를 성공적으로 극복할 수 있었던 것은 미국의 공도 아니고, 국제통화기금의 공도 아니고, 한국 정부의 탁월한 리더십 때문이었다"고 적고 있습니다.

스티븐슨 감사합니다. 하노이 질문입니다.

인재는 밖으로도 보내고 안으로도 받아들여야

하노이 인재 정책을 어떻게 쓰셨습니까? 인재 유출을 막기 위해, 그리고 인재 양성을 위해 어떤 정책을 쓰셨습니까?

김대중 저는 인재 유출은 과하면 막아야 하겠지만 우리는 인재를 밖으로도 내보내고, 안으로도 받아들여야 한다고 생각합니다. 그렇게 해서 서로 다른 환경, 다른 종교, 다른 정책을 가진 사람들이 뒤섞임으로써 경제 정책이나 문화 모든 면이 발전해 나갈 수 있다고 생각합니다. 그런 의미에서 과거 로마가 식민지와 빈번히 교류하고, 식민지 사람 중에서 우수한 사람들은 로마 시민권을 주어서 활용했습니다. 오늘날의 우리도 그래야 한다고 생각합니다. 미국이 저렇게 강대해진 것은 결국 외국에서 들어온 이민자들이 열심히 일하고 자식들

교육시켜서 우수한 대학을 졸업하게 하였습니다. 처음에는 노동력으로 미국 경제 발전을 시켰지만 이제는 지식과 기술로써 발전시켰습니다. 물론 과도한 인재 유출은 안 좋지만 억지로 하는 것은 성공하지 못합니다. 인재가 안심하고 기쁜 마음으로 자기 나라에 남을 수 있도록 조건을 충족시켜야 하고, 인재가 다른 사정이 있어 해외로 나가면 그건 그것대로 자유를 주는 동시에 또 외국의 인재를 끌어들이는 즉, 대학에서 교육도 시키고 여러 가지 편의도 봐주고 하는 등 그런 활동도 필요할 것입니다.

스티븐슨 감사합니다. 제가 한마디 하자면, 한국만큼 세계은행의 지식을 잘 활용한 나라는 없습니다. 아주 좋은 질문이었습니다. 다음은 인도네시아, 파푸아뉴기니, 싱가포르로 질문을 이어 가겠습니다.

문화적 쇄국주의는 안 된다

인도네시아 신뢰 쌓기와 그를 위한 행동이 중요하다는 말씀 잘 들었습니다. 대통령님이 집권하셨을 당시를 전후로 한국인의 해외여행이 급격히 증가하였습니다. 그를 위한 특별한 정책을 쓰셨습니까? 당시는 금융 위기로 한국이 어려웠던 시절인데요.

김대중 옛날에는 외국에서 한국으로 사람들이 많이 와서 외화 수입에 도움을 주었습니다. 지금은 완전히 역전되어서 한국 사람들이 외국으로 나가 큰돈을 쓰고 있습니다. 제가 말하고 싶은 것은 관광을 가든, 쇼핑을 가든, 사람들이 외국에 많이 나가는 것은 좋은 일이라고 생각합니다. 외국 가서 우리와 다른 생활, 문화, 사고방식에 접촉하고, 또 학문도 접하고 이런 것들이 앞으로 우리가 세계화 시대를 살아 나가는 데 큰 자원이 될 것입니다. 또 우리들이 새로운 문화적 감각을 가지고 이끌어 나가는 길이 될 것입니다. 보다시피 해외에서 한류가 일어나고 있는데 그것도 재임 시절 일본 문화를 개방한 것이 계기가 되어 한류가 일어난 것입니다. 이런 이유에서 문화적 쇄국주의는 안 되는 것이고 관광은 손해를 보든 득을 보든 그것을 둘째 문제이고, 외국을 많이 안다는 것이 중요합니다. 갔다 오면 벌써 몸의 감각부터 달라집니다. 그래서 뭔가 발전하는 방향으로 생각하고 행동하게 됩니다. 그런 의미에서 관광은 물론, 유학, 시찰 등 자주 교류하는 것이 중요하다고 생각합니다.

파푸아뉴기니 반부패 전략은 무엇이었으며 국가와 이 지역의 결집과 안정화에 어떤 노력이 필요하다고 보십니까?

김대중 반부패 전략은 국민과 지도자가 같이 노력해야 합니다. 더 중요한 것은 국민입니다. 부패를 국민이 용납하지 않고 어떤 부패를 경험했을 때는 과감하게 고발하는 등 국민의 감시가 필요합니다. 동시에 집권자인 대통령이 철저한 모범을 보여야 합니다. 이 두 가지, 국민과 정부가 서로 협력하면 반부패의 성과를 올릴 수 있다고 생각합니다.

아시아 경제가 일어서려면 국민들 지적 소질이 향상되어야

싱가포르 아시아의 미래에 대한 견해를 듣고 싶습니다. 과거 아시아 경제는 한국을 포함한 네 마리 용이 이끌었습니다. 하지만 오늘날 아시아는 중국과 인도가 두드러져 보입니다. 아시아의 미래에 과거 아시아의 용들의 역할은 무엇이라고 생각하십니까?

김대중 아시아 경제는 앞으로 세계에서 가장 강력한 경제권이 될 것이라고 많은 사람들이 말하고 있습니다. 미국 민주당 부통령 후보 바이든 씨도 그런 말을 하는 것을 봤습니다. 그런데 이것은 새삼스러운 것이 아닙니다. 1820년경 그 당시 기록을 기반으로 전문가들이 계산한 것을 보면 세계 국내총생산GDP

에서 중국이 차지하는 비중은 27퍼센트, 인도 14퍼센트, 영국 5퍼센트, 미국은 1퍼센트였습니다. 그런데 중국과 인도는 근대화에 뒤처졌고, 식민지 내지는 반식민지나 다름없는 상태로 낙오하였습니다. 하지만 계속해서 영국과 미국은 근대화를 추진하였고, 제국주의적 영향도 없잖아 있기는 했습니다만, 이를 통해 전 세계 경제를 지배하게 되었습니다.

아시아가 다시 강자로 나설 것임은 의심의 여지가 없습니다. 문제는 아시아 경제가 일어서기 위해서는 국민들의 지적 소질이 향상되어야 합니다. 봉건주의를 겪고, 농업사회를 거치고, 산업혁명을 거쳐 이제 지식기반 경제로 들어서고 있습니다. 사람 수가 많은 것도 중요하지만 지식이 있는 우수 인재가 얼마나 많은지가 나라의 운명을 좌우하게 되어 있습니다. 자꾸 우리나라 이야기를 해서 죄송합니다만, 우리는 1997년 외환 위기를 겪고 1998년 제가 대통령이 되었습니다. 외환 위기 극복 과정에 지식기반 경제를 이루기 위해 정보화를 추진하였습니다. 이 때문에 한국이 여러 분야에서 세계 선두로 나서게 되었습니다. 조선업의 예를 들면 그렇습니다. 정보화를 활용한 한국 조선 회사는 수주를 받으면 다른 나라보다 배를 더 빨리 만듭니다. 더 좋게 만듭니다. 더 싼 가격에 만들어 줍니다. 경쟁에서 이길 수밖에 없습니다.

아시아는 농업 경제에서 산업 경제로도 계속 유지 발전해야겠지만 세계적인 경쟁 속에서 아시아가 주도적인 역할을 하려면 지식기반 경제를 발전시켜야 하지 않나 생각합니다. 아시아는 유구한 역사가 있고, 종교나 학문을 통해 심오한 기반을 가지고 있습니다. 각국이 모두 지식과 교육 강국이 되도록, 그래서 경제적인 선두국가가 되어야 합니다. 제가 볼 때는 아시아가 비단 중국, 인도뿐 아니라 여러 나라들이 세계 속에서 선두의 자리에서 경제를 발전시키고 그 실력을 과시하지 않을까 생각합니다.

스티븐슨 감사합니다. 다음은 몽골입니다. 질문해 주실까요?

644

몽골 대통령님은 신지식인 프로그램을 통해 한국을 정보 강국으로 이끄신 업적이 큽니다. 이 신지식 프로그램의 개념은 어떻게 생각하셨으며, 아시아의 발전에 어떻게 활용할 수 있겠습니까?

지식경제 시대, 우수한 지식인들이 많이 배출되어야

김대중 대통령으로 있을 때 외환 위기로 참 어려움을 겪었습니다. 그러면서 한쪽으로는 정보화로 추진했고 우리 국민들이 급속히 받아들여서 정보화에 있어서 세계 선두 자리를 갖게 되었습니다. 정보화를 그렇게 발전할 수 있었던 것은 우리 국민의 지적 수준과 교육 수준이 높았기 때문입니다. 21세기 지식기반 경제시대에는 우수한 지식인들이 많이 배출되어야 한다고 생각해서 '신지식인 운동'을 정부가 지원하고 민간운동으로 추진했습니다. 많은 사람들이 기업을 일으켜 성공한 사람도 있고 대기업에 가서 일한 사람도 있습니다. 여하튼 이러한 신지식인들이 많이 배출되면 그 나라 경제는 발전되고 문화와 학문적 수준도 향상되지 않겠나 생각했고, 21세기 새 시대에서는 신지식인 양성이 핵심이라고 생각했습니다.

스티븐슨 한국 질문입니다. 유종일 교수님, 영어로 질문해 주시면 시간을 절약하겠습니다.

한국 민감한 질문일 수 있습니다. 퇴임 후 노무현 대통령이 정권을 잇고 대통령님의 햇볕정책을 계승하였습니다. 하지만 현 정부는 대북 정책 노선이 다릅니다. 남북 관계는 어려워졌습니다. 현황을 어떻게 보시며 어떤 노력이 필요할까요?

김대중 햇볕정책은 제가 주장했다고 해서가 아니라 전 세계가 정당성을 인정하고 있습니다. 우리가 햇볕정책을 해서, 남북 화해 협력을 통해 공동으로 승리하는 길로 가자는 것입니다. 마치 태양이 모든 사람들에게 고르게 햇볕의 혜택을 주듯이 하자는 것인데 햇볕정책이 아니고는 무슨 길이 있겠습니까. 북한에 대해 말해 보면 그동안 미국이나 기타 나라들이 북한에 대해 많은 압박을 가했습니다. 제재를 가했습니다. 그러나 변화를 못 시켰습니다. 나는 미국 대통령 중에 클린턴 대통령과 부시 대통령과 각각 2년 반씩 양분해서 일했습니다.

클린턴 대통령은 햇볕정책을 전면적으로 지지했습니다. 공개적으로 김대중의 햇볕정책을 지지한다고 선언했는데 부시 대통령은 완전히 달라졌습니다. 햇볕정책을 반대하고 북한에 대해 강압적으로 나가기 시작했습니다. 그래서 결국 부시가 6년 해 본 결과 남은 것은 무엇이겠습니까. 북한이 핵확산금지조약NPT을 탈퇴하고, 국제원자력기구IAEA 요원들이 추방되었고, 그리고 모라토리엄 중이었던 장거리미사일을 발사하였고, 마침내는 재작년 10월에 핵실험을 해서 북한이 지금 어떤 의미로는 핵 보유국이 되어 버렸습니다. 그래서 나는 재임 시절에도 부시 대통령에게 "북한과 대화하시오. 당신이 나쁜 놈하고는 대화 못 하겠다. 악을 행하는 자에게 보상을 못 하겠다고 하지만 당신네 나라 대통령 중에서 당신들이 존경하는 레이건 대통령은 소련을 악마의 제국이라 해 놓고서는 대화하지 않았느냐. 결국 냉전 가지고는 성공 못 했는데 대화를 통해서 헬싱키협정을 맺고 소련과 동유럽을 바꾸어 놓지 않았느냐. 6·25 전쟁 때 아이젠하워 대통령은 전쟁 중에 적과 협상해서 주고받는 협상을 하지 않았느냐. 그러니 그렇게 하는 게 좋겠다"고 해서 부시 대통령 본인이 일단 승인하고 공개적으로 북한과 대화하겠다고 선언했습니다. 그러나 그것이 잘 이행되지 않았는데 여하튼 부시 대통령이 늦게나마 이제 태도를 바꾸어서 북한과 직접 대화하고 주고받는 협상을 하고, 소위 행동 대 행동을 하고 있습니다. 이것은 부시 대통령이 늦었지만 잘 판단한 것입니다.

'공동 이익의 대화'는 종교, 빈곤, 종족 문제를 해결하는 햇볕정책의 원칙

김대중 햇볕정책은 단순히 우리나라뿐만 아닙니다. 아까도 말했지만 소련과 동유럽을 50년 냉전으로는, 압박으로는 변화를 못 시켰는데, 대화를 통해서 서로 안전을 보장해 주고, 경제 교류하고, 문화 교류함으로써 변화가 되었습니다. 소련 사람들이 자신들이 살고 있는 곳이 낙원이 아니라는 것을 알게 되었습니다. 소련 사람들은 서유럽의 제도가 나쁜 것이 아니라 매력적인 제도라는 것을 알게 되었습니다. 그것이 결국 그들을 변화시켰습니다. 중국이나 베트남도 결국 소련과 동유럽의 전례를 따라 많은 변화가 있을 것으로 봅니다. 그래서 평화를 통해 이런 나라들도 결국 크게 보면 민주화로 나아갈 수밖에 없고 지금 이미 상당한 변화가 있습니다. 중국에서는 장쩌민 주석 말기에 공산당 당헌을 고쳐서—공산당 당헌은 알다시피 헌법보다 더 위에 있습니다—이제는 공산당원이 될 자격을 노동자 하나에서 중산층인 기업인과 지식인에게도 주고 있습니다. 그 이유는 이들이 경제를 발전시키니까 시장경제를 하니까 기업인과 지식인 즉, 부르주아, 중산층이 생겨나게 되었습니다. 그 압력에 의해서 점진적으로 개방하고 당헌까지 고치게 된 것이 아닌가 생각합니다. 나는 우리나라뿐만 아니라 세계 전체에서도 "대화를 통해서 문제를 풀되 그 전제는 공동 이익이다"라고 하는 것이, 햇볕정책이, 종교, 빈곤, 종족 문제 등 여러 분야에서 하나의 원칙이 될 수 있다고 봅니다.

스티븐슨 감사합니다. 일본, 스리랑카, 베트남 순으로 받겠습니다. 시간 관계상 각 지역에서 한 건씩 질문을 하면 대통령께서 한꺼번에 답변을 하시도록 하겠습니다.

일본 재벌 개혁을 어떻게 추진하셨습니까?

스리랑카 세계적인 경제 위기를 맞아 미국의 부시 대통령이나 중앙은행 총재한테 드리고 싶은 말씀이 있으신지요?

호찌민 재벌 개혁을 추진하셨는데 그 정책이 제대로 실현하기가 어려운 경우 대안으로 생각하신 계획은 무엇입니까?

재벌 개혁의 성공은 국민과 세계의 강력한 개혁 요구 덕분

김대중 나는 질문이 진행될수록 부드럽고 쉬운 것이 나올 것으로 생각했는데 아주 어려운 질문이 나왔습니다. (웃음) 아까도 말이 나왔습니다만, 30개 재벌 중에 16개 회사가 주인이 바뀌었습니다. 대부분이 정부 소유가 되었습니다. 은행에 빌려준 돈을 대신 주고 주식을 샀으니까, 또는 회사를 분할하여 오너가 바뀐 일도 있었습니다. 우리나라에서 재벌 하나만 부도가 나도 나라 경제가 휘청거린다고 할 땐데, 16개 재벌 또 많은 준재벌도 수술을 받았습니다. 제가 그렇게 할 수 있었던 것은 제 능력도 다소는 있었겠지만, 그보다는 국민들이 재벌들의 정경유착으로 국가 경제가 거덜 나고 재벌들이 경제적 활동으로 돈 버는 것이 아니라 정부하고 결탁해서 돈을 버는 등의 이권 경영에 국민들이 분노하고 있었기 때문에 재벌들도 개혁에 저항할 수가 없었습니다.

그뿐 아니라 국제통화기금, 세계은행 등 세계가 재벌에 대한 과감한 개혁을 하지 않으면 투자도 않고 돈도 빌려주지 않겠다고 단호한 태도로 나와서 그런 면도 제가 재벌 개혁을 추진하는 데 도움이 되었습니다. 그렇다고 제가 재벌들하고 싸움한 것은 아닙니다. 설득을 통해 문제를 해결했습니다. "오늘날 이 꼴이 된 데는 당신들도 책임이 있지 않으냐. 이대로는 나라가 안 되지 않느냐. 그러니 과거의 권력과 결탁해서 돈 버는 시대를 버리고 이제는 투명한 방향으로 나가야 한다." 저는 이렇게 표현했습니다. "이제는 세계화 시댄데 세계에 나가서 제일 좋고 제일 싼 물건을 가지고 나가서 돈 벌어라. 돈 많이 벌어서 세금을 많이 내라. 그럼 애국자다. 난 그렇게 취급하겠다. 과거에 날 도와줬건 도와주지 않았건—과거에 정부 여당만 돈(정치자금) 주고 나는 안 주고 그런 일이 많았습니다—난 그런 것을 전혀 상관하지 않겠다. 나는 5년 동안 이대로 하겠다. 확실한 시장경제 원리에 따를 것이고 정부가 특정 재벌과 결탁하는 일은 절대 없을 것이다. 오직 자기 힘으로 성장해 나가는 재벌만 지원하겠다. 이런 것을 5년 동안 할 테니까 두고 봐라"라고 말했습니다. 5년 후 재벌 구조가 많이 바뀌었습니다. 살아남은 재벌들은 "김대중 대통령이 한 일이 지나고 보니 도움이 되었다. 과거와 같이 권력만 바라보는 것이 아니고 세계시장에서 돈 벌고 경쟁해서 이기고 그런 노력을 한 결과 경영 체질이 좋아졌다"고 했습니다. 재벌들이 우리 정부에 대해서 잘못했다고 생각하지는 않고 당연히 할 일을 했다라고 평가하는 것으로 알고 있습니다.

정부의 시장경제 보호, 관리, 감시 기능 중요

김대중 다음에는 미국에 대한 조언인데, 이것은 나에게는 좀 가당치 않은 말입니다. 미국에는 세계적인 경제학자들, 노벨경제학상 받은 사람도 많습니다. 그런 데다 대고 제가 경제를 강의하는 것은 한국 속담에, 공자님 앞에서 논어 강의한다는 것과 마찬가집니다. 다만 나도 거의 같은 경험을 한 사람으로서— 물론 우리는 규모가 작았지만 그 본질적인 면과 상황에 있어서 상통되는 면이 있습니다—그런 의미에서 말씀드리겠습니다. 한국에서 외환 위기를 겪었고, 외환 위기를 극복한 그런 점을 많이 참고할 수 있을 것입니다.

시장경제가 잘못된 것은 아니지만 너무 시장 방임주의로 나간 것은 기업을 부패시키고 경제를 왜곡시키게 됩니다. 이 점에 있어서는 반성이 필요합니다. 시장경제를 보호하면서도 정부가 언제나 관리하고 감시하는 기능이 중요합니다. 기업인은 다 성인군자가 아니고 이익을 위해서는 모든 일을 할 수 있는 체질을 가지고 있습니다. 그렇기 때문에 기업인들의 자유로운 기업 활동은 도와주되 그 도를 넘어서 소비자에게 피해를 준다든가 국가의 건전성에 해를 준다든가 하는 일이 없도록 정부가 설사 이번 위기가 넘어간다 하더라도 그 기능을 회복해야 하지 않겠나 생각합니다. 그런 의미에서 케인스가 한 얘기가 상당히 도움이 되지 않겠는가 생각합니다.

정책은 반대하지만, 사람은 미워하지 않는다

유종일 여러 질문들이 인터넷으로 들어왔습니다. 시간이 없으므로 한 질문만 드리겠습니다. 일본 참여자의 질문입니다. 질문자는 정치적 박해를 가한 박정희 대통령을 용서한 것에 감동을 받았다고 합니다. 용서는 정치적 철학인지 아니면 종교적 신념인지 궁금합니다.

김대중 저는 일생에 참 많은 박해를 받았습니다. 권력에 의해 네 번 죽을 고비를 넘겼고, 한 번은 납치에서 구사일생으로 살았고, 한 번은 사형 선고를 받았습니다. 6년 반을 감옥에서 살았고 근 20년을 감시와 미행 속에서 살았습니다. 그래서 정치적 박해라는 것이 얼마나 못할 짓인가, 그것을 받는 사람은 얼마나 고통스러운가를 알 수 있습니다. 심지어 집에서 아내와 대화할 때도 도청을 하니까 말로 못 하고 필담을 통해 대화했습니다. 그래서 야당 때 항상 결심하기를 내가 만약 여당이 되면 절대로 정치보복을 하지 않겠다고 생각했습니다. 박정희 대통령은 저를 몇 번 죽이려고 하고, 감옥에 처넣었지만 나는 그 사람은 미워하지 않고, 그 정책에 대해서는 반대했습니다. 독재에 반대하고 재벌 경제에 반대했습니다. 정책은 반대하지만 박정희 대통령이라는 사람은 미워하지 않는다는 것이 내 신념이고 가톨릭에서 우리에게 가르쳐 준 것입니다.

또 나한테 직접 사형 선고를 내렸던 전두환, 노태우 이 분들도 재판받고 전과 자가 되어 있던 것을 사면 복권해 주었습니다. 그렇게 살아온 것을 아주 감사히 생각합니다. 제가 꼭 한 사람 나에게 억울한 말도 많이 하고 선거 때 지나친 비방을 하고 루머를 퍼뜨린 사람이 있었는데 참 용서하기가 어려웠지만 결국은 용서했습니다.

제가 그런 생활을 한 데 대해서 노벨평화상을 받을 때 민주주의와 남북 관계의 발전에 공헌한 것도 있지만 정적에 대한 관용도 평가를 받았습니다. 그러나 저는 사람에 대해서 관용한 것이지 나쁜 정책에 대해서는 절대 관용을 하지 않았습니다. 지금도 그렇게 하지 않습니다. 그냥 좋은 것이 좋다고 다 하지는 않습니다. 다만 사람은 누구든지 잘못을 저지를 수 있고, 잘못을 했다가 잘할 수도 있습니다. 그것이 인간입니다. 우리 마음속에는 천사와 악마가 같이 있습니다. 나도 그런 약점을 가진 인간으로서 사람에 대해서는 용서를 했습니다. 그러나 잘못된 정책에 대해서는 용서하지 않았습니다. 그리고 앞으로도 그럴 것입니다.

스티븐슨 좋습니다. 이번 세션을 마무리할 때가 된 것 같습니다. 대통령님, 세계은행World Bank, 아세안ASEAN 측 준비하신 분들, 한국개발연구원KDI 분들 등 준비하신 분들에게 감사의 말씀을 드립니다. 마치기 전에 한 가지 수정할 것이 있습니다. 대통령님께서 공자 앞에서 논어 강의하는 것이 아니라고 하셨는데 영어에도 비슷한 말이 있습니다. "Those who can't do, teach!(실천할 수 없는 사람이 가르친다!)" 제가 볼 때는 금융 위기에 대해서는 가르칠 수 있는 사람과 실제로 실천한 사람은 구별될 수 있습니다. 이 대화에 참여하신 모든 분들께서는 돌아가셔서 1997년과 1998년 신문 분석 기사를 찾아보십시오. 1998년이라는 특이했던 시절을 되돌아보십시오. 국민의 삶과 국가의 미래를 정하는 중요한 결정들을 보십시오. 그 당시 취해진 조치들과 취한 방법들은 오늘날 우리의 현실에 시사하는 바가 매우 큽니다. 오늘 우리는 그 당시 가장 위대한 역할을 한 분으로부터 열정적으로 또 감정을 이입하여 하신 말씀을 들었습니다. 세계은행을 대신하여 귀한 시간을 내주신 데 다시 한번 감사의 말씀을 드립니다. 이희호 여사님, 참여자 여러분 대단히 감사합니다. 유 교수님도 마무리해 주시죠.

유종일 굉장히 좋은 깨달음의 시간이었습니다. 대통령님께서 지혜와 혜안을 나누어 주셔서 대단히 감사합니다.

김대중 연보

1924 1월 8일, 전남 무안군(현 신안군) 하의면 후광리 97번지에서 부친 김운식金云式,
　　　모친 장수금張守錦의 사이에서 태어났다. 부친이 1924년 1월 16일자로 출생등록
　　　을 하였으나, 1943년경 일제의 징병을 피하기 위해 1925년 12월 3일로 정정하여
　　　이 내용이 김대중의 공식적인 생년월일이 되었다.

1933 초암草庵 김연金鍊으로부터 서당에서 한학 교육을 받았다.

1934 5월 12일, 4년제인 하의공립보통학교에 2학년으로 편입하였다.

1936 9월 2일, 상급학교 진학을 위해 목포로 이사하여 목포제일공립보통학교(목포북
　　　교공립심상소학교)로 전학하였다.

1939 4월 5일, 목포공립상업학교(5년제, 현 전남제일고등학교의 전신)에 수석으로 입학하
　　　였다.

1943 12월 23일, 목포공립상업학교를 졸업하였다. 원래는 1944년 초에 졸업하기로
　　　되어 있었으나 전시특별조치로 인하여 졸업날이 앞당겨졌다.

1944 5월, 목포상고 졸업과 함께 목포상선회사에 취업하였다. 이후 회사 관리인으로
　　　회사를 경영하는 등 청년 사업가로 활동하였다.

1945 4월 9일, 차용애車容愛 여사와 결혼하여, 슬하에 홍일, 홍업 두 아들이 태어났다.
　　　8월 19일, 8·15 해방이 되자 몽양 여운형 선생이 이끄는 건준(건국준비위원회)에
　　　참여하였다.

1946 2월, 목포 신민당 지부에 참여하였으나 좌경화 움직임이 보여 탈퇴하였다.

1947 2월, 50톤급 선박 1척을 구입하여 '목포해운공사'라는 회사명으로 연안 해운업
　　　을 시작하였다.

1948 이해 후반기에 상호를 '동양해운'으로 변경하였다. 사업이 번창하여 한국전쟁
　　　직전에는 70톤급 2척, 50톤급 1척 등 3척의 선박을 보유하였다.

1950 6월 25일, 사업 관계로 서울 출장 중에 6·25를 맞았다. 걸어서 8월 10일경에 목
　　　포로 귀가하였다.
　　　9월 28일, 공산군에게 체포되어 목포형무소에서 총살당하기 직전에 탈출하였다.
　　　10월, 선박 2척을 수리하면서 사업 재개를 준비하였다. 또한 '목포일보'를 인수

하여 1952년 3월까지 사장으로 재임하였다.

11월, 해상방위대 전남 지구대 부대장으로 임명되어 1951년 10월까지 활동하였다. 주로 한국군의 군수 물자를 해상으로 운송하는 업무를 수행하였다.

1951 3월, '동양해운'을 '목포상선주식회사'로 상호 변경을 하였다.

1952 5월 25일, 부산정치파동이 발생하였다. 이 사건을 계기로 반독재 미주화를 위하여 정계 진출을 결심하였다.

7월, 해운회사를 부산으로 옮기고 '흥국해운주식회사'로 상호를 변경하였다. 일본에서 중고 선박 3척을 추가로 도입하여 사업을 확장하였다.

1954 5월 20일, 제3대 민의원 선거에서 무소속으로 목포에서 출마해 낙선하였다.

1955 4월, 상경하였다. 이후 한국노동문제연구소 주간으로 활동하는 등 다양한 사회 활동을 전개하였다.

10월 1일, 『사상계思想界』 10월호에 「한국 노동 운동의 진로」를 기고하였다.

1956 6월 2일, 명동성당 노기남 대주교실에서 길철규 신부의 집전으로 영세를 받았다. 대부는 장면 박사이며, 세례명은 '토머스 모어'이다.

9월 25일, 민주당에 입당하였다. 장면 박사의 지도 아래 민주당 신파로 활동하였다.

1958 4월 8일, 강원도 인제 선거구의 민주당 민의원 후보로 등록하였다. 그러나 자유당의 방해 공작으로 등록이 무효되어 선거에 출마하지 못하였다.

1959 3월 11일, 민의원 선거 등록 무효와 관련하여, 대법원에 제소한 '선거 무효 및 당선 무효 확인 소송'에서 승소함에 따라, 인제 지역구의 민의원 선거 결과가 무효로 결정되었다.

6월 5일, 제4대 민의원 선출을 위한 강원도 인제 재선거에 출마해 낙선하였다.

8월 28일, 부인 차용애 여사가 병사하였다.

1960 9월, 민주당 대변인으로 임명되어 8개월 동안 활동하였다.

1961 5월 13일, 강원도 인제에서 5대 민의원 보궐선거에 출마해 당선되었다. 네 번째 도전에 성공하였으나 5·16군사쿠데타로 국회의원 선서조차 하지 못하였다.

1962 5월 10일, 이희호李姬鎬 여사와 재혼하여, 그 후에 홍걸이 태어났다.

1963 7월 18일, 민주당 재건에 참여, 대변인이 되었다.

11월 26일, 제6대 국회의원 선거에서 목포에 출마해 당선되었다.

1964 4월 20일, 국회 본회의에서 김준연 의원에 대한 구속동의안 상정 지연을 위해 5시간 19분 동안 의사 진행 발언을 하였다.

1965 5월 3일, 민중당이 창당되었다. 민중당에서 대변인과 정책심의위원회 의장으로 활동하였다.

2월 7일, 신민당이 창당되어 대변인으로 활동하였다.

1967 5월 15일, 첫 번째 저서 『분노의 메아리』를 출간하였다.

6월 8일, 제7대 국회의원 선거에서 박정희 정권의 집중적인 '김대중 낙선 전략'에도 불구하고 목포에서 당선되었다.

1969 7월 19일, 효창운동장에서 열린 3선개헌 반대 시국 대연설회에서 「3선개헌은 국체國體의 변혁이다」를 제목으로 연설하였다.

1970 1월 24일, 신민당 제7대 대통령 후보 지명전에 출마를 선언하였다.

9월 18일, 『내가 걷는 70년대』를 출간하였다.

9월 29일, 신민당 전당대회 후보 경선에서 제7대 대통령 후보로 선출되었다.

10월 16일, 대통령 후보 기자회견을 통해 '한반도 평화정착을 위한 미·소·중·일 4대국 보장, 비정치적 남북교류 허용, 평화통일론, 예비군 폐지'를 제창하였다.

1971 2월 3일, 미국 방문 중 워싱턴 내셔널프레스클럽에서 기자회견을 갖고 3단계 통일방안을 제시하였다.

3월 13일, 『김대중 씨의 대중경제 100문 100답』을 출간하였다.

4월 18일, 장충단 공원에서 대통령 선거 유세를 개최하였다.

4월 27일, 제7대 대통령 선거에서 낙선하였다.(46퍼센트 득표) "투표에서 이기고 개표에서 졌다"는 말이 회자되었다.

5월 6일, '유진산 파동'이 일어났다.

5월 24일, 8대 국회의원 선거 신민당 후보 지원 유세차 지방 순회 중 전라남도 무안 국도상에서 의문의 교통사고를 당하였다.

5월 25일, 8대 국회의원(전국구)에 당선되었다.

1972 5월 10일, 어머니 장수금 여사가 사망하였다.

1972 7월 13일, 7·4남북공동성명 발표 후 외신 기자 회견에서 남북한 유엔 동시가입을 제창하였다.

10월 18일, 신병 치료차 일본 체류 중 유신 선포를 듣고 유신 반대 성명을 발표한 후 망명생활을 시작하였다.

10월, 이때부터 이듬해 8월까지 미국과 일본을 오가면서 유신 반대 활동을 전개하였다.

1973 6월 28일, 『독재와 나의 투쟁』 일본어판을 출간하였다.

8월 8일, '도쿄 납치살해 미수사건'이 발생하였다. 중앙정보부 요원들에 의해 일본 그랜드팔레스호텔에서 납치당해 수장될 위기에서 극적으로 생환하였다.

8월 13일, 납치된 후 동교동 자택으로 귀환하였다. 귀국하자마자 가택연금과 동시에 일체의 정치활동을 금지당하였다.

1974 2월 25일, 아버지 김운식 옹이 사망하였다.

1974 8월 22일, 신민당 전당대회에서 '반독재 선명야당 체제'의 구축을 위해 김영삼 총재의 당선을 적극 지원하였다.

11월 27일, 가택연금 속에서 재야 반유신 투쟁의 결집체인 '민주회복국민회의'에 참여하였다.

1975 12월 13일, 선거법 위반 혐의(1963년 대통령 선거 관련)로 금고 1년형을 선고받았다.

1976 3월 1일, 윤보선·정일형·함석헌·문익환 등 재야 민주지도자들과 함께 '3·1민주구국선언'을 주도하였다.

3월 10일, '3·1민주구국선언'에 서명한 인사들과 함께 정식 입건되어 서울구치소에 구속 수감되었다.

1977 3월 22일, 대법원에서 징역 5년, 자격 정지 5년형이 확정되었다.

4월 14일, 진주교도소로 이감되었다.

5월 7일, 진주교도소 수감 중 접견 제한에 항의, 단식투쟁을 하였다.

12월 19일, 서울대학병원으로 이송, 수감되었다. 얼마 후 교도소 때보다 제한(접견 차단, 창문 봉쇄, 서신 제한, 운동 금지)이 더욱 심하자 항의 단식하였다.

1978 12월 27일, 옥고 2년 10개월 만에 형집행정지로 가석방된 후 장기 가택연금당하였다.

1979 3월 1일, 윤보선·함석헌·문익환 선생 등과 함께 '민주주의와 민족통일을 위한 국민연합' 결성을 주도, 공동의장으로 반독재투쟁에 앞장서 세 차례 연행되었다.

12월 8일, 박정희 대통령이 살해당한 10·26사태로 긴급조치 9호가 해제되고 자택연금에서 해제되었다.

1980 3월 1일, 사면 복권되었다.

3월 26일, 와이더블유시에이YWCA에서 9년 만에 대중연설을 하였다. 그 후 사회단체, 대학의 초청으로 전국 순회 시국강연을 진행하였다.

5월 13일, 민주화 시위가 격화되자 시국성명을 통해 학생 시위의 자제를 호소하였다.

5월 16일, 김영삼 신민당 총재와 공동기자 회견을 갖고, 시국수급 6개 항(계엄령 해제, 정치범 석방, 정치일정 연내 완결 등)을 제시하였다.

5월 17일, 신군부의 비상계엄령 전국 확대 조치로 동교동 자택에서 연행되었다.

5월 18일, 5·18민주화운동이 일어났다.

8월 9일, 육군 교도소에 수감되었다.

9월 11일, '내란음모사건' 결심 공판에서 '용공분자와 제휴하여 정권 탈취를 기도'한 '내란음모' 혐의로, '국가보안법', '계엄법', '반공법', '외국환관리법' 위반에 따라 군 검찰로부터 사형을 구형받았다.

9월 13일, '내란음모사건' 18차 공판에서 1시간 48분에 걸친 최후 진술을 하였다.

9월 17일, 군사재판에서 사형을 선고받았다.

11월 3일, 육군본부 계엄고등군법회의에서 항소가 기각되어 원심에서 결정된 형량대로 사형을 선고받았다.

11월 6일, 이문영 등 '내란음모사건' 관련자 11명과 함께 육군본부 계엄고등군법회의의 항소심 판결에 불복하여 상고하였다.

1981 1월 23일, 대법원 전원합의체는 서울형사지법 대법정에서 열린 '내란음모사건' 상고심에서 김대중이 제기한 상고를 기각하고 사형을 확정하였다. 그러나 1시간 뒤에 열린 국무회의에서는 '우방 국가들과 본인의 탄원 및 국민 화합을 위한다'는 명목하에 '특별 감형에 관한 건'이 의결되어 김대중의 형량이 사형에서 무기형으로 감형되었다.

1월 31일, 육군교도소에서 청주교도소로 이감되었다.

11월 3일, 수감 중 '브루노 크라이스키Bruno-Kreisky 인권상'을 수상하였다.

1982 3월 2일, 무기형에서 20년형으로 감형되었다.

12월 16일, 청주교도소 복역 중 서울대학병원 12층으로 이감되었다.

12월 23일, 2년 7개월의 옥고 끝에 형집행정지로 석방되어, 가족과 함께 신병 치료차 미국 워싱턴으로 출국하였다.

1983 1월 8일, 미국 버지니아주 알렉산드리아의 월세 아파트에 일가족이 정착하였다.

1월 31일, 『뉴스 위크』지 회견에서 한국 민주화와 인권 상황에 대한 입장을 표명하였다.

2월, 미국 방송, 신문, 잡지 회견, 교민 초청행사 등에 참석하였다. 재미 '한국 인권문제연구소'를 창설하고, 교포사회의 모국 민주회복 운동을 주도하였으며, 망명 중 미국 학계, 종교계, 사회단체들로부터 초청을 받아 강연을 하였다.

5월 16일, 미국 에모리대학에서 명예 법학박사학위를 받았다.

7월, 워싱턴, 뉴욕 등에서 김영삼 단식투쟁을 지원하는 데모를 하였다.

9월, 미국 하버드대학 국제문제연구소CFIA에서 객원 연구원으로 활동하였다. 이듬해 논문 「대중참여경제론Mass-Participatory Economy」을 제출하였다.

12월 23일, 옥중서신을 묶은 『민족의 한을 안고』를 출간하였다.

1985 2월 8일, 망명 2년 3개월 만에 당국의 반대와 주위의 암살 걱정을 무릅쓰고 귀국하였다. 김포 공항에 30만 환영 인파가 집결했으나 대인접촉이 봉쇄된 채 격리, 가택연금에 처해졌다. 이후 수시로 가택연금에 처해져, 총 55회의 가택연금을 당하였다.

3월 6일, 정치활동 규제에서 해금되었다.(김대중·김영삼·김종필 씨 등 16명) 그러나 사면 복권이 안 되어 여전히 정치활동을 금지당하였다.

3월 18일, 김영삼 씨와 야권통합을 합의하고 민추협 공동의장직을 수락하였다.

6월 17일, 김영삼 민추협 공동의장과 민주화 요구 공동 발표문을 채택하였다.

11월, 『대중경제론』(영어판), 『행동하는 양심으로』를 출간하였다.

1986 2월 12일, 신민당 민추협 중심의 대통령 직선제 개헌 청원 1,000만인 서명운동을 시작하였다.

11월 15일, 전두환 정권이 자진해서 대통령 직선제를 받아들이면 대통령 선거에 출마하지 않을 용의가 있음을 선언하였다.

1987 4월 6일, 김영삼 씨와 신당 창당을 선언하였다.

4월 8일-6월 25일, 78일간 가택연금에 처해졌다.

7월 10일, 민정당 노태우 대표의 '6·29선언' 후 '김대중 내란음모사건' 관련자 전원과 5·18민주화운동 관련자 15명 등 모두 2,300여 명과 함께 사면 복권되었다.

9월 8일, 16년 만에 광주를 방문해 망월동 묘역에 참배하였다. 28년 만에 고향인 목포와 하의도를 방문하였다.

10월 27일, 미국 최대 노조인 산별노조총연맹AFL-CIO에서 수여하는 '조지 미니George Meany 인권상'을 수상하였다.

11월 12일, 평화민주당을 창당하여, 대통령 후보 지명 전당대회에서 당 총재 및 제13대 대통령 후보로 추대되었다.

12월 16일, 제13대 대통령 선거에서 낙선하였다. 이때의 선거는 사상 최악의 불법·왜곡·조작선거로 규탄받았다.

1988 4월 26일, 제13대 국회의원(전국구)에 당선되었다. 평화민주당이 제1야당이 되어 정국을 주도하였다.

5월 18일, 야 3당 총재 회담, 5공화국 비리 조사, 광주학살 진상 규명 등 5개 항에 합의하였다.

11월 18일, 국회 광주특위 청문회에 증인으로 참석, '김대중 내란음모 사건'은 전두환 신군부 세력의 정권 찬탈을 위한 조작극이었음을 증언하였다.

1989 8월 12일, 서경원 방북 사건 관련 혐의로 강제 구인되어 심야 수사를 받고 불구속 기소되었다.

1990 1월 22일, 노태우·김영삼·김종필의 3당 야합 반대투쟁을 시작하였다.

7월 27일, 평민당 전당대회에서 총재로 재선출되었다.

10월 8일, '지자제 실시, 내각제 포기, 보안사 해체' 등을 요구하며 13일간 단식투쟁을 하였다.

1991 4월 9일, 평민당에서 이우정 등 재야 구 야권 출신 등을 영입해 신민주연합당(신민당)으로 창당하였다.

9월 10일, 이기택 민주당 총재와 신민당-민주당 통합을 선언하였다.

1992 3월 24일, 제14대 국회의원(전국구)에 당선되었다.

5월 26일, 민주당 전당대회에서 제14대 대통령 후보로 지명되었다.

9월 7일, 러시아 외무성 외교대학원에서 「한국 사회에서의 민주주의의 생성과 발전 원리에 관하여(1945-1991)」라는 논문으로 정치학 박사학위를 취득하였다.

12월 18일, 제14대 대통령 선거에서 낙선하였다.

12월 19일, 정계 은퇴를 선언하였다.

1993 1월 26일, 영국으로 출국, 케임브리지 객원연구원으로 연구활동을 시작하였다.

7월 4일, 영국에서 귀국하였다.

12월 10일, 『새로운 시작을 위하여』를 출간하였다.

1994 1월 27일, 아시아의 민주화와 남북 통일을 연구하기 위해 아시아·태평양평화재단(아태재단)을 설립하였다.

5월 12일, 미국 내셔널프레스클럽에서 북핵 해결을 위한 '일괄 타결'과 '카터 방북'을 제안하였다.

9월 20일, 아시아태평양민주지도자회의FDL-AP를 설립, 상임공동의장에 취임하였다.

1995 7월 13일, 정계 복귀를 선언하였다.

9월 5일, 새정치국민회의를 창당하였다.

1997 5월 19일, 새정치국민회의 전당대회에서 제15대 대통령 후보로 선출되었다.

10월 27일, 김종필 자민련 총재와 후보 단일화에 합의하였다.

12월 18일, 대한민국 제15대 대통령에 당선되었다.

1998 2월 25일, 대한민국 제15대 대통령에 취임하였다.

3월 1일, 3·1절 기념사에서 남북 특사 교환을 제의하였다.

10월 8일, 한·일정상회담을 통해 '21세기를 향한 새로운 파트너십을 위한 공동선언'에 합의하였다.

12월 15일, 베트남 국가주석과의 회담에서 양국의 불행했던 과거를 청산하고 미래지향적인 우호 협력 관계 발전을 위해 노력하기로 합의하였다.

12월 16일, 제2차 아세안＋3 한·중·일정상회의에서 '동아시아비전그룹' 구성을 제안하였다.

12월 29일, 전국교직원노동조합(전교조)을 합법화하였다.

1999 7월 4일, 필라델피아 자유메달을 수상하였다.

9월 7일, 국민기초생활보장법을 제정하였다.

11월 23일, 민주노총을 합법화하였다.

2000 1월 12일, 광주민주화운동 관련자 보상 등에 관한 법률을 개정하였다.

1월 15일, 의문사진상규명에 관한 특별법, 민주화운동 관련자 명예회복 및 보상법, 제주 4·3사건 진상규명법 등 3대 민주 개혁법을 제정하였다.

1월 20일, 새천년민주당을 창당, 총재에 취임하였다.

3월 9일, 독일 베를린 자유대학에서 한반도의 냉전구조 해체와 항구적 평화 및 남북 간 화해 협력을 위한 베를린 선언을 발표하였다.

6월 13일-15일, 분단 55년 만에 평양에서 남북정상회담을 개최, 6·15남북공동선언을 발표하였다.

6월 26일, 국회에서 헌정사상 첫 인사청문회가 개최되었다.

8월 1일, 의약분업을 전면 실시하였다.

9월 2일, 비전향 장기수 63명을 북송하였다.

12월 10일, 노벨평화상을 수상하였다.

2001 1월 29일, 여성부가 출범하였다.

5월, 국가인권위원회법을 제정하였다.

6월 29일, 국세청은 『조선일보』·『동아일보』·『국민일보』 사주와 법인을 조세범 처벌법 위반 혐의로, 『중앙일보』·『한국일보』·『대한매일』은 주요 탈루 당시 대표이사와 법인을 검찰에 고발하였다.

7월, 부패방지법을 제정하였다.

8월 23일, 당초 계획보다 3년 앞당겨 아이엠에프IMF를 졸업하였다.

11월 5일, 제5차 아세안＋3 한·중·일정상회의에서 동아시아자유무역지대 EAFTA 창설과 민관 합동으로 구성되는 '동아시아포럼' 설치를 제안하였다.

2002 1월 14일, 낙동강·금강·영산강 특별법을 제정하였다.

2월 20일, 조지 부시 미국 대통령과 경의선 남측 최북단 도라산역을 방문하였다.

7월 11일, 정부 수립 후 처음으로 여성인 장상 이화여대 총장을 총리로 지명하였다.

9월 14일, 남북한 군 당국, 판문점 실무회담을 통해 경의선·동해선 연결 공사에 따른 DMZ 지뢰 제거 작업을 9월 19일에 동시 착수키로 합의하였다. 이로써 휴전 이후 비무장지대가 처음으로 열렸다.

11월 6일, 초고속 인터넷 가입자 1,000만 명 돌파 기념행사에 참석하였다.

12월 13일, 조지 부시 미국 대통령으로부터 미군에 의한 여중생 사망 사건과 관련해 사과 전화를 받았다.

2003 2월 15일, 한국·칠레 자유무역협정FTA 서명식에 참석하였다.

2월 24일, 제15대 대통령 퇴임 후 동교동으로 돌아왔다.

5월 10일, 신촌 연세대 세브란스병원에서 심혈관 확장 수술을 받았다.

5월 12일, 세브란스병원 입원 중에 처음으로 신장 혈액 투석을 받았다.

5월 27일, 제8회 '늦봄통일상' 수상자로 선정되었다.

6월 12일, 6·15남북정상회담 3주년을 맞아 퇴임 후 처음으로 언론과 회견을 갖고 대북 송금 특검을 비판하였다.

8월 8일, 만해대상을 수상하였다.

10월 23일, 서울고등법원에 '김대중 내란음모 사건'에 대해 재심을 청구하였다.

11월 3일, 연세대학교 김대중도서관이 개관하였다.

12월 9일, 칠레 정부로부터 칠레공화국 대십자훈장을 수여받았다.

12월 15일, '춘사 나운규 영화제'에서 공로상을 수상하였다.

2004 1월 29일, '1980년 김대중 내란음모 사건' 재심 선고 재판에 참석해, 사형 선고를 받은 지 23년 만에 무죄를 선고받았다.

5월 10일-19일, 유럽 3개국(프랑스, 노르웨이, 스위스) 순방하여, 경제협력개발기구 OECD, 노벨위원회, 세계보건기구WHO에서 연설하였다.

6월 15일, 남북이 공동으로 개최한 6·15남북공동선언 4주년 기념 국제학술대회에서 특별 연설을 통해 '김정일 위원장의 답방'을 제안하였다.

6월 29일, 중국을 방문, 장쩌민 군사위 주석 등 중국 지도자들과 면담하였다.

11월 6일, 유럽을 방문하여, 페르손 스웨덴 총리 및 참피 이탈리아 대통령과 회담하였다. 노벨평화상 수상자 세계정상회의에서 연설하였다.

12월 6일, 말레이시아 쿠알라룸푸르를 방문하여 제2차 동아시아포럼EAF 총회 특별연설을 하였다.

12월 22일, 주요 연설 대담집 『21세기와 한민족』을 출간하였다.

2005 6월 12일, 독일 정부로부터 대십자훈장을 수여받았다.

8월 10일, 미열과 염증 증상이 있어 연세대 세브란스병원에 입원해 치료를 받은 후 8월 21일 퇴원하였다.

8월 16일, 병문안을 온 8·15 북측 당국 대표단으로부터 방북을 요청받았다.

2006 3월 21일, 영남대학교에서 명예정치학 박사학위를 받았다.

11월 4일, 노무현 대통령 부부와 김대중도서관 전시실을 함께 관람하고 사저에서 오찬을 하였다.

12월 7일, 코리아 소사이어티가 수여하는 '밴 플리트 상'을 받았다.

2007 5월 16일, 독일 베를린 자유대학에서 제1회 '자유상'을 수상하였다.

9월 17일-29일, 미국 뉴욕과 워싱턴을 방문하였다. 클린턴 전 대통령, 헨리 키신저, 메들린 올브라이트 전 국무장관 등을 만나 북핵 문제에 대해 논의하였다.

10월 9일, 청와대에서 노무현 대통령으로부터 '2007 남북정상회담' 결과와 향후 추진 방향 등에 대해 설명을 들었다.

10월 30일, 일본 교토의 리츠메이칸대학에서 명예법학 박사학위를 받았다.

2008 4월 22일, 24년 만에 하버드 대학을 방문해 '햇볕정책이 성공의 길이다'를 제목으로 강연하였다.

9월 11일, 노르웨이 스타방에르에서 열린 노벨평화상 수상자 정상회의에 참석하였다.

10월 27일, 중국 랴오닝성 선양에서 열린 '동북아 지역 발전과 협력 포럼' 개막식에 참석한 후 단둥시에 있는 압록강 철교를 둘러보았다.

2009 5월 5일, 중국을 방문해 시진핑 국가 부주석과 면담하였다.

5월 29일, 노무현 대통령 영결식에 참석하였다. 헌화, 분향한 후 권양숙 여사를 만나 위로하였다.

6월 27일, 6·15공동선언 9주년 기념행사에 참석해 '행동하는 양심이 되자'를 주제로 연설하였다.

7월 13일, 폐렴 증상으로 연세대 세브란스병원(서울)에 입원하였다.

8월 18일, 86세를 일기로 서거하였다.

김대중 대화록 간행위원회

김대중평화센터
고문 김성훈(전 농림부 장관), 김정길(전 법무부 장관), 박금숙(중국여성기업가협회 이사), 박승(전 한국은행 총재), 박재규(경남대학교 총장), 송현섭(더불어민주당 재정위원장), 양성철(한반도평화포럼 고문), 이종찬(전 국가정보원장), 이해동(사단법인 행동하는양심 이사장), 임동원(한반도평화포럼 공동대표), 장충식(학교법인 단국대학 이사장), 최재천(전 국회의원), 최학래(전 한겨레신문 대표이사), 한승헌(전 감사원장)
부이사장 최용준(천재교육 대표), 박지원(국회의원)
이사 김명자(전 환경부 장관), 김성재(전 문화관광부 장관), 김옥두(전 국회의원), 남궁진(전 문화관광부 장관), 백낙청(서울대 명예교수), 손병두(전 서강대 총장), 손숙(전 환경부 장관), 윤철구(김대중평화센터 사무총장), 윤풍식(국민통신·산업 회장), 황재옥(평화협력원 인권평화센터 부원장)
감사 김형민(에너락코리아 대표)
기획실장 박한수(김대중평화센터 기획실장)

김대중대통령 광주전남추모사업회 공동대표
김후식(사단법인 5·18부상자회 회장), 림추섭(광주교육희망네트워크 상임대표), 이철우(5·18기념재단 이사장), 정영일(광주시민단체협의회 상임대표), 정진백(김대중대통령광주전남추모사업회 상임대표), 정해숙(전 전국교직원노동조합 위원장), 현지 스님(6·15공동선언실천남측위원회 광주본부 상임대표)

김대중 대화록 1973－2008
정진백 엮음

초판1쇄 발행 2018년 8월 18일
발행인 정진백 **편집** 김효은
발행처 도서출판 행동하는양심 **등록번호** 제2015-000001호
주소 광주광역시 동구 백서로137번길 29, 1층 ㅣ 전남 화순군 도곡면 온천2길 44, 김대중기념센터
전화 061-371-9975 **팩스** 061-371-9976 **이메일** asia9977@daum.net

ISBN 979-11-964442-1-1 (03300)